● 陈兴良 /著

刑法研究（第七卷）
刑法总论 II

Research on Criminal Law

中国人民大学出版社
·北京·

总 目 录

第一卷 刑法绪论 Ⅰ

第一编 刑法绪论
　　一、刑法理念
　　二、刑事法治

第二卷 刑法绪论 Ⅱ

　　二、刑事法治（续）
　　三、刑事政策
　　四、刑法立法

第三卷 刑法绪论 Ⅲ

　　四、刑法立法（续）
　　五、刑法原则
　　六、刑法人物
　　七、刑法随笔

第四卷　刑法理论 I

第二编　刑法理论
  一、刑法哲学
  二、刑法教义学
  三、刑法知识论

第五卷　刑法理论 II

  三、刑法知识论（续）
  四、判例刑法学

第六卷　刑法总论 I

第三编　刑法总论
  一、犯罪概论
  二、犯罪论体系
  三、构成要件

第七卷　刑法总论 II

  三、构成要件（续）
  四、违法性

第八卷　刑法总论 III

  四、违法性（续）
  五、有责性
  六、未完成罪

第九卷 刑法总论Ⅳ

七、共同犯罪

八、单位犯罪

九、竞合论

第十卷 刑法总论Ⅴ

十、刑罚概论

十一、刑罚体系

十二、刑罚适用

第十一卷 刑法各论Ⅰ

第四编 刑法各论

一、概述

二、公共安全犯罪

三、经济秩序犯罪

第十二卷 刑法各论Ⅱ

四、侵犯人身犯罪

五、侵犯财产犯罪

六、社会秩序犯罪

第十三卷 刑法各论Ⅲ

六、社会秩序犯罪（续）

七、贪污贿赂犯罪

本卷目录

三、构成要件（续） …………………………………………… 1
  构成要件论：从贝林到特拉伊宁 …………………………… 2
  论身份在定罪量刑中的作用 ………………………………… 24
  "无行为则无犯罪"——为一条刑法格言辩护 …………… 33
  论客观危害中的行为事实 …………………………………… 49
  刑法行为论的体系性构造 …………………………………… 62
  他行为能力问题研究 ………………………………………… 97
  行为论的正本清源——一个学术史的考察 ……………… 123
  犯罪不作为研究 ……………………………………………… 158
  论不作为犯罪之作为义务 …………………………………… 171
  作为义务：从形式的义务论到实质的义务论 …………… 189
  不作为犯论的生成 …………………………………………… 208
  刑法因果关系研究 …………………………………………… 236
  刑法因果关系：从哲学回归刑法学——一个学说史的考察 … 248
  从归因到归责：客观归责理论研究 ……………………… 284
  客观归责的体系性地位 ……………………………………… 316

目的犯的法理探究 …… 342
刑法分则规定之明知：以表现犯为解释进路 …… 356

四、违法性 …… 384

违法性的中国语境 …… 385

违法性论的重塑——一个学术史的考察 …… 412

正当化事由研究 …… 445

四要件犯罪构成的结构性缺失及其颠覆
　　——从正当行为切入的学术史考察 …… 463

正当防卫制度的变迁：从1979年刑法到1997年刑法
　　——以个案为线索的分析 …… 504

正当防卫的司法偏差及其纠正 …… 529

正当防卫：指导性案例以及研析 …… 560

论无过当之防卫 …… 580

无过当之防卫：以指导性案例为线索的分析 …… 589

三、构成要件（续）

构成要件论：从贝林到特拉伊宁

在我国当前三阶层与四要件这两种犯罪论体系的争论中，当务之急是厘清构成要件的概念。构成要件是近代刑法学实现教义学化的重要标志，这应当归功于德国著名刑法学家贝林。正是贝林在 1906 年出版了《犯罪论》一书，阐述了构成要件理论，为三阶层犯罪论体系的最终形成奠定了基础。在刑法学史上，我们往往推崇贝卡里亚、费尔巴哈的贡献，而在相当程度上忽略了贝林的功绩。在贝林之后，苏俄学者特拉伊宁建立了四要件的犯罪构成体系，可以说，四要件的犯罪构成是一个没有构成要件的犯罪构成。在特拉伊宁的犯罪构成论中，构成要件被遮蔽、被扭曲。我国犯罪论体系的转型，除了应当对特拉伊宁的犯罪构成一般学说进行批判性反思，还必须重新审视贝林的构成要件论，甚至在一定意义上回到贝林，并以贝林为理论起点重新出发。唯有如此，才能实现我国犯罪论的拨乱反正。

一、贝林：构成要件论的基调奠定

构成要件论的发展经历了一个漫长的演变过程，其中费尔巴哈当然是不可回

构成要件论：从贝林到特拉伊宁

避的人物。但是，在贝林之前，构成要件论的历史都只不过是前史而已，构成要件论的真正历史始于贝林。可以说，正是贝林为构成要件论奠定了基调。

在德国刑法学史上，古典的犯罪论体系被称为李斯特-贝林体系。其中，李斯特对犯罪论体系的最大贡献在于确立了违法与有责之间的位阶体系，从而为犯罪论体系的建立提供了基本的逻辑框架。李斯特明确地指出："刑法制度中的罪责只能在违法性学说之后来探讨。"这就是说，违法性在逻辑上是前置于罪责而存在的。在这句话下面，李斯特《德国刑法教科书》的修订者施密特有以下注解："在任何一个刑法制度中，在处理一个刑事案件时，均不可能反过来先探讨罪责后探讨违法性。李斯特早在本教科书的第一版中就确立了正确的体系。"[①]

可以说，违法与有责的分立以及有责以违法为前提是犯罪论体系的基本原理，它在130年前（李斯特《德国刑法教科书》出版于1881年）就已经被揭示，但至今我国四要件的犯罪构成体系并没有遵守这一基本原理。如果说，李斯特为犯罪论体系提供了框架，那么，贝林阐发的构成要件就为犯罪论体系的构筑提供了基石。对于贝林的构成要件论之于古典的犯罪论体系形成的重大贡献，李斯特曾经做过以下评价：如果谈到刑法中的构成要件，通常是指特殊的构成要件，它表明分则章节中规定的具体不法类型特征的总和。如果我们在上文中强调构成要件该当性与违法性相联系作为犯罪行为的必要条件，那么，现在就可以清楚地知道，行为的"构成要件该当性"就必然意味着"特殊"之构成要件之一。易言之，特殊的构成要件为刑警（kriminalist）了解对刑法上确定犯罪种类具有重要意义的特别之违法性，以及其后为适用刑法而确定罪责，打开了方便之门。因此，特殊的构成要件对刑法释义学具有重大价值，该得到承认且源自科学的价值，是贝林的无可争议的功绩。[②]

应该指出，贝林的构成要件并不是一般意义上的犯罪成立条件，而是在犯罪成立条件中，对犯罪的成立具有观念指导形象功能的要件。那么，什么是这里的

[①] ［德］李斯特：《德国刑法教科书》（修订译本），徐久生译，168页，北京，法律出版社，2006。
[②] 参见 ［德］李斯特：《德国刑法教科书》（修订译本），徐久生译，205～206页，北京，法律出版社，2006。

观念指导形象功能呢？贝林认为，在构成犯罪的各种要素中，构成要件具有特殊的功能，它是一种观念指导形象。这里的观念指导形象，是指犯罪的客观轮廓或者形构，也就是构成要件定型化机能。日本学者小野清一郎称之为特殊理论机能，它不仅仅是刑法各论上的东西，而且还可以作为构筑刑法总论即刑法一般理论体系的基石。① 关于贝林构成要件的定型化机能，通俗地说，构成要件是犯罪的骨架，它和犯罪成立其他要件的关系犹如骨架与血肉之间的关系。对于生命来说，骨架与血肉同样重要：没有骨架，血肉无以依存；没有血肉，骨架无以获生。但从逻辑关系上来说，总是先有骨架才有血肉的存在。在这个意义上说，骨架是容器，血肉是内容物；骨架是载体，血肉是承载物。可以有"没有内容物的容器"或者"没有承载物的载体"，却断然没有"没有容器的内容物"或者"没有载体的承载物"。因此，构成要件对于犯罪来说，具有先在与前置的性质，并且在很大程度上塑造了犯罪的形象。贝林认为，构成要件符合性应当是先于违法性和有责性的，这样后续其他概念才能完全定义于刑法意义上。② 这是对构成要件在定罪方法论上的阐述，对于指导定罪具有重要意义。贝林不仅指出了构成要件的性质，而且对构成要件的功能也做了生动的说明。例如，贝林曾经形象地把构成要件比喻为一个钩子，指出：法官相当于有了一个钩子，他可以把案件悬挂在这样一个钩子上面。因为，所有犯罪类型（独立、直接的或者附属、间接的）都离不开一个行为指导形象的法定构成要件。然后，分别进行排除，即客观方面的相关行为是否充足（genügen）法定构成要件（一般称为构成要件符合性）。这是由揭示犯罪形态而与构成要件建立联系的问题，也即是处于优先考虑地位的问题。因为所有后续研究都有赖于该问题的解决，该问题本身相对于其解决的答案则具有独立性。③

---

① 参见［日］小野清一郎：《犯罪构成要件理论》，王泰译，5～6 页，北京，中国人民公安大学出版社，2004。
② 参见［德］恩施特·贝林：《构成要件理论》，王安异译，63 页，北京，中国人民公安大学出版社，2006。
③ 参见［德］恩施特·贝林：《构成要件理论》，王安异译，30 页，北京，中国人民公安大学出版社，2006。

构成要件论：从贝林到特拉伊宁

由此可见，构成要件相对于其他犯罪成立条件具有优位性，只有存在构成要件，其他犯罪成立条件才能依附于构成要件而存在。贝林这里所说的"构成要件犹如一个钩子，把案件挂起来"这个比喻是十分形象的，这使人想到一个中国成语——提纲挈领。构成要件就是犯罪的纲与领，只有通过构成要件，犯罪的外在形状才能彰显。当然，构成要件对于犯罪来说，不仅是一种外在的形构，而且是一种内在的灵魂。对此，日本学者泷川幸辰曾经指出：构成要件是犯罪的 leit-motiv（德语，意为"主旋律"，这里译为"主导"），构成要件既不和犯罪类型同一，也不是它的一部分，但却对犯罪类型做逻辑上的先导并指示其方向。不过构成要件这个东西在作为"范畴"的性质上，是没有内容的。说它有内容也无非是指它对犯罪类型提出的要求。所以，构成要件虽然在逻辑上先于犯罪类型，但在其发生上，却是由犯罪类型那里推导出来的。① 在此，泷川幸辰将构成要件比作"主旋律"可谓一绝。如果说，犯罪论体系是一首乐曲，那么，构成要件就是这首乐曲的主旋律，而不仅仅是乐曲的一部分。正如主旋律决定着一首乐曲的艺术风格，构成要件也主导着犯罪的观念形象，这就是对贝林所谓构成要件是犯罪的观念指导形象这一命题的绝佳诠释。

此外，贝林还对构成要件与行为符合构成要件之间的关系做了生动的说明，指出：犯罪类型的首要构成要素不是法定构成要件，而是行为的构成要件符合性，法定构成要件只是规定了这种首要的构成要素。可以音乐作品与音乐会的关系来类比，演奏音乐作品不仅不同于音乐会，在更多情况下，音乐作品不是简单地构成音乐会的一个部分，而是构成了音乐会组织者的思想结晶。② 在贝林看来，如果说构成要件（也就是贝林所说的法定构成要件）是一场音乐会，那么，行为符合构成要件就是音乐作品。换言之，音乐会是为音乐作品提供表演场所的，而一场音乐会的风格是由音乐作品决定的。构成要件作为一个抽象的法律概念，是从犯罪类型中推导出来的，而每一种犯罪类型都具有各自的构成要素，正

---

① 参见［日］泷川幸辰：《犯罪论序说》，王泰译，5 页，北京，法律出版社，2005。
② 参见［德］恩施特·贝林：《构成要件理论》，王安异译，6 页，北京，中国人民公安大学出版社，2006。

是这些构成要素决定着犯罪类型的特征。正如贝林指出,构成要件一般是犯罪类型的纯粹指导形象,适用时,犯罪类型的所有要素(包括了充足构成要件)都与这一纯粹指导形象有着特殊的关系。① 贝林还曾经以盗窃罪为例证(exempla docent)加以说明:盗窃罪的类型包含了各种构成要素,包括客观要素与主观要素。在这些要素中,唯有"取走他人动产"是盗窃罪的构成要件,也就是指导形象。贝林指出,盗窃罪要存在,则必须:(1)"取走他人动产"之行为实际上已实施;(2)该行为已为行为人主观故意所包含;(3)具有以该行为为落足点而引申出来的类型性要素即"占有目的",在此,该要素要同样与被取走的他人财物相关。这样,"取走他人动产"概念支配着所有盗窃罪的类型性要素。这些要素以不同的方式与该概念联系着,该概念奠定了该类型的共性(zusammengehoerigkeit)。② 在刑法中,财产犯罪是以非法占有他人财产的方法为分类标准的,由此区分为盗窃罪、诈骗罪、抢劫罪等犯罪,而这些不同的非法占有他人财产的方法正是各种财产犯罪的构成要件。因此,各种财产犯罪之间的区分主要就是构成要件的不同。通过构成要件,我们可以把握一种具体犯罪类型的共性,同时也能对此罪与彼罪加以正确界分。

贝林的构成要件具有以上观念指导形象功能,从而成为犯罪类型的基调。除此以外,我认为贝林的构成要件还具有重要的人权保障功能,这就是为罪刑法定原则的实现提供物质支撑。罪刑法定主义从贝卡里亚首倡(《论犯罪与刑罚》,1764年),到费尔巴哈确认为实定刑法原则(《德国刑法教科书》,1801年),历经了将近37年,罪刑法定主义由此完成了从思想到原则的转变。然而,在费尔巴哈那里,罪刑法定主义仍然只是刑法的原则而已,并且以"法无明文规定不为罪,法无明文规定不处罚"这样一种法律格言的方式体现出来。费尔巴哈虽然也论述了构成要件,但他只是在可罚性的客观根据意义上论及,认为犯罪的构成要

---

① 参见[德]恩施特·贝林:《构成要件理论》,王安异译,7页,北京,中国人民公安大学出版社,2006。
② 参见[德]恩施特·贝林:《构成要件理论》,王安异译,4页,北京,中国人民公安大学出版社,2006。

构成要件论：从贝林到特拉伊宁

件（der Tatbestand des Verbrechens，corpus delicti）是指特定行为特征的整体，或者包含在特定种类的违法行为的法定概念中的事实。① 费尔巴哈并没有赋予构成要件特殊的含义，只是在犯罪成立的一般条件的意义上使用构成要件一词，尤其是，费尔巴哈未能把构成要件与罪刑法定联系起来。对此，我国学者分析：费尔巴哈的构成要件理论也仅仅是从犯罪事实中提炼出诸如犯罪可能的主体、犯罪成立条件和主观责任等要素，其目的是限制刑法处罚范围的无限扩大。构成要件理论定型化机能的缺失，决定了该理论在这一时期无法为罪刑法定原则的明文化要求提供强有力的理论支撑。立法中罪刑法定原则的明文化要求与构成要件的定型化机能还互不相识，仅是两条平行线，费尔巴哈以构成要件理论支撑罪刑法定原则明文化的努力并未取得明显成效。②

在费尔巴哈之后，又经过了100年（1906年），贝林创立的构成要件论才为罪刑法定原则的实现提供了实质性根据。罪刑法定原则的本义是法无明文规定不为罪，这里的法就是指刑法分则，法的明文规定就是指刑法分则对构成要件的规定。这个意义上的构成要件是具有分则性的、特殊的构成要件，而不是指总则性的、一般的构成要件。贝林强调刑法分则的重要性，认为除掉刑法整个分则，根本就再也没有刑法；脱离了刑法分则构成要件，所有刑法性思考都会陷于空洞。③ 贝林在这里实际上指出了一种刑法思维的方法论：在定罪的时候，首先考虑的是某种行为在刑法分则中有没有明文规定，如果没有明文规定，不用再考虑其他因素；只有在刑法分则具有明文规定的情况下，才接下来考虑行为人对这一行为是否应当承担罪责。而刑法分则对具体行为的明文规定，就是以构成要件的形式体现出来的，因此，法是否有明文规定的判断，就转化为是否存在法定的构成要件的判断，而法定的构成要件也就成为可罚性的实体性根据。贝林指出：立

---

① 参见［德］安塞尔姆·里特尔·冯·费尔巴哈：《德国刑法教科书》，徐久生译，83页，北京，中国方正出版社，2010。
② 参见邵栋豪：《从明文到明确：语词变迁的法治意义——Beling构成要件理论的考察》，载《中外法学》，2010（2）。
③ 参见［德］恩施特·贝林：《构成要件理论》，王安异译，10页，北京，中国人民公安大学出版社，2006。

法者首先已对所有人的行为给出了特定的形象、类型、抽象的法律形式指导，这些东西指示着具体的犯罪类型（"谋杀罪""盗窃罪"等），还指示着这些类型彼此之间的价值关系。按照立法者的意志，这些东西同时扮演着这样的角色，即未符合上述形象之一的行为（非类型性行为），就不具有刑罚可罚性。[①] 贝林强调构成要件是一种类型，犯罪是一种类型性行为，认为"类型性"是犯罪的一个概念性要素。[②] 我认为，这里的类型，实际上就是一种模型，它是一种立体的、抽象的实体性概念。将刑法分则对具体犯罪特征的文字性描述，转化为具有实体性的构成要件，从而使犯罪更加容易把握和判断，这就是构成要件所具有的特殊功能。关于构成要件在刑法功能中的价值，日本学者泷川幸辰指出：以犯罪为理由对犯罪人施加刑罚，从而维护国家秩序，这是刑法的任务。就是说，刑法要求一方面应保护国家的法益，另一方面则应保护个人的自由。构成要件就是平衡这两个相互矛盾的要求的表现，好像可以看作力的平行四边形法则似的情况。[③] 这里所说的力的平行四边形法则，是指力的合成符合的规律，两个分力是平行四边形的两个邻边，合力必须是该平行四边形的对角线。如果把维护国家秩序与保护个人的自由当作两个分力，那么，构成要件就是由上述两个分力形成的四边形的对角线。它规定着合力的大小和方向，起到了平衡与调节作用。构成要件制约着违法，同时也制约着责任，构成要件的调整对维护国家秩序和保护个人自由这两个刑法功能都会产生影响。由此可见，构成要件对于刑法功能的实现具有重大调节作用。

应当指出，贝林的构成要件是事实的而非价值的、客观的而非主观的、形式的而非实质的，而这一点恰恰是贝林的构成要件论饱受非议之处。但在这种观点背后仍然体现了贝林意图通过构成要件限制司法权从而实现罪刑法定主义的价值

---

① 参见［德］恩施特·贝林：《构成要件理论》，王安异译，59 页，北京，中国人民公安大学出版社，2006。
② 参见［德］恩施特·贝林：《构成要件理论》，王安异译，27 页，北京，中国人民公安大学出版社，2006。
③ 参见［日］泷川幸辰：《犯罪论序说》，王泰译，36 页，北京，法律出版社，2005。

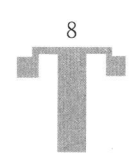

构成要件论：从贝林到特拉伊宁

诉求。对此，日本学者小野清一郎指出：依贝林的构成要件论，构成要件是犯罪类型的基本轮廓。这一概念即使在今天也是正确的。但是，贝林认为，构成要件仅仅是客观的、记叙性的，它排除了规范要式和主观要素。这种观点，从根本上说，只能是一种概念的、形式的观点。这在理论上是法律实证主义的必然结果，在其背后存在着自由主义的、法治国家的思想。认为在刑事司法中必须以法律保障个人自由的罪刑法定主义，必然地要求着纯客观的、记叙性的构成要件，即使不能完全实行，至少也不能否定这种倾向。① 贝林的构成要件论具有明显的存在论、形式主义的特征，在当下规范论、实质主义流行之际，贝林的构成要件论似乎不合时宜。但是，规范论也是以存在论为前提，并且经历了存在论阶段才发展起来的。贝林构筑的客观的、形式的构成要件论，对中国刑法学来说，是时之宜者。可以说，贝林的构成要件论正是罪刑法定的理论基础。正如我国学者指出：贝林认为应当首先确定判断的模型和标准，事实判断应当优于价值判断而先行；同时，他还竭力主张行为只有具备该当犯罪类型的轮廓时才能被处罚，这里的该当犯罪类型就是构成要件的该当性。行为不具备这一特征，即使具备违法性和有责性（事实上也不可能具备——引者注），行为人仍然不能受到刑事追究，这便是贝林构成要件理论的形式化特征。显然，贝林力图通过维持构成要件的事实性与形式性达到使构成要件客观化的目的，最终与罪刑法定原则的明确性要求建立排他性的映射关系。② 因此，我们可以说，贝林的构成要件论是古典的，今天已经不再被采用。但同时我们还必须看到，贝林的构成要件又是经典的，经典的含义往往是永恒、常用常新。尤其是，当今我国罪刑法定原则载入刑法还只不过短短的15年时间，罪刑法定原则尚停留在法条上，罪刑法定的司法化尚待努力。申言之，我国还处在罪刑法定原则的启蒙阶段。在这种情况下，我们更应该借助于构成要件这一制度技术为实现罪刑法定原则创造条件。我国学者劳东燕教授曾

---

① 参见［日］小野清一郎：《犯罪构成要件理论》，王泰译，5~6页，北京，中国人民公安大学出版社，2004。
② 参见邵栋豪：《从明文到明确：语词变迁的法治意义——Beling构成要件理论的考察》，载《中外法学》，2010（2）。

经对罪刑法定原则与构成要件之间的内在关系做过以下深刻的阐述:如果说在法的逻辑世界里,罪刑法定决定了刑法体系相对的内敛性,使这种内敛性在法的经验世界中成为现实的桥梁便是由犯罪构成充当的。正是犯罪构成这种设置的存在,为实现罪刑法定原则的宗旨和要求奠定了坚实的基础,使罪刑法定从此走出形而上的虚幻世界,免遭夭折和破败的厄运。可以说,没有犯罪构成配套的罪刑法定原则注定是苍白无力的,罪刑法定之花是怒放还是枯萎,有赖于犯罪构成的浇灌和悉心扶植。[1] 如果把上述富有激情与颇具文采的叙述中的"犯罪构成"一词替换为"构成要件",那么,就可以把以上这段文字看作在对贝林的构成要件论深刻领悟的基础之上,对贝林的遥远的致敬。正如治刑法学者不可不知贝卡里亚,同样也不可不知贝林。对于贝林之于犯罪论、之于刑法学的贡献,我们应当抱有足够的敬畏。

二、特拉伊宁:构成要件论的结构变异

特拉伊宁是苏俄著名刑法学家,也是四要件的犯罪构成体系的创立者,其对苏俄犯罪构成论做出了不可磨灭的贡献。关于特拉伊宁犯罪构成学说的历史渊源,我国学者多认为来自沙俄学者塔甘采夫:"……提出了犯罪的主体和客体的概念的确是对犯罪论体系的重大贡献,这是其他任何体系所没有的。但是,这种结构模式并非共产主义文献的创造性产物,而是俄罗斯伟大的民主主义者塔甘采夫的天才创造。"[2] 实际上,主体、行为与客体这样的一种模型,是法律关系的分析方法,即将法律关系的要素分解为法律关系主体、法律关系内容(行为)与法律关系客体。将法律关系分析方法引入对犯罪的分析,是塔甘采夫的贡献,但在这一分析思路中,我们尚不见构成要件的踪影。我国学者还对塔甘采夫与贝林做了对比性考察,认为从20世纪初期开始,德国犯罪论体系是以贝林的学说为

---

[1] 参见劳东燕:《罪刑法定本土化的法治叙事》,203页,北京,北京大学出版社,2010。
[2] 何秉松主编:《新时代曙光下刑法理论体系的反思与重构——全球性的考察》,122页,北京,中国人民公安大学出版社,2008。

构成要件论：从贝林到特拉伊宁

基础发展起来的，而俄国犯罪论体系的发展，则是以塔甘采夫的学说为基础的；贝林的经典构成要件理论是在其1905年出版的《刑法纲要》第三版和1906年出版的《犯罪论》一书中最先提出来的，而阐述塔甘采夫的学说的《俄罗斯刑法教程》第一版和第二版先后于1892年和1902年出版，可以说二者基本上同时形成。他们虽然都是费尔巴哈犯罪构成理论的继承者，但是却走了两条完全不同的道路：塔甘采夫保持了费尔巴哈犯罪构成理论的完整性和统一性，而贝林则对它进行切割。① 在以上论述中，何谓完整性和统一性？何谓切割？颇有些令人费解。但是，论者是在犯罪成立条件总和的意义上使用犯罪构成一词的，实际上并未在构成要件意义上对二者进行实质性的比较。而且，特拉伊宁在论及沙俄时期犯罪构成的研究状况时明确地说，塔甘采夫没有研究犯罪构成的一般学说。② 因此，很难从塔甘采夫那里发现特拉伊宁犯罪构成论的理论源头。

苏俄犯罪构成论的形成，经历了一个曲折的过程，其中做出最大贡献的当数特拉伊宁。而特拉伊宁的贡献主要体现在其三本专著中，这就是1946年出版的《犯罪构成学说》、1951年出版的《苏维埃刑法中的犯罪构成》和1957年出版的《犯罪构成的一般学说》，这三本著作也被认为是同一本书的三个版本。苏俄学者对特拉伊宁对于犯罪构成理论的贡献做了以下评论：最著名的苏维埃刑法学家，苏联科学院通讯院士特拉伊宁教授于1946年问世的专著《犯罪构成学说》是专门论述犯罪构成学说的第一部基础性的著作。其在苏维埃刑法学家中第一个综合地研究了犯罪构成学说中的所有问题，指出了犯罪构成在整个苏维埃刑法体系中的作用，并从破坏资产阶级法制的角度对资产阶级犯罪构成理论进行了认真的批判。特拉伊宁的专著还研究了犯罪构成的分类，指出了犯罪构成要件与犯罪要件的相互关系。特拉伊宁的功绩在于，由于他提出了一系列有争议的问题，从而有助于展开热烈的讨论。这种讨论最终对于苏维埃刑法科学的发展产生了良好的影

---

① 参见何秉松主编：《新时代曙光下刑法理论体系的反思与重构——全球性的考察》，122页，北京，中国人民公安大学出版社，2008。
② 参见［苏］A.H.特拉伊宁：《犯罪构成的一般学说》，王作富等译，5页，北京，中国人民大学出版社，1958。

响，促进了社会主义法制的进一步加强。特拉伊宁的书出了三版。① 由此可见，特拉伊宁是在批判所谓资产阶级犯罪构成理论的基础上创立四要件的犯罪构成论的，在被特拉伊宁所批判的资产阶级学者中，就有贝林。在这个意义上说，特拉伊宁的犯罪构成论只不过是贝林的构成要件论的变异而已。我们可以看一下特拉伊宁是如何批判贝林的。特拉伊宁指出：这种人为地割裂犯罪构成的统一概念的做法，以后得到了更进一步的表现。《犯罪学说》这一专著的作者贝林提出了下面的一般原则："凡是违法地和有罪过地实现某种犯罪构成的人，在具备可罚性的条件下，就应当受到相应的惩罚。"贝林把犯罪构成同那种作为犯罪构成而不具有任何主观色彩的行为混为一谈，使主体的抽象行为达于极限。贝林说："犯罪构成是一个没有独立意义的纯粹的概念。违法的有罪过的行为在符合犯罪构成后，就成了犯罪行为。犯罪构成本身存在于时间、空间和生活范围之外。犯罪构成只是法律方面的东西，而不是现实。"犯罪构成是犯罪的无形的反映。这样一来，贝林就把犯罪构成由日常生活中的事实变成了脱离生活实际的抽象的东西，变成了"时间、空间和生活以外的"一个概念。② 在以上论述中，特拉伊宁多次提到犯罪构成这个概念，但显然混淆了作为犯罪成立要件总和的犯罪构成和作为犯罪成立要件之一的构成要件，因而把贝林的构成要件当作犯罪构成。例如，贝林将构成要件描述为客观的、抽象的类型化概念，但特拉伊宁把这里的构成要件置换为犯罪构成以后，就会得出荒谬的结论。由此可见，从贝林到特拉伊宁，实际上是从构成要件到犯罪构成。在特拉伊宁的犯罪构成中已经没有构成要件。正是在这个意义上，我们可以说四要件是没有构成要件的犯罪构成。

值得注意的是，在特拉伊宁的犯罪构成中虽然没有构成要件，但却还有着构成要件的影子，由此形成特拉伊宁犯罪构成论中的一个深刻矛盾。对此，我国学者阮齐林教授敏锐地发现了特拉伊宁的犯罪构成（广义的犯罪构成）与犯罪构成

---

① 参见［苏］A.A. 皮昂特科夫斯基等：《苏联刑法科学史》，曹子丹等译，43~44页，北京，法律出版社，1984。

② 参见［苏］A.H. 特拉伊宁：《犯罪构成的一般学说》，王作富等译，15~16页，北京，中国人民大学出版社，1958。

构成要件论：从贝林到特拉伊宁

因素（狭义的犯罪构成）之间的矛盾，因而将特拉伊宁的犯罪构成称为二元的犯罪构成。他指出：在作为刑事责任根据的广义的、实质的犯罪构成概念和分则特殊的、法律的、狭义的构成要件概念之间，是特拉伊宁在西方三要件论与苏俄刑法传统和制度上左右摇摆的表现之一。[①] 特拉伊宁虽然把贝林的构成要件混同于犯罪构成，但又在两者之间摇摆。特拉伊宁指出：犯罪构成乃是苏维埃法律认为决定具体的、危害社会主义国家的作为（或不作为）为犯罪的一切客观要件和主观要件（因素）的总和。[②] 请注意"一切"二字。所有的犯罪成立条件分为四个要件，这就是犯罪客体、犯罪客观方面、犯罪主体、犯罪主观方面。这是苏俄通行的四要件的犯罪构成，这个意义上的犯罪构成，也就是阮齐林教授所说的广义的犯罪构成。那么，什么是狭义的犯罪构成呢？特拉伊宁曾经对犯罪构成因素做了论述，指出，为了理解犯罪构成因素的性质，必须注意下面一点：只有法律赋予它刑法意义，并因而列入分则规范罪状中的那些特征，才是犯罪构成的因素。立法者在制定所有这些特征时，使它们总起来能形成危害社会的、应受惩罚的行为。例如，法律用三个特征（因素）来确定偷盗罪：（1）秘密地或公开地；（2）窃取；（3）公民的个人财产。用五个特征来确定诽谤罪：（1）散布；（2）明知；（3）虚假的；（4）足以侮辱他人的；（5）言论等。由此可见，犯罪构成的因素就是决定苏维埃法律所规定的犯罪对社会主义国家有社会危害性并决定其程度的全部事实特征中的每一个特征。[③] 显然，按照特拉伊宁的以上论述，犯罪构成因素只是刑法分则规定在罪状中的特征，因此它并不能等同于犯罪构成要件。特拉伊宁曾经有句名言：刑法典中的罪状可以说是每个构成的"住所"，这里（在罪状中）安插了形成具体犯罪行为构成的一切因素。[④] 罪状中"居住"的不是"犯罪构成"，

[①] 参见阮齐林：《评特拉伊宁的犯罪构成论——兼论建构犯罪构成论体系的思路》，载陈兴良主编：《刑事法评论》，第13卷，11页，北京，中国政法大学出版社，2003。
[②] 参见［苏］A.H.特拉伊宁：《犯罪构成的一般学说》，王作富等译，48～49页，北京，中国人民大学出版社，1958。
[③] 参见［苏］A.H.特拉伊宁：《犯罪构成的一般学说》，王作富等译，68～69页，北京，中国人民大学出版社，1958。
[④] 参见［苏］A.H.特拉伊宁：《犯罪构成的一般学说》，王作富等译，218页，北京，中国人民大学出版社，1958。

而是"犯罪构成因素"。按照这一逻辑，我们就不难理解特拉伊宁的以下论断：责任能力并不是犯罪构成的因素，也不是刑事责任的根据；责任能力是刑事责任的必要的主观条件，是刑事责任的主观前提——刑事法律惩罚犯罪人并不是因为他心理健康，而是在他心理健康的条件下来惩罚的。责任能力通常在犯罪构成的前面讲，它总是被置于犯罪构成的范围之外。① 在四要件的犯罪构成体系中，责任能力属于犯罪主体的要素，当然是包含在犯罪构成范围之内的。但责任能力并不是刑法分则规定的，因而按照贝林的构成要件论，它并不属于构成要件的要素。因此，如果把特拉伊宁的责任能力总是被置于"犯罪构成"的范围之外这一命题，转换为责任能力总是被置于"构成要件"的范围之外，那就容易理解了。但在特拉伊宁的体系中，却由此形成了自相矛盾的局面，这一矛盾正是犯罪构成与构成要件之间的矛盾。

此外，特拉伊宁关于一般主体不属于犯罪构成因素，只有特殊主体才属于犯罪构成因素的论述，也同样反映了其犯罪构成论的内在矛盾。特拉伊宁指出：从犯罪主体不能被视为犯罪构成的一个因素这个不可争辩的事实中，绝不应该得出结论说，表明犯罪主体的构成因素根本不存在。这些因素当然是存在的，不过它们具有另一种刑法意义罢了。② 按照四要件的犯罪构成体系，犯罪主体当然是犯罪构成要件。但特拉伊宁又说不能把犯罪主体视为犯罪构成的一个因素，这就自相矛盾了。但我们把这里的犯罪构成理解为构成要件，而将所谓犯罪主体理解为犯罪的一般主体，即刑事责任能力，则可以消解这一矛盾。因为刑事责任能力属于责任要素，当然不可能是构成要件的要素。那么，特拉伊宁所说的"当然存在的表明犯罪主体的构成因素"又是何指呢？特拉伊宁指出，法律列入犯罪构成中的表明犯罪主体的特征，具有以下的目的：立法者利用这些特征缩小对某一个或者某一类犯罪应负刑事责任的人的范围，从而肯定下面这个原则——并不是任何

---

① 参见［苏］A. H. 特拉伊宁：《犯罪构成的一般学说》，王作富等译，60～61页，北京，中国人民大学出版社，1958。

② 参见［苏］A. H. 特拉伊宁：《犯罪构成的一般学说》，王作富等译，158～159页，北京，中国人民大学出版社，1958。

构成要件论：从贝林到特拉伊宁

一个有责任能力的自然人都可以成为某种或者某类犯罪的主体。这种限制的趋向，在法律中表现在以下两个方面：立法者规定有具体范围的主体的犯罪构成和特殊范围的主体的犯罪构成。① 由上可知，特拉伊宁所说的表明犯罪主体的构成因素是指行为人的特定身份，由此构成的犯罪在德日刑法理论上称为身份犯。身份犯的身份在四要件的犯罪构成体系中称为特殊主体，而在三阶层的犯罪论体系中称为行为主体。身份是由刑法分则规定的，根据贝林的构成要件论，当然属于构成要件的要素。特拉伊宁将犯罪的一般主体排除在犯罪构成因素的范围之外，而将特殊主体纳入犯罪构成因素的范围，表明这里的犯罪构成并不是四要件意义上的犯罪构成，而只能是三阶层意义上的构成要件。

在特拉伊宁的《犯罪构成的一般学说》一书中，还存在大量此类论述，都是只有当我们把他所说的犯罪构成替换为贝林的构成要件时才能读懂。例如，其一再强调社会危害性不能是犯罪构成的一个因素②，认为把社会危害性列为说明犯罪客观方面的构成因素的做法是极端错误的。③ 这一观点往往受到苏俄学者的批判，他们指责特拉伊宁毫无根据地把社会危害性置于犯罪构成之外，这就使犯罪构成失去了刑事责任根据的意义。④ 但如果我们把特拉伊宁所说的犯罪构成理解为构成要件，而把社会危害性理解为违法性的实质判断，那么，社会危害性当然是在犯罪构成之外的。又如，特拉伊宁在论及犯罪构成与正当防卫、紧急避险的关系时，认为在犯罪构成学说的范围内，没有必要而且也不可能对正当防卫和紧急避险这两个问题做详细的研究。⑤ 初见此言，给人以唐突、武断之感。正当

---

① 参见［苏］A. H. 特拉伊宁：《犯罪构成的一般学说》，王作富等译，159页，北京，中国人民大学出版社，1958。
② 参见［苏］A. H. 特拉伊宁：《犯罪构成的一般学说》，王作富等译，64页，北京，中国人民大学出版社，1958。
③ 参见［苏］A. H. 特拉伊宁：《犯罪构成的一般学说》，王作富等译，271页，北京，中国人民大学出版社，1958。
④ 参见［苏］A. A. 皮昂特科夫斯基等：《苏联刑法科学史》，曹子丹等译，44页，北京，法律出版社，1984。
⑤ 参见［苏］A. H. 特拉伊宁：《犯罪构成的一般学说》，王作富等译，272页，北京，中国人民大学出版社，1958。

防卫和紧急避险为什么不能在犯罪构成中加以研究？特拉伊宁并没有给出充分的理由及论证。但如果我们把这里的犯罪构成替换为构成要件，这就好理解了：正当防卫和紧急避险当然不可能在构成要件中加以研究，即不存在消极的构成要件，它只能在违法性中作为违法阻却事由加以研究。在四要件的犯罪构成体系中，把正当防卫和紧急避险称为排除社会危害性的行为，在性质上就是违法阻却事由。苏俄学者把正当防卫和紧急避险定义为形式上符合犯罪构成但实质上并不具有社会危害性的行为。这里的形式上符合犯罪构成这一表述往往被人诟病，因为如果社会危害性是犯罪构成的属性，就不存在形式上符合犯罪构成的问题，只有把犯罪构成还原为构成要件，才存在形式上符合犯罪构成的问题。苏俄学者最终选择的是否定所谓形式的犯罪构成的立场，指出：为了巩固社会主义法制的斗争，无论在理论上还是在审判检察工作的实践中，都应该始终不渝地实行苏维埃实体刑法和刑事诉讼法上的基本原则——犯罪构成是刑事责任的唯一基础；没有行为的违法性（社会危害性），就没有犯罪构成；有了犯罪构成，就是实施了危害社会的行为。苏维埃刑法理论没有任何必要去保全那种取消了行为的社会危害性特征的、形式的犯罪构成观念。肃清形式的犯罪构成观念对苏维埃刑法理论的各种影响，对于反对以新康德主义的唯心哲学为基础而成长起来的反动的犯罪构成观念来说，将有着重大的意义。① 这里所说的"形式的犯罪构成观念"，显然是指贝林的构成要件。犯罪构成是刑事责任的唯一根据这一命题，就成为检验是否摒弃形式的犯罪构成观念的试金石。在政治批判面前，特拉伊宁不得不退让，终于完成了从构成要件到犯罪构成的彻底转变，以这样的一种悲剧的方式克服了其二元的犯罪构成论中所包含的深刻矛盾。苏俄学者在论及特拉伊宁的转变时指出：通过学术批判，特拉伊宁改变了自己以前的观点。他在其专著的第三版中是这样论述犯罪构成的："……人的行为中具有犯罪构成是适用刑罚的根据，如果行为中缺少犯罪构成则应免除刑事责任。"② 至此，构成要件在苏俄的犯罪构成

---

① 参见［苏］A.A. 皮昂特科夫斯基：《社会主义法制的巩固与犯罪构成学说的基本问题》，载中国人民大学刑法教研室编译：《苏维埃刑法论文选译》，第1辑，85页，北京，中国人民大学出版社，1955。
② ［苏］A.A. 皮昂特科夫斯基等：《苏联刑法科学史》，曹子丹等译，46页，北京，法律出版社，1984。

论中消失得无影无踪,特拉伊宁彻底切断了犯罪构成与构成要件之间的学术脐带,四要件彻底沦为没有构成要件的犯罪构成。

三、中国:构成要件论的模型还原

我国四要件的犯罪构成体系是全盘照搬苏俄的,在很大程度上受特拉伊宁的影响。正如我国学者所指出的那样,如果看不到特拉伊宁的著作对我国犯罪构成理论的深刻影响,我们将无法全面地把握苏联刑法学与我国刑法学之间的渊源关系。[①]因此,对特拉伊宁的犯罪构成论的清算,正是我国刑法学去苏俄化的应有之义。

应该指出,犯罪构成与构成要件这两个概念的混淆,在我国引入德日三阶层的犯罪论体系之前并不存在。因为那时我国接受的是刑事责任的唯一根据意义上的犯罪构成,对于特拉伊宁犯罪构成论中隐约可见的构成要件观念的踪影视而不见。只是在引入德日三阶层的犯罪论体系以后,尤其是随着贝林的构成要件论被译介到我国,才发生了犯罪构成与构成要件的混淆。我国学者肖中华教授将这种混淆的责任追溯到特拉伊宁,指出:那种误认德文中 tatbestand 即是"犯罪成立"之意的观点,确实有着实质的误导性,不能不予以认真地检讨。这种观点,在我国有关大陆法系犯罪构成理论的历史发展的论述中比较突出。究其根源,在于我国对苏联犯罪构成理论著作(以特拉伊宁所著《犯罪构成的一般学说》为代表)将 tatbestand 误译为"犯罪构成"未做原始的考证甄别而以讹传讹地沿袭。特拉伊宁或是把费尔巴哈对 tatbestand 的定义看成是对"犯罪构成"即犯罪成立所下的定义,或是以自己所创立的、作为"犯罪成立所必须具备的诸要件的总和"的"犯罪构成"这样一个概念标准,去驳斥费尔巴哈学说中仅作为犯罪外在事实的 tatbestand,指出其存在所谓的割裂犯罪构成的统一概念的错误。特拉伊宁的结论是无法让人赞同的,因为他在问题的出发点上就偷换了概念。[②] 肖中华

---

① 参见夏勇:《特拉伊宁的刑法思想对我国犯罪构成理论的影响》,载《苏联法学对中国法学与法制的影响学术研讨会论文集》,97 页,2004。

② 参见肖中华:《犯罪构成及其关系论》,3~5 页,北京,中国人民大学出版社,2000。

教授在此提出的"问题的出发点"这个概念是十分重要的，我们必须回到问题的出发点，正本清源，拨乱反正。那么，什么是这里的问题的出发点呢？我认为，贝林的构成要件论就是问题的出发点，因而对四要件的犯罪构成体系的反思与反拨，必须回到构成要件论，回到贝林。也许有人会说，贝林是一百年前的人物，早已落伍了。即使德国的犯罪论体系，也在贝林的古典犯罪论体系之后，经历了新古典犯罪论体系、目的主义犯罪论体系、目的理性犯罪论体系的演变，贝林的构成要件论早已过时。日本学者西原春夫甚至提出"构成要件论发展的历史实际上也正是构成要件论崩溃的历史"的命题，指出：纵观德国与日本构成要件论发展的历史，简直就是构成要件论向违法论靠近的历史。它只不过就是原本价值无涉的、客观的描述性构成要件逐渐开始承载价值、逐渐开始包含大量的主观性和规范性这两种要素的历史。在我看来，构成要件至少在德国已经快到达发展的终点了。如果构成要件论可以取得更大的发展，那么，在此我看到的或许是由于内容过于丰富并且承载了过多的价值，因此反而淹没在价值之中，变得空洞无物并且丧失了其固有机能的构成要件论。而且，如果构成要件的概念本来就背负着这种发展的宿命，那么，构成要件的概念只不过就成了德国和日本刑法学的"悲哀的玩具"[①]。西原春夫教授也许是攻击构成要件论最为有力的学者，其采用行为、违法、责任这种三要素的犯罪论体系，采取并不承认构成要件或者构成要件符合性是独立的犯罪要素的立场。[②] 对于贝林以后的犯罪要件论的命运，这是另一个话题，本文的副标题是"从贝林到特拉伊宁"，这是一段构成要件论的歧路。而从贝林到韦尔策尔，再到罗克辛，那又是构成要件论的另一段历史。恰如付立庆教授所提出的，贝林是"应该肯定的先哲，必须超越的阶梯"[③]，这是十分中肯的。然而，如欲超越贝林，我们首先必须回到贝林、理解贝林，否则就没有超越而只有误解。即使今日贝林的构成要件论如西原春夫教授所言，已经成为"悲哀的玩具"，我们也必须经历这需要"玩具"的犯罪论的童年时代。这就是说，我

---

① ［日］西原春夫：《犯罪实行行为论》，戴波、江溯译，1页，北京，北京大学出版社，2006。
② 参见［日］西原春夫：《犯罪实行行为论》，戴波、江溯译，46～47页，北京，北京大学出版社，2006。
③ 付立庆：《犯罪构成理论：比较研究与路径选择》，187页，北京，法律出版社，2010。

构成要件论：从贝林到特拉伊宁

们必须从犯罪构成的歧路返回构成要件的原点，然后从问题的原点重装上阵。在这个意义上说，我国刑法学需要贝林构成要件论的启蒙。

在贝林的犯罪论体系中，构成要件只不过是犯罪的观念指导形象，是犯罪成立的第一个要件，然后依次还有违法性与有责性。因此，只有把贝林的构成要件纳入其三阶层的犯罪论体系，才能真正把握其构成要件论的精髓。而特拉伊宁将贝林的构成要件论改造为犯罪构成论，将犯罪成立的所有要素都纳入其中以后，存在三个问题。

第一，构成要件定型化机能的缺失。

在贝林的构成要件论中，构成要件是前置于犯罪成立的其他要件的，对入罪起到限制作用，从而把罪刑法定原则"法无明文规定不为罪"的实体内容转化为"行为不符合构成要件不为罪"的操作规则，借此发挥刑法的人权保障机能。但在四要件的犯罪构成中，犯罪成立的所有要件都装入犯罪构成这个空筐，本义上的构成要件不复存在，因而构成要件的定型化机能也就丧失了，并对刑法的人权保障功能产生某种影响。当然，这并不是说四要件的犯罪构成就完全不具有人权保障机能。相对任意出入人罪的专制司法，以四要件的犯罪构成作为入罪根据，本身就是法治的体现。我们也可以看到，无论是在苏俄还是在我国，犯罪构成论都是在与法律虚无主义的艰难抗争中成长起来的。每当法律虚无主义盛行，犯罪构成论就被弃置。即便如此，我们也不能认为犯罪构成在人权保障方面就能充分发挥作用。正因为犯罪构成论是苏俄及我国法治不甚发达的产物，因而其本身存在种种缺陷。相对来说，三阶层的犯罪论体系是在法治较为发达的德国产生的，尽管在法西斯盛行时期它同样被弃用，但这是政治因素使然。在这个问题上，我赞同付立庆教授的以下观点：任何一种理论体系都有其作用的边界。我们是就纯粹的犯罪论体系自身的逻辑结构及其体系的出罪、入罪功能来讨论两种（三阶层和四要件）不同的犯罪论体系各自的优缺短长的，这只能在犯罪论体系发挥作用的界域之内，不能横空出世地夹杂进一个变化多端的政治因素来。[①] 诚

---

① 参见付立庆：《犯罪构成理论：比较研究与路径选择》，87～88页，北京，法律出版社，2010。

哉斯言。

构成要件具有类型化的特征，它是更容易把握的。贝林将其作为犯罪成立的第一个要件，其意图就是通过构成要件的客观性、形式性，对入罪起到限制作用。尤其是因为构成要件是刑法分则规定的，正如日本学者小野清一郎所说：构成要件是刑法各条中规定的"罪"，亦即特殊化了的犯罪概念。换言之，它就是特殊构成要件而不是一般构成要件。① 这样，就可以将法官的眼光引导到刑法分则罪状的规定上去，以此作为入罪的起点，判断刑法是否具有明文规定，将罪刑法定原则融入法官的定罪思维过程。就此而言，构成要件所具有的定型化机能对于人权保障具有重要意义。在没有构成要件的四要件的犯罪构成中，构成要件的这种定型化机能完全丧失了，这是不可否认的。

第二，构成要件与违法性关系的混淆。

按照贝林的构成要件论，构成要件是描述性的，而违法性是评价性的；构成要件是评价客体，而违法性是客体评价。在这里，作为评价的客体与作为客体的评价是分而论之的：前者由构成要件承担，后者由违法性承担。我国台湾学者在论及评价客体与客体评价时指出：刑法是以一定的客观事实，作为其判断犯罪成立与否的对象。此一作为刑法认定的客观事实，概念上被称为"评价客体"，也就是刑法规定所要判断的对象。评价客体是属于客观存在面的现象，其本身是作为接受评价的客体，并无自身评价的问题存在，也就是一个客观存在的事实，本身并不会自己成为犯罪。其所以会变成犯罪，是因为被法律所评价之故。而对于客观存在面的一定事实现象，做评价判断的规范者，就成为"客体评价"，也就是对于一定对象所为的判断。刑法则是对于一定行为事实的"客体评价"，透过评价的作用，判断行为事实是否属于犯罪。是以，行为事实是接受规范认定与判断的"评价客体"；而刑法则是对于该行为事实，做犯罪成立认定与刑罚科处的判断，乃是对于行为事实的"客体评价"②。贝林主张构成要件的行为类型说，

---

① 参见［日］小野清一郎：《犯罪构成要件理论》，王泰译，12 页，北京，中国人民公安大学出版社，2004。

② 柯耀程：《刑法构成要件解析》，70 页，台北，三民书局，2010。

将构成要件该当性的判断与违法性的判断完全分开。随着构成要件的违法行为类型说的出现,违法性的实质判断功能越来越多地纳入构成要件。构成要件具有违法性的推定机能,它本身不做正面判断,而只做消极判断,即在存在违法阻却事由的情况下,可以否定违法性。尽管如此,在构成要件中形式判断与实质判断仍然是存在区隔的,并且形式判断在逻辑位阶上是前置于实质判断的。因此,尽管构成要件的内容发生了重大变化,贝林所预想的构成要件的形式性要素对于实质内容的制约机制依然发生作用。

在特拉伊宁的犯罪构成论中,并不存在违法性要件,所谓违法性要件的功能基本上是由社会危害性这一概念承担的。但犯罪构成与社会危害性的关系,恰恰在四要件中没有得到妥当处理,因而是最为人所诟病之所在。按照特拉伊宁的设想,犯罪构成与社会危害性是分离的:犯罪构成说明行为的社会危害性,社会危害性是犯罪构成的本质。在这个意义上,犯罪构成即是社会危害性的构成。但是,这种观点具有循环论证的特征:就犯罪构成与社会危害性之间的关系而言,到底是行为具备犯罪构成才具有社会危害性,还是行为具有社会危害性才具备犯罪构成?由于社会危害性凌驾于犯罪构成之上,且由于社会危害性是以政治意识形态为内容的,因而以社会危害性的实质判断作为入罪根据,将使犯罪构成虚置,根本不能发挥其限制入罪的机能。从这个意义上说,四要件的犯罪构成潜藏着沦为政治奴婢的危险。

第三,构成要件与有责性关系的错乱。

贝林的构成要件是客观的,当然不包含主观要素,主观要素属于责任范畴。这是古典犯罪论体系的结构性安排,以此坚守"违法是客观的,责任是主观的"这一学术立场。贝林指出:责任(广义上的责任 culpa),也是刑法上的犯罪要素,表明符合构成要件、违法的行为在内在(精神)方面具有可非难性,是法律上的主观欠缺瑕疵性(fehlerhaftigkeit)。① 贝林把责任看作一种评价:正如违法

---

① 参见[德]恩施特·贝林:《构成要件理论》,王安异译,95页,北京,中国人民公安大学出版社,2006。

性是从客观方面对构成要件的否定性评价,有责性是从主观方面对构成要件的否定性评价。这样,以构成要件为实体内容的违法与有责就成为犯罪的两大支柱:有责以违法为前提,由此可以引申出没有"没有违法的有责";违法不以有责为后果,由此可以引申出存在"没有有责的违法"。这样,违法与有责就被处理成客观与主观的关系。在贝林所处的古典时代,在责任问题上采用的是心理责任论:故意或者过失即意味着主观上的非难。随着目的主义犯罪论体系的发展,尤其是从心理责任论向规范责任论的转变,故意与过失的心理要素与期待可能性等主观评价要素相分离,并出现了将故意与过失的心理要素纳入构成要件的主张,从而使构成要件成为违法有责行为类型,由此颠覆了"违法是客观的,责任是主观的"这一学术立场。然而,即使是客观构成要素与主观构成要素统一的构成要件论,与特拉伊宁的犯罪构成论还是存在根本差异的。在违法有责行为类型中,构成要件内容较之贝林时代大为充实,其犯罪个别化程度大为提升,但它仍然只是为违法与有责的判断提供事实根据。即使是犯罪论体系的三阶层变成"构成要件—违法阻却事由—责任阻却事由"这样一种进路,构成要件的特殊机能仍然是存在的。在构成要件中,客观构成要素与主观构成要素之间的位阶关系也是存在的。客观构成要素对于主观构成要素起到一种制约作用。例如,只有确认了一种行为在客观上是杀人,才能考虑行为人主观上是否具有杀人故意。换言之,是杀人行为决定其主观故意内容是杀人,而不是相反。

在特拉伊宁的犯罪构成论中,同样也容纳了犯罪客观要素与主观要素。就特拉伊宁的论述而言,主观要素是以客观要素为前提的。例如特拉伊宁指出:为了有根据地要行为人对这个杀人罪负刑事责任,首先必须(在分析犯罪构成的其他因素,例如其有忌妒的动机之前)确定是这个人:(1)造成了被害人的死亡;(2)是有罪地(故意或过失)造成的。[①] 但在特拉伊宁的犯罪构成论中,也并没有对四要件之间的关系进行专门研究,因而四要件之间并不存在位阶关系。如果

---

① 参见[苏]A.H.特拉伊宁:《犯罪构成的一般学说》,王作富等译,197页,北京,中国人民大学出版社,1958。

构成要件论：从贝林到特拉伊宁

说三阶层是层层递进关系，是一种立体结构，每个要件都意味着对入罪的一重审查，同时也为出罪提供了客观上的可能性，那么四要件就是平面结构，每个要件是同时并存的，它们不存在位阶关系，只存在排列的顺序问题。就排列顺序而言，在苏俄刑法学中，通常是按照犯罪客体—犯罪客观方面—犯罪主体—犯罪主观方面这样一个顺序排列的。我国传统观点也是按照以上顺序排列的，但现在也有一种颇有影响的观点，按照犯罪主体—犯罪主观方面—犯罪客观方面—犯罪客体的顺序排列。① 在这种情况下，就出现了主观判断先于客观判断的问题，从而违背了违法先于有责的基本原理。对于这种将主观判断置于客观判断之前的做法，贝林早就做过否定性评价，指出：所有"主观要素"在肯定构成要件相关性和违法性的背景下，才可同时进行相关性的研究。如果首先考虑行为人之观念等问题，以图肯定行为人有谋杀的故意，然后才进一步考虑是否出现了相应的实行行为，那么在考察心理时就会只关注一个未来的、依照考察状况而被假设的外在事实，这种思考只有将"客观的要素"确定为已发生事象时才是清楚的。从主观到客观要素的适用，司法上并不是以此为基本考察。该考察虽符合对人们行为的道德考察，却不符合法律的本意，法律在社会生活中是直接规范外在要素，只是结合外在要素才间接考虑内在心理要素。② 特拉伊宁的犯罪构成论没有确立客观要素与主观要素之间的位阶关系，因而才会出现在四要件的实际适用中主观判断先于客观判断的司法乱象。

（本文原载《比较法研究》，2011（4））

---

① 参见肖中华：《犯罪构成及其关系论》，217页，北京，中国人民大学出版社，2000。
② 参见［德］恩施特·贝林：《构成要件理论》，王安异译，31页，北京，中国人民公安大学出版社，2006。

论身份在定罪量刑中的作用

一

身份,严格地说是一个民法术语,可惜我国目前的民法教科书仅对身份权有所论述,对于身份的定义则付阙如。我认为,身份是人在一定的社会关系中的地位。人的本质在其现实性上是一切社会关系的总和(马克思语),因此,每个人无不具有一定的身份。刑法中的身份,是指法律明文规定的对定罪量刑具有影响的一定的个人要素。由此可见,刑法中的身份具有以下特征:

第一,刑法中的身份是一定的个人要素。所谓个人要素是指依附于个人而存在的某种情状,例如职务、性别等。个人因具有这些要素,而在法律上发生一定的权利义务关系,当该权利义务关系涉及犯罪,应当由刑罚的手段来加以调整的时候,这种个人要素就成为刑法中的身份。因此,一定的个人要素是刑法中的身份的事实特征。

第二,刑法中的身份必须对定罪量刑具有影响。身份作为一个民法概念之所以进入刑法领域,就在于它对定罪量刑能够发生一定的影响。否则,一定的个人

要素就不成能为刑法中的身份。因此，对定罪量刑具有影响是刑法中的身份的本质特征。

第三，刑法中的身份是由法律明文规定的。一定的个人要素能否对定罪量刑发生影响，从而成为刑法中的身份，完全取决于法律的规定。因此，法律的明文规定是刑法中的身份的法律特征。

综上所述，刑法中的身份是事实特征、本质特征和法律特征的统一。为了进一步明确刑法中的身份的概念，我们在揭示其内涵的基础上，通过对身份的分类来确定其外延：

（1）自然身份和法定身份。自然身份是指个人因自然的赋予而具有的要素，例如性别、年龄、血缘、疾病等。法定身份是指个人因法律的赋予而具有的要素，例如职务、职责等。自然身份和法定身份虽然来源不同，但它们都能够体现一定的个人在社会关系中的地位，并且对定罪量刑具有影响。所以，因为法律的明文规定而使其成为刑法中的身份。

（2）主体身份和对象身份。主体身份是犯罪主体所具有的身份，对象身份是犯罪对象所具有的身份。我国刑法规定的某些犯罪，除了要求犯罪主体是达到法定责任年龄、具有责任能力的自然人以外，还要求犯罪主体具有一定的身份。这种法律要求具有一定身份的犯罪主体，称为特殊主体；而由这种特殊主体构成的犯罪，则称为身份犯。在我国刑法中，特殊主体的身份可以分为以下几种情况：一是职务上的身份，例如国家工作人员（第136条等）、司法工作人员（第188条等）、邮电工作人员（第191条）。二是职业上的身份，例如从事交通运输的人员（第113条），工厂、矿山、林场、建筑企业或者其他企业、事业单位的职工（第114条）。三是职责上的身份，例如直接责任人员（第121条等）、直接主管人员（全国人大常委会《关于严惩严重破坏经济的罪犯的决定》）。四是其他基于一定的法律关系而产生的身份，例如受国家机关、企业、事业单位、人民团体委托从事公务的人员（第155条第3款），证人、鉴定人、记录人、翻译人（第148条）。我国刑法中规定的某些犯罪，以具有一定身份的人作为其特定的犯罪对象，否则就不能构成该罪。我国刑法中的对象身份可以分为以下几种情况：一是基于

刑事法律关系而产生的身份,例如人犯(第136条)、被监管人(第189条)、罪犯(第190条)。二是基于其他法律关系而产生的身份,例如揭发人、申诉人、批评人(第146条),检举人、被害人(全国人大常委会《关于处理逃跑或者重新犯罪的劳改犯和劳教人员的决定》),执法人员、作证人员(全国人大常委会《关于严惩严重破坏经济的罪犯的决定》)。三是职务上的身份,例如国家工作人员(第157条),四是基于自然关系而产生的身份,例如妇女、不满14岁的幼女(第139条),家庭成员(第182条),年老、年幼、患病或者其他没有独立生活能力的人(第133条),不满14岁的男、女(第184条)。

(3) 积极身份和消极身份。如前所述,对定罪量刑具有影响,这是刑法中的身份的本质特征。而身份对定罪量刑的影响,无外乎两种情况:一是行为人由于某种身份的存在,而使其行为成为刑法中所规定的犯罪,这是身份对定罪量刑的积极影响。例如我国《刑法》第18条第3款指出:"第一款中关于避免本人危险的规定,不适用于职务上、业务上负有特定责任的人。"这是对紧急避险的例外规定。根据我国《刑法》第18条第1款的规定,紧急避险行为不负刑事责任。但如果行为人具有职务、业务上的特定身份,则不适用避免本人危险的规定。因避免本人危险而造成一定危害的,仍应承担刑事责任。这种职务、业务上的特定身份,就是积极身份。二是行为人由于某种身份的存在,而使其责任得以免除,这是身份对定罪量刑的消极影响。我国《刑法》第14条关于不满14岁的人不负刑事责任的规定,第15条关于精神病人在不能辨认或者不能控制自己行为的时候造成危害结果的,不负刑事责任的规定,就是适例。这种因年龄、疾病而产生的特定身份,就是消极身份。

(4) 定罪身份和量刑身份。我国刑法中规定的某些犯罪,以犯罪主体或者犯罪对象的一定身份作为其犯罪构成的要件。在这种情况下,身份成为行为之可罚性的基础,直接影响犯罪的成立,因此称为定罪身份。我国刑法还规定了以身份作为刑之从重、从轻、减轻,甚至免除的根据。在这种情况下,身份决定着罪责之大小,直接影响刑罚的裁量,因此称为量刑身份。

二

以上我们探讨了刑法中的身份的内涵和外延,现在我们将进一步探讨身份在定罪量刑中的意义。

(一)身份是划分罪与非罪的标准之一

根据我国《刑法》第10条的规定,一切危害社会的行为,依照法律应当受刑罚处罚的,都是犯罪。这是我国刑法中的犯罪概念,是我们划分罪与非罪的界限的总标准。这个总标准是高度概括和抽象的,为了使这个标准具体化,我国刑法分则规定了具体犯罪的构成要件,进一步明确了罪与非罪的界限,而身份在许多情况下是具体犯罪的构成要件,因此是划分罪与非罪的标准之一。

在某些情况下,我国刑法通过身份限制犯罪主体的范围,从而划分罪与非罪的界限。例如我国《刑法》第127条规定:"违反商标管理法规,工商企业假冒其他企业已经注册的商标的,对直接责任人员,处三年以下有期徒刑、拘役或者罚金。"根据这一规定,我国刑法中假冒商标罪的犯罪主体必须是直接责任人员。因此,行为人是否具有直接责任人员这一身份,就成为划分罪与非罪的关键。法律之所以把冒充商标罪的主体规定为直接责任人员,就是要以此来限制刑事责任的范围。因为工商企业进行假冒商标的犯罪活动,必然牵涉许多人,尤其是当这种犯罪活动是以法人的名义进行的时候,如果对有关人员一律追究刑事责任,打击面就会失之过宽。因此,法律规定只追究那些直接责任人员,例如经理、厂长、设计人员等的刑事责任,对于不具有这些身份的人则不追究刑事责任。

在某些情况下,我国刑法通过身份限制犯罪对象的范围,从而划分罪与非罪的界限。例如我国《刑法》第184条规定:"拐骗不满十四岁的男、女,脱离家庭或者监护人的。处五年以下有期徒刑或者拘役。"根据这一规定,我国刑法中的拐骗儿童罪的犯罪对象限于不满14岁的男、女。如果是拐骗14岁以上的儿童,虽然也是一种违法行为,但不构成犯罪。因此,在这种情况下,查明被拐骗的儿童是否为不满14岁的男、女,就成为划分罪与非罪界限的关键。

（二）身份是划分此罪与彼罪的标准之一

为了贯彻社会主义法制原则，我们不仅要正确地划分罪与非罪的界限，还要科学地划分此罪与彼罪的界限。而身份不仅在划分罪与非罪中具有重要意义，它也是划分此罪与彼罪的标准之一。如果不查明犯罪主体或者犯罪对象的身份，就会混淆此罪与彼罪的界限，不能准确地适用法律。因此，身份在划分此罪与彼罪中同样具有重要意义。

在某些情况下，虽然主体所实施的犯罪行为在形式上是相同的，但由于主体身份的不同，犯罪行为所侵害的客体就有所不同，这就决定了其社会危害性的差别。因此，刑法对此规定为两种不同性质的犯罪。例如我国《刑法》第149条规定："隐匿、毁弃或者非法开拆他人信件，侵犯公民通信自由权利，情节严重的，处一年以下有期徒刑或者拘役。"而我国《刑法》第191条又规定："邮电工作人员私自开拆或者隐匿、毁弃邮件、电报的，处二年以下有期徒刑或者拘役。"从法律的规定来看，破坏通信自由罪和邮电工作人员私拆、隐匿、毁弃邮件、电报罪，在其客观表现上具有重合之处，但两者主体身份不同而异其罪质。前者是一般主体，其犯罪行为所侵害的客体是公民的通信自由权利，因此，属于侵犯民主权利罪。而后者是特殊主体，只能由邮电工作人员构成，其犯罪行为不仅侵害了公民的通信自由权利，更主要的是侵害了邮电工作的正常秩序，因此属于渎职罪。两种犯罪相比较，邮电工作人员私拆、隐匿、毁弃邮件、电报罪的社会危害性显然大于破坏通信自由罪。因此，在构成要件上，前者不以情节严重为必要，后者则非情节严重不能构成犯罪，属于情节犯。从法律效果上说，前者的法定刑高于后者。这两种犯罪的区别以犯罪主体是否有邮电工作人员的身份为明显的标志。因此，主体身份在划分此罪与彼罪中具有重要意义。

在某些情况下，刑法把对不同身份的对象实施的犯罪行为分别规定为不同性质的犯罪。例如我国《刑法》第180条规定："有配偶而重婚的，或者明知他人有配偶而与之结婚的，处二年以下有期徒刑或者拘役。"而《刑法》第181条规定："明知是现役军人的配偶而与之同居或者结婚的，处三年以下有期徒刑。"从法律的规定来看，破坏军婚实际上也是破坏一夫一妻制的重婚行为，但由于其犯

罪对象具有现役军人的配偶这一身份，法律出于对军人婚姻关系的特殊保护而将其规定为一种独立的犯罪，并且规定了高于重婚的法定刑。在这种情况下，犯罪对象是否具有现役军人的配偶这一身份，就成为区分重婚罪和破坏军婚罪的标准。因此，对象身份在划分此罪与彼罪中具有重要意义。

（三）身份是刑罚裁量的依据之一

我国刑法根据犯罪情节轻重，在某些情况下分别规定了几个量刑幅度或者规定了从重、从轻处罚等量刑原则；而身份在选择量刑幅度和确定量刑原则中具有重要的意义。

在某些情况下，我国刑法规定犯罪主体具有一定的身份，应当从重处罚。例如我国《刑法》第116条和第117条分别规定了走私罪和投机倒把罪，而在第119条明文规定："国家工作人员利用职务上的便利，犯走私、投机倒把罪的，从重处罚。"又如，我国《刑法》第138条规定了诬告陷害罪的刑事责任，同时指出"国家工作人员犯诬陷罪的，从重处罚"。1982年3月8日全国人大常委会《关于严惩严重破坏经济的罪犯的决定》对《刑法》第118条走私、套汇、投机倒把牟取暴利罪，第152条盗窃罪，第171条贩毒罪，第173条盗运珍贵文物出口罪的处刑进行了补充或者修改，同时规定："国家工作人员利用职务犯前款所列罪行，情节特别严重的，按前款规定从重处罚。"在以上几种情况下，法律都明文规定犯罪主体具有一定的身份，应当从重处罚。因此，在量刑中，确认犯罪主体是否具有国家工作人员的身份，对于刑罚裁量无疑具有重要的意义。

在某些情况下，我国刑法规定犯罪主体具有一定的身份，可以从轻、减轻或者免除处罚。例如《刑法》第16条规定："又聋又哑的人或者盲人犯罪，可以从轻、减轻或者免除处罚。"

在某些情况下，我国刑法根据犯罪对象的不同身份，对同一种犯罪行为规定了不同的法定刑。例如我国《刑法》第162条规定的窝藏、包庇罪，可以分为两种情况：一是窝藏、包庇反革命分子；二是窝藏、包庇其他犯罪分子。显然，窝藏、包庇反革命分子的社会危害性大于窝藏、包庇其他犯罪分子，因此法律对此分别定了不同的法定刑。所以，对象身份也是刑罚裁量的依据之一。

以上三种情况，都是由于犯罪主体或者犯罪对象存在一定的身份，而使其罪责产生变化。因此，为了防止在量刑上发生错误，必须对犯罪主体或者犯罪对象的身份予以高度重视。

三

身份在定罪量刑中的意义已如上所述，那么，身份影响定罪量刑的理论根据是什么呢？只有解决了这个问题，才能使我们对身份在定罪量刑中的意义具有更深刻的认识。

根据我国刑法理论，犯罪的本质特征是社会危害性。罪责之有无和大小，莫不取决于社会危害性及其程度。而社会危害性及其程度是由犯罪构成决定的，犯罪构成是我国刑法所规定的、决定某一具体行为的社会危害性及其程度而为该行为构成犯罪所必需的一切客观和主观要件的总和。身份在犯罪构成中处于某种特殊的地位，它和犯罪构成的各个要件都发生着密不可分的联系，从而影响行为的社会危害性及其程度，这就是身份在定罪量刑中具有重要意义的根本原因之所在。

（一）身份决定着犯罪行为所侵害的犯罪客体的性质以及侵害程度

我国刑法中的犯罪客体是刑法所保护而为犯罪所侵害的社会主义社会关系。而身份是人在一定的社会关系中的地位，人在社会关系中的地位不同，其犯罪行为所侵害的社会关系的性质也有所不同。例如破坏通信自由罪，其主体是一般主体，其所侵害的客体是公民的通信自由权利。而邮电工作人员私拆、隐匿、毁弃邮件、电报罪，其主体是特殊主体，其所侵害的客体主要是邮电工作的正常秩序，两种犯罪因主体身份不同而其犯罪客体也就不同。在大多数情况下，犯罪行为对社会关系的侵害，都是通过对犯罪对象的作用实现的，而人是一定的社会关系的主体，犯罪对象的身份不同，也决定了犯罪行为所侵害的客体的性质以及侵害程度的不同。例如重婚罪和破坏军婚罪，前者对犯罪对象的身份没有特殊要求，因此其犯罪客体是一夫一妻制；后者犯罪对象的身份必须是现役军人的配

偶，因此其犯罪客体主要是现役军人的婚姻关系。两种犯罪因对象的身份不同而其犯罪客体也就不同。又如，窝藏、包庇反革命分子和窝藏、包庇其他犯罪分子，因犯罪对象的身份不同而其对犯罪客体的侵害程度也就不同。

（二）身份决定着犯罪行为的性质

我国刑法规定某些犯罪行为必须是利用职务上的便利实施的，例如第155条规定的贪污罪、第185条规定的受贿罪等。在这些犯罪中，利用职务上的便利是其犯罪行为的一个必不可少的组成部分。因此，是否利用职务上的便利，就成为确定其犯罪性质的重要标准。而利用职务上的便利是以行为人具备一定的身份为前提的，如果没有一定的身份，就不存在利用职务上的便利的问题。因此，主体身份决定着其所实施的犯罪行为的性质。犯罪行为还离不开作用的对象，例如：窝藏，必须要有被窝藏者；重婚，必须要有相婚者。而被窝藏者和相婚者就是犯罪对象，对象身份不同，犯罪行为的性质也就不同。因此，对象身份决定着其所实施的犯罪行为的性质。

（三）身份是犯罪主体的构成要素之一

因此，身份决定着犯罪主体的性质。身份总是和犯罪主体的权利义务相联系的，尤其是法定身份，其身份是由法律赋予而具备的，法律在赋予其一定身份的同时，必然加诸一定的权利和义务。例如我国《刑事诉讼法》第68条规定：询问证人，应当告知他应当如实地提供证据、证言和有意作伪证或者隐匿罪证要负的法律责任。根据这一规定，刑事诉讼中的证人具有提供证据、证言的权利，同时又有如实作证的义务。如果证人不如实作证或有意作伪证，就违背其因身份而产生的法律义务，因此应当承担法律责任。我国《刑法》第148条规定了证人对与案件有重要关系的情节故意作虚假证明，意图陷害他人或者隐匿罪证的刑事责任。显然，伪证的刑事责任是因证人的身份而产生的，如果没有证人这一身份，就不能让其承担罪责。

（四）身份决定着罪过的有无及其程度

我国刑法中的犯罪故意是认识因素和意志因素的统一。而在以犯罪对象的特定身份为其犯罪构成的要件的犯罪中，对象身份往往是认识的内容之一，因此我

国刑法在有些条文中规定对犯罪对象的身份必须是明知的。例如第 181 条规定:"明知是现役军人的配偶而与之同居或者结婚的,处三年以下有期徒刑。"在其他条文中,虽然没有规定明知,但《刑法》第 11 条规定:"明知自己的行为会发生危害社会的结果,并且希望或者放任这种结果发生,因而构成犯罪的,是故意犯罪。"据此我们认为,在刑法分则条文没有规定明知的情况下,行为人对特定犯罪对象的身份也应当是明知的,例如奸淫幼女罪必须以明知被害人是不满 14 岁的幼女为条件。如果行为人对对象身份不知,那就没有某一特定犯罪的故意可言。在这种情况下,或者不构成犯罪,例如不知对方是不满 14 岁的幼女而双方自愿发生性关系的,不以奸淫幼女罪论处;或者构成其他犯罪,例如不知对方是现役军人的配偶而与之重婚的,主观上没有破坏军婚的犯罪故意,而有重婚的犯罪故意,因此不构成破坏军婚罪,而应以重婚罪论处。对象身份还决定着罪过程度,例如明知对方是反革命分子而予以窝藏、包庇和明知对方是其他犯罪分子而予以窝藏、包庇,从犯罪主体的主观恶性来说,显然有所不同。

总之,身份和犯罪构成的各个要件都有着密切联系。正是通过犯罪构成的各个要件,身份影响行为的社会危害性及其程度,从而对于定罪量刑具有重大的意义。

(本文原载《法学研究》,1986(6))

"无行为则无犯罪"

——为一条刑法格言辩护

行为是刑法的基础,"无行为则无犯罪"这一法律格言广为流传,表明行为对于犯罪成立的决定意义。然而,随着刑事立法的发展,行为的外延不断扩大,诸如持有、事态等都包括到犯罪中来。在这种情况下,刑法理论上对行为概念提出了挑战,"无行为则无犯罪"的古训受到了质疑。本文拟在展开刑法中行为理论的基础上,为"无行为则无犯罪"这一刑法格言进行理论上的辩护。

一

行为是一种法律规定,但更是一种理论。犯罪论体系在某种意义上说,就是建立在行为理论基础之上的。

刑法中的行为概念,据说是德国哲学家黑格尔(Hegel)的门徒从黑格尔哲学引入的。[①] 当然,黑格尔是从哲学意义上阐述行为概念的,但其仍然对刑法中

---

① 德国学者拉德布鲁赫(Radbruch)指出:行为概念,从来既无名目,又无形体,仅在体系内彷徨漫步。后来由于黑格尔(Hegel)之刑法学的门徒,将行为予以实质化,时至今日,行为观念在刑法中已占有重要的地位。此种功绩,首先应归功于阿贝格(Abegg),其次应归功于贝尔勒尔(Berner)及厥斯特林(Koostlin)。参见熊选国:《刑法中行为论》,53页,北京,人民法院出版社,1992。

行为概念的确立具有重要意义。[①] 行为概念一经在刑法中确立，就成为刑法学的一个基本范畴，并以行为为中心建立起犯罪论体系，即"一元的犯罪论体系"。随着人们对犯罪研究的逐渐深入，对行为的理解也随之发展，由此展开了行为理论。在刑法学说史中，先后出现过以下几种具有影响的行为理论。

（一）因果行为论

因果行为论是由德国著名刑法学家李斯特、贝林格创立的，这是一种从物理意义上观察行为而形成的行为理论，被称为自然主义的行为论。[②] 因果行为论认为，行为是由主观意志导致外部世界发生某种变动的人的举止。因果行为论把行为视作一个从意志支配到外在变动的因果历程。因此，行为具有两个特征：一是有意性，二是有体性。因果行为论强调行为以一定的意志活动为前提，但认为这种意思内容本身不属于行为的范畴，而是责任的问题，由此将行为与责任相分离。因果行为论注重行为所惹起的外在变动即结果，基于结果无价值的立场，将结果视为行为的构成部分。因果行为论虽然具有机械性，但它将行为与思想加以严格区分，具有区别功能。

（二）目的行为论

目的行为论是由德国著名刑法学家韦尔策尔创立的，这是一种从主观意义上

[①] 黑格尔认为，意志作为主观的或道德的意志表现于外时，就是行为。行为包含着下述各种规定，即：（甲）当其表现于外时，我意识到这是我的行为；（乙）它与行为应然的概念有本质上的联系；（丙）又与他人的意志有本质上的联系。在论及犯罪时，黑格尔指出：犯罪的方面，作为发自主观意志的东西以及按它在意志中的实存方式，在这里才初次成为我们所欲考察的问题。参见［德］黑格尔：《法哲学原理》，范扬、张企泰译，116页，北京，商务印书馆，1961。因此，黑格尔强调行为是人的主观意志之外化，意志对于行为具有支配性。黑格尔指出：在意志的行动中仅仅以意志在它的目的中所知道的这些假定以及包含在故意中的东西为限，承认是它的行为，而应对这一行为负责。行动只有作为意志的过错才能归类于我。参见［德］黑格尔：《法哲学原理》，范扬、张企泰译，119页，北京，商务印书馆，1961。

[②] 因果行为论是以实证主义为其哲学基础的，在自然科学的意义上观察人的行为。对此，日本学者小野清一郎指出：在这种自然科学的、实证主义的、自然主义的观点里，行为是身体的运动或静止，主观意志是神经的内部刺激对肌肉的支配。最明确地表述这种观点的学者是贝林格。他的行为概念从根本上讲还是停留在自然科学之内的。这也许会被认为是一种对构成要件以前的那种（简单）行为论有用的观点，然而不管怎么说，它仍然是来自19世纪的自然科学的思考。即使是将行为论引进构成要件理论的M. E.麦耶尔，也同样停止在"身体动作＝行为，身体静止＝不作为"这样一种观点上。参见［日］小野清一郎：《犯罪构成要件理论》，王泰译，43页，北京，中国人民公安大学出版社，1991。

"无行为则无犯罪"

观察行为而形成的行为理论,被称为目的主义的行为论。① 目的行为论关于行为的见解可以归结为以下这句话:行为是目的的实现。目的行为论强调人的主观目的对于行为的支配性,从结果无价值转向行为无价值。② 目的行为论摒弃了因果行为论将行为视为一种单纯的身体举止的观点,在目的行为的意义上理解行为,强调了行为的可控制性。

（三）社会行为论

社会行为论是由德国著名刑法学家谢密特（E. Schmidt）创立的,这是一种从社会意义上观察行为而形成的行为理论,被称为规范主义的行为论。③ 社会行为论强调从社会意义上评价行为的重要性,在行为概念中引入了社会评价的因素。因此,社会行为论认为,行为概念包括以下三种要素:一是有体性,二是有意性,三是社会性。这里的社会性,是指社会重要性。依社会行为论的观点,决定是否成立行为的是,凡人类的举止（包括作为与不作为）,不问故意还是过失,只要足以惹起有害于社会的结果而具有社会重要性,都可视为刑法意义上的行为。反之,如果行为对于社会并无意义,不是社会规范所调整的举动,就不能认为是刑法上的行为。

（四）人格行为论

人格行为论是由日本著名刑法学家团藤重光、德国著名刑法学家阿尔特尔·考夫曼（Arthur Kaufmann）创立的,这是一种从人格形成的意义上观察行为而形成的行为理论。人格行为论认为行为是人格的表现,是在人格与环境的相互作

---

① 目的行为论之强调行为的目的性,与黑格尔的行为概念存在相通之处。因此,我国学者指出:目的行为论采用的是黑格尔行为概念的框架,而将违法与责任的内容从中剔除了出去。参见李海东:《刑法原理入门（犯罪论基础）》,27 页,北京,法律出版社,1998。因此,目的行为论以主观主义为其哲学基础,是在人文科学的意义上观察人的行为。

② 行为无价值与结果无价值是从违法性视角考察得出的结论。因果行为论认为违法性的实质是对法益的侵害和危险,强调结果无价值;而目的行为论则把故意作为违法性的要素,不仅对法益的侵害和危险,而且侵害、危险的方法（行为的种类、主观的要素）,也是违法性的判断内容。因此,违法性的本质是行为无价值。参见熊选国:《刑法中行为论》,13 页,北京,人民法院出版社,1992。

③ 社会行为论也被认为是一种综合的行为理论。我国学者指出:从社会行为论产生、确立的过程可以看出,社会行为论实际上是综合因果行为论和目的行为论的见解而形成的综合性的行为理论。虽然在这种理论的范围内,各种主张之间存在一定的差异,但有一点是共同的,即追求行为的法的、社会的意义。参见熊选国:《刑法中行为论》,16 页,北京,人民法院出版社,1992。

用中根据行为人的主体的态度而实施的。人格是主体的现实化;人格本来是一种潜在的体现,但它现实地表现为活生生的活动,这种活动被人格的主体的一面操纵而实施时,就是行为。① 人格行为论强调人的行为的生物性与心理性,并将行为与社会环境结合起来考察,认为行为既有生物学的基础,又有社会的基础。前者意味着行为是人的身体动静,不仅如此,行为的心理作用也受性格学的法则性支配,后者意味着行为是在人格与环境的相互作用下实施的,行为环境与人格环境制约和支配行为,而行为环境与人格环境受到社会的影响。

上述四种行为理论是由各个视野观察行为而形成的关于行为的一般学识,无论何种行为理论都为我们在刑法意义上理解与把握行为提供了学术资料。② 在这些主要行为概念的讨论中,引申出一个考察行为基础立场的问题,即是从存在论出发认识行为还是从价值论出发认识行为。因此,可以把行为理论分为存在论的行为理论与价值论的行为理论。存在论的行为理论是从行为的外在特征(因果行为论)或者内在特征(目的行为论)判断行为,对于确立刑法中的行为概念当然具有奠基的作用。但这种存在论的行为理论局限在行为本体,未能充分认识刑法上行为的社会意义,自有其不足。例如,因果行为论在解释不作为的行为性上,目的行为论在解释过失行为的行为性上,往往捉襟见肘,难以圆满。价值论的行为论在理解刑法

---

① 日本学者认为,人格行为论是从"人"的观点把握行为,指出:团藤博士和考夫曼的立场,是着眼于行为人的人性的存在,考虑到其人格的深层来规定行为的意义,我认为可以称其为人格行为论。而且,根据这种立场,可以把作为和不作为、基于故意和基于过失的东西都包摄在行为之中,这正是把人的行为看成其人格的表现所具有的重要意义。参见〔日〕大塚仁:《犯罪论的基本问题》,冯军译,31 页,北京,中国政法大学出版社,1993。顺便指出,大塚仁本人也是人格行为论的倡导者,他曾经与团藤重光就人格行为论进行了思想交流。详细描述参见李海东主编:《日本刑事法学者》上,296 页,北京,法律出版社,1995。
② 我国台湾地区学者林山田指出:早期刑法学认为行为乃刑法实务从事犯罪判断之基础,故认为应属刑法学研究之重心,并提出甚多行为理论,造成众说兴纭,而争论不休。就刑法实务之犯罪判断而言,并非所有以抽象概念可以掌握之人类行止,刑法均感兴趣,而是只有构成要件该当之作为或不作为,而可能适用刑法定罪科刑之人类行止,才有刑法上之价值。因此,行为理论之争议,并无何实益可言,行为理论在刑法学上之价值似不必过分高估。参见林山田:《刑法通论》,2 版,80 页,台北,三民书局,1986。大陆学者亦有赞同者,参见熊选国:《刑法中行为论》,23~24 页,北京,人民法院出版社,1992。我认为,刑法上的行为理论系对刑法的哲学探究,对于理解行为这一犯罪的本件要件具有重要意义。至于在司法实践中,当然是依法定的行为予以认定。因此,从司法实务角度贬低行为理论的学术价值,未免偏颇。

"无行为则无犯罪"

中的行为时,引入规范评价因素,作为一种综合的行为概念,将这种规范评价建立在存在论的行为理论之上,具有较强的对行为的解释力,因而成为行为概念的通说。至于人格行为论,以人格为中心展开其行为理论,这种人格是建立在事实与评价基础之上的,也可以归入价值论的行为理论。尤其是人格行为论不仅关注当下的行为,而且追溯支配着这种行为的内在人格,使行为真正成为人的行为,可以说是在行为概念中注入了行为人的因素,这对于客观主义的行为概念是一种改造。正是由于人格行为论的确定,犯罪构成不仅是行为中心论的构成,而且是行为与行为人相融合的构成,这就为在犯罪论中坚持犯罪本质二元论的观点提供了立论的根据,我深以为然。当然,人格行为论尽管有很强的理论张力,但存在外延过宽的问题①;同时人格行为论却又存在适用过窄的问题,即主要适宜解释那些主观恶性较深的犯罪人的行为,例如惯犯、累犯的行为。对于偶犯、初犯的解释力就差一些,除非把人格理解为对于本人的行为是否可以控制。显然,这种理解已经与人格的意蕴相去甚远。现代刑法理论中的行为应当是行为事实与价值评判的统一。② 因此,存在论的行为理论存在结构性缺陷,难以成为现代刑法中关于行为的科学解说。在价值论的行为理论中,社会行为论与人格行为论在综合吸收因果行为论与目的行为论的合理因素的基础上,又具有各自的逻辑展开,可以说是各有所长、难以取舍。因此,我赞同社会行为论与人格行为论相融通的观点③,即一种人

---

① 我国学者指出:人格行为概念的评价范围要远远大于前述其他行为概念的范畴。因此,它的定义性由于外延过宽而显然弱于自然主义的、社会的和目的的行为概念。刑法中行为概念的范围由此而变得多少有些无边无际了。参见李海东:《刑法原理入门(犯罪论基础)》,30页,北京,法律出版社,1998。

② 在《刑法哲学》一书中,我从行为事实与价值评判两个方面对行为概念加以展开。我认为,行为事实是一种纯客观的存在,它只有经过一定的价值评判,才能转化为具有犯罪意义的行为。参见陈兴良:《刑法哲学》,修订版,83页,北京,中国政法大学出版社,1997。

③ 我国学者指出:经过反复的对比考虑,社会行为理论有它的弱点,但仍然要比人格行为理论基础坚实。以人格行为为基础而吸收社会行为论的评价坐标来限制人格行为论的不足或以社会行为论为基础而引入人格行为论的人格因素,均未导致对刑法中行为问题认识的深入。因此,作者认为,社会行为概念是较完整地实现了刑法中行为定义的根本要求并具备一定定义所应具有的实质内容和功能的。参见李海东:《刑法原理入门(犯罪论基础)》,31页以下,北京,法律出版社,1998。尽管李海东博士仍然坚持社会行为论,但其对人格行为论与社会行为论进行综合的努力,我深表赞许。

格与社会相统一的复合行为论。① 在这种复合行为论中,人格是行为主体自身的因素,尽管这种因素也是由一定的社会环境造就的。社会是对行为主体的评价因素,这种评价是在一定的人格支配之下的行为,而不是单纯的因果行为或者目的行为。

二

在现代刑法理论中,行为的至尊地位牢不可破。一切如欲作为犯罪处理的对象,无不在行为的概念中找到其侧身之地,否则就难以成为犯罪。② 因此,在刑法学上对不作为、原因上的自由行为、持有等特殊犯罪方式的行为性的解释,就成为一个重大课题。

行为之外有无犯罪呢? 这个问题引发了人们的思考,其中最著名的思考当推美国刑法学家道格拉斯·N. 胡萨克。胡萨克对正统的刑法理论进行了深刻的批判与反思,提出了修正的刑法理论。其中一项重要的修正就是以控制原则取代犯罪行为要件。尽管犯罪行为要件在正统理论中是如此牢固地确立,以至于要取消它完全办不到,但胡萨克仍然提出了天才般的质问:什么是犯罪行为? 所有的刑事责任都涉及犯罪行为,事实上这是正确的吗? 胡萨克把所有刑事责任都要有犯罪行为这一原则称为假设,这一假设需要证明,不是不证自明的真理。然而,在胡萨克看来,对于犯罪行为的辩护是苍白无力的。③ 胡萨克提出了控制原则,其内容是:把刑事责任施加于人们无法控制的事态即为不公正。对违反这一原则的

---

① 日本学者大塚仁主张一种社会的、人格的行为论,包含将社会行为论的内容引入人格行为论的蕴含。参见[日]大塚仁:《犯罪论的基本问题》,冯军译,35 页,北京,中国政法大学出版社,1993。

② 美国学者指出:在正统刑法理论的基本要求中,犯罪行为要件,即表述为没有犯罪行为就不能追究责任的原则,最为根深蒂固,不可动摇。参见[美]道格拉斯·N. 胡萨克:《刑法哲学》,谢望原等译,79 页,北京,中国人民公安大学出版社,1994。

③ 胡萨克指出:正统刑法学家们有一种近乎普遍的倾向,即为了保证犯罪行为要件的正确性,他们把不管是多么特殊的任何意义都归附于犯罪行为。这个倾向所导致的结果是该原则套上了同义反复或概念真理的伪装。参见[美]道格拉斯·N. 胡萨克:《刑法哲学》,谢望原等译,81 页,北京,中国人民公安大学出版社,1994。

"无行为则无犯罪"

情况不负刑事责任，因为我们有不证自明的道德权利。"事态"一词对理解和适用本原则不会带来困难。责任总是针对一些事情的，这些难以确定的"一些事情"就可以称作事态（事情的状态）。由此可见，胡萨克是以事态取代行为，作为控制原则的关键词，控制的核心内容是：一个人，如果他不能防止事情的发生，就是对事态不能控制。如果事态是行为，他应当能不为该行为；如果是后果，他应该能防止其发生；如果是意图，他应该能不具有这个意图；等等。① 胡萨克提出的以事态取代行为的设想，应当说具有极大的诱惑力。事态与行为相比，是一个更具有张力的概念，可以对种种作为刑罚处罚的对象做出合理的解释，从而使以行为解释某些刑罚处罚对象上的难题迎刃而解。在英美法系刑法理论中，除论及作为与不作为之外，还涉及"事件"（state of affairs，亦译为"事态"）②。这里的事件虽然被包含在犯罪行为的范畴之中，但与行为的本意已经相去甚远。在某些大陆法系国家的刑法理论中，犯罪是一种"事实"而不是"行为"的观点几成通说。③ 当然，在这种典型事实中，行为仍然是中心，但至少存在一种超行为的意欲。

犯罪到底是一种"行为"还是一种"事态"？控制原则到底能否取代犯罪行为要件？这确实是一个值得深思的问题。当我面临着对不作为、持有等行为性的解释而感到难以自圆其说的时候，对行为的至尊地位产生了怀疑，无行为则无犯罪的信念发生了动摇。无行为则无犯罪这一原则是否桎梏与窒息了刑法理论的发展？这是否为一种人为的自我限定？这些问题一直困扰着我，一种突破行为的欲望与快感油然而生。但是，人们难道没有困惑行为的解释力的限制吗？如果感觉

---

① 参见［美］道格拉斯·N. 胡萨克：《刑法哲学》，谢望原等译，103页，北京，中国人民公安大学出版社，1994。

② 英国学者指出：有时，犯罪的定义与其说是涉及一个作为或不作为，还不如说仅仅涉及一个外部事件，只要有事件就可以构成的所有犯罪，都是由制定法明文规定的。但这一事件仍然可以归之于犯罪行为这一措施之中。参见［英］鲁珀特·克罗斯、菲利普·A. 琼斯：《英国刑法导论》，赵秉志等译，28页，北京，中国人民大学出版社，1991。我国学者认为，在英国刑法中，与作为和不作为并列的行为形式称"事态"，其主要内容即为持有。参见储槐植：《美国刑法》，2版，55页，北京，北京大学出版社，1996。

③ 在意大利刑法理论中，以事实取代行为因而将构成要件称为典型事实（fatto tipico），典型事实是对生活中（以人的行为为核心的）事实的一种描述。参见［意］杜里奥·帕多瓦尼：《意大利刑法学原理》，陈忠林译，100页以下，北京，法律出版社，1998。

到了，又为什么仍然死守行为这一犯罪的底线呢？消解了行为的概念以后，尽管在理论逻辑上顺畅了，作为替代物的控制原则或者其他类似观点又可能会带来什么后果呢？苦思冥想的结果是，我仍然坚守行为的概念，即便是牺牲某些理论上的顺畅。

  行为在刑法理论中地位的确定，是近代刑法的最大成就。在此以前，犯罪不是一个实体概念，而是一个虚无缥缈的概念，正是行为使犯罪获得了实体性的存在。孟德斯鸠关于言语与行为的论述是具有经典性意义的：言事并不构成"罪体"，言语只有在与行为联结在一起，在准备犯罪行为、伴随犯罪行为或追从犯罪行为时，总之，参与了行为时，才构成犯罪。① 在此，孟德斯鸠确立了只有行为才能成为罪体的原则。由此，行为成为犯罪的本体，刑事古典学派建立的行为中心论成为刑法理论的通说。② 尽管此后刑事实证学派力图以犯罪人替代犯罪，以人的危险状态取代行为的危害状态，从而提出了行为人中心论。但在刑法中，犯罪是一种行为这一基本观念始终未能撼动。从前述行为理论的演进来看，从因果行为论到目的行为论，从目的行为论到社会行为论，行为概念中的物理因素逐渐消解，评价因素随之增加，由此提高行为概念的解释力。至于人格行为论，在一定程度上吸收了刑事实证学派关于人身危险性的成分，但仍然建立在行为这一基础之上。人们之所以坚守行为这个概念，因为行为概念具有某种过滤机能③，

---

① 孟德斯鸠指出：马尔西斯做梦他割断了狄欧尼西乌斯的咽喉。狄欧尼西乌斯因此把他处死，说他如果白天不这样想夜里就不会做这样的梦。这是大暴政，因为即使他曾经这样想，他并没有实际行动。法律的责任只是处罚外部的行动。参见［法］孟德斯鸠：《论法的精神》上册，张雁深译，197 页，北京，商务印书馆，1961。

② 这里有必要引用马克思的一句经典名言：对于法律来说，除了**我的行为**以外，我是根本不存在的，我根本不是法律的对象。我的行为就是我同法律打交道的唯一领域。参见《马克思恩格斯全集》，中文 1 版，第 1 卷，16~17 页，北京，人民出版社，1956。

③ 过滤机能，又称为过滤作用（filter function）。我国台湾地区学者林山田指出：刑法的行为概念乃刑法评价工作中首先应判断的事项。行为或静止，唯有经由判断而肯定为刑法概念上的行为后，始再继续判断行为之可罚性。由于绝大多数的人类行止，均为意志所可支配者，故在刑法评价中，只有在例外情况下，才从事行为概念的判断，在即信事实情况足以怀疑行为人之行止是否系其意思所主宰支配时，始进一步加以检验。因此，行为概念之检验，在刑法之犯罪判断上，具有过滤作用。参见林山田：《刑法通论》，2 版，75 页，台北，三民书局，1986。

"无行为则无犯罪"

成为人权保障的一道防线。诚然,采纳控制原则可以提高理论解释力,凡一切可控制而未能控制的事态都归之于犯罪;反之,则不构成犯罪。由此,回避了在不作为、持有等行为性的证明上的困难。但是,控制本身是一个十分虚幻的概念。相对于行为理论而言,控制原则的最大功绩是解决了行为理论所面临的理论解释上的难题,但其最大失效则是难以对能否控制做出实证的与规范的判断。由于控制能力是因人而异的,这种差别性如何统一在平等性(也就是标准性或一般性)上?如果这些问题不解决,控制原则就像意志自由一样,难以成为刑事操作规范。由此,胡萨克等人也对试图对控制概念做更全面分析的失败产生失望,尽管他又在与行为概念的对比中为控制原则做了进一步的辩护。[1] 我认为,从行为理论与控制原则的相关考察中,可以发现我们面临的这样一种选择:是坚守行为的确定性从而确保刑法的人权保障机能的实现,而牺牲某些法律理论上的与技术上的圆满与完善;还是以控制原则取代行为理论从而获得法律理论上的与技术上的圆满与完善,而牺牲由于控制的虚幻性可能导致的刑法的擅断性?不言而喻的结果是:选择前者而非后者。至此,对于控制原则只剩下一种望梅止渴的感觉,对于行为概念则产生一种难以割舍的感情。可以说行为概念不是最好的,但却是不可替代的。

三

行为作为一个刑法上的概念,具有不同于日常生活中的行为概念的某些蕴

---

[1] 胡萨克对控制原则与行为理论做了以下比较:(1)尽管已有好几个世纪情况一直如此,但是,正统刑法学家们没有提出哪怕是大约相似的对犯罪行为概念的适当分析。如果没有对犯罪行为概念的满意分析,那么,对控制做精确分析的相应失败,不会使人们认为控制原则劣于其竞争对手。(2)不同于"犯罪行为","控制"一词有人们熟悉的非法律意义的用法。因此,对控制的分析,不如要它起"法律艺术专门术语"的作用那种迫切需要。不管是非法律从业人员,还是法学家,较之于确定犯罪行为是否发生来说,他们更容易确定事态是否受人的控制。(3)像犯罪行为要件一样,通过考察其在实体刑法中的含义,控制原则能得到最好的理解。假如这些含义能够相对准确地界定,对控制概念缺少全面哲学分析就不是关键问题了。参见[美]道格拉斯·N. 胡萨克:《刑法哲学》,谢望原等译,104页,北京,中国人民公安大学出版社,1994。

含。因此，对于行为特征进行深入分析是十分必要的，它能够使我们更为科学地把握行为的概念。

（一）行为的主体性

行为的主体性涉及行为主体的问题，它揭示了行为是"人的"行为，将一定的行为归属于人，这是对行为概念加以理解的基本前提。行为的主体性将行为主体界定为人，包括自然人与法人，从而排除了人以外之物成为犯罪主体的可能性。① 因此，行为的主体性表明只有人才具有实施行为的某种资格。行为的主体性只是对行为的主体做出界定，因而不同于犯罪主体。犯罪主体是指具备刑事责任能力、实施犯罪行为并且依法应负刑事责任的人。因此，犯罪主体只有在某一行为构成犯罪并且应负刑事责任的情况下才能成立。行为主体则只是表明一定行为的实施者，对于行为主体并无实质内容上的限定。② 所以，不应将行为主体（行为人）与犯罪主体（犯罪人）混为一谈。③

---

① 在古代刑法中，把人类以外之物作为犯罪主体而施加刑罚的实例并不鲜见，详见赵秉志：《犯罪主体论》，14 页以下，北京，中国人民大学出版社，1989。

② 我国台湾地区学者指出：适格之行为人（Tater）乃指每个能够出于自己意思而作为或不作为的人，亦即每一具有意思能力的人（Der willen sfahige Mensch），均可能为刑法上的行为人，即使是无责任能力或限制责任能力人，亦均能以其行为而实现构成要件所描述的不法，故变为适格的行为人。参见林山田：《刑法通论》，2 版，80~81 页，台北，三民书局，1986。

③ 我国学者在犯罪主体问题上，提出资格主体与身份主体的区分，指出一定的人要成为犯罪主体进入刑事法律关系领域，必须事先要取得一定的资格，犯罪主体实际上是以这一主体事先达到刑事责任年龄、具有刑事责任能力、取得进入刑事法律关系领域的"入场券"为前提，以所实施的行为被确认为已经构成犯罪并被认为需要承担刑事责任后的身份。实施犯罪前为资格主体，实施犯罪后为身份主体，两者均为犯罪主体。参见杨兴培：《犯罪构成的反思与重构》上，载《政法论坛》，1999（1）。这一区分具有一定的意义，但仍然存在逻辑上的矛盾：实施犯罪以前怎么能称为犯罪主体？即使是犯罪资格主体（可能主体）也是不确切的。其逻辑矛盾来源于这一命题："行为的主体永远先于行为而存在，犯罪的主体永远先于犯罪而存在。"从没有人就没有行为的意义上说，是行为人先于行为而存在。但没有实施行为的人能否称为行为人，本身是一个疑问。因此是行为人先于行为而存在，还是行为先于行为人而存在，仍然是一个先有鸡后有蛋还是先有蛋后有鸡一样的老问题。如果说行为主体先于犯罪而存在，这一命题是能够成立的。因此，犯罪资格主体不如称为行为主体。但在资格主体中包含主体年龄、责任能力的内容，则又与行为主体存在本质上的差别。我认为，为克服上述逻辑矛盾，可以把行为主体与责任能力相分离，将责任能力归入罪责要件，从而从根本上消解犯罪主体的要件。

"无行为则无犯罪"

（二）行为的举止性

行为的举止，指身体动静，这是行为的体素。因果行为论曾经强调行为的有体性，这里的有体性是指行为人在意欲的支配下，必须导致身体的运动，并惹起外界的变动，具有"知觉的可能性"。这种有体性，是单纯地从物理的意义上根据人的行为追求行为自然存在性。对于作为可能做出科学说明，对于不作为则难以贯彻。由此得出否定不作为的行为性的结论。现在看来，有体性作为对行为的体素的描述是不确切的。行为的体素应当是举止性，既包括身体的举动（作为），又包括身体的静止（不作为）。当然，不作为作为一种物理意义上的"无"，如何能够成为一种刑法意义上的"有"，需要引入社会评价的视角。

（三）行为的自愿性

行为的自愿性，指主观意思，这是行为的心素。① 只有在意志自由的情况下实施的行为才可归类于行为人。② 因此，心素对于界定刑法中的行为具有重要意义。行为的自愿性，可以把不具有主观意思的行为排除在刑法中的行为概念之外。③ 这里

---

① 行为是否包括心素，即刑法上的行为是否仅限于有意识的行为，在刑法理论上存在以下三种观点：一是身体动作说，认为行为是一种单纯的身体运动或静止，人的主观意思不是行为的构成要素。二是有意行为说，认为刑法上的行为，必须是有意识的行为，人的意识是行为的必备要素。如果只是单纯的身体动作，而缺乏意思要素，不论其造成何种危害，都不是刑法上的行为。三是目的行为说，认为刑法上的行为不仅是一种有意识的举动，而且是一种有目的的举动。这种目的性表现为，行为首先是确立一定的目标，然后选择相应的手段，进而支配和调节人的身体活动，最后实现预定的目的。参见马克昌、鲍遂献：《略论我国刑法上行为的概念》，载《法学研究》，1991（2）。

② 行为的心理性是主观归责的前提，但与罪过是有所不同的，两者不可混淆。我国学者指出：行为的意思活动是指基于行为人的自由意思，不受任何强制，而支配其身体为一定的动静。即使是意外事件，行为人虽然对于危害结果的发生没有罪过，但就行为人实施的引起损害结果的行为而言仍是基于自己的意思而实施的，因此仍属于刑法上的危害行为。其不构成犯罪的根据仅在于没有主观上的罪过而已。参见熊选国：《刑法中行为论》，28～29页，北京，人民法院出版社，1992。在此，意外事件是危害行为的命题尚可商榷，但其属于刑法中行为的范畴则无疑义。

③ 古希腊哲学家亚里士多德在将行为分为自愿行为与非自愿行为时指出：在强制的情况下，行为是非自愿的。强制就是行为的原因在于行为者之外的那些事情中，而对此行为者是无能为力的。某些行为就其自身是非自愿的，然而行为者却可选择这个而不选择那个，行为的始点是在他之中，这种行为自身是非自愿的，但现在对此或彼的选择却是自愿的，似乎更多是自愿的。根据亚里士多德的观点，自愿行为是伦理评价对象，非自愿行为不具有伦理意义。自愿行为与非自愿行为的区分对于刑法中行为的确定具有参考价值。参见［古希腊］亚里士多德：《尼各马科伦理学》，苗力田译，42页，北京，中国社会科学出版社，1990。

所谓不具有主观意思的行为包括：（1）反射动作，指无意识参与作用的反射性动作。（2）机械动作，指受他人物理限制，在完全无法抗拒的情况下的机械动作。（3）本能动作，指因疾病发作的抽搐，或因触电或神经注射而产生的痉挛，在睡眠中的梦游等亦属此类。以下人类行为，应视为是在行为人意思支配下实施的，因而仍属于刑法中的行为：（1）自动化行为，指在一定的思维定式支配下反复实施而成为习惯的行为。（2）冲动行为，指在激情状态下实施的、超出行为人理智控制的行为。（3）精神胁迫行为，指在他人暴力的间接强制下实施的行为。①（4）忘却行为，指被期待有所行为时，由于丧失行为意识而造成某种危害后果的情形。由忘却行为构成的犯罪，在刑法理论上称为忘却犯。②（5）原因上的自由行为，指在本人的心神丧失状态下实施犯罪的情形。原因上的自由行为属于自招行为。其是否能被作为犯罪行为，关键是如何解释心素与体素的统一性问题。在大陆法系刑法中，责任能力与实行行为同时并存是一条原则，但原因上的自由行

---

① 在英美刑法中，胁迫（duress）是一个合法辩护理由。又有诸多限制，对于某些重罪不能以胁迫作为合法辩护理由；对于某些轻罪则可以作为合法辩护理由。同时，胁迫的程度可能影响刑事责任的轻重。参见储槐植：《美国刑法》，2版，112页，北京，北京大学出版社，1996。

② 关于在忘却犯情况下是否存在行为，在刑法理论上存在争论。日本学者指出：这种忘却犯虽然不是出于主观意思，但属于犯罪是没有疑义的。可是，一般说法给行为下的定义是"出于意思的身体的动与静"，所以这种行为概念本身，应该将无意思的忘却犯从行为范畴中排除出去。而如果将这种忘却犯不当作行为的话，就等于有不属于行为的犯罪存在，打破了"犯罪是行为"的命题，从而必然否定因包括刑法问题的全部现象而形成的刑法评价结构的行为意义。由此形成一个矛盾：如果把忘却行为当作行为，则违反了行为的通常概念，因为在这种情况下没有意思活动。如果不把忘却行为当作行为，则又违反了"犯罪是行为"的通说。除非修改行为的概念，即从一般说法的行为概念中除去意思要素，将行为当作身体的举动或静止来掌握。而把忘却犯也看作行为的观点，由于将意思要素从行为概念中排除，从而将无意识的反射动作、冲动运动、绝对强制动作等也从行为范畴中剔出来，并不妥当。难怪宾丁评价道：忘却犯在犯罪领域中可以说是小之又小的，却能给予最大的荣誉。参见［日］木村龟二主编：《刑法学词典》，顾肖荣等译，109页，上海，上海翻译出版公司，1991。我认为，这一逻辑矛盾的造成并非行为概念中是否应当包括意思，关键在于如何理解这里的主观意思。作为行为心素的主观意思是指行为出于行为人的意志自由，是可期待的。在忘却犯的情况下，忘却行为是行为人具有支配可能性的行为，仍应视为具有主观意思。其他疏忽大意的过失行为，亦应作如是观。

"无行为则无犯罪"

为却有悖于这一原则,因而对于这种行为的可罚性产生疑问。① 我认为,在出现原因上的自由行为的情况下,虽然行为时没有意思决定,即内在意思决定与外在身体举止发生脱节,但这种脱节只是时间上的错位,而非绝对分离。因此,原因上的自由行为仍然属于刑法上的行为。

行为是犯罪的基础,这一点是不可动摇的。因此,"无行为则无犯罪"的法律格言是应当坚持的。但刑法上的行为在表现形式上是多种多样的,理解这些行为形式对于坚持"无行为则无犯罪"的法律格言具有重要意义。

四

(一) 行为形式:作为

作为是指表现为一定的身体动作的行为。作为是通常意义上的行为,论及行为时,首先指的就是作为。作为具有以下特征:

1. 有形性

作为在客观上必然通过一定的身体外部动作表现出来,因而具有有形性。作为可以通过各种方式实施,但无论采用何种方式,都离不开行为人的一定的身体动作,这种身体动作对外界发生影响,并且产生一定的后果。有形性赋予作为一定可以识别的物理特征,使之成为一种显形的行为。

---

① 对于原因上的自由行为的可罚性,刑法理论上存在三种观点:一是无责说,认为在原因上的自由行为中,行为人实施行为即已陷入无责任能力状态,无意思自由,也无法辨认是非;因此,与精神病患者无异,欠缺责任要素。二是有责说,认为在原因上的自由行为中,行为人虽然在实施客观构成要件行为时,无意思决定自由或不完全自由,但其原有的精神状态,即在招致无责任能力的原因设定阶段,本来与正常人没有差异,因此,与因疾病而导致精神错乱的情况不可同日而语,应认定具有责任能力。三是折中论,认为原因上的自由行为有无责任能力,应以当时有无自觉为断,行为当时有相当自觉者,仍应负刑事责任,至于行为时实属昏沉无识、精神错乱者,应视为心神丧失而不具有责任能力。参见陈兴良:《刑法哲学》,修订版,69 页,北京,中国政法大学出版社,1997。

2. 违法性

作为在法律上表现为对禁止性法律规范①的违反，是一种"不应为而为"的情形。作为之"为"是建立在"不应为"的前提之下的，这里的不应为是指刑法设定的义务。因此，作为的违法性特征十分明显。由于作为主要表现为对禁止性规范的违反，因而其行为是以禁止的内容为内容的，例如禁止杀人，违反这一禁令杀人，杀人就是其行为。因此，作为的行为具有社会性，是以法律规定为特征的。对于这一行为的认定，不能脱离法律的规定。② 在这个意义上，人的身体动作只有经过法律的规范评价才能上升为一定的作为犯罪。因此，应当把一般的身体动作与刑法意义上的作为加以区别。③

(二) 行为形式：不作为

不作为是相对于作为而言的，指行为人负有实施某种积极行为的特定的法律义务，并且能够实行而不实行的行为。不作为是行为的一种特殊方式，与作为相比，不作为具有以下特征：

1. 无形性

不作为的无形性是指不作为不似作为那样具有明显的身体外部动作，这也是不作为与作为之间的最大区别。当然，不作为之无形性，并非指不作为没有任何

---

① 所谓禁止性规范，是义务性规范的一种，其内容是要求人们承担不做出一定行为的义务。其行为模式是禁止人们这样行为的模式，其法律后果是否定式的。参见沈宗灵主编：《法理学研究》，217页，上海，上海人民出版社，1990。

② 意大利学者认为，根据刑法规定的方式可以将作为（或实施性行为）分为任意性作为与限制性作为两大类。所谓任意性作为，是指法律只规定了犯罪的结果，任何能够引起该结果的作为都具有刑法意义。所谓限制性作为，是指法律对作为方式做了明确规定的情况。一般来说，作为的这两种表现形式与它们所侵犯的法益有关，刑法所保护的法益越重要，就越没有必要强调作为的具体手段。任意性作为与限制性作为的区别是相对的。所有任意性作为实际上都只有在对结果具有原因力的情况下，才具有刑法意义；同理，由于法律规定的一般性与抽象性，限制性作为实际上也都具有相对任意的意义。参见［意］杜里奥·帕多瓦尼：《意大利刑法学原理》，陈忠林译，110页以下，北京，法律出版社，1998。

③ 苏联学者指出：刑法意义上的行为，不仅在质量上和身体的动作不同，而且就是在所谓的数量上，一个作为也往往包括几个动作：如举起来枪，对准目标，扳动枪机等等。刑法上的行为所包含的永远不是个别的"运作"或"环节"，而是这些环节的有机结合，如射击、窃取、收买等等；不应当把刑法上的行为同人的一系列行动、同人的活动即他的举动混为一谈。参见［苏］A. H. 特拉伊宁：《犯罪构成的一般学说》，王作富等译，112页，北京，中国人民大学出版社，1958。

"无行为则无犯罪"

身体活动,而只是没有刑法分则所规定的构成要件该当的身体活动。

2. 违法性

不作为在法律上表现为对命令性规范①的违反,是一种"应为而不为"的情形。这里的应为是以作为义务为前提的,因此,不作为的成立与作为义务具有密切关系。② 没有这种作为义务,就不存在不作为。

(三) 行为形式:持有

关于持有是否为独立于作为与不作为的第三种行为形式,在刑法理论上是存在争论的。在英美刑法理论中,持有往往是与作为和不作为并列的,被称为事态犯罪(status offence)。③ 由于持有型犯罪具有证明责任轻而易于认定的优越性,因而立法者为控制毒品、凶器等危险物品,往往设立持有型犯罪,从而增加刑法的惩治有效性。持有型犯罪在刑法中的设立,同时带来一个理论问题,即持有到底是作为还是不作为,或者是独立于作为与不作为的第三种行为形式。对于这个问题,我国刑法理论上存在争论。④ 就我本人而言,在以往的论著中对于持有倾

---

① 所谓命令性规范,是义务性规范的一种,其内容表现为法律要求人们应该做出一定行为。其行为模式是应该或必须这样的行为的模式,其法律后果一般是肯定式的,有时则是肯定式、否定式两种后果并存,即人们按此行事,法律承认其合法、有效并予保护,否则,可能要承担相应责任。参见沈宗灵主编:《法理学研究》,216页,上海,上海人民出版社,1990。

② 关于不作为之作为义务的详尽论述,参见陈兴良:《论不作为犯罪之作为义务》,载《刑事法评论》,第3卷,201页以下,北京,中国政法大学出版社,1999。

③ 在英国刑法中,与作为和不作为并列的行为形式称"事态"(state of affairs),其主要内容即为持有。参见储槐植:《美国刑法》,2版,55页,北京,北京大学出版社,1997。

④ 关于持有的归属问题,存在下述三种观点:(1)作为说,认为对于持有型犯罪,法律所责难的重点仍是取得这些物品,至于取得这些物品之后的状态,则与盗窃财物后仍持有财物的状态一样,属于犯罪的自然延续,不构成不作为犯。参见熊选国:《刑法中行为论》,125页,北京,人民法院出版社,1992。(2)不作为说,认为从持有本身看,既然法律将其规定为犯罪,那就意味着法律禁止这种状态的存在,而这种禁止暗含着当这种状态出现的时候法律命令持有人将特定物品上缴给有权管理的部门以消灭这种持有状态,持有该物品的人就有上缴的义务,如果其违反这种义务,不主动上缴物品,而是继续维持持有状态的存在,那就是一种刑法所禁止的不作为。参见张智辉:《刑事责任通论》,124页,北京,警官教育出版社,1995。(3)独立说。认为持有与传统刑法理论上的作为和不作为两种行为形式具有不同特点。以物质存在的形式运动为准绳,作为具有动的行为特征,不作为具有静的行为特征,持有具有动静相结合特征。将持有与作为和不作为并列视为犯罪形式并不违反形式逻辑。参见储槐植:《三论第三犯罪行为形式"持有"》,载《中外法学》,1994(5)。

47

向于以不作为论处。[①] 不作为说在将持有与作为加以区分这一点上是正确的。因为对于持有毒品等犯罪来说，法律关注的不是如何取得，而是对毒品的控制状态。如何取得当然是作为，这已经是持有以外的犯罪。因此作为说有所不妥。但不作为说没有深刻地揭示持有与不作为之间的区分，似有不足。持有与不作为存在的差异主要表现在义务问题上。由于毒品等危险物品一般属于违禁品，持有者存在交出义务，这是没有疑问的。持有者应当交出而不交出，因而符合不作为的特征，这是不作为说的逻辑判断，过去我也是这么推演的。但如果仔细分析，持有之交出义务与不作为的作为义务，仍然存在差别，持有如果被视为不作为，则应是一种纯正的不作为，在纯正不作为的情况下，是以具有特定的法律义务为前提的。持有虽然也存在义务，但这仅是一般的法律义务。特定的法律义务与一般的法律义务的区分，关键是看某种义务是否为刑法所责难的对象。在纯正不作为的情况下，一定的法律义务不履行是刑法责难的对象，即法律期待的作为未出现，因而应予刑罚处罚。因此，这种作为刑法责难对象的义务就是特定的法律义务。而在持有的情况下，刑法责难的对象是一定的持有状态。虽然在非法持有毒品罪中，也有非法这样的刑法评价，但这里的非法是对持有状态的法律评价，而不是对交出义务不履行的法律评价。因此，这种未作为刑法责难对象的义务就是一般的法律义务。由于持有具有上述不同于不作为的特征，我现在的观点是将持有独立于作为与不作为，使之成为第三种行为形式。

（本文原载《中外法学》，1999（5））

---

① 在《刑法哲学》一书中，我对持有属于不作为的问题做了论述，认为单纯的持有应该是不作为。参见陈兴良：《刑法哲学》，修订版，70页，北京，中国政法大学出版社，1997。

论客观危害中的行为事实

已然之罪在客观上表现为一定的危害，我称之为客观危害。客观危害作为犯罪的客观属性，是建立在犯罪人的客观行为状态之上的。这种客观行为状态，就是行为事实。行为事实主要包括行为、客体和结果以及行为与结果之间的因果关系等内容，它们是客观危害的基本载体。本文拟对客观危害中的行为事实略加阐述，就正于刑法学界。

一

"无行为则无犯罪亦无刑罚"，这一法谚充分表达了行为在刑法中的地位。马克思在抨击以追究行为人的意图为内容的普鲁士法时指出："我只是由于**表现**自己，只是由于踏入现实的领域，我才进入受立法者支配的范围。对于法律来说，除了**我的行为**以外，我是根本不存在的，我根本不是法律的对象。"[①] 由此可见，行为是现代刑法的基础。

[①] 《马克思恩格斯全集》，中文1版，第1卷，16~17页，北京，人民出版社，1956。

行为是生物的基本特征,在某种意义上可以把行为与生命相提并论,没有行为也就没有生命。历史上,许多哲学家都十分关注人的行为。笛卡儿认为,生物的某些自发性动作才具有外显性,行为有时与外显活动有一定的关系。从这一观点出发,人们初步揭示了行为的生理机制,这就是把行为过程看作一个刺激—反应过程。外部诱因被人们称为刺激,由它引起的行为叫作反应。① 对行为的深入研究,形成了行为科学,它为刑法中行为的研究提供了科学根据。刑法中的行为,虽然是一种犯罪的行为,应当受到刑罚处罚,但它仍然具有人的一般行为的特征,这些特征包括:

(一) 心素

行为的心素是指意思决定与意思活动。② 只有在一定的意思支配下的举止,才能被称为人的行为。因此,心素是人的行为的内在因素。关于行为是否包括心素,即刑法上的行为是否仅限于有意识的行为,在刑法理论上存在以下三种观点③:一是身体动作说,认为行为是一种单独的身体运动或静止,人的主观意思不是行为的构成要素。二是有意行为说,认为刑法上的行为,必须是有意识的行为,人的意思是行为的必备要素。如果只是单纯的身体动作而缺乏意思要素,不论其造成何种危害,都不是刑法上的行为。三是目的行为说,认为刑法上的行为不仅是一种有意识的举动,而且是一种有目的的举动。这种目的性表现为,行为首先确定一定的目标,然后选择相应的手段,进而支配和调节人的身体活动,最后实现预定的目的。在大陆法系刑法理论中占统治地位的是有意行为说,例如日本著名刑法学家小野清一郎指出:"行为——刑法上的行为——必须是意志的客观化、行为化和实现。"④ 在我国刑法学界,有意行为说同样是通说。例如我国学者指出:"作为犯罪客观方面表现的人的危害行为,是在人的意识和意志支配

---

① 参见 [美] B. F. 斯金纳:《科学与人类行为》,谭力海等译,44~45页,北京,华夏出版社,1989。
② 参见林山田:《刑法通论》,2版,73页,台北,三民书局,1986。
③ 参见马克昌、鲍遂献:《略论我国刑法上行为的概念》,载《法学研究》,1991 (2),1~2页。
④ [日] 小野清一郎:《犯罪构成要件理论》,王泰译,42页,北京,中国人民公安大学出版社,1991。

论客观危害中的行为事实

下实施的。例如一人是在不可抗力或者身体被强制之下,完全不能按照自己的意志而行为,那就不能认为是他实施的危害行为,从而也不能让他负责。"① 但也有不同的观点,认为从我国刑法对行为的规定来看,不仅有基于意识和意志支配的有意行为,而且也有缺乏意识和意志支配的无意行为。这种无意识的行为,包括意外事件中的行为和精神病人在丧失意识和意志能力状态下实施的侵害行为。② 我不同意这种把无意行为也纳入行为概念的观点,因为我们研究行为归根到底是为犯罪构成提供要件,而无意行为既然根本不可能构成犯罪行为,因此也就没有必要视之为行为。我国刑法之所以规定意外事件中的行为和精神病人在丧失意识和意志能力状态下所实施的侵害行为,恰恰是为了将它们从犯罪行为中排除出去,因此不能因为刑法中有规定,就认为应当将它们包括在刑法中行为的概念之内。正如苏联著名刑法学家 A. H. 特拉伊宁指出:在主体的心神震荡或精神错乱时,也就是说,在刑事法律规定行为人无责任能力的一切场合,都没有而且不可能有刑法性质的行为。在不可抗拒的身体强制下做某种动作的人,他们这种动作也不是刑法意义上的行为。③ 根据行为概念中必须有心素这一特征,下述行为非生于行为人之意思决定,因而并非刑法概念上之行为:(1) 无意识参与作用之反射动作。(2) 受他人暴力之直接强制,在完全无法抗拒,而其意思支配完全被排除之情况下的机械动作。(3) 睡眠中或无意识中之行为与静止。(4) 因病发作之抽搐,或因触电或神经注射而生之痉挛。(5) 手脚被捆绑而欠缺行动可能性之静止等。而下述人类行为,仍系行为人之意思所支配的行为或静止,因而仍属于刑法上的行为:(1) 日常生活上之自动化行为。(2) 冲动行为。(3) 受他人暴力之间接强制,致其意思受影响而为之特定行为。④

(二) 体素

体素是指身体动静,即所谓行为。这是行为的外部表现。任何行为,都必然

---

① 高铭暄主编:《中国刑法学》,97 页,北京,中国人民大学出版社,1989。
② 参见马克昌、鲍遂献:《略论我国刑法上行为的概念》,载《法学研究》,1991 (2),2 页。
③ 参见[苏] A. H. 特拉伊宁:《犯罪构成的一般学说》,王作富等译,112 页,北京,中国人民大学出版社,1958。
④ 参见林山田:《刑法通论》,2 版,74 页,台北,三民书局,1986。

51

有一定的身体动静,如果没有这种体素,也不能成为刑法上之所谓行为。这里的身体动静,包括动与静两个方面。动指动作,即有形的身体活动。静止虽然似乎没有身体活动,但实际上仍然是一种行为。例如,在行为学上行为这个词的意义非常广泛,它指动物的活动形式、发声和身体姿势,以及在外表上可辨认的变化,这些变化起到相互通信的作用,并且能引发另一动物的行为模式,包括体色的改变或气味的释放。因此,行为不只限于活动,即使动物表现静止不动,在这里也可使用"行为"这个词。例如,一只雄羚羊在白蚁山上站立不动,表示该地如同它的领域一样是它所占据的特有区域;一只雌蝶释放一种气味(外激素或信息素)来吸引一只雄蝶,按广泛的含义来解释,这些都是"行为"①。但在刑法理论上,有人主张"不作为不是行为",例如拉特布尔茨——在贝林格的影响下——将心理的物理的行为概念再深刻化,终于大胆地得出不作为不是行为的结论。② 我认为,这种观点实际上是将行为的客观表现局限于身体动作,没有看到身体静止也是行为的一种表现形式。动与静是相对而言的,没有动就没有静,反之亦然。所以,我们应该对体素做全面的理解。

应该指出,心素和体素,在一般情况下应当同时具备,但在某些特定情况下,虽然不同时具备,仍可构成刑法上之所谓行为,这就是原因上的自由行为。在刑法理论上,是指由于故意或过失使自己置于无责任能力的状态,然后在无责任能力的状态下导致构成要件的实现。③ 根据大陆法系的刑法理论,责任能力与实行行为同时并存是一条原则,而原因上的自由行为显然不符合这一原则,因而对这种行为的可罚性产生了疑问。我认为,在原因上的自由行为的情况下,虽然行为时没有意思决定,即内在意思决定与外在身体举止发生脱节,但这种脱节只是时间上的错位,而非绝对分离。因此,原因上的自由行为仍应认为具有心素与体素,是刑法上的行为。

---

① [德]克劳斯·伊梅尔曼:《行为学导论》,马祖礼等译,1页,天津,南开大学出版社,1990。
② 参见[日]小野清一郎:《犯罪构成要件理论》,王泰译,44页,北京,中国人民公安大学出版社,1991。
③ 参见[日]木村龟二主编:《刑法学词典》,顾肖荣等译,234页,上海,上海翻译出版公司,1991。

论客观危害中的行为事实

二

行为总是指向一定的客体。因此，客体是行为的作用对象。在大陆法系刑法理论中，客体通称为行为客体，是指行为所指向的有形的人或物。① 这种所谓行为客体，在我国刑法理论中称为犯罪对象，通常是指犯罪行为直接作用或影响的作为社会关系主体和物质表现的具体的人或物。我国刑法理论通常把犯罪对象作为犯罪构成要件之一的犯罪客体中的一个内容加以研究。当然，也有个别同志认为现在的犯罪构成理论，将犯罪客体与犯罪对象分离开来，结果把犯罪对象看成可有可无的东西，研究得不够，而且也常常区分不清犯罪客体与犯罪对象。因而主张犯罪客体就是犯罪所侵害的对象，没有必要将它列为犯罪构成的要件之一，而应该放在犯罪客观方面加以研究。② 我认为这种观点是有一定道理的，作为行为事实的客体，在一般情况下是与行为不可分离的。脱离了客体，行为往往无从谈起。因此，客体应当是行为事实的内容之一。

关于客体的外延，在刑法理论上存在争论。通常将犯罪对象（即我们所说的客体）界定为犯罪分子对之施加某种影响的具体的物或人。这样，就出现了有犯罪客体而无犯罪对象的情况，这也成为犯罪客体与犯罪对象的重要区别之一，这也是犯罪客体与犯罪对象分离的理由之一。但也有学者提出：一切犯罪都有客体和对象，二者密不可分，没有对象，客体就无法存在和表现。③ 因而对犯罪对象做扩大解释，认为犯罪对象是一定社会关系的存在或表现形式，它或者是一定的人及其行为，或者是一定的物及其位置、状态等等。④ 苏联法学界也有类似的观点，例如刑法学家 J. A. 克利盖尔指出："犯罪对象（广义的），可能是作为一定

---

① 参见〔日〕福田平、大塚仁：《日本刑法总论讲义》，李乔等译，47 页，沈阳，辽宁人民出版社，1986。
② 参见张文：《犯罪构成初论》，载《北京大学学报》，1984（5），49～50 页。
③ 参见敖德俊：《试论犯罪客体的几个问题》，载《北京政法学院学报》，1982（1），10 页。
④ 参见敖德俊：《试论犯罪客体的几个问题》，载《北京政法学院学报》，1982（1），10 页。

社会关系的表现的自然人及其行为、法人（机关、团体等）以及作为具体的社会主义社会关系存在的案件（前提），或作为其表现形式或固定形式的物或过程。"① 我认为，这种将犯罪对象的外延无限扩大的论点是不妥的，也是不符合实际的。实际上，对于某些行为来说，就是不存在其作用的对象，根本没有必要硬给安上一个对象。因此，我还是将客体（即对象）限于行为对之施加影响的人或物。

三

行为作用于一定的客体，从而导致发生一定的后果。因此，结果也是行为事实的重要内容之一。

在刑法理论上，关于结果是否具有独立存在的价值，存在两种观点：第一种观点认为结果并非独立的，它包括在行为概念之中。例如我国台湾地区学者林山田认为，刑法概念上所谓之行为乃指生于意思所主宰支配之人类行止，且此形之于客观可见之行为与静止，必须引致外界发生具有刑法重要性之后果。② 由此可见，一定之结果属于行为的构成要素，如果没有这种结果，就不是刑法意义上的行为。第二种观点则认为结果是独立的要素，并不包含在行为概念之中。因为刑法上的行为以基于意思支配的身体动静为必要，至于这种意思活动是否会造成或者事实上是否造成危害结果，可以不问。③ 我认为，行为和结果还是有区别的，行为只是行为人基于意思决定而形之于外的一种身体举止，至于这种举止发生如何之外界变动，则已经超出了行为的范围，进入了结果的领域。

在我国刑法理论中，犯罪结果是作为构成要件来研究的，但这个意义上的结果并非行为事实的结果。行为事实的结果应该是对犯罪对象所造成的一定后果。对这个意义上的结果缺乏应有的研究。我认为，行为事实的结果是仅从物理的意

---

① ［苏］J. A. 克利盖尔：《论苏维埃刑法中的犯罪客体问题》，载中国人民大学刑法教研室编译：《苏维埃刑法论文选译》，第 2 辑，26 页，北京，中国人民大学出版社，1956。
② 参见林山田：《刑法通论》，2 版，73 页，台北，三民书局，1986。
③ 参见马克昌、鲍遂献：《略论我国刑法上行为的概念》，载《法学研究》，1991（2），3 页。

义上对行为后果的研究,并不包括价值评判的内容,因而它仅指物质性的结果。行为事实的结果总是与行为的客体具有密切关联,是对行为客体所产生的某种影响。因此,研究结果,离不开客体。当然,我认为,结果应当仅限于对行为客体所产生的直接影响。例如杀人,把被害人杀死;盗窃,将他人财物非法窃为己有。被害人之死亡,事主之失窃,就是行为对客体所造成的直接的结果。正是这种结果,是成立犯罪所必须具备的。如果不是这种直接的结果,而是间接的结果,也就是通常所说的后果,则并非我这里所说的结果,与定罪无关,只不过是在量刑时应当考虑而已。例如强奸妇女,被害妇女因不堪凌辱含愤自杀身亡。这里的自杀,就不是强奸行为的结果,因为强奸行为并不内在地包含被害妇女自杀的内容。

结果在刑法中具有重要意义,它是行为的社会危害性的客观显示,也是社会遭受侵害的现实体现。因此,无论在理论上还是在实践上,结果总是居于重要地位。

四

因果关系是哲学上的一个重要范畴,它是指一种现象在一定条件下引起另一种现象,引起其他现象的现象是原因,被引起的现象是结果,前者与后者之间存在着因果关系。刑法因果关系是建立在哲学因果关系基础之上的,是科学的因果观在刑法中的反映。但是,由于刑法因果关系具有不同于自然界或社会生活中的一般因果关系的显著特征,因而刑法因果关系成为一个众说纷纭、莫衷一是的复杂问题。就我国刑法界而言,争论的焦点在于如何理解刑法因果关系的性质,即关于刑法因果关系性质的必然性与偶然性之争。坚持刑法因果关系可以分为必然因果关系和偶然因果关系(简称"偶然因果关系说")的学者认为,在刑法上既有作为基本形式的必然因果关系,又有作为补充形式的偶然因果关系。坚持刑法因果关系只存在必然因果关系(简称"必然因果关系说")的学者则把偶然因果关系排除在刑法因果关系之外,认为所谓偶然因果关系就

是条件联系或间接因果关系。两派观点各执一词，互不两立，但有一点却是共同的：双方都说对方把因果关系与必然性、偶然性的概念混为一谈了。偶然因果关系说指出："认为犯罪因果关系只有必然因果关系一种形式，是把因果性等同于必然性，不能正确理解因与果、必然性和偶然性这些哲学范畴间的相互关系的结果。"① 该说并且认为："区分必然因果关系和偶然因果关系正是哲学上'因果关系'、'必然性'、'偶然性'等一般原理具体运用到刑法学领域内的表现，是运用这些范畴去研究犯罪因果关系所得出的正确结论之一。"② 而必然因果关系说则指出："区分必然因果关系与偶然因果关系，是把哲学上十大范畴中的两项，即'原因'与'结果'和'必然性'与'偶然性'，错误地混淆在一起，而造成的糊涂概念。"③ 因此，我认为，正确理解刑法因果关系的必然性和偶然性是解决两派之争的关键所在。

关于必然性和偶然性的关系，在黑格尔之前存在两种形而上学的观点。第一种观点认为，"一个事物、一个关系、一个过程不是偶然的，就是必然的，但不能既是偶然的，又是必然的。所以二者是并列地存在于自然界中；自然界包含着各种各样的对象和过程，其中有些是偶然的，另一些是必然的，而整个问题，就只在于不要把这两类互相混淆起来"④。第二种观点力图用根本否认偶然性的办法来对偶然性。按照这种观点，在自然界中占统治地位的，只是简单的直接的必然性。⑤ 这两种观点虽然表现形态不同，本质却是一样的：割裂必然性和偶然性的内在联系，把它们看成互相对立、互相排斥的两个东西。这种形而上学的观点必然导向神学唯心主义：前者把理解不了的东西产生的原因叫作偶然性或上帝；后者虽然承认那种简单的直接的必然性，也还是没有从神学的自然观中走出来。在西方哲学史上，黑格尔第一个辩证地解决了必然性与偶然性之间的关系。恩格

---

① 龚明礼：《论犯罪的因果关系》，载《法学研究》，1981（5），14页。
② 李光灿：《论犯罪中的因果关系》，载《辽宁大学学报》，1980（3），25页。
③ 夏起经：《刑法中的因果关系》，载《法学研究》，1982（2），16～17页。
④ 《马克思恩格斯选集》，第3卷，540～541页，北京，人民出版社，1972。
⑤ 参见《马克思恩格斯选集》，第3卷，541页，北京，人民出版社，1972。

斯把黑格尔的观点归纳为这样一个命题:"偶然的东西正因为是偶然的,所以有某种根据,而且正因为是偶然的,所以也就没有根据;偶然的东西是必然的,必然性自己规定自己为偶然性,而另一方面,这种偶然性又宁可说是绝对的必然性。"① 黑格尔对必然性和偶然性的理解充满了辩证法:必然性和偶然性并不是事物发展的两个互相对立的过程,而是事物发展过程中互相矛盾而又互相转化的两个方面。在唯物辩证法看来,被断定为必然的东西,是由纯粹的偶然性构成的,而所谓偶然的东西,是一种有必然性隐藏在里面的形式,如此等等。② 这就是唯物辩证法关于必然性和偶然性的基本思想:必然性通过偶然性为自己开辟道路,偶然性背后隐藏着必然性。

那么,必然性和偶然性在因果关系中如何体现呢?因果关系是事物联系的一个环节。在这一环节中,既存在必然性,又存在偶然性。对于因果关系的必然性和偶然性的理解只能从一个因果运动过程出发。正如真理具有相对性和绝对性,但并不存在作为实体互相对立的相对真理和绝对真理。绝对真理寓于相对真理之中,相对真理包含着绝对真理。因果关系的必然性和偶然性也是辩证统一的,并不存在作为独立过程的互相对立的必然因果关系和偶然因果关系。

必然因果关系说否定偶然因果关系作为独立实体的存在,并且强调因果关系在本质上是必然联系的,这无疑是正确的。但它在论证过程中,没有承认因果关系的偶然性,因而未将刑法因果关系建立在必然性和偶然性的统一上。个别学者用必然性和偶然性互相转化的辩证观点分析必然因果关系和偶然因果关系,认为:"如果说偶然因果对结果的发生有一个从零到百分之百的或然性;而我们所面临的正是百分之百。从相互转变的观点来看,偶然性在这里已经转化为必然性了。因此,从这个意义上说,刑法所研究的因果关系,实际上只有必然因果,而没有偶然因果。"③ 这种观点比较接近辩证法,可惜仍没有认识到因果关系是必

---

① 《马克思恩格斯选集》,第 3 卷,543 页,北京,人民出版社,1972。
② 参见《马克思恩格斯选集》,第 4 卷,240 页,北京,人民出版社,1972。
③ 曾宪信:《对犯罪因果关系的几点看法》,载《法学研究》,1982 (4),32 页。

然性和偶然性的统一。偶然性转化为必然性并不意味着偶然性的"消失",反之亦然。在因果关系中,必然性和偶然性相互转化,按照黑格尔的说法,"有限的东西的必然性所包含的矛盾的发展,在定在中恰恰是必然性转变为偶然性,偶然性转变为必然性"①。必然因果关系说在否定偶然因果关系作为实体存在(这是正确的)的同时,否定了因果关系的偶然性。

偶然因果关系说显然是在把因果关系的必然性与偶然性从同一个因果运动过程中独立出来,作为两个实体而存在,这实际上是把必然性和偶然性简单地对立起来并割裂开来。苏联哲学家 H. B. 波利片科在批判对必然性与偶然性的这种观点时指出:"……当必然性和偶然性这两个范畴分别只由内部原因和外部原因来决定的时候,它们就被脱离了,它们之间的相互差别就上升为绝对对立;这里忽略了一点,事物和事件在同一时间内,但在不同关系上,既是必然的,又是偶然的,在每一事物、每一过程中,在各种不同的相互关系上都有必然的和偶然的因素,必然性和偶然性从来不是以纯粹的形式存在的。"②偶然因果关系说的错误还在于把偶然原因与因果关系的偶然性混为一谈了。事实上,这是两个不同的概念。原因的偶然性并不能否认因果关系的必然性,反之亦然。正如苏联哲学家 B. Л. 戈卢宾科指出:"原因和结果之间的关系是必然的,但原因本身可能是偶然的,这就是说,这种原因可能是其他联系的结果,可能是必然性的一种表现或补充形式。"③ 因此,偶然因果关系说在肯定因果关系既有必然性又有偶然性(这是正确的)的同时,又把必然因果关系和偶然因果关系作为两个独立的运动形态(实体)而存在,并且把条件联系看作偶然因果关系,将条件与原因混为一谈了。

那么,原因和条件到底如何区分呢?

历史上曾经存在过条件说与原因说之争。条件说把一切与危害结果存在条件

---

① [德]黑格尔:《法哲学原理》,范扬、张企泰译,120 页,北京,商务印书馆,1961。
② [苏]H. B. 波利片科:《必然性与偶然性的因果制约性》,载《现代决定论和科学》,俄文版,第 1 卷,168 页。
③ [苏]B. Л. 戈卢宾科:《必然和自由》,仓道来译,116 页,北京,北京大学出版社,1984。

关系的行为都视为原因，显然扩大了因果关系的范围。原因说虽然具有一定的合理性，但在如何区分原因与条件上争论不休，似无定论。根据唯物辩证法的观点，一方面，从世界的普遍联系考察，原因就是条件，它们的对应只具有相对的意义。另一方面，从世界的普遍联系中人为地将因果关系简化和孤立加以考察，原因就是原因，条件就是条件，它们的对立具有绝对的意义。考察刑法因果关系，必须坚持人为地简化和孤立原则，所以，刑法因果关系中原因和条件的区分是有客观标准的：那些与危害结果有着内在的本质的联系并直接引起这种结果发生的危害行为是刑法因果关系中的原因，那些与危害结果只有外在的非本质的联系，或多或少地促使这种结果发生的行为只是刑法因果关系中的条件。

哲学上原因和条件的区别是抽象的，而刑法学中需要的是确定而具体的标准。为此，我们可以通过对各种刑法因果关系的形态的分析，引出一些公式。刑法因果关系呈现着复杂的情形，其因果关系的基本形态可以分为两类。一是单一型的因果关系，即一因一果，可以用公式表述为：行为→结果。二是竞合型的因果关系，即多因一果，可以用公式表述为：行为Ⅰ＋行为Ⅱ→结果。除上述两种因果关系的基本形态以外，还存在刑法因果关系的特殊形态，这就是因果关系的介入。所谓因果关系的介入，是指在某一因果关系的发展过程中，人力或自然力偶然地参与其间，从而影响因果运动的情形。人力介入可以用公式表述为：行为Ⅰ→行为Ⅱ→结果。自然力介入可以用公式表述为：行为→自然力→结果。应该说，因果关系的介入在刑法因果关系中具有过渡性，它在一定条件下转化为单一型的因果关系或者竞合型的因果关系。在行为与结果的因果运动的过程中，人力或自然力的介入，影响着因果关系的运动。这种影响可以分为以下两种：

（一）中断

在第一种情况下，行为Ⅰ与结果之间的因果关系发生中断，其所中断的状态成为行为Ⅰ的结果，我们称之为结果Ⅰ；其所介入的行为Ⅱ与结果之间发生因果关系，我们把行为Ⅱ的结果称为结果Ⅱ。因此，在由于人力的介入而中断因果关

系的情况下，行为Ⅰ→行为Ⅱ→结果的因果关系的介入形式，就转化为行为Ⅰ→结果Ⅰ+行为Ⅱ→结果Ⅱ这样两个单一型的因果关系。那么，因果关系中断的条件是什么呢？我认为，因果关系中断的条件是行为Ⅰ具有产生结果的可能性。也就是说，如果没有行为Ⅱ的介入，行为Ⅰ对于结果的产生来说，只是具有一种可能性，处于一种不能确定的状态。例如，甲致乙重伤，乙可能死亡，也可能不死亡，后果还不能确定，因果关系还处于运动过程中。在送乙去医院途中，丙将乙轧死。那么，丙行为的介入中断了甲行为与乙死亡之间的因果关系，甲行为与所中断的重伤之间存在因果关系。用公式表示，中断前为：甲行为→丙行为→乙死亡，这是因果关系的介入形式。中断后为：甲行为→乙重伤+丙行为→乙死亡，这就由因果关系的介入形式转化为两个单一型的因果关系。介入因素具有什么性质才能使因果关系中断？在刑法理论上存在两种观点：一种观点认为，介入因素必须是具有责任能力的人的行为才能使因果关系中断，而无责任能力的人的行为不能使因果关系中断。因为无责任能力的人的行为不啻自然力，因此这种观点实际上也否定自然力的介入能够中断因果关系。另一种观点认为，只要介入的因素能够成为结果产生的独立原因，对因果运动起支配作用，不管介入因素的性质如何，都使因果关系中断。我同意后一种观点，因果性和可罚性是两个不同的概念，因果关系是客观存在的，它的中断与否不以介入因素是否具有可罚性为转移。

（二）竞合

在第二种情况下，行为Ⅰ和行为Ⅱ竞合成为结果的共同原因。因此，行为Ⅰ→行为Ⅱ→结果的因果关系的介入形式就转化为行为Ⅰ+行为Ⅱ→结果的竞合型的因果关系。那么，因果关系竞合的条件是什么呢？我认为，因果关系竞合的条件是行为Ⅰ具有产生结果的必然性。也就是说，如果没有行为Ⅱ的介入，行为Ⅰ仍将合乎规律地引起结果的产生。例如，甲致乙重伤，乙危在旦夕，死亡只是个时间问题而已。这时，乙虽然具有死亡的必然性，但其死亡结果还没有发生。因此，因果关系还处于运动过程中，在送乙去医院途中，丙将乙轧死。那么，丙行为的介入并不能中断甲行为与乙死亡之间的因果关系，只不过甲行为和丙行为

论客观危害中的行为事实

相竞合，共同成为乙死亡的原因。用公式表示，竞合前为：甲行为→丙行为→乙死亡，这是因果关系的介入形式。竞合后为：甲行为＋丙行为→乙死亡，这就由因果关系的介入形式转化为竞合型的因果关系。

因果关系的中断与竞合，是因果关系介入以后产生的两种情况，它对于分析复杂的刑法因果关系具有一定的意义。

(本文原载《法律科学》，1992（6））

刑法行为论的体系性构造

犯罪是什么？这就是行为论所要解决的问题。在我国目前的刑法学中，这个问题主要是通过犯罪概念论而不是行为论解决的。我国刑法学将犯罪界定为具有社会危害性、刑事违法性和应受刑罚处罚性的行为。虽然，这一犯罪概念将犯罪的实体性内容落脚在行为上，但它关注的始终是犯罪的特征，尤其是犯罪的本质特征——社会危害性，而恰恰没有对行为本身进行深入研究。而在德日刑法学中，犯罪是指构成要件该当、违法、有责的行为。在这一犯罪概念中，主要研究刑法中的行为。而构成要件该当、违法、有责则作为行为构成犯罪的要件，在犯罪论体系中加以研究。本文拟从犯罪概念出发，重点对行为论进行探讨。

一、行为论概述

（一）行为的概念

"无行为则无犯罪"，这一法律格言已经昭示了行为之于犯罪的重要性。就此而言，行为在犯罪论中的核心地位似乎是不可撼动的。实际上并非如此，例如，在刑法学中长期存在着行为刑法与行为人刑法之争。关于这个问题，德国学者罗克辛做过专门研究，指出：

刑法行为论的体系性构造

人们理解的行为刑法（Tatstrafrecht）概念，是一种法定的规则。根据这个规则，刑事可罚性是与在行为构成方面加以限定的单一行为（或者可能情况下的多个行为）相联系的。同时，惩罚权仅表现为对单个行为的反应，而不是表现为对行为人整体生活导向的反应，更不是表现为对一种行为人所期待的未来危险的反应。行为人刑法（Taterstrafrecht）则相反，刑罚是与行为人的人格性（Personlichkeik）相联系的。同时，刑罚是由行为人对社会的危害及其程度决定的。"行为人不是因为实施了一个行为而有罪，而是因为他是一个这样的人而成为法定责难（Tadel）的对象"，"因为，与具体行为的有无以及如何实施不同，属于刑罚威胁的条件要求得更多，并且，需要进一步从行为人的个人特征方面寻求答案。在这种情况下，刑罚就适用于行为人本身"。①

行为刑法与行为人刑法之区分，就是客观主义刑法与主观主义刑法之区分。在刑法中，行为与行为人这两个要素都是不可或缺的。将二者绝对分离并对立也是不可取的。但在一部刑法中，在行为与行为人之间是有所偏重的，例如，罗克辛就认为，德国现行刑法是一种行为刑法，但也存在着有限的行为人刑法的影响。② 甚至可以说，在定罪与量刑这两个司法环节，行为刑法与行为人刑法的影响也是不同的。在定罪环节，基本上采用行为刑法。在量刑环节，则行为人刑法具有较大的影响。我国学者提出了人格刑法学的主张，指出：

我们所提倡的人格刑法学，是指顺应刑法的发展思潮，将行为刑法与行为人刑法既做了结合，又做了发展。结合表现在，以客观行为为前提，以犯罪人格这一主观性质的事物为补充，形成客观的危害社会行为＋主观的犯罪

---

① ［德］克劳斯·罗克辛：《德国刑法学总论》，第1卷，王世洲译，105～106页，北京，法律出版社，2005。
② 参见［德］克劳斯·罗克辛：《德国刑法学总论》，第1卷，王世洲译，110～111页，北京，法律出版社，2005。

人格这样一种二元的定罪量刑机制；对犯罪人格的考虑，并非仅为了从理论上改变犯罪处罚的根据，或仅主张犯罪人格之于量刑的意义，而是在于，突破现行以行为为中心的定罪机制，将犯罪人格由以往的量刑阶段推进到定罪阶段。在量刑阶段，仍然保持现行的以行为及人格为考察点的二元机制。这种将犯罪行为与犯罪人格并重，以犯罪行为与犯罪人格二元因素为定罪与量刑机制的刑法观，我们称之为人格刑法学，以区分于单一以行为为中心的行为刑法和以行为人为中心的行为人刑法。①

上述人格刑法学的构想具有理想的色彩，由于犯罪人格的可测量性问题并没有科学地解决，因而，在定罪中引入行为人因素并不可取。因此，在目前的情况下，犯罪是一种行为这一命题还是难以撼动的。日本学者大塚仁提出了作为犯罪概念的基底的行为的命题。指出：

> 处于犯罪概念基底的，首先是行为（Handlung；Tat；Verhalten；acte；act）。是直视其现实意义来把握行为，还是认为行为具有行为人性格的征表意义，暂且不论。古典学派、近代学派从来都赋予行为在确定犯罪概念上重要意义。在今日的刑法学上，无疑也必须以行为观念为核心来确立犯罪概念。上述的犯罪定义中以"符合构成要件的违法而且有责的行为"为犯罪，刑罚法规规定的各犯罪都由一定的行为来赋予特征，例如，在杀人罪中以"杀人"行为为内容，在窃盗罪中以"窃取他人的财物"的行为为内容。②

因此，行为是犯罪概念的基础，也是犯罪的本体性要素。只有在这个意义上，我们才能真正领悟"无行为则无犯罪"这一法律格言的深刻蕴含。

我国《刑法》第13条关于犯罪的法定概念，将犯罪界定为危害社会的、依

---

① 张文、刘艳红、甘怡群：《人格刑法导论》，67页，北京，法律出版社，2005。
② [日]大塚仁：《刑法概说（总论）》（第3版），冯军译，94～95页，北京，中国人民大学出版社，2003。

刑法行为论的体系性构造

照法律应当受刑罚处罚的行为。可以说，这一犯罪概念具有行为刑法的特征，它承认行为是犯罪的本体性要素。在我国关于犯罪概念的理论中，虽然个别学者论及犯罪的属概念是"人的行为"①，因而关切到犯罪概念中所隐含着的行为要素；但大多数学者在讨论犯罪的特征，尤其是本质特征的时候，完全忽略了对行为这一犯罪的本体性要素的考察。在此基础上形成了与犯罪构成理论相对应的犯罪概念理论，两者并不完全对接，造成两败俱伤。对于是否在犯罪构成体系以外专门对行为进行研究，我国学者是持否定态度的，认为把行为论独立于犯罪构成之外，无多大实际意义。② 而在犯罪概念中，行为得不到真正的研究，由此造成我国刑法学中行为论研究的空白。我认为在犯罪概念中真正应当研究的是行为，犯罪概念论应当向行为论转变，这是我国刑法学必由的学术径路。

作为犯罪概念基底的行为，并不是刑法规范意义上的行为概念，它是刑法的评价对象而不是评价结果。这样一个行为概念，也可以说是一种"裸"的行为概念。这个意义上的行为，是指行为人的身体举止。因此，行为的主体是行为人，行为是行为人的行为。并且，行为表现为行为人的一种身体举止，身体举止是行为的客观形式。德国学者罗克辛对行为做了以下描述：

> 这样，一个人事先实施了一个行为这种说法，就是对一个人必须能够把由他发生的一种事件或者一种不做（ein Nichttun）作为他的举止行为而归责于他这个内容，进行了一种价值评价的结果。因此，对一个行为的定义，不是通过那种根据经验可以找到的东西（除非因果关系，有意志的举止或者目的性）来决定的，而是通过价值评价方面的同一性认识来决定的。当人们能够把一种确定的由人而发生或者也是因他而不发生的作用，归咎于他这个人，就是他这个有思想的活动中心，从而使人能够谈论一种"做"（Tun）或者"让做"（Lassen），或者谈论与此有关的一种"人格表现"的时候，一

---

① 李居全：《犯罪概念论》，203页，北京，中国社会科学出版社，2000。
② 参见熊选国：《刑法中行为论》，4页，北京，人民法院出版社，1992。

个人就已经行为了。尽管对一种行为的肯定还（也仅仅是暂时性的）没有与否定性的价值体系相联系（社会需要的具有危害性的举止方式也同样是行为），但是，在这个范畴之后还存在着一个刑事政策的目的，通过当作无行为（Nichthandlung）的评价来排除的是，与外部表现和人的存在的因果结果无关的，从一开始就不为刑法的许可范畴或者禁止范畴所决定的一切。①

在以上关于行为的论述中，以下三点对于我们理解行为的概念具有重要意义：
1. 行为是行为人的作品

行为当然是一种客观存在，但行为并不是一种无主语的宾语。行为是人的作品，它可以归责于行为人。行为这一概念，建立了行为人与外部世界的客观联系，从而使某种结果归咎于行为人。当我们说某一结果是由行为造成的时候，就已经把这一结果从自然现象中分别出来了。对于自然原因造成的损害结果，我们称之为天灾，这是无可奈何的。在刑法史上，曾经将自然现象或者动物造成的损害都归为犯罪，但现今已经不再通行这一观念了。只有人的行为造成的危害结果（我们称之为人祸），才是值得予以刑事追究的。因此，行为是行为人的作品，是行为概念的首要之义。

2. 行为是价值评价的结果

行为不是根据经验认知的，而是通过价值评价的同一性而被把握的。罗克辛对行为性质的这一揭示，强调了行为概念的价值性。那么，这与作为犯罪概念基底的行为是一种"裸"的行为这一命题是否存在逻辑上的矛盾呢？对于这个问题，需要进行细致的分析。所谓行为是"裸"的，也就是未经规范评价的，主要是指行为是刑法评价客体而非刑法评价的结果，从而使行为与构成要件该当的行为加以区分。但这并不意味着，作为刑法评价客体的行为是纯物理、纯事实而未经任何价值评判的实体。实际上，行为作为人的身体动静，其本身是具有社会意

---

① ［德］克劳斯·罗克辛：《德国刑法学总论》，第1卷，王世洲译，133～134页，北京，法律出版社，2005。

刑法行为论的体系性构造

义的。它在刑法评价以前，已经经过了社会规范的评价，由此才能呈现在我们的面前。因此，行为的价值评价性质是不容否认的，只是应当把这种价值评价与刑法评价区分开来。

3. 行为是刑事政策的载体

行为本身包含了某种刑事政策的目的，因而是一种刑事政策的载体。这表明行为不是一个自在的概念，而是一个自为的概念，在行为概念中具有某种功利性目的。罗克辛认为，行为具有排除"无行为"或者"非行为"的作用，这对于我们理解行为的机能是十分重要的。行为概念本身就具有界定机能，因而，它是一种具有刑事政策目的的能动性存在，而不仅仅是一种没有实际作用的概念。

（二）行为的体系性地位

刑法中的行为是作为犯罪概念的基底性要素而存在的。论及行为论，首先涉及行为的体系性地位问题。质言之，行为论与犯罪论体系的关系如何处理，是我们首先需要面对的一个问题。关于行为是否属于犯罪论体系的独立要素，存在三分说与四分说之争。日本学者大谷实曾经做过以下描述：

> 成立犯罪，必须具有行为、构成要件、违法性以及有责性这四种要素或要件。对这些要素或要件的相互关系进行系统讨论，就是犯罪要素体系化的课题。关于犯罪要素的体系化，有（1）将行为作为犯罪论的基础，把构成要件符合性、违法性、责任作为犯罪的成立要件的三分说的立场；（2）因为构成要件符合性的判断与违法性不可分割开来，因此，将构成要件放入违法性之内，主张采取行为、违法性（不法）、责任的三分说的立场；（3）赋予行为独立的体系性地位，主张采取行为、构成要件符合性、违法性、责任的四分说的立场之间的对立。①

以上三种观点，都主张行为论是刑法学的重要内容，但对于行为是否纳入犯

---

① ［日］大谷实：《刑法讲义总论》（新版第 2 版），黎宏译，86 页，北京，中国人民大学出版社，2008。

67

罪论体系，存在不同见解：肯定说与否定说。肯定说主张将行为纳入犯罪论体系。其中又有不同的处理方法：四分说将行为与构成要件该当性、违法性、有责性并列，形成四阶层的犯罪论体系。三分说把行为纳入构成要件该当性，形成构成要件该当性（包括行为）、违法性与有责性的三阶层的犯罪论体系；或者将构成要件并入违法性，形成行为、违法性与有责性的三阶层的犯罪论体系。而否定说则将行为论与犯罪论体系并列，将行为作为犯罪概念的基底性要素加以讨论，而犯罪论则坚持构成要件该当性（不包括行为）、违法性与有责性的三阶层的犯罪论体系。

对于行为是否应被纳入犯罪论体系，在德日刑法学中始终存在争议。古典派学者贝林是主张在构成要件之前讨论行为的，指出：

> 在方法论上，人们按照合目的的方式提出了六个有此特征的犯罪要素，其顺序和结构为："构成要件符合性"需要置于"行为"之后，然后依次就是"违法性"——"有责性"——"相应的法定刑罚威慑"——"刑罚威慑处罚的条件"。①

在贝林看来，行为是犯罪的基底，是构成要件的评价对象。在确定存在刑法中的行为以后，再进行构成要件该当性的判断。德国学者对古典派的犯罪论体系所采取的方法论做了以下评论：

> 古典犯罪概念是从法学实证主义（Rechtswisschaftlischer Positivismus）的法学思考方式出发的。对此人们理解一种被严格限制于制定法及其解释的见解，该见解试图解决所有具有概念—体系论点的法问题，而哲学评价、心理学认识和社会学事实应当被排除于法解释论之外。这就产生了人的行为特

---

① ［德］恩施特·贝林：《构成要件理论》，王安异译，62~63页，北京，中国人民公安大学出版社，2006。

刑法行为论的体系性构造

征的一个极端形式的画面，该人的行为特征是在犯罪概念构成中需要考虑的。自然主义理解的行为、客观—叙述性理解的构成要件、客观—规范限制的违法性界定和主观—叙述性理解的罪责之间应当加以区分。①

因此，古典派的犯罪论体系是将行为作为前置性要素加以确定的。此后，新古典派的犯罪论体系、目的行为论的犯罪论体系虽然在违法与责任等要件的内容上做了重大调整，但始终还是把行为作为犯罪的基础概念。在这种情况下，行为论是与犯罪论并列的，在逻辑上是前置于犯罪论的，并将行为概念贯穿于犯罪论体系。对这一行为的体系性地位提出批评的是日本学者小野清一郎，他不赞同把行为当作法律的构成要件的评价之前的东西来考虑，认为这是一种历来行为论的通病，是一种"纯粹"行为论。小野清一郎在论及构成要件与行为论的关系时，指出：

在刑法上所考虑的行为，是构成要件的行为，这种行为也是伦理性质的行为。刑法学也不能不把这一点作为构成要件中的核心要素来提出问题。与构成要件无关的行为，在刑法学中也没有考虑的必要。历来的刑法学者，几乎都是先于构成要件的（纯粹的）行为论出发，而与忽视行为的伦理意义和法的意义的实证主义和自然主义思想相结合，不仅如此，在体系上也陷于失误。②

这样，小野清一郎就将行为纳入构成要件论，从而把行为论意义上的行为与构成要件意义上的实行行为合二为一。这样一种体系性安排虽然具有简便性，但在逻辑上存在难以贯通之处。实际上，行为论是行为存在论，而犯罪论是行为属性论，正如我国学者所认为的那样，行为的存在与行为的属性是截然可分的。③

---

① ［德］汉斯·海因里希·耶赛克、托马斯·魏根特：《德国刑法教科书》，徐久生译，251～252 页，北京，中国法制出版社，2001。
② ［日］小野清一郎：《犯罪构成要件理论》，王泰译，84 页，北京，中国人民公安大学出版社，2004。
③ 参见王充：《中日犯罪论体系的比较与重构——以行为论与犯罪论的关系为视角》，载《中国法学》，2006（6）。

行为的存在论涉及的是行为有还是没有的问题,从而为刑法评价提供客体。而行为的属性论涉及的是行为是否构成犯罪的问题,从而完成定罪的使命。例如,罗克辛认为,行为是全部应受到刑事惩罚的举止行为的表现形式的上位概念,它贯穿于整个定罪过程。罗克辛指出:

> 行为应该与具体的犯罪范畴相互联系,从而使行为在犯罪构造的每一个阶段重新出现,并且通过附加的属性成为一个更加准确的标志。然后,行为就作为这种标志被确定,并且作为具有行为构成符合性、违法性、有罪责性和应受刑事惩罚的行为,被更加丰富的价值称谓所修饰。行为的概念,应当就这样贯穿于整个刑法体系之中,并且在一定程度上成为这个体系的支柱。①

在罗克辛看来,行为是主语;而构成要件该当性、违法性和有责性都是用来定义行为的,使行为的价值内容更加丰富,是行为的修饰语。

根据以上我对行为的体系性地位的理解,可以对我国《刑法》规定的意外事件与不可抗力的体系性地位做出法教义学的分析。我国《刑法》第 16 条规定:行为在客观上虽然造成了损害结果,但是不是出于故意或者过失,而是由于不能抗拒或者不能预见的原因所引起的,不是犯罪。这一法律规定的内容是十分明确的,只要是不能抗拒的原因或者不能预见的原因所引起的损害结果,行为人就不负刑事责任。因此,对于司法实务来说,立法本意是清楚的。但教义刑法学不能满足于结论,而且要给出理由。那么,在教义刑法学中如何对意外事件和不可抗力的出罪根据进行分析呢?

关于意外事件,不仅我国《刑法》有规定,其他国家刑法也有规定。例如,《意大利刑法典》第 45 条明文规定因意外事件而实施行为的,不受处罚。在刑法理论上,意大利学者认为"意外事件"(il caso fortuito)在刑法体系中一直是个

---

① [德] 克劳斯·罗克辛:《德国刑法学总论》,第 1 卷,王世洲译,147 页,北京,法律出版社,2005。

刑法行为论的体系性构造

"无家可归的流浪者"。因为它在刑法体系中究竟属于何种范畴，刑法学界从来没有定论。在意大利刑法学界，关于意外事件的体系性地位，主要存在以下三种观点：第一种观点主张意外事件应属于因果关系研究的问题。第二种观点认为意外事件应属于研究行为是否出于主体意志与意识时所探讨的范畴。第三种观点，也是占统治地位的观点，认为意外事件是从一个侧面界定过失的标准，因为意外事件就等于"不可预见性"[①]。由此可见，对于意外事件在刑法体系中的地位是存在较大争议的，这个问题主要涉及过失行为、过失犯的因果关系以及过失的心理内容等重大理论问题。一般而言，过失的行为主要表现为对客观注意义务的违反。就此而言，意外事件与过失行为具有共同性，因而，意外事件难以在行为范畴中予以排除。进入构成要件以后，从客观上来看，构成要件该当的行为，结果及其因果关系都是存在的，只能将意外事件看作因不能预见，即没有主观注意义务的违反而排除过失的情形。由此可见，意外事件是一个在具备了行为、进入构成要件以后，是否存在过失的判断问题。

不可抗力则与之不同。不可抗力是由不能抗拒的原因所引起的。那么，什么是不可抗力呢？不可抗力是指非人力所能抗拒的力量，包括自然力和人力的强制。《意大利刑法典》第45条也规定因不可抗力而实施的行为，不受处罚。《意大利刑法典》第46条还对身体强制做了规定："因遭受他人采用的、不可抗拒的或者不能以其他方式避免的暴力而被迫实施行为的，不受处罚。在此种情况下，采用暴力的人对受强迫者实施的行为负责。"在意大利刑法理论上，一般认为身体强制也是一种不可抗力，属于广义上的不可抗力。尽管《意大利刑法典》是在同一条文中规定意外事件与不可抗力的，但在意大利刑法学体系中，意外事件与不可抗力分别在典型事实与罪过中加以讨论。在典型事实中涉及行为中的意识与意志问题。意识与意志是刑法中行为成立的条件，而不可抗力（forza maggivre）和身体受强制（constringimento fisico），被认为是两种典型的排除意识与意志因

---

① [意] 杜里奥·帕多瓦尼：《意大利刑法学原理》（注评版），陈忠林译评，263页，北京，中国人民大学出版社，2004。

素的情况。不可抗力是一种外在的自然力，它决定主体的身体不可能用其他方式行动。因此，所谓不可抗力就是不允许主体选择行为的自然力量（如山崩、突遇狂风等）。身体受强制，实际上也是一种不可抗力，它与前者的区别在于，这种力量是一种由他人实施的物质性暴力。① 因此，在意大利刑法学中，不可抗力是在典型事实中讨论，它是一个没有典型行为的问题。这里的典型行为，相当于德日刑法学中的构成要件行为，即实行行为。但如果把行为论放在犯罪论之前研究，不可抗力则是一种没有行为的问题，它根本就不应进入构成要件该当性的判断。因为，构成要件该当性是指在一个行为已经成立的前提下，考察这一行为与刑法分则所规定的具体犯罪的构成要件之间是否具有同一性，这是一种规范判断。

（三）行为的机能

在刑法学中一般认为，行为概念具有以下三种机能：

1. 基本要素的机能

行为的基本要素的机能，是指逻辑意义的机能，即在刑法判断的范围内，作为论述性确认或者规范性评价而考虑的所有宾语和附加语都必须回溯到行为这一共同概念之上。② 简言之，行为是主语，而主语是宾语和状语以及其他语存在的逻辑前提。"无行为则无犯罪"这一法律格言就是对行为概念所具有的基本要素机能的绝佳概括。

2. 结合要素的机能

行为的结合要素的机能，是指体系意义的机能，即在构筑犯罪论体系时，把违法、有责、可罚性这种无价值判断结合在一起。③ 因此，行为概念是构成要件、违法、责任这些要件的连接因素。行为概念就像一根红线，将构成要件、违法、责任等要件串联起来，形成一个犯罪论体系，并且在一定程度上成为这个体

---

① 参见［意］杜里奥·帕多瓦尼：《意大利刑法学原理》（注评版），陈忠林译评，131页，北京，中国人民大学出版社，2004。

② 参见［日］大塚仁：《刑法概说（总论）》（第3版），冯军译，147页，北京，中国人民大学出版社，2003。

③ 参见［日］大塚仁：《刑法概说（总论）》（第3版），冯军译，108页，北京，中国人民大学出版社，2003。

刑法行为论的体系性构造

系的支柱。就此而言，行为概念对于犯罪成立条件起到了一个统合作用，这也是行为概念所具有的体系化意义。

3. 界定要素的机能

行为的界定要素的机能，是指实际意义的机能，即把刑法上完全不重要的形式不视为行为，一开始就将其置于刑法考察的范围外。① 如果说，前两个机能主要是理论意义的机能；那么，行为的界定要素机能就是具有实际功效的机能，通过这个机能，把"非行为"排除在刑法评价范围之外。这些"非行为"，包括动物引起的事件、单纯的思想、痉挛性发作等情形。

二、行为的理论

关于行为的理论，在刑法学中也称为行为论，是刑法学的重要内容之一。从历史上来看，行为论经历了从存在论的行为论到价值论的行为论的演进。其中，因果行为论、目的行为论、社会行为论和人格行为论可以说是行为论发展史上的四座里程碑。我国学者揭示了行为理论从存在论到价值论的发展脉络，指出：

> 从行为理论在20世纪以来的演进过程中可以看到，行为观念中的物理因素在逐渐消解，或者说逐渐成为讨论内部的对象要素，而规范要素、评价因素则逐渐增多，行为概念的解释力也随之逐渐提高。从自然行为论、因果行为论直至目的行为论、社会行为论及人格行为论，行为成立的着眼点依"身体性"、"意思性"、"目的性"而至"社会重要性"及"人格性"的脉络而发展，由行为的事实存在及至行为的价值评价，颇清晰地形成一条由存在论的行为论——自然行为论、因果行为论及目的行为论，至价值行为论的行为论——社会行为论和人格行为论的发展轨迹。前者从物理空间的实证意义上认识行为，而后者则从一定的价值意义上来界定行为。前者从行为的外部

---

① 参见［日］大塚仁：《刑法概说（总论）》（第3版），冯军译，95页，北京，中国人民大学出版社，2003。

特征或内在特征判断行为，仅局限于行为本体；后者则在理解刑法中的行为时需要人之外引入价值评价或者规范评价因素。这条轨迹同时也表征了科学主义（初期的自然主义）与人文主义在刑法学行为理论上的纠缠。①

从存在论的行为论到价值论的行为论，这是一个对行为的认识逐渐深化的过程。存在论与价值论，就成为观察行为的两种方法论。

（一）因果行为论

古典学派信奉的是经验主义与实证主义，亦即自然主义。它在行为论中引入自然主义的方法，注重对行为的物理分析。例如，日本学者小野清一郎曾经引述韦尔策尔的评论，指出：

> 19世纪的刑法学对行为——其他也如此——的认识是自然科学的、实证主义的、自然主义的。在这个问题上，不仅是新派刑法学，就是旧派刑法学也没有摆脱这种倾向。②

这里所说的新派刑法学，就是指李斯特。李斯特强调行为的举止性，指出：

> 行为（Handlung）是相对于外部世界的任意举止（willkuerliches Verhalten）。具体地讲，这一任意行为能够改变外部世界，不论是造成某种改变的作为（Tun），还是造成某种改变的不作为（Unterlassen）。③

在上述行为概念中，李斯特强调行为在客观上的举止性与主观上的有意性，

---

① 方泉：《犯罪论体系的演变——自"科学技术世纪"至"风险技术社会"的一种叙述和解读》，130页，北京，中国人民公安大学出版社，2008。
② [日] 小野清一郎：《犯罪构成要件理论》，王泰译，74页，北京，中国人民公安大学出版社，2004。
③ [德] 李斯特：《德国刑法教科书》（修订译本），徐久生译，176～177页，北京，法律出版社，2006。

刑法行为论的体系性构造

并且把外部世界的变动纳入行为概念，把有意性与外部世界的变动性之间的关系描述为一个因果历程，因而称为因果行为论。在自然主义的道路上，李斯特是走得相当远的。在1913年为《德国刑法典》所提的建议中，李斯特把侮辱行为描述为"一连串的喉结抖动，血脉偾张，引致他人不愉快的情绪"。在这种情况下，侮辱行为只剩下喉结抖动、血脉偾张等生物特征，而没有任何价值判断。对于李斯特的这一行为理论，德国学者做了十分深刻的评论，指出：

> 在德国，自世纪变更起为通说所主张的实证主义的古典犯罪概念，表明了其简单明了的、具有教育上的优势的体系。该体系的基础便是行为概念，贝林和冯·李斯特仍然将行为概念，从纯自然主义的角度理解为身体运动（狭义的行为）和外部世界的改变（结果），两者由因果关系链联系着，根据"相当理论"（Aequivalenztheorie），该因果关系看起来排除了在构成要件形成中的所有实质上的区别。该种最表面的考察方法的弱点在于对不作为犯罪无法解释，而不作为犯罪在刑法中是与积极的作为一样被列入行为概念的，但不作为并不是身体的运动，而是恰恰相反。冯·李斯特第一个将不作为犯罪的本质没有看作是身体活动，而是从精神上看到其社会意义，即法秩序期待着一个特定的行为。由此，自然主义的行为概念的基底被放弃了。①

上述论断一针见血地点中了因果行为论的死穴：对于不作为缺乏合理的解释。在行为概念中，李斯特是把不作为解释为身体活动之静止的。贝林也把不作为定义为肌肉静止，以便与肌肉运动相对应。② 从自然主义的角度来看，不作为主要是一种精神活动；但在身体活动上来说，不作为是"无"。由此可见，因果行为论是具有局限性的。

---

① [德] 汉斯·海因里希·耶赛克、托马斯·魏根特：《德国刑法教科书》，徐久生译，250页，北京，中国法制出版社，2001。
② 参见[德] 恩施特·贝林：《构成要件理论》，王安异译，65页，北京，中国人民公安大学出版社，2006。

75

（二）目的行为论

目的行为论也是一种存在论的行为论，只不过它对行为的关注从客观外在的身体举止转移到了主观内在的目的活动。在因果行为论中，虽然也强调行为的有意性，将意志活动作为行为的出发点，但因果行为论是注重结果的，即外部世界的变动，因而具有客观主义的性质。而目的行为论则将行为的中心返还到人的目的性，主要是目的对于行为的支配性。正如德国学者指出：

> 目的行为论认为，人的行为不单纯是由意志支配的因果过程，而是有目的的活动。目的性（Finalitaet）是以人的能力为基础的。该能力是在一定程度上预见其因果行为的后果，并使用手段有计划地操纵向既定目标前进的过程。因此，引导因果事件的意志是"目的行为的支柱"，是"决定外部因果事件的操纵因素"。对行为的符合目的的操纵分为三个阶段：首先思想上要有目标，其次要选择实现目标所必需的行为方法，最后在现实事件的世界里实现行为意志。①

如果说因果行为论还具有一定的机械性，那么，目的行为论则充满了主观能动性，使行为论从客观主义转向主观主义。相对于因果行为论，目的行为论强调目的性因素对于行为的支配意义，对于行为的把握是更为深刻的，在一定程度上克服了因果行为论的机械性。当然，作为一种存在论的目的行为论，遇到了与因果行为论同样的困境，就是难以解释某些犯罪类型。如果说，因果行为论对不作为的行为性在解释上无能为力；那么，目的行为论对过失行为，尤其是疏忽大意的过失行为在解释上就显得苍白无力。因为，在过失的情况下，行为人并没有某种目的性，因此过失行为就不能判断为刑法上的行为。为了自圆其说，目的行为论对行为目的做了重新解释。韦尔策尔提出了现实目的与潜在目的，认为故意的

---

① ［德］汉斯·海因里希·耶赛克、托马斯·魏根特：《德国刑法教科书》，徐久生译，270～271页，北京，中国法制出版社，2001。

行为是被现实的目的性（aktuelle Finalität）所支配的，在过失的情形下则是潜在的目的性（Potentielle Finalität），以此来说明过失行为仍然是行为。① 这里所谓潜在的目的，指的就是盲目，因而就会得出结论：盲目就是目的。没有目的本身就是一种目的，这显然是强词夺理。因此，从存在论的角度来看，所谓潜在的目的性是不能成立的。后来，韦尔策尔接受了批评，修正了自己的观点，又提出了指向构成要件性结果的目的性与指向构成要件性结果以外的结果的目的性，认为故意的行为是指向构成要件性结果的目的性行为，过失行为则是指向构成要件性结果以外的结果的目的性行为或者说具有指向在法律上不重要的结果的目的性。因此，过失行为仍然是目的性行为。② 例如，甲驾驶汽车过失撞到了乙，他虽然不具有撞倒乙的目的，但如果他是驾驶汽车想回家的话，则具有为了回家而驾驶汽车的目的；又如丙在擦枪时碰到扳机误伤了旁边的丁，丙虽不具有伤害丁的目的，但是擦枪行为本身是有目的的。因此，过失行为都可以看成目的性行为。此外，在不作为问题上，目的行为论试图在作为与不作为之上提出人的行态（inenschliches Verhalten）的概念，说明作为和不作为都是有目的性的行动力（finale Tatmacht），即能够适应行为人的目的统治其意思的能力所支配的行为，以此作为作为和不作为的上位概念。③ 但行为能力与行为本身是不同的，两者不能混为一谈。由此可见，目的行为论对于过失行为与不作为在解释上捉襟见肘，首尾难顾。对此，日本学者做了如下评价：

  目的行为论强调行为的目的性时，出于过失的情形下，严密得看不是相当于行为的范畴吗？以构成要件的结果以外的结果为目标的目的性和以法上不重要的结果为目标的目的性，本来是不应该视为刑法的对象。因为在日常生活的用语例中，在刑法的意义中，过失行为都是指有缺点的人的行为本身，而不是积极的目的的志向性行为。过失行为的主观面，不应从目的性而

---

① 参见［日］大塚仁：《犯罪论的基本问题》，冯军译，29 页，北京，中国政法大学出版社，1993。
② 参见［日］大塚仁：《犯罪论的基本问题》，冯军译，29 页，北京，中国政法大学出版社，1993。
③ 参见［日］大塚仁：《犯罪论的基本问题》，冯军译，30 页，北京，中国政法大学出版社，1993。

应从仅仅产生其态度的主观心情上求得。而且,因为因果行为论重视了行为的存在论意义,不得不把不具有存在性的不作为从行为中排除出去,与自然行为论一样,是有问题的。在这个立场上,它最终不能使行为观念发挥界限机能。①

(三) 社会行为论

因果行为论和目的行为论都存在解释力不强的缺陷,这一缺陷盖源自其存在论的性质。因为存在论以一种自然主义的眼光来看待客观世界,把事物看作一种自在之物。由此出发观察行为,只看到了行为的物理层面,因而难以对行为做出合理说明,这样的一种行为概念连贝林自己也称之为"无血的幽灵"②。在这种情况下,价值论的行为论之提出,在一定程度上弥补了存在论的行为论的不足之处。价值论是新康德主义的哲学观点,其代表人物是文德尔班。文德尔班论证了哲学的中心概念是"价值"。哲学只能作为具有普遍适用性的价值科学而存在;不仅伦理学、美学的原则是价值判断,认识论的问题实际上也是价值论(axiology)的问题。真理是逻辑判断的价值,真理不但是事实判断,而且是应该这样思维的价值判断,是思想的规范。③ 价值论的提出意味着一场方法论的革命:存在论关注的是"是"与"不是",而价值论强调的是"应"与"不应"。存在论的行为论只是从"是不是"的角度观察行为,看到了行为事实存在的一面,但没有看到行为规范存在的另一面,因而是片面的。而价值论的行为论则从"应不应"的角度观察行为,在行为概念中引入了规范评价要素,由此较好地解释了不作为的行为性。

在价值论的行为论中,社会行为论是一种较为有力的行为理论。可以说,社会行为论并不是建立在对因果行为论和目的行为论的全然否定的基础之上的,而是以规范要素弥补存在论的行为论之不足。这里应当指出,社会行为论尤其与因

---

① [日] 大塚仁:《刑法概说(总论)》(第3版),冯军译,113页,北京,中国人民大学出版社,2003。
② [德] 克劳斯·罗克辛:《德国刑法学总论》,第1卷,王世洲译,151页,北京,法律出版社,2005。
③ 参见赵敦华:《现代西方哲学新编》,39页,北京,北京大学出版社,2001。

刑法行为论的体系性构造

果行为论之间具有渊源关系。因为，社会行为论的首倡者施密特是李斯特的亲炙弟子，并且是在修订李斯特的刑法教科书时在行为定义中引入了社会性要素，由此发展成为社会行为论。① 社会行为论受到刑法学界的肯定。例如，德国学者耶赛克就主张社会行为论，指出：

> 社会的行为概念包括了所有的对刑法判断有意义的人类的行为方式。此外，它还包括不仅仅是抽象的轮廓，而且包括对行为的存在进行具体描述的定义，此等定义可因构成要件适当性、违法性和罪责的一般之犯罪特征而派生出更加详细的规定。最后，可将对刑法判断没有意义的行为方式予以排除。②

根据社会行为论，刑法中的行为不再是一种纯自然的现象，而是具有社会重要性的现象，这种社会重要性是根据规范来加以界定的。对于不作为来说，虽然在存在论的意义上是"无"，但从社会观念上观察，是没有实施规范所期待的行为，因而，在价值论意义上是"有"。社会行为论给作为与不作为提供的上位概念是人的态度。德国学者指出：

> 人与其环境产生的矛盾形式（在积极的作为情况下的目的性和在不作为情况下的可操作性），从本体论层面来看是不可结合的，因为不作为本身并不是目的，其原因在于期待的目的性之投入在不作为情况下恰恰是不存在的。如果能找到一个评价种类的上位观点，该观点使在存在领域不可结合的要素在规范领域结合，那么，就可以将作为和不作为置于统一的行为概念之下。这种结合法必须在人的态度对环境的关系中去寻找。这就是社会行为概

---

① 参见方泉：《犯罪论体系的演变——自"科学技术世纪"至"风险技术社会"的一种叙述和解读》，125页，北京，中国人民公安大学出版社，2008。
② [德]汉斯·海因里希·耶赛克、托马斯·魏根特：《德国刑法教科书》，徐久生译，276页，北京，中国法制出版社，2001。

79

念（Sozialer Handlungsbegriff）的意义。根据该行为概念，行为是对社会有意义的人的态度。①

因此，社会行为论在界定行为的时候，有两个关键词：一是社会重要性，二是人的态度。其中，社会重要性是规范要素，人的态度是实体要素。当然，社会行为论不像因果行为论那样具有客观的确定性，例如，社会意义作为一种价值判断，本身就是相对的。甲认为具有社会意义，而乙则认为不具有社会意义。尤其是，社会意义能否作为行为的本质属性也是值得怀疑的。因为，它界定的不是行为而是行为的性质。正如罗克辛指出：

> 根据这种认识，存在的就不仅有社会重要性的行为，而且当然也有无社会重要性的行为。因此，社会重要意义就是一种行为所具有的或者不具有的性质。缺少它，取消的不是行为，而仅仅是其社会意义。②

由此可见，社会行为论也并非完美无瑕。在采用社会行为概念的时候，价值评价要素与实体性存在要素如何协调，还真是一个值得推敲的问题。

（四）人格行为论

相对于社会行为论是对因果行为论的价值补充，较为偏向于刑法客观主义；那么，人格行为论就是对目的行为论的价值补充，较为偏向于刑法主观主义。应该说，人格行为论也是在德日刑法学界具有较大影响的一种行为论。例如，德国学者罗克辛就坚决主张人格行为论。此外，日本学者大塚仁也主张人格行为论，甚至以人格行为概念为基础形成了人格刑法学。

人格行为论把行为看作人格的外在化，是对行为起支配作用的东西。那么，

---

① ［德］汉斯·海因里希·耶赛克、托马斯·魏根特：《德国刑法教科书》，徐久生译，275页，北京，中国法制出版社，2001。
② ［德］克劳斯·罗克辛：《德国刑法学总论》，第1卷，王世洲译，156页，北京，法律出版社，2005。

什么是人格呢？人格是一个心理学的概念，心理学家指出：

> 人格（Personality）一词来自拉丁文面具（Persona）。面具是在戏台上扮演角色所戴上的特殊脸目，它表现剧中人物的身份。……把面具指义为人格，实际上说明两层意思：（1）一个人在生活舞台上演出的种种行为；（2）一个人真实的自我。把人格说成是面具那样的东西，说明人格就是表现于外的、在公众场合上的自我。我们把自己显示于世界的就是我们的人格，这种说法正好表明人还有由于某些原因不显示的、蕴藏起来的东西。
>
> 面具一词经过心理学界和其他有关领域的多种应用并产生了不少演变之后，瑞士心理学家荣格将它采用于自己的学说之中，其含义指自我的外延。①

因此，人格是真实的自我，它隐藏在人的背后，对人的行为举止起到某种支配作用。就人格与行为的关系而言，可以说，人格是行为的内在根源，而行为是人格的外在显现。如果不从人格上揭示行为的性质，对行为的把握无疑是十分肤浅的。因此，对行为进行追根溯源式的考察，就涉及行为背后对行为起支配作用的人格要素。

从对行为分析的逻辑上说，人格行为论与目的行为论是存在共通之处的，都是不满足于对行为之外在特征的描述，而力图揭示隐藏在行为的客观外表背后的支配性要素，这在人格行为论那里就是人格性。大塚仁指出：

> 人格行为论把作为行为人主体性的表现的行为作为问题，可以说，是考虑到行为作为刑法评价的对象，不仅要受到构成要件符合性的判断、违法性的判断，而且也要受到最终的责任判断，这是立足于行为论的学说史发展方向所体现的适当理论志向。虽然作为刑法评价对象的行为必须是能够成为犯罪的行为，但是，关于犯罪成立与否的最终阶段的评价，是能否将责任归于

---

① 陈仲庚、张雨新编著：《人格心理学》，1～2页，沈阳，辽宁人民出版社，1986。

行为人的判断。如后所述,所谓责任,是就其行为对行为人进行的道义非难,必须以能够负担这种道义非难的行为人自身的主体性为前提。①

值得注意的是,大塚仁认为,人格行为论是一种存在论的行为论,它所强调的是作为事实性行为的人格行为。正是在这个意义上,大塚仁反对社会行为论,认为它是经过某种刑法评价的规范性行为。但在这一问题上,同样是赞成人格行为论的德国学者罗克辛具有不同的见解,罗克辛承认人格行为论具有规范性,属于价值论的行为论。罗克辛指出:

> 在这里发展起来的人格行为的概念,因此——不同于自然的和目的的概念,但是与社会的和否定的概念有一致性——是一种规范的概念。这个概念是规范性的,其中,人格表现的标准从一开始就表明了决定性的评价方面。在行为的审查中,这个方面在法律上是必须具有的。这个概念在边界范围内,是根据一种与评价观点相适应的法律决定安排的,在这个意义上,这个概念也是规范性的。但是,这个概念不是规范主义的,因为它最准确地使生活的真实性一目了然,并且在任何时候都能够注意到最新的经验性研究的知识。②

人格行为论到底是一种存在论的行为概念,还是一种价值论的行为概念?这涉及对人格本身的理解。人格当然是一种心理结构,因而具有事实性,这点是不可否认的。但是人格这种事实与肌肉的运动和静止(因果行为论)或者目的活动(目的行为论)相比,当然更多地包含了规范评价要素。在这个意义上,毋宁说,人格是一种规范性的事实要素,同时具有事实性与规范性。但如果按照这个标准,社会行为论也是以事实性要素为基础的,同时不能否认其具有事实性与规范

---

① [日]大塚仁:《刑法概说(总论)》(第3版),冯军译,100~101页,北京,中国人民大学出版社,2003。
② [德]克劳斯·罗克辛:《德国刑法学总论》,第1卷,王世洲译,170页,北京,法律出版社,2005。

性。相对于只有事实性没有规范性的因果行为论与目的行为论而言,人格行为论与社会行为论一样,还是一种价值论的行为论。

(五) 规范行为论

规范行为论,也称为否定的行为概念。这里的否定,是指对事实性要素的否定。因为行为本来是一个事实性概念,没有事实性要素的行为就不是行为,因而,这里的否定也是对行为本身的否定。从这个意义上说,否定的行为概念是一种没有行为的行为概念。否定的行为概念虽然对行为的事实性要素完全否定,但对行为的规范性要素则完全肯定。因此,否定的行为概念是一种规范性的行为论,甚至是纯粹的规范行为论。罗克辛指出:

> 最近一段时间,有许多学者开始从各种角度进行努力,争取通过发展一个"否定的行为概念",为犯罪理论提供一个新的基础。在所有这些理论中,决定性的观点可以简要表达为"可避免原则"。它的第一个有影响的表达方式是卡尔斯提出来的:"如果一个行为人能够避免一个结果的发生,并且法律也要求他避免这个结果的发生,那么,只要他不避免而使这个结果发生的,就应当将这个后果归责于这个行为人。"然而,当卡尔斯在可避免性中仅仅看到一种行为构成的归责原则时,赫茨贝格就将这个原则第一次用作他表明为"否定的",同时包容了作为和不作为的行为概念的基础。刑法的行为是在保障地位上所作的可以避免的不避免。①

罗克辛把否定的行为概念的核心观念称为"可避免原则",即应当避免而不避免,就是行为。与此十分类似的是英美刑法中的"控制原则"。美国学者对控制原则的内容做了以下说明:

> 一个人,如果他不能防止事情的发生,就是对事态不能控制。如果事态

---

① [德] 克劳斯·罗克辛:《德国刑法学总论》,第1卷,王世洲译,156页,北京,法律出版社,2005。

是行为，他应该能不为该行为；如果是后果，他应该能防止其发生；如果是意图，他应该能不具有这个意图；等等。①

美国学者认为控制原则更加清晰地表达了包含在犯罪行为要件中的正确含义，并用这个原则去取代犯罪行为要件。控制原则与上述否定的行为概念如出一辙，都从否定事实性要素的意义上论证行为的内容。我们将规范行为论与因果行为论相比就会发现：这两种行为理论处于存在与价值的两个极端。因果行为论是彻底的存在论立场，完全否定行为的规范性。而规范行为论则是完全的价值论立场，彻底否定行为的事实性。规范行为论消解了行为的事实性，虽然具有较强的解释力，但它使"无行为则无犯罪"的法律格言流于形式，潜藏着对法治的破坏，因而是不能接受的。由此可见，在行为论的选择上，本身就是包含某种价值取向的。

通过对以上行为论的分析可以看出，刑法上的行为论始终在事实与价值之间纠缠不清。当然，从行为论之发展趋势上来说，以事实性要素为主、以价值性要素为补充的综合行为论，例如社会行为论与人格行为论，是更有说服力的。

行为论是刑法学的一个重要学术领域，也是犯罪论体系的基石范畴。德日刑法学对行为概念进行了长达百年的探索，历经各种行为论的演进，至今也不能说已经找到了一个完美无缺的行为概念；其中，客观上的身体运动和主观上的意志运用、事实上的实体性要素与价值上的规范性要素互相交叉。从发展趋势上看，纯粹的存在论的行为论与彻底的价值论的行为论都难以成立，而综合上述客观要素与主观要素、事实要素与价值要素的复合行为论，也许是更有前景的一种行为理论。

三、行为的构造

刑法中的行为是一个专业性的概念，它不同于日常生活中的行为概念。因此，

---

① ［美］道格拉斯·N. 胡萨克：《刑法哲学》，谢望原等译，103 页，北京，中国人民公安大学出版社，1994。

刑法行为论的体系性构造

在行为论中应当对行为的构造加以论述。我认为行为具有以下两个方面的要素。

(一) 体素

行为的体素，是指行为的举止性，它主要表现为身体动静。行为的体素，是从客观层面上考察行为。应当指出，行为的体素不能简单地归结为行为的物理要素。因果行为论曾经强调行为的有体性，认为有体性是指行为人在主观意思的支配下，导致身体的运动，并引起外界的客观变动。这种有体性是单纯地从物理的意义上把握人的行为，追求行为的事实性存在。我认为，行为的体素不完全表现为行为的有体性。不可否认，在具有有体性的情况下，行为性是容易获得证明的。而在缺乏有体性的情况下，行为性则较难证明。当然，较难证明不等于不能证明。体素是行为的客观要素，它对于标记行为来说，具有重要意义。尽管在不作为与过失的情况下，体素具有特殊表现形式，但还是不能否定行为的体素对于行为构造的重要性。我们在刑法学中，经常讨论所谓行为性的问题。那么，什么是这里的行为性？我认为，这里的行为性并不是有体性，而是指具备行为的体素。行为的体素，应当从事实和价值这两个方面加以论证。在身体运动的情况下，这种运动本身就具有行为的体素。而在身体静止的情况下，其行为的体素只有通过规范评价才能显现出来。

以下，我对不作为、过失行为，尤其是过失的不作为的行为性加以论述，并根据体素将思想、言论的行为性予以排除而对言论犯罪进行界定。

1. 不作为的行为性

关于不作为的行为性，曾经存在一种否定性的观点，认为不作为不具有行为性，因而不作为根本就不是行为。例如，德国学者拉德布鲁赫就认为不作为与作为是"静"与"动"之关系，恰如 A 与非 A 之关系，或肯定与否定之关系，不能具有共同之上位概念，因而，应将不作为与行为并列。[①] 当然，这是一种十分极端也是极为个别的观点。基于"无行为则无犯罪"的观点，不作为只有解释为行为才能为犯罪提供基底。因此，各种行为论都试图对不作为的行为性做出合理

---

① 参见洪福增：《刑法理论之基础》，61 页，台北，三民书局，1977。

的说明，但并非都是成功的。从总体上来说，存在论的行为论对不作为的行为性都不能合理地给出解释，而价值论的行为论则能够较为圆满地为不作为的行为性提供理由。

如前所述，不作为的行为性在证明上的困难源自它是身体的静止，即不像作为那样存在身体的外部动作，在单纯物理意义上是一种"无"的状态。因果行为论因为强调行为的有体性，因而难以对不作为的行为性做出有效说明。为使不作为归于行为，在因果行为论中，或者是像贝林那样，放弃行为概念中的意思限定要素，将行为概念变通为没有内容的抽象物——人的意志；或者是像李斯特那样，放弃行为概念的有体性，强调行为中的意思作用同结果之间的因果关系。但在这种情况下，已经难以坚守其因果行为论的基本立场。

目的行为论立足于人的主观目的，消解行为的机械性，对于理解行为的本质具有一定的意义。但目的行为论主要适用于对故意的解释，对于不作为的行为性则难以做出科学论证。为此，目的行为论提出人的形态（Menschliches Verhalten）的概念，在此基础上引申出目的行动力（finale Tatmacht）以联结作为与不作为，使之共同归属于行为。这种以目的为出发点的行为理论，在目的行为力的范围内，对于故意的作为与不作为尚能做出解释，对于过失行为，尤其是过失的不作为（例如忘却犯）仍然难以做出圆满的解释。

社会行为论引入规范评价的立场，摆脱了存在论的限制，给不作为的行为性的解释带来了希望。在物理意义上，不作为是"无"，但在社会意义上，只要具有社会重要性，仍然可以被评价为"有"。当然，过于倚重社会的规范评价，完全脱离行为的物理基础，也会使行为概念泛化，消解行为的界定机能。

至于人格行为论，也对不作为的行为性具有较强的解释力，但同样存在过于泛化的缺陷。因为，人格本身是一个不确定的概念，采用人格来确定行为范围的标准，具有相当程度的模糊性。

规范行为论，也就是否定的行为概念或者控制原则，以事态是否可为行为人所控制作为衡量标准，因而作为与不作为的区分就没有任何必要。这对于行为的定型性是一个重大的冲击，将在一定程度上瓦解刑法的根基。因此，尽管规范行

刑法行为论的体系性构造

为论从根本上使不作为的行为性不成其为问题,我还是不予认同。

对于不作为的行为性的解释,不能拘泥于某一方面,而应当采取一种综合的解释论。其中,社会的规范评价与行为人的态度这两个方面是至关重要的。在一定的社会中,人与人结成一定的社会关系,这种社会关系经由法律确认而形成以权利义务关系为核心的法律关系。权利和义务是同一法律关系的两个不同侧面,两者互相依赖又互相转化。承担一定的法律义务实际上就是他人的权利得以实现的前提,而行使本人的权利也必须以他人履行一定的义务为基础。因此,作为是一种必然侵犯他人权利的行为,不履行自己应当并且能够履行的义务的不作为同样是一种侵犯他人权利的行为。在这个意义上,不作为与作为具有等价性,即在否定的价值上是相同的,这是由社会的规范评价所得出的必然结论。不仅如此,不作为虽然在物理意义上是"无",但这种"无"的状态本身是受行为人的主观意志支配的,因而,从人的态度上来判断则是一种"有"。根据以上论述,我认为不作为具有行为性,它是刑法中行为的一种特殊形式。而且,在日常生活中,不作为的观念也是被承认的。例如,一个小学生在学校里打人,回家以后受到家长的批评,他无言以对只得乖乖认错。如果这个小学生没有完成老师布置的作业,家长批评他,那么,他不会说"我又没有做错什么(作为),为什么还要批评我",他同样会乖乖地低头认错。因为他也知道没有做作业(不作为)本身也是一个错误。由此可见,连小学生也具有不作为的观念,这是一种社会常识。

2. 过失的行为性

除了不作为在体素上具有特殊性之外,过失行为在体素上也具有特殊性,因而过失的行为性也同样是一个值得研究的问题。当然,对于忘却犯的行为性的论证是过失行为的行为性的一个重要问题。因为忘却犯是过失的不作为,其行为性历来是行为论上的一个难题。

德国学者宾丁说过一句话:忘却犯在犯罪领域中可以说是小之又小的,却能够给予最大的荣誉。[①] 忘却犯为什么能得到最大的荣誉呢?因为忘却犯是各种行

---

① 参见 [日] 木村龟二主编:《刑法学词典》,顾肖荣等译,109 页,上海,上海翻译出版公司,1991。

为论的试金石：凡是能够合理地解释忘却犯的行为论就是可以成立的，否则就是不能成立的。忘却犯，顾名思义是因忘却而构成的犯罪。在一般情况下，忘却怎么可能构成犯罪呢？只有在因忘却而没有履行法律所规定的作为义务，并且造成危害社会结果的情况下才可能构成犯罪。因此，忘却犯实际上是过失的不作为犯。例如，扳道工在铁路道口上班时，因为睡着了而忘了给信号，由此而使火车发生倾覆事故。那么，忘却犯是否存在刑法上的行为呢？下面，我们采用上述五种行为论分别对忘却犯的行为性加以论证。

根据因果行为论分析忘却犯，不作为本来在身体活动上就是一种静止；之所以能够被视为行为，是因为主观上的意志支配，也就是这种身体活动上的静止状态恰恰是行为人主观上精神控制的结果。这一对不作为的解释本来就已经十分勉强了，在忘却犯的问题上，连这一勉强的解释都难以自圆其说。因为，在忘却犯中，连精神上的控制都没有，怎么能说存在行为呢？因此，根据因果行为论的行为概念，应当将忘却犯从行为范畴中予以排除。因此，因果行为论不能对忘却犯的行为性做出合理解释。

根据目的行为论，目的性是行为的统合要素。在忘却犯的情况下，对于忘却履行义务的行为本身当然不具有目的，例如，扳道工并不是有意要使火车倾覆。但忘却行为本身可能有其他动机，例如睡觉或者想家等，但并不能把这种导致忘却的心理动因视为目的。因此，即使以构成要件的结果以外的结果为目标的目的性，在忘却犯中也难以找到。由此可见，目的行为论对忘却犯的行为性缺乏解释力。

根据社会行为论，行为是具有社会意义的人的态度。把忘却犯理解为具有社会意义，这一点并没有问题。但大塚仁认为：基于无认识过失的不作为犯因为缺乏有意性，因而人的态度也是不存在的。在这种情况下，社会行为论与自然行为论无异。① 但我认为，忘却行为本身就表明了行为人对于其业务活动的一种不负责任的态度。从这个意义上说，社会行为论能够解释忘却犯的行为性。

---

① 参见［日］大塚仁：《刑法概说（总论）》（第 3 版），冯军译，110 页，北京，中国人民大学出版社，2003。

刑法行为论的体系性构造

根据人格行为论，忘却犯因为是与本人的主体性人格态度相结合的不作为，仍然是行为。① 因为人格行为论把行为视为人格的主体性现实化。对于忘却犯，可以从行为人的人格态度中找到对于不作为的支配因素，而这就是忘却犯的行为性。

根据规范行为论，在忘却犯的情况下，行为人是因忘却而没有履行法定义务，而这一履行法定义务的行为是法律所期待的，并且也是行为人能够实行的行为。可以说，规范行为论因为完全不用顾虑行为的事实性要素，从价值评价角度能够为忘却犯提供行为性。

由此可见，忘却犯的行为性是一个较为复杂的问题，它在有体性与有意性都缺乏的情况下如何获得行为性，确实是对各种行为论的考验。

3. 思想犯罪的排除

思想犯罪，又称为主观归罪，是指根据人的主观心理活动而入罪。因为主观心理活动是难以客观地证明的，因此，思想犯罪成为罪刑擅断的必然结果。在中国古代及西方中世纪存在追究思想犯罪的立法例，例如，中国古代就有所谓的腹诽罪。《史记》中有魏其侯等人"腹诽而心谤"的记载，《汉书》中有颜异"不入言而腹诽，论死"的记载，为我们留下了古代思想犯罪的著名史实。在西方中世纪也有这种思想犯罪的案例，例如，孟德斯鸠在《论法的精神》一书中记载，马尔西亚斯做梦割断了狄欧尼西乌斯的咽喉，狄欧尼西乌斯因此将其处死，理由是：如果白天不这样想夜里就不会做这样的梦，也就是我们所说的"日有所思，夜有所梦"。这不仅是思想犯罪，而且是以梦定罪。对此，孟德斯鸠指出："这是大暴政，因为即使他曾经这样想，他并没有实际行动过。法律的责任只是惩罚外部的行动。"② 以上这种以梦定罪的案例在我国法治遭受破坏的时期也发生过，当时一个男青年被定为"梦奸罪"。其案情是：该男青年因爱慕一位女青年，对该女青年单相思，某夜做梦与该女青年发生了性关系。激动之余，第二天男青年

---

① 参见［日］大塚仁：《刑法概说（总论）》（第3版），冯军译，113页，北京，中国人民大学出版社，2003。
② ［法］孟德斯鸠：《论法的精神》上册，张雁深译，197页，北京，商务印书馆，1961。

89

将这一梦中做爱之事告诉了他人,遂使这一隐私广为流传。因为当时人的思想还比较保守,女青年听说这一消息以后不堪忍辱而上吊自杀。最后,把这个男青年抓起来要判刑,当时没有《刑法》,对这个男青年怎么定罪呢? 不知是谁想出"梦奸"这样一个罪名,将之定罪判刑。其实,这个男青年的罪行不在于梦中做爱,而在于散布流言。如果他是以侮辱他人人格为目的而散布这一隐私,导致女青年死亡,对其以侮辱罪论处其实是恰当的。公元 20 世纪的梦奸罪与公元 1 世纪(汉朝)的腹诽罪,成为绝配。只是 2000 年的时光流逝,居然不能阻隔今人与古人的心灵相通,可见追究思想犯罪的巨大历史惯性。

对思想犯罪的清理,是从贝卡里亚开始的。贝卡里亚批判了以意图作为衡量犯罪的标尺与以罪孽作为处罚根据的专制刑法制度,强调法律不处罚犯意,不过问行为的内在恶意[①],由此确立了刑法客观主义理论。这一思想被刑事古典学派所接受,产生了广泛的影响。青年马克思曾经对追究思想犯罪的普鲁士制度进行了深刻的批判,认为凡是不以行为本身而以当事人的思想方式作为重要标准的法律,无非是对非法行为的公开认可。马克思还有一句至少在刑法教科书中被反复引用的名言:"我只是由于**表现**自己,只是由于踏入现实的领域,我才进入受立法者支配的范围。对于法律来说,除了**我的行为**以外,我是根本不存在的,我根本不是法律的对象。"[②] 马克思的上述论断,充分强调了行为在刑法中的重要性,也为行为刑法提供了理论根据。法治社会的刑法都是排斥思想犯罪的,行为的体素就成为排斥思想犯罪的第一道门槛。

4. 言论犯罪的界定

言论犯罪,是指以言入罪,即仅仅根据一个人的言论就予以定罪。言论犯罪与思想犯罪具有一定的联系,但又有所不同,因为言论与思想相比毕竟具有一定的物质载体。当然言论是否构成犯罪,是一个比思想犯罪更为复杂的问题。对于言论是否可以入罪,孟德斯鸠曾经指出:

---

① 参见〔意〕贝卡里亚:《论犯罪与刑罚》,黄风译,96 页,北京,中国大百科全书出版社,1993。
② 《马克思恩格斯全集》,中文 1 版,第 1 卷,16~17 页,北京,人民出版社,1956。

刑法行为论的体系性构造

言语并不构成"罪体"。它们仅仅栖息在思想里。在大多数场合，它们本身并没有什么意思，而是通过说话的口气表达意思的。常常相同的一些话语，意思却不同，它们的意思是依据它们和其他事物的联系来确定的。有时候沉默不言比一切言语表示的意义还要多。没有比这一切更含混不清的了。那么，怎能把它当作大逆罪呢？无论什么地方制定这么一项法律，不但不再有自由可言，即连自由的影子也看不见了。①

言论自由是公民的宪法权利，基于宪法权利不能入罪的原则，言论无论如何不能构成犯罪，即绝对禁止以言入罪。但是，也不能简单地认为言语一概不能成为罪体。日本学者小野清一郎曾经从佛经中引出三业的概念，即"意业"、"语业"和"身业"。意业是指主观上的表象、思想、感情或意志决断。语业是指言语。身业是指身体举止动作。小野清一郎指出：

在法律领域，单有"意业"是不予问津的，只有当其发展为"语业"或"身业"时，亦即变为客观化了的行为时，才开始当作问题。并且"语业"只是在损毁名誉、伪证等少数表示犯中成为问题，大多数都是"身业"。②

在小野清一郎看来，宗教的根本是"意业"，因为意业涉及人的精神世界，是与信仰有关的。而法律则只管"身业"，即规范人的外部行为。其实，不仅宗教是指涉人的精神的，而且道德也是指涉人的内心的。正是在这一点上与调整外部行为的法律，尤其是刑法存在根本的区分。因此，存在这样一个命题：道德是主观的，法律是客观的。也可以说，道德是内在的，法律是外在的。而言语则要加以区分：如果是单纯地表露思想，则言论不能入罪。在这个意义上说，如果言论入罪，就是变相的思想入罪。但如果言语侵犯了他人的权利，例如，言辞侮辱

---

① [法] 孟德斯鸠：《论法的精神》上册，张雁深译，198页，北京，商务印书馆，1961。
② [日] 小野清一郎：《犯罪构成要件理论》，王泰译，85页，北京，中国人民公安大学出版社，2004。

或者诽谤，或者言语教唆他人犯罪，在某些情况下言论煽动，等等，则言语可以成为罪体。因此，言语与纯粹的内心思想还是有所不同的，它本身具有外在形式。

即使言语在某些例外情况下可以入罪，也应当十分小心地根据法律规定加以认定，否则极易出入人罪。过去曾经发生过这样一个近乎天方夜谭的案件：一位老农住在偏僻山乡，一天起了个大早走了20多里山路来到公路旁，想上9点多钟路过此处的班车去100里外的县城。这位老农刚到公路旁，眼看班车开走了，十分着急，就追赶着让班车停下来，结果班车没停，气得老农在汽车后面大骂："破车，到前面准掉山沟里去。"老农没赶上班车，悻悻地回家了。没想到，班车开出10多里路果然翻到了山沟里，车毁人亡。没几天，警方来到老农家，把老农抓走了。因为警方接到举报说老农对着班车咒骂。这个案件起诉到法院，最后给定了个"骂翻汽车罪"的罪名。这是一个典型的言语入罪的案件，汽车能被骂翻吗？能把汽车骂翻，这个老农就不是人而是神了。

现在当然不会出现如此拙劣的以言入罪的案件，但却出现了另一类案件，称为网上诽谤案。你输入"网上诽谤案"这一关键词，随便百度一下，就会出现王帅诽谤案、吴保全网络诽谤案、高唐诽谤案、汉中诽谤案等信息。其中，王帅网上诽谤案以喜剧性效果收场：2009年4月8日《中国青年报》以《一篇帖子换来被囚八日》为题报道，面对家乡被违法征用的土地，身在上海的河南灵宝青年王帅多次通过正常渠道反映无效，遂于2009年2月12日在天涯论坛发布帖子《河南灵宝老农的抗旱绝招》。3月6日，河南灵宝警方以诽谤罪为名远赴上海将其刑拘，8天之后才取保候审。《中国青年报》报道后，4月16日灵宝市政府在致函《中国青年报》时称："公安部门执法是有过错的。市委、市政府负有领导责任。"4月17日，灵宝市公安局局长宋中奎等赴上海向王帅道歉并发放了国家赔偿款783.93元。同日，灵宝市委宣传部转发的处理意见显示，相关办案人员和责任领导受到停职等追究。另一起发生在内蒙古的吴保全网上诽谤案，结果就是锒铛入狱了。吴保全网上诽谤案的案情是：2007年9月6日，吴保全与鄂尔多斯市康巴什村村民康树林电话聊天时得知，康巴什村一些村民对政府征地补偿有意见，吴保全认为有利可图。他当即表示可以在网络上发帖。9月7日，吴保全在

异地以"找我吗"为网名,在互联网上发出题为《××,你要杀你的农民姐弟?》的帖子,诽谤当时的市委主要领导。帖子在网上发表后,被国内多家网站转载。之后,吴保全亲自到康巴什村充当农民代言人,先后收取康巴什村村民现金29.5万元。法院认为:被告人吴保全作为具有完全刑事责任能力的自然人,第一次因发帖侮辱诽谤他人被公安机关行政拘留后,已明知这种行为属违法行为,仍继续在网上连续多次发表相同内容的帖子,其行为表现证明主观上是故意的;在客观方面,被告人吴保全采用捏造、歪曲、虚构事实的方法对他人进行诽谤,并在网络上公开散布,传播范围广、速度快,严重侵害了受害人的人格尊严和个人名誉,情节严重。同时,也严重危害了当地社会秩序。被告人吴保全的行为已构成诽谤罪,被判处有期徒刑1年6个月。

网上诽谤案的频频发生,值得我们警惕。在这些网上诽谤案中,诽谤对象都是当地党政主要领导。诽谤罪本身是以言入罪,其罪与非罪的界限必须严格把握。否则,将使言论自由受到不当限制。

(二)心素

行为的心素,是指行为的有意性,主要表现为主观意思。行为的心素,是从主观层面上考察行为。应当指出,行为的心素与罪过心理是有所不同的。行为的心素是指行为是基于行为人的意志自由,不受任何限制,因而可以把某一行为归责于行为人。而罪过心理是指对构成要件结果的故意或者过失。故意或者过失虽然以行为人的意志自由为前提,但两者存在根本区别,不能混为一谈。

在刑法理论上,对于行为是否包括心素,即刑法上的行为是否仅限于有意识的行为,存在以下三种观点:

一是身体动作说,认为行为是一种单纯的身体运动或静止,人的主观意思不是行为的构成要素。二是有意行为说,认为刑法上的行为必须是有意识的行为,人的意思是行为的必备要素。如果只是单纯的身体动作而缺乏意思要素,不论其造成何种危害,都不是刑法上的行为。三是目的行为说,认为刑法上的行为不仅是一种有意识的举动,而且是一种有目的的举动。这种目的性表现为,行为首先是确立一定的目标,然后选择相应的手段,进而支配和调节人的身体活动,最后

实现预定的目的。①

在以上三种观点中,我赞同有意行为说。有意性是行为的不可或缺的一部分。行为的构成必须具备心素。当然,这种心素并非一定具有目的性,而只要是基于行为人的意识与意志的支配而实施一定的行为,就应认为具备了行为的心素。通过心素这一要素,可以将不具有有意性的行为排除在刑法中的行为概念之外。这些行为是:

(1) 无意识参与作用的反射动作。

(2) 受他人力量之直接强制(vis absoluta),在完全无法抗拒,而其意思决定与意思活动完全被排除或被支配的情况下的机械动作。例如遭到他人猛力一推,身体重心失控,致跌倒而撞坏东西。

(3) 睡眠中或无意识中的行动或静止,例如睡觉中的翻身动作或梦游等。

(4) 因病发作的抽搐,或者因触电或神经反射而发生的痉挛。

(5) 手脚被捆绑而欠缺行动可能性的静止等。②

上述行为之所以不能认为是刑法中的行为,是因为在上述情况下,行为人缺乏心素;因而,不能将这些行为看作行为人的作品,也不能使行为人对这些行为所造成的后果承担法律上的责任。例如,2008年10月某天晚上10时许,女大学生王某独自行走时,一辆面包车悄悄地跟在其身后,8名犯罪嫌疑人组成的犯罪团伙强行将其拉入车中。为敲诈1 000万元财物,犯罪团伙劫持了检察官夏某,强迫其与女大学生王某发生性关系,并逼迫夏某用绳子勒死王某。犯罪团伙对该过程拍照后试图敲诈夏某。直到2008年11月8日,警方才在一个50多米深的废弃矿井内发现王某的尸体。案发后,该犯罪团伙的8名犯罪嫌疑人被警方抓获。经过侦查,证实整个过程夏某都是被蒙着眼,强暴王某时也是有人按着他进行的。夏某被逼迫勒王某的脖子时,夏某的脖子也被绳子套着,后面有两个人勒他。据犯罪嫌疑人交代,如果夏某不勒王某,他们就要勒死夏某。由于夏某当时

---

① 参见马克昌、鲍遂献:《略论我国刑法上行为的概念》,载《法学研究》,1991 (2)。
② 参见林山田:《刑法通论》上册,增订10版,196页,台北,元照出版公司,2008。

刑法行为论的体系性构造

眼睛被蒙,所以他不知道王某是否死亡,认为当时可能把王某勒晕了,但结果是王某被勒致死。① 本案在媒体披露以后,引起了社会的广泛关注。对于检察官夏某的行为是否构成犯罪,存在较大争议:第一种意见认为夏某由于被胁迫参加犯罪,应以胁从犯论处;第二种意见认为夏某属于紧急避险,不负刑事责任;第三种意见认为夏某属于不可抗力,不负刑事责任。② 在以上三种意见中,胁从犯和紧急避险都是以存在刑法中的行为为前提的。紧急避险是在具备构成要件该当性以后,阻却违法而不构成犯罪的情形。在紧急避险的情况下,虽然存在紧迫性,对于行为人的意志自由存在一定的影响,但并不能认为行为人完全丧失了意志自由。而胁从犯则已经构成犯罪,只不过因被胁迫参加犯罪,可以减免刑事责任而已。在胁从犯的情况下,虽然存在被胁迫的情节,但这一胁迫并没有使行为人完全丧失意志自由,因而行为人应当承担刑事责任。只有在不可抗力的情况下,行为人受到外力作用,完全丧失了意志自由,因而不存在刑法中的行为,从而不构成犯罪。在上述案件中,检察官夏某是在他人死亡的即时威胁下实施强奸及杀人行为的,当时他已经丧失了意志自由,成为犯罪人的犯罪工具,因而属于不可抗力,不负刑事责任。应当指出,在关于本案的议论中,往往论及道义、良心、职责甚至天理等大词;但这一切与刑法无关,刑法是最低限度的道德,法不强人所难,这才是刑法的真正道德。由此可见,夏某的行为之所以不构成犯罪,是因为缺乏心素,根本不存在刑法中的行为。也就是说,还没有进入构成要件该当性,就被出罪。这也说明,我们不仅应当正确地做出无罪的结论,而且还应当给出无罪的确切理由。结论正确不能说明一切,理由才是最重要的。

在某些情况下,行为是否具有有意性,在认定上完全会发生各种疑难。我认为,只要行为是在没有外力作用或者内因导致其丧失意志自由的情况下做出的,

① 参见《河南平顶山一团伙劫持检察人员,逼其强暴女生》,载《新京报》,2009-07-22。
② 网上调查显示,在6 000多名网友中,5 284名网友认为夏某应该受责罚,占投票总数的83.9%;802名网友认为不应被究责,占投票总数的12.7%;210名网友表示了依情可宥,依法应究,很难评判,占投票总数的3.3%。参见《检察官"被逼强奸"调查,逾八成网友认为应负刑责》,见 http:/leaders.people.com.cn/GB/9726302.html,2009-07-27。

就应当推定行为是具有有责性的。因此，下述三种情形，仍属于刑法上的行为：

1. 自动化的行为

日常生活中自动化的行为，例如开车时的操纵驾驶盘、变换排挡、踩油门加油起跑、加速前驰，以及举步走路、端碗饮食等，是一种经过学习或训练而定型自动化的运动方式，每次身体的运动无须以积极意思加以支配，其形成意思的过程系在潜意识下进行着，故与身体的反射动作不同，而属意思决定与意思活动所支配的行为。

2. 冲动行为

冲动行为，包括情感冲动下的情绪行为与未加考虑而在极短时间内立即做成决定的即决行为。这些行为均系在行为人意识参与支配下而有意思主宰的行动，故亦为刑法概念上的行为。

3. 受到间接强制的行为

受他人力量的间接强制（vis compulsive），致其意思决定与意思活动受影响而为的特定行为亦属于刑法上的行为，例如受到他人殴打，而屈从他人意思而为的行为。[1] 当然，正如罗克辛所言，行为与非行为的区分有时是相当困难的。尤其是一些处于边缘性的情形，例如，反射性动作、不由意志控制的自动动作、高度冲动中的行为或者"无意识的"心醉神迷状态中的行为等。[2] 在这种情况下，为不使行为概念负荷过重，将其纳入犯罪论中加以讨论，也是完全可以的。因为，在某些情形中，行为与非行为之间并没有一个截然可分的界限。

（本文原载谢进杰主编：《中山大学法律评论》，第 8 卷·第 1 辑，北京，法律出版社，2010）

---

[1] 参见林山田：《刑法通论》上册，增订 10 版，197 页，台北，元照出版公司，2008。
[2] 参见［德］克劳斯·罗克辛：《德国刑法学总论》，第 1 卷，王世洲译，167 页，北京，法律出版社，2005。

他行为能力问题研究

他行为能力作为刑法理论中的一个概念，涉及行为论、不法论和责任论，其在犯罪论中的体系性地位需要厘清。本文在揭示他行为能力基本特征的基础上，从意志自由、不可抗力、紧急避险和期待可能性等视角，对他行为能力的性质进行考察，以确定他行为能力在犯罪论中的体系性地位。

一、他行为能力的概念界定与理论价值

在刑法理论中，他行为能力概念考察的是，行为人是否具有实施其他行为的能力。因此，当我们采用"他行为"这个概念时，就已经预设了"本行为"。而在讨论行为人是否具有他行为能力时，行为人显然已经实施了"本行为"，只是如何从刑法上评价"本行为"，还取决于行为人是否具有实施"他行为"的能力。因此，分析他行为能力其实是为了处理"本行为"的法律性质问题。

在使用他行为能力概念时，行为人并没有实际实施其他行为。因此，他行为能力只是一种可能性，即实施其他行为的可能性。能力和可能性，虽然用语不同，

但就其内容而言，两者是可以相互转换的。① 我国台湾学者李文健就曾指出：可能性和能力表面上看起来虽然是两个不同的概念，其实是一体两面；我们不正可以说，因为行为人有他行为能力，所以有实施其他行为的可能性；可能性其实就是具备能力以后的反映，能力是可能性的实质基础。② 那么，他行为能力概念的理论价值何在？对此，我们可以从一个疑难案件切入。

夏伟业强奸、故意杀人案：2008年10月14日，被告人石书伟等8人为勒索财物，持枪在河南省平顶山市将夏伟业绑架，对其进行捆绑、殴打，并连夜驾车到许昌市将25岁女青年王科嘉绑架回平顶山市区。被告人石书伟等人强行逼迫夏伟业与该女发生性关系，后又以杀死夏伟业相威胁，强迫其将该女勒死。

对于本案中的8名犯罪人，当然应依法追究刑事责任。但本案的争议主要是，对王科嘉实施强奸和杀害行为的夏伟业，是否构成犯罪。对此，存在无罪和有罪这两种针锋相对的观点。主张无罪的观点主要有三种理由：第一，不可抗力；第二，紧急避险阻却违法；第三，缺乏期待可能性。下面，笔者对上述观点逐一进行分析。

第一，因不可抗力而无罪。

这种观点认为：从本案的案情看，夏伟业确实对被害人实施了强奸和杀害行为，但这些行为并非出自其本意，而是在他人的暴力强制下实施的。换言之，夏伟业只是他人实施强奸和杀人的工具，应当由他人作为间接正犯对强奸和杀人承担刑事责任。对于这种情形，《刑法》第16条规定：行为在客观上虽然造成了损害结果，但是不是出于故意或者过失，而是由于不能抗拒的原因所引起的，不是犯罪。从这一规定看，重点是强调损害结果是由不能抗拒的原因引起的。那么，什么是"不能抗拒的原因"？笔者认为，"不能抗拒的原因"是指非出于行为人意志自由的原因。在这种情况下，虽然发生了损害结果，但由于损害结果非出于行为人的意志自由，故对于该损害结果行为人无须承担刑事责任。

---

① 在本文中，笔者以同等含义交替使用他行为能力和他行为可能性这两个概念。
② 参见李文健：《罪责概念之研究——非难的实质基础》，81页，台北，春风煦日论坛，1998。

我国台湾学者林山田曾指出，下述行为非出于行为人的意思决定，因而并非刑法概念上的行为：(1) 无意识参与作用的反射动作；(2) 受他人之力的直接强制，在完全无法抗拒，而其意思决定与意思活动完全被排除或被支配的情况下的机械动作；(3) 睡眠中或无意识中的行动或静止；(4) 因病情发作的抽搐，或者因触电或神经反射而生的痉挛；(5) 手脚被捆绑而欠缺行动可能性的静止等。① 本案类似于第二种情形。在这种情形下，虽然不像第五种情形那样，完全丧失了行动可能性，但行为人遭受他人暴力的直接强制，已经丧失意志自由，应属于因"不能抗拒的原因"而导致损害结果发生，行为人不应承担刑事责任。当然，在这种情况下，需要考察行为人是否完全丧失意志自由。如果并未完全丧失，行为人仍然应当对损害结果承担刑事责任，只不过存在一定的可宽宥性，在量刑时应当从宽处罚。例如，在本案中，如果绑匪的胁迫构成了对夏伟业的精神强制，但这种强制尚未完全剥夺其意志自由，则夏伟业受胁迫实施犯罪的情形就构成胁从犯。根据《刑法》第28条的规定，对于胁从犯，应当按照行为人的犯罪情节减轻处罚或者免除处罚。

第二，因紧急避险阻却违法而无罪。

这种观点认为：紧急避险是违法阻却事由。② 根据《刑法》第21条第1款的规定，为了使国家、公共利益、本人或者他人的人身、财产和其他权利免受正在发生的危险，不得已采取的紧急避险行为，造成损害的，不负刑事责任。值得注意的是，刑法规定，实施紧急避险行为必须是"不得已"。这是指除了采取损害其他合法权益的方法以外，没有其他保护合法权益的方法。在本案中，夏伟业实施强奸、杀人行为是否属于迫不得已？这种观点认为：在绑匪的胁迫下，夏伟业为了保全自己的生命而服从绑匪的指令，对被害人实施强奸和杀害行为，是一种

---

① 参见林山田：《刑法通论》上册，118页，北京，北京大学出版社，2012。
② 在德国刑法中，除了合法化的紧急避险，还规定了免责的紧急避险。合法化的紧急避险是违法阻却事由，免责的紧急避险是责任阻却事由（参见［德］汉斯·海因里希·耶赛克、托马斯·魏根特：《德国刑法教科书》上，徐久生译，477页，北京，中国法制出版社，2017）。我国刑法只规定了作为违法阻却事由的紧急避险，没有规定免责的紧急避险。

为了保全自己生命而损害他人合法权益的紧急避险行为；但根据紧急避险的一般原理，不得以牺牲他人生命为代价来保全自己的生命，因而夏伟业的行为属于紧急避险过当，应当承担一定的刑事责任。

如前所述，紧急避险是以行为符合构成要件为前提的。尽管刑法规定实施紧急避险必须是"不得已"，但"不得已"不能等同于完全丧失意志自由，而是指除采取紧急避险外没有其他方法。由此可见，紧急避险仍然是以行为人具备意志自由为前提的。在现实生活中，在绑匪剥夺生命的暴力威胁下不得已实施犯罪的情形偶有发生，这种情形也可能构成紧急避险；当这种紧急避险超过必要限度时，避险人应承担刑事责任。当然，如果符合胁从犯的成立条件，则应当减免处罚。在本案中，夏伟业是在受到紧迫的生命威胁的情况下实施强奸和杀人的，行为当时夏伟业实际上已经丧失意志自由，其实施强奸和杀人行为不能再被视为是其意志自由支配下的行为，因而在行为论这一层面就已经排除构成犯罪的可能性，故不应再将其认定为紧急避险。

第三，因缺乏期待可能性而无罪。

这种观点认为：在本案中，夏伟业的强奸、杀人行为之所以不构成犯罪，是因为在当时特定的情境中，缺乏期待夏伟业不实施犯罪的可能性。"期待可能性是指行为之际的现实情形，能够期待行为人不实施犯罪行为而实施适法行为；反之，则为期待不可能性。"[1] 由此可见，期待可能性所涉及的是，在行为符合构成要件且具备违法性的情况下，因为不具有期待可能性而免除行为人的责任。在本案中，夏伟业因受到他人的暴力强制，处于丧失意志自由的状态，因此不能期待其不实施强奸、杀人行为。从这个意义上说，以缺乏期待可能性为由出罪，似乎符合逻辑。

这里涉及意志自由与期待可能性的关系问题。"期待可能性和意志自由属于本质相同的主观性要素，都是关于行为人在行为时有没有自我决意的可能性，或有无选择数个受到不同社会评价的行动的可能性。但是，意志自由是社会领域一

---

[1] 童德华：《刑法中的期待可能性论》，5页，北京，法律出版社，2015。

他行为能力问题研究

切责任的基础,而期待可能性是规范性的意志自由概念。在刑事责任中,用期待可能性概念替代意志自由概念,实际上是以意志自由为基础,利用了刑法的强制规范功能和教育功能,可以较好地实现刑法的保护机能与人权保障机能之间的均衡。"[1] 这是将期待可能性与意志自由描述为一体两面的关系。笔者认为,期待可能性虽然以意志自由为前提,没有意志自由就没有期待可能性,但是,意志自由并非直接对应于期待可能性,在没有意志自由的情况下,根本就不存在刑法意义上的行为。例如,对于夏伟业而言,在受到他人暴力强制的情况下,其行为并非出自个人意愿,其已经丧失意志自由。对夏伟业应以不可抗力为由出罪,而不能再以期待可能性的法理作为出罪根据。

经过以上分析,笔者的观点是,本案中夏伟业的行为是出于不能抗拒的原因而实施的,其不应对强奸、杀人行为承担刑事责任。虽然结论是明确的,但背后的实质根据才是更值得深入研究的问题。笔者认为,引入他行为能力的法理,对于正确处理此类案件具有重要意义。也就是说,在本案中,需要考察的是,在当时特定的环境下,夏伟业是否具有实施其他行为的可能性。如果没有实施其他行为的可能性,只能被迫实施强奸、杀人行为,则可以欠缺他行为能力为由否定夏伟业成立犯罪。

二、他行为能力与意志自由

在讨论上述夏伟业案时,涉及意志自由这一重要的哲学概念。那么,他行为能力与意志自由究竟是什么关系?

在哲学中,意志自由与决定论的关系长久地吸引人们的注意力。在这个问题上,存在意志自由与决定论相容还是不相容的争论。所谓相容是指,意志自由和决定论并不是决然对立的关系,两者可以相容。不相容则是指,意志自由和决定论是决然对立的关系,两者不能相容。在哲学史上,相容论的观点占据主导地

---

[1] 童德华:《刑法中的期待可能性论》,37页,北京,法律出版社,2015。

位。按照经典的相容论观点,在我们"本来就能够以别的行为方式行动"的意义上,自由就在于我们的行动必定是"取决于我们的"。因为,说我们"本来就能够以别的行为方式行动",只是意味着没有约束或障碍阻止我们做我们想要做的事情,如果我们当时打算那样做。也就是说,自由意味着我们有能力和机会以别的方式行动,而且,如果我们的欲望或其他动机在我们行动的时刻就有所不同,那么我们就已经那样行动了。① 其实,相容论与不相容论的争论,是对意志自由和决定论做了不同理解而导致的。在以上相容论的观点中,就把意志自由界定为一种选择,即在既可以实施 A 行为又可以实施 B 行为的情况下,行为人选择实施 A 行为,该行为就是基于意志自由而实施的。在这种情况下,尽管这种选择取决于各种要素,在一定程度上是被决定的,但这并不能否定意志自由的存在。在这个意义上,意志自由和决定论不是决然对立的,而是可以相容的。不相容论的观点则认为,如果决定论是真的,那么我们出生之前的过去的历史遗迹、某些规律或法则就决定了我们目前的行动,所以,在我们现在做的任何事情当中,没有什么事情能够使我们目前的行动变成别的样子。我们不可能以别的方式行动,因此我们缺乏可供取舍的可能性。然而,如果自由意志要求可供取舍的可能性,那么我们就没有自由意志。② 不难看出,相容论和不相容论之争,在很大程度上是围绕"本来就能够以别的方式行动或选择"而展开的。

在刑法理论中,意志自由和决定论是相容还是不相容,同样存在争议。值得注意的是,英国学者提出了超越自由意志/决定论的二律背反的命题。例如,艾伦·诺里指出:"自由意志/决定论是一个没有价值的二律背反,却转移了我们的注意力。然而,我们应当关注的是更加困难和矛盾得多的个体正义和社会正义的问题,这些问题是刑罚问题中心。"③ 在诺里看来,自由意志与决定论之间的关系只不过是个体正义与社会正义之间关系的折射,自由意志是放任个人主义的,

---

① 参见徐向东编:《自由意志与道德责任》,10页,南京,江苏人民出版社,2006。
② 参见徐向东编:《自由意志与道德责任》,9页,南京,江苏人民出版社,2006。
③ [英]艾伦·诺里:《刑罚、责任与正义:关联批判》,杨丹译,135页,北京,中国人民大学出版社,2009。

决定论是针对社会问题而形成的思想取向。因此,应当透过自由意志与决定论的聚讼,发现个体正义与社会正义的真实内容。

随着对意志自由问题的认识不断深入,建立在不相容论基础上的传统的非决定论被摒弃,以选择能力为内容的意志自由理念成为共识。刑法学者在刑事责任的问题上坚持以意志自由为基础,在犯罪原因的问题上则采用决定论的解释方法。例如,韦尔策尔指出:如果说在刑法中,犯罪是指行为人对自由的滥用,法律就此对行为人发出谴责,要求其承担责任,并处以刑罚,那么在犯罪学中,无论从哪个方面来说,犯罪都是天性和环境的因果产物。这两种思想似乎是彼此矛盾、相互排斥的,但其实二者并不矛盾。责任所指的并不是为了实现坏事而"自由地"做出决定,而是主体具有合乎意义地实现自我决定的能力,却依附于驱动力的因果强制。因此,从事实的角度来看,犯罪完全是因果要素的产物。① 由此可见,刑法学要解决的是行为人对于其实施的犯罪行为的法律责任问题,只有假定行为人具有意志自由,犯罪行为是其选择的结果,才能合理追究行为人的刑事责任。笔者曾经从存在论与价值论这两个视角讨论意志自由:"在存在论的意义上,自由是与必然相联系的,它受必然的支配,这是一种决定论。但这种决定论又不是机械的决定论,机械决定论实际上否定了人的自由;而是辩证决定论,因而在认识必然的基础上,人可以驾驭必然,在必然所允许的范围内,具有一定的自由度。从价值论的角度上看,人的自由意味着一种选择,它是与强制相对应的。因此,选择是自由的核心。"②

抛开哲学上的讨论与争议,就刑法上的意义而言,意志自由是指行为人自己决定是否实施某种行为的可能性。如果具有这种可能性,就认为行为人具有意志自由,或者说该行为是在意志自由的状态下实施的。反之,如果不具有这种可能性,就认为行为人没有意志自由,或者说该行为是在缺乏意志自由的状态下实施的。由此可见,意志自由的核心是行为人的选择可能性,也就是所谓"本来就能

---

① 参见〔德〕汉斯·韦尔策尔:《目的行为论导论:刑法理论的新图景》,陈璇译,65 页,北京,中国人民大学出版社,2015。
② 陈兴良:《刑法的人性基础》,4 版,252 页,北京,中国人民大学出版社,2017。

够以别的方式行动或选择"。为此，冯军将意志自由称为行为选择自由，他指出："从价值论的角度来看，我们不能否定如下的解释：法律规范是以意志自由为前提的，法律规范对无论如何都必须实施某种行为的人没有任何意义，只有在人具有实施其他行为的可能性即可以根据自己的自由意思对自己的行为进行选择时，才有法律规范得以存在的余地；只有以意志自由为前提，刑法才不至于失去道义性，刑法只要还采用刑罚，只要刑罚还带有惩罚的属性，还会造成人的痛苦，那就必须以人的意志自由为前提，没有任何理由去惩罚一个完全被决定的人，即使为了社会保安的目的也决不能容忍以无辜者作牺牲。"[1] 但是，在刑法理论中，是否应当采用意志自由一词，也是存在争议的。这种争议的核心在于，意志自由是否具有实证性。反对意志自由论的学者认为，意志自由是一个无法实证的问题。而主张意志自由论的学者认为，意志自由虽然具有相当的抽象性，似乎缺乏实证性，但意志自由可以通过具体形式呈现出来，能够获得事实层面的确认。以上两种观点，可以说是各执一词。值得注意的是，罗克辛将意志自由界定为一个规范的假设：意志自由在刑法中的角色不是一个事实（存在的状态），而是一个规范的假设、一个法的评价原则，因此并不需要一个经验上的证明。[2] 至于意志自由的证明，罗克辛将其转换为所谓对规范的反应能力：当行为时，原则上具有对规范的反应能力时，作为罪责前提的行为自由和决定自由就可以被肯定。[3]

在当前的刑法理论中，意志自由一般与责任问题相关联。意志自由被认为是责任的基础，没有意志自由就没有责任。正如我国学者所指出：我们通常认为，只有当我们的行动在某种意义上是自由的时候，我们才能说对我们自己的行动负责。[4] 这里要澄清，刑事责任中的"责任"和犯罪论体系中责任阶层的"责任"

---

[1] 冯军：《刑事责任论》，102 页，北京，社会科学文献出版社，2017。
[2] 转引自参见李文健：《罪责概念之研究——非难的实质基础》，139 页，台北，春风煦日论坛，1998。
[3] 参见李文健：《罪责概念之研究——非难的实质基础》，140 页，台北，春风煦日论坛，1998。
[4] 参见徐向东编：《自由意志与道德责任》，10 页，南京，江苏人民出版社，2006。

是不同层面的概念。刑事责任中的责任是对行为做整体评价的结果；而责任阶层的责任是在构成要件、违法性评价之后，对符合构成要件且具有违法性的行为的非难性评价，因此其只是阶段性的评价。区分二者的意义在于，在刑事责任的语境中，我们可以说它以意志自由为前提，没有意志自由就没有刑事责任；而责任阶层的责任虽然也建立在意志自由的基础之上，但它本身并不处理意志自由问题。也就是说，意志自由是责任的前提而非责任的本体。意志自由问题是在行为论中处理的，如果没有意志自由，某一行为就不会进入构成要件的评价，从而被排除在犯罪成立与否的评价之外。因此，严格地说，以行为选择可能性——这是刑法上的意志自由的核心要素——为内容的他行为能力，并不直接处理责任有无的问题，而是处理行为存否的问题，这是两个不同性质的问题。这里要指出的是，无论行为是不是犯罪论体系的一个独立阶层，它在逻辑上都是先于构成要件的，是成立犯罪的逻辑前提。

如果说，意志自由概念具有浓厚的哲学色彩，而且极易引起争议，那么，在刑法理论中将意志自由的判断转化为他行为能力的判断，就不失为一个具有建设性的方案。如前所述，他行为能力是意志自由的客观外在呈现。相对于意志自由的判断具有一定的抽象性，他行为能力的判断更具有可行性与可操作性。这里应当指出的是，正如不存在绝对的意志自由，任何意志自由都是相对的，他行为能力也不是绝对的，而是相对的，有一定的程度区别。需要确定的是他行为能力的判断标准：是采取行为人标准还是一般人标准。前者是主观标准，后者是客观标准。笔者认为，是否具有他行为能力是一种规范的判断，因此采取一般人标准更为合理。即，一般人或者普通人在当时的特定环境中是否具有实施其他行为的可能性。就前述夏伟业案而言，虽然表面上看，夏伟业实施了强奸、杀人行为，但其是否构成强奸罪、故意杀人罪，还要考察在其被绑架丧失人身自由并且受到生命威胁的特殊环境中，夏伟业的意志自由是否已经完全丧失，而这种判断可以转换为是否具有他行为能力的判断。笔者认为，在该案情况下，夏伟业已经丧失他行为能力，强奸、杀人行为并不是基于其意志自由而做出的选择和决定，而是出于外部暴力强制的行为，这种行为不能成为承担刑事责任的

客观根据。

三、他行为能力与不可抗力

他行为能力与不可抗力有密切关系,只有正确界定不可抗力,才能为他行为能力在犯罪论体系中找到合适的位置。而只有从行为概念出发,才能发现他行为能力与不可抗力的连接点。

在行为的概念上,存在行为论的行为和构成要件论的行为之分。行为论的行为是未经刑法规范评价的行为,或者说是"裸"的行为。构成要件论的行为,则是符合构成要件的行为。虽然前田雅英认为,脱离构成要件该当性的判断来讨论行为本身(裸的行为论),几乎没有什么意义[①],但即使在日本,刑法学者仍然注重对一般行为的研究,提出了"行为概念是犯罪论的基石"的命题。大塚仁指出:"处于犯罪概念基底的,首先是行为。是直视其现实意义来把握行为,还是认为行为具有行为人性格的征表意义,暂且不论,古典学派、近代学派从来都赋予行为在确定犯罪概念上重要意义。在今日的刑法学中,无疑也必须以行为观念为核心来确立犯罪概念。犯罪定义中以'符合构成要件的违法而且有责的行为'为犯罪,刑罚法规规定的各种犯罪都由一定的行为来赋予特征。"[②] 这里所谓"各种犯罪都由一定的行为来赋予特征",是指在犯罪概念中行为是主语,"符合构成要件的""违法的""有责的"都不过是修饰行为的。当然,在区分裸的行为和构成要件行为的基础上,首先应当确定,他行为能力中的"行为"并非构成要件行为而是行为论的行为,即裸的行为。行为论主要讨论的是行为的性质与特征,其为构成要件行为的前提与基础,从而限定犯罪的成立范围。这就是行为所具有的界限要素机能。

根据因果行为论,行为是意思活动的实现,是在意思支配下改变外部世界的

---

① 参见[日]前田雅英:《刑法总论讲义》,曾文科译,66页,北京,北京大学出版社,2017。
② [日]大塚仁:《刑法概说(总论)》,冯军译,107页,北京,中国人民大学出版社,2003。

他行为能力问题研究

因果历程。因此，行为包含两个要素：心素与体素。心素是指意思活动。李斯特指出："每一个任意行为都是意思活动，也就是说，每一个行为都是由人的思想所决定的，与机械的或生理上的强制无关。意思活动可以存在于任意的作为或不作为之中。因此，在痉挛状态下毁坏他人财物，因昏厥而使其履行义务受阻，因绝对的不可抗力而迫使其主动或被动地行为的，均不是（刑法意义上的）行为。"[①] 通过将意思活动确定为行为的主观要素，将那些非出于行为人意思决定的行为排除在行为概念之外，实现了行为概念的界限要素机能。大塚仁指出："关于作为犯罪概念基底的行为，其中，特别应该作为问题对待的，是作为界定要素的机能。它不外乎是刑法评价为犯罪的前提，是作为界定要素的行为。"[②] 通过行为概念的界限要素机能，一般都会把无意识状态下的身体举止、在身体遭受物理强制（例如捆绑）或者在受到他人暴力强制的情况下所产生的身体举止，排除在行为之外。罗克辛指出："行为必须具有把那些从一开始就与行为构成变化特性无关的、在刑法评价中不能考虑的事物全部加以排除的功能。这些事物包括由动物引起的事件、法人的动作、单纯的思想和态度，另外还有外部世界的影响，例如，痉挛性发作、神志昏迷等不在神经系统控制和支配下的情况。"[③] 对于把这些事件从行为中予以排除，不会发生争议，但其他一些情形的排除就可能引发争议，例如，李斯特所论及的因绝对的不可抗力而被迫主动或被动地行为的情形。这就是所谓的不可抗力。

不可抗力涉及在外力强制下实施的行为，而如何理解强制的形式和强度，是一个有争议的问题。例如，意大利刑法第 45 条规定："因意外事件或者不可抗力而实施行为的，不受处罚。"第 46 条规定："因遭受他人采用的、不可抗拒的或者不能以其他方式避免的暴力而被迫实施行为的，不受处罚。"意大利学者指出：第 45 条规定的不可抗力是一种外在的自然力，它决定主体的身体不可能用其他

---

① ［德］李斯特：《德国刑法教科书》（修订译本），徐久生译，177 页，北京，法律出版社，2006。
② ［日］大塚仁：《刑法概说（总论）》，冯军译，108 页，北京，中国人民大学出版社，2003。
③ ［德］克劳斯·罗克辛：《德国刑法学总论》，第 1 卷，王世洲译，147 页，北京，法律出版社，2005。

方式行动。第 46 条规定的身体受强制实际上也是一种不可抗力，但是有一定的区别，即身体受强制是由于他人实施的物质性暴力（如果是精神性暴力或威胁，则适用意大利刑法第 54 条第 3 款）。① 也就是说，狭义的不可抗力是指自然的破坏力，而广义的不可抗力包括身体受强制在内，身体受强制则指向他人实施的物质性暴力。

根据意大利刑法第 46 条的规定，身体强制的形式必须是暴力，并且是不可抗拒的暴力。这里有两个值得研究的问题：第一，如何理解这里的暴力；第二，如何理解这里的不可抗拒。应该说，暴力强制是物理强制，而且必须达到不可抗拒的程度。意大利学者指出："根据通说，这种强制必须是绝对的，即主体不可能实施不同于其被强制实施的行为。在身体受强制的情况下，被强制的人 non agit, sed agitur，纯粹是用暴力进行强制者的工具，因而刑事责任应由强制者来承担。"② 根据意大利的刑法理论，这里的身体强制是一种绝对的强制，使人丧失意志自由，因而属于排除意识与意志的行为。如果是相对的强制，则仍然存在刑法意义上的行为，强制只是排除罪过（责任）的原因，即可原谅的理由（le scusanti）。总之，在绝对强制的情况下，行为人不具有他行为能力；在相对强制的情况下，行为人具有他行为能力。前者属于不可抗力，后者属于罪责排除事由。

我国刑法中也有关于不可抗力的规定，即《刑法》第 16 条：行为在客观上虽然造成了损害结果，但是不是出于故意或者过失，而是由于不能抗拒的原因所引起的，不是犯罪。我国刑法学界一般认为，所谓不可抗力是指在特定的场合下，非人力所能抗拒的力量，它包括自然力和非自然力的强制。自然力通常有：（1）机械力量；（2）自然灾害；（3）动物的侵袭；等等。非自然力主要是指人力

---

① 参见［意］杜里奥·帕多瓦尼：《意大利刑法学原理》，陈忠林译评，112 页，北京，中国人民大学出版社，2004。

② ［意］杜里奥·帕多瓦尼：《意大利刑法学原理》，陈忠林译评，112 页，北京，中国人民大学出版社，2004。"non agit, sed agitur"的含义是："不是（自己）在行动，而是被（他人）强迫行动"（见该书，第 113 页）。

的作用。由于这些自然力和非自然力的强制与作用，行为人对于损害结果的发生无能为力，不能对其加以阻止或排除。例如，铁路扳道工被歹徒捆绑，不能履行扳道职责，致使列车相撞，造成重大事故。扳道工对于自己不履行扳道义务会导致事故发生，在主观上是有预见的，但是，身体受到外力强制而不能履行扳道义务，却不是出自其本意，而是由不可抗力决定的。所以扳道工不成立犯罪，不负刑事责任。① 总之，不可抗力作为出罪根据，应该是基于无行为而非无罪过。②

关于"不能抗拒的原因"，一般认为是指受到物理强制而不是受到精神强制。例如，冯军认为，人们通常把"不能抗拒"解释为一种物理强制（例如，身体被捆住），而不是扩大解释为一种精神强制（例如，被人用手枪逼着）。③ 在此，冯军将物理强制认定为不可抗力是正确的，但能否把物理强制限制地解释为身体被捆绑从而完全失去人身自由等情形，却将用手枪逼迫只是归为精神强制，是值得商榷的。我国学者在论及不可抗力与被胁迫时认为："所谓强制的不可抗力，应该是他人对行为人身体的绝对强制。这里的绝对强制包括限制与控制。所谓限制，就是对行为人人身的拘禁，使本身负有法定义务的行为人无法履行义务。而这种不作为行为与被胁迫的情况下的不作为的区别是，前者的不作为不具有刑法意义，而是被拘禁的自然后果，排除了行为的可能性；而后者的不作为则是虽然有可能作为，但是由于心理受到压力或者作为后可能导致严重的后果发生，因而不敢实施行为。所谓控制，就是在客观上绝对控制他人身体，如捆绑、用暴力导致昏迷等情况，在这种情况下，行为人的身体被强制人当作无意志之根据和机械来使用，造成后果的，也不能认为系出自行为人自身的行为。"④ 以上论述对不可抗拒的强制和胁迫的区分提出了个人见解，具有一定的参考价值。

如前所述，在行为人受到捆绑等使人无法行动的物理强制的情况下，认定成

---

① 参见赵廷光主编：《中国刑法原理（总论卷）》，365 页，武汉，武汉大学出版社，1992。
② 关于不可抗力与意外事件的区分，参见陈兴良：《论无罪过事件的体系性地位》，载《中国政法大学学报》，2008（3），32 页。
③ 参见冯军：《刑事责任论》，231 页，北京，社会科学文献出版社，2017。
④ 孙立红：《刑法被胁迫行为研究》，55 页，北京，中国人民公安大学出版社，2010。

立不可抗力,从而否定行为人具有他行为能力,一般是没有疑问的。但问题在于:在精神强制的情况下,能否成立不可抗力从而否定行为人具有他行为能力?对此存在争议。笔者认为,完全否认在精神强制的情况下可以成立不可抗力的观点,是值得商榷的。精神强制并非只是精神性的胁迫,在许多情况下是以暴力为后盾的。因此,物理强制和精神强制的区分标准有待进一步厘清。如果直接以暴力为后盾相胁迫,则应归为物理强制而不是精神强制;间接以暴力为后盾相胁迫,则应归为精神强制而不是物理强制。前者以即时暴力为内容,如果不服从,暴力即刻降临;后者以未来暴力为内容,如果不服从,暴力不会即刻发生。一般认为,抢劫罪中的暴力胁迫即以即时暴力为后盾,被害人因此会丧失意志自由;敲诈勒索罪中的暴力威胁则以未来暴力为后盾,被害人并不会因此而完全丧失意志自由。

根据以上标准进行分析,在前述夏伟业案中,虽然在实施被胁迫的行为时,夏伟业只是受到生命威胁,但事先夏伟业已经被歹徒绑架,处于丧失人身自由的状态。对此,将夏伟业的行为认定为受到不可抗拒的强制的结果,是具有合理性的。夏伟业所面对的是会立即付诸实现的死亡威胁,从这种威胁尚未转化为现实的角度说,似乎仍停留在精神强制的层面,但是,夏伟业如果不对被害人实施强奸、杀害行为,就会直接面临自己被杀害的结局。就此而言,这种即时的生命威胁甚至比某些已经实施的暴力强制还要严重。在这种情况下,应当将夏伟业所面临的强制认定为以暴力为内容的物理强制。

无论对物理强制和精神强制采取何种区分标准,对于以下这一点应该说是没有疑问的:在物理强制的情况下,行为人丧失了意志自由,欠缺他行为能力;在精神强制的情况下,虽然行为人的行为选择受到一定的外部制约,但行为人并没有完全丧失意志自由,仍然具有他行为能力。

四、他行为能力与紧急避险

一般认为,达到相当程度的物理强制可以成立不可抗力,从而否定行为人具

他行为能力问题研究

有他行为能力。而在精神强制的情况下,行为人并没有完全丧失意志自由,不能成立不可抗力。但是,精神强制往往涉及是否可以成立紧急避险的问题,因此,考察他行为能力与紧急避险的关系,对于正确理解他行为能力具有重要意义。

根据《刑法》第21条第1款的规定,为了使国家、公共利益、本人或者他人的人身、财产和其他权利免受正在发生的危险,不得已采取的紧急避险行为,造成损害的,不负刑事责任。在此,刑法明确规定,紧急避险应是"不得已"而实施。这里的"不得已"是指,在当时的情况下,没有其他方法可以避免危险。这正如大塚仁所指出:所谓"不得已而实施的",是指为了避免其危险的唯一方法,不存在其他应该采取的方法。① 尽管如此,在紧急避险的场合,紧急避险行为仍然是在避险人具有他行为能力的情况下实施的。

李某故意杀人案:被告人李某,女,31岁,路遇一男子张甲企图对其实施强奸。李某在反抗的过程中将张甲打昏,遂赶快骑车去报案。李某经过最近的村庄,见有一户人家亮着灯,由于受到惊吓,加之天色已晚,便投奔该家请求留宿。该农户家中只有老太太叶某和女儿张乙二人。李某向叶某说明遭遇后,叶某深表同情,留宿李某并安排张乙陪宿,一同住在西房(这家是独门独院,院落很小且地处偏僻)。深夜,张甲从外归来,叶某告知一女青年借宿的情况。张甲从其母处得知傍晚欲强奸的人就睡在自己家中,十分惊慌,担心第二天被李某告发,遂产生杀人灭口的恶念。叶某将李某和张乙各自所睡的位置告诉张甲,并要张甲进去时不要点灯,以免惊醒李某,这样就可以趁李某熟睡将其杀害。事实上,李某因受惊吓无法入睡,听到了母子二人的谈话内容。鉴于当时已无其他方法逃脱,李某遂急中生智,与正熟睡的张乙换了位置。张甲摸黑进屋后,用菜刀朝李某原先的位置连砍数刀,结果将张乙砍死。李某趁张甲和叶某抬尸外出之机,骑车去县公安局报案。法院认定,李某犯故意杀人罪,但成立紧急避险过当,遂减免了对李某的处罚。

在李某故意杀人案中,李某并没有直接杀害张乙,而是其兄张甲杀死了张

---

① 参见[日]大塚仁:《刑法概说(总论)》,冯军译,397页,北京,中国人民大学出版社,2003。

乙，但张乙的死亡与李某有直接关系，正是李某嫁祸于人的行为将张乙置于死地。在这个意义上，可以将李某认定为故意杀人罪的"间接正犯"。然而，李某之所以嫁祸于人，是为了保全自己的生命。如果不是在特殊的环境下，李某实施嫁祸于人的行为，在法律上是无可饶恕的。但在本案的特殊环境下，李某为保全本人生命而牺牲他人生命的行为，具有一定的不得已性，将其认定为免责的紧急避险从而出罪，在理论上是合理的。

在我国刑法没有规定免责的紧急避险的情况下，有学者主张根据欠缺期待可能性来排除李某的责任。[1] 钱叶六亦认为：生命的尊严至高无上，并无贵贱之分，不能就生命进行法益大小的衡量，因而法秩序不允许将他人的生命作为实现任何目的的手段；在此意义上，牺牲他人生命保全自己生命的紧急避险是违法的。有鉴于此，在紧急状态下，当牺牲他人生命成为保全自己生命的唯一办法时，避险者基于求生的本能，牺牲他人来保全自己的，应认为避险者欠缺期待可能性，从而成立超法规的阻却责任的紧急避险，避险者不成立犯罪。[2] 这种观点当然具有一定的道理。但是，刑法学界的主流观点还是认为，李某利用张甲的认识错误，以牺牲张乙生命的方式保护自己的生命，符合紧急避险的前提条件，但不符合紧急避险的限度条件，其行为属于紧急避险过当，李某应构成故意杀人罪。按照这一逻辑，李某是在本人面临紧迫死亡危险的情况下不得已嫁祸于人，但这并不意味着，在当时的情况下，李某不具有他行为能力。也就是说，李某还是可以采取其他避险措施的，例如藏匿、逃跑等。因此，成立紧急避险是以避险人具有他行为能力为前提的。

在我国刑法中，紧急避险属于违法阻却事由，以行为符合构成要件为前提。而根据阶层犯罪论的观点，如果某一举止不符合刑法意义上行为的特征，就不可能进入构成要件阶层进行评价，当然也就无所谓违法阻却事由的成立与否。因此，成立紧急避险以避险人具有他行为能力为前提，因为他行为能力是行为论的

---

[1] 参见陈璇：《生命冲突、紧急避险与责任阻却》，载《法学研究》，2016（5），148页。
[2] 参见钱叶六：《期待可能性理论的引入及限定性适用》，载《法学研究》，2015（6），128页。

问题，而行为论是构成要件、违法性、责任等的逻辑前提。

五、他行为能力与期待可能性

在论及他行为能力时，更多的学者将它与期待可能性问题相关联，认为他行为能力是期待可能性的基础，由此在责任论中讨论他行为能力。期待可能性属于规范评价要素，只有在行为人实施了构成要件行为并且不存在违法阻却事由、主观上具有故意或者过失的情况下，才考察是否存在期待可能性。一般来说，并不正面判断有无期待可能性，而是将无期待可能性作为排除责任事由，在具体案件中进行考量。因此，与其说期待可能性是积极的责任要素，不如说期待不可能是消极的免责要素。

期待可能性理论发端于德国的癖马案。在癖马案判决书中，德国帝国法院法官以不能期待被告人违反雇主之命令而拒绝驾驭该有恶癖之马为理由，维持一审法院对本案的无罪判决。德国学者弗朗克在评论癖马案时提出，各种附随状况，即被告人在危急时刻处于其中的各种情况，应当被纳入责任概念。受这一案件的启发，弗朗克揭示了对行为人进行谴责的三个要素，由此改变了责任概念的构造，为规范责任论的诞生奠定了基础。这三个要素是指：（1）行为人具有通常的精神状态，可称之为归属能力。（2）行为人与危害行为具有某种程度上具体的心理联系。（3）行为人在其中行动的各种状况具有通常的性质。其中第三个要素就是非难或者谴责的可能性。弗朗克指出："如果各种附随状况本身包含着对行为人或者也许是对第三人而言的危险，正恰是被禁止的行为会从这种危险中救助他，那么，可谴责性就消失了。"[①] 弗朗克试图从附随状况不具有通常性这个命题出发，否定主观上的责任。而所谓附随状况不具有通常性，是指存在着某种对行为人或者第三人的危险，即一种危急状态。因此，弗朗克是在与紧急避险的类

---

① ［德］弗朗克：《论责任概念的构造》，冯军译，载冯军主编：《比较刑法研究》，137 页，北京，中国人民大学出版社，2007。

比中为期待可能性寻找理论根据的。

关于期待可能性的适用范围,德国学者一般是将期待可能性视为法定减免罪责事由的法理根据,而不认为可以直接根据期待可能性理论对罪责进行减免,否则会破坏法的安定性。但是,在日本刑法学界,一般都把期待可能性界定为超法规的责任阻却事由。大塚仁指出:"无限制地适用期待可能性的力量有招致刑法的软弱化之虞。在这个意义上,必须充分注意德国的理论动向。但是,如果认为基于期待不可能性的责任阻却是仅限于刑法典有规定时的解释原理,就有难以充分发挥其理论的本来意图之憾。虽然有必要慎重地适用这一理论,但是,应该认为其不存在是一般的超法规的责任阻却事由。"① 笔者认为,德国之所以把期待不可能视为法定责任阻却事由的解释原理,是因为在德国刑法中,对多种责任阻却事由已经做了规定,因而没有必要把期待不可能界定为超法规的责任阻却事由。但是,在日本刑法中,并没有很多关于责任阻却事由的规定,因而有必要把期待不可能当作超法规的责任阻却事由。

在我国刑法中,对于期待可能性是没有明文规定的。但是,有学者认为在我国刑法中蕴含着期待可能性的规定。例如,冯军就认为,可以把《刑法》第 16 条解释为关于期待可能性的规定。也就是说,《刑法》第 16 条规定的不可抗力就是关于期待可能性的规定。冯军指出:"我虽然主张把不能抗拒之不可罚的理由解释为缺乏期待可能性。但是,我只认为可以如此解释,甚或说学理上如此解释才合理,至于立法者的原意是否如此,值得怀疑。因为人们通常把不能抗拒解释为一种物理的强制(例如,身体被捆住),而不是扩大解释为一种精神的强制(例如,被人用手枪逼着),期待可能性理论所要解决的正是处于精神强制状态下的人的责任 B 问题。② 在涉及期待可能性的事件中,因果关系、责任能力、事实性认识、违法性认识等要素都存在,只是因为某种客观情况使得行为人在精神上难以忍受某种损害,从而不可抗拒地实施了违法行为。"所以,只有对《刑法》

---

① [日]大塚仁:《刑法概说(总论)》(第 3 版),冯军译,465 页,北京,中国人民大学出版社,2003。
② 这里的"责任 B",是指刑事归责(应受谴责性)。参见冯军:《刑事责任论》,18 页,北京,社会科学文献出版社,2017。

114

他行为能力问题研究

第 16 条规定的'不能抗拒'作广义解释,认为其中既包括物理的强制,也包括精神的强制,才能将其视为关于期待可能性的规定。"[1] 由此可见,冯军是在一定的条件下认为《刑法》第 16 条是关于期待可能性的规定的。如果按照通常对《刑法》第 16 条的理解,这里的"不能抗拒"并不包括精神强制,那么《刑法》第 16 条就不是关于期待可能性的规定。

笔者赞同对《刑法》第 16 条规定的"不能抗拒"做通常理解。我国刑法中规定的不可抗力是指,在物理强制之下,行为人丧失意志自由、不具有他行为能力的情形。因此,不能认为《刑法》第 16 条是关于期待可能性的规定。正如笔者曾经指出:"不可抗力的无故意能否理解为缺乏期待可能性呢?关键在于如何理解这里的不可抗拒的原因。如果这种不可抗拒的原因是指物理上的强制,就不需要采用缺乏期待可能性的解释,而可以直接采用缺乏行为的解释,因为在物理强制下的举动确实不应包括在行为的范畴内。只有当这种不可抗拒的原因是精神上的强制时,才可适用缺乏期待可能性的解释。因为期待可能性是以这种可能性存在为前提的,但在物理强制的情况下连这种可能性也不存在,谈何期待。只有在精神强制的情况下,存在这种可能性,才能提出期待的问题。"[2] 因此,不能采用期待可能性理论来解释不可抗力,而应将不可抗力作为法定的出罪事由,将无期待可能性界定为超法规的出罪事由。

在刑法教义学中,紧急避险通常是排除违法的行为,而期待不可能是排除责任事由,因此它与排除违法的紧急避险是明显不同的。但值得注意的是,有学者将缺乏期待可能性作为紧急避险的法理根据。例如童德华认为,是否具有期待可能性是说明紧急避险的一般性质,而法益衡量原则只是补充性的限制标准。[3] 论者在这里论及的紧急避险是作为违法阻却事由的紧急避险。但是,根据德国的刑法理论,缺乏期待可能性只是免责的紧急避险的实质根据,而不能是阻却违法的紧急避险的法理根据。阻却违法的紧急避险的法理根据是利益权衡,即以牺牲较

---

[1] 冯军:《刑事责任论》,231 页,北京,社会科学文献出版社,2017。
[2] 陈兴良:《期待可能性问题研究》,载《法律科学》,2006 (3),80 页。
[3] 参见童德华:《刑法中的期待可能性论》,187 页,北京,法律出版社,2015。

小的利益来保全较大的利益。只有在免责的紧急避险中,因为牺牲的利益相对于保全的利益,无法通过利益权衡将被侵害的情形予以合法化,故只能采用期待不可能的法理来使之出罪。例如,德国学者指出:关于免责的紧急避险事由,一般认为,全部应归因于这里所列举的符合规范行为的不可期待性这一基本思想。①从德国刑法关于免责的紧急避险的具体规定,也可以推导出期待不可能是免责的紧急避险的法理根据这一结论。德国刑法第35条第1款规定:"为排除自己、亲属或其他亲近之人生命、身体或自由之现实危险而出于不得已之违法行为,无罪责"。根据这一规定,免责的紧急避险本身是违法行为,只是因为具有特殊事由而被免除罪责。德国刑法第35条第1款还规定:"行为人具有特殊法律关系而受期待须承担危险,不适用前段规定"。这一规定被称为可期待性条款,其功能在于限制免责的紧急避险的适用范围。这些具有特殊法律关系的人,是指警察、军人、消防员、水手、法官和医师等。这些人具有忍受特殊危险的承担义务,因而不得免责。既然具有特殊法律关系的人具有危险承担义务而不得免责,那么,可以免责的避险人对于危险就不负有忍受义务。在这个意义上,推导出期待不可能是免责的紧急避险的法理根据,具有一定的道理。

在我国刑法学界,对于期待可能性的法理是普遍承认的,并且在一定程度上也为司法实践所接受。当然,我国的司法实践一般只是将期待可能性作为减免刑罚的事由,尚未见到以此为出罪事由的司法裁判。

姚荣香受虐杀夫案:被告人姚荣香与被害人方某系夫妻,育有四名子女。方某与姚荣香结婚十余年来,在不顺意时即对姚拳打脚踢。2013年下半年,方某开始有婚外情,并在日常生活中变本加厉地对姚荣香实施殴打。2014年8月17日凌晨,被害人方某因琐事再次殴打姚荣香,当晚还提出离婚,并要求姚独自承担两个未成年子女的抚养费用。次日凌晨,姚荣香在绝望无助、心生怨恨的情况下产生杀害方某的念头。尔后,姚荣香趁方某熟睡之际,持螺纹钢管猛击被害人

---

① 参见〔德〕汉斯·海因里希·耶赛克、托马斯·魏根特:《德国刑法教科书》上,徐久生译,640页,北京,中国法制出版社,2017。在德国刑法学界,对于免责的紧急避险的法理根据,功能的责任理论认为,可以将之归因于刑罚的特殊预防目的(见该书,第642页)。

方某头部数下，又持菜刀割其颈部，致其当场死亡。浙江省温州市中级人民法院经审理认为：被告人姚荣香在婚姻生活中长期遭受家庭暴力，终因方某在发生婚外情后逼其离婚并让其独自抚养两个未成年子女而杀夫，其杀人动机并非卑劣；姚荣香属于受虐妇女，其杀人主要是为了防止被害人日后对其实施更加严重的暴力，故认定属于情节较轻的故意杀人。同时考虑到被告人有自首情节，并且被害人方某的父母表示谅解等从宽情节，判处姚荣香有期徒刑5年。

在本案中，姚荣香长期遭受其夫的家庭暴力，法院将其认定为受虐妇女。这里的受虐，虽然不一定构成虐待罪中的"虐待"，但该家庭暴力具有对姚荣香的生理与心理造成双重迫害的性质。对于这种受虐妇女杀夫案，会讨论能否以正当防卫为出罪事由的问题。在司法实践中，确实存在以受虐妇女综合征为由做正当防卫辩护的案件，例如刘拴霞故意杀人案，但该辩护并没有被法院采纳。值得注意的是，我国学者曾经提出以防御性紧急避险作为受虐妇女杀夫案的出罪事由；认为在受虐妇女杀夫案中，尽管由于缺少正在进行的不法侵害而无法认定行为人成立正当防卫，但可以考虑有成立紧急避险的可能。①

防御性紧急避险有别于攻击性紧急避险，二者的区分根据是紧急避险行为所针对的客体。防御性紧急避险，是指为避免正在发生的危险，避险人对危险源实施避险行为。而攻击性紧急避险，是指为避免正在发生的危险，避险人对与危险源无关的第三人实施避险行为。前者是针对危险源的，因此避险行为具有防御性。后者是针对与危险源无关的第三人的，因此避险行为具有攻击性。做如是区分，其法律意义在于：防御性紧急避险是针对危险源的，因此在避险限度的判断上采取必要性原则，可以比照正当防卫，并不严格强调避险行为保护的权益要大于所牺牲的权益。攻击性紧急避险是针对与危险源无关的第三人的，因此要严格强调避险行为保护的权益必须大于所牺牲的权益。例如，德国学者指出："防御性紧急状态（Defensivnotstand）中的防卫行为，只是对造成危险者（von dem

---

① 参见陈璇：《家庭暴力反抗案件中防御性紧急避险的适用——兼对正当防卫扩张论的否定》，载《政治与法律》，2015（9），18页以下。

die Gefahr ausgeht）的法益范围形成侵害的，侵犯性（必要时甚至是可以对造成危险者身体上的伤害）在质量和数量上许可比在攻击性紧急状态中的要大；后者是要牵连无参与行为的第三者（unbeteiligter Dritte）法益的紧急状态。这样处理，所依据的是《民法典》第228条的基本思想。该条所一般性规范的是法制基本原则，对它要超越其所制定的对物防卫上的实体规定，依意义地适用到《刑法典》第34条的利益权衡中。"[1] 根据《德国民法典》第228条的规定，防御性紧急避险本来是针对物而言的，所以又称为对物防卫。德国学者将这一规定引入刑法中的紧急避险，产生了所谓因人的行为而引起的防御性紧急避险，即其危险虽然来自人的侵害行为，但对于该危险，不能进行正当防卫却可以实施紧急避险。那么，到底对哪些人的行为可以实施防御性紧急避险？对此，罗克辛指出了以下四种情形：（1）通过不行为（Nicht-Handlung）进行威胁。（2）通过一种谨慎的因而不是违法的行为所产生的危险。（3）母亲生产时，医生为避免母亲遭受生命危险或重大健康伤害之必要，牺牲其子女。（4）预防性之正当防卫，即行为人因事后之防卫极困难或不可能，事先以预防性措施，防备他人已准备之攻击。[2] 以上四种情形之所以不能认定为正当防卫，是因为或者缺乏行为性（第一种情形），或者缺乏违法性（第二种情形），或者缺乏侵害性（第三种情形），或者缺乏正在进行的侵害（第四种情形）。

而在论及无责任能力的行为人时，也只能在以上第四种情形中进行讨论。例如，德国学者指出：尽管危险不是正在发生的，却属于通常意义上持续存在的危险，同样应当遵循德国刑法第34条的规定进行评价（比如，将处于兴奋状态的患精神病的母亲予以临时禁闭）。[3] 在这种情况下，精神病人并无正在实施的侵害行为，对其予以临时禁闭是为了预防病人精神病发作实施侵害行为而进行的预

---

[1] ［德］约翰内斯·韦塞尔斯：《德国刑法总论》，李昌珂译，173页，北京，法律出版社，2008。
[2] 参见［德］克劳斯·罗克辛：《德国刑法学总论》，第1卷，王世洲译，489页，北京，法律出版社，2005。
[3] 参见［德］汉斯·海因里希·耶赛克、托马斯·魏根特：《德国刑法教科书》上，徐久生译，494页，北京，中国法制出版社，2017。

防性拘禁。在这种情形下,由于精神病人并未实施侵害,对其予以临时禁闭的行为当然不能被认定为正当防卫,而只能被认定为防御性紧急避险。这是因为,侵害的危险源虽然来自人,但危险并非人的行为所造成,或者人的行为并无不法性质,故对产生危险源的人只能采取防御性紧急避险。在这个意义上,防御性紧急避险是具有一定价值的。只是在我国当前的司法实践中,适用紧急避险规定的案件较为少见,因此实务界要接受防御性紧急避险还是存在一定的困难。

在这种情况下,以期待可能性作为受虐妇女杀夫案减轻处罚的法理根据,或许更容易获得司法实践的认同。在姚荣香受虐杀夫案中,法院在认定存在家庭暴力的基础上,以杀夫具有"防止被害人日后对其实施更加严重的暴力"的性质,在一定程度上认可了姚荣香杀夫行为的合理性,由此契合了期待可能性理论。因为在这种情况下,法律不能期待姚荣香长期忍受家庭暴力而不做任何反抗。当然,本案判决的遗憾之处在于,没有直接引用期待可能性理论作为法理根据。正如钱叶六所指出:"该案判旨及结论对于实践中就此类案件有时仍处以重刑的做法,具有纠偏作用。但是,在判决理由上,法院如能正面承认期待可能性理论的运用,其说理将更加充分,其结论也会因此而更加令人信服。"①

期待可能性与他行为可能性,这两个概念从含义上看较为接近,也容易发生误解。一般认为,在没有他行为可能性的情况下,当然也是没有期待可能性的。而这正是有些学者将他行为可能性当作期待可能性的逻辑前提的原因。然而,笔者认为,期待可能性与他行为可能性并不是两位一体的关系。"没有他行为可能性,就没有期待可能性"这一命题之所以成立,是因为在这种情况下,不存在他行为可能性会导致欠缺刑法意义上的行为,从而也就不可能存在所谓期待可能性。但是,反之则不然,即"没有期待可能性,就没有他行为可能性"这一逆命题是不成立的。我们在考察他行为可能性与期待可能性的关系时,主要涉及的是"没有期待可能性,是否就必然意味着没有他行为可能性"(回答是否定的)这一问题,而不是"没有他行为可能性,是否就必然意味着没有期待可能性"(回答

---

① 钱叶六:《期待可能性理论的引入及限定性适用》,载《法学研究》,2015(6),132页。

是肯定的）这一问题。

这里应当指出，他行为可能性和期待可能性的判断标准是不同的。他行为可能性是根据行为人的特殊处境进行判断的结果，是一种客观判断。而期待可能性是法律对于能否期待行为人实施合法行为的判断，这里的期待是一种主观愿望。对此，罗克辛指出："能不能期待行为人为合法行为是一回事，而行为人到底能不能为合法行为又是另外一件事。但如果行为人完全不可能为合法行为（可能性是0），则不论有多大的期待都不可能使行为人承担责任，因为行为人根本做不到。"① 在受到身体被捆绑的物理强制的情况下，行为人丧失了他行为能力，法律当然不能期待行为人实施合法行为，此时行为人无责任是因为无刑法意义上的行为，而不是因为欠缺期待可能性。但是，在行为人具有他行为能力的情况下，是否应当归责于行为人，除了行为人应具有故意或者过失这些主观要素，还要通过是否具有期待可能性的考察，判断行为人是否具有非难可能性或者可谴责性。例如在德国的癖马案中，马车夫面临失业的威胁，在预见到驾驭癖马会发生事故的情况下，仍然驾驶马车，以致造成行人遭受伤害。在此，马车夫是具有他行为能力的，即宁可失业也拒绝驾驭癖马的行为可能性是客观存在的。因此，不能以欠缺他行为能力为由为马车夫出罪。德国帝国法院之所以判决其无罪，是认为在当时的特殊处境中，法律不能期待马车夫坚持要求雇主更换马匹，而这样做很有可能导致自己被雇主解雇。由此可见，他行为能力是一种事实判断，而期待可能性是一种价值判断，两者不可混淆。在姚荣香受虐杀夫案中，法院虽然认定姚荣香长期受虐，但也认为在实施杀夫行为时，姚荣香处于意志自由状态。根据法院判决描述，"姚荣香趁方某熟睡之际，持螺纹钢管猛击被害人方某头部数下，又持菜刀割其颈部，致其当场死亡"。因此，姚荣香杀夫时，不仅不存在受到暴力强制的情况，也不存在受到精神强制的情况，而只是长期受虐积累了怨恨，并具有避免将来遭受更严重暴力的动机。在这种情况下，就不能认为姚荣香不具有他行为能力。

---

① 转引自李文健：《罪责概念之研究——非难的实质基础》，274页，台北，春风煦日论坛，1998。

他行为能力问题研究

结 论

在他行为能力的犯罪论体系性地位的问题上,存在行为论、不法论和责任论的争议。行为论的观点认为,他行为能力属于是否存在刑法意义上的行为的问题,应当在行为论中对他行为能力进行考察。不法论的观点认为,他行为能力是违法阻却事由判断的根据之一,应当在不法论中对他行为能力进行考察;在欠缺他行为能力的情况下,可以阻却行为的违法性。责任论的观点认为,他行为能力是责任非难的根据之一,应当在责任论中对他行为能力进行考察;在欠缺他行为能力的情况下,可以阻却行为的有责性。

笔者认为,他行为能力属于刑法意义上的行为的成立要素:没有他行为能力,就没有刑法意义上的行为。正是因为在我国刑法理论中,犯罪概念论取代了行为论,未能从他行为能力的角度界定刑法意义上的行为,从而造成对他行为能力的认识不清。为此,应当强化对行为论的研究,为他行为能力提供专属的学术领域。综上,在他行为能力的犯罪论体系性地位的问题上,行为论的立场具有以下三方面的意义:

第一,有利于强化对行为论的研究。在我国四要件的犯罪论体系中,没有强调和重视对行为论的研究,而只是在危害行为的名目下提及行为概念,重点讨论行为的属性——危害性,而忽视了行为的本体。其实,行为不仅是危害性的载体,更是犯罪概念的基础,无行为则无犯罪。即使在阶层犯罪论体系中,除了将行为论独立于构成要件论之外的理论体系,行为都是在构成要件的意义上进行论述的,对于行为的一般原理则没有充分的研究。他行为能力作为刑法意义上的行为的前置条件,对于行为的成立具有界定机能。因此,对他行为能力的研究能够充实行为论的内容,对于健全行为论具有重要意义。

第二,有利于完善出罪事由体系。在犯罪论体系中,出罪事由具有与犯罪成立条件同等的重要性。在三阶层的犯罪论体系中,无论是在构成要件阶层、违法性阶层还是有责性阶层,积极的犯罪成立要件和消极的出罪事由共存于同一阶

层。我们不仅应当重视入罪要件，也应当重视出罪事由。出罪事由体系是由法定的出罪事由和超法规的出罪事由构成的，司法机关对法定出罪事由较为重视，而未能充分关注超法规的出罪事由。在这种情况下，刑法教义学应当深入研讨超法规的出罪事由。他行为能力对于刑法意义上的行为具有解释机能，同时还可以成为刑法中规定的不可抗力的法理根据。正确厘清他行为能力与意志自由、期待可能性等概念的关系，对于完善出罪事由体系具有重要意义。

第三，有利于解决疑难案件。在司法实践中，从刑法适用的角度看，可以将案件分为简单案件和疑难案件。简单案件是那些常见多发的典型案件，其案件事实是否合乎犯罪成立要件比较明确，案件定性没有争议。疑难案件则是案件事实是否符合犯罪成立要件存在较大争议、如何定性存在较大分歧的案件。例如，在前述夏伟业强奸、故意杀人案中，强奸和故意杀人的事实客观存在，但是，对于是否应当定夏伟业的罪，观点分歧较大。在这种情况下，需要进行刑法教义学上的充分论证。根据他行为能力属于行为成立要素的立场，夏伟业应当因无行为而被出罪。这与具有行为和违法性，只是因为缺乏期待可能性而被出罪，在评价效果上是有区别的。这种区别在于：前者不存在客观上的不法，而后者有不法，只是无责任而已。

（本文原载《法学研究》，2019（1））

行为论的正本清源

——一个学术史的考察

行为论是犯罪论的核心内容，在刑法学中具有十分重要的意义。然而，在我国刑法学中，行为论也是一个最为混乱的领域，是社会危害性理论的"重灾区"。近年来，随着德日刑法学构成要件论的引入，在行为论中逐渐去除社会危害性理论的遮蔽，出现了从危害行为到构成要件行为这样一种初步却有力的转变。当然，在行为论与构成要件论的关系上还有待逻辑上的厘清。本文以从危害行为到构成要件行为的发展为中心线索，进行学术史的考察。

一

我国古代刑法中并无行为的概念，犯罪被认为是触犯刑律的一种情形，更注重从法条上理解犯罪，而未能揭示犯罪的本体性要素。自贝卡里亚始，犯罪是一种行为、法律不惩罚意图的观念才逐渐深入人心。[①] 在此基础上，形成了大陆法系以行为为中心的犯罪论体系。我国近代刑法学中的行为概念是从日本传入的。

---

① 参见［意］贝卡里亚：《论犯罪与刑罚》，黄风译，40页，北京，中国大百科全书出版社，1993。

例如，日本著名刑法学家牧野英一的《日本刑法通义》一书于 1913 年即由商务印书馆翻译出版，被介绍到我国，对我国近代刑法学起到了启蒙作用。在该书中，行为被视为犯罪要件的核心。牧野英一指出：若以行为为中心而观察犯罪时，犯罪自主观的要件与客观的要件而成立。于主观的关系即为犯人之人格者与行为之关系者，须有责任能力及犯意（或过失）。于客观的关系即为结果（法益侵害）与行为之关系者，须有因果关系及行为之为不法之事。①

在以上论述中，牧野英一明确地把行为作为犯罪成立的要件，而且是核心要件，从而赋予了行为在犯罪中的本体意义。我国民国时期的刑法学，一般都在行为的基础上讨论犯罪要件。论及行为，民国学者指出："行为者，人之身体动静也。构成行为之外形的要素，即人之身体动静。身体动静，指身体运动与身体静止而言。身体运动云者，筋肉活动（Muskelregung）之谓也。身体静止云者，筋肉静止（Muskelruhe）之谓也。筋肉动静，包括四肢运动与夫以语言文书表示意思之一切动作在内，诽谤罪、恐吓罪，得以语言文书犯之，杀人罪、伤害罪、强窃盗罪，一切犯罪之谋议、教唆、帮助，亦然，至若以言语文书为杀人、伤害、强盗等罪之实行，则未之有也，是则含言语文书得为犯罪之直接行为与否，惟有就各种犯罪之性质而决之耳。"② 上述关于行为特征的描述，具有明显的自然主义特征，可见其受李斯特-贝林的实证主义行为论的影响之大。在民国时期，犯罪论体系尚未完全成熟，因而虽然在犯罪要件中强调行为的意义，但行为论仍然处于草创阶段。及至 20 世纪 50 年代，我国开始转向苏俄刑法学，引入的是建立在社会危害性理论语境下的行为概念，这就是危害行为。可以说，危害行为是一个充满价值判断的行为概念。在苏俄刑法学中，当论及行为的时候，经常引用马克思的以下经典论断："我只是由于**表现**自己，只是由于踏入现实的领域，我才进入受立法者支配的范围。对于法律来说，除了**我的行为**以外，我是根本不存在

---

① 参见［日］牧野英一：《日本刑法通义》，陈承泽译，李克非点校，45 页，北京，中国政法大学出版社，2003。
② 王觐：《中华刑法论》，姚建龙勘校，90~91 页，北京，中国方正出版社，2005。

行为论的正本清源

的，我根本不是法律的对象。"① 马克思这段话具有客观主义刑法的色彩，对于反对主观归罪具有重要意义，它也为苏俄刑法学中行为概念的正当性提供了政治根据。当然，苏俄刑法学中的行为概念充满实质意蕴，成为社会危害性的载体。苏俄学者指出：在法律承认某种作为与不作为犯罪的事实中，表现了该种作为或不作为对社会关系及制度的社会危险性。同时，危害社会之作为或不作为，总是违犯法律一定要求的行为。在我国的社会中，一切犯罪都是违犯社会主义法律的一定规范。因此，犯罪就其客观属性来说，不仅是社会危害行为，同时也是违法的作为或不作为。② 上述论断强调了行为的社会危害性与违法性的统一性。苏俄刑法学中的违法性是指刑事违法性，它与三阶层的犯罪论体系中的违法性是完全不同的。但苏俄学者对贝林关于构成要件与违法性这两个概念之间关系的学说做了以下重述并予以批判：德国刑法学者贝林是《犯罪学》（指《犯罪论》——引者注）的作者，认为属于犯罪构成的只是那些说明该犯罪特征的实际情况，违法则不属于犯罪构成。他认为违法乃是法律对行为的评价，并不是行为自身的属性。把违法性剔除于犯罪构成的范围以外——这种观点是与在德国法学者中间盛行的反动的新康德主义观念具有联系的，是与"存在"与"应该"严格对立的思想分不开的。法律只讲应该与不应该。因此，在犯罪本身，只能把对行为之违法、不合法律规范要求的评价列入作为"应该"部门的法律部门之内。在这样的认识之下，违法并不能成为表现法律的犯罪自身的客观属性之说明，而只是法院自己对行为的评价。此种理论之反动的政治意义，在于扩大资产阶级法院的裁量权，而破坏了资产阶级法制。③ 在以上论述中，苏俄学者十分明显地误读了贝林关于构成要件与违法性的关系。即把贝林的构成要件曲解为犯罪构成，然后指责贝林把违法性判断排斥在犯罪构成之外。在行为的问题上，苏俄学者批评贝林把

---

① 《马克思恩格斯全集》，中文1版，第1卷，16～17页，北京，人民出版社，1956。
② 参见［苏］苏联司法部全苏法学研究所主编：《苏联刑法总论》下册，彭仲文译，328页，上海，大东书局，1950。
③ 参见［苏］苏联司法部全苏法学研究所主编：《苏联刑法总论》下册，彭仲文译，328～329页，上海，大东书局，1950。

125

构成要件该当的行为只是看作一些事实性特征,而不包含价值评判。这种价值判断,在苏俄学者看来就是行为的社会危害性与违法性。由于苏俄学者已经对违法性进行了改造,使其成为社会危害性的法律特征,因此,在行为的性质上,社会危害性与违法性是统一的。这样,苏俄学者就完成了从该当构成要件的行为到具有社会危害性的行为的转变。根据苏俄刑法学,在刑法中需要研究的是危害行为,不危害社会的行为不需要研究。因此,在确定某一个行为是否属于危害行为的时候,需要考察的并不是行为本身的事实特征,而是行为的危害社会的性质。但行为危害社会的性质本身又不是行为所决定的,而是犯罪客体这一要件所决定的。在这种情况下,行为的价值判断又不是在行为论中完成的,而是依赖于犯罪客体。因此,在四要件的犯罪构成体系中,行为论是极为薄弱的,根本不可能展开深入的探讨。与此同时,危害行为与犯罪客体之间就出现了一种循环论证的关系。如前所述,行为的危害性取决于犯罪客体,而犯罪客体是指我国刑法所保护而为犯罪行为所侵害的社会主义社会关系。犯罪之所以具有社会危害性,就是因为它侵犯了我国的社会主义社会关系。① 由此可见,犯罪客体并不是简单的社会主义社会关系,而是刑法所保护而为犯罪行为所侵害的社会主义社会关系。"刑法所保护"这一特征,可以根据刑法规范加以认定。而"犯罪行为所侵害"这一特征则表明:一种刑法所保护的社会主义社会关系只有当它受到犯罪行为侵害的时候,才能成为犯罪客体。正如我国刑法教科书指出:社会主义社会关系是客观存在的,如果没有被犯罪行为所侵害,还不能说它就是犯罪客体。犯罪客体和犯罪行为是紧密相连的。没有犯罪行为就谈不到犯罪客体;只有刑法所保护的社会关系被犯罪行为所侵害时,它才能成为犯罪客体。

我国刑法学参照苏俄刑法学中的行为观念,在犯罪构成体系中,犯罪行为也称为危害行为,对行为的事实判断与价值判断是在同一阶层完成的。例如,我国刑法教科书指出:危害行为在每个犯罪构成中都居于核心的地位。某个人只有故意或过失地实施了刑法所规定的危害社会的行为,才能负刑事责任。如果没有实

---

① 参见高铭暄主编:《刑法学》(修订本),107页,北京,法律出版社,1984。

行为论的正本清源

施这样的行为，那就没有犯罪构成，没有负刑事责任的根据。① 以上论述强调了危害行为在犯罪构成中的重要性，这无疑是正确的。但在司法实践中，如何认定某一行为是危害行为呢？换言之，行为的社会危害性如何认定？这个问题并不是在行为概念中解决的，而恰恰是犯罪客体的功能。也就是说，一个行为是否具有社会危害性是由犯罪客体所决定的。我国刑法教科书指出：一切犯罪都必然侵犯一定的客体。不侵犯任何客体的行为，就不会危害社会，也不能认为是犯罪。② 按照以上论述的逻辑，行为可以分为两种：侵犯客体的行为与不侵犯客体的行为，前者具有社会危害性，后者不具有社会危害性。由此可见，犯罪客体在一定意义上又是被危害行为所决定的，如果没有实施对刑法所保护的社会主义社会关系侵害的行为，那么犯罪客体也是不存在的。因此，危害行为与犯罪客体是一种互相依存的关系，没有犯罪客体不存在危害行为，没有危害行为不存在犯罪客体。这种依存关系的逻辑，在逻辑学上是一种循环论证，即互为论据。危害行为靠犯罪客体这一论据加以证明，而犯罪客体又靠危害行为这一论据加以证明。其结果是：这种证明是极其不可靠的，也是极其不充分的。不仅行为论得不到充分展开，而且犯罪客体论也难以深入研究。

超出刑法教科书对刑法上的行为进行深入研究的，首推马克昌教授和鲍遂献博士的《略论我国刑法上行为的概念》一文。该文将刑法上的行为与犯罪行为加以区分，从广义上界定刑法上的行为概念，指出，我们认为可以把我国刑法上规定的各种行为，根据不同的标准区分为以下各种：（1）以是否基于意思的支配为标准，可以区分为有意行为和无意行为。（2）以是否包含结果为标准，可以区分为包含结果的行为和不包含结果的行为。（3）以是否具有社会危害性和刑事违法性为标准，可以区分为犯罪行为、非罪行为与排除社会危害性和刑事违法性行为（即权利行为）。③ 上述界定虽然在犯罪行为（即危害行为）的意义上，依然强调社会危害性和刑事违法性是本质特征，但从广义上理解行为，使刑法学中行为理

---

① 参见高铭暄主编：《刑法学》（修订本），118~119页，北京，法律出版社，1984。
② 参见高铭暄主编：《刑法学》（修订本），106页，北京，法律出版社，1984。
③ 参见马克昌、鲍遂献：《略论我国刑法上行为的概念》，载《法学研究》，1991（2）。

论的视野大为开阔。另外,将排除社会危害性和刑事违法性的行为也纳入刑法上行为的范畴,并将其与犯罪行为相并列,这也是具有某种象征意义的。在四要件的犯罪构成体系中,将行为表述为危害行为,以此作为犯罪成立的基本要件,但又把排除社会危害性行为排斥在犯罪构成之外,在认定危害行为的时候,如果不考虑是否存在排除社会危害性行为,危害行为的成立还能是绝对的吗?因此,排除社会危害行为是对危害行为的否定性认定,本来应当在犯罪构成体系中予以考虑。当然,该文最大的理论贡献还是在于对行为本身的考察。作者在"刑法上的行为是否仅限于有意识的行为"这一命题中介绍了国外学者提出的三种不同学说:一是身体动作说,二是有意行为说,三是目的行为说。[①] 虽然这是在刑法上的行为是否具有有意性的意义上引述上述关于行为的学说,并没有完整地涉及大陆法系刑法学中的行为论,但能够借鉴德日刑法学关于行为的理论来思考刑法上的行为概念,在一定程度上突破了苏俄刑法学对行为的限囿。

我国学者对行为进行深入研究的标志性成果,首推熊选国所著的《刑法中行为论》一书。该书是熊选国在其博士论文的基础上修订而成的。值得注意的是,在为该书所作的"序"中,马克昌教授把行为分为一般行为与刑法所指的行为,认为目前我国刑法学中,一般行为的定义近似自然的行为概念,刑法所指的行为的定义则近似犯罪的概念,而且指出:刑法教材对行为论述一般篇幅不大,各种行为学说大都鲜有涉及,专门研究刑法上行为的论文也比较少见。可以看出,我国刑法学界对行为理论的研究还是一个薄弱环节。[②] 我认为,马克昌教授对我国行为论研究的评价是一针见血的。我国刑法学基本上没有行为论,行为论几乎被社会危害性理论所覆盖,这不能不说是一种悲哀。尤其是马克昌教授提出了一般的行为与刑法中的行为的区分,是极有见地的,在某种程度上触及了我国行为论的命门。对此,我国学者曾经提出:我国刑法学一般不抽象地研究行为问题。我国刑法理论一般只有"危害行为"的概念,而没有"纯粹行为"的一席之地。有

---

① 参见马克昌、鲍遂献:《略论我国刑法上行为的概念》,载《法学研究》,1991(2)。
② 参见熊选国:《刑法中行为论》,序—7页,北京,人民法院出版社,1992。

行为论的正本清源

的虽然没有使用"危害行为"这一术语，但也在危害行为的含义上进行阐释。[1]以上论述中的"纯粹行为"，也就是马克昌教授所说的"一般行为"，它是没有进入我国刑法学研究视野的。熊选国的《刑法中行为论》一书，虽然在整体上仍然坚持危害行为这一理论命题，在四要件的犯罪构成体系内考察我国刑法中的行为，未能摆脱社会危害性理论的束缚；但该书以大陆法系刑法学的行为论作为参考对象，将我国刑法中的危害行为纳入这一行为论的语境中进行研究，使其理论视野大为开阔。尤其是在危害行为的框架内对行为的一般特征进行论述，从而深化了对危害行为的理论把握。例如，熊选国在论及危害行为的事实判断时指出：危害行为作为犯罪客观方面的一个要件，其认定也应与刑法规范相联系，进行价值评价。离开了法律规定，将其仅视为一种中性的事实，自然难以得出科学结论。但另一方面，危害行为作为社会行为的一种，又具有人类一切行为的共同属性。其虽为法律概念，又必须具备一般行为的事实特征，如果仅仅研究其法律属性，忽视了自然属性，则危害行为又失去了存在的客观基础。因此，在规定危害行为的概念之前，确定其事实特征，无疑具有十分重要的意义。[2] 上述对行为的法律属性与自然属性的区分，表明作者认识到了刑法上的行为具有不同属性，而这些属性是可以并存的，并且行为的法律属性应当以自然属性为基础。这一对行为属性的揭示，我以为是比对危害行为的政治解读更为深入的一种认识。对于行为的自然属性，熊选国归结为事实根据，并在这一层面上论及因果行为论、目的行为论、社会行为论与人格行为论，由此得出结论：刑法中的行为不仅系客观的存在，也系主观的存在；不仅是一种事实判断，也是一种价值判断。作者侧重讨论了危害行为的事实基础，包括：（1）心理事实。（2）生物事实。（3）社会事实。（4）人格事实。[3] 在以上各点当中，行为的心理事实是指行为的有意性。行为的生物事实包括行为人的主体性，是人的身体动静。行为的社会事实是指行为的价值性。行为的人格事实是指行为的人身危险性。我以为，这是我国学者对刑法中

---

[1] 参见童伟华：《犯罪构成原理》，60页，北京，知识产权出版社，2006。
[2] 参见熊选国：《刑法中行为论》，25页，北京，人民法院出版社，1992。
[3] 参见熊选国：《刑法中行为论》，26页，北京，人民法院出版社，1992。

的行为的一种较为全面的阐述。熊选国在该书中对作为与不作为、原因上的自由行为等行为本体问题的探讨，都达到了较高的学术水平。当然，最为瞩目的是熊选国关于行为论在犯罪论体系中的地位和作用的论述，该书设专章讨论这个问题。这是我国学者第一次在犯罪论体系的意义上讨论行为论，因而也是我国对行为论研究的一个标志性成果。就总体结论而言，熊选国仍然赞同在我国刑法学体系中将行为作为犯罪构成的组成部分——客观要件来加以论述的观点。① 因而未能从行为论上突破四要件的犯罪构成体系，但在其中还是吸收了大量大陆法系刑法学中行为论的学术资源，而这恰恰可以成为我们对行为论在我国刑法学体系中的地位进行思考的逻辑起点。

二

行为论从来就是刑法学的根基，然而如何理解刑法上的行为，也恰恰是刑法学中争议最大的一个问题。德国学者提出：很久以来，刑法理论致力于回答这样的问题，即如何理解行为（Handlung）（行为是犯罪特征的所有其他问题讨论的出发点）。有些作者认为这种努力虽然没有什么收获，因为定义——如果人们还能找到的话——必须做出一般的规定，以至于它毫无体系价值；但是，作为构成要件该当性、违法性和罪责术语的连接点，行为概念看起来是必不可少的，即使"刑法解释论的骰子"在行为研究后期才能投下。②

在行为论的演变过程中，受方法论的影响是巨大的。可以说，行为论成为刑法学方法论变化的风向标。从历史的发展来看，从存在论到价值论是行为论演进的一条基本线索。在其中，因果行为论、目的行为论、社会行为论与人格行为论是行为论发展史上的四座里程碑。我国学者揭示了行为理论从存在论走向价值论的发展脉络。指出：从行为理论在 20 世纪以来的演进过程中可以看到，行为观

---

① 参见熊选国：《刑法中行为论》，43 页，北京，人民法院出版社，1992。
② 参见［德］汉斯·海因里希·耶赛克、托马斯·魏根特：《德国刑法教科书》，徐久生译，267～268 页，北京，中国法制出版社，2001。

行为论的正本清源

念中的物理因素在逐渐消解，或者说逐渐成为讨论内部的对象要素，而规范要素、评价因素则逐渐增多，行为概念的解释力也随之逐渐提高。从自然行为论、因果行为论直至目的行为论、社会行为论及人格行为论，行为成立的着眼点依"身体性"、"意思性"、"目的性"而至"社会重要性"及"人格性"的脉络而发展，由行为的事实存在及至行为的价值评价，颇清晰地形成一条由存在论的行为论——自然行为论、因果行为论及目的行为论，至价值行为论的行为论——社会行为论和人格行为论的发展轨迹。前者从物理空间的实证意义上认识行为，而后者则从一定的价值意义上来界定行为。前者从行为的外部特征或内在特征判断行为，仅局限于行为本体；后者则在理解刑法中的行为时需要人之外引入价值评价或者规范评价因素。① 这条轨迹同时也表征了科学主义（初期的自然主义）与人文主义在刑法学行为理论上的纠缠。② 从存在论的行为论到价值论的行为论，这是对行为认识的一个逐渐深化的过程。而正是在这一过程中，刑法学的理论得以推进。可以说，行为论的发展是刑法理论发展的一个缩影，行为论对于刑法学的发展起到了某种牵引的作用。

在存在论的行为论中，李斯特与贝林主张的因果行为论是最有代表性的，也是自然主义行为论的生动体现。李斯特强调行为的举止性，指出：行为（Handlung）是相对于外部世界的任意举止（willkuerliches Verhalten），具体地讲，这一任意行为能够改变外部世界，不论是造成某种改变的作为（Tun），还是造成某种改变的不作为（Unterlassen）。③ 在上述行为概念中，李斯特强调行为在客观上的举止性与主观上的有意性，并且把外部世界的变动纳入行为概念，把有意性与外部世界的变动性之间的关系描述为一个因果历程，因而称之为因果行为论。通过行为的有意性，把与机械的或生理上的强制有关的行为，即无意性行为排除在行为概念之外。同时，通过行为的举止性，能够客观地刻画行为的形象，

---

① 参见陈兴良：《本体刑法学》，233 页以下，北京，商务印书馆，2001。
② 参见方泉：《犯罪论体系的演变——自"科学技术世纪"至"风险技术社会"的一种叙述和解读》，130 页，北京，中国人民公安大学出版社，2008。
③ 参见［德］李斯特：《德国刑法教科书》（修订译本），徐久生译，176～177 页，北京，法律出版社，2006。

使行为成为一种在经验上可以被观察、被掌握的自然现象，从而具有客观主义刑法的特征。根据这一行为概念，李斯特在1913年为《德国刑法典》修正案所提的建议中，企图以自然科学的语言，精确地描述犯罪类型，因而侮辱罪应当这样规定：一连串的喉结抖动，血脉偾张，引致他人不愉快的情绪者，为侮辱罪。处一年以下自由刑。① 这是根据因果行为论对侮辱行为的最为传神的写照：只有喉结抖动、血脉偾张等生物特征，而没有价值判断。在这种情况下，法官几乎被塑造为一位医生。另外一位因果行为论者贝林也用肌肉来为身体举止做注解，认为作为是肌肉运动，而不作为则是肌肉静止。② 对此，德国学者罗克辛认为，如果人们把侮辱表示为符合构成要件的、违法的和有罪责的"对空气震动的激发和在被攻击者的神经系统中推动了心理过程"，或者将伪造证书表示为"应受刑事惩罚的肌肉紧张"，这样不仅听起来可笑，并且它也是可笑的。③ 当然，不可否认的是，相对于思想归罪来说，以因果行为论为基础的刑法理论具有历史进步意义。

目的行为论也是一种存在论的行为理论，只不过它对行为的关注从客观外在的身体举止转移到了主观内在的目的活动。在因果行为论中，虽然也强调行为的有意性，将意志活动作为行为的出发点，但因果行为论是注重结果的，即外部世界的改变，因而具有客观主义性质。而目的行为论则将行为的中心返还到人的目的性。正如德国学者指出：目的行为论认为，人的行为不单纯是由意志支配的因果过程，而是有目的的活动。目的性（Finalitaet）是以人的能力为基础的，该能力是在一定程度上预见其因果行为的后果，并使用手段有计划地操纵向既定目标前进的过程。因此，引导因果事件的意志是"目的行为的支柱"，是"决定外部因果事件的操纵因素"。对行为的符合目的的操纵分为三个阶段：首先思想上要

---

① 参见林东茂：《道冲不盈——兼谈法律本质》，载陈兴良主编：《刑事法评论》，第24卷，312～313页，北京，北京大学出版社，2009。
② 参见［德］恩施特·贝林：《构成要件理论》，王安异译，65页，北京，中国人民公安大学出版社，2006。
③ 参见［德］克劳斯·罗克辛：《德国刑法学总论》，第1卷，王世洲译，151页，北京，法律出版社，2005。

行为论的正本清源

有目标，其次要选择实现目标所必需的行为方法，最后在现实事件的世界里实现行为意志。① 如果说因果行为论还具有一定的机械性，那么，目的行为论则充满了主观能动性，使行为论从客观主义转向主观主义。相对于因果行为论，目的行为论对行为的把握是更为深刻的。然而，目的行为论主要适用于故意的作为犯，对于过失犯与不作为犯难以适用目的行为论。

如果说因果行为论与目的行为论都从行为的本体要素出发揭示行为的性质，因而属于存在论范畴。那么，社会行为论就是在行为的描述中引入了规范评价要素，因而转向价值论的行为论。在这个意义上说，社会行为论并非建立在对因果行为论与目的行为论的全然否定的基础之上，而毋宁说是以规范要素弥补存在论的行为论之不足。这里应当指出，社会行为论尤其与因果行为论之间具有渊源关系。因为社会行为论的首倡者施密特是李斯特的学生，并且在修订李斯特的教科书时在行为定义中引入了社会性要素。社会行为论受到刑法学界的肯定，例如德国学者指出：具体说，各种社会的行为概念的表现是相当不同的。但是，它们有一点是相同的，即它们都把社会这个概念看成是行为的核心因素。这样一种概念的好处是非常引人注目。它可以作为基础因素，因为所有的犯罪性举止行为的表现形式都能够很容易地标记为社会现象，并且，它在本质上比自然的和目的的行为概念更适合表现为连接因素，因为刑法性评价与在各种情况下都具有的社会性事件的联系，比"肌肉运动"或者在不作为时所缺乏的但是在过失构成行为中又不重要的目的性，具有更强的说服力。②

相对于社会行为论是对因果行为论的价值补充，较为偏向于刑法客观主义，那么，人格行为论就是对目的行为论的价值补充，较为偏向于刑法主观主义。应该说，人格行为论也是在德日刑法学界具有较大影响的一种行为论。人格行为论把行为看作人格的外在化，是对行为起支配作用的东西。从对行为分析的逻辑上

---

① 参见［德］汉斯·海因里希·耶赛克、托马斯·魏根特：《德国刑法教科书》，徐久生译，270～271页，北京，中国法制出版社，2001。
② 参见［德］克劳斯·罗克辛：《德国刑法学总论》，第1卷，王世洲译，155页，北京，法律出版社，2005。

133

来说，人格行为论与目的行为论是存在共通之处的，都是不满足于对行为的外在特征的描述，而力图揭示隐藏在行为的客观外表背后的支配性要素。这一支配性要素在目的行为论那里是目的性，而在人格行为论那里则是人格性。日本学者大塚仁是人格行为论的有力倡导者，并在此基础上形成了人格刑法学。大塚仁指出：人格行为论把作为行为人主体性的表现的行为作为问题，可以说，是考虑到行为作为刑法评价的对象，不仅要受到构成要件符合性的判断、违法性的判断，而且也要受到最终的责任判断，这是立足于行为论的学说史发展方向所体现的适当理论志向。虽然作为刑法评价对象的行为必须是能够成为犯罪的行为，但是，关于犯罪成立与否的最终阶段的评价，是能否将责任归于行为人的判断。如后所述，所谓责任，是就其行为对行为人进行的道义非难，必须以能够负担这种道义非难的行为人自身的主体性为前提。①

　　大塚仁教授认为人格行为论是一种存在论的行为论，它所强调的是作为事实性行为的人格行为。正是在这个意义上，大塚仁教授反对社会行为论，认为它是经过某种刑法评价的规范性行为。但在这一问题上，同样是较为赞成人格行为论的德国学者罗克辛教授具有不同见解，罗克辛承认人格行为论具有规范性，属于价值论的行为论。罗克辛教授指出：在这里发展起来的人格行为的概念，因此——不同于自然的和目的的概念，但是与社会的和否定的概念有一致性——是一种规范的概念。这个概念是规范性的，其中，人格表现的标准从一开始就表明了决定性的评价方面。在行为的审查中，这个方面在法律上是必须具有的。这个概念在边界范围内，是根据一种与评价观点相适应的法律决定安排的，在这个意义上，这个概念也是规范性的。但是，这个概念不是规范主义的，因为它最准确地使生活的真实性一目了然，并且在任何时候都能够注意到最新的经验性研究的知识。② 人格行为论到底是一种存在论的行为概念，还是一种价值论的行为概

---

　　① 参见［日］大塚仁：《刑法概说（总论）》（第3版），冯军译，100～101页，北京，中国人民大学出版社，2003。
　　② 参见［德］克劳斯·罗克辛：《德国刑法学总论》，第1卷，王世洲译，170页，北京，法律出版社，2005。

念？这涉及对人格本身的理解。人格当然是一种心理结构，因而具有事实性，这一点是不可否认的。但是人格这种事实与肌肉的运动和静止（因果行为论）或者目的活动（目的行为论）相比，当然更多地包含了规范评价要素。在这个意义上，毋宁说，人格是一种规范性的事实要素，同时具有事实性与规范性。但如果按照这个标准，社会行为论也是以事实性要素为基础的，同样不能否认其具有事实性与规范性。相对于只有事实性没有规范性的因果行为论与目的行为论而言，人格行为论与社会行为论一样，还是一种价值论的行为论。值得注意的是，罗克辛教授在上述论题中提及否定的行为概念。对此，罗克辛曾经做过较为详细的说明，指出：最近一段时间，有许多学者开始从各种角度进行努力，争取通过发展一个"否定的行为概念"，为犯罪理论提供一个新的基础。在所有这些理论中，决定性的观点可以简要表达为"可避免原则"。它的第一个有影响的表达方式是卡尔斯提出来的："如果一个行为人能够避免一个结果的发生，并且法律也要求他避免这个结果的发生，那么，只要他不避免而使这个结果发生的，就应当将这个后果归责于这个行为人。"然而，当卡尔斯在可避免性中仅仅看到一种行为构成的归责原则时，赫茨贝格就将这个原则第一次用作他表明为"否定的"，同时包容了作为和不作为的行为概念的基础。刑法的行为是在保障地位上所作的可以避免的不避免。① 这种否定的行为概念，其所否定的是行为的事实性，而完全以规范要素来界定行为，是一种极端的价值论的行为概念。这种否定的行为概念，与英美刑法中的控制原则是极为相似的。美国学者对控制原则的核心内容做了以下说明：一个人，如果他不能防止事情的发生，就是对事态不能控制。如果事态是行为，他应该能不为该行为；如果是后果，他应该能防止其发生；如果是意图，他应该能不具有这个意图；等等。② 美国学者认为控制原则更加清晰地表达了包含在犯罪行为要件中的正确含义，并用这个原则去取代犯罪行为要件。控制

---

① 参见［德］克劳斯·罗克辛：《德国刑法学总论》，第1卷，王世洲译，156页，北京，法律出版社，2005。
② 参见［美］道格拉斯·N. 胡萨克：《刑法哲学》，谢望原等译，103页，北京，中国人民公安大学出版社，1994。

原则与上述否定的行为概念如出一辙，都是从否定事实性要素的意义上论证行为的内容。这种行为概念完全是建立在规范性要素基础之上的，与传统的行为概念已经截然有别，因而只是个别学说，并没有获得普遍的赞同。

　　从因果行为论、目的行为论到社会行为论、人格行为论，这是一条基本的发展线索。它们虽然不存在时间上的严格承续性，但大体上还是一脉相承的，由此可见大陆法系刑法学中行为论之发达。而这一切，在苏俄刑法学中是完全没有的。如前所述，大陆法系刑法学的行为论是一个从存在论的行为论到价值论的行为论的演变过程，目前占主导地位的是价值论的行为概念。而我国刑法学中的危害行为这一概念同样也充满价值内容，也可以说是一个价值论的行为概念。那么，危害行为意义上的价值与社会行为论或者人格行为论意义上的价值究竟存在什么区别呢？这里涉及对行为评价的阶层性问题。在大陆法系刑法学中，对行为评价存在以下三个阶段：作为犯罪根基的行为、作为构成要件的行为与违法性的行为。作为犯罪根基的行为是对行为的基础性把握，是犯罪构成的前提。这里涉及行为论与构成要件论之间的关系，将在下文探讨。我们现在所讨论的行为论，是在行为的第一层次上讨论的，尽管它具有价值性，但这种价值只是一般社会观念上的价值。相对于构成要件行为所具有的形式违法性与违法性行为的实质违法性的价值内容，行为论中的价值仍然是非价的。而我国刑法学中的危害行为的危害性评价，相当于大陆法系刑法学中的实质违法性评价。因此，在我国行为理论上，根本就没有作为犯罪根基的行为与构成要件行为这两个层级的内容，在对行为的理论研究中，突出了其社会危害性，忽视了行为论与构成要件的属性，没有区分阶层性，因而未能建立起我国刑法学中的行为论。

　　随着德国刑法学知识在我国的传播，行为论的内容也不断丰富，并且逐步地将行为区分出不同层次，从而推进了行为理论的研究。例如我在《刑法哲学》一书中，提出了客观危害的内在结构是行为事实与价值评判的统一的命题，并在行为事实的名目下对行为理论予以展开，尤其是论证了"无行为则无犯罪亦无刑罚"这一法谚。指出：行为是生物的基本特征，在某种意义上可以把行为与生命相提并论，没有行为也就没有生命。历史上，许多哲学家都十分关注人的行为。

行为论的正本清源

笛卡儿认为，生物的某些自发性动作才具有外显性，行为有时与外显活动有一定的关系。从这一观点出发，人们初步揭示了行为的生理机制，这就是把行为过程看作一个刺激的反应过程。外部诱因被称为刺激，由它引起的行为叫作反应。① 对行为的深入研究，形成了行为科学，它为刑法中行为的研究提供了科学根据。刑法中的行为，虽然是一种犯罪的行为，应当受到刑罚处罚，但它仍然具有人的一般行为的特征。② 在以上论述中，我对刑法上的行为，从一般行为的意义上加以研究——这里的一般行为，指的就是事实意义上的行为——并从心素与体素两个方面做了探讨。在行为人价值评判中，对大陆法系刑法学中的自然行为论与社会行为论之争做了评述，并对苏俄刑法学按照社会危害性对行为进行评判的问题做了论述。从以上我对行为论的叙述来看，我试图厘清事实意义上的行为概念与价值意义上的行为概念之间的关系，但两者之间到底是一种什么关系，尤其是行为与犯罪构成之间的关系，都还是较为模糊的。此前，在《本体刑法学》一书中，我在罪体一章中设专节讨论行为，尤其是对行为理论进行了系统探讨。经过对各种行为论的比较分析，得出了以下结论：我赞同社会行为论与人格行为论相融通的观点，即一种人格与社会相统一的复合行为论。在这种复合行为论中，人格是行为主体自身的因素，尽管这种因素也是由一定的社会环境造成的。社会是对行为主体的评价因素，这种评价是在一定的人格支配之下的行为，而不是单纯的因果行为或者目的行为。③

除此以外，人格行为论在我国获得了张文教授等学者的力挺，他们还试图在此基础之上建立我国的人格刑法学。张文教授等对我的复合行为论提出了批评，并认为其实质上仍然是人格行为论的变种。之所以坚持人格行为论，主要是基于二元论的犯罪论体系。张文教授等指出：人格行为论也是一种基于价值论立场的行为论。它是以人格为中心展开的，是建立在事实与价值综合评价基础上的理论。它不仅关注当下的行为，而且还要追溯支配着这种行为的内在人格，使行为

---

① 参见［美］B. F. 斯金纳：《科学与人类行为》，谭力海等译，44～45 页，北京，华夏出版社，1989。
② 参见陈兴良：《刑法哲学》，64～65 页，北京，中国政法大学出版社，1992。
③ 参见陈兴良：《本体刑法学》，235 页，北京，商务印书馆，2001。

真正成为人的行为。将行为人的"这一犯罪概念的基底"(大塚仁语)的要素注入行为概念中,实现了对客观主义行为概念的合理改造;与此同时,行为与行为人的融合,也为在犯罪论中坚持犯罪本质二元论提供了立论根据。① 对于人格行为论的格外青睐,当然是与作者所坚持的人格刑法学的立场有关。无论如何,行为论的问题能够展开讨论,本身就是一件十分可喜的事情,而这在苏俄刑法学四要件的犯罪构成的框架内是不可想象的。

三

在行为论的讨论中,意义最大的也许是行为与构成要件之间的关系。而这个问题的解决,直接关系到行为论在刑法学中的体系性地位。这个问题的核心是行为是否属于犯罪论体系的独立要素。对此,存在三分说与四分说的争论。日本学者大谷实曾经做过以下描述:成立犯罪,必须具有行为、构成要件、违法性以及有责性这四种要素或要件。对这些要素或要件的相互关系进行系统讨论,就是犯罪要素体系化的课题。关于犯罪要素的体系化,有(1)将行为作为犯罪论的基础,把构成要件符合性、违法性、责任作为犯罪的成立要件的三分说的立场;(2)因为构成要件符合性的判断与违法性不可分割开来,因此,将构成要件放入违法性之内,主张采取行为、违法性(不法)、责任的三分说的立场;(3)赋予行为独立的体系性地位,主张采取行为、构成要件符合性、违法性、责任的四分说的立场之间的对立。② 以上三种观点都主张行为论是刑法学的重要内容,但对于行为论是否纳入犯罪论体系,即犯罪构成体系,存在不同见解。因此,虽然大谷实教授列举了三种见解,但就行为论是否纳入犯罪论体系,实际上只有两种观点,即肯定说与否定说。而这些观点的纷争,又与犯罪论体系有关。

在李斯特-贝林的古典派犯罪论体系中,行为在犯罪论体系中的地位不是十

---

① 参见张文、刘艳红、甘怡群:《人格刑法导论》,202~203页,北京,法律出版社,2005。
② 参见[日]大谷实:《刑法讲义总论》(新版第2版),黎宏译,86页,北京,中国人民大学出版社,2008。

行为论的正本清源

分确定,对此问题可以说是语焉不详。例如李斯特虽然把犯罪定义为符合构成要件的、违法的和有责的行为,但在犯罪成立要件中,分别以"作为行为的犯罪""作为违法行为的犯罪""作为有责行为的犯罪"为题加以考察。① 尤其是在"作为行为的犯罪"的标题下有这样一个注释,颇能反映作者对于行为论的立场:本章以一般的行为概念为出发点,尽可能地不涉及行为的法律意义,因为犯罪是一个特定的相似的且做相应评价的行为。因此,行为是一个类概念,其特征必须在种概念的不同特征得到确定之前确定之。② 由此可见,李斯特不是在构成要件的意义上,而是在事实意义上论及行为,把行为看作法律评价的对象。同样,贝林也是把行为置于构成要件之前,指出:在方法论上,人们按照合目的的方式提出了六个有此特征的犯罪要素,其顺序和结构为:"构成要件符合性"需要置于"行为"之后,然后依次就是"违法性"—"有责性"—"相应的法定刑罚威慑"—"刑罚威慑处罚的条件"。构成要件符合性应当是先于违法性和有责性的,这样后续其他概念才能完全定义于刑法意义上。③ 在贝林看来,行为是犯罪的基底,是构成要件的评价对象。在确定存在行为以后,再进行构成要件该当性的判断,在这一判断中,行为仍然是判断的对象,凡是符合构成要件的,就是构成要件的行为。德国学者对古典学派的犯罪论体系做出了以下评论:古典犯罪概念是从法学实证主义(Rechtswissenschaftlischer Positivismus)的法学思考方式出发的。对此人们理解一种被严格限制于制定法及其解释的见解,该见解试图解决所有具有概念—体系论点的法问题,而哲学评价、心理学认识和社会学事实应当被排除于法解释论之外。这就产生了人的行为特征的一个极端形式的画面,该人的行为特征是在犯罪概念构成中需要考虑的。自然主义理解的行为、客观—叙述性理解的构成要件、客观—规范限制的违法性界定和主观—叙述性理解的罪责之间

---

① 参见[德]李斯特:《德国刑法教科书》(修订译本),徐久生译,176 页以下,北京,法律出版社,2006。
② 参见[德]李斯特:《德国刑法教科书》(修订译本),徐久生译,176 页,北京,法律出版社,2006。
③ 参见[德]恩施特·贝林:《构成要件理论》,王安异译,62~63 页,北京,中国人民公安大学出版社,2006。

应当加以区分。① 因此，古典派的犯罪论体系是将行为作为前置性要素的。此后，新古典派的犯罪论体系、目的论的犯罪论体系虽然在违法与责任等内容上做了重大调整，但始终还是把行为作为犯罪的基础概念。在这种情况下，行为论是与犯罪论体系并列的，在逻辑上是前置于犯罪论体系的，并将行为概念贯穿于犯罪论体系。对这一行为的体系性地位提出批评的是日本学者小野清一郎，他不赞同把行为当作法律的构成要件的评价之前的东西来考虑，认为这是一种历来行为论的通病，是一种"纯粹"行为论。小野清一郎提出：在刑法上所考虑的行为，是构成要件的行为，这种行为也是伦理性质的行为。刑法学也不能不把这一点作为构成要件中的核心要素来提出问题。与构成要件无关的行为，在刑法学中也没有考虑的必要。历来的刑法学者，几乎都是先于构成要件的（纯粹的）行为论出发，而与忽视行为的伦理意义和法的意义的实证主义和自然主义思想相结合，不仅如此，在体系上也陷于失误。刑法上的行为，归根到底就是构成要件的行为，即符合构成要件的行为，而这就是刑法中的犯罪的"实例"。在构成要件中，不法行为的社会类型被当作法律概念加以规定，它是一种观念形象，是抽象的定型。然而，它也并不单纯是观念性的、抽象的，而是现实生活中直观的、活生生的、充满意义的观念形象。当某个具体的、个别的行为事实符合它时，那就是犯罪的实行，进而成为构成犯罪的行为。② 这样，小野清一郎就把行为论纳入犯罪论体系，将其作为构成要件的内容，使之成为构成要件的行为，也就是小野清一郎所说的实行行为。由此就形成了行为论独立于构成要件论，从而将行为区分为一般意义上的、自然或社会的行为与构成要件的实行行为的双重行为概念；或者将行为论纳入构成要件论，从而形成在构成要件论中同时讨论一般意义上的行为与构成要件的行为的单一行为概念，并演化成不同结构的犯罪论体系。至于主张

---

① 参见［德］汉斯·海因里希·耶赛克、托马斯·魏根特：《德国刑法教科书》，徐久生译，251～252 页，北京，中国法制出版社，2001。

② 参见［日］小野清一郎：《犯罪构成要件理论》，王泰译，84～85 页，北京，中国人民公安大学出版社，2004。

行为论的正本清源

行为、违法与责任的犯罪论体系，例如西原春夫所主张的①，实际上把构成要件论并入了违法性。从逻辑关系上来说，这里的行为论仍然是先于构成要件论的，只不过把行为论纳入了犯罪论体系。日本学者将这种观点称为一种较为折中的观点，例如日本学者指出：犯罪成立的第一要件到底是行为还是构成要件该当性，将行为作为犯罪成立第一要件的犯罪论体系叫作行为论，而将构成要件该当性作为犯罪成立的第一要件的犯罪论体系则叫作构成要件论。行为论将没有构成要件该当性外衣的"裸的行为"作为独立的犯罪成立要件，而构成要件论的行为只不过是构成要件的一个要素，将其纳入构成要件该当性的判断中即可。然而，最近引人注目的是一种新的观点，即消解前两种观点的对立，重视作为犯罪论的存在基础的行为，在构成要件该当性之前单独记述行为的犯罪论体系。②

从目前德国刑法学教科书来看，大多都是在构成要件之前讨论行为，如果将构成要件并入违法性，则是在违法性论之前专门讨论行为，而仅仅在构成要件该当性中讨论行为的只是个别学者。以下以德国学者罗克辛教授和日本学者大塚仁教授的刑法教科书为例加以说明。

罗克辛教授是目的理性的犯罪论体系的创造者，该体系在结构上仍然坚持三阶层的历史传统，罗克辛还引用了韦尔策尔的以下格言加以说明：我认为，把犯罪分解为行为构成（指构成要件——引者注）、违法性和罪责这三个因素，是信条学在过去两代人或者三代人中取得的最重要的进步。③ 但罗克辛在三阶层的犯罪论体系之前设专章讨论行为概念。罗克辛认为，行为是全部应受到刑事惩罚的举止行为的表现形式的上位概念，它贯穿于整个定罪过程。罗克辛指出：行为应该与具体的犯罪范畴相互联系，从而使行为在犯罪构造的每个阶段重新出现，并且通过附加的属性成为一个更加准确的标志。然后，行为就作为这种标志被确

---

① 参见［日］西原春夫：《犯罪实行行为论》，戴波、江溯译，46～47 页，北京，北京大学出版社，2006。
② 参见［日］野村稔：《刑法总论》，全理其、何力译，84～85 页，北京，法律出版社，2001。
③ 参见［德］克劳斯·罗克辛：《德国刑法学总论》，第 1 卷，王世洲译，139 页，北京，法律出版社，2005。

141

定,并且作为具有行为构成符合性、违法性、有罪责性和应受刑事惩罚的行为,被更加丰富的价值称谓所修饰。行为的概念,应当就这样贯穿于整个刑法体系之中,并且在一定程度上成为这个体系的支柱。[①] 在罗克辛看来,行为是主语,而构成要件该当性、违法性和有责性都是用来定义行为的,使行为的价值内容更加丰富,是行为的修饰语。行为概念是要排除那些"无行为"(Nichthandlung),其本身是中性的,经过构成要件、违法性和有责性的三重评价,最终完成从中性的行为向犯罪的行为的转变,这就是一个定罪的过程。

大塚仁教授是在犯罪概念中讨论行为的,这一点较罗克辛教授对行为论在刑法学体系中的地位的认识更为明确。大塚仁教授认为行为是犯罪概念的基底,在分析、研讨各种犯罪成立要件之前,必须考察应该位于其基底的要求,即行为。大塚仁教授还引用德国学者的论述,对行为的机能做了以下分析:迈霍弗把行为概念的基本机能区分为作为基本要素的机能、作为结合要素的机能和作为界限要素的机能。所谓作为基本要素的机能,是指逻辑意义的机能,即在刑法判断的范围内,作为记述性确认或者规范性评价而考虑的所有宾语和附加语都必须回溯到行为这一共同概念之上;所谓作为结合要素的机能,是指体系意义的机能,即在构筑犯罪的体系时,把违法、有责、可罚性这种无价值判断结合在一起;所谓作为界限要素的机能,是指实际意义的机能,即把刑法上完全不重要的形式不视为行为,一开始就将其置于刑法考察的范围外。可以大致地承认刑法中的行为观念具有这些机能。但是,关于作为犯罪概念基底的行为,其中,特别应该作为问题对待的,是作为界限要素的机能。它不外乎是刑法评价为犯罪的前提,是作为刑法评价对象的行为。[②] 行为既然是评价对象,它与评价标准或者评价过程是不同的,两者不可混淆。从这个意义上来说,大塚仁教授在犯罪概念中讨论行为是具有其逻辑上的妥当性的。因为犯罪是构成要件该当、违法且有责的行为。构成要

---

① 参见[德]克劳斯·罗克辛:《德国刑法学总论》,第1卷,王世洲译,147页,北京,法律出版社,2005。
② 参见[日]大塚仁:《刑法概说(总论)》(第3版),冯军译,108页,北京,中国人民大学出版社,2003。

件、违法和有责都是用来定义行为的，行为是实体存在。因而在犯罪概念中讨论行为问题，在此基础上再通过三阶层对行为加以判断。

如前所述，我国刑法学中没有行为论，也没有行为论存在的逻辑空间。而在介绍大陆法系刑法学中的行为论时，往往十分容易发生阶层上的混淆。例如我国学者在对因果行为论、目的行为论、社会行为论和人格行为论进行点评以后提出：总之，上述各种行为理论中，没有一种既能够概括说明危害行为的本质及其全部表现形式，又能将非危害行为排除于其概念之外。① 上述各种行为论与危害行为根本不是同一层次的概念。行为论的机能是排除"无行为"，即发挥行为的界限机能。而危害行为是一个已经做过价值评判的概念，相当于三阶层的犯罪论体系中具有构成要件该当性与违法性的行为。以危害行为的观点来评价行为论，其不对接是显然的，这里包含了对大陆法系刑法学中行为论的重大误读。

实际上，我国学者也开始意识到危害行为概念的狭窄。因此，行为理论研究的路径是扩大行为范畴，即从危害行为到刑法上的行为，从狭义行为到广义行为。例如我国学者指出：既然我国刑法理论中关于刑法中行为概念的研究对象范围过窄，加之现在的研究理论中又有一系列的可议之处，因此，倒不如从行为概念中抛弃意思要素，而直接用具有社会危害性的身体动静来概括行为概念，对于我们统一对行为的认识，以减少理论上种种不必要的争议，或许更加适当一些。② 我国学者之所以将意思要素从危害行为中排除，是想使危害行为仅仅作为客观危害的载体，而不包含行为人的主观因素在内，但危害行为中的意思要素指有意性，其目的是要排除无意识行为，它与故意或者过失等主观要素完全是两回事。只要存在危害行为的概念，行为论就难以容身。例如我国学者明确指出，把行为论独立于犯罪构成之外无多大实际意义。③ 因此，如果不对犯罪构成做结构性调整，即使修改危害行为的概念，或者引入广义的刑法上行为的概念，也解决不了我国刑法学中行为理论面对的窘境。

---

① 参见高铭暄主编：《刑法专论》上编，155 页，北京，高等教育出版社，2002。
② 参见黎宏：《论刑法中的行为概念》，载《中国法学》，1994（4），80 页。
③ 参见熊选国：《刑法中行为论》，44 页，北京，人民法院出版社，1992。

正是看到了危害行为这一概念存在的缺陷,我国学者对其提出了否定性见解,指出:

> 在犯罪构成理论中只能以构成要件行为或实行行为作为研究的对象。我国刑法学中的危害行为并不必然是构成要件行为,在犯罪构成要件理论中使用"危害行为"这一概念,不对其加以限制,有损犯罪构成要件的界限机能。再说,作为犯罪成立评价机制的犯罪构成要件,本身并不对实行行为以外的行为进行评价,非实行行为只对量刑有影响而对定罪没有影响,如果将实行行为和非实行行为合并起来作为犯罪构成客观要件的基础,实质上是在犯罪构成要件中将定罪和量刑这两种不同的机能合二为一。
>
> 此外,在刑法中使用"危害行为"这一术语也不够精确。顾名思义,"危害行为"就是对社会有害的行为,但是,行为符合客观要件而总体上对社会有益无害的事实不胜枚举,比如正当防卫行为、紧急避险行为、依法执行命令行为都是总体上对社会有益的行为。如果认为这些行为都属于"危害行为",无疑是不合乎文义的。因此,本书主张在刑法学中应当取消"危害行为"这一术语,而以"刑法中的行为"替代;在犯罪构成理论中则使用"构成要件行为"或"实行行为",不宜使用"构成要件的危害行为"。[①]

以上观点与那些在保留危害行为这一概念的前提下区分广义上的行为概念与狭义上的行为概念的观点还是存在区别的。应该说,以上主张以"构成要件行为"的概念取代"危害行为"的概念,是有其可嘉之处的,但这样做的结果是否定了行为论。即只有构成要件的行为论,而没有一般意义上的行为论,这也同样会带来逻辑上的不协调。值得注意的是,在以上论述中,既批评危害行为的概念过窄,又批评危害行为的概念过宽。以上批评看似矛盾,但它却是我国刑法学中危害行为概念所处的窘境的真实写照:就危害行为不能包括正当防卫行为等正当

---

① 童伟华:《犯罪构成原理》,61~62页,北京,知识产权出版社,2006。

行为而言，它是过窄的；就危害行为包括侵害客体，甚至包括罪过而言，它是过宽的。而这一切都是对行为概念没有分为阶层进行考察所造成的。因此，这不是取消危害行为概念，代之以构成要件行为就能克服的。

那么，我国刑法学中是否应当建立独立于犯罪构成的行为论呢？对于这个问题，我国学者以往是极少考虑的。但也有个别学者通过对中国犯罪论体系的比较，一针见血地指出，我国刑法学由于混淆了行为论与犯罪论，导致了行为论与犯罪论的机能都无法实现。因而认为有必要分离行为存在论和作为行为属性论的犯罪论，在我国刑法学中确定独立存在的行为论。[①] 应该说，以上观点是极有见地的。因此，行为论问题不仅涉及犯罪构成体系的调整，而且涉及犯罪概念的重构。我国目前的犯罪概念，主要讨论的是犯罪特征，包括社会危害性、刑事违法性与应受惩罚性这三大特征。在这个意义上说，犯罪概念论不如称为犯罪特征论。在以上三个犯罪特征中，社会危害性是犯罪的本质特征，其他两个特征是被社会危害性所决定的形式特征。基于实质决定形式的原理，我国刑法中的犯罪概念虽然是包含了实质与形式双重内容的混合概念，但实际上是犯罪的实质概念。在这个意义上，犯罪特征论又等同于犯罪本质论。因此，社会危害性成为犯罪概念理论的核心。虽然我国刑法关于犯罪概念的规定也将犯罪称为一种行为，但行为本身并没有获得刑法学的理论共鸣。在这种情况下，我认为应当把行为论当作犯罪概念的根基，在犯罪概念中加以深入展开，从而为犯罪构成论提供理论前提，理顺犯罪概念与犯罪构成之间的关系。

这样一种在犯罪概念中注入行为论的内容的观点，我国已有个别学者主张。例如我国学者建构罪状论—不法论—罪责论的犯罪论体系，其罪状论对应于构成要件该当性，不法论对应于违法性，罪责论对应于有责性。由此可见，这是大陆法系三阶层的犯罪论体系的本土化表述。在论及犯罪概念的基底时，我国学者指出：犯罪概念的基底是行为，这是没有疑问的。行为可以分为罪状中的行为（作

---

① 参见王充：《中日犯罪论体系的比较与重构——以行为论与犯罪论的关系为视角》，载《中国法学》，2006（6），60页。

为罪状要素的行为）与先于罪状的行为（裸的行为）。作为犯罪概念基底的行为，是裸的行为（即先于法律的行为）。"构成要件行为概念的确应和行为概念分开，也是可以分开的，而先于法律的行为概念并非没有存在价值"[①]。先于法律的行为不是独立的犯罪成立要件，但这并不意味着裸的行为在刑法上不具有重要地位。没有行为，就没有犯罪，裸的行为是犯罪成立理论得以搭建的平台，这就是先于法律的行为的刑法意义所在。[②] 借鉴大陆法系刑法学，在犯罪概念中研究行为论，我以为是正确的，这也必将对我国刑法学中的犯罪概念论提出挑战。

四

如前所述，构成要件的行为与行为论中的行为是不同的：行为论中的行为是纯粹的行为或者称为裸的行为，其功能在于排除"无行为"或者"非行为"，从而实现行为概念所应当具有的基本要素机能；而构成要件的行为是规范意义上的行为，是依据刑法规定认定的，其功能在于排除那些不具有构成要件该当性的行为，从而实现罪刑法定主义。因此，构成要件行为是犯罪论体系的研究对象。我国传统的四要件的犯罪构成理论，在危害行为这一概念中，既没有行为论的地位，也消解了构成要件行为的概念。因为危害行为所侧重的是对行为的价值评判，而忽视了行为的事实认定与规范评判：行为的事实认定是行为论提供的，行为的规范评判是构成要件论提供的。在我国刑法论著中，较为简明的刑法学教科书，只有对危害行为的十分肤浅的解说，而较为深入的刑法专著，则是把行为的事实特征、规范特征与价值特征合为一体进行讨论，造成了逻辑上的混乱。例如，我国学者提出了构成要件的危害行为的概念，指出：构成要件的危害行为，是指某种犯罪不可缺少的实行行为。在这里，犯罪的实行行为与构成要件的行为实属同一概念，因此，弄清什么是实行行为，什么是非实行行为，对于判断某一

[①] 许玉秀：《主观与客观之间》，276页，台北，1997。
[②] 参见李立众：《犯罪成立理论研究——一个域外方向的尝试》，199～200页，北京，法律出版社，2006。

行为论的正本清源

具体行为是否为构成要件的行为,具有重要的意义。① 构成要件的危害行为这一概念包括了行为的规范要素(构成要件)与行为的价值要素(危害),两者混同在一个概念之中。那么,危害是由构成要件所决定的还是构成要件是由危害所决定的?这个问题涉及形式判断与实质判断的关系,上述的构成要件的危害行为的概念并没有为我们提供对这一问题的答案。其实,在构成要件的危害行为这一概念中,涉及行为、构成要件与危害这三个要素,分别是事实、规范与价值的要素。在大陆法系三阶层的犯罪论体系中,是否属于行为这一事实判断是由犯罪概念中的行为论承担的,是否属于构成要件行为这一规范判断是由构成要件论承担的,是否属于危害行为这一价值判断是由违法论承担的。并且,在以上三种判断之间存在递进式的位阶关系,从而使判断有序地层层展开,具有逻辑上的明晰性,能够最大限度地保证判断的准确性。而我国在危害行为这一标题下所进行的关于行为的讨论,则多有混淆之处。当然,上述学者提出实行行为这一概念,仍然具有重要意义。实行行为,就是构成要件的行为,属于在行为论的事实判断基础上对行为所做的规范判断。在危害行为的框架中展开构成要件行为的论述,在逻辑上是不顺畅的。当然,这也表明德日刑法学是如何顽强地"入侵"苏俄刑法学体系下的危害行为论的。近些年来,我国刑法学界在实行行为的名义下从事构成要件行为的研究,并且取得了进展,这是值得充分肯定的。

我国刑法学因受苏俄刑法学的影响,在犯罪构成中长期采取危害行为的概念,注重对行为的价值评判而遮蔽了行为的概念,而实行行为的概念是此后才发展起来的。耐人寻味的是,实行行为的概念最初是在共同犯罪理论中采用的。开始的时候,对共同犯罪的客观方面的论述,采用的是共同犯罪行为这一概念,而在共同犯罪行为概念中并没有论及实行行为。② 我在论述共同正犯的论文中,较早提出了共同犯罪的实行行为的概念,并在与帮助行为相区别的意义上论及实行行为。③ 此后,我又将共同犯罪行为细分为实行行为、组织行为、教唆行为与帮

---

① 参见马克昌主编:《犯罪通论》,181 页,武汉,武汉大学出版社,1991。
② 参见李光灿、马克昌、罗平:《论共同犯罪》,32 页,北京,中国政法大学出版社,1987。
③ 参见陈兴良:《论我国刑法中的共同正犯》,载《法学研究》,1987(4)。

助行为，后三种行为合称非实行行为，由此形成实行行为与非实行行为的对应。在论及实行行为时，我指出：实行行为是刑法分则规定的具体犯罪构成要件的行为。实行行为在共同犯罪中起着决定性的作用，其他共同犯罪人的犯罪意图都是通过实行行为来实现的。因此，实行行为不仅决定了共同犯罪的社会危害性程度，而且也在一定程度上决定了其他共同犯罪人的刑事责任。所以，我们完全可以说，没有实行行为就没有共同犯罪行为。① 在共同犯罪框架中讨论实行行为，主要是为非实行行为的认定提供某种标的物。实际上，实行行为应当在犯罪构成中解决，共同犯罪论重点是阐述非实行行为。在这个意义上说，在共同犯罪中讨论犯罪的实行行为是存在局限性的。实行行为从共同犯罪论回归构成要件论，是一个逐渐发展的过程。在20世纪90年代，我国学者在危害行为的分类中纳入了实行行为与非实行行为的类别，认为实行行为是指刑法分则所规定的某种具体犯罪构成的要件行为。② 此后，在21世纪初，我在《本体刑法学》一书中将行为的实行性作为行为特征之一，在规范意义上论及构成要件中的行为，指出：行为的实行性，是指作为罪体之行为具有实行行为的性质，是刑法分则所规定的构成要件的行为。实行行为是刑法中的一个基本概念，对于理解犯罪构成具有重要意义。我们在刑法一般意义上所称之行为，均指实行行为，它存在于罪状之中，是以具体的犯罪构成要件为其栖息地的。刑法理论中行为的概念，就是从中抽象出来的。相对于实行行为而言，还存在非实行行为，例如预备行为、共犯行为（包括组织行为、教唆行为和帮助行为）。这些非实行行为不是由刑法分则规定的，而是由刑法总则规定的，以区别于实行行为。因此，只有在构成要件的意义上，才能正确地把握实行行为的性质。③

我在以上论述的注释中提及日本学者大塚仁教授关于实行行为的以下论述：实行行为，可以解释为作为符合构成要件的构成事实的具体性行为。④ 由此可

---

① 参见陈兴良：《共同犯罪论》，91页，北京，中国社会科学出版社，1992。
② 参见熊选国：《刑法中行为论》，67页，北京，人民法院出版社，1992。
③ 参见陈兴良：《本体刑法学》，245页，北京，商务印书馆，2001。
④ 参见［日］大塚仁：《犯罪论的基本问题》，冯军译，68页，北京，中国政法大学出版社，1993。

见,大塚仁教授的实行行为的观念对我具有重要的启发性。当然,从构成要件的意义上理解,还是称其为构成要件行为更为贴切。当然,由于在与危害行为相分离的意义上,实行行为这一概念逐渐为我国学者所接受,在犯罪构成的客观要件中,越来越多的刑法教科书不再称危害行为,而是改称实行行为。例如,张明楷教授《刑法学》第 1 版仍称危害行为,只不过认为危害行为在刑法上具有双重含义:一是指作为犯罪客观要件内容的行为;二是指具备法定犯罪构成的犯罪行为。而在犯罪构成客观要件中探讨的是前一种意义上的危害行为,即暂时排斥行为主体与行为意识之后的行为,仅有这种意义的行为还不能构成犯罪,但如果没有这种行为则绝对不成立犯罪。[1] 在此,张明楷教授已经意识到危害行为这一概念由于缺乏阶层性所可能造成的理解上的混乱,因而区分为两层含义:第一层含义实际上是指构成要件的行为,第二层含义是指经过违法性评判以后的法益侵害行为。张明楷教授强调在犯罪构成客观要件中研究的是第一层含义上的危害行为,当然在这层含义上仍然存在裸的行为与构成要件行为之间的混同。在上述《刑法学》第 3 版中,张明楷教授已经摒弃了危害行为的概念,直接称其为行为,而在行为中又重点讨论了实行行为。当然,张明楷教授对实行行为持实质解释论,认为对于实行行为这一重要概念,不能仅从形式上认定,还必须从实质上考察。[2] 此外,曲新久教授在早期著作中虽然把犯罪的客观构成要件行为界定为刑法可以归责的客观危害行为,但已经较为关注行为的事实因素(心素和体素)和行为的规范因素(违反刑法禁止性规范),在一定程度上消解了行为的价值性判断。[3] 在新近出版的刑法教科书中,曲新久教授把犯罪成立要件分为客观罪行—主观罪责。在罪行中,核心要素是实行行为,即刑法分则条文中罪状所规定的能够直接造成法益损害结果的行为。[4]

尤其值得注意的是,周光权教授在其刑法总论教科书中,径直把犯罪客观要

---

[1] 参见张明楷:《刑法学》上,129 页,北京,法律出版社,1997。
[2] 参见张明楷:《刑法学》,3 版,139 页,北京,法律出版社,2007。
[3] 参见曲新久:《刑法的精神与范畴》,141 页以下,北京,中国政法大学出版社,2000。
[4] 参见曲新久:《刑法学》,86 页,北京,中国政法大学出版社,2009。

件中的行为称为实行行为，其中讨论了作为犯罪成立要件上位概念的"裸的行为"，并在此基础上讨论了刑法分则具体罪名中所定型化的实行行为。在实行行为的注脚中，说明了以实行行为取代危害行为的理由。周光权教授指出：国内有的教科书使用的是危害行为概念。危害行为是含义很广的概念。例如，甲的行为导致乙死亡，如果需要追究甲的刑事责任，我们就会说，甲的行为是危害行为。但是，甲究竟实施了何种危害行为，还不明确。所以，需要进一步讨论其是否属于故意杀人罪或是故意伤害致人死亡，或是过失致人死亡的"实行"行为。因此，实行行为是刑法分则特别规定的危害行为，是狭义的危害行为。由于危害行为概念比较笼统、比较含混，所以，在讨论犯罪成立要件的时候，应当使用实行行为概念，而不是危害行为概念。①

从危害行为到实行行为，不仅是一个概念表述问题，而且浸入了对刑法上的行为的不同理解。尤其是实行行为这一概念在刑法教科书中的体系性地位的确立，表明我国刑法学逐渐地从苏俄刑法学的"危害行为"的桎梏中摆脱出来，吸收德日刑法学关于构成要件行为的学术资源，从而推进了我国刑法学中的行为理论的发展。从危害行为到实行行为，这样一条清晰而明快的演进线索，使我考察刑法学术史的目光为之一亮：这不是一种"发现"，而是活生生的"存在"，这也正是历史的魅力。

应该说，刑法教科书对于实行行为的讨论还是较为肤浅的，它的意义在于实行行为在刑法学中体系性地位的确立。而对实行行为的深入研究，则有赖于学术专著。值得欣喜的是，近年来我国刑法学界推出了一系列以博士论文为主体的实行行为的研究专著，从而进一步深化了我国对实行行为的理论研究。这些专著是：范德繁的《犯罪实行行为论》，中国检察出版社2005年版；何荣功的《实行行为研究》，武汉大学出版社2007年版；叶良芳的《实行犯研究》，浙江大学出版社2008年版；钱叶六的《犯罪实行行为着手研究》，中国人民公安大学出版社2009年版。与实行行为具有一定关联的，还有若干本研究行为犯的专著，例如

---

① 参见周光权：《刑法总论》，118页，北京，中国人民大学出版社，2007。

行为论的正本清源

刘树德的《行为犯研究》（中国政法大学出版社 2000 年版）、史卫忠的《行为犯研究》（中国方正出版社 2002 年版）、郑飞的《行为犯论》（吉林人民出版社 2004 年版）。这些以行为犯为主题的专著，也都或多或少地对行为有所论及，因为行为是行为犯的理论前提。①

将 21 世纪初出版的行为论著作与 20 世纪 90 年代初出版的行为论著作对比，可以明显地看出在这二十年间我国在行为论研究领域的重大进展。其中最为重要的一个转折，是对行为研究的规范视角的确立，这也是从危害行为到实行行为的表述的变化所反映出来的深层次上的刑法理念的变迁。例如，在熊选国关于行为论的著作中，可以十分明显地看出社会危害性理论的影响，作者强调犯罪的实质特征，从这样一种犯罪构成理论出发，对刑法中的行为做了以下解读：以马列主义毛泽东思想为指导的我国刑法学，首先坚持形式与实质的有机统一，在犯罪概念中，强调了严重社会危害性是犯罪的本质属性，犯罪是严重社会危害性与刑事违法性的有机统一。与此相适应，犯罪构成不仅是认定犯罪的法定规格，而且也是社会危害性的全面体现。因此，在我国刑法中，行为一方面是社会危害性的集中体现，是犯罪概念的基础，另一方面它作为犯罪构成中的要件，又在犯罪构成中起核心作用，能够更好地发挥其机能。② 这样一种危害行为的概念，虽然强调形式与实质的统一，但在实质决定形式的原理的指导下，行为的实质危害性得以彰显，而行为的法律形式受到抑制，这是显而易见的。可以说，这是一种实质判断先于形式判断的行为论。而新近出版的关于行为论的专著，则更多地从实质视角转向规范视角考察刑法中的行为，由此形成实行行为的概念。例如我国学者指出：传统的教科书都无一例外地将危害行为置于犯罪构成的客观要件中进行探讨，形成此研究局面是因为我国的犯罪概念中所包含的社会危害性的实质内涵并不区别事实与规范的二元对立。③ 在犯罪论体系上采取的"平面填充式"的框架结构并没有大陆法系中构成要件符合性、违法性、有责性的立体评价体系。在犯

---

① 参见史卫忠：《行为犯研究》，3页，北京，中国方正出版社，2002。
② 参见熊选国：《刑法中行为论》，61～62页，北京，人民法院出版社，1992。
③ 参见熊选国：《刑法中行为论》，24页，北京，人民法院出版社，1992。

罪论体系中并没有形成就构成要件要素、违法性的本质理解争论而成的规范性独立价值。传统刑法理论中对危害行为的界定实际上侧重于或完全关注于对现实生活中犯罪行为原貌的简单实然描述，概念内容也都是在事实层面上的理解，危害行为概念本身虽然寓居于犯罪构成客观方面，但却在理论上并没有探究其规范层面上的意义，它的理论内涵无外乎其事实基础和内部要素。如此，危害行为虽身居犯罪构成论中，却并不具有规范的内容。本文以实行行为这一刑法学微小但意义重大的概念为研究对象，最初的出发点是从规范的层面上对其进行思考，目的在于提示我们的理论研究在犯罪论核心的犯罪构成理论并非传统刑法所关涉的，并致力于行为范围的界定。① 以上是作者对实行行为研究的出发点，同时也包含了对历史背景的阐述，从中可以看出作者对于刑法中行为的研究从实质到规范的视角转换，因而能够从法理上把握实行行为的性质。

在实行行为的讨论中，涉及一个争议较大的问题，这就是实行行为的形式解释论与实质解释论之争。如前所述，危害行为是包含实质解释的，从危害行为到实行行为的转向，本身就具有从实质论到规范论转变的意蕴。但如何理解实行行为，又展开了另一层面上的形式论与实质论的争论。

我国刑法学中对实行行为的界定，大多是从形式角度出发的，一般把实行行为理解为符合刑法分则规定的具体构成要件的行为。我国学者张明楷教授将我国刑法教科书中的实行行为概念称为形式的客观说，进而认为刑法理论应当把握实质的观点而根据法益侵害说界定实行行为，摒弃形式主义的观点。② 张明楷教授称之为形式主义的实行行为概念，例如我国学者在论及犯罪预备和未遂时，涉及犯罪实行行为的着手，将犯罪的实行行为称为刑法分则中具体犯罪构成客观方面的行为。③ 在这一实行行为的定义中，确实没有强调实质内容。但我们不要忘记，这一实行行为的概念是以犯罪构成客观方面的危害行为的概念为基础的。而对危害行为，我国学者明确将其界定为由行为人的意识、意志支配的违反刑法规

---

① 参见范德繁：《犯罪实行行为论》，3~4、5页，北京，中国检察出版社，2005。
② 参见张明楷：《法益初论》，364页，北京，中国政法大学出版社，2000。
③ 参见高铭暄、马克昌主编：《刑法学》上编，269、273页，北京，中国法制出版社，1999。

行为论的正本清源

定的危害社会的身体动静。我国学者把有害性当作危害行为的基本特征,指出:危害行为是对社会有危害的行为。行为人的某种行为是否属于犯罪客观方面所研究的行为,关键在于看其是否对社会有危害。对社会有益无害的行为,根本不属于这里所研究的行为。① 由此可见,实行行为作为危害行为的下位概念,当然地包含危害行为所具有的有害性的特征。如此看来,尽管从实行行为的表述来看它似乎是一个形式概念,但对实行行为做体系性解释,它当然是一个实质概念,这是不言而喻的。在对实行行为的误解之上的批判,我以为是难以成立的。这里涉及的更深层次的问题是:如何理解实行行为概念中的形式与实质的关系。张明楷教授认为,对于实行行为这一重要概念,不能仅从形式上认定,还必须从实质上考察,指出:犯罪的本质是侵犯法益,没有侵犯法益的行为不可能构成犯罪,当然也不可能成为实行行为。不仅如此,即使某种行为具有侵害法益的危险性,但这种危险程度极低,刑法也不可能将其规定为犯罪,这种行为也不可能成为实行行为。② 实行行为中存在一定的实体内容而不仅仅是纯粹的法律形式,这一观点当然是正确的。但在实行行为中,是形式判断先于实质判断还是实质判断先于形式判断,才是一个真正需要解决的问题。在危害行为的概念中,这个问题并没有得到妥善解决。因为在行为的危害性与违法性之间并不存在逻辑上的位阶关系。张明楷教授虽然强调实行行为必须是符合客观构成要件的行为,这是罪刑法定原则决定的,但对于行为的形式判断与实质判断的阶层性并没有做出妥切的安排。在这种情况下,以实质判断代替形式判断的危险性是存在的。对此,我国学者何荣功博士指出:我们并不能因为实行行为需要从实质的角度进行认识就排斥形式认识的必要性。正如大谷实教授所强调,只要以罪刑法定主义为原则,就应以构成要件该当性作为犯罪成立的第一性的要件。只有在确定该行为是构成要件该当行为之后,才能再做实质性判断。否则,就有可能将不是刑法所预先设定的行

---

① 参见高铭暄、马克昌主编:《刑法学》上编,127页,北京,中国法制出版社,1999。
② 参见张明楷:《刑法学》,3版,139页,北京,法律出版社,2007。

为，以该行为性质恶劣应予以处罚为由而认定为犯罪。[①] 对于作为犯罪行为阶段类型之一的实行行为的概念的认识也必须坚持这一基本立场。

张明楷教授之所以倡导从实质上界定实行行为的概念，重要原因在于在张教授看来，"离开犯罪本质讨论实行行为，必然使实行行为成为没有边际、没有定型的抽象概念"。但不知道张明楷教授是否意识到：若离开了实行行为的形式特征，而只是从实质上界定实行行为的概念，实行行为岂不成了一个更加没有边际、更加无法定型、更加抽象的概念？实行行为是刑法分则规定的构成要件的行为，被刑法分则规定，作为一种无法否认的客观事实，为何在对其界定时不加考虑呢？实行行为既是一个理论上应当研究的概念，更是一个需要在司法实践中被贯彻的概念。对于一个司法者来讲，摒弃了刑法分则的规定，他将如何确定实行行为的类型？如何确定行为的罪名？[②] 上述论断对实行行为的规范要素的强调是完全正确的，当然也包含着对张明楷教授的误读。其实，无论是张明楷教授还是何荣功博士都主张实行行为是形式与实质的统一，关键问题不在于形式或者实质两者择一，而在于如何安排形式与实质的位阶关系。只要这个问题解决了，坚持形式判断先于实质判断的原则，对于实行行为的理解是可以获得共识的。

稍微复杂一些的是：实行行为中的实质判断与违法性的实质判断如何分工？这个问题涉及构成要件从形式化到实质化的演变，因而不可避免地触及了形式的犯罪论与实质的犯罪论之争。关于形式的犯罪论和实质的犯罪论，日本学者大谷实教授做过以下阐述：承认构成要件的独立机能，以社会的一般观念为基础，将构成要件进行类型性地把握的犯罪论，通常被称为形式的犯罪论。与此相对的就是实质的犯罪论。实质的犯罪论对形式的犯罪论进行批判，认为对作为形式的犯罪论的中心的犯罪的定型或类型的内容不明，因此，在形式的犯罪论中，追求保障人权、保护国民利益的处罚范围难以适当划定，主张在刑罚法规的解释特别是构成要件的解释上，应当从处罚的合理性和必要性的观点，换句话说，应当从当

---

① 参见[日]大谷实：《日本刑法中正犯与共犯的区别——与中国刑法中的"共同犯罪"相比照》，载《法学评论》，2002（6）。

② 参见何荣功：《实行行为研究》，18~19页，武汉，武汉大学出版社，2007。

行为论的正本清源

罚性这一实质的观点出发来进行。按照这种观点，刑法是行为规范，但更应当是以法官为对象的裁判规范，即不外乎是为了导入实质的当罚性判断的规范，因此，罪刑法定原则中的明确性质或刑法的严格解释原则并不重要，应当从处罚的必要性和合理性的立场出发，对刑罚法规或构成要件进行实质性的解释。[①] 在日本刑法学界，大谷实教授自称是形式犯罪论者，而前田雅英教授当然就是实质犯罪论者，因为前田雅英十分明确地提出了"犯罪论的实质化"的命题。[②] 而张明楷教授的观点也在一定程度上受前田雅英教授的影响，例如其在对实行行为的实质考察中援引了前田雅英教授在《刑法总论讲义》（东京大学出版社 2006 年第 4 版）一书中的有关论述。[③] 我认为，形式的犯罪论与实质的犯罪论之提法，并不妥当。因为犯罪论不可能只是形式的或者只是实质的，不存在形式的与实质的犯罪论的对立。例如主张形式的犯罪论的大谷实教授在违法性中讨论排除犯罪性事由。那么，排除犯罪性事由的根据难道不是实质的吗？对此，大谷实教授提出：排除违法性事由以法律规定为根据，在这些规定的背后，当然存在为什么要排除违法性的实质理由和根据。不弄清这些实质根据，就像不能说清正当防卫行为中的"正当"的意义和范围一样，对法规上的排除违法性事由自身也难以解释。因此，即便是法规中有明文规定的排除违法性事由，也有必要弄清其实质根据，这一问题，从别的角度来看，就是违法性的实质是什么的问题。探讨这一问题的理论是违法性论或者违法论。[④] 因此，从违法性论角度来看，大谷实教授也可以称为实质的犯罪论者。因此，我认为，形式的犯罪论与实质的犯罪论不如改称为形式的构成要件论与实质的构成要件论。从大陆法系刑法学中的构成要件史来看，确实存在一个从形式的构成要件论到实质的构成要件论的转变的真实过程。一般来说，古典的犯罪论体系是主张形式的构成要件论的。例如贝林就认为构成要件

[①] 参见［日］大谷实：《刑法讲义总论》（新版第 2 版），黎宏译，87～88 页，北京，中国人民大学出版社，2008。
[②] 参见［日］前田雅英：《现代社会与实质的犯罪论》，10 页，东京，东京大学出版社，1992。
[③] 参见张明楷：《刑法学》，3 版，139 页，北京，法律出版社，2007。
[④] 参见［日］大谷实：《刑法讲义总论》（新版第 2 版），黎宏译，213 页，北京，中国人民大学出版社，2008。

155

是形式的、客观的，是记叙性而不包含规范性的，在价值上是中性无色的。针对构成要件是形式主义的指责，贝林做了以下反击：因为人们认识到，刑法法定构成要件只是一些——当然是非常重要的——方法论的指示概念（ordnungsbegriff），人们就相信，刑法规定内容就会受到概念"形式主义"的威胁。这是杞人忧天（Gespensterfurcht）！因为如果构成要件使明确的地位和层次成为可能，那么它就不会给本质上合理的解释法则造成任何损害。就法律强制我们进入犯罪类型并因而引入构成要件中而言，法律本身就是"形式的"，在此方面，构成要件肯定无可非议。①

形式的构成要件论虽然强调构成要件的形式性，但构成要件本身具有限制国家刑罚权的发动，从而保障被告人的权利与自由的机能，因而在这种形式的构成要件论中同样包含着重大的价值内容，是罪刑法定主义的应有之义。根据形式的构成要件论，构成要件主要进行该当性的形式判断，而实质判断则由违法性这一阶层完成，由此形成构成要件与违法性之间的分工。当然，过于形式化的构成要件使大量行为进入违法性判断，使违法性要件的负担不堪其重。在这种情况下，韦尔策尔提出社会相当性，作为构成要件实质性判断的根据，从而实现了构成要件的实质化。此后，罗克辛又进一步提出客观归责，在对构成要件的行为、结果及其因果关系做形式判断的基础上，再通过以是否创设法律所禁止的风险为核心的客观归责，而形成形式与实质的双重构成要件结构。这些构成要件实质化的努力，是承认构成要件的形式性并以此为前提的，遵循了形式判断先于实质判断的原则，因而是合理的。当然，那种主张通过消极的构成要件的方式，将违法性要件完全并入构成要件，因而实现构成要件的实质化的做法，我认为是不可取的。从我国刑法学的发展阶段来看，以往的四要件的犯罪构成理论，以危害行为为中心，过于强调行为的实质判断，甚至使行为的实质判断不受形式判断的制约。在这种情况下，我们应当首先把行为的形式判断与实质判断相分离，强

---

① 参见［德］恩施特·贝林：《构成要件理论》，王安异译，32页，北京，中国人民公安大学出版社，2006。

行为论的正本清源

调行为的形式判断对于人权保障的重要性,而不应强调行为的实质判断。否则,社会危害性理论会借尸还魂,行为论仍然难以从苏俄刑法学的桎梏中解脱出来。

行为论虽然只是刑法学的一个理论单元,但正如"无行为则无犯罪"这一法律箴言所昭示的那样,行为在犯罪论乃至在整个刑法学中都具有基础的作用。因此,行为论就不能不成为刑法学的关键之章。只有经过行为论的正本清源,我国刑法学才能在行为论的基础上建立起辉煌的理论大厦。

(本文原载《中国法学》,2009(5))

犯罪不作为研究

不作为是相对于作为而言的,指行为人负有实施某种积极行为的特定的法律义务,并且能够实行而不实行的行为。不作为是行为的一种特殊方式,与作为具有一种相反关系。由于不作为的复杂性,其一直是行为理论上争论的焦点问题。

一、不作为的行为性

不作为是否为一种行为,这本身就是一个有待论证的问题。各种行为理论都力图证明不作为的行为性,但成效并不显著。[①] 在某种意义上可以说,不作为的行为性是检测各种行为理论的试金石。

不作为的行为性在证明上的困难来自它是身体的静止,即不像作为那样存在身体外部动作。因而在单纯物理意义上是一种"无"的状态。因果行为论因为

---

① 我国学者指出:在刑法理论上,作为犯罪的行为性是毫无疑问的,但是不作为犯罪的行为性则成问题。虽然大陆法系的学者们都试图从各种行为理论出发来证明不作为的行为性,但是其最终结果均以或多或少的不尽如人意而告终。参见黎宏:《不作为犯研究》,53页,武汉,武汉大学出版社,1997。

强调行为的有体性，所以难以对不作为的行为性做出有效说明，个别学者甚至得出不作为难以称为行为的结论。① 为使不作为归于行为，在因果行为论中，或者是像贝林格那样，放弃行为概念中的意思限定要素，将行为概念变通为没有内容的抽象物——人的态度；或者是像李斯特那样，放弃行为概念中的有体性要素，强调行为中的意思作用同结果之间的因果关系。但在这种情况下，已经难以坚守其因果行为论的基本立场。目的行为论立足于人的主观目的，消极行为的机械性，对于理解行为的本质具有一定的意义。但目的行为论主要适用于对故意行为的解释，于不作为的行为性则难以做出科学论证。② 为此，目的行为论提出"人的形态"（Menschliches Verhalten）的概念，在此基础上引申出"目的行动力"（finale Tatmacht）以联结作为与不作为，使之共同归属于行为。③ 这种以目的为出发点的行为理论，在目的行动力的范围内，对于故意的作为与不作为尚能做出解释，对于过失行为，尤其是过失的不作为仍然难以做出圆满的解释。社会行为论引入规范评价的立场，跳出了存在论的限制，为不作为的行为性的解释带来了希望。在物理意义上说，不作为是"无"，但在社会意义上，只要具有社会重要

---

① 德国学者拉德布鲁赫指出：不作为因欠缺作为行为标志之"意思"、"身体"的举动以及两者间之"因果关系"，自与作为有异，两者（作为与不作为）在于"动"与"静"之关系，恰如 A 与非 A 之关系，或肯定与否定之间关系，不能具有共同之上位概念，故应将之并列。参见洪福增：《刑法理论之基础》，61 页，台北，三民书局，1977。

② 意大利学者指出：目的行为论确能较合理地说明各种故意实施的作为（因为只有它们才是真正的一定意向指导下的行为），但却无法令人信服地解释各种过失的作为（人们被迫用"潜在的目的"或不同于犯罪结果的目的来勉强解释这种行为与犯罪结果间的联系）以及不作为（为了解释这种行为，有人提出了"可能的目的行为"理论）。参见 [意] 杜里奥·帕多瓦尼：《意大利刑法学原理》，陈忠林译，105 页，北京，法律出版社，1998。

③ 目的行为论中的"人的形态"这一概念是在有能力依据目的统治意思的范围内所表现出来的人的身体的积极态度或消极态度。所谓作为与不作为即"可以根据目的支配意思的能力"，换言之，"目的行动力"作为两者间联结的纽带而归于行为。不作为自身并不存在，存在的只是一定行为的不作为；不作为并非单纯地什么都不为，而是相对于在目的行动力的范围内所属的行为者的不作为；目的行动力就是不作为的构成纽带，因此，具有目的的行为能力者，对于在目的行动力的范围内可能实施或不实施的行为，无论采取哪一种态度，都是目的行为。参见黎宏：《不作为犯研究》，57 页以下，武汉，武汉大学出版社，1997。

性，仍然可以评价为"有"。① 当然，过于信赖社会的规范评价，完全脱离行为的物理基础，也会使行为概念泛化，消解行为的界定机能。至于人格行为论，也对不作为的行为性具有较强解释力，但同样存在上述缺陷。② 行为理论在解释不作为的行为性上存在的这种不圆满性为控制原则提供了存在的合理性。由于控制原则是以事态是否为行为人可控制作为衡量标准的，因而作为与不作为的区分就没有任何必要，难怪控制原则的倡导者本身也认为这是一种激进的观点。③ 尽管控制原则从根本上使不作为的行为性不成其为一个问题，我还是不赞同控制原则，坚持在行为理论的框架内解决不作为的行为性。

对于不作为的行为性的解释，不能拘泥于某一方面，而应当采取一种综合的解释。其中，社会的规范评价与行为人的态度这两个方面是至关重要的。在一定的社会中，人与人结成一定的社会关系，这种社会关系通过法律加以确立，从而形成以权利义务关系为核心的法律关系。权利和义务是同一法律关系的两个不同侧面，两者互相依赖而又互相转化。承担一定的法律义务实际上就是他人的权利得以实现的前提，而行使本人的权利也必须以他人履行一定的义务为基础。因

---

① 在社会行为论中，最为极端的是麦合化的观点，他对行为到底是自然的概念还是精神的概念提出质疑，认为有体性、意思性或任意性等自然的要素为行为概念之中，对于一般行为概念来说是一种障碍，有必要从行为概念之中排除这些要素而代之以精神的概念。因此，他认为社会的行为概念是对客观的、预见可能的社会结果的支配可能性。这样，麦合化便一扫行为概念中自然主义考察方法的残渣，表明了社会行为论的最极端的立场。依照社会行为论的观点，凡人类的举止，包括作为与不作为，不问故意或过失，只要足以惹起有害于社会的结果而具有社会危害性，便可视为刑法中的行为。同时对于各家行为学均感束手的忘却犯，按照麦合化的观点，只强调行为的社会意义，舍弃行为的主观意思，也仍可以认同为行为。参见黎宏：《不作为犯研究》，59 页以下，武汉，武汉大学出版社，1997。

② 意大利学者指出，社会行为论认为，应该根据主体的举动在社会关系中的意义来确定行为的范围，失之太泛，是这一理论的根本缺陷，因为它用来确定行为范围的标准（社会意义）本身就是一个不确定的概念。用行为人人格来解释行为的理论，同样具有这一缺点。参见 [意] 杜里奥·帕多瓦尼：《意大利刑法学原理》，陈忠林译，105～106 页，北京，法律出版社，1998。

③ 美国学者指出，控制原则在不作为方面所包含的观点是激进的。似乎很明确的是，在许多案例中（尽管不是大多数），人们对不作为产生的后果和对积极作为产生的后果有同样的控制。只要是控制而不是犯罪行为被作为相关变量，作为和不作为本身的区别就失去其被认为所曾具有的一切重要意义。参见 [美] 道格拉斯·N. 胡萨克：《刑法哲学》，谢望原等译，104～105 页，北京，中国人民公安大学出版社，1994。

犯罪不作为研究

此，作为是一种公然侵害他人权利的行为，不履行自己应当并且能够履行的义务的不作为同样是一种侵害他人权利的行为。在这个意义上说，不作为与作为具有等价性，即在否定的价值上是相同的，这是由社会的规范评价所得出的必然结论。不仅如此，不作为虽然在物理意义上是"无"，但这种"无"的状态本身是受行为人的主观意志支配的，因而从人的态度来判断，是一种"有"。在故意的不作为的情况下，不作为正是行为人之所欲为，在过失的不作为（忘却犯）的情况下，表面上看行为人不作为没有意识到，但存在意识的义务，因而仍然可以归结为是行为人的态度。① 根据上述论述，我认为不作为的行为性是可以成立的。

二、不作为的作为义务

不作为的作为义务是论证不作为的原因力及犯罪性的关键之所在。

在不作为的构成中，首先涉及作为义务与违法性的关系问题，广而言之，是作为义务在不作为构成中的体系性地位问题。② 应当指出，大陆法系刑法理论关于作为义务在不作为构成中的体系性地位问题，是在其递进式犯罪构成结构的框架中探讨的。作为义务当然不属于有责性的要件，这是没有疑义的。那么，作为

---

① 日本学者指出，在所谓忘却犯的场合，例如，在扳道员因为熟睡而忘记降下遮断机的时点上，其不作为本身的确没有被意识到，但是，在他熟睡之前，应该有加以注意而不熟睡的意识，在此也能看出有意性。参见〔日〕大塚仁：《犯罪论的基本问题》，冯军译，35页，北京，中国政法大学出版社，1993。

② 关于作为义务在不作为构成中的体系性地位，存在以下三种观点：一是因果关系说。这种观点认为在因果关系的领域中，存在着作为义务，仅对违反作为义务的不作为才认为是它的原因。二是违法性说。贝林格和麦耶把作为义务理解为不作为的违法性问题，成为权威的学说；在日本，牧野博士提倡这种说法，至今还保持着通说的地位。这种学说认为，作为与不作为在构成要件该当性上是完全相同的；但不作为的情况异于作为的情况，就在于它的构成要件该当性不以违法性为标志，该当构成要件的不作为，原则上并不违法，只限于不作为义务时才构成违法。三是保证人说。为了克服违法性说的缺陷，纳格勒把作为义务视为不作为的构成要件该当性问题，提出所谓保证人说。根据这种说法，由于依据作为义务，个人就成为有法律保证的使法益不受侵害的保证人。因此只有这样保证人的不作为，才能与作为的实现构成要件具有同等价值，从而被认为该当构成要件。因此，保证人的地位（即作为义务）不是违法性问题，而是构成要件该当性问题，是实行行为的问题。韦尔策尔更进一步把保证人的地位视为限定不作为人的范围的构成要件要素，认为不纯正不作为犯是需要具有保证人身份的纯正身份犯。参见〔日〕福田平、大塚仁：《日本刑法总论讲义》，李乔等译，5、61页，沈阳，辽宁人民出版社，1986。

161

义务是构成要件该当性的要素还是违法性要素？争论主要集中在此。由于作为义务在一般情况下是由法律规定的，违反作为义务才能构成不作为，所以，将作为义务归于违法性，其理论逻辑大抵如此。但把作为义务视为一个违法性问题，存在以下这样一个难以化解的逻辑矛盾：大陆法系的犯罪构成体系，是按照构成要件该当性、违法性、有责性这样一个顺序递进的。如果把作为义务视为违法性的问题，则不具有作为义务的人也具有该当构成要件的不作为，只是因为不具有作为义务而阻却违法。显然，这是难以成立的。因为不作为不同于作为，它没有行之外的身体动作，因而其不作为也就丧失了筛选机能，任何一个人都可能具备不作为。由此看来，作为义务只能在构成要件该当性中考虑。在构成要件该当性中，作为义务是作为行为要素还是作为主体要素？因果关系说认为是行为要素。即作为义务是不作为之因，没有作为义务就无不作为之果。① 而保证人说主张从不作为人与被害人之间的关系中探讨作为义务的实质内容。② 根据保证人说，作为义务决定了保证人地位，因而不作为犯是一个主体身份问题。应该说，在大多数情况下，纯正不作为犯，作为义务来自法律规定或者职责要求，因而属于主体身份问题。但在不纯正不作为犯的情况下，作为义务可能来自先行行为，因而不能认为是主体身份问题。由此可见，在大陆法系的构成体系中，在实行行为的范围内确立作为义务的地位较为适宜。在我国刑法理论中，作为义务显然是一个客观要件的问题。③ 对此，在理论上并无争论。我认为，将作为义务确定为不作

---

① 李斯特指出，从因果关系理论的角度出发，具有防止结果发生义务和作为义务的人，尽管有可能防止结果，却不履行作为义务，使其任凭自然演变而发生结果时，如果没有这种不作为，结果也就不会发生。在这一意义上，就和作为犯中的作为可以做同样的评价。因此，这种观点又称为不作为、作为同价值说。参见［日］木村龟二主编：《刑法学词典》，顾肖荣等译，141 页，上海，上海翻译出版公司，1991。在此，李斯特论述的似乎是不作为的原因力。不作为的原因力问题虽然与作为义务相关，但与作为义务在犯罪构成中的体系性地位似乎是两个层面的问题。

② 鲁道尔夫认为，所谓保证人就是在社会生活中行使应当回避紧迫的法益侵害的危险保护机能的人，被称为"统括者"（Zentralgestalt）。参见黎宏：《不作为犯研究》，160 页，武汉，武汉大学出版社，1997。

③ 我国学者指出：行为人负有实施某种行为的特定法律义务，这是构成不作为的前提条件；没有特定的法律义务，也就没有不作为的形式。参见高铭暄主编：《新编中国刑法学》上册，115 页，北京，中国人民大学出版社，1998。由此可见，作为义务是不作为行为不可分割的组成部分。

犯罪不作为研究

的行为要素是合理的,这也是不作为区别于作为的重要特征之一。

从作为义务出发,我们可以对不作为的原因做出解释。如同不作为的行为性一样,不作为的原因力,也是不作为理论中一个令人困惑的问题。① 在不作为是否有原因力的问题上,我们的回答是肯定的。从物理意义上看,不作为是无,无中不能生有,因而必然产生否定不作为的原因力的结论,因果行为论就是如此,不作为无原因力,又如何能对其结果进行客观归咎呢?为解决这个难题,拟制说应运而生。法律是可以拟制的,但法律的拟制不能脱离一定的客观根据。从客观的无,引申出法律拟制之有,其逻辑演绎难以令人信服。因为在存在一定的结果的情况下,对于这种引发结果的动因需要客观基础,而不是法律拟制所能解决的。不作为的特点在于对于结果的不防止,从防果的可能性上确实可以对不作为的原因力做出某种说明。但这种结果的可能性并不能作为对不作为原因力的唯一解说。事实上,结果可能性也是以结果义务为前提的。如果脱离作为义务,空泛地谈论防果可能性,就会扩大不作为范围。例如,面对一个危害结果发生的可能性,两个人都没有防止其发生,其中一个有作为义务,另一个则没有这种作为义务,但两人都有防果可能性。那么,能否认为没有作为义务的人对结果发生同样具有原因力呢?显然不能。因而对重大行为的原因力,终究还是要追溯到不作为的作为义务。从作为义务出发,我们可以发现,一定的社会关系是由个人的义务

---

① 关于不作为的原因力,在大陆法系刑法理论上存在肯定说与否定说之争。肯定说有以下看法:(1)他行为说,认为在不作为者为不作为的同时,他的其他行为对于结果具有原因力。(2)先行行为说,认为不作为犯罪的原因力在于行为人不作为之前的作为。换言之,是先行行为与不作为相结合,共同成为结果发生的原因。(3)干涉说,认为因不作为而造成客观事物的变化是行为人基于其内心决意通过积极地破坏起果条件与防果条件均衡,从而导致危害结果的发生,所以这种不作为具有原因力。(4)作为义务违反说,认为不作为犯罪结果的出现,是由于行为人违反了法律规定的作为义务。如果行为人不违反法律所期待的义务,犯罪就不会发生。因此,行为人的违反义务行为是引起犯罪结果的原因。(5)防止可能性说,认为在作为犯罪中,当行为人可能防止危害结果的出现而不防止时,他的不作为对于社会显然就是有危险性的,所以行为人的不作为同危害社会结果之间存在刑法上的因果关系。否定说认为:从物理上看,不作为是无,无中不能生有;从人体运动上看,不作为是身体的静止,对外界事物不起任何变更或影响。因此,不作为没有引起结果发生的原因力。此外,还有拟制说,或称不作为准因果关系说,认为从物理意义上说,不作为没有原因力,之所以承认不作为的因果关系,是法律拟制的结果。关于上述学说的介绍及其分析评论,参见黎宏:《不作为犯研究》,73页以下,武汉,武汉大学出版社,1997。

维系的。因为社会是由无数个人组成的群体,这一群体并非个人的简单组合,而是按照一定的规律不可避免地相互交错而形成一定的社会关系。法律就是在调整这种社会关系中发挥作用的,刑法的任务更是为了保护这种社会关系。法律是规定当事人的权利和义务以调整社会关系的,使社会关系有序化,并且有条不紊地协调发展。当社会关系中某一具体的人应当履行某种法律义务而不履行时,社会关系就不能按照法律所指引的方向发展,而是向着危害结果发生的方向发展。因而,不作为就具有了原因力。① 由此可见,只有从作为义务出发,才能对不作为的原因力做出科学解释。

作为义务,是不作为构成的核心要素。那么,这种作为义务的性质如何确定呢? 义务表示人在一定的社会关系中所处的地位及其应负的责任。但从性质上来说,义务是一个内涵极其丰富的观念,既包括道德义务又包括法律义务。② 因此,在立法上设置不纯正不作为犯的时候,选择何种道德义务作为不作为之作为的法律义务,是一个值得研究的问题。③ 与此同时,在司法上认定不纯正不作为的时候,能否将某些道德义务解释为法律上的不作为的作为义务,更是一个值得重视的问题。这个问题的关键在于:对于不作为的作为义务是进行一种形式性的

---

① 我国学者曾经用"转辙"来形容不作为的原因力,可谓贴切。我国学者指出:事物的发展大都是采取曲线的形式,到了一定的时候,它就要发生转折,而开始沿着新的轨道前进,但是事物发展的这种转折有时并不可能自然而然地实现,而必须依靠外力的作用,亦即依靠人们的一定的作为才能完成。这种情况正如铁路上的岔道一样,火车要转辙,离不开扳道工的作用。参见陈忠槐:《论不作为犯罪的因果关系》,载《法学研究》,1998 (1)。

② 康德对法律义务与道德义务的相关性做了论述,指出:义务,特别是根据法律立法确定的义务,只能是外在的义务,伦理的立法则相反,它使得内在的行为也成为义务,但是它并不排除外在的东西,因为它拥有一切属于义务性质的东西。根据以上论述,显然,所有义务仅仅因为它们是义务,都属于伦理的范围;可是,基于义务所产生的立法,却不能根据这种解释,认为在一切情况下,它都包括在伦理之中,相反,有许多这样的法规存在于伦理之外。因而,法理学,作为权利的科学,以及伦理学,作为道德的科学,其间的区别并不太着重于它们的不同义务,而更多的是它们的立法不同。参见[德]康德:《法的形而上学原理——权利的科学》,沈叔平译,20页以下,北京,商务印书馆,1991。

③ 日本学者指出:作为义务应属于防止产生构成要件结果的法定义务,不能单纯把它认为是道德义务。例如,见到与自己无关的人落水而不拯救,或过路人明知他人被非法监禁而不全力救助时,这些都不能构成不纯正不作为犯。参见[日]福田平、大塚仁:《日本刑法总论讲义》,李乔等译,61页,沈阳,辽宁人民出版社,1986。

犯罪不作为研究

解释还是进行一种实质性的解释?① 我认为,不作为的作为义务是不作为之违法性的前提,这种作为义务应当是具有法律上的实体根据的,因而从罪刑法定原则出发,应当坚持对不作为的作为义务进行形式性的解释。如果超出法律规定,引入公序良俗等实质性的解释,从公序良俗中推导出不作为之作为义务,就会明显地将作为义务从法律义务扩展到道德义务,从而导致不作为犯罪的扩大化。

不作为犯之作为义务,不但是一种法律义务,而且是一种特定的法律义务。② 作为义务的这种特定性,表明它是基于某种特定的条件而产生,并且随着这种条件的改变而改变的。在这个意义上说,不作为的作为义务是一种特殊义务。特殊义务是相对于一般义务而言的,一般义务又称绝对义务、无条件义务。只要具有责任能力,一切人都应该遵守的义务就是一般义务。而特殊义务是特定的人应该履行的,并且附有某种条件的义务。因此,在认定不作为的作为义务的时候,应当和一定的条件联系起来加以考察。如果具有这些条件,则负有特殊义务。如果不具有这些条件,则不负有特殊义务。如果先前具有这些条件,现在这些条件已经消失,则先前负有特殊义务,现在不负有特殊义务。不作为的作为义务的实体性存在是可以分为各种类型的,因此,这里存在一个不作为的作为义务的分类问题,也可以称为来源问题。由于对不作为的作为义务的性质在理解上的

---

① 关于这个问题,在刑法理论上存在形式的作为义务论与实质的作为义务论之争。形式的作为义务论认为,关于作为义务的根据,一般都是列举法令、法律行为及先行行为等。换言之,作为义务的有无,是以法律、契约这些刑法以外的事由作为根据加以判断的,只能从法律形式加以确定。实质的作为义务论认为,应当从不作为者所起的社会作用及所处的社会环境来研究作为义务的实质内容。对传统的义务违反说中规范的形式的方法进行反省而向存在论的实质性的研究方法过渡。例如日本刑法学家牧野英一指出,同作为的违法性一样,不作为的违法性问题也得从违反公序良俗中去寻找,即使依据法令的各条款的解释,仍不能判定作为义务的时候,也应根据法律全体的精神乃至事物的性质来把握。参见黎宏:《不作为犯研究》,122页以下,武汉,武汉大学出版社,1997。

② 关于不作为义务的提法,我国刑法学界有称应当履行的义务,有称特定的义务,有称社会所要求的义务。我国学者认为,这些提法中不作为义务的范围太大,不够确定。参见熊选国:《刑法中行为论》,134~135页,北京,人民法院出版社,1992。我认为,将不作为义务称为特定的法律义务是确切的,可以克服上述提法中关于不作为义务过于宽泛的缺陷。

165

差别，刑法理论上对作为义务来源的确认也就有所不同。① 我认为，对于不作为的作为义务来源，应当根据一定的社会现实加以确认。一般说来，在一个社会联系较为紧密、社会关系较为复杂的社会，作为义务将更为广泛一些。反之亦然。就我国目前来说，可将不作为的作为义务分为以下四种情形：

（一）法律明文规定的作为义务

法律明文规定的作为义务，是不作为之作为义务的主要来源之一，这也是罪刑法定原则的必然要求。在纯正不作为中，其作为义务都是由法律明文规定的。这里的法律规定，是指由其他法律规定而经刑法予以认可。如果只有其他法律规定，未经刑法认可，则不能成为不作为之作为义务。

（二）职务或者业务要求的作为义务

职务或业务要求的作为义务，是指一定的主体由于担任某项职务或者从事某种业务而依法要求履行的一定作为义务。在不纯正不作为中，其作为义务通常是职务或者业务要求的义务。职务或业务要求的作为义务，一般都规定在有关的规章制度中，这些规章制度具有同样的法律上的效力，因此可以成为不作为的义务来源。

（三）法律行为产生的作为义务

法律行为是指在法律上能够设立一定权利和义务的行为。在社会生活中，人

---

① 关于不作为的作为义务的来源，日本学者一般分为以下几种：（1）法令情形。（2）基于法律行为（契约、事务管理）的情形。（3）从公共秩序、良好习俗出发的作为义务，其中又包括：1）习惯上的情形；2）管理者的防止义务；3）紧急援助义务；4）基于自己先行行为的防止义务。参见［日］木村龟二主编：《刑法学词典》，顾肖荣等译，143～144页，上海，上海翻译出版公司，1991。我国台湾地区学者一般分为以下几种：（1）以法律或法令明文规定者。（2）基于契约或其他的法律行为者。（3）法令及契约虽无该作为义务之根据，但依习惯、条理以及公序良俗之观念，或依交易上之诚实信用之原则而应发生一定作为义务者，其中包括：1）诚实信用上之告知义务；2）习惯上之保护义务；3）基于先行行为之防止义务；4）管理或者监护者之防止义务；5）紧急协助义务。参见洪福增：《刑法理论之基础》，168页以下，台北，三民书局，1977。我国大陆刑法学界通常认为作为义务包括以下几种：（1）法律上的明文规定。（2）职务上或业务上的要求。（3）行为人先行的行为。参见高铭暄主编：《中国刑法学》，99页，北京，中国人民大学出版社，1989。由上可见，我国大陆刑法学者所主张的作为义务的范围从总体上来说要小一些，主要是未将基于公共秩序、公序良俗而产生的作为义务纳入作为义务的范围，但职务或业务上的作为义务则要广泛一些，这是由我国社会的特点所决定的。

犯罪不作为研究

的法律行为是多种多样的。从广义上来说，不仅行为人按照有关法律规定实施的行为，而且凡是自愿承担了某种实施一定行为或者防止损害结果发生的义务，都会产生一定的法律义务，因而也属于法律行为。

（四）先行行为引起的作为义务

由于行为人先行实施的行为（简称"先行行为"）使某种合法权益处于遭受严重损害的危险状态，该行为人产生积极行动阻止损害结果发生的义务，这就是由先行行为引起的作为义务。① 由于先行行为引起的作为义务具有不同于其他情形的特殊性，在认定由此而构成的不作为时，应当充分关注先行行为与由此引起的危害结果之间的关联性。至于先行行为的性质②，在所不问。

三、不作为的类型

关于不作为的类型，刑法理论的通说是分为纯正不作为（亦称"真正不作为"）与不纯正不作为（亦称"不真正不作为"）。从称谓上来说，不作为分为纯正与不纯正较贴切，真正与不真正之称，尤其是不真正不作为，给人以不是不作为的感觉，因而不确切。我国刑法学界除有上述纯正不作为与不纯正不作为之称

---

① 先行行为之作为不作为犯罪的作为义务，是由德国刑法学家斯鸠贝尔首倡的，他从生活的实际感觉以及明白的法感性归纳得出这一结论。及至1884年10月21日，德国判例首次确认了先行行为与法律和契约同样是作为义务的发生事由。参见〔日〕堀内捷三：《不作为犯论》，12页，日本，青林书院新社，1973。在刑法理论上，先行行为能否作为不纯正不作为的作为义务的发生根据，存在肯定与否定两说。肯定说把先行行为作为条理、习惯所生义务的一种来看待，否定说则否认条理作为义务的发生根据，自然也就否定了先行行为的作为义务根据性。我国学者黎宏认为，不能否定先行行为的作为义务根据性。但在他看来，先行行为之所以被作为作为义务的产生根据，并非仅仅因为是人们的日常生活中的一般经验的结论，更主要是由于它是法律行为。参见黎宏：《不作为犯研究》，155页，武汉，武汉大学出版社，1997。我以为，以条理作为义务的根据，有所不确，但将先行行为归入法律行为范畴也有所不妥。先行行为，从法律没有规定其引起的作为义务来看，似乎对其承认是基于社会感。从先行行为能够引起某种法律后果看，似乎对其承认是基于法律性。在我看来，先行行为之作为义务的根据，在于该行为与其后所产生的危害结果的关联性。唯有从这种关联性出发，才能正确地解释先行行为确定为不作为义务根据的原因。因此，我认为应当把先行行为视为不作为之作为义务的独立来源。

② 关于先行行为是否限于违法行为，是否限于有责行为，是否限于作为，在刑法理论上都存在争论。详见陈兴良：《刑法哲学》，修订版，236页，北京，中国政法大学出版社，1997。

谓外，还存在一种同时含有作为与不作为两种形式的犯罪的观点。① 我认为，这种观点混淆了作为与不作为的关系。作为与不作为的区别并非简单地在于身体动静，而主要在于违反的义务法规的性质。② 作为是违反禁止性义务法规，而不作为是违反命令性义务法规。因此，凡是违反命令性义务法规，应为而不为的，就是不作为。不作为的内容是命令性义务法规规定的作为。如果应为而不为，尽管实施了其他身体动作，仍然是不作为。因此，对于作为与不作为的区分，应当从本质上去把握。否则，就可能导致对纯正不作为的否定。例如，我认为纯正不作为犯的遗弃罪，也并非没有任何身体动作。遗弃婴儿，往往将婴儿置放在街边路旁。在这个意义上，我们主张作为与不作为是一种反对关系③，不存在中间形态。

（一）纯正不作为犯

纯正不作为犯是指刑法规定只能以不作为构成的犯罪。纯正不作为犯在刑法中都有明文规定，据此可以对纯正不作为犯予以正确的认定。

（二）不纯正不作为犯

不纯正不作为犯是指以不作为形式而犯通常以作为形式实施的犯罪。不纯正不作为犯由于在刑法上没有明文规定，而是通过刑法理论加以确定的，因而其构成特征如何理解，应从法理上予以阐明。

日本学者日高义博在论述不纯正不作为犯时，提出了等置问题，即不纯正不作为犯和作为犯究竟是否可以等置于同一犯罪构成要件的问题。④ 我认为，等置

---

① 我国学者认为，个别犯罪既包含不作为，也包含作为的成分。例如偷税、抗税罪，就伪造账目、弄虚作假，甚至殴打税务人员而言，是作为；但从应纳税而不纳税而言，则是不作为。参见高铭暄主编：《中国刑法学》，99 页，北京，中国人民大学出版社，1989。

② 这里的法规不是指刑法，而是指规定义务的法规。不纯正不作为，从违反刑法法规看，违反的是禁止性法规，但从违反的义务性法规看，违反的是命令性法规。

③ 我国台湾地区学者指出：作为与不作为两者之关系，有如 A 与非 A（A and non A），而相互对应排斥。一个行为经由刑法评价，如被认定为作为，则不可能同时又是不作为；反之，亦同。参见林山田：《刑法通论》，2 版，77 页，台北，三民书局，1986。

④ 参见［日］日高义博：《不作为犯的理论》，王树平译，94 页，北京，中国人民公安大学出版社，1992。

犯罪不作为研究

问题之提出意义十分重大。对于纯正不作为犯来说，由于刑法对此已经做出明文规定，因而无论是社会性还是等价性，都已经在法律上得到了解决。从这个意义上说，纯正不作为犯与作为犯存在相同犯罪构成的结构，其犯罪性是不言而喻的。但在不纯正不作为犯的情况下，由于它与作为犯共用一个犯罪构成，其犯罪构成的结构上却又存在着显著的差异。① 这种差异而形成的空隙如何加以填补呢？这就要考虑不纯正不作为犯与作为犯的等价值性问题。关于这种等价值性的判断，在刑法理论上存在各种学说上的聚讼。② 这里的关键是等价值性的判断与作为义务的关系。我认为，作为义务对于不作为犯（无论是纯正的不作为犯还是不纯正的不作为犯）构成来说，是一个必备的要件。但作为义务和不纯正不作为犯与作为犯是否等价值性是两个不同的问题。从作为义务及其程度难以对等价值性做出科学的判断。在这个意义上说，应当从作为义务以外寻找不纯正不作为犯与作为犯的价值性的判断标准。这种判断标准，根据日本学者日高义博的观点，是构成要件的等价值性。③ 构成要件的等价值性的判断，主要应当根据以下三个标准：（1）犯罪构成要件的特别行为要素；（2）该行为事实；（3）不作为人的原

---

① 日高义博将这种差异表述为结构上的间隙，他指出：在把不纯正的不作为犯和作为犯等置的情形中，两者存在结构上的空隙成为等置的障碍。因此，如果要使不纯正不作为犯与作为犯能够等置，就要找到能够填补不纯正不作为犯与作为犯结构上的空隙的媒介。如果找不到克服不纯正不作为犯与作为犯存在结构上的空隙的媒介，不纯正不作为犯和作为犯就不能等置，这样就会由不能等置而必然得出处罚不纯正不作为犯违反罪刑法定主义的结论。参见［日］日高义博：《不作为犯的理论》，王树平译，94～95 页，北京，中国人民公安大学出版社，1992。

② 关于不纯正不作为犯与作为犯等价值性的判断问题，在刑法理论上存在以下观点：（1）在作为义务中考虑等价值性。这种观点认为作为义务有程度之差，即决定不纯正不作为犯成立的违反作为义务仅是单纯的违反作为义务还不够，违反作为义务还要达到一定的程度。而是否违反该程度的作为义务，要根据等价值性判断。（2）把等价值性看成独立于作为义务的要件。这种观点认为，要成立不纯正不作为犯，只违反作为义务不实施一定的行为还不够，由不作为构成的犯罪还必须和作为的犯罪价值相等。参见［日］日高义博：《不作为犯的理论》，王树平译，101～102 页，北京，中国人民公安大学出版社，1992。

③ 日本学者日高义博指出：不纯正不作为犯和作为犯既然在同一犯罪构成要件的基础上被评价，那么两者在价值方面必须是相等的，这种等价值性的要求是从不纯正不作为犯的规范结构中产生的。所以，不纯正不作为犯和作为犯在可罚性或当罚性上必须是等价值的这一结论是从不纯正不作为犯的规范结构中必然得出的。参见［日］日高义博：《不作为犯的理论》，王树平译，105 页，北京，中国人民公安大学出版社，1992。

因设定。① 在上述三个判断标准中，关键在于不作为人的原因设定，即在不作为人实施不作为以前，是否已经设定了向侵害法益方向发展的因果关系。如果在不作为以前，行为人已经设定向侵害法益方向发展的因果关系，就被认为具有等置性，否则不然。② 我认为，等置问题不仅解决了不纯正不作为犯与作为犯的等价值性问题③，而且也为不纯正不作为犯与作为犯的区分提供了科学根据。④

(本文原载《法制与社会发展》，1999（5）)

---

① 日本学者日高义博指出：在上述标准中，前两个标准是考虑刑法条文的犯罪构成要件的特殊性，后一个标准起着填补不纯正不作为犯存在结构上空隙的媒介作用。就是说，在解决等置问题时，前两个判断标准起这样的作用：抽出作为犯构成要件中不可能由不作为来实现的犯罪，这可以说是判断构成要件等价值性的第一步，限定等价值性判断的对象。后一个判断标准起这样的作用：决定由不作为实施的犯罪与由作为实施的犯罪在同一犯罪构成要件下是否足以被等置的价值。参见［日］日高义博：《不作为犯的理论》，王树平译，112页，北京，中国人民公安大学出版社，1992。

② 日本学者日高义博指出：在不作为人故意或者过失设定向侵害法益方向发展的因果关系情况下，由该不作为人实施的犯罪和作为人实施的犯罪在构成要件方面就是等价值的。母亲故意不喂奶而使婴儿饿死，就是不作为人故意设定向着侵害法益方向发展的因果关系的情形。汽车拖人逃逸而致人死亡，就是由于不作为人的过失设定原因的情形。在不作为人没有设定原因的情形里，因为该不作为缺乏构成要件等价值性，不成立不纯正不作为犯。就是说，以下三种原因产生的形态不成立不纯正不作为犯：（1）由于自然现象；（2）由于被害人故意或者过失；（3）由于第三人的故意或者过失。参见［日］日高义博：《不作为犯的理论》，王树平译，113～114页，北京，中国人民公安大学出版社，1992。

③ 例如宋福祥间接故意不作为杀人案：宋福祥与其妻李霞发生争吵，明知李霞要自杀而不加制止，结果李霞自杀死亡。关于本案的详细案情及讨论，参见陈兴良主编：《刑事法评论》，第3卷，195页以下，北京，中国政法大学出版社，1999。在本案中，宋福祥的行为与故意杀人行为是否具有等价值性？我国学者张明楷从义务程度上做出以下分析：宋福祥听到了妻子上吊自杀时的凳子响声，这表明其妻子的生命面临非常紧迫的危险；由于妻子是在自己家里上吊的，而家里又没有其他人，这说明妻子的生命完全依赖于宋福祥的救助行为；宋福祥确实可以轻易地救助妻子。这些都足以说明宋福祥的作为义务程度了，或者说宋福祥负有不作为的故意杀人罪的成立要件的作为义务。（参见上书，270页。）我认为，对于宋福祥案不能以作为义务程度的高低作为判断宋福祥是否构成不作为之故意杀人罪的根据。关键是要看其妻自杀死亡的原因是否为宋福祥故意或者过失设定。夫妻吵架，不足以成为自杀死亡的原因，自杀死亡是李霞本人行为的结果，因此宋福祥的不救助与故意杀人罪之间不具有等价值性。由此必然得出以下结论：本案定罪在很大程度上是道德战胜法律的结果。（参见上书，220页。）

④ 例如，遗弃之不作为杀人与单纯之遗弃罪的区分：在这两种情况下都存在抚养之义务之不履行的问题。究竟是定不作为杀人罪还是定遗弃罪，关键看不作为人是否存在侵害法益的原因设定。如果没有这种原因设定，则为单纯之遗弃罪；如果存在这种原因设定，则应以不作为杀人罪论处。

论不作为犯罪之作为义务

宋福祥间接故意不作为杀人案能否成立，关键的问题之一是宋福祥对于其妻李霞自杀是否存在防止的义务。本文拟从刑法理论上对不作为犯罪的作为义务进行探讨，在此基础上对宋福祥间接故意不作为杀人案从作为义务的角度加以评判。

一、不作为犯罪之作为义务的地位

日本学者日高义博在论述不真正不作为犯（即不纯正不作为犯）时，提出了等置问题，即"不真正不作为犯和作为犯究竟是否可以等置于同一犯罪构成要件"的问题。[①] 我认为，等置的问题之提出意义十分重大，对于不纯正不作为犯尤其如此。对于纯正不作为犯来说，由于法律对其已经做出明文规定，因而无论是法定性还是等价性，都已经在法律上得到了解决。从这个意义上说，纯正不作为犯与作为犯存在相同的犯罪构成的结构，其犯罪性是不言而喻的。但在不纯正

---

① 参见［日］日高义博：《不作为犯的理论》，王树平译，94 页，北京，中国人民公安大学出版社，1992。

不作为犯的情况下，尽管它与作为犯共用一个犯罪构成要件，但在犯罪构成的结构上两者存在着显著的差异。日高义博将这种差异表述为结构上的间隙，指出：在把不真正不作为犯和作为犯等置的情形中，两者存在结构上的空隙成为等置的障碍。因此，如果要使不真正不作为犯与作为犯能够等置，就要找到能够填补不真正不作为犯与作为犯存在结构上的空隙的媒介，即使两者在价值方面相等的媒介。所以，等置问题的核心就在于能否找到使两者在价值方面相等的媒介来填补不真正不作为犯与作为犯存在结构上的空隙。如果找不到克服不真正不作为犯与作为犯存在结构上的空隙的媒介，不真正不作为犯和作为犯就不能等置，这样就会由不能等置而必然得出处罚不真正不作为犯违反罪刑法定主义的结论。[①] 由此可见，等置问题在不纯正不作为犯的构成中具有重要地位。

在刑法理论上，作为与不作为是两种基本的行为方式。一般认为，作为是违反刑法禁止规范的行为，而不作为是违反刑法命令规范的行为。如果把这里的不作为限定为纯正不作为，这一说法显然是能够成立的。但不纯正不作为是以不作为的方式而犯作为也能实施的犯罪。例如，以不作为方式犯故意杀人罪。在这种情况下，不纯正不作为违反的是命令规范还是禁止规范？对此，在刑法理论上存在下述三种观点之聚讼[②]：第一种观点认为，不纯正不作为犯违反刑法的禁止规范。这种观点认为，不纯正不作为犯的作为义务，并非直接由命令规范产生，而是由"禁止不作为"的禁止规范而产生的。第二种观点认为，不纯正不作为犯既违反禁止规范又违反命令规范。这种观点认为，不纯正不作为犯的作为义务，虽然来自命令规范，但该项作为义务的事实，不但以不作为的方式侵犯了命令规范，同时在结果上又实现了禁止规范的构成要件，因此，又侵犯了禁止规范。第三种观点认为，不纯正不作为犯是违反命令规范的犯罪。这种观点认为，不纯正不作为犯的作为义务，只能来自命令规范，因此，违反作为义务的不作为，只能侵害命令规范，并非侵害禁止规范。因而，不纯正不作为犯是违反命令规范的犯

---

① 参见［日］日高义博：《不作为犯的理论》，王树平译，94~95页，北京，中国人民公安大学出版社，1992。

② 参见熊选国：《刑法中行为论》，155页以下，北京，人民法院出版社，1992。

论不作为犯罪之作为义务

罪。在以上三种观点中，我赞同第二种观点。第一种观点认为不作为犯是违反禁止规范的行为，将不作为违反的规范与作为违反的规范视之若同。但依此观点，无由说明不作为的特点。至于把禁止规范理解为禁止不作为，则无异于肯定违反的是命令规范而非禁止规范。因为命令规范与禁止规范只是对同一对象而言的，改变对象则混淆了两种规范的区别。例如禁止杀人与命令不杀人，含义相同，以此确定前者是禁止规范、后者是命令规范，并否认两者的区别，实际上是偷换概念。第三种观点认为不作为犯是违反命令规范的行为，将不作为违反的规范与作为违反的规范加以区分，这是可取的。但在不纯正不作为的情况下，其作为义务虽然来自命令规范，即应为而不为；而其行为却是违反了禁止规范，例如以不作为方式杀人，不作为的义务来自命令规范，其杀人行为违反的是禁止规范。就此而言，对于不纯正不作为仅看到其作为义务违反命令规范，看不到其整体行为违反禁止规范，不能说是全面之论。因为不纯正不作为是以不作为而实施作为犯罪，因而不纯正不作为违反的规范具有双重性：既违反命令规范又违反禁止规范。不纯正不作为，在其行为整体上违反的是禁止规范。在此意义上，它具有与作为犯罪的等价性。以故意杀人罪而言，刑法规定了"杀人行为"，提供了一种违法类型，只要符合"杀人行为"这一构成特征的，一概认为是有违法性。至于这种违法的杀人行为，是以作为实施还是以不作为实施，法律没有限定。不作为杀人，同样是一种杀人行为，在其否定的社会价值上与作为犯罪无异，因此，也可以涵括在"杀人行为"这一违法类型之中，具有违反禁止规范的性质。但仅考虑不纯正不作为对于禁止规范的违反，虽然论证了其与作为犯罪的等价性，却仍然没有解决不作为犯的构成要件的该当性问题。这是因为，禁止规范在刑法中是对某种行为的禁止，行为人以积极的身体动作即作为违反了这一禁止规范的时候，具有这一犯罪的构成要件的该当性，是十分明显的。但在不作为的情况下，如果是纯正的不作为犯，刑法的禁止内容也是十分明确的，例如遗弃罪，禁止的是遗弃行为。尽管是以不作为方式实施的，也具有构成要件的该当性。如果是不纯正的不作为犯，在某种情况下发生了一定的危害后果，这一危害后果如果是由作为造成的，当然是违反了禁止规范而构成犯罪；但如果行为人并未实施一定的

173

作为，那么其是否应对这一危害后果承担刑事责任呢？在此，其行为是否违反禁止规范的前提在于：其行为是否违反命令规范，即对于一定危害后果的防止义务。因此，不纯正不作为犯违反的刑法规范具有双重结构：既违反命令规范又违反禁止规范。在命令规范与禁止规范这双重结构中，两种规范又不是等量齐观、互相对等的，而是由于违反命令规范而违反禁止规范。这里的违反禁止规范是一切犯罪所共同的刑事违法性，而违反命令规范就是不作为犯所特有的义务违反性，这种义务违反性的内容就是对一定的作为义务的违反。不作为犯，尤其是不纯正不作为犯，只有在具有这种义务违反性的情况下，才具有刑事违法性。

论述至此，我们涉及了一个作为义务与违法性的关系问题。广而言之，这是一个作为义务在不作为犯罪中的体系性地位问题。关于这个问题，在刑法理论上存在以下三种观点[①]：一是因果关系说，认为在因果关系的领域中，存在着作为义务，仅对违反作为义务的不作为才认为是它的原因。二是违法性说。贝林格和麦耶把作为义务理解为不作为的违法性问题，成为权威的学说；在日本，牧野博士提倡这种说法，至今还保持着通说的地位。这种学说认为，作为与不作为在构成要件该当性上是完全相同的；但不作为的情况异于作为的情况，就在于它的构成要件该当性不以违法性为标志，该当构成要件的不作为，原则上并不违法，只限于不作为义务时才构成违法。三是保证人说。为了克服违法性说的缺陷，纳格勒把作为义务视为不作为的构成要件该当性问题，提出所谓保证人说。根据这种说法，由于依据作为义务，个人就成为有法律保证的使法益不受侵害的保证人。因此只有这样保证人的不作为，才能与作为的实现构成要件具有同等价值，从而被认为该当构成要件。因此，保证人的地位（即作为义务）不是违法性问题，而是构成要件该当性问题，是实行行为的问题。韦尔策尔更进一步把保证人的地位视为限定不作为人的范围的构成要件要素，认为不纯正不作为犯是需要具有保证

---

① 参见［日］福田平、大塚仁：《日本刑法总论讲义》，李乔等译，61页，沈阳，辽宁人民出版社，1986。

论不作为犯罪之作为义务

人身份的纯正身份犯。在以上三种观点中，因果关系说和保证人说都是从构成要件的意义上论述作为义务的地位，而违法性说则把作为义务视为一个违法问题。我认为，把作为义务视为一个违法问题是错误的。因为大陆法系的犯罪构成理论，是按照构成要件该当性、违法性、有责性这样一个顺序递进的。如果把作为义务视为违法性的问题，则不具有作为义务的人也具有该当构成要件的不作为，只是因为不具有作为义务而阻却违法。显然，这是难以成立的。因果关系说把作为义务看作一个犯罪构成客观方面，具体地说是因果关系的问题；而保证人说则把作为义务看作犯罪构成主体要件的问题。在这两种情况下，都不是把作为义务看作一个违法性的问题。保证人说主张从不作为人和被害人之间的关系中探讨义务的实质内容。鲁道尔夫认为，所谓保证人就是在社会生活中行使应当回避紧迫的法益侵害的危险保护机能的人，被称为"统括者"①（Zentralgestalt）。根据保证人说，作为义务决定了保证人的地位，因而不作为犯是一个身份犯的问题。这一观点有一定道理。大多数情况下，不作为犯，尤其是纯正不作为犯，其作为义务来自法律规定或者职责要求，因而属于特殊主体的犯罪，例如遗弃罪就是如此。但这种观点不能绝对化，在不纯正不作为犯的情况下，作为义务可能来自先行行为，因而这种犯罪并非身份犯。例如，将邻居之子带去游泳，未能照顾好，邻居之子进入深水区，行为人未能及时抢救，结果邻居之子被淹死。在本案中，行为人构成不纯正不作为的故意杀人罪，其作为义务来自先行行为，但不能视为身份犯，而是非身份犯。我认为，应当将作为义务与不作为的实行行为结合起来考察。在这个意义上，因果关系说是可取的。这种理论是李斯特等人的观点，从因果关系理论的角度出发，应当防止结果和具有作为义务的人，尽管有可能防止结果，却不履行作为义务，使其任凭自然演变而发生结果时，如果没有这种不作为，结果也就不会发生。在这一意义上，就和作为犯中的作为可以做同样的评价。因此，这种观点又称为不作为、作为同价值说。② 在刑法理论上，有些学者

---

① 黎宏：《不作为犯研究》，160页，武汉，武汉大学出版社，1997。
② 参见［日］木村龟二主编：《刑法学词典》，顾肖荣等译，141页，上海，上海翻译出版公司，1991。

认为,不作为的因果关系意味着如果做出作为将能防止后果的产生,由于它与作为义务无关,所以认为因果关系说是欠妥当的。① 我认为,不作为因果关系并非与作为义务无关,离开了作为义务,就不能科学地说明不作为的因果关系。因此,不能以作为义务与因果关系无关而否定因果关系说。应当说,就作为义务与因果关系两者的关系而言,恰恰是作为义务决定因果关系,而不是因果关系决定作为义务。总之,我认为,只有把作为义务纳入不作为的犯罪构成,才能科学地说明作为义务的体系地位。正如我国学者指出的:违反特定作为义务实际上反映了犯罪构成中客观方面的主要情况,它代表了基本的犯罪事实和犯罪情节,是决定犯罪能不能成立,以及犯罪属于何种性质的主要根据,因此理应包括在犯罪构成之中。② 由此可见,不作为犯罪,尤其是不纯正的不作为犯罪,在构成要件上不同于作为犯罪。

二、不作为犯罪作为义务的性质

不纯正不作为犯罪的作为义务,是其犯罪构成的核心要素。没有这种作为义务,也就不能构成不纯正不作为犯。在此,有必要对义务问题进行专门论述。

义务是与权利相对而言的,但对于义务与权利的关系在法哲学上并非一个得到完美解决的问题。美国学者范伯格认为,权利和义务的关系存在两种学说③:一是权利和义务的道德关联学说。这种学说认为,没有义务就不可能有权利,并且,获得和拥有权利的先决条件是承担义务和责任的能力和意愿,接受义务是任何人为了获得权利而必须付出的代价。二是权利和义务的逻辑关联学说。这种学说认为,赋予一个人的权利在逻辑上至少需要有一个对他负有义务的他人存在。

---

① 参见[日]福田平、大塚仁:《日本刑法总论讲义》,李乔等译,60 页,沈阳,辽宁人民出版社,1986。
② 参见陈忠槐:《论我国刑法中的不作为犯罪》,载《硕士研究生论文集》,227 页,西安,西北政法学院印行,1983。
③ 参见[美]乔尔·范伯格:《自由、权利和社会正义——现代社会哲学》,王守昌、戴栩译,87 页以下,贵阳,贵州人民出版社,1998。

论不作为犯罪之作为义务

权利拥有者自身必须拥有义务在逻辑上绝不是一个必然命题。毫无疑问，权利和义务的道德关联学说和逻辑关联学说在一定意义上以及一定范围内都具有其合理性。但这两种理论都是在与权利相对应的意义上使用义务的概念，使得义务的概念受到极大的限制。范伯格提出了与权利无关的义务的概念，指出：现在看来确实存在许多与权利不相关的义务的明显例子，这可能是由于"义务"一词的发展而使之具有新的、更为广泛的意义。尽管在初始的意义上，义务往往是与权利相关的，无论是道德上的关联，还是逻辑上的关联，但也不能不承认，存在着与权利没有关联的义务。在不纯正的不作为中，这种作为义务，既可能是与一定的权利相关联的，也可能是与权利无关联的；前者如法律规定的特定义务，后者如先行行为引起的特定义务。

应当指出，作为不作为犯罪的前提之义务，并非泛泛的法律义务，而是特定的义务，这种特定义务的内容就是一种作为义务。所谓作为义务，是指必须实施一定行为的义务，因而是一种积极义务，它是相对于消极义务或不作为义务而言的。事实上，并非只有不作为犯罪与一定义务之违反有关，作为犯罪与一定之义务违反同样有关。例如，我国宪法明文规定"保守国家秘密"是公民的基本义务之一。如果违反这一义务，以作为的方式泄露国家重要机密，情节严重的，就构成泄露国家机密罪。但是，作为犯罪所违反的这种义务，是一种不作为的义务，即一种消极的义务。在法律上，义务可以分为两种：一种是要求人们实施一定积极行为的义务，例如纳税的义务等，这是积极义务。积极义务的实质是要求人们实施一定的行为，因而是作为义务，即应为义务。在这种情况下，违背义务就表现为"应为而不为"，构成不作为犯罪。另一种是要求人们不实施某种行为的义务，即抑制人们实施某种行为的义务，这是消极义务。消极义务的实质是要求人们不实施一定的行为，因而是不作为义务，即不应为义务。在这种情况下，违背义务就表现为"不应为而为"，构成作为犯罪。因此，不作为犯罪所违反的是作为义务，据此可以把它与作为犯罪所违反的义务加以区别。

不作为犯罪的义务不仅是一种作为义务，而且是一种特定的义务，并且是基于某种特定的条件而产生，随着条件的改变而变化的。在这个意义上说，不作为

犯罪的义务是一种特殊义务。特殊义务是相对于一般义务而言的，一般义务又称绝对义务、无条件义务。只要具有责任能力，一切人都应该遵守的义务，就是一般义务。而特殊义务是针对特定人的，并且附有某种条件的义务。因此，在认定不作为犯罪是否违反作为义务的时候，应当和一定的条件联系起来综合考察。如果具有这些条件，则负有特殊义务。如果不具有这些条件，则不负有特殊义务。如果先前具有这些条件，现在这些条件已经消失，则先前负有特殊义务，现在不负有特殊义务。

义务表示人在一定的社会关系中所处的地位及应负的责任。但从性质上来说，义务有法律义务、道德义务、习惯义务之分。违反不同的义务，会给行为人带来不同的责任后果。例如，违反法律义务可受法律制裁，违反道德义务可受道德谴责。那么，不作为犯罪所违反的到底是什么性质的义务呢？对此，在刑法理论上存在不同的观点。通常认为不作为犯罪所违反的义务只能是法律义务。例如日本刑法学家指出：作为义务应属于防止产生构成要件结果的法定义务，不能单纯把它认为是道德义务。例如，见到与自己无关的人落水而不拯救，或过路人明知他人被非法监禁而不全力救助时，这些都不能构成不纯正不作为犯。① 但在刑法理论上，也有的学者主张对不作为犯罪违反的义务进行实质的、扩展的解释，从而涵括了道德或者道义上的义务。例如，日本著名刑法学家牧野英一认为，违反义务不应仅仅局限于违反义务一点上，还有违反与结果相对的有关系的公序良俗的行为也可以不作为形式犯之，不作为在违反义务这一点上，便可以认为是违反公序良俗。因此，同作为的违法性一样，不作为的违法性问题也得从违反公序良俗中去寻找，即"即使依据法令的各条款的解释，仍不能判定作为义务的时候，应依据法律全体的精神乃至事物的性质来把握"②。这种从公序良俗中推导不作为犯罪的作为义务的关系明显地将不作为的作为义务从法律义务扩展到道德义务。我国刑法学者也有类似的观点，主张公共秩序和社会公德要求履行的特定

---

① 参见〔日〕福田平、大塚仁：《日本刑法总论讲义》，李乔等译，61页，沈阳，辽宁人民出版社，1986。

② 〔日〕牧野英一：《修订日本刑法》，113、123页，东京，有斐阁，1935。

论不作为犯罪之作为义务

义务也作为作为义务的发生根据,指出:在一般情况下,刑法所保护的社会关系处于危险状态,只要不是在场人的行为所引起的,刑法便不要求他履行排除和采取某种措施避免危险的发生的义务。但是,在特定的场合、关系和条件下,刑法则要求其履行这种义务,在不损害自己较大利益且有能力履行义务的基础上,他不履行这种义务从而造成严重后果的,也应认为是犯罪的不作为。①我认为,不作为犯罪所违反的义务,只能是基于特定的法律事实而产生的特定法律关系中行为人应当承担的法律责任。道德义务,当然是指单纯的道德义务,并非以国家强制力实施的,不产生刑事责任。即使是在特定的场合、关系和条件下,只要刑法没有规定,不履行一定的道德义务,不存在构成不作为犯罪的问题。

如上所述,不作为犯罪所违反的义务是法律义务,但并非一切违反作为的法律义务都能够构成不作为犯罪。这种义务还必须与刑法相联系,具有刑事强制性。正如我国学者指出:不论某一特定义务是规定在何种法律部门之中,抑或是未在法律中明确规定,都必须和一定的刑事法律后果相联系,即只有当某种法律规范的制裁部分具有刑事制裁的内容时,其相应的法律义务才可以成为不作为犯罪的特定义务;不履行并不必然引起刑事法律后果时,该义务就不能作为认定不作为犯罪的根据。如在经济合同法律关系中,一方当事人不履行合同所规定的义务,只能引起某种经济上的法律后果,则其负有的实施一定行为的义务就不是不作为犯罪的特定义务。②当然,我们说不作为犯罪所违反的是法律义务而非道德义务,并非意味着不作为犯罪所违反的义务与道德毫无关系。事实上,许多不作为犯罪所违反的法律义务是由道德义务转化而来的,因此,它与道德义务有密切联系。但在司法实践中,由于不作为犯罪所违反的义务并非都有明确具体的法律规定,所以,在许多情况下,对行为人违反的义务性质往往难以确定。例如,值班医生面对要求抢救的生命垂危的病人,以病人一时交不出大额押金为由推出不

---

① 参见马克昌主编:《犯罪通论》,172 页,武汉,武汉大学出版社,1991。
② 参见李学同:《论不作为犯罪的特定义务》,载《法学评论》,1991 (4),55 页。

管,致使病人未能得到及时抢救而身亡。在这种情况下,值班医生是违反了职业道德的义务还是违反了法律义务呢?如果是前者,只是一个批评教育的问题;如果是后者,则是一个构成不作为犯罪的问题。对于这种情况,我认为应当区分纯粹的道德义务与上升为法律义务的道德义务。事实上,道德义务与法律义务往往是紧密地联系在一起的,只有纯粹的道德义务才不发生不作为犯罪的问题。如果是包含着道德义务的法律义务,则毫无疑问地产生不作为犯罪的问题。

三、不作为犯罪之作为义务的来源

不作为犯罪之作为义务的来源,就是作为义务的分类问题,也就是作为义务范围的确定问题,即哪些义务可以认为是不作为犯罪的作为义务。这个问题,直接关系到不作为犯罪构成的范围问题。在我国 1979 年《刑法》中,对不作为犯罪根本未予涉及。在刑法修改中,我国学者提出应在刑法中增设不纯正不作为犯的概念,表述为:法律上负有防止义务的人而不防止,或因自己行为将发生一定危害社会的结果,有防止义务而不防止,以致发生这种结果的,亦为犯罪。[1] 尤其值得注意的是,中国人民大学法律系刑法总则修改小组提交的《刑法修改理论案(总则)》中对不作为犯及其作为义务做了规定。该理论案第 19 条规定:"行为人依法律义务应防止危害社会结果而不防止时,应当负刑事责任。"第 20 条规定:"因自己的行为导致合法权益遭受损害危险时,行为人有义务排除该危险。"[2] 在此,第 19 条将作为义务限于法律义务,第 20 条则将作为义务扩大到先行行为产生的义务。可惜立法机关没有采纳这一建议,因而不作为犯罪的作为义务成为一个理论问题,这不能不说是一种定义权(实际上是立法权)的旁落。在各国(地区)刑法中,一般都有关于不作为犯罪之作为义务的明文规定。例如,德国刑法第 13 条第 1 项规定:"对属于刑法所定构成要件之结果,不防止其发生

---

[1] 参见高憬宏:《不作为犯论》,载中国法学会刑法学研究会组织编写:《全国刑法硕士论文荟萃(1981届—1988届)》,161 页,北京,中国人民公安大学出版社,1989。

[2] 赵秉志主编:《新刑法全书》,1853 页,北京,中国人民公安大学出版社,1997。

者，唯限于在法律上负有防止该结果发生处以刑罚时行为人应依法负有防止其结果发生之义务。"奥地利刑法第 2 条规定："法律对结果之发生处以刑罚时，行为人应依法负有防止其结果发生之特别义务……"《澳门刑法典》第 9 条第 1 款规定了不作为犯："如一法定罪状包含一定结果在内，则事实不仅包括可适当产生该结果之作为，亦包括可适当防止该结果发生之不作为，但法律另有意图者，不在此限。"第 2 款还对不作为犯罪之作为义务专门做了规定："以不作为实现一结果，仅于不作为者在法律上负有必须亲身防止该结果发生之义务时，方予处罚。"在此，也强调不作为犯罪之作为义务仅限于法律上的义务。正如学者指出：判断不作为者是否应当做出某种行为和防止危害结果的发生，唯一的标准是看不作为者在法律上是否负有这方面的义务；只有当不作为者在法律上负有义务时，才可追究其刑事责任。[1] 当然，法律的规定尚有笼统之嫌，仍需在刑法理论上加以梳理，再做进一步的分类。至于这个问题，在刑法理论上存在各种分类法。日本刑法学者一般将作为义务分为：（1）法令情形。（2）基于法律行为（契约、事务管理）的情形。（3）从公共秩序、良好习俗出发的作为义务，其中又包括：1）习惯上的情形；2）管理者的防止义务；3）紧急救助义务；4）基于自己先行行为的防止义务。[2] 我国台湾地区学者一般将作为义务分为：（1）以法律或法令明文规定者。（2）基于契约或其他之法律行为者。（3）法令及契约虽无该作为义务之根据，但依习惯、条理以及公序良俗之观念，或依交易上之诚实信用之原则而应发生一定之作为义务者，其中又包括：1）诚实信用上之告知义务；2）习惯上之保护义务；3）基于先行行为之防止义务；4）管理或监护者之防止义务；5）紧急救助之义务。[3] 我国大陆刑法学界通常认为作为义务包括：（1）法律上的明文规定。（2）职务上或业务上的要求。（3）行为人先前的行为。[4] 由此可见，我国大

---

[1] 参见赵国强：《澳门刑法总论》，40 页，澳门，澳门基金会，1998。
[2] 参见［日］木村龟二主编：《刑法学词典》，顾肖荣等译，143～144 页，上海，上海翻译出版公司，1991。
[3] 参见洪福增：《刑法理论之基础》，168～170 页，台北，三民书局，1977。
[4] 参见高铭暄主编：《中国刑法学》，99 页，北京，中国人民大学出版社，1989。

陆刑法学者所主张的作为义务的范围从总体上来说要小一些，主要是一般没有将基于公共秩序、良好习俗（或曰公序良俗）而产生的作为义务纳入不作为犯罪的作为义务范围，但职务或职业上的作为义务则要比其他国家或地区广泛一些。这种情况是与一个国家或地区的特定社会关系相适应的，不能简单地做出孰是孰非的判断。即使是在我国，随着社会成员协作的加强，随着经济体制改革的深入，不作为犯罪特定义务的范围也不是固定不变的，而会有逐步扩大的趋势。①

我认为，我国刑法中不作为犯罪的作为义务可以分为以下四类。

（一）法律明文规定的作为义务

法律明文规定的作为义务，是不作为犯罪的主要义务来源之一。这也是罪刑法定主义的必然要求。在纯正不作为犯罪中，其作为义务都是由法律明文规定的。这里的法律规定，是指由其他法律规定而由刑法予以认可。因此，所谓法律规定，既指其他法律的规定，又指刑法的规定，即具有法律规定的双重性。例如，《刑法》第261条规定，对于年老、年幼、患病或者其他没有独立生活能力的人，负有扶养义务而拒绝扶养，情节恶劣的，构成遗弃罪。遗弃罪所违反的这种扶养义务，是由婚姻法规定的，但经由刑法认可。如果只有其他法律规定，未经刑法认可，则不能成为不作为犯罪的作为义务。

（二）职务或者业务要求的作为义务

职务或业务要求的作为义务，是指一定的人由于担任某项职务或者从事某项业务而依法应当履行的一定作为义务。在不纯正不作为犯罪中，其作为义务通常是职务或业务要求的义务。在我国刑法中，职务或者业务要求的作为义务是十分广泛的。职务或者业务要求的作为义务，一般都规定在有关的规章制度中，这些规章制度具有同样的法律效力，因此可以成为不作为犯罪的义务来源。

（三）法律行为引起的作为义务

法律行为是指在法律上能够引起一定的权利和义务的行为。在社会生活中，

---

① 参见李学同：《论不作为犯罪的特定义务》，载《法学评论》，1991（4），56页。

人的法律行为是多种多样的。从广义上来说，不仅行为人按照有关法律规定实施的行为，而且凡是自愿承担的某种实施一定行为或者防止损害结果发生的义务，都会自然产生一定的法律义务，因而这些也属于法律行为。在当前，能够引起行为义务的法律行为主要是合同行为。合同是规定当事人之间权利义务的法律文件。根据民法的规定，合同一经签订，即产生法律效力。在一般情况下，合同一方当事人不履行合同所规定的一定义务，只产生违约的法律后果，并不产生不作为犯罪的作为义务。只有当不履行合同所规定的义务给刑法所保护的社会关系造成严重危害时，这一义务才能成为不作为犯罪的作为义务。例如，一个妇女自愿被某人雇用，当后者小孩的保姆。这样，该保姆就具有看护小孩、防止其遭受意外伤害的义务。如果保姆不负责任，对小孩不加看护，致使小孩从楼上摔下死亡，该保姆就应负法律责任。当然，法律行为引起的作为义务存在一个产生、消失和转移的问题。以合同行为为例，它产生于合同生效，消失于合同期限届满失效。因此，不能把法律行为看作绝对的、超越时空的。

（四）先行行为引起的作为义务

由于行为人先前实施的行为（简称"先行行为"）使某种合法权益处于遭受严重损害的危险状态，该行为人产生积极行动阻止损害结果发生的义务，这就是先行行为引起的作为义务。先行行为之作为不作为犯罪的作为义务，是由德国刑法学家斯鸠贝尔首倡的，他从生活的实际感觉以及明白的法感性归纳而得出这一结论。及至1884年10月21日，德国判例首次确认了先行行为与法律和契约同样是作为义务的发生事由。该判例指出："由不作为者的先行或者附随行为而产生的作为义务，或者，在不作为法律上所存在的作为义务被侵害的场合中，无论是在一般理论的意义上还是在刑法典的意义上不作为都是作为。"[1] 我国刑法对不作为犯罪的作为义务没有明文规定，但在刑法理论上都认为先行行为所产生的作为义务是不作为特定义务之一。

在认定先行行为引起的作为义务时，以下几个问题值得探讨：（1）先行行为

---

[1] ［日］堀内捷三：《不作为犯论》，12页，日本，青林书院新社，1973。

是否限于违法行为。先行行为是限于违法行为还是包括合法行为？对此，在刑法理论上存在争论。有的认为前行为只要足以导致构成要件该当结果发生之危险者，即为已足，系合法或违法行为，在所不问。多数学者之通说，则认为前行为除必须具备导致结果发生之迫切危险外，尚须具备义务违反性。① 我认为，先行行为只要足以产生某种危险，就可以成为不作为的义务来源，而不必要求先行行为具有违法的性质。例如，带领邻居小孩去游泳发生危险而不予救助的，其先行行为产生了救助义务，而带领邻居小孩去游泳这一行为不能认为是违法行为，但并不妨碍其成为不作为犯罪之作为义务的来源。因此，无论是合法行为还是违法行为，都可以成为先行行为。我国学者进一步将违法行为分为一般的违法行为和犯罪行为是有一定意义的，但在先行行为与不作为之间，具有牵连关系，构成牵连犯。② (2) 先行行为是否限于有责行为。先行行为是限于有责行为还是包括无责行为？对此，刑法理论上也存在争论。有的学者认为，先行行为只有出于故意或者过失，才能发生作为义务。还有的学者则认为，先行行为只要足以导致构成要件该当结果发生之危险者，即为已足，系有责或无责行为，在所不问。③ 我认为，先行行为是否必须有责，只是对先行行为的法律评价问题，如果行为人对于先行行为显然无责，但该先行行为引起作为义务，行为人应当履行而不履行，此时，行为人对于不作为具有责任。那么，无责之先行行为，完全可以成为不作为的义务来源。因此，先行行为并不限于有责行为。(3) 先行行为是否限于作为。先行行为，在通常情况下都是作为。例如某人骑自行车不慎将一老人撞倒受伤，从而产生了送受伤老人去医院抢救治疗的义务。但先行行为并不限于作为，不作为也完全可以引起作为义务。例如带有子弹之手枪，未予妥善保管，他人取枪想玩玩时，又未加阻止，致使他人因手枪走火致死。

---

① 参见林山田：《刑法通论》，2版，302页，台北，三民书局，1986。
② 参见李学同：《论不作为犯罪的特定义务》，载《法学评论》，1991 (4)，57页。
③ 参见林山田：《刑法通论》，2版，302页，台北，三民书局，1986。

论不作为犯罪之作为义务

四、宋福祥案之作为义务的评析

对于宋福祥不作为故意杀人案,如何理解其作为义务,是一个关系到不作为犯罪能否成立的关键问题。控方指认被告人宋福祥系有特定义务的人①,而辩方则辩称宋福祥对其妻之死没有特定救助义务。那么,法院是如何认定的呢?一审判决理由是:被告人宋福祥目睹其妻李霞寻找工具准备自缢,应当预见李霞会发生自缢的后果而放任这种后果的发生,在家中只有夫妻二人这样特定的环境中,被告人宋福祥负有特定义务,其放任李霞自缢身亡的行为,已构成故意杀人罪(不作为),但情节较轻。我们可以注意到,在一审判决理由中,表述被告人宋福祥的主观认识因素时使用了"应当预见"一词,但没有直接指明其明知李霞会自缢。尤其值得注意的是,在论证宋福祥的作为义务时,强调这种特定义务来自"在家中只有夫妻二人这样特定的环境中"。那么,这种特定义务是法律明文规定之义务,还是职务或业务上之义务,或者是法律行为或先行行为引起之义务,未予明确。由此可见,一审判决对作为义务的论证是极不充分的。二审判决理由是:被告人宋福祥与其妻李霞关系不和,在争吵厮打中用语言刺激李霞,致使其产生自缢轻生的决心。被告人宋福祥是负有特定义务的人,对李霞自缢采取放任态度,致使李在家中这种特定环境下自缢身亡,其行为已构成故意杀人罪(不作为)。在此,二审判决强调李霞自缢轻生的决心是由宋福祥语言刺激而产生的,在此隐含着其特定义务来自先行行为的意思,但并未予以明确。同时,二审判决也强调了"李在家中这种特定环境下自缢身亡"对于本案成立的意义,应该说,二审判决对于作为义务的论证也是不充分的,没有展开。由此使我想到,西方国家的判决书动辄上万言,甚至有数十万言的,俨然是一篇(本)法学论文(专著)。而我国的判决书只是寥寥数百字,该讲理处不讲理。正如我国学者指出:目前存在的普遍问题是,判决书的内容过于简略,多数判决书只是简单交代案件

---

① 这种特定义务系何种义务,起诉书未予明确。

的大致情况和双方当事人的主张,对于双方当事人提出的证据缺乏必要的阐述,尤其是缺乏对不采信的证据的说明,不交代不采信的理由。在援引法律方面,多存在笼而统之的倾向,不交代具体的法律条文(包括条、款、项)及其内容。有些复杂的案件中,涉及法律的解释和法律漏洞补充,法官虽然做了这方面的工作,但是却不在判决书中加以说明。① 这样的判决书只能说是不讲(法)理的判决书。好在《中国审判案例要览》中的解说,对于判决书认定的理论根据略有展开,从而可以作为进一步评析的根据。解说对本案的特定义务做了如下论述:就本案来说,本案行为人和死者是夫妻关系,夫妻间相互负有扶养义务,在我国现行法律中,只有婚姻法规定了夫妻间有相互扶养的义务。法律没有明文规定夫妻间负有相互救助的义务。本案行为人宋福祥应是负有特定作为义务的行为人,这是基于家这个特定的社会环境、夫妻这种特定的社会关系以及社会公德和社会公共秩序的要求而产生的。本案行为人宋福祥在家中不可能有第三人在场的特定环境中,与其妻子——死者李霞发生口角并引起厮打,当李说三天两头吵,活着不如死了好,宋说你死就死去。后宋发现李上吊时也未采取有效措施或呼喊近邻,而是到一里以外的父母家中去告知自己的父母,待其家人赶到时,李已无法抢救。由于发生在家中这种特殊的环境中,又无第三人在场,夫妻这种具体社会关系、社会公德要求行为人对死者履行救助义务,被告人又有能力、有条件实施救助义务。在行为人不履行抢救义务的这种情况下,造成李霞的死亡后果,人民法院追究行为人的刑事责任,以(间接)故意杀人罪(不作为)判处宋福祥有期徒刑4年的处理是正确的。从上述判决理由和解说意见中,反映出关于不作为犯罪的作为义务值得研究的以下问题。

(一)夫妻之间的扶养义务能否推论出救助义务

本案被告人宋福祥与死者李霞之间具有夫妻关系。这种特定关系显然对于本案的认定发挥了重要作用,根据婚姻法的规定,夫妻之间负有相互扶养的义务。如果不履行这种义务,就有可能构成遗弃罪。法律没有规定夫妻之间的救助义

---

① 参见武树臣:《裁判自律引论》,载《法学研究》,1998(2),27页。

务，那么，夫妻之间的救助义务是法律义务还是道德义务呢？显然，由于法律没有规定，因而救助只是夫妻之间道德关系的内容，而非法律上的义务。扶养与救助两者相比较而言，扶养是基本的要求，因而作为法律义务予以明文规定。救助只是在个别情况下偶然发生的要求配偶一方实施的行为，法律未予规定。对于这种法律未予规定的情况，能否通过类推解释涵括在内呢？例如，通过"举轻以明重"的方法，认为夫妻之间具有扶养义务，在发生生命危险的情况下，救助义务更应予以承认。据此，从夫妻之间的扶养义务中推论出救助义务。我认为，这种推论是不可取的。尤其是在罪刑法定原则的支配下，在法律解释上不能采取类推解释方法。对不纯正的不作为犯定罪，本来就有违反罪刑法定主义之嫌，更不允许通过类推解释扩大法律义务的范围。因此，我认为，本案之作为义务不可能是法律明文规定的义务。

（二）家庭这一特定的社会环境能否引申出救助义务

本案的一审判决与二审判决在论述不作为犯罪的作为义务时都强调了家这一特定的社会环境。本案发生在家里，这是毋庸置疑的。但这种环境的因素是否能够引申出救助义务呢？我认为，单纯的社会环境这一因素，与不作为犯罪的作为义务是没有必然联系的。某种作为义务更多的与主体的身份以及行为有关，而与一定的时间和地点无关。如果是有救助义务，无论是发生在家里还是发生在其他地点，这种救助义务都是客观存在的，反之亦然。因此，本案的自杀发生在家里这一客观事实，并不能成为被告人宋福祥具有救助义务的充分必要条件。

（三）社会公德和社会公共秩序的要求能否产生不作为犯罪的作为义务

从社会公德和社会公共秩序中，理所当然地可以引申出夫妻之间的救助义务，但这只能是一种道德上的义务。那么，这种道德义务能否成为不作为犯罪的作为义务呢？对于这个问题，学说上存在争议，但通说均认为不作为犯罪的作为义务不能是单纯的道德义务。否则，就会扩大犯罪范围，而这是违反罪刑法定原则的。对此，我亦持相同的观点，已如前所述。

（四）先行行为是否为本案的作为义务来源

从本案的情况来看，能够作为不作为犯罪的作为义务来源的，唯有从先行行

为中寻找。在本案的判决理由中,也提到了这一点。确实,在李霞自杀的原因中,被告人宋福祥与之发生口角并厮打是一个主要的因素。那么,这一因素能否引发不作为犯罪的作为义务呢?关于何种行为属于引发不作为犯罪的作为义务的先行行为,在学说上缺乏深入研究。我国学者李海东指出:如果行为人由于自己的行为给法律保护的利益造成了一定的危险,他就有责任保证这一危险不会转变为损害法益的现实,即构成案件的该当结果。但是,由于先行行为而产生的监控义务必须具备以下条件:首先,先行行为必须导致了结果发生的现实危险;其次,先行行为必须客观上是违反义务的(但不必是有责的);最后,这一义务违反必须体现为对旨在保护这一具体法益的法律规范的违反。[①] 尽管在先行行为是否必须是违法行为这一点上尚可商榷,但在强调作为不作为犯罪的作为义务来源的先行行为必须导致结果发生的现实危险这一点上,应该是一种共识。那么,在本案中,被告人宋福祥同其妻李霞吵架并厮打是否具有导致李霞自杀的现实危险性呢?这是一个有待研究的问题。当然,我们不是说吵架并厮打行为与自杀之间具有因果关系,如果是这样,就是作为的杀人罪。但吵架并厮打作为引发不作为犯罪的作为义务,应当具备导致自杀(即死亡)这一结果发生的现实危险性。但这种现实危险性似乎不太容易证实。换言之,自杀是李霞本人意思决定的;更何况,在李霞第一次自杀时,被告人宋福祥已经找来邻居进行规劝。

综上所述,在现行法律的框架内,本案的作为义务的确证是极其困难的。因此,我不能不得出以下结论:本案的定罪在很大程度上是道德战胜法律的结果。

(本文原载陈兴良主编:《刑事法评论》,第3卷,北京,中国政法大学出版社,1999)

[①] 参见李海东:《刑法原理入门(犯罪论基础)》,165~166页,北京,法律出版社,1998。

作为义务：从形式的义务论到实质的义务论

　　作为义务是指应当实施某一行为的义务。在通常情况下，作为义务都是由命令规范规定的。正是在这个意义上，一般刑法法理都把不作为看作违反命令规范的行为。这里所谓违反命令规范，主要就是指违反作为义务，因而违反作为义务就成为不作为的显性存在的标志。正是通过违反作为义务这一规范要素，使不作为从物理上的"无"转变为法律上的"有"。

　　作为义务，是指实施一定行为的义务，而这种义务没有可选择性。因此，作为义务具有强制性。作为义务是以国家强制力为后盾的，因而其不得不做是以一定的制裁为其法律后果的。从这个意义上说，作为义务是以不得不实施一定的行为为内容的，具有强制性。本文拟在确定不作为的作为义务的体系性地位的基础上，对从形式的义务论到实质的义务论的演变过程加以法理的探讨。

一、作为义务的体系性地位

　　作为义务作为不作为成立的核心要素，对于不作为理论的发展起到了关键作用。整个不作为的学说史，在某种意义上可以说就是作为义务在犯罪论体系中地

位变动的历史。例如日本学者认为，以法的作为义务在犯罪论体系中所处的地位为标准来区分学说的发展过程，就可以分为如下三个阶段：第一，因果关系说；第二，违法性说；第三，构成要件相符性说。[①] 因此，作为义务在不作为犯构成中的体系性地位问题，应该从上述三种学说的嬗变中加以考察。

（一）因果关系说

因果关系说是19世纪对作为义务的一种体系性定位，即把作为义务放在因果关系领域予以考察，是对不作为的原因力提供论证的理论。19世纪盛行自然主义与实证主义，例如当时的因果行为论，就是采用存在论的行为概念，注重行为的实体性存在。但从实体性存在上来看，不作为是"无"，何以变成法律上的"有"呢？这首先是一个不作为是否具有行为性，以及不作为是否具有原因力的问题，而不作为的行为性与不作为的原因力这两个问题又是密切相关的。对此存在否定与肯定的两种观点：否定说完全否认不作为具有行为性及原因力，放弃对不作为的行为性的寻求；肯定说则坚持认为不作为具有行为性，同时也肯定不作为具有原因力，在不作为与结果之间存在因果关系。那么，如何证明不作为与结果之间的因果关系呢？对此存在以下各种观点[②]：

1. 他行为说

该说认为，在不作为者不作为时，他的其他行为对于结果具有原因力。例如，母亲没有给婴儿喂奶而是在织袜子，则该织袜子的行为便是婴儿被饿死的原因。

2. 先行行为说

该说认为，不作为的原因力在于行为人不作为之前的行为。换句话说，是先行行为与不作为相结合，共同成为结果发生的原因。例如乳母不给婴儿喂奶（不作为）不是婴儿死亡的原因。但是，她的这种不作为与其先前的受雇行为（作为）结合在一起，便成为婴儿死亡的原因。

---

① 参见［日］日高义博：《不作为犯的理论》，王树平译，11~12页，北京，中国人民公安大学出版社，1992。

② 参见黎宏：《不作为犯研究》，73~75页，武汉，武汉大学出版社，1997。

作为义务：从形式的义务论到实质的义务论

3. 干涉说

该说认为，因不作为而造成客观事物的变化是由于行为人基于其"内心决意"，通过积极地破坏起果条件与防果条件均衡，从而导致危害结果得以形成，所以这种不作为具有原因力。例如，杀人行为是引起死亡结果的起果条件，医生对受害人的抢救行为是防果条件。医生基于内心决意而对受害人不予抢救，就是对防果条件的破坏，则该不作为是受害人死亡的原因。

4. 作为义务违反说

该说认为，不作为犯罪结果的出现，是由于行为人违反了法律规定的作为义务。如果行为人不违反法律所期待的义务，犯罪就不会发生。因此，行为人的违反义务行为是引起犯罪结果发生的原因。例如，正是母亲违反了按时给婴儿喂食的作为义务，才引起了婴儿的死亡。所以，母亲的违反作为义务的不作为，是孩子死亡的原因。

5. 防果可能性说

该说认为，在不作为犯罪中，当行为人可能防止危害结果的出现而不防止时，他的不作为对于社会显然就具有危险性，所以行为人的不作为同危害结果之间存在刑法上的因果关系。反之，即使行为人有防止结果发生的义务，但是他不可能去防止时，他的不作为就对社会没有危险性，同危害结果间也就不存在因果关系。

在以上关于不作为的原因力的各种观点当中，前三种观点是从存在论角度探寻不作为的原因力，因而往往从其他行为中去寻找不作为的原因力，可以说是一种变相的因果关系否定说。后两种观点都是从作为义务角度去寻找不作为的原因力，防果可能性说是以行为人存在作为义务为前提的，而作为义务违反说也并不否认只有在作为义务具有履行可能性的前提下不作为才具有原因力，因而这两种观点基本相同。问题在于：行为与行为的原因力是同一个问题吗？没有行为当然无所谓行为的原因力，因为行为的原因力是一个需要单独证明的问题。违反作为义务，是不作为存在的前提，如果没有作为义务，根本就不存在不作为。但违反作为义务又不能简单地等同于不作为的原因力。不作为的原因力是要回答违反作

191

为义务何以具有原因力,即导致结果发生的可能性的问题。作为义务,是指防止结果发生的义务。因此,不作为的原因力应当从不防止结果上去寻求。正是在这一点上,不作为的原因力与作为的原因力,是存在根本区别的:作为的原因力是造成结果发生,这是一种正向的原因力;为不使这种结果发生,行为人就应当不作为。因此,作为违反的是不作为义务。而不作为的原因力是不防止结果发生,即结果发生本身具有其他原因,但如果履行作为义务的话,这种结果发生的结局是可以避免的。从这个意义上说,不作为是具有原因力的,这是一种反向的原因力。为不使这种结果发生,行为人就应当作为。因此,不作为违反的是作为义务。

因果关系说在考察不作为的原因力的时候,提出了作为义务的问题。因果关系属于构成要件的内容,因此,因果关系说是在构成要件中讨论作为义务的。只不过因果关系说的关注点是不作为的原因力,对于作为义务本身还没有从不作为构成的一般条件上加以确认。

(二)违法性说

违法性说认为作为义务不能成为判断因果关系是否存在的标准,只能在违法性的判断上来考察作为义务。违反作为义务决定不作为的违法性。换言之,违法性说认为,作为义务根本就不是一个因果关系问题,不应放在构成要件该当性中加以讨论;作为义务是一个违法性的问题,应当在违法性中加以考察。违法性说是以不作为的因果关系已经解决为前提的,也就是说,不作为的因果关系是不依赖于作为义务而存在的。既然不作为的因果关系不靠作为义务来解决,那么,作为义务就不是构成要件该当性的问题,而是违法性的问题。正是在违法性意义上,违法性说展开对作为义务的探讨。对此,日本学者指出:作为义务从因果关系的要件中分离出来而成为违法性的要件以后,在理论上进一步探讨了法定作为义务的根据,并进而发展到事务管理及情理(或公序良俗)。[①]

---

① 参见[日]日高义博:《不作为犯的理论》,王树平译,18页,北京,中国人民公安大学出版社,1992。

作为义务：从形式的义务论到实质的义务论

可以说，违法性说对于作为义务的研究是做出了贡献的。因为只有在违法性的意义上，才能对作为义务的来源及根据予以充分地展开。但违法性说同样存在重大缺陷，把作为义务从构成要件该当性中分离出来以后，不作为的实行性问题难以得到妥当解决，因为没有作为义务的限定，不作为中的不防止结果发生的范围就会变得漫无边际。不防止结果发生首先是一个事实问题。在现实生活中不防止结果发生的情况是广泛存在的，但并非不防止结果发生的情形都构成刑法上的不作为，只有具有作为义务的人不防止结果发生才构成不作为。因此，离开了作为义务，不作为的范围就大为扩展。正如日本学者指出：如果在违法性领域考虑违反作为义务，那么无作为义务人的不作为就符合了构成要件。例如，对倒在路边就要死的人，一过路人认为死了才好，那么这个过路人的不作为也符合杀人罪的构成要件。[①]

违法性说的缺陷不止于此，它还使不作为的违法性判断与作为的违法性判断出现了不同。作为的违法性是由构成要件推定的，只有在存在违法阻却事由的情况下，违法性才被否定。但对于不作为来说，构成要件的违法性推定机能丧失了：具有构成要件该当性的不作为，其是否存在违法性，要在违法性阶段根据是否具有作为义务加以积极地判断。在这种情况下，违法性说与犯罪论体系发生了矛盾。因此，违法性说对于作为义务的体系性地位的确认是存在障碍的。

（三）构成要件说

构成要件说把作为义务解释为构成要件要素，在构成要件中考察作为义务问题，这一点是不同于违法性说而与因果关系说相同的。在这个意义上，构成要件说可以说是在作为义务的体系性地位问题上向因果关系说的一种回归。构成要件说的提出，是为纠正违法性说的不合理性，将作为义务看作一个构成要件的问题，在与作为犯同一性质上予以把握。但是，构成要件说又不完全与因果关系说相同。因果关系说仅从原因力的角度探讨作为义务，而构成要件说则把作为义务

[①] 参见［日］日高义博：《不作为犯的理论》，王树平译，20页，北京，中国人民公安大学出版社，1992。

当作一个独立的构成要件要素，尤其是保证人说，将作为义务看作不作为的构成要件该当性的主体要素。

保证人说是德国学者纳格勒（Johannes Nagler，1876—1951）提出的。所谓保证人（Garant），是指在发生某种犯罪结果的危险状态中，负有应该防止其发生的特别义务的人。保证人虽然能够尽其保证义务，却懈怠而不作为时，就能成为基于不作为的实行行为。因此，必须把不纯正不作为犯中的作为义务理解为构成要件的要素。在保证人说的基础上，德国学者阿米·考夫曼和韦尔策尔又提出了区别说，其内容是将保证人区分为"保证人地位"和"保证人义务"，认为"保证人地位"是构成要件问题，而"保证人义务"是违法性问题。我国学者甚至把区别说看作区别于作为义务的因果关系说、违法性说与构成要件说的第四说，可见对区别说的重视。[①] 当然，我认为区别说仍然是一种保证人说，是对保证人说的具体化阐述。保证人说的提出，使作为义务成为构成要件要素，因而成为德日刑法学界的通说。当然，在保证人说的研究当中，以下三个问题还是存在争议的。

1. 保证人义务与身份犯

保证人义务提出以后，把不作为犯，尤其是不纯正的不作为犯视为身份犯的观点由此确立。例如德国学者韦尔策尔把保证人的地位视为限定不作为人的范围的构成要件要素，认为不纯正不作为犯是需要具备保证人身份的纯正身份犯。[②] 当然，这一观点能否成立与对身份犯的理解有关。在刑法中，身份有狭义与广义之分。狭义上的身份是与个人相关的要素，例如《日本刑法典》第65条称"特定之个人要素"。而广义的身份则不仅指个人要素，而且包括个人所处的状况，例如《德国刑法典》第28条称"特殊身份关系、资格及情况"。上述狭义与广义两种身份的主要区别就在于：身份是脱离行为而存在、先在于行为的一种个人要素，还是包括与行为相关的某种状态。例如交通肇事罪的主体是从事交通运输的

---

① 参见［日］福田平、大塚仁：《日本刑法总论讲义》，李乔等译，61页，沈阳，辽宁人民出版社，1986。

② 参见刘士心：《不纯正不作为犯研究》，66页以下，北京，人民出版社，2008。

作为义务：从形式的义务论到实质的义务论

人员，即所谓司机，这是一种狭义上的身份。但司机在交通肇事以后，对摔成重伤的被害人不救治并将其带离事故现场后隐藏或者遗弃致其死亡，根据我国司法解释的规定构成故意杀人罪。这种故意杀人罪是一种不纯正的不作为的杀人，那么基于其交通肇事而产生的救治义务是否使这种故意杀人罪成为纯正的身份犯了呢？回答是否定的。因为我国刑法中的故意杀人罪，无论是作为的杀人还是不作为的杀人，都不是身份犯。因此，正如我国学者指出，将不纯正不作为犯确定为身份犯，直接会对身份犯的概念产生混乱的负面影响。[1] 我认为，这一观点是正确的。因为，刑法上的身份是由法律明文规定的。一定的个人要素能否对定罪量刑发生影响，从而成为刑法中的身份，当然有其事实基础；但从效力上说，却完全取决于法律的规定。因此，法律的明文规定是刑法中的身份的法律特征。[2] 身份的法定性特征，决定了保证人义务不可能使不纯正不作为犯成为纯正的身份犯，除非不纯正不作为犯构成之罪是法律所规定的纯正身份犯。

2. 保证人地位与保证人义务

如前所述，在纳格勒以后，对保证人说进一步研究，德国学者又提出了将保证人地位与保证人义务加以分离的观点，认为前者是构成要件的要素，后者是违法性的要素，这种观点被称为区别说。[3] 根据这种观点，保证人地位是一种事实状态，它是产生保证人义务的事实根据，因而可以归入构成要件。而保证人义务不同于作为构成要件要素的保证人地位，它是一种违法要素。区别说除了从保证人义务中分离出保证人地位以外，在作为义务，即保证人义务的体系性地位问题上，又回到了违法性说。这种观点同样存在使不纯正不作为的构成要件不能发挥违法性推定机能的问题。而且，正如日本学者所说，这种区别本身不符合社会观念，从保证人地位中将保证人义务剥离出去，其内容过于抽象。[4] 因此，将保证

---

[1] 参见栾莉：《刑法作为义务论》，87 页，北京，中国人民公安大学出版社，2007。
[2] 参见陈兴良：《共同犯罪论》，2 版，312 页，北京，中国人民大学出版社，2006。
[3] 参见[日]川端博：《刑法总论二十五讲》，余振华译，23 页，北京，中国政法大学出版社，2003。
[4] 参见[日]大塚仁：《刑法概说（总论）》（第 3 版），冯军译，157 页，北京，中国人民大学出版社，2003。

人地位与保证人义务予以一体化理解,并作为构成要件要素加以确立是正确的。

3. 保证人义务与罪刑法定

保证人说把保证人义务作为不纯正不作为的构成要件要素,受到的批评之一是违反罪刑法定主义。因为保证人义务并非刑法规定的。因此,这些义务只能在习惯法上寻求根据。这就缺少实定法的根据,是构成要件的扩张。因此,处罚违反法定义务的不作为不外乎是类推适用作为犯的犯罪构成要件,这违反罪刑法定主义。① 不纯正的不作为犯之处罚根据与罪刑法定主义之间的关系,是在不纯正的不作为犯研究中不容回避的一个问题。这个问题应当从不纯正不作为犯的规范结构切入加以考察。对此我国学者指出:如果认识到法是复合性规范,不纯正不作为犯就可以解释为,不纯正不作为犯违反了命令规范而实现的却是以作为形式规定的作为犯的犯罪构成要件。这样,不纯正不作为犯不是以违反禁止规范而被处罚,而恰恰是因为违反命令规范而被处罚。对他的处罚不是根据作为犯的构成要件类推适用,而正是因为符合作为犯的犯罪构成要件而被处罚。所以,这可以说是基于刑法的恰当解释来处罚的。这样,在规范结构方面,就基本上解决了和罪刑法定主义相冲突的问题。② 不纯正的不作为犯是因违反命令规范而违反禁止规范,这里的违反命令规范是指违反其他法规范所设立的义务,而违反禁止规范是指违反刑法条文背后所隐藏着的禁止规范。正是在违反禁止规范这一点上,不作为犯的不作为与作为是相同的,这也正是等量性所要解决的问题。

二、形式的作为义务论

在确定了作为义务的体系性地位的基础上,进而讨论作为义务的来源或者根据问题。在作为义务的来源问题上,存在一个从形式的作为义务论到实质的作为义务论的转变过程。

---

① 参见[日]日高义博:《不作为犯的理论》,王树平译,28页,北京,中国人民公安大学出版社,1992。

② 参见黎宏:《不作为犯研究》,97页,武汉,武汉大学出版社,1997。

作为义务：从形式的义务论到实质的义务论

形式的作为义务论之形式，是指法规范。因此，形式的作为义务论首先是通过列举作为义务的法律渊源以确定作为义务的根据，即从法源中寻求作为义务的来源。在这个意义上，形式的作为义务论之形式又具有与实质相对应的含义，即只要具有这种法律上的根据，就认定为具有作为义务，而不再追究作为义务背后的实质根据。形式的作为义务论最初是费尔巴哈提出的。费尔巴哈提出以刑法以外的法律、契约作为不作为的作为义务来源。此后，德国学者斯鸠贝尔（Stübel）又提出了先行行为作为不作为义务的来源，从而形成了形式的作为义务三分说。① 应该说，形式的作为义务论将作为义务予以体系化、类型化处理，对于把握作为义务的实体性存在具有重要意义。当然，形式的不作为论仍然存在不足之处，即基于某种法律、契约的形式确定不作为的作为义务，可能导致作为义务的范围过于宽泛。

我国刑法学中的作为义务理论，基本上属于形式的作为义务论。在我国目前四要件的犯罪构成中，由于各要件之间不存在阶层性，因而也并不存在作为义务的体系性地位问题，不作为一般都是在危害行为的行为方式中加以讨论，并与作为相对应。我国刑法学通说认为，不作为的作为义务具有以下四种来源。

（一）法律规定的作为义务

法律规定的作为义务是不作为的作为义务的首要来源。但是，这里的法律规定是指刑法规定还是指其他法律规定，对于这个问题虽然不存在明显的争论，但在表述上却是不甚了然的，在法理上未予深究。当法律规定的作为义务是指纯正的不作为犯的作为义务时，一般会把这里的法律规定理解为刑法的规定。因为纯正的不作为犯都是由刑法明文规定的。但当法律规定的作为义务是指不纯正的不作为犯的作为义务时，因为不纯正的不作为犯在刑法中没有明文规定，不仅刑法分则没有明文规定，而且刑法总则也没有明文规定，在这种情况下，除非否认法律规定是不纯正的不作为犯的作为义务来源，否则，这里的法律规定只能是指刑法以外的其他法律规定。然而，我国学者在论及不纯正的不作为犯的作为义务时

---

① 参见黎宏：《不作为犯研究》，123～124 页，武汉，武汉大学出版社，1997。

指出：从刑法自身的独立性地位、罪刑法定原则的要求来考虑，不纯正不作为犯的作为义务应当仅限于刑法明文规定的义务。在刑法尚未做出明文规定的情况下，不得以其他法律明文规定为由，追究行为人的刑事责任。①

如果按照这一观点，则我国刑法中的不纯正不作为犯不复存在矣。因此我认为，不作为的作为义务来源中的所谓法律规定，就其第一义而言，均非刑法规定的义务，而是其他法律规定的义务。例如日本学者论及作为义务来源的法令的规定时指出，由法令的规定明确表示的场合是指：夫妇的扶助义务（民第752条）、亲权人对子女的监护义务（民第820条）等即属其例。因而，丈夫置生病的妻子于不顾去旅行的行为，母亲故意不给婴儿喂奶的行为，可能分别成立保护责任者遗弃罪（第218条）、杀人罪（第199条）。②

在上述例子中，保护责任者遗弃罪是纯正的不作为犯，杀人罪是不纯正的不作为犯。由此可见，无论是纯正的不作为犯还是不纯正的不作为犯，其作为义务来源的法律规定，都是指刑法以外的其他法律规定。当然，在纯正的不作为的情况下，其他法律规定的作为义务需经由刑法确认。在第二义上，纯正的不作为的作为义务也可以说是刑法规定的，只不过刑法规定是以其他法律的规定为来源的。在这个意义上，纯正不作为的作为义务来源的法律规定具有双重性。③ 因此，就作为义务的最终渊源来说，还是刑法以外的其他法律的规定。

（二）职务或者业务要求的作为义务

职务或者业务要求的作为义务是指担任一定的职务或者从事一定的业务，基于这种职务或者业务所要求的作为义务。因为职务或者业务往往与行为人的主体身份有关，因而违反职务或者业务要求的作为义务而构成的犯罪，一般都是身份犯。在德日刑法中，职务或者业务上的要求往往被当作法律明文规定的作为义务

---

① 参见李金明：《不真正不作为犯研究》，160页，北京，中国人民公安大学出版社，2008。
② 参见［日］大塚仁：《刑法概说（总论）》（第3版），冯军译，242页，北京，中国人民大学出版社，2003。
③ 参见陈兴良：《刑法哲学》，3版，242页，北京，中国政法大学出版社，2004。

的一种。① 因此，将职务或者业务要求的作为义务当作不作为的作为义务的一种独立来源，在我国刑法理论中是较为特殊的。我国刑法规定的职务犯罪与业务犯罪占有很大比重，在这种情况下，这一归纳具有一定的合理性。当然，职务或者业务要求不像法律规定那么明确，有些是由规章制度规定的。对此，都应当视为作为义务的来源。

（三）法律行为设定的作为义务

法律行为具有设定权利义务的功能，因而也可以成为不作为的作为义务来源。这里的法律行为，主要是指民法上的法律行为，又称民事法律行为。民法上的法律行为的根本特征在于设权性，即按照当事人意思表示的内容设立、变更、终止相互间平等的权利、义务关系。② 通过民法上的法律行为设定的义务，就是一种作为义务。违反这种作为义务，是民事违法行为。当这种民事违法行为侵犯刑法上的重大法益的时候，就应当受到刑罚处罚。因而，民法上的法律行为设定的作为义务就成为不作为犯罪的作为义务来源。

法律行为设定的作为义务，在德日刑法中称为由契约、事务管理等法律行为发生的作为义务。正如日本学者所指出的那样，根据契约而接受养育幼儿的人，有给予适当食物、进行其他养育的义务。由于事务管理把病人带回自己家里的人，必须负担其治疗、保护的义务。③ 契约只是民法上的法律行为的一种形式，除此以外，还包括遗嘱、借用、婚姻、买卖等其他民事活动以及公事活动等。④ 因此，法律行为设定的作为义务的来源是十分宽泛的，对此应当在与作为犯罪的等量性上加以考量。

（四）先行行为引起的作为义务

先行行为，又称危险前行为，是指行为人先前实施的行为，该行为使某种合

---

① 参见黎宏：《不作为犯研究》，141页，武汉，武汉大学出版社，1997。
② 参见宋炳庸：《法律行为基础理论研究》，120页，北京，法律出版社，2008。
③ 参见［日］大塚仁：《刑法概说（总论）》（第3版），冯军译，158页，北京，中国人民大学出版社，2003。
④ 参见宋炳庸：《法律行为基础理论研究》，241页，北京，法律出版社，2008。

法权益处于遭受严重损害的危险状态，该行为人产生积极行动阻止损害结果发生的义务，就是先行行为引起的作为义务。

在德日刑法理论中，作为义务论存在一个从形式的作为义务论到实质的作为义务论转变的过程。日本学者西田典之教授论述了早期的形式性三分说：从历史上看，最初的学说为了限定不真正不作为犯的成立范围，仅以法律、合约为作为义务的根据。例如，限于具有民法上的抚养义务、监护义务，或者存在抚养合同、养育合同时，才认定具有作为义务。但并未提出法律上的义务为何能成为刑法上的作为义务。总之，考虑到将范围限定得过窄，其后又加上了条理（社会一般观念）。这就是所谓的形式性三分说（法律、合约、条理）。但因加入了条理这一相对暧昧的根据，使形式性三分说丧失了其本身的形式性，作为义务论也更多地融入了伦理性义务。① 由以上论述可见，最初的形式的作为义务论，是为了避免不纯正不作为犯的作为义务毫无边界，会不适当地扩大作为义务的范围，因而从规范的观点提出形式的作为义务论加以限制。最初的形式，仅限于法律规定，主要是指民法的规定，后来扩大到合约，最后又进一步扩大到条理。因为条理属于不成文的道德义务，因而将条理作为不作为犯的作为义务加以确定，既有混淆道德与法律之嫌，又有暧昧不明之弊，引起较大争论。正如日本学者西田典之教授所言，包含了条理的作为义务已经突破了形式的界限。

在上述形式的作为义务三分说中并不包含先行行为，将先行行为吸纳到作为义务来源当中，更在很大程度上违背了形式说的标准。先行行为作为作为义务的发生根据之一，是德国学者斯鸠贝尔的见解，他从生活的实际感觉及明白的法感情中归纳出了这个结论。后来在19世纪中叶所展开的不作为的因果性争论中，先行行为作为义务的发生根据逐渐在理论上被确认。② 就先行行为之作为义务是从法感情中推论出来而非从法规范中引申出来而言，这是一种明显的实质论。但把法律、合约、先行行为确定为不作为的作为义务来源，采取了一种列举的方

---

① 参见［日］西田典之：《日本刑法总论》，刘明祥、王昭武译，93页，北京，中国人民大学出版社，2007。

② 参见黎宏：《不作为犯研究》，124页，武汉，武汉大学出版社，1997。

作为义务：从形式的义务论到实质的义务论

式，只要具备刑法理论所列举的作为义务来源之一，就认为具备不作为之作为义务，这又是一种典型的形式判断。因此，先行行为作为不作为的作为义务，存在一定的弊端。正如我国学者指出：先行行为说一方面将不纯正不作为犯的成立范围扩展得过宽，另一方面又限制得过窄。因为按照先行行为说主张，凡是由于故意或过失行为而设定结果原因者，都负有作为义务。因此，过失犯或结果加重犯，只要对结果防止的可能性和结果发生具有认识，马上就转化为故意的不作为犯。而且，教唆犯和帮助犯也马上转化为不作为犯的正犯，这显然是将不作为犯的成立范围放宽。① 在先行行为作为不作为的作为义务来源的情况下，使不作为范围过宽的问题是明显存在的，也容易造成理论上的混乱。例如我国刑法学界经常讨论一个问题，即从失火罪向放火罪的转化。我国学者指出：由于失火有引起火灾的危险，所以失火后应该将火及时扑灭。如果故意不扑灭，而任其燃烧，失火可以转化为放火。比如，某人无意之中把一个未熄灭的火柴头扔到了仓库里的草堆上，草堆立刻着了起来。他知道如果不踩灭，有可能引起大火，但却扬长而去，根本不管，以致大火将仓库烧毁。这样，就应当以放火论处。因为，这个时候他有义务灭火，而且他也明知自己不去扑灭有可能发生火灾。即使他不是希望发生火灾，也是持放任态度，完全具备了故意放火的特征。② 以上分析，从表面上看似乎是可以成立的，即失火行为是先行行为，该先行行为产生了扑灭火灾的作为义务；行为人能够履行该作为义务而没有履行，并且对火灾结果持一种放任的心理态度，因而转化为间接故意的不作为放火罪。问题在于：造成火灾本身就是失火行为的后果，仅仅由于对这一后果的不防止，就能转化为放火罪吗？如果这一观点能够成立，则不作为犯罪的范围将大为扩张。例如，过失致人重伤，产生了救助义务，如果不予救助，扬长而去，也可以理解为对死亡结果持放任态度。如果被害人不治身亡，也就从过失致人死亡罪转化为故意杀人罪。在这种情况下，对于过失犯罪不仅要认定其本身的构成要件，而且还要考察是否具有履行

---

① 参见李晓龙：《论不纯正不作为犯作为义务之来源》，载高铭暄、赵秉志主编：《刑法论丛》，第5卷，47页，北京，法律出版社，2002。
② 参见王作富：《中国刑法研究》，419页，北京，中国人民大学出版社，1988。

由于该过失行为导致的作为义务的可能性，以便排除不作为犯罪，这显然不合乎罪刑法定原则。因此，我认为只要某一结果是包含在过失犯罪的构成要件之内的，该过失犯罪就不能转化为同一行为的故意犯罪。除非这一结果是超出某一过失犯罪的，该过失行为才有可能成为不作为的先行行为。

关于从失火罪向放火罪转化，日本学者日高义博也结合判例进行了充分讨论。日高义博在关于放火罪的不真正不作为犯的判例中，共讨论了13个案例，其中否定成立不纯正不作为犯的有4个案例。在这些案例中，过失引起火灾，能够扑灭而没有扑灭的，既有构成放火罪的判例，也有不构成放火罪的判例。

不构成放火罪的判例[①]

【案情】被告吸烟时，将点烟的火柴棍扔到甲的房檐下库房处的竹笼中，火柴棍的余火点着了竹笼中的刨花子，燃起了火苗。被告非常害怕，虽认识到火势增大会延烧到房子，但也没有采取扑救措施就逃走了。最终火势逐渐增大烧毁了房子的一部分。原审根据刑法第108条判处不作为放火罪。

【判旨】福冈高等法院撤销原判决，并做如下判定：

不是由于自己故意的原因而导致了物品着火，在这种情况下构成不作为的放火行为，必须是处于法律上有扑火义务且能够扑火地位的人，基于其利用已出现的火力的意志而不采取必要的救火措施……被告看到刨花子燃起火来，应立即扑火，而且也能够扑灭，但被告看到是由火柴棍的余火把刨花子点着的，因而故意放任不管。由于不能判定该不作为是基于要烧毁甲的房子的意思而不实施救火，所以，上述被告所为只有以失火罪讨论的余地，特别是原判决中事实与证据明显不符，所以，根据刑事诉讼法第397条第1款、第378条第4款撤销原判决。

---

① 参见［日］日高义博：《不作为犯的理论》，王树平译，52页，北京，中国人民公安大学出版社，1992。

作为义务：从形式的义务论到实质的义务论

构成放火罪的判例[1]

【案情】被告搜寻售票处桌子的抽屉，在要把其中的现金（纸币和硬币）往口袋里装的时候，硬币掉到了地板上。被告就把桌子上的纸片搓成一长条，用火柴将其点着，用它照明捡地板上的硬币，但这时，火把书、纸屑给点着了，火苗在桌子上有20厘米高。被告虽认识到可能要烧毁该售票处，但因害怕自己的犯罪行为被发觉，不敢灭火，逃离了现场。

原判认定这一事实成立放火罪。

【判旨】广岛高等法院冈山分院驳回上诉维持原判，判定如下：

被告害怕被人发觉自己的犯罪行为而不敢救火，从这点来看，被告的心理意图应解释为放任延烧结果的发生。被告不履行救火义务，其不作为导致火灾发生，应负放火罪的刑事责任。

在以上两个判例中，案情基本相同，判决结果却完全不同。尽管如此，判决主要着眼于行为人是否具有利用火力（危险）的意志，具有较为明显的主观主义色彩。而我认为，这主要还是一个如何对作为义务进行实质判断的问题，同时也涉及放火罪与失火罪的区分问题。

形式的作为义务论存在明显的缺陷，这就是不能科学地揭示处罚不作为犯的实质根据，因而难以区分纯正的不作为犯与不纯正的不作为犯。在刑法没有规定纯正不作为犯的情况下，容易将本应作为纯正不作为犯处罚的行为因刑法没有规定而作为不纯正不作为犯处罚。例如，在不救助的场合，简单地把具有救助义务而不救助认为是不作为杀人，有可能扩大不纯正不作为犯的范围。我国学者试图把救助义务区分为行为义务与结果义务，指出：不履行救助的行为义务，只是一个纯正不作为犯问题，只有不履行防止危害的结果义务才构成不纯正不作为犯。[2] 这种观点虽然具有一定新意，然而救助的行为义务与结果义务之间的区分

---

[1] 参见［日］日高义博：《不作为犯的理论》，王树平译，58页，北京，中国人民公安大学出版社，1992。

[2] 参见叶慧娟：《见危不助犯罪化的边缘性审视》，270页，北京，中国人民公安大学出版社，2008。

具有不可操作性。即使是在刑法对纯正不作为犯已有明文规定的情况下，仅根据作为义务的形式论也很难区分两种根本不同的犯罪类型，例如故意杀人罪与遗弃（致人死亡）罪。父母抚养子女的义务是法律义务，对一名刚满月的婴儿不履行抚养义务而致其死亡与对一名已满15周岁的少年不履行抚养义务而致其死亡，从抚养义务之不履行上来说是完全相同的。但是，对于这两种情形在刑法上都评价为杀人行为或都评价为遗弃行为是不妥当的。前者是杀人，后者是遗弃。对此，不能从形式的作为义务上寻求根据，而必须在具备形式的作为义务的基础上，再进一步进行实质判断，这就是作为义务的实质论。

三、实质的作为义务论

我国学者在论及作为义务论之提出时指出：本世纪（指20世纪——引者注）60年代以来，西德的刑法学者们便避开作为和不作为构成上的差别，而从不作为者与危害结果或不作为者与被害者之间的特殊关系出发来确认不作为犯的作为义务的实质根据，并取得了丰硕的成果。其中有阿米·考夫曼及亨克尔（Herkel）的同价值的作为义务说；安德鲁·那克斯（Androulakis）的社会保护关系说；乌尔夫（E. A. Wolf）的本来的依存关系说；威尔普（Welp）的特殊的依存说；贝尔汶格鲁（Bärwinkel）的社会的作用说；鲁德尔夫（Rudolphi）的统括者说；等等。这些学说由于抛开作为与不作为存在结构上的差异而从不作为者所起的社会作用及所处的社会环境来研究作为义务的实质内容，而被称为社会的不作为犯论。其共同特点是对传统的义务违反说中规范的形式的方法进行反省而向存在论的实质性的研究方法过渡。这种研究方法论上的变化，给其他国家以很大的影响。①

从形式的作为义务论到实质的作为义务论是一种研究方法的转变。我认为，实质的作为义务论并不是对形式的作为义务论的否定，毋宁说，在两者之间存

---

① 参见黎宏：《不作为犯研究》，127页，武汉，武汉大学出版社，1997。

作为义务：从形式的义务论到实质的义务论

一种逻辑上的位阶关系：形式的作为义务论是对作为义务的形式判断，实质的作为义务论是对作为义务的实质判断。只有在对作为义务进行形式判断并确认形式的作为义务存在的基础上，才能进一步对作为义务进行实质判断。形式的作为义务是存在论意义上的作为义务，而实质的作为义务则是价值论意义上的作为义务。在实质的作为义务的认定中，我以为应当强调以下三种观点。

（一）主体具有保证人的地位

在对不作为犯之作为义务做实质判断的时候，主体是否具有保证人的地位是重要的根据之一。保证人说是德国学者纳格勒首倡的。纳格勒指出：所谓保证人（Garant），是指在发生某种犯罪结果的危险状态中，负有应该防止其发生的特别义务的人，保证人虽然能够尽其保证义务，却懈怠而不作为时，就能成为基于不作为的实行行为。因此，必须把不真正不作为犯中的作为义务理解为构成要件的要素。①

不作为犯所处的这种保证人地位，使其承担防止结果发生的实质性义务，如果不履行这种义务，则应对法益侵害结果承担刑事责任。正如德国学者指出：在不纯正的不作为犯情况下，保证人被赋予避免结果发生的义务，结果的发生属于构成要件，违反避免结果发生义务的保证人，应当承担构成要件该当结果的刑法责任。②

因此，主体是否具有保证人地位就成为实质的作为义务的一种判断标准。

（二）行为具有等价值的性质

这里的行为等价值，是指作为与不纯正的不作为之间具有等价值性。因为作为和不纯正的不作为共用一个构成要件，刑法对不纯正不作为并未做出专门规定。在这种情况下，只有与作为具有等价值性的不纯正的不作为才能认定为犯罪。例如刑法只规定了杀人行为，如果是作为的杀人，当然可以被刑法关于杀人

---

① 参见[日]大塚仁：《刑法概说（总论）》（第3版），冯军译，136页，北京，中国人民大学出版社，2003。
② 参见[德]汉斯·海因里希·耶赛克、托马斯·魏根特：《德国刑法教科书》，徐久生译，727页，北京，中国法制出版社，2001。

的规定所统摄。在不纯正的不作为杀人的情况下，应当考察与作为杀人的等价值性。这种构成要件的等价值性理论是日本学者日高义博教授提出来的，日高义博教授指出：填补不真正不作为犯与作为犯存在结构上的空隙而使两者价值相等，这种等价值性的判断标准必须在构成要件相符性阶段来考虑。也就是说，为了解决等量问题，首先在犯罪成立的第一步构成要件相符性阶段，不真正不作为犯和作为犯必须是等价值的。①

等价值性理论为我们对作为义务进行实质判断提供了一个方向，对于认定不纯正的不作为具有重要意义。

（三）原因设定与结果支配

在认定不纯正的不作为犯的时候，在对作为义务的实质判断中，是否具有原因设定和结果支配，是重要的根据。原因设定是指不作为者在该不作为成立之前，必须自己设定倾向侵害法益的因果关系，它是具有实质性意义的等价值的判断标准。这一观点是日本学者日高义博教授提出来的，也称为实质的原因设定性理论。②原因设定与作为和不作为的等价值性判断密切相关，但它也可以成为一种独立的判断根据。原因设定的观点与危险创制的观点具有相似性，它为作为义务的存在提供了实质性的根据。结果支配是指对结果发生具有支配性。德国学者许乃曼在1971年《不纯正不作为犯的基础和界限》一文中，提出了对造成结果的原因有支配的对等原则：仅有当不作为人针对造成法益受侵害之事实的法律地位，以对于结果归责具决定性的观点与作为行为人的法律地位可加比较时，那么以作为犯的构成要件处罚不作为才属适当。③日本学者进一步地强调这种对结果的支配是一种排他性支配。例如日本学者西田典之教授指出：不作为要与作为具有构成要件等价值，不作为者就必须将正在发生的因果流程控制在自己的手中，

---

① 参见［日］日高义博：《不作为犯的理论》，王树平译，105~106页，北京，中国人民公安大学出版社，1992。
② 参见黎宏：《不作为犯研究》，132页，武汉，武汉大学出版社，1997。
③ 参见［德］许乃曼：《德国不作为犯学理的现况》，陈志辉译，载陈兴良主编：《刑事法评论》，第13卷，397页，北京，中国政法大学出版社，2003。

作为义务:从形式的义务论到实质的义务论

即获得基于意思的排他性支配。①

这种结果支配的观点,对于认定不作为犯的行为义务具有重要的指导意义。结果支配涉及行为对于结果发生的实质的掌控,而不满足于形式是否具有作为义务,从而起到限定不作为的作为义务的作用。

(本文原载《国家检察官学院学报》,2010(3))

---

① 参见[日]西田典之:《日本刑法总论》,刘明祥、王昭武译,94页,北京,中国人民大学出版社,2007。

不作为犯论的生成

不作为是相对作为而言的,是行为的一种特殊表现形式。以不作为形式构成的犯罪,就是不作为犯。关于不作为,我国刑法中并无总则性规定,因此不作为完全是一个刑法理论问题。我国刑法学中的不作为犯理论存在一个逐渐生成的过程,在这一过程中吸收德日刑法学的不作为犯理论,从而充实并推进了我国刑法学中的不作为犯论的发展。

一、不作为犯论的学说深化

我国古代刑法中不存在不作为的一般性规定,但存在以不作为形式构成的具体犯罪。对此我国台湾地区学者戴炎辉称为"无不作为犯之名而有其实"[①],可谓贴切。

民国刑法学在记述行为时区分作为与不作为,唯在对行为的描述上具有较为明显的自然主义色彩。例如民国学者指出:"行为者,随意于意思之身体动静

---

① 戴炎辉:《中国法制史》,53页,台北,三民书局,1979。

不作为犯论的生成

（动作举动）也。即吾人决定或意思，以之通乎筋肉（神经系）之作用也，而其向乎外也，有须其筋肉之发动者，有非然者，前者曰作为，后者曰不作为。作为者，实行决意，须身体发动的作用之谓。不作为者，实行决意，不须身体发动的作用之谓，即一为动的，而一为静的也。"① 以肌肉神经之运动描述行为，这是一种存在论意义上的自然行为论，因而作为与不作为的区分也就被界定为身体的动与静。在这种情况下，对不作为犯的讨论重点放在因果关系问题上。1935 年刑法第 15 条第 1 项对不作为设有明文规定："对于一定结果之发生，法律上有防止之义务，能防止而不防止者，与因积极行为而发生结果者同。"因此，从因果关系上考察不作为犯，在法律上具有一定根据。上述刑法规定亦明示不作为犯之成立，以法律上有对于一定结果之发生的防止义务为前提，由此而使不作为犯从身体上的"无"转化为规范上的"有"，这就是不作为犯的作为义务问题。民国学者对作为义务做了以下论述。所谓于法律上有作为义务，可分为下述三种情形：（1）依法律规定而有义务者，如亲不养育其子致其死亡之成杀人罪是也；（2）依法律行为而有义务者，如乳母不乳其子致其死亡之成杀人罪是也；（3）依社会观念而有义务者，即虽无法令或契约上之义务，而依法律全体精神，实认为有作为义务。② 在以上三种作为义务的情形中，从社会观念产生的义务范围过于宽泛，若不加必要限制，则会扩张不作为犯的范围。

我国刑法学中的不作为犯理论，是从苏俄刑法学引入的。苏俄刑法学对不作为缺乏深入研究，只有对不作为的初步定义。例如苏俄刑法教科书把犯罪行为分为积极行为与消极行为：前者系作为，后者系不作为。苏俄学者把不作为分为两种，并分别做了论述：在由不作为所实行之犯罪中间，可区别为怠慢或完全不作为两种（Delictum ommissionis）。此两种罪行，只有在法律要求实行某种行为，否则即构成犯罪的时候，才得成立。例如，不援救、不报告某种情报，动员不到等行为，都属于不作为罪。由不作为所实行的另一种罪行，称为混合的不作

---

① 郗朝俊：《刑法原理》，135～136 页，上海，商务印书馆，1930。
② 参见陈瑾昆：《刑法总则讲义》，吴允锋勘校，80 页，北京，中国方正出版社，2004。

(Delictum commissionis per ommissionem)，例如，母亲不哺乳婴儿，致使婴儿饿死。这是由不作为所实行之实质犯罪。混合的不作为只有在以下的场合才存在，即某人因某种情况而负有阻止犯罪结果发生之责任时，为预防犯罪结果之发生而有实行某种积极行为之特殊义务，此种义务之产生可以根据：（1）法律，例如，法律规定父母有抚养子女之义务；（2）由契约与职务所赋予之责任，例如，转辙手有转换轨道或发出警号以预防火车出事的责任；（3）由该人之以往行为所发生之责任，此以往行为使国家利益或社会利益或各个公民利益置于极危险境地者，例如，已破开人腹腔之外科医生，有完成其已开始之工作之义务，如因其手术中途停止，而使病人死亡，则此外科医生将依故意或过失杀人罪处刑。① 在以上论述中，所谓混合的不作为，是指以不作为方式而犯作为之罪，在德日刑法学中称为不纯正的不作为，其有别于纯正不作为。在对作为义务的论述中，苏俄学者说明了先行行为所产生的作为义务。

我国1957年出版的刑法教科书，完全承袭了苏俄刑法教科书关于不作为的论述，例如把作为与不作为称为积极行为与消极行为，关于不作为的作为义务也确定了三个来源，这就是：（1）法律要求；（2）职务上或业务上的要求；（3）由于自己的行动而使法律所保护的某种利益处于危险状态所发生的责任。② 及至20世纪80年代初，我国刑法学恢复重建，在刑法教科书中关于不作为的论述几乎是50年代刑法教科书的翻版，甚至所举的例子也相同。例如统编教材《刑法学》同样把作为与不作为称为积极行为与消极行为。关于不作为要求的特定义务，同样列举了以下三种情形：（1）法律明文规定某些人应当履行某种特定的义务；（2）根据行为人的职务和业务要求负有实行某种积极行为的义务；（3）由于自己的行为而使法律所保护的某种利益处于危险状态所发生的义务。③ 由于当时我国

---

① 参见［苏］苏联司法部全苏法学研究所主编：《苏联刑法总论》下册，彭仲文译，332页，上海，大东书局，1950。
② 参见中央政法干部学校刑法教研室编著：《中华人民共和国刑法总则讲义》，87~88页，北京，法律出版社，1957。
③ 参见高铭暄主编：《刑法学》，121页，北京，法律出版社，1982。

不作为犯论的生成

1979年《刑法》刚开始实施，尚未出现较多的不作为犯的案例，而且学术上亦处于封闭状态，对德日刑法学的不作为犯理论完全缺乏了解。因此，当时我国刑法学中的不作为犯论处于相当浅显的水平。

我国刑法学对不作为犯的研究，是从硕士论文开始的，其中陈忠槐于1983年答辩通过的硕士论文《论我国刑法中的不作为犯罪》，是对不作为犯深入研究的肇始。论文在论及不作为犯的分类时，除只能由不作为形式构成的犯罪（纯正的不作为犯）与既可以由作为也可以由不作为形式构成的犯罪（不纯正的不作为犯）这两种类型以外，还讨论了另外两种类型：一是同时包含作为和不作为两种形式的犯罪；二是不能单独成立，只能在共同犯罪中存在的不作为犯罪。关于同时包含作为和不作为两种形式的犯罪，我国学者举例指出：如偷税、抗税、拒不执行判决裁定罪即属此类不作为犯罪。这类犯罪的共同点是行为人不履行刑法规定的作为义务，而在实施这些不作为犯罪时又采取了某种积极的形式。[①] 以上这一不作为犯的类型是以我国1979年《刑法》规定的若干罪名为依据而加以概括的结果。例如偷税、抗税罪，我国1979年《刑法》第121条规定："违反税收法规，偷税、抗税，情节严重的，除按照税收法规补税并且可以罚款外，对直接责任人员，处三年以下有期徒刑或者拘役。"在此，立法者采取简单罪状的方式对偷税、抗税罪做出了规定。不履行纳税义务，当然是一种不作为，但并非不履行纳税义务就构成本罪，本罪还要求行为人在客观上具有偷税、抗税的行为。对此，我国当时的刑法教科书指出：偷税是指违反税收法规，用欺骗，隐瞒等方式逃避纳税义务的行为。抗税是指抗拒按照税法规定履行纳税义务的行为。[②] 在此，欺骗、隐瞒、抗拒等行为方式都具有作为的特征，但就不履行纳税义务而言又具有不作为的特征。因此，我国刑法教科书指出：还有个别犯罪既包含不作为，也包含作为的成分，如偷税、抗税罪，从伪造账目、弄虚作假甚至殴打税务

[①] 参见陈忠槐：《论我国刑法中的不作为犯罪》，载中国法学会刑法学研究会组织编写：《全国刑法硕士论文荟萃（1981届—1988届）》，153页，北京，中国人民公安大学出版社，1989。

[②] 参见高铭暄主编：《刑法学》（修订本），396页，北京，法律出版社，1984。

人员而言，是作为；但从应纳税而不纳税而言，则是不作为。① 这是结合我国刑法规定对不作为犯所做的独特研究，这一研究此后一直在延续。

我国学者引入双重行为的概念，试图以此解决上述问题，指出：在双重行为中，由于作为与不作为两种情况同时存在，但在法律评价上要么只能是作为犯，要么只能是不作为犯，只能根据法律评价和责难重点进行判断。依此原则，在抗税行为中，行为人具有抗拒缴纳税款、拒绝接受税务机关依法进行的纳税检查，甚至闹事、威胁、围攻税务机关、殴打税务人员的作为表现，并且"抗"的行为具有独立的法律意义，但从根本上说，其只不过是拒不纳税行为的方法，法律责难的重点并不是这些方法本身，而是方法的实质内容，即违反税收法规、拒不纳税的行为。② 双重行为的理论来自我国台湾地区学者林山田。林山田所称双重行为，是指一个构成要件该当结果，系同时由同一个行为人的作为与不作为所造成。林山田列举了以下两个实例。例1：厂主A未将带有病菌的原料先行消毒杀菌，即将该批原料交由工人B与C等人加工制造，致工人B因感染病菌而病故。例2：机车骑士A于夜间的黑暗路面未点灯而行驶，致发生车祸，撞毙行人B。③显然，双重行为是作为与不作为并存，因而出现了究竟以作为犯论处还是以不作为犯论处的问题。但偷税、抗税则与之不同，在偷税抗税中，构成要件行为都是作为。尤其是1997年刑法修订以后，对偷税罪与抗税罪分别加以规定，并且都采取了叙明罪状，对构成要件行为加以描述。例如，根据《刑法》第202条的规定，抗税罪是指以暴力、威胁方法拒不缴纳税款的行为。对此多种情形，我在新近出版的《本体刑法学》（第二版）一书中将其称为不纯正的作为，以与不纯正的不作为相对应。如果说不纯正的不作为是以不作为形式犯作为之罪，那么，不纯正的作为就是以作为的形式犯不作为之罪。我从违反规范的性质上，对不纯正的作为做了以下论述：不纯正的作为是指形式上违反禁止性规范而实质上违反命令性规范的情形。例如抗税，就其行为方式而言是作为，但通过作为所要达到的

---

① 参见高铭暄主编：《中国刑法学》，99页，北京，中国人民大学出版社，1989。
② 参见熊选国：《刑法中行为论》，124页，北京，人民法院出版社，1992。
③ 参见林山田：《刑法通论》下册，增订10版，237页，台北，台大法学院图书部，2008。

不作为犯论的生成

是不作为的目的，即以暴力、威胁方法拒不履行纳税义务，这即不纯正的作为，也可以说是以作为的方式犯不作为之罪。① 由此可见，对于我国刑法中是否存在同时包含作为与不作为的犯罪这一问题，从提出问题到采用不同的理论解决问题，经历了一个漫长的过程。在此期间，刑法规定发生了变动，而德日刑法学的引入，为解决这一问题创造了条件。对于同时包含作为与不作为的犯罪这一问题的解决的过程，可以说是我国不作为犯研究过程中的一个缩影。

至于我国学者提出的另外一个问题，即共同犯罪中的不作为问题，当时仅限于提及这个问题。此后，我国学者在共同犯罪论中对此做了初步论述，指出：共同犯罪行为的形式，不限于共同的作为，也包括共同的不作为，有时甚至是作为和不作为的结合。例如盗窃犯乙，事前同某工厂仓库值班员甲约好，乘甲值班时，乙来盗窃该仓库财物。届时，甲借故离开现场，任乙盗窃，事后二人将赃款平分。甲的行为是不作为，乙的行为是作为。甲的不作为对乙的作为起了配合、帮助和支持的作用。这一共同犯罪就是作为和不作为的结合。② 以上对共同犯罪中的不作为的论述，只是现象描述和案例印证，并没有上升到法理高度。我在1992年出版的《共同犯罪论》一书中对共同不作为、一方作为和另一方不作为进行了论述，但也只是简单分析而已③，因为当时并无更多的学术资源。及至2009年，我国学者刘瑞瑞出版了20万字的《不作为共犯研究》一书，该书完全采用德日刑法学的共犯理论和不作为犯理论，从保证人地位的法理出发，对不作为共犯问题做了相当深入的探讨。在该书中，德日资料的运用给我留下了深刻的印象。对此，作者做了以下说明：由于德日法制较完备，司法人员素质较高，对不作为共犯的研究及审判的历史较早，留下了许多珍贵的资料。这些资料基本上反映了现代不作为共犯理论的实际状况及发展趋势。借鉴这些资料进行比较研究，可以少走弯路。因此，笔者在文中大量引用了德日的判例和学说，以期化为

---

① 参见陈兴良：《本体刑法学》（第二版），200页，北京，中国人民大学出版社，2011。
② 参见李光灿、马克昌、罗平：《论共同犯罪》，32页，北京，中国政法大学出版社，1987。
③ 参见陈兴良：《共同犯罪论》，84～86页，北京，中国社会科学出版社，1992。

我国对该问题研究的铺垫。① 该书引用外文期刊文献 7 种，主要是日文资料；外文图书文献 46 种，其中日文资料 12 种，德文资料 34 种。可以说，该书是完全根据德日资料写成的，它为我国不作为共犯问题的研究打开了一扇窗户，也在很大程度上提升了我国关于不作为共犯的研究水平。如果没有对这些德日资料的采用，对不作为共犯的研究很难达到目前这种水平。②

《不作为共犯研究》一书可以说是采用德日资料研究不作为犯论的一个样板，我国的不作为犯论的研究就是在这样一种学术背景下发展起来的。就德日学科引入而言，值得一提的是王树平译、日本学者日高义博著的《不作为犯的理论》一书。该书 1992 年由中国人民公安大学出版社出版，它的出版为我国不作为犯论研究提供了重要的学术资源。在该书前言中，日高义博指出：本书提出不真正不作为犯的基本理论——构成要件等价值性理论，并试图解决不真正不作为犯的诸问题。从理论方面研究探讨不真正不作为犯开始于 19 世纪初，直至今天，不作为犯仍是刑法学争论的理论问题之一。不真正不作为犯可罚性的根据及其处罚范围随着时代思潮的发展而变化，至今也没有取得一致的意见，这与不真正不作为犯具有开放的构成要件以及作为其成立要件所考虑的法的作为义务是一个相对的概念有很大关系。目前，不真正不作为犯的问题除与罪刑法定主义相抵触的问题外，还涉及不作为的故意、错误论、立法等多方面的问题。这些问题的核心是等置问题。等置问题的解决方法及其标准不同，解决这些问题的结论就不同。本书以构成要件等价值性为标准来解决等置问题，并在客观方面限定不真正不作为犯成立范围的基础上，试图明确解决上述诸问题。③ 日高义博的著作在我国出版以后，其等置理论受到我国学者的重视，并对推进我国不作为理论的研究起到了重要作用。事实上，日高义博的该书在中文版出版以前，就已经被我国学者引用，

---

① 参见刘瑞瑞：《不作为共犯研究》，218 页，桂林，广西师范大学出版社，2009。
② 关于不作为共犯的专章论述，还可参见陈洪兵：《共犯论思考》，215 页以下，北京，人民法院出版社，2009。
③ 参见［日］日高义博：《不作为犯的理论》，王树平译，前言 1 页，北京，中国人民公安大学出版社，1992。

不作为犯论的生成

例如熊选国在其1992年出版的《刑法中行为论》一书中，就引用了日高义博的著作日文版的观点。在论及该书对我国不作为犯论研究的作用时，我国学者指出：日本学者日高义博提出构成要件等价性命题，来解决不作为与作为的等价问题，认为不作为犯必须通过自己的先行行为设定因果关系。其著作《不作为犯的理论》于1992年译介到中国，从而为中国大陆刑法学界广泛引用，成为中国大陆刑法学者研究不作为犯理论的基础性资料。①

除了上述日本资料以外，在20世纪90年代后半叶至21世纪初，德国关于不作为犯的资料也开始引入我国，例如汉斯·海因里希·耶赛克、托马斯·魏根特的《德国刑法教科书》一书，将不作为犯与故意的作为犯、过失犯并列，作为一种独立的犯罪类型加以研究。在论及作为与不作为之间的区别时，德国学者采用了保证人地位理论，指出：在不纯正的不作为犯情况下，"保证人"被赋予了避免结果发生的义务。结果的发生属于构成要件，违反避免结果发生义务的保证人，应当承担构成要件该当结果的刑事责任。② 保证人论对于不纯正不作为犯的理论来说，是一种具有说服力的理论，也为不纯正不作为犯的作为义务的实质化提供了可能性。当然，在保证人问题上，即便是在德日刑法学中也是存在多种观点聚讼的，其中许乃曼教授的因果流程的支配说也是较早介绍到我国的一种学说。许乃曼教授采用统一的法理根据论证作为与不作为的可罚性，并将这一法理根据确认为支配造成结果的原因。许乃曼教授指出，1971年我在关于"不纯正不作为犯的基础和界限"的专论中，从以上的观点发展出"对造成结果的原因有支配"的对等原则：仅有当不作为人针对造成法益受侵害之事实的法律地位，以对于结果归责具决定性的观点与作为行为人的法律地位可加比较时，那么以作为犯的构成要件处罚不作为才属适当。③ 在许乃曼教授看来，无论是作为还是不作

---

① 参见谢绍华：《先行行为论》，4～5页，北京，中国人民公安大学出版社，2011。
② 参见［德］汉斯·海因里希·耶赛克、托马斯·魏根特：《德国刑法教科书》，徐久生译，729页，北京，中国法制出版社，2001。
③ 参见［德］许乃曼：《德国不作为犯学理的现况》，陈志辉译，载陈兴良主编：《刑事法评论》，第13卷，397页，北京，中国政法大学出版社，2003。

为,都必须对造成结果的原因具有支配,正是这种对原因的支配关系使得作为与不作为之间具有等价值性。无疑,许乃曼教授的上述观点对于作为义务的实质判断具有重要意义。除此以外,通过我国台湾地区学者许玉秀教授的著作,德国刑法学界较有影响的实质的作为义务理论被引入我国刑法学,例如平面的社会群体关系学说(包括佛格特的较密切的社会秩序说、安德普拉基顿的事先存在之密切关系说、贝尔汶科的公共福祉和社会角色说)和机能的二元学说(包括法益保护类型、危险源监督管理类型、组织管辖理论、依赖关系和信赖关系说)等。[1] 以上不作为之作为义务的实质化理论,对于我国不作为犯论的进一步深化起到了重要的引导作用。

近年来随着德国义务犯理论传入我国,不作为犯又被在义务犯的名义下进行讨论,由此而扩大了不作为犯的理论视野。如果说,等置性理论试图在作为犯与不作为犯之间建立价值上的判断,那么义务犯理论就是试图在作为犯与不作为犯之间寻求共同的归属原理。我国学者何庆仁在其题为《义务犯研究》的博士论文中,对义务犯理论进行了深入研究,其中很大篇幅涉及不作为犯问题。该书是介绍性的,同时也是研究性的,其中涉及德国刑法学界关于义务犯理论的聚讼。罗克辛、雅各布斯、许乃曼,都是该书的研究对象。在该书中,何庆仁在论及全部不作为犯是否都是义务犯时指出:义务犯中的不作为犯当然是义务犯,支配犯中的不作为犯还是义务犯,罗克辛教授因而得出结论认为,全部的不作为犯都属于义务犯。换言之,对不作为犯而言,重要的是由保证人地位所发生之结果避免义务,是否有犯罪支配——真正的或者修正的——丝毫不影响正犯的判断。笔者赞同罗克辛教授关于义务犯正犯原理的理解,但是无法同意他认为不作为犯全部属于义务犯的观点;另一些学者同样不赞同罗克辛教授提出的不作为犯全部属于义务犯的观点,理由是他们无法同意罗克辛教授关于义务犯正犯原理的理解。笔者的观点容后再述,因为相较于反驳不作为犯全都属于义务犯,对义务犯正犯原理的维护更为急迫。不过在具体讨论之前,首先要批判罗克辛教授无社会的犯罪支

---

[1] 参见许玉秀:《当代刑法思潮》,617页以下,北京,中国民主法制出版社,2005。

不作为犯论的生成

配之伪装义务犯应当使用帮助犯刑罚的观点。① 在以上论述中，何庆仁对罗克辛教授的义务犯正犯原理是赞同的，在此基础上阐述不作为犯的性质。当然，对于不作为犯全部属于义务犯的观点则持异议。何庆仁试图在义务犯的框架内讨论不作为犯，为不作为犯论提供重新审理的平台。例如，对于以往我国学者已经接受的等价值性理论，何庆仁认为没有注意区分决定可罚性的等价性和决定正犯性的等价性，指出：等价性理论最初之发展是为了限缩不作为犯的处罚范围，可以说是侧重于解决不作为犯的可罚性方面的问题。一直到现在，许多学者还是认为，不具有等价性的不作为就是不可罚的。这是一种错误的方向。不作为犯的可罚性在于保证人地位与保证人之有无，具有该地位和义务就具有可罚性，与等价性毫无关系。只有在确定了不作为者具有可罚性的前提之下，才有必要进而思考该不作为是与作为的正犯还是参与等价，而不是必须先考虑等价性才能决定可罚性。② 把等价性问题从不作为可罚性根据转变为确定不作为是作为的正犯还是参与犯的根据，是对等价性原理功能的重大修正，当然这是以保证人说作为不作为犯处罚根据为前提的。在以上论述中何庆仁所说的许多学者的观点，根据其引证，包括李晓龙的《论不纯正不作为犯的等价性》（载《法律科学》2002 年第 2 期）、袁彬的《论不作为片面共犯》（载赵秉志主编《刑法论丛》第 13 卷，法律出版社 2008 年版，第 293 页）、刘士心的《不纯正不作为犯研究》（人民出版社 2008 年版，第 182 页）。当然，这是一个可以继续深入讨论的问题。无论如何，义务犯理论的出现，使不作为犯理论突然变得复杂起来。在短短 30 年间，我国不作为犯论从一无所有的荒芜状态重演了德日上百年的不作为犯的理论发展过程，这是一种学术追赶的态势，这也是后发国家在学术研究中的一种后发优势。这种后发优势在我国不作为犯研究中表现得淋漓尽致。

---

① 参见何庆仁：《义务犯研究》，38～39 页，北京，中国人民大学出版社，2010。
② 参见何庆仁：《义务犯研究》，102 页，北京，中国人民大学出版社，2010。

二、从形式的作为义务论到实质的作为义务论

在不作为犯中,首先涉及的一个问题就是不作为的行为性。我国早期在不作为犯的研究中并没有提出不作为的行为性问题,因为当时我国尚未形成行为理论。在这种情况下,不作为的行为性问题一般都是包含在不作为的因果关系中加以探讨,即在一定程度上把不作为的行为性问题等同于不作为的原因力问题,甚至把不作为的因果关系等同于作为义务的问题。由此可见当时不作为犯论没有完全展开,因而在相当狭窄的空间进行讨论。例如我国刑法教科书在论及以不作为方式所实施的犯罪的因果关系问题时,指出:刑法上的不作为是以行为人具有某种特定义务为前提的。例如,铁路扳道员有特定义务按照铁路信号扳动道岔,使火车按预定轨道通行,如果他能这样做而没有这样做,致使火车倾覆,那么,他的不作为同危害结果之间就有因果关系。因为按照职务,扳道员有采取积极行为来防止危害结果发生的特定义务,在他能防止危害结果发生的条件下,他没有履行自己的特定义务,致使危害结果从他的不作为中产生出来了,他的不作为同危害结果之间当然就具有因果关系。如果一个人没有这种特定义务,从刑法意义上来讲,就没有必要再去研究因果关系问题了。[①] 按照以上论述,只要存在作为义务,就具有了不作为的行为,同时也就具有了不作为的因果关系。显然,这样一种理论是极为肤浅的。其实,不作为的行为性、因果关系和作为义务属于不同层次的问题,应当分别在行为论、因果关系论和不作为犯论中加以研究。在此后的学术发展过程中,这些问题分别得到了较为充分的研究。例如熊选国在《刑法中行为论》一书中,对不作为的行为性问题做了专题研究,强调了不作为的法规范内容(犯罪构成要件)及其所具有的社会危害性。[②] 我国学者陈忠槐对不作为的因果关系问题做了较有新意的研究,提出了转辙说,认为某些事物的发展在改变

[①] 参见高铭暄主编:《中国刑法学》,131页,北京,中国人民大学出版社,1989。
[②] 参见熊选国:《刑法中行为论》,132页以下,北京,人民法院出版社,1992。

不作为犯论的生成

方向时，必须依靠人的一定作为行为。这样，负有作为义务的人，如果不履行自己的义务，进行必要的转辙，而是止于不作为状态，那么他实际上就是阻挡了事物朝着正常健康的方向前进，而使之不得不沿着原来的危险方向继续发展，从而导致危险结果的发生。所以，违反特定义务的不作为行为，在事物的发展过程中完全起到了阻碍的作用。[1] 当然，在不作为犯中，核心问题还是作为义务问题，这也是我国不作为犯研究最为集中的问题。从总体上来看，作为义务存在一个从形式的作为义务论到实质的作为义务论的演变过程。这一演变目前在刑法理论上已经完成，但在司法实践中还是受形式的作为义务论的影响。

我国在不作为犯的作为义务论述中，一般对纯正的不作为与不纯正的不作为是不加区分的，并在特定义务的名义下论及作为义务，认为所谓特定义务，是指公民在特定的社会关系领域内，基于特定的事实和条件而产生的具体法律义务。这种具体法律义务，分为以下三个方面：(1) 法律上明文规定。例如，依照《刑法》(指1979年《刑法》——引者注) 第183条的规定，对于年老、年幼、患病或者其他没有独立生活能力的人，负有扶养义务而拒绝扶养，情节恶劣的，就构成遗弃罪。遗弃罪所违反的这种扶养义务，是由婚姻法规定的。(2) 职务上或业务上的要求。例如，仓库保管员有义务管理好仓库的财物。如果他不尽职责，以致财物大量变质或被盗，他就要负玩忽职守的责任。(3) 行为人先前的行为。例如，某人带领邻居家的儿童去海滨浴场游泳，他就对该儿童负有保护的义务，要保证该儿童安全地回来。这种义务是由前面的行为派生出来的。某人骑自行车不慎将一老人撞倒受伤，他就有义务送被害人去医院抢救治疗。这种义务也是从前面的行为中派生出来的。由于本人的行为而使法律所保护的某种利益处于危险状态，行为人就负有采取有效措施来排除这种危险的义务。行为人能履行而不履行此项义务，以致造成严重后果的，就要负犯罪的不作为的刑事责任。[2] 以上仅是从作为义务的来源或者根据来讨论不作为的成立条件，具有明显的形式特征。在

---

[1] 参见陈忠槐：《论不作为犯罪的因果关系》，载《法学研究》，1988 (1)。
[2] 参见高铭暄主编：《中国刑法学》，99页，北京，中国人民大学出版社，1989。

219

这种情况下，并未考虑不作为成立的实质根据。

根据这种形式的作为义务论，容易造成不作为犯的范围扩张。例如我国学者论及失火向放火转化时，指出：由于失火有引起火灾的危险，所以失火后应该将火及时扑灭，如果故意不扑灭，而任其燃烧，失火可以转化为放火。比如，某人无意之中把一个未熄灭的火柴头扔到了仓库里的草堆上，草堆立刻燃起火。他知道如果不踩灭，有可能引起大火，但扬长而去，根本不管，以致大火将仓库烧毁。这样，就应当以放火罪论。因为，这个时候他有义务灭火，而且他也明知自己不去灭火有可能发生火灾。即使他不是希望发生火灾，也是持放任态度，完全具备了故意放火的特征。① 显然，按照灭火义务—不履行的思维方式，就会得出不作为放火的结论，这也是一种形式的作为义务论。对于以上观点，我曾经做过以下评论：造成火灾本身就是失火行为的后果，仅仅由于对这一结果的不防止，就能转化为放火罪吗？如果这一观点能够成立，则不作为犯罪的范围将大为扩张。例如，过失致人重伤，产生了救助义务，如果不救助，扬长而去，也可以理解为对死亡结果持放任态度。如果被害人不治身亡，也就从过失致人死亡罪转化为故意杀人罪。在这种情况下，对于过失犯罪不仅要认定其本身的构成要件，而且还要考察是否具有履行由于该过失行为导致的作为义务的可能性，以便排除不作为犯罪，这显然不合乎罪刑法定原则。因此，我认为只要某一结果是包含在过失犯罪的构成要件之内的，该过失犯罪就不能转化为同一行为的故意犯罪。除非这一结果是超出某一过失犯罪的，该过失行为才有可能成为不作为的先行行为。② 这里涉及的是采用形式的作为义务论还是实质的作为义务论的问题。

在我国刑法学界首先关注实质的作为义务论的是黎宏教授，其在《不作为犯研究》一书中，对作为义务论从形式的作为义务论与实质的作为义务论两个方面做了阐述，并指出了我国当时作为义务论上存在的形式化倾向，指出：在我国刑法理论中，对不作为犯的作为义务根据的说明基本上还是局限于形式的作为义务

---

① 参见王作富：《中国刑法研究》，419页，北京，中国人民大学出版社，1988。
② 参见陈兴良：《教义刑法学》，252～253页，北京，中国人民大学出版社，2010。

说之内。尽管近年来，有的研究者试图突破此研究范围，引入价值的观点，但是，由于其见解又存在许多不明之处，因此，从总体上来说，仍没有大的突破性进展。① 上文中所说的有的研究曾试图引入价值的观点，主要是指在不纯正不作为犯的成立要件中补充一个实质判断要件，即不作为必须与作为等价的要件。例如熊选国指出：法律认为作为犯和不作为犯在社会危害性质即程度上应该是等价和相当的，只有这样，才能保证定罪的准确性，并且符合罪刑相适应的原则。② 黎宏教授指出：上述观点在作为义务问题上仍然是形式的作为义务论，只不过在作为义务成立的基础上另做等价性判断。更为重要的是，等价性的判断，采用全体或者整体性的评价方法，存在一定的虚幻性，甚至存在循环论证的问题。对此，黎宏教授又指出：作为全体评价的基础的事项中是否包含不作为者的保证义务，这一学说并没有说明。从该研究者的思想来看，是将不作为与作为的等价值性作为与作为义务相对的要件推出来的。按照这一宗旨，等价性的判断标准中是不应包括作为因素的。但是，该研究者在具体阐述等价值性的内容时又说："必须以各种犯罪所包含的危害性质和违法特征为判断基础。"③ 这里"危害性质和违法特征"中显然包括作为义务，因为，在不作为犯中，行为人不履行义务是最本质的特征，同时也是其应受惩罚的最明确根据。因此，很难想象，在不作为犯中，会有不包括违反作为义务程度的"危害性质和违法特征"单独存在。如果是这样的话，则作为义务和等价值性判断是合为一体的，这与该研究者的基本构想相矛盾。④ 根据社会危害性对不作为与作为的等价性加以整体性的判断，本身是苏俄刑法学的一种研究路径。等价值性，也就是日高义博所说的等置性问题，并不是一般的实质判断或者价值判断，而是基于特定规则的一种判断。例如日高义博提出了等价性判断的三个标准，这就是：（1）犯罪构成要件的特别行为要素；（2）该行为事实；（3）不作为人的原因设定。日高义博指出：前两个标准是考虑

---

① 参见黎宏：《不作为犯研究》，155～156 页，武汉，武汉大学出版社，1997。
② 参见熊选国：《刑法中行为论》，162 页，北京，人民法院出版社，1992。
③ 熊选国：《刑法中行为论》，164 页，北京，人民法院出版社，1992。
④ 参见黎宏：《不作为犯研究》，150 页，武汉，武汉大学出版社，1997。

刑法条文的犯罪构成要件的特殊性，后一个标准起着填补不真正不作为犯存在结构上空隙的媒介作用。就是说，在解决等置问题时，前两个判断标准起这样的作用：抽出作为犯犯罪构成要件中不可能由不作为来实现的犯罪，这可以说是判断构成要件等价值性的第一步，限定等价值性判断的对象。后一个判断标准起这样的作用：决定由不作为实施的犯罪与由作为实施的犯罪在同一犯罪构成要件下是否具有足以被等置的价值。[①] 在以上三个标准中，前面的标准是指形式上的作为义务，它是等价值性判断的对象。真正起到等价值性判断作用的是第三个标准，即原因设定。关于不作为犯的原因设定，日高义博指出：不真正不作为犯与作为犯比较，成为不真正不作为犯存在结构上的空隙的是起因与不作为人之间的关系。不作为人有利用因果关系的意志，但如仅看该不作为本身并没有设定原因。与此相反，在作为犯中，因为作为有原因力，行为人是原因的主体。因此，要填补不真正不作为犯存在结构上的空隙，使其与作为犯在构成要件方面价值相等，就必须考虑不作为人设定原因的情形。[②] 日高义博所说的原因设定，是指不作为人在其不作为以前，自己就被设定了向侵害法益方向发展的因果关系。显然，由于原因设定这一等价值性判断标准，至此社会危害性这样一种抽象标准还具有合理性。那么，等价值性与作为义务的问题是一种什么关系呢？这是黎宏教授所关注的。我以为，如果把作为义务界定为形成的作为义务，那么等价值性判断就是在其之外的一种实质判断。但如果把作为义务理解为是形式的作为义务与实质的作为义务的统一，那么，等价值性判断就属于实质的作为义务，因此如果不存在等价值性，则作为义务不存在。

这里还存在另一个问题，保证人义务和等价值性判断是一种什么关系？因为黎宏教授等注意到在社会危害性整体判断中，没有论及保证义务问题。其实，保证人说较早已经被介绍到我国，只不过当时并未引起充分的注意。日本学者将保

---

① 参见［日］日高义博：《不作为犯的理论》，王树平译，112页，北京，中国人民公安大学出版社，1992。

② 参见［日］日高义博：《不作为犯的理论》，王树平译，110页，北京，中国人民公安大学出版社，1992。

不作为犯论的生成

证人说与因果关系说、违法性说并列为不作为的作为义务的体系性问题上的争议性观点之一，指出：为了克服违法性说的缺陷，纳格勒（Nagler）把作为义务视为不作为的构成要件该当性问题，提出所谓"保证人说"。按照这种说法，由于依据作为义务，个人就成为有法律保证的使法益不受侵害的保证人。因此只有这样保证人的不作为，才能与作为的实现构成要件具有同等价性，从而被认为该当构成要件。因此，保证人的地位（即作为义务）不是违法性问题，而是构成要件该当性问题，是实行行为的问题。① 在此，保证人地位是等同于作为义务的，因而保证人说并不能等同于实质的作为义务论。应该说，以保证人义务为内容的保证人说，是从《德国刑法典》第13条关于不作为犯罪的规定中引申出来的，该条第一款规定：依法有义务防止犯罪结果发生而不防止其发生，且其不作为与因作为而实现犯罪构成要件相当的，依本法处罚。这里的防止犯罪结果发生的义务就是所谓保证人义务。这个意义上的保证人义务自然是形式的作为义务。此后，德国著名刑法学家阿明·考夫曼建立功能理论（Funktionstheorie），试图根据实质的观点确定保证人义务的内容。德国学者指出：（功能理论）将保证人义务区分为对特定法益的保护功能（保护义务，Obhutspflichten）和保证人对危险源的监督义务（维护义务和管理义务，Sicherungspflichten oder Beherrschungspflichten）。实质的考察方法指明了一条途径，即在不同义务的社会内容基础上来解决保证人问题，但同时不能忘记其产生的根据是什么，否则的话就存在保证人义务会被无限扩大的危险。因此，应当谋求形式的考察方法与实质的考察方法的结合。② 上述实质的作为义务论，被黎宏教授称为社会的不作为犯论，其共同特点是对传统的义务违反说规范的形式的方法进行反省而向存在论的实质性的研究方法过渡。③ 我国台湾地区学者许玉秀则以构成要件的实质化运动为背景，对保证

---

① 参见［日］福田平、大塚仁：《日本刑法总论讲义》，李乔等译，60~61页，沈阳，辽宁人民出版社，1986。
② 参见［德］汉斯·海因里希·耶赛克、托马斯·魏根特：《德国刑法教科书》，徐久生译，746页，北京，中国法制出版社，2001。
③ 参见黎宏：《不作为犯研究》，127页，武汉，武汉大学出版社，1997。

人说之实质化观点做了深刻的描述。① 保证人义务主要从不作为人与被害人之间的关系上,阐述这种义务的实质根据,以此限制不作为的作为义务。这种实质的保证人义务主要有以下两个方面的内容:(1) 特定法益的保护义务,包括自然的联系(natuerliche Verbundenheit)、密切的共同体关系(eine enge Gemeinschaftsbeziehungen)、自愿接受(die freiwillige Uebernahme)有利于被危害人的对被危害人或第三人的保护。(2) 对特定危险源的责任,包括产生于先前实施的危险行为的保证人义务、在自己的社会领域内的危险源的保证人义务、第三人行为的保证人责任。② 在作为义务的实质化问题上,日本刑法学受到德国的深刻影响,提出了实质的作为义务论,其主要观点有:(1) 日高义博的先行行为的原因设定说,认为作为义务的实质来源是不作为者先前的原因设定行为。(2) 堀内捷三的事实上的承担说,认为不作为者同法益之间的依存关系,意味着法益(结果)具体地并且事实上地依存于不作为者,并由于不作为者的事实上的承担行为而发生。(3) 具体的事实支配关系说,认为存在事实上的排他性的支配或者支配的领域性,是作为义务的发生根据。③

我国学者黎宏较早地对以上德日实质的作为义务论做了系统性的介绍,并揭示了德日刑法学对不纯正不作为犯的研究重点,以及从形式的作为义务论转向实质的作为义务论的发展趋势,这对我国作为义务的研究具有启蒙的作用。在这样一种背景下,我国不作为犯的理论围绕不作为的作为义务展开了较为深入的研究,并从形式的作为义务论向实质的作为义务论转变。④ 对于这样一种转变,我国学者指出:我国的刑法教科书或论著一般都是从形式的义务来源说明作为义务的,并且这种形式来源多局限于传统的四种来源(法律、职务或业务、法律行为、先行行为),不像德日那样扩大。但近年来随着对不纯正不作为犯研究的重

---

① 参见许玉秀:《主观与客观之间——主观理论与客观归责》,247 页以下,北京,法律出版社,2008。
② 参见[德]汉斯·海因里希·耶赛克、托马斯·魏根特:《德国刑法教科书》,徐久生译,746~758 页,北京,中国法制出版社,2001。
③ 参见黎宏:《不作为犯研究》,131 页以下,武汉,武汉大学出版社,1997。
④ 参见栾莉:《刑法作为义务论》,132 页以下,北京,中国人民公安大学出版社,2007。

不作为犯论的生成

视和日渐深入，我国部分学者也大胆借鉴德日关于作为义务实质化的二元理论（即既重视形式义务来源，也说明义务的实质根据）。① 从目前来看，这种实质化见解借鉴德日尤其是日本的"事实承担说"和"具体的事实支配关系说"的痕迹比较明显，都强调对受害法益的排他性支配地位，而且这种观点也获得了越来越多的刑法学者的支持。② 当然，我国也有学者仍然坚持形式的作为义务论，指出：作为义务的性质绝非刑事法律义务，而只能是其他部门法性质的义务。据此，站在刑法规范场域观察作为义务的来源或根据（即其他部门法为何设立这些义务）就显然属于形式的范畴。如此便从理论上证明了形式作为义务学说的合理性，也解释了形式作为义务学说何以能够在刑法理论及审判实践中居统治地位历时二百余年至今仍然屹立不动的内在情由。③ 上述观点只是指出了作为义务来源具有形式性，但并不能据此就否认实质的作为义务论。例如在二元的作为义务论那里，在肯定形式的作为义务存在的基础上，再进行实质的作为义务的判断，以实质的作为义务限制形式的作为义务。

在形式的作为义务与实质的作为义务的讨论中，先行行为所产生的作为义务是一个试金石。在早期的形式作为义务论中，作为义务来自规范，因而并不包含非规范性的先行行为。此后，德国学者斯鸠贝尔（Stübel）提出了先行行为作为不作为的作为义务的来源，从而扩充了作为义务的内容。就先行行为已经不同于具有规范来源的作为义务而言，它具有一定的实体内容。但先行行为又遵循形式的作为义务论的思想，仍属于形式的作为义务论的范畴。正因为先行行为所引申出来的作为义务具有某种形式性特征，因而可能会扩张作为义务的范围，对此，日本学者西田典之指出：该说（先行行为说——引者注）的优点在于使得不作为的成立范围相当明确，其不足之处在于使更多的故意犯、过失犯得以转化为不真正不作为犯。换言之，凡因故意、过失而伤害他人者，只要未予救助而使受害者最终死亡，根据先行行为便可很容易地认定成立不作为的杀人，例如，单纯的肇

---

① 参见黎宏：《不作为犯研究》，166～171页，武汉，武汉大学出版社，1997。
② 参见许成磊：《不纯正不作为犯理论》，334～335页，北京，人民出版社，2009。
③ 参见陈荣飞：《不纯正不作为犯的基本问题研究》，209～210页，北京，法律出版社，2010。

事逃逸也可直接构成不作为的杀人,这一结论并不妥当。概言之,基于作为的故意犯、过失犯全部转化为故意的不作为犯,在这一点上对先行行为说抱有根本性疑问。① 应该说,西田典之教授的以上认识是十分深刻的,实质的作为义务论正是针对先行行为等形式的作为义务论的上述缺陷而提出的,其根本目的在于限制作为义务的范围。

在我国刑法学中,先行行为也是从一开始就成为作为义务来源的。但由于在论述作为义务时,没有区分纯正的不作为犯与不纯正的不作为犯,因而在结论上也是模棱两可的。例如,某人带邻居家的儿童去海滨浴场游泳,他就对该儿童负有保护的义务,如果不履行这一义务构成的是什么犯罪?又如,某人骑自行车不慎将一老人撞倒,老人受伤,他就有义务送被害人去医院抢救治疗。如果不履行这一义务构成的是什么犯罪?在我国刑法教科书中,对此不甚了然。② 由于我国刑法中并不存在不救助罪,因而很容易推导出行为人构成不作为杀人的结论。目前我国刑法学者都主张对先行行为加以限制,这是一种实质的作为义务论的立场。当然,对先行行为如何加以限制,又有以下不同观点:

1. 客观归责说

近年来,随着德国刑法学引入我国,客观归责理论也在我国产生了广泛的影响,在这种情况下,客观归责论被用于论证先行行为。在刑法理论上,客观归责理论主要解决因果关系问题。我国台湾地区学者黄荣坚在对不作为犯与客观归责进行相关分析时,也主要涉及不作为犯的因果关系。③ 但我国还有不少学者试图利用客观归责理论对不作为的作为义务进行实质判断。例如我国有学者认为,目前从法理的角度分析,先行行为的归责基础可以借用客观归责理论的相关内容予以说明,指出:在先行行为引起的作为义务情况下,从表面上看,真正导致法益受到侵害的是自然的因果作用力,但是在这一过程中,真正的因果流程中的自然

---

① 参见[日]西田典之:《日本刑法总论》,刘明祥、王昭武译,93~94页,北京,中国人民大学出版社,2007。
② 参见高铭暄主编:《中国刑法学》,99页,北京,中国人民大学出版社,1989。
③ 参见黄荣坚:《刑法问题与利益思考》,156页以下,台北,月旦出版社,1995。

不作为犯论的生成

力的作用被行为人的不作为行为所修正。也就是说，不作为人利用了已有的因果流程，并且促进了这一因果流程中结果的发生。从这一点来说，行为人的不作为提升了法益的风险，并由此确定其可归责性。先行行为制造了危及行为客体而为法所不容的风险，而不作为行为则促进了这一危险的实现，实现了符合构成要件的结果。从这一点上来说，其整个行为（包括先行行为和不作为）是可以归责的，也就是说，先行行为可以成为作为义务的产生根据。① 在以上论述中，运用了客观归责理论中的两个规则：一是制造不被允许的风险中的提升法益的风险；二是实现不被允许的风险。在这当中，制造不被允许的风险是对构成要件行为的一种实质判断。在作为犯中，这里的构成要件行为当然是指实行行为，其是否制造不被允许的风险成为作为犯成立的行为根据。但在不作为犯中，先行行为本身并不是构成要件行为，它只是不作为的作为义务产生的根据。因此，能否将制造不被允许的风险这一客观归责规则直接适用于先行行为，存在一定疑问。在我国刑法学中，先行行为与危险前行为被认为是同一概念。换言之，先行行为本身制造了危险，危险的含义已内在于先行行为之中。② 但先行行为毕竟不能等同于实行行为，因而先行行为制造的危险与客观制造的危险及客观归责理论中的风险之间的这种关系尚待梳理。

2. 现实的危险说

先行行为不仅仅是一种形式的作为义务来源，对其也应当进行实质判断。实行行为的实质属性是具有侵害法益的现实危险，而不作为是实行行为的表现形态，因此，其对法益的侵害也应当具有现实的危险。在这一推论的基础上，我国学者提出了现实的危险说，认为先行行为必须具有对法益安全的现实、具体、紧迫的危险，在司法中，对先行行为危险的限定，应当从三个方面入手：（1）直接性，即先行行为直接导致了法益侵害的危险，而没有其他因素的介入。如果先行行为只是为危险的发生创造了条件或提供了契机，而由其他因素直接导致危险发

---

① 参见栾莉：《刑法作为义务论》，178～179页，北京，中国人民公安大学出版社，2007。
② 参见谢绍华：《先行行为论》，11页，北京，中国人民公安大学出版社，2011。

生,行为人不负作为义务。(2) 高盖然性,即先行行为在自然属性上,客观地观察,具有引起危险状态的高度可能性,如果行为人的行为只是偶然引起了法益的危险,一般应当排除作为义务的存在。(3) 临近性,即法益危险与行为人的先行行为具有时间、空间上的密切联系。① 以上论述也同样存在一个问题,就是把先行行为直接等同于不作为的实行行为,由此推导,就会得出否定不作为犯的结论。因为先行行为都是作为的,由此构成的都是作为犯。不作为犯的实行行为是作为义务的不履行。作为义务(包括先行行为)只是引发作为的根据,它不能直接等同于不作为的实行行为。因此,以上观点也有将对作为的实行行为的实质判断直接套用于先行行为之嫌。当然,以上是就作为义务的一般性论述,至于不纯正不作为的作为义务则还要做具体分析。我国学者指出:如果行为人以自己的行为制造危害结果的自然原因力,而后在能够阻止结果发生的情况下基于故意或过失心理不阻止结果发生,虽然故意或过失产生于制造自然原因力的行为(先行行为)之后,行为人对法益的侵害程度与主观苛责程度都与一般的作为犯相差无几,不论从法律公正的角度考察,还是从防止危害发生的刑事政策立场出发,都应当予以处罚。但是,这是由于罪过心理产生于自然的危险行为(之后),不能以先行行为的作为犯处罚,于是只能取道事后不作为的途径以不纯正不作为犯处罚。因此,原则上应当肯定先行行为引起的义务。② 以上论述更多的是对不纯正不作为犯成立条件的一般性论述,并没有甄别先行行为在纯正不作为犯与不纯正不作为犯中的差异,因而令人遗憾。

3. 作为义务程度说

如上所述,先行行为在纯正不作为犯与不纯正不作为犯中的差异,才是我们所要关注的。对此,我国学者提出了作为义务程度说,以此作为对纯正不作为犯与不纯正不作为犯中的先行行为判断的标准。我国学者指出:在刑法理论上一概肯定先行行为保证人地位,认为只要由于自己的行为使法益处于危险状态而不救

---

① 参见刘士心:《不纯正不作为犯研究》,143~144 页,北京,人民出版社,2008。
② 参见刘士心:《不纯正不作为犯研究》,148 页,北京,人民出版社,2008。

不作为犯论的生成

助,就一定在司法中构成不纯正不作为犯,或者完全否定先行行为保证人地位,在司法中对先行行为的情形一律以作为犯、过失犯或者结果加重犯处罚的观点,都是片面的。以先行行为作为义务的程度经验判断先行行为的保证人地位的成立与否,应当是一个有益的尝试。简言之,作为义务的强弱与先行行为不作为所构成之罪的重轻成正比关系。[1] 上述观点,在一定程度上受张明楷教授的启发。例如作者引述张明楷教授的以下论述:即使作为义务来源于相同的法律规定或法律事实,由于作为义务程度的差异,也可能构成性质不同的犯罪。[2] 我国学者通过以下例子来论证作为义务的程度强弱,从而说明作为义务强弱对所构成犯罪之轻重的影响:将婴儿抛弃于人们容易发现的场所,如车站的候车厅或他人的家门口,可能构成遗弃罪。将婴儿抛弃于人迹罕至的荒郊野岭,可能构成不作为方式的故意杀人罪。虽然无论将婴儿抛弃在什么地方,违反的都是婚姻法规定的抚养义务,但由于抛弃的地点不同,婴儿获得照料的机会也就不同,从而影响了作为义务的程度。在容易被发现的地方,婴儿被发现的可能性就高,获得他人保护的机遇也就大,婴儿父母的作为义务的程度就自然低一些;在难以被发现的地方,由于婴儿获得他人照顾的可能性很低,婴儿的安危几乎全掌控在他的父母的手中,其父母作为义务的程度自然也就高。所以,也就有了犯罪性质上的差别,前者构成了社会危害性较小、性质不太严重的遗弃罪,后者却构成了性质严重的杀人罪。其原因就在于作为义务存在程度上的差异。[3] 以上作为义务程度强弱的论述,是针对法律产生的作为义务而言的,而不是指先行行为产生的作为义务,但对于我们理解先行行为产生的作为义务的程度强弱仍然具有一定的参照性。我以为,作为义务的程度强弱毕竟是一个程度问题,由此引申出来的疑问是:纯正不作为犯的作为义务与不纯正不作为犯的作为义务之间的差异难道仅仅是一个程度问题而不是一个性质问题吗?从以上例子来看,无论是把婴儿抛弃于人们易于发现的场所还是人迹罕至的荒郊野岭,在违反婚姻法规定的抚养义务这一点上并无

---

[1] 参见谢绍华:《先行行为论》,62 页,北京,中国人民公安大学出版社,2011。
[2] 参见张明楷:《刑法格言的展开》,2 版,142 页,北京,法律出版社,2005。
[3] 参见谢绍华:《先行行为论》,77 页,北京,中国人民公安大学出版社,2011。

区别——我指的是没有程度上的区别。但抛弃于荒郊野岭显然不止于遗弃，而且是杀人，这是以杀人的手段达到遗弃的目的，具有遗弃与杀人的竞合性质。在这种情况下的抛弃行为，到底是作为还是不作为？换言之，行为人构成的是作为的杀人罪还是不纯正不作为的杀人罪？我认为，这是值得思考的问题。如果确定上述抛弃于荒郊野岭的行为属于作为，则上述行为就是纯正不作为的遗弃罪与作为的杀人罪的竞合。因此，作为义务的程度强弱这个命题是否成立，仍然需要进一步考察。

从形式的作为义务论到实质的作为义务论的转变，是我国刑法学在作为义务理论上的一个发展趋势。但是，在如何对作为义务进行实质判断上，仍然存在标准不明之弊。从目前的情况来看，更多的还是对德日学说的介绍，尚未形成我国自身的理论。

三、不作为犯论的司法认知

在我国司法实践中，纯正不作为犯的司法认定并不存在较大问题，但在不纯正的不作为犯的司法认定中还存在一些问题，这主要表现为形式的作为义务论仍然居于主导地位。例如，我国学者对发生于现实生活中的一组案例进行了分析，这一组案例共计五个，其中前四个是男友对女友、丈夫对妻子、儿子对父亲自杀的不救助案，第五个是船主对游客溺水见死不救案。以上案例均以不作为故意杀人罪被判刑。对于上述案例，我国学者指出：以上五则案例是近年来在人们的生活中产生较大影响的案件，案例中的被告人皆被法院认为负有特定义务而构成不纯正的不作为杀人罪。尽管法院审理的理由在某些方面含混不清（如具体案件中行为人的作为义务来源究竟是什么，指代不明，而笼统地认为行为人是具有特定义务的人），而且往往偏重于主观方面的说明，但有些经过法理的填充是可以得到充分说明的。问题在于，在这五则案例中并不存在如上述有些学者所主张的"事实承担行为"。如果按上述论者的观点，这几则案例中被告人皆不负任何刑事

不作为犯论的生成

责任。理论与实践反差之大，究竟是我们理论出了问题还是司法人员判案出了问题?[①] 论者提出了一个发人深省的问题：在不纯正不作为犯问题上，理论与实践到底谁出了问题。论者是在批评事实承担说时提出这个问题的，并且明显地偏向于实践，认为司法人员做出上述判决非凭空想象，而是在很大程度上考虑舆情与法理。我们注意到上述几则案例都是在社会上具有典型性而且影响很大的案例，判决结果并没有引起人们的非议，这表明我们的社会通常也认可这种情况下行为人不作为犯罪的成立。[②] 对于这一观点，我不敢苟同。

论者所批评的事实承担说，是指冯军教授的以下观点：由于不纯正不作为犯与纯正不作为犯在作为义务的内容上不同，其作为义务的来源也应不同。应该从不纯正不作为的作为义务同与其对应的作为犯的不作为义务具有等价值性的原则出发，用更实质的标准来确定不纯正不作为犯的作为义务的来源。这个更实质的标准，我认为是：行为人为防止结果的发生自愿地实现了具有支配力的行为。[③] 冯军教授的以上论述，是在实质的作为义务论的背景下提出的，意在对不纯正不作为犯的作为义务加以限定，这一思考方向是完全正确的。当然，事实承担说指出的限定标准是否过于严苛，与论者所主张的观点，即除了在事实承担的情况下行为人具有对法益的排他性支配关系外，也应考虑特殊场合在行为人支配的领域内具有排他的支配关系[④]，存在一定差别。也许事实承担说是过于限缩了纯正不作为犯的作为义务，而排除性支配关系说更为恰当。但也不能认为冯军教授的观点就是理论学者纯粹理念和选择推导下空洞的说教与玩物，是不能用来有效指导司法操作的。[⑤] 事实上，在交通肇事罪的司法解释中已经采用了事实承担说。2000年11月10日最高人民法院《关于审理交通肇事刑事案件具体应用法律若干问题的解释》（以下简称《解释》）第6条规定：行为人在交通肇事后为逃避法律

[①] 参见许成磊：《不纯正不作为犯理论》，346～347页，北京，人民出版社，2009。
[②] 参见许成磊：《不纯正不作为犯理论》，347页，北京，人民出版社，2009。
[③] 参见冯军：《刑事责任论》，47页，北京，法律出版社，1996。
[④] 参见许成磊：《不纯正不作为犯理论》，348页，北京，人民出版社，2009。
[⑤] 参见许成磊：《不纯正不作为犯理论》，348页，北京，人民出版社，2009。

追究,将被害人带离事故现场后隐藏或者遗弃,致使被害人无法得到救助而死亡或者严重残疾的,应当分别依照《刑法》第232条、第234条第2款的规定,以故意杀人罪或者故意伤害罪定罪处罚。按照上述《解释》的规定,行为人在交通肇事后单纯逃逸的,属于交通肇事的行为加重犯;因逃逸致人死亡的,属于交通肇事罪的结果加重犯;但行为人实施了弃置行为后逃逸的,则构成不作为杀人或者不作为伤害。在弃置逃逸的情况下,存在事实承担行为,因而构成不纯正不作为犯。对此,冯军教授指出:在驾驶者撞伤行人后逃逸的所谓"轧逃"等案中,只有在驾驶者为防止受伤的行人死亡而采取了抢救措施后,又中途停止能够继续进行的抢救,并且控制了致受伤的行人死亡的进程时(如在将受伤的行人送往医院的途中,见无人监视,便将受伤者遗弃于荒野之中),才能够成立不作为的杀人罪,因为驾驶者已经实施了一个具有支配力的行为;如果驾驶者撞伤行人后径直逃走,那就只成立交通肇事罪和不救助罪,因为驾驶者并没有实施一个具有支配力的行为,所以不能在行人的死亡上成立不作为的杀人罪。① 我完全同意冯军教授的上述观点。当然我也认为在具有支配性的领域,应当采排他性支配关系说。问题在于:从论者所引五则案例来说,其实恰恰是形式的作为义务论影响的结果。因此,就理论与实践的反差而言,问题仍然出在实践,当然追究其根源,问题出在形式的作为义务论。在以上五则案例中,前四则具有共同性,都是对具有特定关系人的自杀不救助而构成不作为的故意杀人罪。问题在于自杀能够产生不作为的作为义务吗?毫无疑问,自杀前特定关系人具有救助义务,但这种救助义务是纯正不作为犯的作为义务而不是不纯正不作为犯的作为义务。而我国刑法恰恰没有设立不救助罪。因此,救助义务的根据不能理所当然地成为不纯正不作为犯的作为义务。对此我国学者指出:既然夫妻一方自杀,另一方因夫妻关系所

---

① 参见冯军:《刑事责任论》,48页,北京,法律出版社,1996。值得注意的是,我国也有学者认为交通肇事后弃置逃逸属于作为形式的杀人罪,指出:《解释》第6条的规定,属于作为形式的故意杀人罪(或伤害罪),而非不真正不作为犯的故意杀人罪。对之定罪不能套用不作为犯罪的要件,也即无须考虑行为人是否负有作为义务。参见李金明:《不真正不作为犯研究》,180~181页,北京,中国人民公安大学出版社,2008。

不作为犯论的生成

负担的义务只能是给予救助的行为义务,而不能是防止危害的结果义务,那么,就不能以宋福祥违反了救助义务为由,认定其不救助行为构成不作为故意杀人罪。如果认为宋福祥案件情形下的行为人负有的作为义务是救助义务,又判决其构成故意杀人罪,那就是从根本上混淆了作为义务的性质。[①] 以上对纯正不作为犯的作为义务与不纯正不作为犯的作为义务是性质的区分而非程度的区分的观点,我深以为然。我认为,自杀的特点决定了不救助他人是否构成不作为的故意杀人罪,问题不仅出在对义务的理解上,而且出在自杀这一特定行为方式上。在此,存在一个前提性问题:教唆或者帮助自杀是否构成杀人罪?如果回答是肯定的,那么对自杀的不救助构成不纯正不作为的杀人罪尚具有一定的合理因素。如果回答是否定的,那么,对自杀的不救助无论其作为义务程度多么地强,以不纯正不作为的杀人罪论处,其不合理性显而易见。道理在于:教唆或者帮助自杀这样一种作为方式致使他人自杀死亡都不构成杀人罪,在他人自愿自杀的情况下,仅仅不救助怎么可能构成杀人罪呢?因此,对自杀的不救助行为以不纯正不作为的杀人罪论处,除了受到形式的作为义务论影响以外,还在很大程度上与教唆或者帮助他人自杀构成故意杀人罪这一观念的影响有关。

就教唆或者帮助他人自杀的行为如何定性这一问题而言,我国刑法学界的观点经历了一个逐渐变化的过程。以张明楷教授为例,在1997年出版的《刑法学》一书中,是主张教唆或帮助他人自杀可以构成故意杀人罪的,指出:这里的教唆、帮助行为,是教唆、帮助他人实施自杀。因此,不能用共同犯罪理论来解释这里的教唆、帮助行为,而应将这种教唆、帮助行为理解为借被害人之手杀死被害人的故意杀人行为。《刑法》第232条规定的故意杀人包括了教唆、帮助自杀的行为,对教唆、帮助自杀的,应直接定故意杀人罪。[②] 但在2003年出版的《刑法学》第2版中,其观点有所改变。张明楷教授指出:我国刑法对杀人罪规定得比较简单,没有将教唆、帮助自杀的行为规定为独立的犯罪。在这种立法体例之

---

① 参见叶慧娟:《见危不助犯罪化的边缘性审视》,270页,北京,中国人民公安大学出版社,2008。
② 参见张明楷:《刑法学》下,696页,北京,法律出版社,1997。

下，是认为教唆、帮助自杀的行为根本不成立犯罪，还是认为教唆、帮助自杀的行为成立普通的故意杀人罪，的确是需要研究的问题。如果认为刑法分则条文规定的只是实行行为，那么，只有当教唆、帮助（与共同犯罪中的教唆、帮助不是相同概念）自杀的行为具有间接正犯性质时，才能认定为故意杀人罪。[1] 以上观点的变化，对于他人自杀的不救助行为是否构成不纯正不作为的杀人罪是有影响的。张明楷教授在2007年出版的《刑法学》第3版中，又增加了以下这段话：在教唆的帮助自杀的行为不具有间接正犯性质的情况下，我国的司法实践一般作为情节较轻的故意杀人罪处理。这种做法是否具有合理性，以及如何从理论上说明其合理性，都还值得研究。此外，对自杀负有救助义务的人故意不予救助的，可能成立不作为的故意杀人罪。[2] 既然教唆或者帮助他人自杀的行为只有在具有间接正犯性质的情况下才能构成杀人罪，不具有间接正犯性质的教唆或者帮助他人自杀的行为怎么可能构成情节较轻的杀人罪呢？那种把不具有间接正犯性质的教唆或者帮助他人自杀的行为当作情节较轻的故意杀人罪处理的做法，完全没有合理性可言。在这种情况下，对自杀负有救助义务的人故意不救助构成不作为的故意杀人罪，同样是难以想象的。

值得注意的是，在2011年出版的《刑法学》第4版中，张明楷教授的观点又有所发展，对于不具有间接正犯性质的教唆或者帮助他人自杀的行为能否以杀人罪论处，采取了更为模糊的立场，指出：中国人自杀不是一种主体性行为，在此意义上说，司法实践的上述做法具有妥当性。但是，如何从刑法上寻找处罚根据，还值得研究。倘若不能找到刑法上的处罚根据，就只能认为司法实践的上述做法违反了罪刑法定原则。[3] 我认为，自杀就是自杀，都是基于本人意愿而结束自我生命，无所谓主体性与非主体性之分。至少在刑法上是如此。在自杀的社会学分析中是否做如上区分，另当别论。张明楷教授试图为这种做法找到处罚根据，虽然承认都存在疑问，但还是在注脚中提供了五种解释路径。其中，与不纯

---

[1] 参见张明楷：《刑法学》，2版，678页，北京，法律出版社，2003。
[2] 参见张明楷：《刑法学》，3版，639页，北京，法律出版社，2007。
[3] 参见张明楷：《刑法学》，4版，761页，北京，法律出版社，2011。

正不作为犯有关的是第二种路径,张明楷教授指出:教唆他人自杀且引起他人自杀时,教唆者具有救助义务(先前行为引起的义务),不救助的教唆者成立不作为的故意杀人罪。但是,这种路径扩大了先行行为的范围,也不能完全解决教唆自杀的问题(如教唆者不在现场时,就没有作为可能性,因而也不成立不作为犯罪),更不能解释帮助自杀行为。[①] 既然没有间接正犯性质的教唆或者帮助他人自杀的行为,难以解释为不纯正的不作为的故意杀人罪。那么,单纯的对他人自杀的不救助行为更不能理解为不纯正的不作为的故意杀人罪。

我认为,在刑法理论与司法实践出现差异的情况下,要对这种差异的原因进行分析,不能一味地指责刑法理论。我国刑法理论已经发展了,司法实践由于本身所具有的滞后性,还受过时的刑法理论的影响处理案件,例如在此所述的不纯正不作为犯的作为义务就是如此。在这种情况下,为滞后的司法实务辩护实际上就是在阻碍刑法理论的发展。

难道不是这样吗?

(本文原载《中外法学》,2012(4))

[①] 参见张明楷:《刑法学》,4版,761页,北京,法律出版社,2011。

刑法因果关系研究

一

因果关系对于定罪具有重要意义。在结果犯的场合，无因果关系则无刑事责任。那么，因果关系就是犯罪构成的一个要件。[①] 对此，我国学者提出否认因果

[①] 这种观点来自苏联刑法理论。例如特拉伊宁就明确指出：无论是罪过或是因果关系，都是每个犯罪构成的必要因素。参见［苏］A. H. 特拉伊宁：《犯罪构成的一般学说》，王作富等译，147页，北京，中国人民大学出版社，1958。直到20世纪80年代，苏联学者仍然认为，社会危害行为与这些行为的结果之间的因果关系就是对所产生的社会危害结果承担刑事责任的一个必需的和必然的条件。参见［苏］H. A. 别利亚耶夫、M. Л. 科瓦廖夫主编：《苏维埃刑法总论》，马改秀、张广贤译，133页，北京，群众出版社，1987。这种观点在我国刑法学界产生了广泛的影响。例如我国学者指出，既然在犯罪构成的客观要件中，除了危害社会的行为以外，还必须包括危害社会的结果，那么，表明行为与结果之间的因果关系，也就必须成为犯罪客观要件的必要条件之一。参见李光灿、张文、龚明礼：《刑法因果关系论》，31页，北京，北京大学出版社，1986。

关系是构成要件的观点。① 我认为，行为与结果是一种事实特征，而因果关系是两者之间一种性质上的联系。因此，确实不应将因果关系与行为、结果相并列作为构成要件。当然，这丝毫也不能否定因果关系在犯罪构成中的地位。

关于因果关系在犯罪构成中的地位，一般认为只有在结果犯的情况下才存在刑法因果关系问题，在其他场合则无考察因果关系之必要。② 但也存在一种过分夸大因果关系在犯罪构成中的地位的倾向，将因果关系视为一切犯罪构成都必须具备的因素。尤其是将因果关系不仅与定罪相联系，而且与量刑相联系，存在着刑法因果关系夸大化之虞。③ 我认为，这种观点是建立在将犯罪结果理解为对社会关系的侵害、一切犯罪都存在犯罪结果的基础之上的，由此推论出因果关系是一切犯罪构成的条件。如果把犯罪结果理解为行为结果，将行为犯与结果犯加以区分，就会解决上述问题。因此，我认为应将因果关系限制在结果犯的构成上。只有在正确意义上理解犯罪结果，才能防止因果关系的泛化。

因果关系是行为与结果之间的一种客观联系，这种联系具有事实性质。但是，刑法中的因果关系不仅是一个事实问题，更为重要的是一个法律问题。在这种情况下，对于刑法中的因果关系，应当从事实和法律这两个方面加以考察。事实上的因果关系，是作为一种事实的性质而存在的。我国传统刑法理论，在哲学上的因果关系的指导下，对于事实因果关系进行了深入的研究。然而，由于没有从价值层面上研究法律因果关系，因而使因果关系理论纠缠在必然性与偶然性等

---

① 我国学者指出：刑法上研究因果关系，主要是为了解决已经发生的危害结果是谁的行为所造成的问题，这种因果关系只是在犯罪行为与犯罪结果之间起一种桥梁作用，或者说，它是为认定犯罪行为和犯罪结果服务的。确定被告人刑事责任的客观基础是由因果关系联结起来的犯罪行为与犯罪结果，而不是因果关系本身。犯罪因果关系既然不是追究刑事责任的客观基础，当然就不应是犯罪客观方面的构成要件。参见张明楷：《犯罪论原理》，205 页，武汉，武汉大学出版社，1991。

② 日本学者指出：犯罪被分为举动犯与结果犯。在举动犯中只要以实行行为的形式实行了刑法上所需要的一定举动就可以直接成立犯罪，没有必要特别考虑其因果关系问题。但是，在结果犯中，即在构成要件上需要发生一定犯罪性结果的犯罪中，就必须在实行行为与结果之间存在因果关系。参见［日］大塚仁：《犯罪论的基本问题》，冯军译，96 页，北京，中国政法大学出版社，1993。

③ 我国学者指出：不仅在实质犯罪中，刑法因果关系是构成犯罪的必要条件，而且在形式犯罪中，也是如此。刑法因果关系不仅对于定罪有意义，而且对于量刑也具有重大作用。参见李光灿、张文、龚明礼：《刑法因果关系论》，32～33 页，北京，北京大学出版社，1986。

这样一些哲学问题的争论上，造成了相当的混乱。① 我曾经提出因果关系是行为事实与价值评判相统一的观点，认为作为行为事实的因果关系只有经过价值评判才能转化为犯罪的因果关系。② 此后，我国学者又提出事实因果关系与法律因果关系统一的观点。③ 这些观点，在一定程度上跳出了刑法因果关系问题的窠臼，对于正确理解刑法因果关系具有重要意义。

对于因果关系的考察，二元区分的观点是引导我们摆脱因果关系必然性与偶然性聚讼的唯一途径。这一点，我们也可以从英美法系和大陆法系的因果关系理论中得到借鉴。英美法系刑法理论中，存在一种双层次原因学说。双层次原因，就是把原因分为两层：第一层次是"事实原因"（cause in fact），第二层次是"法律原因"（cause in law）。事实原因这一观念建立在直观基础上，由"but-for"公式来表达，即"如果没有 A（B，C⋯）就没有 Z，则 A（B，C⋯）就是 Z 发生的事实原因"。这个公式并不是刑法因果关系的定义，只是因果关系理论的一个基础层次。法律原因是为了弥补第一层次的缺陷，限定事实原因和范围，从事实原因中筛选出一部分（即法律所关注的那部分）作为刑事责任的客观基础。第

---

① 关于因果关系的必然性与偶然性之争，曾经是我国刑法因果关系理论中的一个热点问题，在相当长的一段时间内垄断了刑法因果关系理论的话语权。关于这场争论的主要内容，可以参见高铭暄主编：《新中国刑法科学简史》，96 页以下，北京，中国人民公安大学出版社，1993。关于因果关系的必然性与偶然性及其统一的论述，参见陈兴良：《刑法哲学》，修订版，74 页以下，北京，中国政法大学出版社，1997。

② 参见陈兴良：《刑法哲学》，修订版，91 页，北京，中国政法大学出版社，1997。这里的价值评判，是指法律评判，即强调因果关系在具有事实性的同时，也具有法律性。关于因果关系的法律性，我国学者指出：因果关系的法律性具有两层含义，第一层是指这种因果关系具有刑法性质，是犯罪构成客观方面的一个重要内容，这是刑法因果关系的根本前提。就是说因果关系是刑法上的概念，既非自然科学的概念，亦非单纯事实上的概念，一定的危害结果虽在哲学上能证明起因于一定的行为，然而，它还必须具有刑法的性质。由于这一总的前提的限制，决定了刑法因果关系法律性的第二层含义，就是刑法对这种因果关系的主观选择性。具体地说，立法者通过选择，来确定刑法因果关系的对象范围和内容等。参见樊凤林主编：《犯罪构成论》，57～58 页，北京，法律出版社，1987。

③ 我国学者指出：刑法因果关系是作为刑事责任的客观根据而存在于刑法之中的，它既是行为与结果之间一种客观存在的事实因果关系，同时又是为法律所要求的法律因果关系，是事实因果关系与法律因果关系的统一。其中，事实因果关系是刑法因果关系的基础，而法律因果关系则是刑法因果关系的本质。参见张绍谦：《刑法因果关系研究》，111 页，北京，中国检察出版社，1998。

刑法因果关系研究

一层次是第二层次的物质基础，第二层次不能超越第一层次，第二层次是刑法因果关系理论的核心因素。① 在上述双层次原因中，事实原因与法律原因的分立，为刑法因果关系的正确解决提供了基础。在大陆法系刑法理论中，在条件说的基础上，提出相当因果关系说，由此形成存在论的因果关系与价值论的因果关系。② 尤其是客观归咎概念的提出具有重要意义。客观归咎又称为"结果的客观归罪"（imputazione oggettiva dell event）③。在客观归咎的理论框架中，客观构成要件的考察应该从两个层次上进行：考察行为与结果的因果关系和考察结果的客观归咎。④ 因此，客观归咎理论，使大陆法系刑法中的因果关系呈现出双层次的特点。

根据以上考察，我认为，对于刑法中的因果关系，仅仅当作一个事实问题来把握难以完成因果关系在犯罪构成中所担当的使命。在事实因果关系的基础上，还应当从刑法角度加以考察，使之真正成为客观归咎的根据。

---

① 参见储槐植：《美国刑法》，2版，64~65页，北京，北京大学出版社，1996。
② 我国学者指出：条件说关于条件是否存在的存在论的因果概念，必须与刑法意义上具有重要性的价值论的因果关系的概念区别开来。存在论的因果概念的评价是关于因果关系存在与不存在的评价。关于因果关系在刑法意义上具有何种重要性的评价，是指已确定了因果关系的存在，进而论及因果关系在刑法意义上的评价问题，亦即涉及犯罪构成要件的各个方面的要件要素的评价问题。在这个意义上说，相当因果关系说是以条件说的因果关系为基础，相互结合，形成了比较切合实际的价值论的因果论。它是现代刑法学具有代表性的、为一般刑法学者所承认的。条件说解决了具体的或个别事物的因果关系是否存在的问题，在此基础上，把这一因果关系通过价值论升华为刑法犯罪构成的相当因果关系论。参见甘雨沛、何鹏：《外国刑法学》上册，293、295页，北京，北京大学出版社，1984。
③ "结果的客观归罪"是根据刑法的需要来限制刑法中因果关系存在的范围。意大利学者指出：这种理论产生于刑法制度中没对因果关系做出一般规定的国家（在德国刑法典中没有任何关于因果关系的条文）。简而言之，将刑法中的原因行为归结为被保护法益"风险的增加"（aumento di rischio）是"结果的客观归罪"的基础；这种风险的增加因一系列导致危害结果发生的要件而具体化，并在结果发生时达到顶峰。参见［意］杜里奥·帕多瓦尼：《意大利刑法学原理》，陈忠林译，131页，北京，法律出版社，1998。
④ 客观归咎的第一步，是确定行为人的行为与发生的损害结果之间是否具有刑法上的因果关系。客观归咎理论所要回答的问题是，哪些具有因果关系的结果具有刑法上的联系并应当如何加以认定与解决。根据客观归咎理论，可以归咎于一个行为的结果，只能是这一行为给保护对象造成了法律禁止的危险，并使这一危险现实实现了作为构成要件的结果之中。参见李海东：《刑法原理入门（犯罪论基础）》，53页，北京，法律出版社，1998。

二

事实上的因果关系如何确定,在英美法系刑法理论中是按照"but-for"公式来表达的,因此,事实上的原因极为广泛。在大陆法系刑法理论中则引入了哲学上的条件与原因两分说的思想,在条件和原因是否区分以及如何区分问题上展开其学说,由此出现了条件说与原因说的争论。

条件说,又称全条件同价值说,此说立足于逻辑的因果关系的立场,认为一切行为,在逻辑上是发生结果的条件,就是结果发生的原因。此说主张在行为与结果之间,如果存在逻辑上必然的条件关系,即"如无前者,即无后者"的关系(Condition Sine Qua Non,简称 C. S. Q. N 公式),则存在刑法的因果关系。[1] 条件说的 C. S. Q. N 公式与 but-for 公式一样,坚持的是一种广义上的因果概念,具有物理的因果关系的性质,将之直接运用于刑法上的因果关系,会导致刑事责任的客观基础过宽。为此,主张条件说的学者为限制条件的范围,又提出了因果关系中断说。该说认为,当前行为之条件行为与结果之间介入第三者的故意行为时,可以中断原先的因果关系。[2] 此后,中断的原因又扩展到自然性事实以及过失行为。尽管如此,这种观点仍然坚持从物理的角度考察因果关系的立场,未能

---

[1] 日本学者认为,条件说的立场本来是来源于19世纪刑法学中因果论的思考。19世纪是自然科学万能的时代,于是产生了想把自然科学的新方法纳入刑法学中的强烈气氛。正如自然的行为概念所表明的,在当时的行为论中想把物理学上理解的行为概念原封不动地用在刑法学上。关于因果关系论也同样想根据自然科学的,特别是物理学的因果关系来论及刑法学上的因果关系。参见[日]大塚仁:《犯罪论的基本问题》,冯军译,100页,北京,中国政法大学出版社,1993。

[2] 德国刑法学家李斯特指出:行为而生自负责任能力人之自由且有故意者,在法律上,常发生新独立因果关系,第一意思活动,与惹起结果间之因果关系,常因此中断。参见王觐:《中华刑法论》中册,新订7版,396页,北京,北平朝阳学院,1933。与因果关系中断说相似的还有以下两种学说:一是溯及禁止论(Regressverbot),认为由意思、有责行为引起的结果的前行为是该结果的条件而不是原因。前行为者对此后果不负刑事责任。二是因果突变论或称责任更新论,认为两个前后存在的独立行为,在前行为的行为力尚未充分发挥时,后行为途中介入继前行为而发生最终的后果,在这种情况下,前行为的刑事责任的确定依后行为尚未开始时的实际情况来确定,后行为的刑事责任应按极终结果的实际情况来确定。参见甘雨沛、何鹏:《外国刑法学》上册,299~300页,北京,北京大学出版社,1984。

刑法因果关系研究

从根本上克服条件说的缺陷。

原因说，又称原因与条件区别说，此说区分原因与条件，将结果的发生与许多条件相对应，提出特别有力而重要的条件，作为发生结果的原因，其他条件则不被认为对于结果的发生具有原因力，而称为条件（单纯条件）。原因说是为限制条件说不当扩大刑事责任的范围而产生的学说，故又称为限制条件说。那么，如何区分条件与原因呢？对于这一问题由于认识标准上的不同，又产生种种学说，主要有以下几种：（1）必生原因说（或必要条件说）。此说认为在引起结果发生的各种条件行为中，只有为结果发生所必要的、不可缺少的条件行为，才是刑法上的原因，其余的是单纯条件。（2）直接原因说（或最近原因说）。此说认为在引起结果发生的数个条件行为中，直接引起结果发生的条件行为是刑法上的原因，其余的为单纯条件。（3）最重原因说（或最有力条件说）。此说认为在引起结果发生的数个条件行为中，对于结果发生最有效力的条件行为是刑法上的原因，其余的为单纯条件。（4）决定原因说（或优势条件说）。此说认为在结果未出现之前，积极惹起结果发生的条件（起果条件）与消极防止结果发生的条件（防果条件）处于均势。后来，由于起果条件占有优势，压抑了防果条件，惹起结果之发生。因此，凡是占有优势并使结果发生的条件行为，即是刑法上的原因，其余的为单纯条件。[1] 原因论从客观上对条件说做了种种限制，在一定程度上缩小了因果关系的范围。当然，如何区分原因与条件仍然是一个悬而未决的问题。

值得注意的是，对于条件与原因不是从性质上加以认定，而是根据概率做出判断，从而提出了所谓疫学的因果关系。[2] 所谓疫学的因果关系，是疫学上所采用的因果的认识方法。某因子与疾病之间的关系，即使不能够从医学、药理学等

---

[1] 参见李光灿、张文、龚明礼：《刑法因果关系论》，40页以下，北京，北京大学出版社，1986。

[2] 疫学的因果关系，又称为推定的因果关系。在现实生活中存在一些情况，即行为与结果之间的因果关系还不能得到百分之百的证明但被认为是非常可能的，这类因果关系被称为推定的因果关系，譬如疫学上的因果关系。在这种情况下，如果可以确认其他原因不会导致这一结果，那么这一因果关系同样是可以作为目前已认识的法则而加以认定的。这一观点尽管在学术上争议较大，但它的适用性已经被许多国家法院的判决所肯定。参见李海东：《刑法原理入门（犯罪论基础）》，51~52页，北京，法律出版社，1998。

241

观点进行详细的法则性的证明，但根据统计的大量观察，认为其间具有高度的盖然性时，就可以肯定因果关系。① 疫学的因果关系在一定程度上是根据盖然性大小，即概率高低来判断因果关系的。② 当然，疫学的因果关系主要适用于公害犯罪等场合。③ 疫学的因果关系在刑法上的出现，表明在某些领域中，由于人们认识的局限性，难以做出科学意义上的因果判断，从而以可观察的统计资料显示的盖然性为标准，判断因果关系之存在。

条件说与原因说，都为刑法因果关系提供了事实基础，同属于事实因果关系的范畴。而我国刑法中讨论的必然因果关系与偶然因果关系之争，实际上是以一种更哲学化的语言重复着条件说与原因说之争。偶然因果关系实际是在一定情况下承认条件说④，意在表明必然因果关系说将因果关系限制过窄的缺陷。我认为，因果关系的必然性与偶然性也是哲学上一个难以厘清的问题，不如条件说与原因说的讨论更加实在。

---

① 参见［日］大塚仁：《犯罪论的基本问题》，冯军译，104 页，北京，中国政法大学出版社，1993。

② 我国学者储槐植提出一个半因果关系的观点。一个因果关系是指必然因果关系，半个因果关系是指一部分偶然因果关系。至于一部分偶然因果关系应当根据概率高低来确定。高概率的偶然因果关系是刑法中的因果关系。参见储槐植：《刑事一体化与关系刑法论》，263 页以下，北京，北京大学出版社，1997。这种观点在根据盖然性（概率）高低判断因果关系这点上，与疫学的因果关系具有同工异曲之妙。

③ 在论及公害犯罪的因果关系时，日本学者指出：关于法律上的因果关系，也是要根据流行病学的方法去认识某种物质所造成的某种危害的盖然性，如加上动物实验数据，并备有其他盖然性的补充资料，就可以充分断定因果关系了。总而言之，就科学证明而言，在确认因果关系时，如能确定某种物质就是某种病患的原因的结论，并把这一结论认为是一条法规，也就可以了，没有必要再去追究为什么会是这样，也没有必要再去从严格的生理学或药理学上寻找证明印证这条法则的正确性如何了，只要从流行病学上能证明这种物质的有害性，大体上也就可以认定了。参见［日］藤木英雄：《公害犯罪》，丛选功等译，32 页，北京，中国政法大学出版社，1992。日本学者认为疫学的因果关系是在未知问题的法律领域对相当因果关系说的适用。因为既然在社会观念上已经认识到某事实与某事实之间具有高度盖然性的联系，就不妨肯定其间存在刑法上的因果关系。参见［日］大塚仁：《犯罪论的基本问题》，冯军译，105 页，北京，中国政法大学出版社，1993。我认为，疫学的因果关系是建立在统计资料基础之上的，高概率是一种客观事实，而非社会观念的认识。同时，疫学的因果关系不能认为是对相当因果关系的适用。

④ 我国学者指出：偶然因果关系就是条件与结果之间的关系。参见苏惠渔主编：《刑法学》，126 页，北京，中国政法大学出版社，1994。又如，我国学者指出：在我国刑法中，原因有等级、层次之分，即除了根据之外，条件也是原因，尽管是非根本性、非决定性的次要原因。参见李光灿、张文、龚明礼：《刑法因果关系论》，105 页，北京，北京大学出版社，1986。

刑法因果关系研究

条件说与原因说相比较，原因说是限制条件说的，因而条件说所确定的因果关系范围大于原因说。对于条件说的批评正在于此，认为它会无限制地扩大追究刑事责任的范围。① 如果仅从事实上的因果关系考虑，这一批评似乎有理，但如果考虑到条件说只是为法律上的因果关系提供事实根据，其并不直接导致刑事责任，这一批评就失之偏颇。至于原因说，力图限制条件的范围，缩小刑事责任的范围，使行为与结果之间的刑法因果关系定型化，因而具有合理性。但原因说并未提供条件与原因相区分的可操作性标准。更为重要的是它仍然只是在事实范围内确定刑法的因果关系，所以仍然不能科学地解决刑法因果关系问题。从条件说与原因说不是一种事实上的因果关系、它们是为法律上的因果关系提供事实根据这一立场出发，目前大陆法系各国刑法理论通常采条件说。相当因果关系作为一种法律上的因果关系，就是建立在条件说所确定的因果关系之上的。在这个意义上，我们不能将相当因果关系说视为对条件说的否定②，而是使事实上的因果关系转化为法律上的因果关系。

三

法律上的因果关系是在事实因果关系的基础上，确定刑法因果关系。

在英美刑法理论中，某些被法律所关注的事实原因就是法定原因。在法定原因的标准问题上，又存在以下三种观点：（1）近因说（proximity）。此说认为，近因（proximate cause）就是没有被介入因素打破因果链的、当然地或者盖然地

---

① 条件说是以实际法则为根据的，因果关系在理论上就可能是无止境的。过去批判条件说有一个著名的例子：根据条件说，杀人犯的母亲也是被害人死亡的原因，因为如果没有这个人的出生，也不会出现被害人死亡的结果。参见李海东：《刑法原理入门（犯罪论基础）》，52 页，北京，法律出版社，1998。同时，我国学者认为，由于条件说不区分哲学因果关系与刑法因果关系，不区分原因对于结果所发生的作用大小，把因果关系与刑事责任混为一谈，其结果必然无限制地扩大追究刑事责任的范围。参见李光灿、张文、龚明礼：《刑法因果关系论》，38～39 页，北京，北京大学出版社，1986。

② 日本学者指出：应当注意的是，相当说并非否定了条件说，而是以条件说所承认的条件关系的存在为前提，进而论及其相当性。参见［日］大塚仁：《犯罪论的基本问题》，冯军译，102 页，北京，中国政法大学出版社，1993。

引起危害结果的事实原因，只有近因才是法定原因。（2）预见说（foreseeability）。此说以行为人的主观认识为标准来筛选事实原因作为法定原因，即行为人对某一结果有预见的，就是法定原因；没有预见的，就不是法定原因。（3）刑罚功能说（function of punishment）。此说认为刑法因果关系理论的意义（价值）在于从许许多多因果关系中确定何种因果关系同刑事责任有联系，所以考虑问题的出发点应当是体现刑罚目的的刑罚功能。① 在上述三种观点中，近因说将当然地或者盖然地引起危害结果的事实原因当作法定原因。它实际上并没有提出原因认定上的法律标准，因而仍然属于事实层面的考察。只有预见说与刑罚功能说，在事实原因中以是否预见与是否能够实现刑罚功能作为确定法定原因的标准，因而属于法律上的因果关系考察。

在大陆法系刑法理论中，法律上的因果关系是以相当性为判断标准的，由此形成相当因果关系说。相当因果关系说是按照条件说的观点，在行为与结果被认为有因果关系时，进一步把人类全部经验知识作为基准，基于某种原因的行为引起某种结果的事实，一般认为相当时，则认为它是刑法上重要的因果关系，属于这种相当性范围以外的结果认为没有重要性，从而刑法上不予考虑。② 相当因果关系说的核心问题是相当性，相当性是法律设定的一种判断刑法因果关系的标准，因而是从事实上的因果关系转化为法律上的因果关系的关键。那么，如何认定因果关系的相当性呢？对此，大陆法系刑法理论上存在以下三种观点：（1）主观的相当因果关系说。此说认为，应当以行为人在行为时所认识或所能认识的事实为标准，确定行为与结果之间是否存在刑法因果关系。也就是说，凡是行为人在行为时所能认识到的因果联系事实，不论社会上一般人是否能认识到，皆认为

---

① 我国学者指出：预见说和刑罚功能说虽然都是以主观认识作为确定法定原因标准的，但由于是以事实原因为基础的，所以无须把预见说与刑罚功能说一概视为主观唯心主义。参见储槐植：《美国刑法》，2版，65页，北京，北京大学出版社，1996。

② 日本学者指出：相当性的判断，是以事后追溯事前行为为标准的，相当因果关系意味着定型的因果关系，而构成要件就是以定型的因果关系为内容的。因此，相当因果关系说是决定构成要件的重要因果关系范围的学说，是最妥当的。相当因果关系说是现在的通说。参见［日］福田平、大塚仁：《日本刑法总论讲义》，李乔等译，64~65页，沈阳，辽宁人民出版社，1986。

刑法因果关系研究

存在刑法因果关系。可见,主观的相当因果关系说,完全是以行为人的主观认识能力为标准,确定刑法因果关系之有无。(2)客观的相当因果关系说。此说认为,刑法因果关系是否存在,应当由法官以社会一般人对行为及行为后所发生的结果能否预见为标准,做出客观的判断。凡是一般人已经预见或可能预见某种行为会引起某种结果的,就认为行为人的行为与结果之间存在刑法因果关系,否则,就不存在刑法因果关系。[1](3)折中的相当因果关系说。此说以行为时一般人所预见或可能预见之事实以及虽然一般人不能预见而为行为人所认识或所能认识的特别事实为基础,判断刑法因果关系之有无。也就是说,凡是一般人所能预见到的行为与结果之间的伦理上的条件关系,不论行为人是否预见,都认为存在刑法因果关系;凡是为一般人不能预见,但行为人能预见的亦认为存在刑法因果关系。在上述三种相当性的判断标准中,在行为人认识与社会上一般人的认识相一致的情况下,主观说与客观说并无区别。其区别在于:在社会一般人所能认识而行为人所不能认识,或者社会一般人不能认识而行为人所能认识的情况下,是依一般人标准还是依行为人标准?主观论认为应依行为人标准,而客观论则认为应依一般人标准。折中说采一般人标准,即在社会一般人所能认识而行为人所不能认识的情形下,承认其刑法上的因果关系的存在。但在社会一般人不能认识而行为人能认识的情况下,又依行为人标准,承认其刑法上的因果关系的存在。一般认为,折中说是妥当的[2],从而

---

[1] 在对客观的相当因果关系说内容的理解上存在不同叙述,日本学者指出:客观说认为要站在社会的立场上,不限于行为人认识或能够认识的东西,应该考虑客观存在的所有情况,哪怕是事后产生的情况,只要它曾是可能预见的东西,就应当以它为基础进行判断,即所谓客观的事后观测(objektive nachtragliche Prognose)。客观说把行为人不能认识的情况和一般人不能预见的情况都作为判断的基础,有过于扩大因果关系之嫌。参见[日]大塚仁:《犯罪论的基本问题》,冯军译,102~103页,北京,中国政法大学出版社,1993。我国学者所理解的客观的相当因果关系的问题,参见李光灿、张文、龚明礼:《刑法因果关系论》,43页,北京,北京大学出版社,1986。我赞成我国刑法学者的观点。

[2] 刑法或其他法,都是以社会一般人或普通人的认识为基础的,从而应根据社会一般人能认识的情况以及实施行为者特别能认识的情况来确定相当因果关系。这个意义上的因果关系是合于在"人类总经验的知识"基础上确定的相当因果关系的概念的。超出此范围,如偶然性概念,则被排除在相当关系所称的刑法意义上的重要因果关系范围之外。参见甘雨沛、何鹏:《外国刑法学》上册,297页,北京,北京大学出版社,1984。

取得了通说的地位。①

由于在相当因果关系的判断中引入了人的认识能力，因而出现了对相当因果关系的批评，即认为该学说否定了因果关系的客观性。② 我认为，这种批评的误区是没有区分事实上的因果关系与法律上的因果关系。由于相当因果关系说是以条件说为基础的，因而是在事实上的因果关系的范围内确定法律上的因果关系，这就已经解决了因果关系的客观性问题。在事实上的因果关系的基础上，刑法还要设定一定的标准，从中选择某些事实上的因果关系成为刑法上的因果关系。这种刑法上的选择当然具有主观性，但并不违反因果关系的客观性，恰恰是刑法因果关系区别于哲学因果关系的法律性特征的体现。③ 更为重要的是，相当因果关系的相当性，不仅从社会经验法则上考察，而且从构成要件上考察，即对构成要件上的相当性做出判断。④ 从构成要件上说，具有相当性的因果关系是以某一行为具有危险性为前提的。只有具有危险性的行为刑法才可能确定为犯罪，从而将

---

① 日本学者认为：折中说想站在两说的中间找出一个妥当的标准，认为要站在行为时行为人的立场上，以一般人认识或能够预见的情况以及行为人特别认识、呈现的情况为基础论及因果关系。这是在实际适用上最具合理性的立场，不仅是今日的通说，也得到高等法院判例的支持。参见［日］大塚仁：《犯罪论的基本问题》，冯军译，103 页，北京，中国政法大学出版社，1993。

② 日本学者的批判是认为折中说在因果关系的内容中纳入了主观的东西，这就把责任与因果关系混同起来了。参见［日］大塚仁：《犯罪论的基本问题》，冯军译，103 页，北京，中国政法大学出版社，1993。我国学者则将相当因果关系视为主观唯心主义的观点，指出：相当因果关系学说在理论上存在致命缺点，它把客观存在的因果关系，看作人们思想中的一种"习惯确定"，因此陷入了唯心主义的因果理论的泥潭。参见李光灿、张文、龚明礼：《刑法因果关系论》，45 页，北京，北京大学出版社，1986。

③ 我国学者以下论述无疑是正确的：我国刑法学界习惯于将相当因果关系说看成是违背因果关系的客观性原理，实际上这种指责并不完全符合实际。虽然它确实以一般经验作为决定刑法因果关系有无的标准，但这种经验是人们对于客观的因果规律的主观反映，因而其基本内容仍然是客观的因果规律，而非属无客观根据的主观臆想；同时相当因果关系说的适用是建立在存在必要条件这一客观的事实因果关系基础之上的，是根据追究法律责任的需要而对事实上的必要条件所进行的一种限制性选择，而并不是人为地在本来并不存在因果联系的两种现象之间硬加上因果关系，因而不能说这是完全违背因果关系客观性的。参见张绍谦：《刑法因果关系研究》，36~37 页，北京，中国检察出版社，1998。

④ 日本学者指出：所谓相当因果关系，本来就是在实行行为与犯罪性结果之间存在原由构成要件所预定的关系，而构成要件通常是社会上所发生的当罚性社会侵害现象的类型化，作为其内容的因果关系也自然是预定为社会上所一般存在的东西。参见［日］大塚仁：《犯罪论的基本问题》，冯军译，102 页，北京，中国政法大学出版社，1993。

因果关系限定在法律规定的构成要件范围之内。由此，在相当因果关系说的基础上，大陆法系刑法理论提出客观归咎论，并以禁止的危险作为其基础。尽管在刑法理论上，对于客观归咎论还存在不同看法，但我认为，客观归咎与相当因果关系是在同一层次上即从法律上的因果关系上考虑问题，两者具有同一性。当然，客观归咎论是从动态，即从可归咎性的角度来考察刑法因果关系，这是它较之相当因果关系的创新之处。更为重要的是，客观归咎论以禁止的危险作为归咎基础，并由此展开其观点，使相当性的判断具有实体根据。在这个意义上，可以说客观归咎论在一定程度上超越了社会经验法则的过于抽象的标准，而是结合构成要件加以判断，从而使得相当性的判断在构成要件层面上得以实现。

（本文原载《现代法学》，1999（5））

刑法因果关系：从哲学回归刑法学

——一个学说史的考察

因果关系是刑法学中的一个重要理论问题，也是我国刑法中一个最为混乱的问题。本文拟对我国因果关系理论的嬗变过程进行梳理，从而勾勒出我国刑法因果关系理论从哲学化到去哲学化的演变轨迹，同时这也是一个逐渐摆脱苏俄刑法学的影响融入德日刑法学的过程。

一、苏俄哲学化刑法因果关系理论及其对中国的至深影响

（一）苏俄刑法因果关系的哲学化过程及其实质

我国的因果关系理论是从苏俄引进的，因此，苏俄因果关系理论就成为考察我国因果关系理论的一个切入点。

苏俄刑法学关于因果关系问题的讨论，从一开始就被哲学化了，并且陷入了意识形态的纷争。例如皮昂特科夫斯基等指出："对于因果关系概念的看法，只能有完全相反的两种基本观点，即唯物主义的观点和唯心主义的观点。从唯物主义观点来看，因果关系是人们意识之外的自然现象和社会生活之间客观存在的联系。而从唯心主义的观点来看，在外部世界各种现象之间，客观的、人们意识之外的因果关系是不存在的；因果关系就是我们为认识各种现象而有意识地在诸现

刑法因果关系：从哲学回归刑法学

象之间建立的一种假定关系。"① 在哲学上，因果关系理论确实可以分为唯物主义与唯心主义两种。那么，能否简单地将哲学上的唯物主义与唯心主义之争套用在刑法的因果关系概念中呢？我以为，这是值得反思的。

　　苏俄刑法学在批判所谓资产阶级的条件说与相当因果关系说的基础上，开始了对刑法因果关系的探讨。例如皮昂特科夫斯基除了从马克思主义关于必然与偶然的范畴中寻找根据以外，还从黑格尔关于应该根据犯罪的客观特征来区分犯罪的必然结果和偶然结果的思想中寻找灵感，由此出发提出了必然因果关系的概念，并且确立了行为者对其行为之必然结果应负（虽然也不一定永远负）刑事责任、对其行为之偶然结果则不应负刑事责任的原则。皮昂特科夫斯基指出："关于刑事责任问题，只有在某人该种行为之必然结果的关系上，才能成立，也就是说，该种行为在外界之结果，乃是在该种具体条件下，实行此种行为之真实可能的结果，乃是法则性所产生之结果。某人该种行为之一切偶然结果，已超出刑法的注意范围。对此种偶然结果，行为者无论在何种条件之下皆不负刑事责任。只有因果必然关系对刑法富有意义。"② 皮昂特科夫斯基的观点被称为必然因果关系理论，该理论一经提出就得到了许多苏俄学者的支持。例如杜尔曼诺夫 1945 年发表的《因果关系学说的一般原理》一文，赞同必然因果关系理论。只不过对必然因果关系理论做了某些修正，认为应该将引起结果的行为区分为原因行为和条件行为，只有原因行为才与结果之间存在因果关系，条件行为与结果之间不存在因果关系。采列捷利在 1949 年通过答辩的博士论文《刑法中的因果关系》一文中，亦持有与杜尔曼诺夫相同的见解，将对于结果发生具有积极的、能动性质的行为视为造成社会危害结果的原因。③ 可以说，必然因果关系理论在一个时期成为苏俄刑法学的通说。

---

　　① ［苏］A.A. 皮昂特科夫斯基等：《苏联刑法科学史》，曹子丹等译，52 页，北京，法律出版社，1984。
　　② ［苏］苏联司法部全苏法学研究所主编：《苏联刑法总论》下册，彭仲文译，335 页，上海，大东书局，1950。在该书中，因果关系一节的执笔人是皮昂特科夫斯基。
　　③ 参见 ［苏］A.A. 皮昂特科夫斯基等：《苏联刑法科学史》，曹子丹等译，54～55 页，北京，法律出版社，1984。

必然因果关系理论强调因果关系的必然性,将偶然发生的结果排除在行为的结果之外,实际上是否认了偶然因果关系。这一理论在1950年遭到批判,其中最著名的批判来自苏俄学者库德里亚夫采夫。库德里亚夫采夫的批判包括政治的与哲学的两个方面。正如皮昂特科夫斯基首先寻找马克思主义根据,库德里亚夫采夫的批评也是从政治批判开始的:"正当我们为反对资产阶级思想的影响,为我们的马克思列宁主义法的科学的党性和纯洁性而进行坚决斗争的时候,皮昂特科夫斯基教授不仅继续传播反动的德国哲学,而且把黑格尔哲学与马克思主义科学相混淆——这种混淆是布尔什维克党早已谴责过的,企图把它贯彻到苏维埃实际中去。"① 对马克思主义因果关系理论的歪曲,这是一种十分致命的政治指责,这就使得学术批评披上了政治外衣具有更大的杀伤力。那么,皮昂特科夫斯基的必然因果关系理论是如何违反马克思主义的呢?苏俄学者特拉伊宁从哲学上做了以下论证:大家都清楚地知道,马克思主义有偶然与必然两种范畴之分。另一方面,大家也知道,刑法中有免除刑事责任的偶然事件(意外事件)的概念。这样一来,唯物辩证法讲到了"偶然";而刑法则谈到了"偶然事件"。在这种名词相似的基础上,为从事研究的人员开创了一个诱人的机会:可以绕过马克思主义关于因果性学说的一切其他原理,来解决刑法中因果关系的问题。而教科书(指《苏联刑法总论》,其中因果关系一节由皮昂特科夫斯基撰写。——引者注)也正是从唯物辩证法所理解的"偶然"直接转到刑法中的"偶然事件"上去的。教科书讲道:"在确定某人的行为与一定的危害社会的结果之间有这种联系时,我们就应该决定,这些结果究竟是该人所实施的行为的必然结果还是偶然结果。"在皮昂特科夫斯基教授看来,这个问题的解决有着非常重大的意义;因为作者认为,只有对人的某种行为的必然结果,即只有对在某种具体条件下实施该行为时实际可能发生的、从该行为中合乎规律产生出来的结果,才能提出关于刑事责任的问题。而人的某种行为的一切偶然的结果,则都是刑法研究范围以外的东西。

---

① [苏]库德里亚夫采夫:《关于刑法中的因果关系问题》,王作富译,载中国人民大学刑法教研室编译:《苏维埃刑法论文选译》,第1辑,117页,北京,中国人民大学出版社,1955。

刑法因果关系：从哲学回归刑法学

行为人无论在任何情况下，都不能对这些结果负刑事责任。"对于刑法来说，只有因果的必然联系才有意义。"这样一来，按照教科书上的说法，唯物辩证法所理解的偶然，永远是刑法上的"偶然事件"（意外事件）。因此，只有当具有与某人的行为有必然联系的结果时，才能产生刑事责任；反之，偶然的结果——哲学上对偶然性的理解——则永远应无条件地免除刑事责任。① 在上述论述中，特拉伊宁批判了必然因果关系理论，指责该理论错误地理解了哲学上的必然与偶然这对范畴。但特拉伊宁本人并没有明确提出偶然因果关系理论，而是提出了所谓因果关系程度论，即在原因中区分主要原因与次要原因。特拉伊宁指出：作为危害社会结果的原因的人的行为绝不是一样的、始终相同的。恰恰相反，它可能表现为各种不同程度的原因。它可能是主要的、主导的、有决定意义的原因，也可能是意义较小的、次要的原因。② 在此，特拉伊宁并没有指明所谓意义较小的、次要的原因是否属于偶然因果关系。更为重要的是，正如苏俄学者所批评的那样，特拉伊宁并没有说明，应根据什么特征来认定哪些行为是主要的、有决定意义的，而哪些行为则是次要的。因此，特拉伊宁的理论不能确定由作为或不作为造成结果的原因与决定结果的各种条件之间的区别。③ 应该说，这一批评是中肯的，这也是刑法因果关系哲学化所带来的弊端，它无助于在司法过程中对因果关系做出正确的判断。明确提出偶然因果关系说的是库德里亚夫采夫，他从客观偶然造成的损害并不免除刑事责任的前提出发，肯定了偶然因果关系的存在，指出："实际上，我们的法律并没有把客观必然的后果与客观偶然的后果划分开来。这只是说，法律并没有像皮昂特科夫斯基教授所想的那样去解决因果关系的问题；而绝不是说它根本就没有解决这个问题。相反地，这种情况正好证明，在我们的法律中，因果关系的问题是完全肯定地解决了：任何有罪过的损害行为，不

---

① 参见［苏］А. Н. 特拉伊宁：《犯罪构成的一般学说》，王作富等译，129 页，北京，中国人民大学出版社，1958。
② 参见［苏］А. Н. 特拉伊宁：《犯罪构成的一般学说》，王作富等译，138 页，北京，中国人民大学出版社，1958。
③ 参见［苏］А. А. 皮昂特科夫斯基等：《苏联刑法科学史》，曹子丹等译，56 页，北京，法律出版社，1984。

论该人的行为与危害社会结果间的因果关系是必然的或是偶然的都要负刑事责任。然而,因果关系形式上的差异,在刑事责任性质上也有所反映。必然因果关系容易预见,因此,通常就决定主体的罪过是直接故意的形式,并加重其责任;相反地,偶然因果关系很难预见,这就得出,偶然造成损害时的主要罪过形式为间接故意和过于自信,也就是说,要适当地减轻其责任。"①

　　相对于必然因果关系理论,偶然因果关系说明显地扩大了因果关系的范围。尤其值得注意的是,库德里亚夫采夫在上述论述中引入了主观罪过的因素,我们来看库德里亚夫采夫是如何论证客观偶然造成的损害也并不免除刑事责任这一观点的。皮昂特科夫斯基在论证自己的概念时举了一个客观偶然的因果关系的例子:西道洛夫将阿列克谢夫击伤,而伤者又因包扎伤口的疏忽引起坏血症而死亡,或因受伤后在医院治疗时,病房失火被烧死。对于上述例子,条件说是采用因果关系中断的理论加以解决的,而相当因果关系说则是通过对相当性的判断加以认定。当然,主观的相当因果关系说和客观的相当因果关系说在结论上有所不同,而且,上述例子中引起坏血症死亡与失火烧死可能也存在差别。皮昂特科夫斯基试图采用死亡是偶然结果,它与行为之间没有必然因果关系的方式,排除西道洛夫对阿列克谢夫死亡的刑事责任。但库德里亚夫采夫则认为,所举例子西道洛夫之所以对阿列克谢夫死亡不负刑事责任,并不是因为这一死亡是客观偶然的,而是因为西道洛夫对这一死亡没有罪过。库德里亚夫采夫指出,可以完全合理地做出结论:正是因为没有罪过才不负刑事责任,而并非由于因果关系的客观偶然性。不难相信,实际上就是这样的,只要改变一下上述例子中主体对发生结果的心理状态,例如,假定西道洛夫知道医院将要失火,那么,就有一切理由使他对阿列克谢夫的死亡负刑事责任。库德里亚夫采夫还指责皮昂特科夫斯基道:的确,皮昂特科夫斯基教授的概念,也可以从下面这个论点中找到"出路",即当西道洛夫知道医院将要发生火灾时,则阿列克谢夫的死,就不再是客观偶然,

---

① [苏]库德里亚夫采夫:《关于刑法中的因果关系问题》,王作富译,载中国人民大学刑法教研室编译:《苏维埃刑法论文选译》,第1辑,北京,中国人民大学出版社,1955。

刑法因果关系：从哲学回归刑法学

而是"必然"了。可是，这样"解决"就意味着，客观偶然的损害依某人的主观感受而变成必然的了，也就是说，公然否认了马克思主义关于作为客观范畴的原因的学说，并实际上以罪过问题代替了因果性的问题。①

皮昂特科夫斯基以西道洛夫是否知道医院会发生火灾作为区分必然结果与偶然结果的观点，当然是否认了因果关系的客观性。库德里亚夫采夫则通过承认偶然因果关系，在罪过认定中排除刑事责任，这种观点具有一定的合理性。但对于客观偶然的结果来说，只要对这一结果有认识，就应当承担刑事责任，则其刑事责任的范围是极为宽泛的。例如甲指使乙在下雨天到森林里去散步，期望乙被雷击死，乙果然被雷击死。对于这样的案例，尽管雷击死亡是偶然结果，但根据库德里亚夫采夫的观点，由于甲对乙的死亡是有认识的，因此甲应对乙的死亡承担刑事责任。而这个问题，在德国学者韦尔策尔那里，是通过对故意的实质解释来排除甲的刑事责任的。在罗克辛那里，则是通过客观归责，认为甲没有制造不容许的风险，因而不存在构成要件的行为来排除甲的刑事责任的。② 由此可见，因果关系理论只有纳入整个犯罪构成体系，才能得到合理解决。

值得注意的是，苏俄刑法学在 20 世纪 50 年代初展开了必然因果关系说与偶然因果关系说的争论，在刑法学中偶然因果关系说占据主导地位，即使在苏联解体以后的今天，俄罗斯刑法教科书还是主张偶然因果关系的存在："将原因和非原因、偶然与必然这两组不同的辩证规律混为一谈是错误的。如果把它们混淆起来，原因就成了必然规律，而偶然性便成了非原因的非规律。然而，偶然性也是必然性的另一个方面，是规律性并且能够引起后果。作为规律性必然和规律性偶然的原因是可能的。在研究危害社会后果的时候应该确定该作为（不作为）是不是发生后果的原因。原因是偶然或者必然对于确定罪过，而不是针对确定决定因素的客观过程具有重要的意义。偶然造成有害后果排除的是罪过，而不是排除因

---

① 参见［苏］库德里亚夫采夫：《关于刑法中的因果关系问题》，王作富译，载中国人民大学刑法教研室编译：《苏维埃刑法论文选译》，第 1 辑，北京，中国人民大学出版社，1955。
② 参见［德］克劳斯·罗克辛：《德国刑法学总论》，第 1 卷，王世洲译，245 页，北京，法律出版社，2005。

果关系。"① 苏俄刑法学关于因果关系的理论,是建立在对条件说和相当因果关系说的批判基础之上的。对条件说的批判,除认为其过于扩大原因范围以外,主要是全条件等价值的观点被认为是形而上学的。② 而对于相当因果关系说的批判,则是认为它忽视了偶然和必然的辩证关系。偶然性是必然性的一个方面,即与必然性一样,也是一种规律性。一个行为的不典型、不标准、偶然性一般并不排除正是它在具体条件下使后果发生。③ 在某种意义上,苏俄刑法学关于因果关系的理论接近于原因说,只不过在原因中区分必然原因与偶然原因。当然,原因说是以条件说为前提的,但苏俄刑法学关于因果关系的理论又否认条件说,因而它与原因说也不完全相同。

苏俄刑法学中的因果关系理论除了深刻地打上了政治烙印以外,最大的特点就是哲学化,即直接将哲学上的因果关系学说机械地套用在刑法学中,因而诸如必然联系与偶然联系都是实质判断、个别判断,具有非定型性和非规范性的特征,在司法实务中是难以操作的。从历史渊源上分析,这种因果关系理论是历史上原因说的翻版,是一种个别化理论。

(二) 苏俄刑法因果关系理论对中国刑法学的至深影响

在粗略地勾画出苏俄刑法学中因果关系理论的基础上,反观我国刑法学中的因果关系理论,其思路及其争议问题与苏俄刑法学如出一辙。我国刑法学中的因果关系问题的讨论,可以分为两个阶段,出现过两次高潮:第一次发生在 20 世纪 50 年代中期,第二次发生在 20 世纪 80 年代初期,一直绵延至 90 年代中期。

如前所述,20 世纪 50 年代苏俄刑法学中曾经出现过一场是否承认偶然因果关系的争论,随着苏俄刑法学引入我国,这场争论也蔓延到我国。对于 20 世纪 50 年代中期刑法因果关系的研究,我国学者做了以下概括性的描述:我国刑法

---

① [俄] Н. Ф. 库兹涅佐娃、И. М. 佳日科娃主编:《俄罗斯刑法教程(总论)》,上卷·犯罪论,黄道秀译,247 页,北京,中国法制出版社,2002。
② 参见 [苏] А. Н. 特拉伊宁:《犯罪构成的一般学说》,王作富等译,134 页,北京,中国人民大学出版社,1958。
③ 参见 [俄] Н. Ф. 库兹涅佐娃、И. М. 佳日科娃主编:《俄罗斯刑法教程(总论)》,上卷·犯罪论,黄道秀译,246 页,北京,中国法制出版社,2002。

刑法因果关系：从哲学回归刑法学

理论中关于刑法因果关系的研究始于20世纪50年代中期，目前查阅到最早的有关刑法因果关系的论文为1956年梅泽濬在《华东政法学报》第1期上发表的《哲学上的因果关系及其在刑法中的运用》一文。这一阶段，我国的刑法学研究整体上受苏联刑法学研究的影响，刑法因果关系的研究也不例外。这一阶段发表的有关刑法因果关系的论文数量不多，如何将马克思列宁主义哲学关于因果关系的基本观点运用到对刑法因果关系的研究中来，是这一阶段的研究重心。此阶段的研究整体上带有较为浓重的哲学色彩。这阶段发表的论文大多对将刑法因果关系划分为必然因果关系和偶然因果关系的观点进行了批判，并对哲学因果关系与刑法因果关系之间的关系、刑法因果关系与刑事责任的关系以及因果关系、必然性、偶然性概念的界定等问题进行了较为集中的探讨。由于受当时特殊历史环境的影响，在这一阶段的研究中，我国刑法学界将国外刑法因果关系理论中的重要学说，如条件说、相当因果关系说等，认定为资产阶级唯心主义和形而上学的产物，采取了简单的否定和排斥态度。总的说来，这一阶段为新中国刑法因果关系研究的初创阶段，此阶段的研究奠定了我国传统刑法因果关系论的雏形和主要框架。[①] 应该说，上述描述较为真实地反映了我国20世纪50年代中期关于因果关系问题的讨论。在这场讨论中，政治化与哲学化的特征也是十分明显的。以第一篇发表的因果关系论文为例，该文的注释引用的都是马列主义和毛泽东著作，包括恩格斯的《辩证法与自然科学》（1次），列宁的《唯物主义和经验批判主义》（2次）、《黑格尔〈逻辑学〉一书摘要》（1次），毛泽东的《毛泽东选集》（3次）。但在涉及"有些刑法学家"关于区分必然的因果关系与偶然的因果关系的观点时，却没有标注任何出处。实际上，该文中作为讨论基本线索的必然因果关系与偶然因果关系相区分的理论，来自苏俄刑法学，并非我国产生的理论。

在20世纪50年代中期关于因果关系的讨论中，对于偶然因果关系出现了赞同与反对两种观点，这在一定程度上拷贝了苏俄刑法学的争论。在这场争论中，

[①] 参见刘志伟、周国良编著：《刑法因果关系专题整理》，3～4页，北京，中国人民公安大学出版社，2007。

必然因果关系说是作为正面观点提出来的,而偶然因果关系说则是在反驳必然因果关系说中提出的反面观点。例如,在对必然因果关系说的异议中,我国学者明确提出了"刑法科学中的因果关系可以有偶然的与必然的之分"的命题,指出:"刑法中的因果关系是刑事责任的客观依据,必然的因果关系当然没有问题,而偶然的因果关系则不能笼统地说是与不是。因为偶然的因果关系就是在客观上这种现象可能发生,也可能不发生。从客观上看,在有的情况下主体是很难预见其结果的,这就不是刑事责任的客观依据。但在有的情况下主体是能够预见的(从客观事物的发展看),则就成为刑事责任的客观依据了"① 上述观点明确肯定了偶然因果关系,但对于必然因果关系与偶然因果关系作为刑事责任的客观根据的条件做了区分:必然因果关系在任何情况下都能成为刑事责任的客观根据;而偶然因果关系则只有在主体能够预见的情况下,才能成为刑事责任的客观根据。这一叙述存在明显的漏洞,必然因果关系说的批判正是由此入手,即偶然因果关系说否认了因果关系的客观性。例如我国学者指出:这些刑法学家把因果关系这样分开的结果,认为"偶然因果关系"是由于主体不能预见。如果主体能预见,则成为"必然因果关系"。这实际上就否定了偶然与必然的客观性,公然站在唯心主义立场,好像必然与偶然不是离开了人们意志客观地存在,而是完全决定于人们的主观预见。这显然不是马克思列宁主义的科学观点。我们在阐述因果关系问题时,曾不止一次地谈到因果关系的客观性、偶然与必然的客观性,所有这些,都是客观事物的发展规律,以必然的或者偶然的形式出现。必然或偶然,均有其客观的必然原因,这绝不是决定于主观的预见。② 上述论述在一定程度上歪曲了偶然因果关系说。因为偶然因果关系说并不否认偶然关系的客观性,只是认为能否成为刑事责任的客观根据取决于行为主体的预见。因此,偶然关系是客观的,但能否成为因果关系(即所谓偶然因果关系)则以行为主体的预见可能性作为前提,这是在因果关系的判断中引入了主观要素,其思路类似于相当因果关系说,主体能否预见,

---

① 许锡珂:《刑事科学中的因果关系可以有偶然的与必然的之分》,载《华东政法学报》,1956(3)。
② 参见梅泽瀋:《哲学上的因果关系及其在刑法中的运用》,载《华东政法学报》,1956(1)。

刑法因果关系：从哲学回归刑法学

是一种相当性的判断。由于苏俄刑法学中的因果关系理论是排斥归责的，因而具有归责性质的相当因果关系说是被排斥的。在20世纪50年代中期关于刑法因果关系的讨论中，必然因果关系说是占主导地位的，其结论性的观点认为：原因与结果的联系总是必然联系，对于偶然性来说，我们固然不能一般地说偶然性没有原因，同时就一定的事物或过程而言，却可以说在偶然联系的情况下不具有因果关系。①

对于20世纪50年代中期这场关于刑法因果关系的短暂讨论，我们关注的重点不是必然因果关系说与偶然因果关系说的争论，事实上在当时也并没有争论起来，因为一边倒的观点是必然因果关系说②，而偶然因果关系说实际上是引述苏俄学者的观点。我们关注的是在这场讨论中，作者都试图正确地处理马克思主义哲学关于因果关系的学说与刑法因果关系理论之间的关系，但其结果却进一步加剧了刑法因果关系的哲学化。

以笔者所见到的4篇当时具有代表性的论文而言，它们都具有因果关系的方法论性质。这4篇论文是：（1）梅泽潘的《哲学上的因果关系及其在刑法中的运用》（《华东政法学报》1956年第1期）。（2）姜焕宸的《什么是刑法科学中的因果关系问题》（《华东政法学报》1956年第2期）。（3）马克的《如何解决刑法科学中的因果关系》（《法学》1957年第1期）。（4）杨兆龙的《刑法科学中因果关系的几个问题》（《法学》1957年第1期）。这些论文都把马克思列宁主义关于因果关系的学说当作解决刑法因果关系的武器，把刑法因果关系当作马克思列宁主义关于因果关系的学说在刑法中的运用。例如在马克的论文中，开宗明义地指出："马克思列宁主义哲学关于因果关系的学说是解决刑法科学中因果关系的基础。为了正确地解决刑法科学中的因果关系问题，首先需要阐明一下马克思列宁主义哲学如何理解因果关系。"③ 这样，刑法因果关系问题，首先是一个马克思列宁主义的哲学问题。必然因果关系说与偶然因果关系说之争，实际上是对马克

---

① 参见马克：《如何解决刑法科学中的因果关系》，载《法学》，1957（1）。
② 1957年中央政法干校编写的《中华人民共和国刑法总则讲义》就采用必然因果关系说，参见中央政法干部学校刑法教研室编著：《中华人民共和国刑法总则讲义》，98页，北京，法律出版社，1957。
③ 马克：《如何解决刑法科学中的因果关系》，载《法学》，1957（1）。

257

思列宁主义哲学关于因果关系理解的解释权之争。这样一种讨论的逻辑思路是：马克思列宁主义哲学关于因果关系的学说是这样的，而你的刑法因果关系的观点是不符合这一学说的，因而你的刑法因果关系的观点是错误的。例如我国学者在论证偶然因果关系说之时指出：我们从马克思列宁主义的因果学说来看，正如我们上面所阐述过的，原因与结果是在相互联系、相互制约的现象中，抽出某一现象，它在一定条件下，必然地引起或决定另一现象发生，对于引起或决定另一现象的现象称原因，而被引起或决定的现象称结果。所以，恩格斯说："不起作用的原因是没有的。"[①] 我们所说的因果概念，就是指的某一现象必然地引起另一现象的发生而言。离开这个原则，就不符合哲学上所说的因果关系。也只有在这个意义上，即某一现象必然地引起或决定另一现象的发生时，才能称这两种现象的关系是因果关系。但是，从这些刑法学家的观点来看，却把因果关系拆开，分为两种，即必然的因果关系与偶然的因果关系。这实际上是把哲学上的必然性与偶然性这一对范畴，与因果关系这个概念混淆起来，于是造成了思想上的混乱。[②] 在上述论述中，基本上是将哲学因果关系套用在刑法因果关系上。当然，对于这种方法论，也有学者提出反对意见，认为把马克思列宁主义关于因果性、必然性、偶然性的原理运用到刑法科学中来，可能有两种不同的解释：一种是不考虑刑法科学中因果关系问题的特点，而将马克思列宁主义经典著作中关于这方面的一切论点原封不动地照搬到刑法科学中来；另一种是结合刑法科学中因果关系问题的特点，适当地将马克思列宁主义的经典著作中关于这方面的一般原理或基本论点，运用到刑法科学中来。显然，后一种解释是对的。那么，刑法科学中的因果关系有什么特点呢？我国学者指出：刑法科学，也和别的科学一样，不能不运用因果律，因此也就不能不谈因果关系。可是，在运用因果律时，为了配合与犯罪做斗争的需要，因果律具有某些特点，其中最主要的特点如下：

（1）将人的行为（包括作为和不作为）在因果关系中突出。在哲学及别的科

---

① 恩格斯：《辩证法与自然科学》，117页，北京，人民出版社，1953。
② 参见梅泽潽：《哲学上的因果关系及其在刑法中的运用》，载《华东政法学报》，1956（1）。

刑法因果关系：从哲学回归刑法学

学中，尤其是在自然科学中，所要考虑的主要是（当然并非毫无例外）或者只是原因与结果的关系，而人的行为或活动不过被看作一种原因或结果；在刑法科学中所要考虑的主要是行为人如何认识及运用因果律的问题，因果关系的问题是在这个前提下来考虑的。

（2）因果律的运用，受到行为人主观条件的某些限制。由于上述第一个特点的存在，刑法科学在运用因果律时，便不能像哲学、自然科学、历史或一般社会科学那样，根据事物的客观情况找出因果关系就算了事；它还得进一步研究行为人对自己的行为和某种结果的因果联系是否在事先已经、可能或应该预见到，以便据以决定他应否负刑事责任。①

应该说，上述论述强调了刑法因果关系的特殊性，这一特殊性即因果关系是为归责创造条件，只有在归责的视角下才能正确地认识刑法因果关系，这当然是正确的。但是，这一观点仍然坚持刑法因果关系是哲学因果关系在刑法中的具体运用。由此可见，这一观点仍然没有摆脱哲学因果关系对刑法因果关系的束缚。

20世纪50年代中期，我国学者从苏俄引入了刑法因果关系理论，其中的必然因果关系说与偶然因果关系说在我国刑法学界都有所介绍。从总体上来看，还是必然因果关系说占据主导地位，偶然因果关系说则受到批评。由此可见，我国刑法因果关系理论与苏俄刑法学中的因果关系之间存在明显的渊源关系。其结果必然是：我国刑法因果关系的讨论，从一开始就具有浓重的哲学色彩，而马克思列宁主义哲学关于因果关系的学说又成为解决刑法因果关系问题的指导思想。在这个意义上，我国刑法因果关系理论偏离了大陆法系刑法因果关系理论的路径，沿着哲学化的方向走了下去。

二、中国刑法理论独立研究因果关系的探索焦点

随着1979年刑法的颁布，我国刑法学研究开始恢复。其中，刑法因果关系

---

① 参见杨兆龙：《刑法科学中因果关系的几个问题》，载《法学》，1957（1）。

问题是最早展开讨论的一个理论问题。而这一讨论从一开始就接续了1957年的讨论，似乎中间这22年从来没有存在过。李光灿教授关于因果关系的论文是我国在20世纪80年代初期第一篇讨论因果关系的论文，论文第一次系统地论证了偶然因果关系说。李光灿教授指出："把哲学上关于因果关系的一般原则运用到刑法学领域中，即运用到研究犯罪的因果关系问题上，就出现了这个差别：在哲学上，因果关系只有一种必然因果关系的形式，但在刑法学上，因果关系却有两种，必然因果关系和偶然因果关系。刑法学上这种偶然因果关系的发现，不是违背一般原理的表现，相反，恰恰是正确运用哲学上的因果关系和偶然性的原理来研究犯罪因果关系所必然得出的结论。"[①] 以上论述也是从哲学因果关系与刑法因果关系的关系入手的。值得注意的是，作者大胆地肯定了哲学因果关系与刑法因果关系的差别，并把偶然因果关系视为这种差别的体现，从而为偶然因果关系寻找理论定位。论文列举了是否承认偶然因果关系的三种不同意见。第一种意见是：犯罪中只有一种因果关系形式，即必然因果关系形式。第二种意见是：犯罪中既有作为基本形式的必然因果关系，又有作为补充形式的偶然因果关系，但偶然因果关系不能作为负担刑事责任的客观基础。第三种意见是：在犯罪中既有作为基本形式的必然因果关系，又有作为补充形式的偶然因果关系，而偶然因果关系在一定条件下也可以作为负担刑事责任的客观基础。但是，这三种意见分别为何人所主张，论文中没有注释，因而颇有些假想敌的性质。当然，若是考虑到与1957年关于刑法因果关系讨论的接续性，我们可以很容易地得出结论：20世纪80年代初关于刑法因果关系的讨论是在苏俄刑法学关于因果关系讨论这一特定背景下展开的。例如李光灿教授在论文中所引的另一段没有出处的反面观点："偶然性虽然也有它产生的原因，但如果从它产生的原因上来观察时，它也就是必然的，这就是说，它（作为原因的结果）和原因之间仍是一种必然联系。"我发现，这段话实际上出自马克发表在《法学》1957年第1期上的《如何解决刑法科学中的因果关系》一文。由此可见，这是一场间隔了22年的学术对话，此

---

① 李光灿：《论犯罪中的因果关系》，载《辽宁大学学报》，1980（3）。

刑法因果关系：从哲学回归刑法学

外，因果性、必然性和偶然性这样一些哲学概念在刑法因果关系讨论中的运用，都是苏俄刑法学所特有的。当然，我们还是要看到，李光灿教授对于偶然因果关系结合具体案例进行了充分的讨论，由此深入地拓展了偶然因果关系说的实际应用价值，并奠定了我国刑法学界偶然因果关系说的基础，其功不可没。李光灿教授在论述偶然因果关系的特点时指出：犯罪中偶然因果关系的形式，同哲学上论述的一般因果关系的形式不同，它是由这一个必然因果关系环节与那一个必然因果关系环节（即一对因与果同另一对因与果）在连续的形式下的交错和巧遇所间接产生出的结果。因为犯罪中因果关系要追究的是行为人的行为同社会危害结果之间有无因果关系，所以就产生了在两个因果关系环节交接的情况下，行为人有第一人称和第二人称，结果又有第一个因果关系环节中的结果和第二个因果环节中的结果时如何追究第二人称的行为同第一个因果环节中结果的相互关系问题，以及如何确定第二人称的刑事责任问题。这就不是单一的而是复杂的因果关系的形式——偶然因果关系形式的特点。① 从以上论述可以看出，这里的偶然因果关系存在于两个必然因果关系交错的特定场合。这一偶然因果关系的经典案例是：甲在一条黑胡同里追赶乙，乙在逃向大街时，凑巧碰上由侧面过来的丙驾驶的汽车。丙因一时刹不住车，将乙撞死。根据偶然因果关系说，认为甲的追赶行为与乙的死亡结果之间存在偶然因果关系。在李光灿教授的论文发表以后，偶然因果关系学说在我国刑法学界产生了广泛的影响。这一观点在李光灿、张文、龚明礼合著的《刑法因果关系论》中得到集中体现。在该书中，作者尤其是对偶然因果关系的类型做了如下详细论述：

（1）简单类型的偶然因果关系。这种偶然因果关系的特征是：一个危害行为造成一个危害结果，又与自然力或他人的正当行为（即事件）相竞合，产生了另一个危害结果，而且与危害行为相竞合的事件是后一结果出现的根本的、决定性的原因，它决定了这后一结果出现的必然性，它与后一结果之间是必然的因果关系。虽然危害行为与前结果之间是必然因果关系，但后一结果对于它来说，可能

---

① 参见李光灿：《论犯罪中的因果关系》，载《辽宁大学学报》，1980（3）。

261

出现，也可能不出现，可能这样出现，也可能那样出现，它决定了后一结果的偶然性，与后一结果之间是偶然的因果关系。主要包括：1）危害行为造成某一结果，又与自然力相竞合，产生了另一偶然结果。2）危害行为与正当行为相竞合，产生了一偶然性结果。

（2）复杂类型的偶然因果关系。两个必然过程分别由两个危害行为组成，它们的交叉或衔接所形成的偶然因果关系是复杂类型的偶然因果关系。主要包括：1）同时交叉型偶然因果关系。一个危害行为产生了一个危害结果，在该行为尚未结束、危害结果尚未定型时，与另一危害行为巧遇，两者交互作用，又产生了另一个危害结果。在这一过程中，前一危害行为只是促使和加速了后一结果的产生，不是后一结果产生的决定因素，它与后一结果之间是偶然的因果关系。2）先后衔接型偶然因果关系。一个危害行为造成一种危险状态，与另一危害行为竞合，产生了另一个结果。这就与同时交叉的偶然因果关系形式有不同的特点。这时，前行为已经结束，后行为一般是在前行为结束以后才实施。因此，在时间上，它们不是同时交叉，而是前后相继。但是，这种类型的偶然因果关系与同时交叉型偶然因果关系仍有着某些共同点。前一危害行为虽已结束，但其造成的危险在持续，形成了这一行为的延长性与另一危害行为相交叉。[①]

以上关于偶然因果关系形式的分析，具有逻辑演绎的特点，十分抽象，也不好理解。但该书针对每种情形都列举了一个案例，通过对四个案例的分析，我曾经指出，偶然因果关系说实际上只是在完成条件说的使命，虽然在不承认各种条件的原因力等同而力图区分必然因果关系与偶然因果关系这一点上不同于条件说，但在归责问题上并没有超越条件说。[②] 对于偶然因果关系说，虽然力主者众，但也还是存在反对的观点。例如，曾宪信教授在论及如何看待犯罪因果关系中的必然因果与偶然因果时指出："在犯罪因果关系中，所面对的都是必然因果关系，其中一类是行为与结果之间本来就存在着内在的、必然的、合乎规律的联

[①] 参见李光灿、张文、龚明礼：《刑法因果关系论》，123~127 页，北京，北京大学出版社，1986。
[②] 参见陈兴良：《从归因到归责：客观归责理论研究》，载《法学研究》，2006（2）。

系，另一类则是由偶然联系转变成必然联系的。必然因果关系中的这两种现象，反映了社会危害性程度上的差别，应该加以区别。"① 上述观点虽然仍然承认偶然联系，但基于偶然性向必然性转化的原理，认为在因果关系中，偶然联系已经转变为必然联系，这实际上是否定了偶然因果关系。还有学者从哲学角度对偶然因果关系说进行批评，认为偶然因果关系说违反了哲学因果关系的一般原理。② 尽管如此，我国刑法因果关系理论还是在哲学化的道路上越走越远，几乎成为玄学。其中，何秉松教授在1994年提出了"刑法必然、偶然因果关系争论的终结"这一命题，认为企图通过必然因果关系或必然、偶然因果关系的区分来解决刑法因果关系问题只能使我们误入歧途。其理由在于：对于许多事物及过程来说，原因与结果之间的这种必然性确定的对应关系并不存在，引起结果的原因或许很多，被原因引起的结果也或许很多，但从结果中我们无法确定对应的原因究竟是什么。同时，从原因中我们无法确定对应的结果又是什么。在这里，原因与结果之间只是一种可能的确定性。这种原因与结果间的对应的可能确定性，造成了因果关系的或然性、非决定性。这一点在量子力学、耗散结构论、现代生物学等科学领域里被作为规律而得到确认。③ 原来，作者所要终结的是建立在严格决定论上的因果观，而要走向的是建立在现代科学基础之上的非决定论的因果观。在这种情况下，刑法因果关系不仅哲学化，而且自然科学化，其距离刑法因果关系的定型性、规范性相去甚远。这种倾向在侯国云教授的《刑法因果新论》一书中达到了登峰造极的程度。侯国云教授在该书的前言中对其因果关系新体系做了以下介绍："我开始对可能性、现实性、必然性、偶然性等哲学范畴进行思考，并对这些概念的定义作了修正，还创造了'绝然性'、'准必然性'和'准偶然性'三个新的概念。我把可能性界定为'客观事物内部蕴藏着的这样或那样的发展趋势'。在可能性之下又划分为绝然性、必然性、或然性、偶然性四种发展趋势。

---

① 曾宪信：《对犯罪因果关系的几点看法》，载《法学研究》，1982 (4)。
② 参见姜伟：《试析刑法因果关系的哲学基础》，载《中国人民大学学报》，1989 (2)。
③ 参见何秉松：《论刑法因果关系——兼论刑法必然、偶然因果关系争论的终结》，载《法学研究》，1994 (2)。

从所含概率上讲,绝然性是概率满100%的发展趋势,必然性是概率接近于1但仍小于1的发展趋势,或然性是概率在50%左右的发展趋势,偶然性是概率接近于0但仍大于0的发展趋势。所有这些发展趋势都有自己产生的内在根据,它们的内在根据都存在于事物的内在矛盾之中。绝然性占据着事物内在矛盾量的全部,必然性占据着事物内在矛盾的主要方面,偶然性占据着事物内在矛盾的次要方面,或然性的正反双方分别占据着事物内在矛盾的两个方面。而且必然性和偶然性之和、或然性的正反双方之和总是等于1(100%)。""在此基础上,我把刑法上的因果关系分为绝然的、必然的、或然的、偶然的四种。当绝然性转变为现实性时,就形成绝然的因果关系;当必然性转变为现实性时,就形成必然的因果关系;当或然性转变为现实性时,就形成或然的因果关系;当偶然性转变为现实性时,就形成偶然的因果关系。绝然性的实现不需要任何条件与之配合,其自身就可完成转变;必然性的实现则要靠准偶然性开辟道路;偶然性的实现也要靠准必然性开辟道路;或然性的实现同样需要或然性为其开辟道路。"① 上述论述的哲学思辨性给人留下了深刻的印象,这也许是一本好的哲学专著,但对于刑法因果关系来说,则不能不说是对哲学的滥用,甚至是哲学对法学的一种"强暴"。在该书中,作者采用动态的视角,力图揭示从一个现象到另一个现象的运动过程,是一种从原因到结果的思路。这一思路对于哲学也许是正确的,但对于刑法学则是完全错误的。刑法学对因果关系的考察是为了解决刑事责任问题,它并不关心一个行为是如何造成一个人死亡的这一物理的因果历程,在这一因果历程中也许充满了必然性和偶然性。刑法关心的是:面对一个已经发生的法益侵害结果,采用寻根溯源的方法,即从结果回溯原因,解决如何将一个人的死亡结果归因于另一个行为的问题,也就是归因。对于刑法来说,无论在结果发生之前具有多少偶然性,结果是现实地放在判断者面前的,由于归因的最终目的是归责,因而必须在归责的理念指导下,解决归因问题。刑法因果关系理论需要的是定型性与规范性,哲学并不能创造这一切,它只会使刑法因果关系理论误入歧途。

---

① 侯国云:《刑法因果新论》,前言2~3页,南宁,广西人民出版社,2000。

刑法因果关系：从哲学回归刑法学

偶然因果关系说在我国刑法教科书中，存在一个从不被承认到得到承认的逐渐演变过程。现以高铭暄教授主编的三本刑法教科书为例加以说明：

在1982年出版、1984年修订的《刑法学》一书中，作者指出："某种行为具有危害结果发生的实在可能性，只是说明该种行为与危害结果之间具有因果关系的必要前提，但不等于说它们之间就有因果关系。只有当具有结果发生的实在可能性的某一现象已经合乎规律地引起某一结果的发生时，才能确定某一现象与所发生的结果之间具有因果关系。如果某一现象虽然有发生结果的实在可能性，但在其发展过程中，偶然地与另一个因果性锁链联系在一起，以致由另一现象合乎规律地产生这一结果时，那么，前一现象和所发生的结果之间就没有因果关系（有的认为有偶然因果关系）。"① 在该论述中，作者强调了某一现象合乎规律地引起某一结果发生时，才能认为两种现象之间存在因果关系。显然，这一观点是否定偶然因果关系说的；在偶然因果关系说认为具有偶然因果关系的场合，作者否认因果关系的存在。

在1989年出版的《中国刑法学》一书中，作者专门论及因果关系的必然联系和偶然联系问题，指出："以上两种观点（指必然因果关系说与偶然因果关系说——引者注），各抒己见，尚未获得统一的认识。由于坚持不同的观点，也影响到对刑事责任问题的解决。前一种观点只承认必然因果关系可以作为刑事责任的客观基础。后一种观点认为，作为刑事责任客观基础的因果关系，虽然大多是必然因果关系；但不可否认，在某些情况下，即使是偶然因果关系，也得负刑事责任。"② 在此论述中，虽然论及偶然因果关系说，并对其做了介绍，但作者对这一观点并未明确表示赞同。但与前述《刑法学》一书明确表示不赞同相比，是一种学术立场上的退让。

及至2000年出版的《刑法学》一书，对偶然因果关系说明确表示赞同，指出："从实践看，因果关系一般表现为两种现象之间有着内在的、必然的、合乎

---

① 高铭暄主编：《刑法学》（修订本），129~130页，北京，法律出版社，1984。
② 高铭暄主编：《中国刑法学》，107页，北京，中国人民大学出版社，1989。

规律的引起与被引起的联系。这是因果关系基本的和主要的表现形式。通常也只有这样的因果关系，才能令人对其行为引起的结果负责任。但是，是否只有这样一种必然联系，才能确定为因果关系呢？对此在国内外刑法学界素有争论。我们认为，自然和社会现象是十分复杂的，因果关系的表现也不例外，除大量存在的必然联系的因果关系之外，客观上还可能发生偶然联系的因果关系（通常简称偶然因果关系）。后者所指的情况是某种行为本身不包含产生某种危害结果的必然性（内在根据），但是在其发展过程中，偶然又有其他原因加入其中，即偶然地同另一原因的展开过程相交错，由后来介入的这一原因合乎规律地引起了这种危害结果。这种情况下，先行行为与最终之危害结果之间的偶然联系，即称为偶然因果关系。"[1] 作者认为，偶然因果关系通常对量刑具有一定的意义，有时对定罪也有影响。

上述三本刑法教科书，对偶然因果关系，从否认到不置可否，再到承认，经历了一个学术立场的转变过程，这是耐人寻味的。

刑法因果关系被分为必然因果关系与偶然因果关系，最终将哲学上的原因与结果、必然与偶然这两对范畴加以对接，形成了一种别具特色的因果关系理论。当然，将这种理论纳入刑法因果关系的知识谱系中加以考察，我们就会发现它相对于条件说和相当因果关系说而言，并非一种新说，而恰恰是一种旧说。对此，将在下文探讨。

三、我国刑法知识转型的一个缩影：刑法因果关系理论的转变

尽管从 20 世纪 50 年代初期开始，我国就轰轰烈烈地上演了一场必然因果关系说与偶然因果关系说的争论，并且最终以必然因果关系说的取胜而告终。但与此同时，一种力图从必然因果关系与偶然因果关系之争中跳出来的学术努力在暗中生长。对此，我国学者做了以下描述：1997 年至今的时期可以看作我国刑法

---

[1] 高铭暄、马克昌主编：《刑法学》，84 页，北京，北京大学出版社、高等教育出版社，2000。

刑法因果关系：从哲学回归刑法学

因果关系研究的转型和发展期。从这一阶段的研究情况来看，刑法学界对以往研究中的必然、偶然之争进行了深刻的反思和批判，基本上放弃了这一研究刑法因果关系的传统思路。学者们的研究视野更加开阔，围绕着刑法因果关系在确定刑事责任方面的作用这一核心问题，通过借鉴国外的相关理论，提出了解决刑法因果关系问题的新的思路，出现了多种学说争鸣的局面。近年来，源自国外的条件说、相当因果关系说以及区分事实因果关系和法律因果关系的双层次因果关系理论，在我国均有学者提倡。而且，我国学者对晚近在德、日等国家流行的客观归责理论也有所关注并进行了初步研究，不少学者还提出了在解决刑法因果关系问题方面借鉴客观归责理论的主张。①

最早偏离因果关系的必然性与偶然性的哲学争论的，是刑法因果关系的法律性的提出。我国学者指出，因果关系的法律性具有两层含义：第一层是指这种因果关系具有刑法性质，是犯罪构成客观方面的一个重要内容，这是刑法因果关系的根本前提。就是说因果关系在刑法上的概念，既非自然科学的概念，亦非单纯事实上的概念，一定的危害结果是在哲学上能证明起因于一定的行为，然而，它还必须具有刑法性质。由于这一总的前提的限制，决定了刑法因果关系法律性的第二层含义，就是刑法对这种因果关系的主观选择性。具体地说，立法者通过选择，来确定刑法因果关系的对象范围和内容等。② 上述论述强调了刑法因果关系的特殊性，即刑法因果关系的法律性，在法律性中包含了所谓主观选择性。在这种情况下，刑法因果关系就不能简单地当作一个事实问题，而应当看作一个法律问题，由此引申出考察刑法因果关系的双重视角，即事实因果关系与法律因果关系。

在我国刑法学界，笔者是较早提出事实因果关系与法律因果关系的，在《刑法哲学》（中国政法大学出版社1992年第1版）一书中，就提出了客观危害是行为事实与价值评判统一的命题。这一命题的提出，力图将当时盛行的社会危害性

---

① 参见刘志伟、周国良编著：《刑法因果关系专题整理》，5～6页，北京，中国人民公安大学出版社，2007。

② 参见樊凤林主编：《犯罪构成论》，57～58页，北京，法律出版社，1987。

的概念予以实体化。社会危害性本身是一种价值评价,但这种评价的对象是行为事实。这样,评价与评价对象本身首先应当区分。这一二元区分的现实贯彻到刑法因果关系中,就合乎逻辑地引申出事实因果关系与法律因果关系。在关于事实因果关系的讨论中,分析了必然因果关系说与偶然因果关系说,认为必然因果关系是原因关系,偶然因果关系是条件关系,由此引入原因说与条件说。在此基础上,讨论法律因果关系,而在法律因果关系中明确采用相当因果关系说,指出:"因果关系的价值评判是必要的。这种价值评判是指在纯行为事实的因果关系的基础上,确认因果关系在刑法上的意义。相当因果关系论为我们提供了确认刑法意义上的因果关系的三种标准:主观标准、客观标准和折中标准。我认为应当采取主观标准。也就是说,在确认有无刑法意义上的因果关系的时候,应当在行为事实的因果关系的基础上,根据行为人的预见及其可能性作为标准。"① 在《刑法哲学》一书中,笔者在事实因果关系中引入原因说与条件说之争,在法律因果关系中引入相当因果关系说,开始逐步摆脱苏俄刑法学的必然因果关系说与偶然因果关系说,向德日刑法学转变,这也是刑法因果关系的去哲学化的开始。一本号称"刑法哲学"的著作,成为刑法因果关系理论的去哲学化的开端,这是极具喜剧色彩的。当然,这仅仅是一个开始。例如在《刑法哲学》一书中,关于事实因果关系,书中是主张原因说的,因而坚持区分原因与条件,指出:"刑法学研究危害行为和危害结果之间的因果关系,显然是坚持人为地简化和孤立原则,把某一具体的因果环节从普遍的世界联系中'摘'出来加以考察。所以,刑法因果关系中原因和条件的区分是有客观标准的:那些与危害结果有着内在的本质的联系并直接引起这种结果发生的危害行为是刑法因果关系中的原因,那些与危害结果只有外在的非本质的联系或多或少地促使这种结果发生的行为只能是刑法因果关系中的条件。"② 而在《本体刑法学》一书中,笔者开始从原因说转向条件说,指出条件说与原因说相比较,原因说是限制条件说,因而条件说所确定的因果关

---

① 陈兴良:《刑法哲学》,3版,98页,北京,中国政法大学出版社,2003。
② 陈兴良:《刑法哲学》,3版,85页,北京,中国政法大学出版社,2003。

刑法因果关系：从哲学回归刑法学

系范围大于原因说。对于条件说的批评正在于此，认为它会无限制地扩大追究刑事责任的范围。如果仅从事实上的因果关系考虑，这一批评似乎有理，但如果考虑到条件说只是为法律上的因果关系提供事实根据，其并不直接导致刑事责任，这一批评就失之偏颇。至于原因说，力图限制条件的范围，缩小刑事责任的范围，使行为与结果之间的刑法因果关系定型化，因而具有合理性。但原因说并未提供条件与原因相区分的可操作性标准。更为重要的是它仍然只是在事实范围内确定刑法的因果关系，所以不能科学地解决刑法的因果关系问题。条件说与原因说只是一种事实上的因果关系，从它们是为法律上因果关系提供事实根据这一立场出发，目前大陆法系各国刑法理论通常采条件说。① 除了在事实因果关系上从原因说向条件说转变以外，在法律因果关系上，笔者也从相当因果关系的主观说向折中说转变。② 这表明笔者对德日刑法学关于刑法因果关系通说的全面接受。

采用原因说与条件说之争来取代和化解必然因果关系说与偶然因果关系说之争，当然并非个人的战斗，张明楷教授也较早地参与到这一转变过程中来，并做出了自己的努力。在《犯罪论原理》一书中，论及因果关系的规定性时，张明楷教授指出："关于原因与结果之间的因果关系的规定性，主要存在着条件是不是原因，以及是否存在偶然因果关系的争论。我认为，条件也是一种原因，必然因果关系与偶然因果关系实际上是原因关系与条件关系。我主张的条件说与资产阶级刑法理论中的条件说有相似之处，而资产阶级的条件说一直遭到我国刑法学者的批判。不过，在我看来，我国学者对条件说的批判并不符合事实。"③ 在此，张明楷教授为条件说做了某种辩护，而这种辩护在当时的历史背景下是需要一定的学术勇气的。为什么这么说呢？我们可以来看一下当时对条件说的批判："条件说，又称为全条件同价值说或条件即原因说。这个学说认为，凡是可能发生结果的一切条件，都是结果的原因；凡是无此行为则无此结果，其行为与结果之间即具有因果关系。这种把先于结果而存在的一切条件都视为同等的、引起结果发

---

① 参见陈兴良：《本体刑法学》，287~288 页，北京，商务印书馆，2001。
② 参见陈兴良：《本体刑法学》，291~292 页，北京，商务印书馆，2001。
③ 张明楷：《犯罪论原理》，197、199 页，武汉，武汉大学出版社，1991。

生的原因，必然会把原因推到无限远的条件方面去，从而就会扩大负刑事责任的范围。例如，甲欲杀乙，开枪射出，乙负伤倒地，由三轮车工人丙送往医院治疗，在住院期间，由医生丁做手术，因消毒不严，感染破伤风菌，致乙死亡。在条件说看来，甲的射击、三轮车工人丙的护送、医生丁的手术等行为都是乙死亡的原因，因为缺少其中任何一个环节都不会发生死亡结果。所以，甲、丙、丁对乙的死亡均应负刑事责任。这种理论使资产阶级法官可以根据自己的意志和需要随心所欲地把某人的行为说成是结果发生的原因，从而确定他负刑事责任，它是为资产阶级扩大刑事制裁范围服务的。"① 在上述批判中，即使排除其中的意识形态化的敌对情绪不管，其在逻辑上也是十分荒谬的。因果关系只是刑事责任的客观基础之一，在因果关系判断之前，首先要对构成要件该当的行为加以认定。三轮车工人丙（请读者注意丙的工人身份，以此反忖资产阶级刑法的阶级性）的行为，在构成要件该当的行为判断中，就已经被排除，根本不可能进入刑法因果关系的判断中来，更遑论对乙的死亡承担刑事责任。张明楷教授所说的我国学者对条件说的批判并不符合事实，由此可见一斑。当然，这种意识形态化的批判并非我国学者的独创，而恰恰是苏俄学者的拿手好戏。我们可以随便引一段苏俄学者对条件说的批判，就可以看出两者之间的师承关系。例如特拉伊宁在批判条件说时指出：

  必要条件论（即条件说——引者注）的真正特点，即表现出它的反动的形而上学本质的特点，在另一方面，即在于对那种必须在结果之前发生的条件这一概念本身的意义和本质的理解。问题的实质，也就在这里。

  根据必要条件的理论，任何事实、任何现象、任何行为，都可以看作与结果同等重要的和必要的原因，只要这些行为、现象或事实是结果发生以前的条件就行。其实，绝不是任何先于结果的必要的条件，都可以当作该结果的原因。现在用下面的例子来说明这一点：医生劝一个孩子的母亲在天气晴

---

① 高铭暄主编：《刑法学》（修订本），131～132 页，北京，法律出版社，1984。

刑法因果关系：从哲学回归刑法学

朗的日子里把患病的女孩送到户外去散步。在一个晴朗的日子里，母亲送女儿到花园去散步；在去花园的途中，这个女孩不幸被汽车轧死了。按照必要条件论的解释，无论是医生的劝告、晴朗的天气还是母亲的行为都是女孩死亡的原因，因为如果没有医生的劝告，那么女孩的死亡就不会发生。这种与平均主义地理解原因有关的对条件的完全"一视同仁"，乃是必要条件说的指导原则。这种理论的错误正在于这种同等条件的形而上学的说法，实际上导致了下面的结论：都有罪过，或者（在这种场合下具有同等意义）都没有罪过。①

在以上论述中，称条件说是反动的，这是一种政治批判；称条件说是形而上学的，则是一种哲学批判。然而，令人好奇的是：医生的劝告、晴朗的天气或母亲的行为是否对女孩死亡承担刑事责任，这个问题是因果关系理论所要解决的，而不是构成要件行为所要解决的吗？在行为论中，已经把行为界定为危害社会的行为，那么，不具有社会危害性的医生的劝告、母亲的行为，以及根本不是人的行为的晴朗的天气，怎么会"逃过"行为论这一关卡，出现在因果关系的判断当中呢？究其原因，是苏俄刑法学的犯罪构成体系各个要件和要素之间不存在逻辑上的位阶关系之故也。因此，对于因果关系的理论思考，完全脱离刑法规范，是在进行一种漫无边际、毫无逻辑可言的哲学化遐想。这样的问题，在大陆法系的三阶层的犯罪论体系中是根本不可能提出来的，因为缺乏构成要件该当的行为根本就不会出现在因果关系的判断之中。因此，条件说的原罪——恶的无限性扩张，只是一种想象而已，是我们附加给它的，并非其自身具有的。条件说被抹黑近百年，现在真是应该为其进行学术平反的时候了。

对必然因果关系说与偶然因果关系说的较为彻底的批判，在张绍谦教授的《刑法因果关系研究》一书中表现得较为充分。张绍谦教授在对传统刑法因果关

---

① ［苏］A. H. 特拉伊宁：《犯罪构成的一般学说》，王作富等译，135页，北京，中国人民大学出版社，1958。

系研究进行反思的基础上,提出了刑法因果关系的出路新思,指出:"无论是必然说,还是两分说(指必然因果关系与偶然因果关系——引者注),都是从哲学上必然性与偶然性的因果性范畴的关系上寻找解决方法。由于哲学上对这两对范畴之间的关系存在不同看法,从而带入刑法之中,难免也会引起争论。加上研究者看问题的角度不同,从而更可能使哲学问题在运用于刑法中时,各自根据自己不同的理解加以解释和运用,甚至经典作家所说过的同一句话,都可能成为不同观点的各自的哲学基础。这种研究方法过分依赖于哲学上必然性与偶然性的区分,而忽视了刑法研究因果关系的目的,从而使一些结论在实践中难以正确适用,在这方面,必然说的不足更为明显。我认为,我国刑法因果关系的研究要真正取得进展,就应当绕开哲学上必然偶然之争这条路子,寻找新的研究视角。"[1] 上述论述对刑法因果关系的哲学化倾向进行了深刻的反思,在此基础上提出的转变研究视角的命题,实际上是一种去哲学化。当然,所谓"新"的研究视角,实际上是对德日刑法因果关系理论的回归。在某种意义上来说,这恰恰是一种"旧"而不是"新"。历史是螺旋式发展的,学术史也是如此。在历史发展的不同层级上,"新"与"旧"交错,还真有点让人新旧难辨。

值得注意的是,张绍谦教授在关于刑法因果关系的性质的论述中,明确地提出了刑法因果关系是事实因果关系与法律因果关系的统一的命题,指出刑法因果关系是作为刑事责任的客观根据而存在于刑法之中的,它既是行为与结果之间一种客观存在的事实因果关系,同时又是为法律所要求的法律因果关系,是事实因果关系与法律因果关系的统一。其中,事实因果关系是刑法因果关系的基础,而法律因果关系则是刑法因果关系的本质。[2] 在事实因果关系认定中,张绍谦教授主张条件说。而在法律因果关系中,虽然张绍谦教授承认相当因果关系的判断标准取决于社会一般观念,这在本质上也是因果关系法律性的一种体现[3],但张绍

---

[1] 张绍谦:《刑法因果关系研究》,90、97页,北京,中国检察出版社,1998。
[2] 参见张绍谦:《刑法因果关系研究》,111页,北京,中国检察出版社,1998。
[3] 参见张绍谦:《刑法因果关系研究》,121页,北京,中国检察出版社,1998。

刑法因果关系：从哲学回归刑法学

谦教授更赞同从法律规定中去寻找法律因果关系的认定根据。因为在他看来，所谓因果关系的法律性，就是指作为刑事责任客观根据的刑法因果关系，依据法律规定或要求所必须具备的客观联系特征。① 对于这一观点，笔者不以为然。法律因果关系的法律，并非指法律规定，而是指能够为追究刑事责任提供根据的因果关系，这里实际上已经涉及归责问题。法律因果关系的讨论之所以复杂，就在于它已经从归因向归责转化。归责还是一种因果关系问题吗？这恰恰是能够使我们在因果关系的迷宫中猛然觉悟的当头一棒。

目前在我国刑法教科书中，大多还是按照因果关系的必然性或是偶然性来阐述刑法因果关系的性质。② 也有的刑法教科书将条件说、原因说和相当因果关系说作为国外刑法理论中的因果关系学说加以介绍，而将必然因果关系说与偶然因果关系说作为我国刑法理论中的因果关系学说加以论述。当然，正如曲新久教授指出：目前，越来越多学者赞成条件说。③ 值得关注的是，以下三本具有个人特色的独著刑法教科书，都摒弃了因果关系的必然性与偶然性之争，直接采用德日的因果关系理论，并且结合司法实践对因果关系的特殊问题进行了讨论。

（1）张明楷：《刑法学》（第3版，法律出版社2007年版）。作者对刑法因果关系的立场做了以下明确宣示：本书采取条件说，即行为与结果之间存在着没有前者就没有后者的条件关系时，前者就是后者的原因；与此同时，应采用禁止溯及理论；此外，不排除就特定犯罪类型提出特别要求（如就结果加重犯而言，要求基本行为与加重结果之间具备直接性要件）。④ 在条件关系的认定中，张明楷教授讨论了六种特殊情形：1）因果关系的断绝；2）假定的因果关系；3）合义务的择一的举动；4）二重的因果关系；5）重叠的因果关系；6）可替代的因

---

① 参见张绍谦：《刑法因果关系研究》，124页，北京，中国检察出版社，1998。
② 参见高铭暄、马克昌主编：《刑法学》，84～85页，北京，北京大学出版社、高等教育出版社，2000。
③ 参见赵秉志主编：《当代刑法学》，169、171页，北京，中国政法大学出版社，2009。
④ 参见张明楷：《刑法学》，3版，167页，北京，法律出版社，2007。

关系。

（2）周光权：《刑法总论》（中国人民大学出版社 2007 年版）。该书中，作者对刑法因果关系问题发表了以下见解："在我看来，条件说基本上是妥当的，在中国刑法理论以及刑事司法实践中，应当从总体上坚持条件说。不过，由于条件说也存在一些不足，所以，在个别情况下，用相当因果关系理论修正条件说也是必要的。相当因果关系理论强调通过具体的'相当性'判断来确认因果关系是否存在，明显比条件说高出一筹。"① 周光权教授基本上还是按照条件关系→相当因果关系这样一个逻辑顺序来判断刑法因果关系的。这一点不同于张明楷教授，而与大多数日本学者的理论结构相同。在条件关系的判断中，周光权教授讨论了以下四个问题：1）假定的因果关系；2）择一的竞合；3）重叠的因果关系；4）流行病学的因果关系理论。在相当因果关系的判断中，周光权教授讨论了以下两个问题：1）被害人的特殊体质与因果关系的确定；2）介入因素与因果进程的相当性判断。

（3）陈兴良：《规范刑法学》（中国人民大学出版社 2008 年版）。笔者在书中对因果关系采用了事实因果关系与法律因果关系的双层次结构。在事实因果关系中采条件说，而在法律因果关系中则采折中的相当因果关系说。②

可以说，我国刑法因果关系理论正在摆脱哲学化，向着规范化、定型化的方向转变。在这个意义上说，刑法因果关系理论的转变是我国刑法知识转型的一个缩影。

四、因果关系理论的发展就是一个客观归责理论得到认可的过程

英国学者在对大陆法系刑法因果关系理论进行考察的时候，采用了个别化理论和一般化理论这样一个分析框架，由此书写了大陆法系刑法因果关系理论的知

---

① 周光权：《刑法总论》，147 页，北京，中国人民大学出版社，2007。
② 参见陈兴良：《规范刑法学》上册，2 版，129 页以下，北京，中国人民大学出版社，2008。

刑法因果关系：从哲学回归刑法学

识谱系，对于我们在更高层次上采用一种历史视角观察从因果关系的必然性与偶然性之争到条件说的转变，具有重大的参照价值。英国学者指出，大陆学者承认在以下两类理论之间存在根本区别：一类理论承认每一个特定的因果关系陈述都隐含着一般性，这是指它的真实性取决于对规律性的某种一般性陈述；另一类理论则不承认这一点。第一类理论以"一般化理论"而闻明，而第二类理论则被称为"个别化理论"。从字面上理解这种理论似乎坚持认为，有一种"是一个原因"或者"具有原因效验"的特质根植于或者属于特定的行为或者事件，可能还包括不作为，正如击打可能具有猛烈的性质或者特征，因而它就具有是一个原因或者具有原因效验的性质或者特征。根据这种见解，一个特定行为或者事件的原因性质或者效验是本源的，而不是得自下面事实的一个特征，即一类事件被认为与一种其他类型的事件存在规律性或者一般性联系。① 从以上论述来看，个别性理论与一般性理论是观察因果关系的两种完全不同的思路：个别性理论强调每一个结果都具有一个特定的原因，因而需要做出个别性判断。而一般性理论则认为一个行为之所以造成一个结果的原因，是因为它属于某种类型。因此，因果关系是一种一般性判断。从学术史的沿革来分析，大陆法系的因果关系理论经历了一个从个别化理论到一般化理论的嬗变过程：从19世纪初到19世纪中叶，从个别化理论（必然原因理论和有效原因理论）发展到条件理论，一般认为，条件理论具有一般化理论的性质；而到19世纪后半叶，产生了相当因果关系理论，相当因果关系理论被认为是典型的一般化理论。② 在此，我们主要对个别化理论中的必然原因理论进行考察，并将其与苏俄刑法学中的必然因果关系理论进行一个对比性的分析。

这里首先应当提出的是，什么是必然原因理论？对此，英国学者指出："在19世纪初期，法律人普遍主张，法律上的原因就是指'必然的'原因，其含义

---

① 参见［英］H. L. A. 哈特、托尼·奥诺尔：《法律中的因果关系》，张绍谦、孙战国译，393 页，北京，中国政法大学出版社，2005。
② 关于这段学说史的描述，参见韩强：《法律因果关系理论研究——以学说史为素材》，94 页以下，北京，北京大学出版社，2008。

就是，假定存在这个所称的原因，由于这个原因的内在性质所决定，就会必然跟随发生所称的这个结果。"① 由此可见，必然原因理论，强调原因与结果之间具有必然关系。这个意义上的所谓必然原因理论，实际上就是我们所说的原因说。例如，韩国学者就说，在个别观察所有条件后区分原因与条件这一点上，原因说还被称为个别化说（Die irdividualisierende Kausalitatstheovie）。② 原因说在历史上可以说是昙花一现。之所以如此，盖源于原因说本身所具有的内在缺陷，最终被条件说取代。对此，德国学者指出："一般认为，因果概念是在自身先法学性的哲学和自然科学的意义中，为等值理论（指条件说——引者注）奠定基础的。这一点的正确性在于，这个理论在历史上顶住了大量所谓的个别化因果理论而得到了承认。各种个别化的因果理论希望在各种条件中，根据不同的法学评价标准进行选择。例如，在法学意义上，作为原因的只应当是最起作用的那个条件，即最终通过自然人的举止行为而成为法律上的条件或者起推动作用的（与起阻挡作用相反的）条件。但是，所有这些理论在今天都不再具有代表意义了，因为人们无法成功地证明它们之间的区分是符合逻辑的，同时，在确定因果性之前要在法学上先做出大量的决定，而这些决定又使得这种区分在确定一种应当首先与法学上的评价范畴相联系的最大限度的责任范围时，都变得很不合适了。"③

条件说之战胜原因说而取得主导地位，并为司法机关所采纳，主要是因为原因说不具备定型性与规范性，具有浓厚的哲学思辨性，难以操作。但正是这样一种被德国学者抛弃的个别化理论，被改头换面以后，在苏俄刑法学界流行一时。对此，我国学者指出：必然原因理论在传统大陆法系学说史上并无特别重要的地位。但是，该理论后来经苏联法学家重新发掘，并赋予其马克思主义法学的新内

---

① ［英］H. L. A. 哈特、托尼·奥诺尔：《法律中的因果关系》，张绍谦、孙战国译，396 页，北京，中国政法大学出版社，2005。

② 参见［韩］李在祥：《韩国刑法总论》，［韩］韩相敦译，123 页，北京，中国人民大学出版社，2005。

③ ［德］克劳斯·罗克辛：《德国刑法学总论》，第 1 卷，王世洲译，232 页，北京，法律出版社，2005。

刑法因果关系：从哲学回归刑法学

涵，从而一度在苏联及中国等社会主义国家的学说史上占据重要地位。① 因此，必然因果关系说实际上是原因说。在否定必然因果关系说中提出的偶然因果关系说，主张因果关系以必然联系为主要形式，以偶然联系为补充形式。这里的偶然联系，就是条件关系。② 因此，偶然因果关系说是一定意义上的条件说。在某种意义上说，苏俄刑法学界关于因果关系的必然性与偶然性之争，实际上是以一种十分意识形态化（以马克思列宁主义为指导）和哲学化（采用因果性、必然性、偶然性等哲学范畴）的形式重演了德国刑法学术史上19世纪初期曾经发生过的原因说与条件说之争。一场整整迟到一百多年的学术争论，却以批判条件说号召，自以为摆脱了原因说与条件说之争，实际上是以旧为新。历史阶段真的是不能超越的，即使是学术史也是如此！

在苏俄刑法学中，如果说条件说以偶然因果关系的名义借尸还魂，那么相当因果关系则是绝对不予承认的，因为相当因果关系说背负了条件说所没有的主观唯心主义的原罪。以下是苏俄学者对相当因果关系说的批判：相当因果关系说并非把因果关系作为客观的、离开人类意识存在的、外界现象联系的认识出发；它以为因果关系是主观的、只存在于人类意识中的、关于现象标准联系的观念。因此，相当因果关系说乃是唯心论的因果关系说。休谟不可知论的因果概念，成为此种因果关系理论的基础，不可知论的因果关系概念就是：因果关系只不过是我们意识中的习惯而已。③ 因此，相当因果关系说被定义为"法律科学中与我们相反的反动的、唯心论的宇宙观之表现"④。在此，笔者感兴趣的不是"唯心论"这个否定词，而恰恰是"反动"这个否定词。何谓"反动"？反动者，乃开历史之倒车也。从刑法因果关系的学术史来看，反动者正是那些称别人反动的人，正是这些人自己在开学术历史的倒车。

---

① 参见韩强：《法律因果关系理论研究——以学说史为素材》，96页，北京，北京大学出版社，2008。
② 参见张明楷：《刑法学》，3版，167页，北京，法律出版社，2007。
③ 参见[苏]苏联司法部全苏法学研究所主编：《苏联刑法总论》下册，彭仲文译，343页，上海，大东书局，1950。
④ [苏]苏联司法部全苏法学研究所主编：《苏联刑法总论》下册，彭仲文译，344页，上海，大东书局，1950。

当然，从苏俄学者对相当因果关系说的批判中，我们还是受到了一些刺激，获得了一份启发，这就是：在刑法因果关系中，到底如何看待主观性问题？对于关于相当因果关系违反因果关系客观性原理的指责，我国学者做了以下辩解：我国刑法学界习惯于将相当因果关系说成是违背因果关系客观性的原理，实际上这种指责并不完全符合实际。虽然它确定以社会一般经验作为决定刑法因果关系有无的标准，但这种经验是人们对于客观的因果规律的主观反映，因而其基本内容仍然是客观的因果规律，而非毫无客观根据的主观臆想；同时，相当因果关系说的适用是建立在存在必要条件这一客观的事实因果关系基础之上的，是根据追究法律责任的需要而对事实上的必要条件所进行的一种限制性选择，而并不是人为地在本来并不存在因果联系的两种现象之间硬加上因果关系，因而不能说这是完全违背因果关系客观性的。[1] 这样的辩解当然是有力的，但也不能不看到，当从事实因果关系向法律因果关系转变的时候，已经加入主观要素。在这种情况下，所谓相当因果关系就是有某种归责的性质，而非全然的归因。从事实因果关系到法律因果关系，实际上是从归因到归责。在论及相当因果关系说的归责性时，德国学者罗克辛教授指出："适当理论（指相当因果关系说——引者注）追寻一种合理的请求。但是，它并不像其早期的代表人物所认为的那样，是一种因果理论，而是一种归责理论。这就是说，它并不是说，一个情节在什么时候对于一个结果是原因，而是试图回答这个问题：哪一些原因情节在法律上是有意义的和能够向实施该行为的人归责的。人们在不适当的因果过程中，究竟是谈论因果性的排除还是谈论归责，也不是一个纯粹的术语上的问题。适当理论不是因果理论而是归责理论这一点，在过去，首先是麦兹格，就已经正确地认识了，他还把这一点作为自己提出的所谓的意义重大理论（Relevanztheorie）的基础。'由此说来，在刑法中，条件理论也保留了自己作为唯一可能的因果理论的地位。与此相对，适当理论是一个责任理论（Haftungstheorie），一般说来，是一个在法律上意义重大的理论。'哪一些因果关系是意义重大的，麦兹格不是仅仅根据适当的基本

---

[1] 参见张绍谦：《刑法因果关系研究》，36～37页，北京，中国检察出版社，1998。

刑法因果关系：从哲学回归刑法学

原理，而是也通过一种对法定行为构成具有符合意义的（Sinngemaβe）解释来查明的。这包含了根据一种与因果性审查相联系的独立的归责理论的要求，并且在这一点上是完全正确的。麦兹格仅仅耽搁了，没有把自己的意义重大理论发展成一个一般的归责理论。"① 之所以如此冗长地引用罗克辛的这段叙述，是因为恰恰是罗克辛完成了麦兹格未竟的使命：建立起了一般的归责理论，这就是客观归责。随着罗克辛的客观归责理论的建立，宣告了相当因果关系说的终结。在刑法因果关系上，我们又回到了条件说。

在客观归责理论产生以前，构成要件的实质化功能是由相当因果关系承担的。因为条件关系具有形式化的特征，可能把范围较为宽泛的行为纳入因果关系里来。例如罗克辛所举的教学案例：甲在暴风雨就要来临的时候，把乙派到森林里，希望他被雷劈死，乙果然被雷劈死。根据条件说，不能否认甲的指派行为与乙的死亡结果之间存在因果关系。在这种情况下，通过相当性判断，将甲的指派行为与乙的死亡结果之间的法律因果关系予以排除。因此，相当因果关系说与其说是排除归因，不如说是排除归责。但是，相当因果关系说只不过是一种因果性的归责理论，其归责受到因果性的限制。例如，在上述教学案例中，相当因果关系说只能从甲的指派行为与乙的死亡结果之间的关系上予以切断，然而并不能否认甲的指派行为是构成要件的杀人行为。在这种情况下，否定相当因果关系说而主张条件说的，则必然主张构成要件的实质解释论。② 而主张相当因果关系说的，则未必要求构成要件的实质解释，因为相当性的判断本身就具有实质解释的功能。当然，相当因果关系说的局限在于不能对构成要件行为与结果进行实质判断，而只能对行为与结果之间的关系进行实质判断；而客观归责理论，按照是否制造法律禁止的风险、是否实现法律禁止的风险和是否超出构成要件的效力范围这三个命题，分别对构成要件的行为、构成要件的结果和行为与结果之间的关系

---

① ［德］克劳斯·罗克辛：《德国刑法学总论》，第1卷，王世洲译，244页，北京，法律出版社，2005。

② 参见张明楷：《刑法的基本立场》，110页，北京，中国法制出版社，2002。在该书中，张明楷教授并没有论及构成要件的实质解释论与条件说的关系。

进行实质判断。按照客观归责理论,在上述教学案例中,甲的指使行为没有制造法律所禁止的风险,因而不具备构成要件该当的行为。在这个意义上说,客观归责本身就是一种实质判断,它是在条件关系的基础上,对行为、结果和因果关系进行的实质判断。

在客观归责产生以后,因果关系理论必须被重新思考和重新定位。在德国刑法学界,已经建立起以条件关系为内容的因果关系和客观归责之间的构成要件的双重构造,分别对行为、结果和因果关系进行形式与实质的双重判断。例如德国学者在刑法教科书中将因果关系与客观归责并列,并且提出了"作为刑法责任基础的因果关系的客观归责"的命题,指出:"一般而言,行为人造成的结果应当归责于行为人:谁因自己的行为造成某种结果,就应负刑事责任。尽管如此,客观责任和因果关系范畴还是截然不同的。为了解决归责问题,因果关系的自然科学的范畴,只能提供外部的框架,而不能提供结论性答案。完全可能出现这样的情况,某人对结果的发生不负责任,尽管其行为与结果的产生之间存在因果关系。"[①]

应该说,上述论断对因果关系与客观归责做了十分准确的定位:因果关系进行形式判断,得出初步结论;客观归责进行实质判断,得出最终结论。

在日本刑法学界,相当因果关系说仍然起着主导作用,对客观归责则持一种排斥态度,认为客观归责与相当因果关系没有差别。例如,日本学者大塚仁教授指出:"我不禁产生了用这种见解(指客观归责——引者注)取代相当因果关系说有什么意义的疑问。'客观性归责'作为'主观性归责'的前提,如果其目的在于将行为与行为人联系起来的话,在体系论上也许有所创新,但很难看出它超越过去的理论的实质意义。我认为,论及因果关系的问题时,应当把它看成划定构成要件符合性的一要素,其内容在以实行行为与犯罪性结果之间的条件关系为前提、根据折中性相当因果关系说认为存在相当因果关系时就可以肯定,这种今

---

① [德]汉斯·海因里希·耶赛克、托马斯·魏根特:《德国刑法教科书》,徐久生译,337~338页,北京,中国法制出版社,2001。

刑法因果关系：从哲学回归刑法学

日通说的立场是妥当的。"① 确实，在一般情况下，相当因果关系也能承担构成要件实质化的功能。当然，其前提是构成要件行为本身要做形式与实质的双重判断。例如大塚仁教授在论及结果犯的实行行为的时候，认为该实行行为需要满足构成要件性定型，同时具有引起所定的犯罪结果的可能性，即需要是包含了其现实危险性的东西。② 然而，是否具有引起结果的可能性，又往往依赖于因果关系的判断。在这种情况下，不如把因果关系（包括构成要件行为与结果）的判断完全作为一种形式判断，然后把客观归责的判断完全作为一种实质判断，更为清晰地体现形式判断与实质判断的双层次结构。在这个意义上，客观归责取代相当因果关系的判断是具有合理性的。对此，笔者在《本体刑法学》一书中指出，在相当因果关系说的基础上，大陆法系刑法理论提出客观归责论，并以禁止的危险作为其基础。尽管在刑法理论上，对于客观归责论还存在不同看法。笔者认为，客观归责与相当因果关系是在同一层次上即从法律上的因果关系上考虑问题，两者具有同一性。甚至在客观归责理论认为相当因果关系不是关于因果关系的理论时，将这里的因果关系理解为事实上的因果关系仍然是正确的。但将相当因果关系理解为法律上的因果关系，就不能不认为相当因果关系是关于因果关系的理解。当然，客观归责是从动态即从可归责性的角度来考察刑法因果关系，这是它较之相当因果关系的创新之处。更为重要的是，客观归责论以禁止的危险作为归责基础，并由此展开其观点，使相当性的判断具有实体根据。在这个意义上，可以说客观归责论在一定程度上超越了社会经验法则这种过于抽象的标准，而是结合构成要件加以判断，从而使得相当性的判断在构成要件层面上得以实现。③

在我国当前的刑法理论中，客观归责理论还未被完全接受。例如周光权教授就认为，即使没有客观归责理论，似乎并不妨害我们对于因果关系是否存在进行

---

① [日] 大塚仁：《犯罪论的基本问题》，冯军译，106页，北京，中国政法大学出版社，1993。
② 参见 [日] 大塚仁：《刑法概说（总论）》（第3版），冯军译，134页，北京，中国人民大学出版社，2003。
③ 参见陈兴良：《本体刑法学》，293～294页，北京，商务印书馆，2001。

判断；只要实质地理解"类型化"的实行行为概念，客观归责理论似乎也是不需要的。① 如果把因果条件理解为条件关系，其职责是解决归因问题，没有客观归责理论当然并不妨害因果关系的认定，即使没有相当因果关系理论也不妨害因果关系的认定。因为客观归责与相当因果关系都不是一个归因的问题，而是一个归责的问题。相当因果关系说是在无因果性的束缚下进行归责，不如客观归责论完全去除因果性的桎梏进行规则性的归责，更为妥当。

在客观归责理论引入我国刑法学界以后，以客观归责理论为视角，对我国刑法中的因果关系理论进行了深刻的反思。在这种反思中，对我国目前以必然性与偶然性为中心的因果关系理论的哲学化的批判，令人瞩目。例如，我国学者提出了我国刑法因果关系受哲学因果关系的禁锢的命题，指出我国目前的刑法因果关系理论秉承于苏联。苏联的刑法学者们着眼于条件理论过度扩张的问题，运用马克思主义哲学对其进行了批判性改造，创立了必然因果关系理论、必然偶然因果关系理论等，试图使用哲学上的必然性和偶然性概念来限制条件说的过度扩张，使我国刑法因果关系研究也始终处于哲学因果关系的禁锢之下。正是在这种背景下，长期以来，我国刑法学界始终认为刑法上的因果关系是对哲学上的因果关系的具体运用，刑法因果关系研究也始终主要在必然因果关系理论、必然偶然因果关系理论等上徘徊不前。② 我国刑法因果关系理论若要从这种徘徊中走出来，必须打破哲学因果关系的禁锢，这就是一个刑法因果关系的去哲学化问题。实际上，刑法因果关系也根本不是哲学因果关系的具体运用，刑法因果关系的定型性、规范性，都是作为一门规范学科的刑法学所独有的。更为极端地说，刑法因果关系这个概念本身就是应当否定的：不是因果关系，而是条件关系。因此，刑法条件关系这个概念也许能够帮助我们彻底挣脱哲学因果关系的梦魇般的压抑。从哲学回归刑法学，我国学者还提出了在因果关系问题上刑法的回归的命题，我深以为然。下面，以这段引文作为本文的结束，也是对本文的点睛："所谓刑法

---

① 参见周光权，《刑法总论》，157页，北京，中国人民大学出版社，2008。
② 参见王扬、丁芝华：《客观归责理论研究》，172页，北京，中国人民公安大学出版社，2006。

的回归,主要是指从刑法本身而不是从哲学等学科来寻求理论依据的一种研究趋向,在此意义上也可以称之为非哲学化、去哲学化,是一种对刑法学本身的回归。这一趋向的显著特征是绕开传统刑法因果关系的研究思路,理论表现则是或借鉴英美法系的双层次因果关系理论,或用大陆法系刑法因果关系的研究,试图通过研究方法上的突破来实现我国刑法因果关系理论研究的理论创新。"[1]

(本文原载《法学》,2009(7))

---

[1] 许永安:《客观归责理论研究》,195页,北京,中国人民公安大学出版社,2008。

从归因到归责：客观归责理论研究

■■■■■■■■■■■■■■■■■■■■■■■■■■■■■■■■■■■■■■■

客观归责，是相对于主观归责而言的，指在客观上结果对于主体的一定行为的可归属性。客观归责，德语为"Lehre vonder objektive zurcchnung"，目前在汉语中的译法较为混乱，主要有以下三种译法：一是译为客观归责[①]；二是译为客观归属[②]；三是译为客观归咎。[③] 在上述三种译法中，客观归责是常见甚至通用的译法，不仅中国大陆，而且台湾地区学者也采用这一译法。不过，也有学者倾向于客观归属的译法。[④] 基于"责任是主观的"这一命题，客观归责对应于主观归责，似乎有所不妥。因此，笔者曾经主张采用客观归咎的译法。[⑤] 但在破除

[①] 我国大陆学者徐久生译李斯特《德国刑法教科书》，王世洲译罗克辛《德国刑法学总论》，均译为客观归责。我国台湾学者一般也译为客观归责，参见许玉秀：《主观与客观之间》，219页，台北，1997。

[②] 我国学者马克昌译为客观归属，参见马克昌：《比较刑法原理——外国刑法学总论》，211页，武汉，武汉大学出版社，2002。

[③] 我国学者李海东译为客观归咎，参见李海东：《刑法原理入门（犯罪论基础）》，49页，北京，法律出版社，1998。

[④] 我国学者冯军在先前翻译日本学者大塚仁《犯罪论的基本问题》（中国政法大学出版社1993年版）时译为客观归责，后在翻译大塚仁《刑法概说（总论）》（第3版）（中国人民大学出版社2003年版）时，将客观归属与客观归责并列。现在他明确认为译为客观归属更为妥当。参见冯军等：《关于刘涌再审案的师生对谈》，载陈兴良主编：《刑事法评论》，第15卷，69页，北京，中国政法大学出版社，2004。

[⑤] 参见陈兴良：《本体刑法学》，294页，北京，商务印书馆，2001。

"责任是主观的"命题的基础上,提出责任既是主观的又是客观的,主观归责以客观归责为前提,因此,采用客观归责一语并无不妥。在本文中,笔者采用客观归责的译法,试图将客观上的归责与归因加以区别,并论及客观归责的体系性地位问题。

一、客观归责理论的学说史

客观归责理论是从因果关系理论发展而来的,因此,客观归责理论的探讨必然始于因果关系理论。

因果观念是人类对客观世界认识而形成的最古老的观念之一。在哲学上,原因和结果是揭示现象之间相互联系的一个方面或一种形式的一对哲学范畴。所谓原因,是指引起某种现象的现象。所谓结果,是指被某种现象所引起的现象。现象之间这种引起和被引起的关系就是因果关系。可以说关于原因和结果的思想是欧洲哲学史上最早出现的哲学思想之一。古希腊、古罗马的哲学家把哲学的主要任务确定为探求世界万物的本原,而本原就是产生或构成万物的初始原因。这就是欧洲哲学史上最早形成的因果观念。[①] 通过对客观世界的因果性认识,初步形成客观世界的主观秩序。当然,因果观念只是客观上的因果关系在人的主观上的反映而已,这就是所谓因果关系的客观性问题。在相当长的时间内,由于受到科学技术水平的限制,因果观念只是人类对客观世界长期认识的经验积累,并没有得到某种科学上的证明,这也往往造成因果关系只是一种主观联系的错觉。

尽管因果观念的形成具有悠久的历史,但其被引入刑法作为归责的客观根据,则是从19世纪后半叶开始的。在近代以前,归责当中并没有涉及因果关系问题。例如在古希腊亚里士多德的伦理学中,虽然论及伦理上的归责问题,但并没有以因果关系为客观根据。亚里士多德的归责命题是:"我们力所能及的恶,

---

① 参见李武林等主编:《欧洲哲学范畴简史》,316页,济南,山东人民出版社,1986。

都要受到责备。"① 这里所谓力所能及,并非就客观而言,而是指行为人主观上对行为是否出于自愿。在亚里士多德看来,只要是自愿的,就是选择的结果。因此,力所能及就是"可以做,也可以不做"。在这种情况下,只要做,就具有可归责性。即使是在黑格尔那里,归责同样是一个主观的问题,只不过作为归责根据的自愿被意志所替代。黑格尔的归责命题是:"行动只有作为意志的过错才能归责于我。"② 这种归责原则,对于行为犯当然是没有问题的。因为在行为犯的情况下,行为本身就具有可归责性,只要确定行为是由某人实施的,某人就应当对这一行为承担责任。因此,就客观而言,唯一的任务就是认定行为归属于某一主体。但在结果犯的情况下,认定行为归属于某一主体还不够,还须证明结果是由该行为造成的,由此就出现了客观上将结果归属于某一行为的问题。由于行为与结果之间存在着时间与空间上的分离,因而这种客观上归属的判断是极为困难的。在科学技术欠发达的古代社会,法律是通过一种外在的时间尺度来确定这种归属存在与否的。中国古代刑法中的保辜制度与英美普通法中的一年零一天规则即是如此。《唐律》规定:"诸保辜者,手足殴伤人限十日,以他物殴伤人者二十日,以刃及汤火伤人者三十日,折跌肢体及破骨者五十日。限内死者,各依杀人论;其在限外及虽在限内,以他故死者,各依本殴伤法。"由此可见,辜内死与辜外死,除以他故死外,成为从客观上区分杀人罪与殴伤罪的界限。杀人与殴伤本来不仅在客观上存在区分,而且在主观上也是存在区分的,但根据《唐律》关于保辜的规定,不再考虑主观区分,仅取决于死亡发生在辜内还是辜外。从某种意义上说,保辜制度主要解决的是因果关系问题,死亡结果是否可归因于一定的行为。如果在辜内死亡则可归因,应以杀人论;若在辜外死亡则不可归因,只能定殴伤。杀人与殴伤的区别在于:前者是对死亡负责,后者只对伤害负责。在医学不甚发达、难以从医学上确定死亡结果与伤害行为之间是否存在因果关系的情况下,保辜的规定具有合理性。尤其是保辜时限之长短与殴斗的工具相关联,以

---

① [古希腊] 亚里士多德:《尼各马科伦理学》,苗力田译,51页,北京,中国社会科学出版社,1990。
② [德] 黑格尔:《法哲学原理》,范扬、张企泰译,119页,北京,商务印书馆,1961。

从归因到归责：客观归责理论研究

作为确定刑事责任的根据。韩国学者指出："保辜限期乃定刑事责任限界之重要制度，此期间内，让犯人以医药治疗被害人之伤处。若辜限内由于伤害死亡时，皆以斗殴杀人罪处罚。"① 从界定刑事责任的角度阐述保辜制度的合理性，对于理解保辜制度的意义是一个可取的视角。类似于我国古代刑法中的保辜制度的，是英美普通法中的一年零一天规则。根据英国普通法的规定，被指控杀人的被告造成的死亡必须表明是在从被认为是引起犯罪的作为或不作为的时间起不超过一年零一天之内发生的。这一规则是根据普通法推定的，因为要证明一年零一天这段时间以前的作为或不作为引起上述的死亡是困难的。现在，即使在这段时间以后又过了很长时间，也完全可能推断死亡的原因。而不幸的是，这一规则可能容许行为人逃脱经科学手段证明由他引起的杀人的责任。② 在这种情况下，一年零一天规则已被英国《1996年法律修改法（一年零一天规则）》所废除。如果一个行为被证明是死亡的原因，那么这可能是谋杀，或者是非预谋杀人抑或是自杀，而无论死亡行为与死亡结果之间经过了多少时间。③ 就一年零一天规则是以死亡结果发生距离殴伤行为发生的时间作为区分杀人罪与伤害罪的根据而言，一年零一天规则与保辜制度的确有同工异曲之妙，都是古人法律智慧的表现。当然，随着科学技术的发达，尤其是医学的进步，这种推断式的因果关系规则与制度显然已经过时。英国直到1996年才废除这一规则，令人诧异于其普通法传统的强大生命力。

　　刑法因果关系的解决是以近代自然科学的发展为知识背景的。日本学者曾经指出：19世纪的刑法对行为——其他方面也是如此——的认识是自然科学的、实证主义的、自然主义的。④ 这里的其他方面，就包括了因果关系问题。尤其是

---

① ［韩］韩相敦：《传统社会杀伤罪研究》，100页，沈阳，辽宁民族出版社，1996。
② 参见［英］鲁珀特·克罗斯、菲利普·A. 琼斯：《英国刑法导论》，赵秉志等译，137页，北京，中国人民大学出版社，1991。
③ 参见［英］J.C. 史密斯、B. 霍根：《英国刑法》，李贵方等译，372页，北京，法律出版社，2000。
④ 参见［日］小野清一郎：《犯罪构成要件理论》，王泰译，75页，北京，中国人民公安大学出版社，2004。

自然主义的行为概念与因果关系的理解之间存在内在联系。当时盛行的因果行为论，就是用因果联系阐述行为内容的产物。因果行为论，也是一种自然行为论，是主张行为系基于意思的身体动静的学说。其认为只要具有和某种意思之间有因果关系的身体活动或外界变动，就可以说具有行为。① 因果行为论中的因是指意思活动，果是指身体动静。借助于因果概念，因果行为论将主观意思与客观活动加以联系，以此界定刑法中的行为，并将非出于意思的身体活动从刑法的评价对象中予以排除。进一步说，在客观上行为与结果之间又呈现出第二层的因果关系。从这个意义上说，行为一方面是意思活动的结果，另一方面又是客观结果的原因。在这种情况下，因果关系就成为客观上将结果归属于行为的一种证明方式。日本学者在论及大陆法系的因果关系理论产生的过程时指出：即使是在德国，因果关系作为理论问题提出，也还是19世纪后半叶的事。从费尔巴哈到克斯特林，尚未建立起因果关系论，后来提出和发展这一理论的是布利和毕克麦耶。此后的学者，多多少少不过是试图调和他们二人的截然对立的因果关系论而已。这种情况，是德国的刑法学者在当时的实证主义、自然主义思想的背景下进行理论分析的结果。② 其实，刑法因果关系理论最早是由奥地利学者格拉塞（Julius Glaser）在1858年提出的。他认为导致结果发生的原因不一定要出于人的物理力量，而人也不一定是单独造成结果发生的第一个动力，只要在因果流程进行当中，人的活动成为基本力量，而给予其他中间因素以动力，而最后，亦发生犯罪的结果，即足以认定因果关系存在。③ 格拉塞确立了因果关系的反证公式，即"非A仍B，则A非B之原因"。在德国刑法学中提出因果关系的条件说并将之引入司法判决的是布利。条件说，又称为全条件同价值说，简称为等值理论。条件说可以用"若无前者，即无后者"的公式表达。罗克辛则称之为"想象中不存在"的公式，即导致一个结果的各种条件，在具体结果没有被取消就不能

---

① 参见［日］大谷实：《刑法总论》，黎宏译，75页，北京，法律出版社，2003。
② 参见［日］小野清一郎：《犯罪构成要件理论》，王泰译，102页，北京，中国人民公安大学出版社，2004。
③ 参见许玉秀：《主观与客观之间》，229页，台北，1997。

想象其不存在时，都应当看成是原因。因此，作为原因的就是各种不能不考虑的条件，就是各种没有它们本来就不会出现这种结果的条件。① 意大利学者将条件说确定因果关系的这种方法称为"排除思维法"，即设想如果该事实不存在，其结果是否同样会发生。如果答案是否定的，那该事实就是结果的必要条件；如果所得结论相反，就可将该事实排除于原因之外。② 通过这种排除思维法，就可以确定那些对于结果发生具有条件作用的就是原因。条件说为刑事责任确定了一个客观范围，当然，这一范围过大是其难以克服的弊端。因为条件说将产生于结果之前的一切必要条件都看作刑法上的原因，这样就可能不当地扩大刑法因果关系的范围，从而不当地扩大刑事责任的追究范围。例如，就像人们经常举例说明的那样：甲到商店买了把刀将乙杀死，在这一杀人案件中，甲的杀人行为与乙的死亡之间当然存在因果关系。不仅如此，根据条件说，生养甲的父母、将刀卖给甲的售货员、制造这把刀的铁匠，都与乙的死亡之间存在"若无前者，即无后者"的关系，由此批评条件说开启了异常广阔的责任范围——按照罗克辛的说法，这种批评只有在只要存在因果关系就可认定行为人在法律上应负责的这种"因果关系万能说"中才能成立。否则，将因果关系作为构成要件行为与构成要件结果之后的两者之间关系的一种判断，则在一定程度上可以消除这种误解。例如在上述甲杀死乙的案件中，只有甲实施了构成要件的杀人行为，甲的父母、售货员、铁匠并未实施构成要件的行为，因而不可能进入因果关系讨论的视野。当然，即便如此，根据条件说确定的因果关系范围还是较大的，因为行为人虽然实施了一定的构成要件行为，能否一定将结果归属于该行为，仍然是一个值得考虑的问题。例如甲殴击乙胸部，乙因心脏病发作而死亡。在这种情况下，殴击行为当然是一种构成要件的行为，但是否与死亡结果之间存在因果关系，仍然不能简单地根据条件关系加以确定。在这种情况下，出于对条件范围的限制，出现了以下两种因

---

① 参见［德］克劳斯·罗克辛：《德国刑法学总论》，第1卷，王世洲译，232页，北京，法律出版社，2005。
② 参见［意］杜里奥·帕多瓦尼：《意大利刑法学原理》（注评版），陈忠林译评，117页，北京，中国人民大学出版社，2004。

果关系理论的发展趋势:

一是条件说的主张者自身对条件范围的限制,其中以李斯特的因果关系中断说最为著名。这种观点认为,在因果关系进行的过程中,如果介入了一个新的独立的原因时,就由此中断了正在进行的因果关系。这种新的、独立的原因既可能是他人的故意或者过失行为,也可能是自然力。此外,还有溯及禁止说和因果突变说。溯及禁止说认为,在故意造成危害结果的行为之前的行为,只是结果发生的条件,而不是原因。因果突变说认为,有两个前后相继的独立行为,前行为虽然已经结束,但在其行为尚未充分发挥作用时,后行为介入进来接续前行为发挥作用,引起严重后果。这时候,前行为只与后行为实施前形成的结果有因果关系,后行为则与最后的结果有因果关系。[①] 上述对条件说加以限制的学说,大体上都是要解决在存在前后相续的多个行为的情况下,如何确定前一行为与结果之间是否存在因果关系的问题。尽管观点不尽相同,但基本宗旨均在于设置某种条件以限制条件范围。当然,由于这些观点是将因果关系作为一个事实问题加以把握的,在引入归责的视角以后,这些学说就丧失了其存在的价值。

二是原因说。原因说也同样是为纠正条件说将原因的范围扩得太宽而提出的一种学说,曾经盛行一时,大有取代条件说之势,后终因其与条件说相同的自然的、物理的因果观念,并且难以把握条件与原因相区分的条件,在归责理论兴起以后也同样不复通行。原因说,称为条件与原因区别说,它以条件说为基础,主张从引起结果的各个条件中,确定一个对于结果发生具有特别关系的条件作为原因,只承认其与结果之间存在因果关系,其余的条件则是单纯的条件,与结果之间没有因果关系。由于原因说是想就具体的事态判断因果关系的有无,所以,原因说也被称为个别化说。作为其内容,又可以根据如何把握原因将其区分为认为对结果而言在时间上处于最后的条件是原因的最终条件说(Theorie der letzten Bedingung)(奥尔特曼)、认为违反生活上的常规而进行的行为是原因的异常行为原因说(巴尔)、认为给结果的发生提供了决定性方向的条件是原因的优势条

[①] 参见侯国云:《刑法因果新论》,303页以下,南宁,广西人民出版社,2000。

从归因到归责：客观归责理论研究

件说（Ubergewichtstheorie）（宾丁）、认为对结果而言最有力的条件是原因的最有力条件说（Theorie der wirksamsten Bedinging）（比克迈尔）、认为给结果的发生提供了动力的条件是原因的动力条件说（Triebkraftstheorie）（科勒）等。[①] 从以上各种关于条件与原因区别的学说来看，根据原因说认定因果关系具有标准上的歧异性，因而难以操作。

其实，无论是条件说还是原因说，都是一种存在论的因果关系理论，也就是将因果关系作为一个事实问题来把握的理论。因此，主张上述学说者，都坚持原因与责任的二元区分观点。例如李斯特指出：我们应当绝对坚持这样的观点，"因果律"（kausalsatz）只涉及事件前的时空，不涉及概念的逻辑的关系或对行为的社会伦理评价；此外，我们还应当特别引起注意的是，因果关系涉及一个思维方式问题，借助这个思维方式，我们将实际存在的情况联系在一起，而不对导致事件过程的力量做出任何评价。李斯特强调指出，从因果关系的这一观点首先可以得出如下结论：原因问题与责任问题应当做出严格的区分。因此，不应当过分强调刑法中的因果问题的重要性。因果关系无异于这样一种思维方式：借助这种思维方式，从外部世界的某种改变为出发点，我们发现人的意志活动，而对这种意志活动可做刑法上的评价，借助于因果关系范畴，我们只是为刑法研究寻找材料或对象。人的意志活动对一个结果具有因果关系的论断，并没有对该意志活动做出刑法上的评价。只有对意志活动是否具有犯罪的概念特征，也即它是否是符合构成要件的、违法的，且行为人是否应当负刑事责任进行研究之后，才能对意志活动做出刑法上的评价。[②] 李斯特的这段话是耐人寻味、值得琢磨的。就因果判断与是否应负刑事责任加以区隔而言，这显然是正确的。因为因果关系只是犯罪成立的必要条件而非充分条件，是否构成犯罪是对犯罪构成全部要件的判断结果。但是，因果判断是否只是一种事实上的归因性判断而不涉及客观上的归责问题，就是一个值得推敲的问题。这里涉及事实上的归因与客观上的归责的关

---

① 参见［日］大塚仁：《刑法概说（总论）》（第3版），冯军译，162页，北京，中国人民大学出版社，2003。

② 参见［德］李斯特：《德国刑法教科书》，徐久生译，185页，北京，法律出版社，2000。

系，随着相当因果关系说的出现，两者的关系进一步得以凸显。

相当因果关系说的出现，是刑法因果关系理论的一个重大突破。一般认为，相当因果关系说是德国弗莱堡的逻辑学家和医学家约翰内斯·克里斯提出来的，又称为相当说或者相当理论。根据相当说，在刑法意义上，原因仅仅是一种具有导致符合行为构成结果的一般倾向的举止行为；同时，仅仅是偶然地引起这个结果的条件在法律上并不重要。由此可见，相当说也是循着限制条件范围这一思路提出来的，与原因说具有相通之处，以至在广义上相当说被列为原因说的一种。当然，正如日本学者指出：在想基于人类的全部经验知识判断结果的发生是否一般这一点上，相当因果关系说明显与原因说不同。因此，它也被称为一般化说。① 当然，这里的相当性存在一个从事实上的相当性到评价上的相当性的转变过程。克里斯的相当理论建立在可能性理论上，而可能性理论是从数学上的概率原理推导出来的。克里斯以掷骰子为例，认为每一面被掷出的概率通常而言皆为六分之一，因此在事实的发生比率上，的确有一个客观上有效的比率。这个客观上有效的比率关系和个人的期待无关，亦即客观的盖然性不受主观认知影响。② 在这个意义上的相当性，还是一种客观上的相当性，它指的是一种概率关系。但是，在这种相当性的判断上，克里斯引入了"根据生活通则"这一判断标准，指出：如果一定的行为有增加特定结果发生的可能性，则可以认为该行为和特定结果之间具有一般的因果关系。这种一般的因果关系和具体引起结果发生是两回事。仅仅是具体引起结果（konkrete verursachung），尚不足以构成归责的理由；如果归责还包括有责性（schuld）在内，则仅仅是具体引起结果，更不足以构成归责的理由。只有那种根据人类社会一般关系而言，足以导致特定的侵害事实发生的违法行为，才是相当的，否则即是不相当的。③ 在此，相当性是根据人类社会一般生活经验法则加以判断的，因而它不再是一种纯事实关系，而成为一种评

---

① 参见［日］大塚仁：《刑法概说（总论）》（第3版），冯军译，162页，北京，中国人民大学出版社，2003。
② 参见许玉秀：《主观与客观之间》，231页以下，台北，1997。
③ 参见许玉秀：《主观与客观之间》，232页，台北，1997。

从归因到归责：客观归责理论研究

价，这一评价的主体是司法者。评价当然是主观的，但相当性本身是否存在，仍然是客观的。在这种情况下，相当说使因果关系理论发生了重大变化，一种归责理论呼之欲出。

在很长一个时期内，相当说仍然是作为一种因果关系理论而存在的，并且根据相当性判断标准的不同，发展出主观的相当因果关系说、客观的相当因果关系说和折中的相当因果关系说。主观说以行为人行为当时认识的事实及可能认识的事实为基础。客观说主张所谓客观的事后预测（objective nachtragliche prognose），该说站在裁判官的立场上，认为对行为当时存在的一切事实以及行为后产生的事实，只要它们对一般人来说曾是可能预见的，都必须考虑。折中说认为要以行为时若是一般人就曾经能够认识的事实以及行为人特别认识了的事实作为判断的基础。[①] 在上述三说中，日本通行的是折中说。根据是否存在相当性以确定因果关系的存在，成为日本的通说。在这种情况下，因果关系被分为两个层次考虑：第一个层次是根据条件说确定事实因果关系；第二个层次是根据相当说确定法律因果关系。

关于相当说到底是一种因果关系理论还是一种归责理论，在刑法理论上是存在争议的。在德国刑法学界。更多的学者认为相当理论是一种归责理论。尤其是德国学者罗克辛，在主观归责理论的基础上，发展出客观归责理论。罗克辛的客观归责理论的基本主张如下：（1）刑法法理的任务在于对侵害法益的结果予以归责，而这种结果归责，视行为人是否违反规范的要求而定。基于此，行为人的行为如果符合构成要件上的义务要求，客观上必然不可能是要造成构成要件结果的行为。（2）客观归责理论中的客观归责要素——客观目的性（die objektive Zweckhaftigkeit），只是表面上看起来和行为人的能力有关，亦即所谓行为人的预见可能性在客观归因的决定作用，只是一个假象，它不是决定于人类意志的支配可能性（die Beherrschbarkeit durch den menschlichen Willen），而是决定于行

---

① 参见［日］大塚仁：《刑法概说（总论）》（第3版），冯军译，163页，北京，中国人民大学出版社，2003。

293

为人的行为是否制造了足以引起构成要件上法益侵害结果的法律上重要的风险（das rechtlich relevante Risiko）。（3）以风险原则判断客观的目的性，则可以为结果犯创造一个共通的归责原理，而不受因果律的影响。① 根据罗克辛的这一思想，归责理论已经不是一种因果关系理论。换言之，相当理论不是因果关系理论而是归责理论。当然，日本学者对于这一观点似乎并不以为然。例如日本学者指出：客观归责理论想抑制条件说对因果关系范围的扩大，在这一点上，具有与相当因果关系说同样的志向，其适用的实际，可以说也与相当因果关系说没有大的差别。但是，所谓客观归责的观念本身和其在刑法理论体系上的地位等，尚缺乏明确性，存在不少问题。在日本，也看到一部分见解赞成该理论，但是，应该说没有放弃相当因果关系说而采用这种理论的必要。② 笔者认为，在此罗克辛虽然提出了客观归责的原理。但并没有妥当地解决客观归责的体系性地位问题。如果客观归责仍然放在构成要件该当性里研究，即使是像耶赛克那样将因果关系和客观归责并列③，也并不能使客观归责理论真正脱离因果关系理论的围困。若将归责理论贯彻到底，就应当将客观归责纳入有责性中加以研究。当然，这就涉及对大陆法系递进式犯罪构成体系的改造。

二、客观归责理论的基本内容

客观归责是从因果关系问题转化而来的，归因与归责是有所不同的：归因是一个事实问题，通过因果关系理论解决；归责是一个评价问题，通过客观归责理论解决。对此，我国台湾学者指出：就刑法评价需要性而言，确定行为与结果间是否存在因果关系，固然重要；惟更重要的是应该进一步判断，行为人造成具体

---

① 参见许玉秀：《主观与客观之间》，253 页以下，台北，1997。
② 参见［日］大塚仁：《刑法概说（总论）》（第 3 版），冯军译，165 页，北京，中国人民大学出版社，2003。
③ 参见［德］汉斯·海因里希·耶赛克、托马斯·魏根特：《德国刑法教科书》，徐久生译，336 页，北京，中国法制出版社，2001。

结果之行为在客观上是否系可归责,而应负刑法之责任。易言之,在因果关系之判断上,对于结果之原因与结果之归责,应加以区分。首先以经验之观点,采用条件理论之见解,判断结果之原因;而后以规范之观点,采用客观归责理论之见解,判断结果之归责。① 以往的刑法理论,把归因与归责相混同,开始是以归因代替归责,以为满足了因果性就具有了可归责性。此后,相当说作为一种实质上的归责理论却栖息于因果理论之中不能自拔。罗克辛的客观归责理论才彻底将归因与归责分开,具有重要的理论意义。应当指出,罗克辛的客观归责是以条件说确定的因果范围为前提的,正如主观归责是以心理事实为基础一样。客观归责作为一种规范评价,它所要解决的是在具备事实因果关系的情况下,进一步从规范上考察其结果是否可以归责于行为主体。客观归责具有以下三个基本规则。

(一)制造法所不允许的风险

刑法是保护一定法益的,侵害法益的行为必然被刑法所禁止。因此,行为是否具有对法益的侵害性就成为犯罪认定的第一个环节。行为的侵害性一般可以从法规范上获得确证。因为从规范形式上来说,构成要件行为是一种违法行为的类型,因而可以直接推断其行为是具有实质侵害性的。这里存在一个行为的定型化问题。一般来说,故意行为的定型化程度是较高的,而过失行为的定型化程度则是较低的,往往只要是主观上的过失引起某种法所禁止的结果的行为,就被认为是过失行为。在这个意义上说,过失行为是归因的结果。因此,有时难以完全遵循行为→结果→因果关系这样一种判断顺序,而是由果溯因。在这种情况下,仅仅依靠因果性是难以解决归责问题的,因而提出了制造法所不允许的风险这一客观归责的规则。它是对行为,尤其是类型化程度较低的过失行为的一种实质审查。

风险,亦称为危险,在任何一个社会都是广泛存在的,法律并不禁止任何风险,因为风险与利益同在,没有风险也就没有利益,就没有社会发展,甚至社会生活也无法进行。例如行车有翻车的风险,飞行有坠机的风险,航行有覆船的风

---

① 参见林山田:《刑法通论》上册,增订7版,200页,台北,2000。

险。如果仅仅为避免这种风险而禁止行车、飞行与航行，这显然是愚蠢的做法。法所禁止的仅仅是不被允许的风险，因此要对一定的风险到底是法所允许还是法所不允许进行认定。在这个意义上说，法所不允许的风险，也就是禁止的风险，是客观归责理论的基础。为正确地理解法所不允许的风险，我们可以首先界定哪些是法所允许的风险。对此，我国学者指出：在今天的现实社会生活中，随着科学技术的发展与现实应用以及人类社会生活结构的发展，我们每天都可能遇到一些在人们心目中可能已经习以为常的危险。譬如驾驶汽车，使用机器，制造易燃、易爆、易污染产品，进行科学实验，进行身体竞争性的体育活动，等等。人们对于这些活动的危险性有着充分的认识，这种认识体现在规范上，是一系列专业规则、操作规程与特殊注意义务的制定与要求。当行为人在遵守这些规则、规程与注意义务的前提下，发生了法益侵害的结果，这一结果就不能在客观上归咎于行为人的行为。因而这一行为也不具备构成要件该当性。这类危险，在刑法理论上被称为允许的危险。① 由此可见，一种风险是否被法所允许，关键还是在于行为人是否尽到了一定的注意义务，也就是是否具有过失行为本身。如果尽到了一定的注意义务，即使风险发生也不能归责于行为人；反之，如果未尽到一定的注意义务，则应将风险归责于行为人。当然，这种基于风险是否允许而确定能否对行为人归责，到底是一种客观归责还是一种主观归责，仍是一个值得研究的问题。以往允许的危险通常是作为一种正当化事由的原理而加以确定的，例如德国学者指出："被允许的危险（erlaubtes Risiko），并非独立的合法化事由。因为，该概念所表示的是，在一定条件下的危险行为，甚至对法益侵害持未必故意的行为，并未包括在被允许的范围之内，该要件并不能够描述一般性的要件轮廓。被允许的危险概念的重点在于，与其说是针对各种具体的实体性要件，不如说是针对各种合法化事由的共同结构原理。被允许的危险不仅适用于故意犯，在过失犯情况下，同样存在被允许的危险这一特殊的合法化事由。"② 作为正当化事由，

---

① 参见李海东：《刑法原理入门（犯罪论基础）》，53页以下，北京，法律出版社，1998。
② ［德］汉斯·海因里希·耶赛克、托马斯·魏根特：《德国刑法教科书》，徐久生译，485、711页，北京，中国法制出版社，2001。

被允许的风险既非客观归责亦非主观归责。但由于在过失犯的情况下，被允许的风险具有限定过失犯的注意义务之功能，因而被允许的风险似乎是在过失的归责中论及，是一种主观的归责要素，笔者过去亦是如此认识的。① 但在允许的风险的情况下，注意义务不存在，不仅过失心理没有，过失行为也没有。就此而言，允许的风险又似乎是一种客观的归责要素。对此，我国学者指出：允许的危险的理论是过失理论的一场悄悄的革命，倡导过失的核心已不在于危害结果，而在于过失行为本身，只要行为人客观上尽注意能力遵守了具体的注意义务，即便发生危害结果，也不负过失责任。② 因此，被允许的风险之引入过失的审查，被认为是从结果无价值向行为无价值的转变。由于我国现行刑法理论，将行为（作为与不作为）与罪过（故意与过失）分而论之，行为中论及的基本上是故意行为，而对过失行为未予以充分的关注，如此才在更大程度上将过失行为作为一个主观归责问题讨论。就此而言，目前德国刑法理论中通行的故意的作为犯、过失的作为犯、故意与过失的不作为犯的犯罪构成体系，将主观要素与客观要素结合起来考虑，似乎更有其合理性。

在对法所允许的风险做出如上界定的基础上，我们可以正确理解法所不允许的风险。对于法所不允许的风险的认定，故意犯与过失犯是有所不同的。故意犯中的法所不允许的风险更多地表现在行为是否为法所禁止之上。一种故意行为只要是被法所禁止的，其所造成的风险必然是法所不允许的，因而应予归责；而过失犯中的法所不允许的风险则应当根据注意义务是否得到遵守加以判断，在没有遵守注意义务的情况下造成的风险，就是法所不允许的风险，应予归责。关于制造法所不允许的风险之客观归责的规则，存在以下问题值得研究：

1. 降低风险

法所不允许的风险如果是行为人所制造的，当然是具有客观上的可归责性的。即便这种法所不允许的风险不是行为人所制造的，但行为人通过其行为增加

---

① 参见陈兴良：《本体刑法学》，370页，北京，商务印书馆，2001。
② 参见姜伟：《犯罪故意与犯罪过失》，377页，北京，群众出版社，1992。

或者提高了风险，同样是具有客观上的可归责性的。但是，如果行为人实施了降低风险的行为，即使这种风险仍然发生，也不具有客观上的可归责性。例如，甲看到一块石头砸向乙的头部，出手挡石头，以致砸伤乙的脚。在这种情况下，虽然风险没有避免，但甲的行为不是提高而是降低了风险，因而不具有客观归责性。与降低风险相类似的是替代性风险的行为，即以一种较小的风险替代本来可能发生的较大风险。例如，甲为救陷于火海的孩子乙，将乙抛出窗外，致乙重伤。这种替代性的风险行为，也没有增加风险，同样不能作为犯罪处理。但罗克辛认为，上述两种情形在性质上是存在区别的：前者虽然存在因果性，但其行为并非构成要件该当的行为，而根据传统的理论，在违法性的观点下取消风险减小的情况，并在其中认可一种正当化的紧急避险（德国刑法第 34 条）。但是，这样做的条件就会是，人们至少会把风险减小看成是一种符合犯罪类型的法益侵害，而这一点正是这里所缺乏的。后者行为人完成了一个符合犯罪类型的行为，是应当作为行为构成的完成对他进行归责的。但是，行为人能够通过推定的同意或者通过德国刑法第 34 条对其加以正当化。[①] 因此，罗克辛将降低风险的行为与替代性风险的行为加以区分，降低风险的行为不具有客观归责性，而替代性风险的行为则虽具有客观归责性但违法阻却。

2. 没有制造风险

行为人的行为虽然没有降低风险，但也没有以在法律上值得关注的方式提高风险，因而同样不具有客观归责性。这种行为就是没有制造风险，罗克辛称之为"缺乏危险创设"。在没有制造风险的情况下并非不存在任何风险，而是存在一种法律上不值得关注的风险，这是一种生活风险。对此，罗克辛指出：即使某种行为方式，在罕见的例外情况中能够导致一场不幸，然而，与这种行为方式相联系的在社会适当性方面的那种最小风险，将为法律所忽略。因此，通过这种行为方式来查明的造成结果的原因，从一开始就是不可归责的。因为促进一种正常的并

---

① 参见［德］克劳斯·罗克辛：《德国刑法学总论》，第 1 卷，王世洲译，247 页以下，北京，法律出版社，2005。

且一般没有危险的社会性举止行为的产生,是不能加以禁止的,因此,当这样一种做法例外地成为一种法益损害的原因时,也就缺乏了一种符合犯罪类型的杀人行为。① 罗克辛曾经举了韦尔策尔经常使用的例子,即甲在暴风雨就要来的时候,把乙派到森林里去,希望他会被雷劈死。结果,乙真的被雷劈死。对此,传统的条件说是肯定因果关系存在的,韦尔策尔通过否定故意来规避刑事惩罚,即甲并无对事件发生真正产生影响的强大的意志。而罗克辛则明确指出,这是一个客观归责的问题,而不是一个故意的问题。这样,通过客观归责对行为进行是否制造了法所不允许的风险的实质审查,使阻却犯罪的事由提早到客观上不具有可归责性而非主观上不具有可归责性。

3. 假定的因果过程

能否以假定的因果过程否定客观归责,也是在制造法所不允许的风险中值得研究的一个问题。这里的假定的因果过程,也称为假设的因果流程,是指存在一个代替性行为人,假如行为人不实施某一法律所禁止的行为,他人也会合法或者非法地实施该行为。存在这种假定的因果过程,是否排斥对行为人的客观归责呢?罗克辛认为:一种对违法行为构成完成的归责,是不能就这样被排除的,因为一个代替性行为人已经准备好了,他在实施行为人停止行为的时候,就要接管这个构成行为(接管原则)。因此,罗克辛得出以下结论:法律制度不能由于另外一个人已经准备好违反法律就应当收回自己的禁令。② 在假定的因果过程中,代替性行为人的行为既可以是合法的,也可以是非法的。但都不能排除原行为人的客观归责。前者通常举的例子是:在死刑执行时,甲以私人身份撞开了死刑执行官,自己充当死刑执行官并且在他的位置上开动了电椅,将死刑犯乙杀死。在这种情况下,不能以如果甲不杀乙,反正乙也要被执行死刑而排除甲的客观归责。因为虽然乙被判处死刑,但法律只授权死刑执行官对乙执行死刑,甲剥夺乙

---

① 参见[德]克劳斯·罗克辛:《德国刑法学总论》,第1卷,王世洲译,248页,北京,法律出版社,2005。
② 参见[德]克劳斯·罗克辛:《德国刑法学总论》,第1卷,王世洲译,249页,北京,法律出版社,2005。

的生命仍然是非法的,属于杀人行为。后者通常举的例子是:某人的财物疏于看管,被窃贼甲与乙同时盯上,甲捷足先登窃得某人的财物。在这种情况下,尽管如果甲不盗窃,财物也会被乙偷走,但不能以财物反正是要被偷走的为由,否认甲的行为客观上的可归责性。

假定的因果过程并不否定客观归责,但如果自然因果性被修改,则是否具有可归责性就应当区别为两种情况对待:一是在行为人仅仅修正了一种自然因果性,而没有在整体上恶化被害人的状况时,就要排除归责。例如在一段因山崩而遭岩石堵塞的轨道上,甲开电动火车,因刹车不及撞上岩石而死亡。甲撞上岩石的地点是在右车道,甲之所以驶在右车道上,是因乙调整铁道岔,从左边调整到右边,但左右两边的铁道皆遭阻塞。因此,即使乙不将道岔从左边调整到右边,甲也会在左车道撞上岩石而死亡。在这种情况下,乙的行为使甲的死亡地点有所改变,但并没有因此使甲撞上岩石的机会增加。因此乙的行为不具有客观上的可归责性。二是在行为人不是单纯地修改了自然的因果性,而是通过一种独立的行为加以补充时,则具有可归责性。例如,在前例中,如果甲在撞上岩石的那一刹那被乙开枪射杀,则虽然不被射杀也必然撞上山岩而死,但这种射杀行为仍然具有可归责性。对此,罗克辛给出的理由是:"法益的损害是应受刑事惩罚的,只要这种损害没有得到一种明确的正当化根据的帮助。当把濒死的人在他临死前的那一刻杀死而有可能不被惩罚时,禁止杀人的戒律就在不是万不得已的情况下被违反了。法律制度不应当容忍这一点。"①

(二) 实现法所不允许的风险

在客观归责的认定中,不仅要关注是否制造了法所不允许的风险,还应当进一步考察法所不允许的风险是否实现。关于实现法所不允许的风险之客观归责的规则,存在以下问题值得研究:

1. 未实现风险

虽然制造了法所不允许的风险,但这种风险并未实现,对此如果是故意犯的话应当以未遂犯论处。但在某些情况下,制造了风险并且发生了某种法益侵害结

---

① [德] 克劳斯·罗克辛:《德国刑法学总论》,第1卷,王世洲译,251页,北京,法律出版社,2005。

从归因到归责：客观归责理论研究

果，但这一法益侵害结果是其他介入因素，包括自然力或者第三者的故意与过失行为所造成的，则仍应认为风险未实现，不具有客观上的可归责性。通常举的例子是：受枪伤的被害人被送医院救治，在医院救治期间被火烧死。这个例子以往都是用因果关系中断或者没有故意来解决的，但罗克辛认为这是一个客观归责的问题。

此外，在传统刑法理论中还存在所谓因果关系错误的例子。例如，甲出于杀乙的意图勒其脖颈，使乙陷于假死状态，甲误认为乙已经死去，而将乙投入水中，实际上乙是溺水而死。这个问题通常是在故意中讨论的，被称为威伯的概括的故意。[1] 但故意是以存在因果关系为前提的，只有具备了客观上的可归责性才考虑主观要素。对此，罗克辛指出：当未遂行为以在法律上有重要意义的方式提高了紧接着的因果过程的危险时，也就是这个结果是适当地实现了由未遂创设的那个危险时，因果关系的偏离就是不为人所注意的，也就是说，这个结果是应当归责的。[2] 因此，因果关系错误情况下是否具有客观上的可归责性，也应当考虑前行为是否提高并实现了因果过程的危险。

2. 未实现不被允许的风险

未实现风险当然不具有客观上的可归责性，但即使实现了风险，如果这种风险并非不被允许，仍然不可归责。换言之，只有实现不被允许的风险才是可归责的。罗克辛曾经以羊毛笔案加以说明：一家画笔厂的厂长没有遵照规定事先消毒，就给了他的女工们一些中国的山羊毛进行加工。四名女工因此被感染上炭疽坏疽杆菌而死亡。后来的调查表明，规定的消毒措施对当时欧洲尚不知道的这种杆菌本来是没有作用的。对此，罗克辛指出：如果人们把这个结果归责于厂长，那么，他就要为违反了一项即使履行了也没有用的义务而受到刑事惩罚。[3] 因

---

[1] 参见陈兴良：《刑法哲学》，3 版，180 页以下，北京，中国政法大学出版社，2004。
[2] 参见［德］克劳斯·罗克辛：《德国刑法学总论》，第 1 卷，王世洲译，253 页，北京，法律出版社，2005。
[3] 参见［德］克劳斯·罗克辛：《德国刑法学总论》，第 1 卷，王世洲译，254 页，北京，法律出版社，2005。

此，一个人不能因违反了一项即使履行了也无法避免危险发生的义务而受到刑事惩罚，就成为一个客观归责原则。这一原则，在考虑客观归责时是十分重要的，但以往我们常常忽视。例如，甲驾驶的微型轿车按照交通法规只能在城市主干道的第二条道上行使，其在第一条道（快速道）上行驶是违规的。此时，乙横穿主干道，甲躲避不及而将乙撞死。在此，不能仅因甲违规行驶而予以归责，而是要看这一违规是否提高并实现了风险。如果即使在第二条道上行使，也同样会将乙撞死，那么其违规行为就属于未实现不被允许的风险。

3. 结果不在注意规范保护范围之内

结果虽然发生，也就是风险已经实现，但这一结果并不在注意规范保护范围之内，仍然不具有客观上的可归责性。罗克辛举了一个例子：两个骑自行车的人，在路上骑着没有灯的车前后相随。前面那个人由于缺乏照明而撞上了迎面而来的一个骑车人。但是，如果后面那个骑车人在自己的车上装了照明设备，那么，这个事故本来是可以避免。在这个案例中，前面这个骑车人应对于过失负责，后面这个骑车人呢？其不安装照明设备的过失行为按照"如果装了照明设备这个事故就可避免"的逻辑，是可以归因的，但罗克辛认为，在这种情况下，是不可归责的。因为照明要求的目的在于避免自己的车直接造成事故，而不在于让另一辆自行车点灯来避免其与第三辆车相撞。为此，罗克辛区分了谨慎规范的保护目的与行为构成的保护目的。罗克辛指出：不允许性风险的实现永远是与限制许可风险的谨慎规范的保护目的有关的，而不是与刑法的行为构成的保护目的有关。[①] 那么，这里的谨慎规范的保护目的与行为构成的保护目的如何区分呢？谨慎规定，也就是注意规范所保护的目的是法律所关注的，并且与违反者具有密切关联，因为注意规范的目的是要界定归责范围。只有违反注意规范所造成的风险才具有客观上的可归责性。因此，结果不在注意规范保护范围之内，表明这种结果不具有可归责性。而行为构成所保护的目的则只是与因果过程有关，它不能直

---

① 参见[德]克劳斯·罗克辛：《德国刑法学总论》，第1卷，王世洲译，256页，北京，法律出版社，2005。

接确定客观归责。

4. 合法的替代行为和风险提高理论

合法的替代行为要讨论的是，如果行为人未违反注意义务，也就是实施合法行为，结果仍然会发生，在这种情况下，对行为人是否具有可归责性？在前面所举的羊毛笔案例中，罗克辛认为是不可归责的，因为一个人不能因为违反一项即使履行了也没有用的义务而受到刑事惩罚。但合法替代行为的排除归责又不是绝对的，也就是说只有当合法的替代行为肯定或者必然会导致这个结果时，才应当排除一种归责。但如果合法的替代行为并非肯定导致结果，换言之，违反注意义务的行为提高了风险，那就是可归责的。例如，一辆载重卡车的司机想要超越一辆自行年，但是没有遵守应当保持一定距离的要求，最近时与骑车人只有75厘米。在超车的过程中，这个喝醉了酒的骑车人，由于一种在酒精作用下的反应迟钝而把自行车向左打过去，被挂斗车的后轮轧上了。最后证明，如果卡车司机根据道路交通规定，与骑车人保持了足够的距离，那么，这个事故也仍然极有可能（或者有可能）发生。对此，罗克辛认为卡车司机是可归责的。理由在于：在即使保持了所要求的距离骑车人也会死亡时，在这个过程中就实现了一个在超车中一般存在的风险，但是，立法者通过自己的许可为开车人接受了这种风险，因此，这个结果本来是不可以归责的。而如果行为人超越了允许性风险，并且现在出现了作为在超车中存在的危险所作用的结果，那么，这个结果作为一种禁止性危险的实现就是可以归责的。[①] 在此，罗克辛提出了风险提高理论，行为人超越了允许性风险，提高了风险，因而是可归责的。

（三）构成要件的效力范围

这里涉及类型化的构成要件的归责功能问题。在故意犯罪中，构成要件承担了主要的归责功能，不具备构成要件才是不可归责的。故意是依附于行为而存在的，具有对于行为的从属性。因此，行为与故意之间在判断上存在严格的位阶关

---

① 参见〔德〕克劳斯·罗克辛：《德国刑法学总论》，第1卷，王世洲译，257页，北京，法律出版社，2005。

系。但在过失犯罪的情况下,传统上是从结果追溯过失,是以过失心理作为归责的要件,过失行为则缺乏定型化。因此,过失犯罪的认定成了一个过失心理的判断问题,而过失又主要是根据注意义务的违反、可预见性、认识可能性及避免可能性加以判断的,行为归责功能在过失犯罪中根本没有发挥出来。因此,客观归责主要适用于过失犯罪。甚至传统用于判断过失的那些概念都可废弃不用。当然,故意犯罪也并非与客观归责无关,在某些情况下,客观归责同样也可适用于故意犯罪。

1. 参与他人故意的自危

德国刑法没有将帮助自杀(伤)行为规定为犯罪,在这种情况下,对帮助自杀(伤)行为能否以故意杀人(伤害)罪论处?这个问题对于我国刑法也同样是具有意义的。在我国刑法教科书中,一般都认为这种帮助他人自杀行为是构成故意杀人罪的。与此相同,教唆他人自杀行为也构成故意杀人罪。[①] 在这种情况下,死亡或者伤害是由他人自身引起的,教唆或者帮助行为能否承担故意杀人(伤害)罪的刑事责任呢?这个问题的实质是:当这个(故意或者过失地)积极参加由一个自我负责的行为人所造成的自我损害的人,对这个自我损害的人的身体或者生命负有保护义务时,能否适用刑法关于杀人罪或者伤害罪之法律?也就是说,这种引起行为是否属于杀人行为或者伤害行为?在司法实践中,此类案件还是十分常见的,例如追赶行为造成他人被汽车撞死,或者追赶行为使他人慌不择路地跳下河而被水淹死,等等。这一追赶行为是否为杀人行为?对此,德国的司法判决曾经将之视为杀人行为,但后来又改变了这一判决,拒绝了把这类案件归责为杀人犯罪的客观行为构成:"当那种有意识地借助这种危险而进入的风险得以实现时,行为人自我负责的和已经实现的自我危险并不属于一种身体伤害或者杀人犯罪的行为构成。一个仅仅造成使其能够实现或者要求这种自我危险的人,并不会使自己由于伤害犯罪或者杀人犯罪而成为应受刑事惩罚的人。"因此,根据客观归责理论,这种参与他人故意自危的行为应当排除归责。

---

① 参见高铭暄、马克昌主编:《刑法学》,470 页,北京,北京大学出版社、高等教育出版社,2000。

2. 同意他人造成危险

这里的同意他人造成危险，是指一个人不是故意地给自己造成危险，而是在意识到这种风险的情况下，让别人给自己造成危险。例如，一名乘客强迫掌握方向盘的人违反禁止性规定超速行驶，因为他想及时赶赴一个约会。由于车速太快，发生车祸，造成这名乘客死亡。在这个案例中，超速行驶是违法的，由此造成了他人的死亡后果，能以过失致人死亡定罪吗？对此仍然不应负刑事责任，其以往的根据是德国的通说，即被害人承诺的法理。但罗克辛认为不能以被害人承诺的法理解决这个问题，因为被害人认为虽然存在风险但这种风险并不会实际发生，具有某种侥幸心理，因而并不存在对危害结果的承诺。罗克辛指出：尽管被侵害人本身就是他所遭遇的事故的肇事人，但是仍然还应当产生一种刑事惩罚，这是令人难以满意的。因此，人们在这里就会提出一个正确的问题：在什么范围内，这个行为构成包含了同意他人给自己造成危险的保护目的？[①] 换言之，在这种情况下的风险实现行为是否属于杀人的行为构成？对此，罗克辛的回答是否定的。当然，其前提是这名乘客完全认识了这个风险并且是有意识地造成了这个风险，只有这样才能排除对结果的归责。相反，如果是这名驾驶员说服了这名出于良好理由而犹豫不决的乘客，如果他对乘客隐瞒或者淡化了这些风险，或者如果这场事故是由于那种与被接受的风险无关的驾驶错误造成的，那就可以归责。

3. 第三人责任范围

第三人责任范围是指在他人责任范围之内加以防止的结果，对此行为人不可归责。例如引发火灾的人是否应当对因救火而丧生的消防员负责？疏于注意致使小孩落水的母亲是否应对因救人而丧命的救生员负责？如此等等。在这些情况下，消防员和救生员均有救火与救人的职责，因此行为人对其死亡不应负责。罗克辛指出：在这类案件中排除归责的道理在于，确定的职业承担者在自己的职权范围之内，以一种局外人不应当干涉的方式对消防和监督危险的渊源负责。但

---

① 参见 [德] 克劳斯·罗克辛:《德国刑法学总论》，第 1 卷，王世洲译，269 页，北京，法律出版社，2005。

是，这样一种职权分配在刑事政策上富有意义的结果，应当是解除了第一个原因造成人对这个由职业承担者的损害性举止行为所造成的结果的责任。① 因此，通过第三人责任范围的确立而免除行为人的责任，使客观归责更为合理。

三、客观归责理论的借鉴意义

我国刑法理论如何借鉴客观归责学说，是一个值得研究的问题。笔者认为，我国刑法中的因果关系学说是一个最为混乱的问题。从理论发展的进程来看，大陆法系经历了从条件说、原因说到相当因果关系，再到客观归责这样一个学说的演进过程。其基本进程是将归因与归责加以区隔，在归因的基础上再考虑归责。但我国刑法中的因果关系理论基本上还停留在原因说的水平上，由于在原因与条件的区分上引入了必然性与偶然性的概念，从而形成必然因果关系说与偶然因果关系说之争，使问题更加复杂化。在借鉴客观归责理论的时候，应当讨论以下三个问题。

（一）因果关系的必然性与偶然性问题

因果关系的必然性与偶然性，是我国刑法因果关系讨论中提出的特有的命题。大陆法系和英美法系刑法理论关于刑法因果关系的讨论都没有论及因果关系的必然性与偶然性问题。实际上，从哲学的意义上说，因果关系和必然性与偶然性属于不同的范畴。因果关系是指引起与被引起的关系，原因是引起某种现象的现象，而结果是被某种现象所引起的现象。两个现象之间存在这种引起与被引起的关系，我们就可以得出结论，这两个现象之间存在因果关系。而必然性与偶然性是表示由本质的和非本质的因素所确定的相互关联的联系类型的哲学范畴。必然性反映事物内部的、稳定的、重复的、普遍的现实联系，表示事物发展中不可避免的、一定要出现的趋向。这种联系和倾向是由事物内部的、本质的因素所规定的；它在事物的联系和发展中起支配作用，决定着事物的其他联系和事物发展

---

① 参见［德］克劳斯·罗克辛：《德国刑法学总论》，第1卷，王世洲译，271页，北京，法律出版社，2005。

从归因到归责：客观归责理论研究

的前途和方向。偶然性则与必然性相反，反映事物外部的、非本质的、不稳定的、个别的现实联系，表示事物发展可以出现，也可以不出现，可以这样出现，也可以那样出现的倾向。这种联系和倾向是由事物外部的、非本质的因素所决定的，一般说来，对事物的其他联系和发展不起决定作用。从以上因果关系和必然性与偶然性这两对范畴的对比来看，因果关系更倾向于从形式上界定两个事物之间的联系，而必然性与偶然性则更注重从实质上界定两个事物之间的联系。在这个意义上说，因果关系既可以是必然的，也可以是偶然的：原因与结果之间存在必然联系的是必然因果关系，原因与结果之间存在偶然联系的是偶然因果关系。这是偶然因果关系说的观点。应当指出，偶然因果关系就是以承认必然因果关系为前提的。当然，那些认为因果关系是原因与结果之间的内在的必然联系的学者，是不会赞同上述区分的，因果关系只能是必然的不可能是偶然的，由此而否认偶然因果关系的存在，这就是必然因果关系说。[1] 笔者认为，因果关系是指两个现象之间引起与被引起的关系，它所解决的是现象的可归因性问题。通过因果关系的概念，我们可能将引起的现象归结为被引起现象的原因，从而达到对这个现象的产生机制的认识。因此，将现象之间必然引起关系称为因果关系，而将偶然引起关系排斥在因果关系之外，是过于限缩了因果关系的范畴。在这个意义上，笔者并不赞同必然因果关系说。那么，这是否意味着笔者对偶然因果关系说的认同呢？回答同样是否定的。在笔者看来，必然因果关系与偶然因果关系这种区分本身就是没有意义的。偶然因果关系说在论证区分必然因果关系和偶然因果关系的理论根据时，主要还是基于原因的等级性与层次性的观念，认为条件本身也是原因，尽管是非根本性、非决定性的次要原因。就此而言，偶然因果关系说类似于条件说，但偶然因果关系说又否认其等同于条件说，因为条件说主张全条件同价值，而偶然因果关系说则承认条件与原因之间对于结果作用上的差别性。[2] 笔者认为，偶然因果关系将条件归入原因范畴当然是可取的，否认全条件

---

[1] 关于必然因果关系与偶然因果关系的讨论，参见侯国云：《刑法因果新论》，178 页以下，南宁，广西人民出版社，2000。
[2] 参见李光灿、张文、龚明礼：《刑法因果关系论》，105 页以下，北京，北京大学出版社，1986。

307

同价值也是正确的,但它试图通过必然性与偶然性的认定为刑法提供因果关系,则是将归因与归责等同起来,因而并没有突破条件说与原因说的局限。根据偶然因果关系说确立了某种因果关系的存在,同样也不能解决其是否具有客观上的可归责性的问题。我们仅以以下四个偶然因果关系说列举的偶然因果关系的案例加以说明。①

案例一:甲乙二人在一个冬天的傍晚于收工途中在旷野打着玩耍,甲向乙小腿处踢了一脚,乙倒在地上哎哟不止。甲以为乙装样子吓唬他,便不加理睬,径直回到家里,也没有跟任何人说就睡觉了。乙因小腿骨折不能行走,又由于当夜大风降温,天气异常寒冷,第二天人们发现乙时,乙已冻僵身亡。偶然因果关系说认为,在本案中,乙被冻死对于甲踢乙一脚的行为来说具有偶然性,它们之间是偶然因果关系。但这种论证对于解决甲的客观归责并无任何意义:根据条件说,甲踢一脚与乙的冻死之间是存在因果关系的;根据原因说则甲踢一脚与乙的冻死之间并无因果关系。就解决这个案件而言。原因说比条件说更为可取。但偶然因果关系说的结论与条件说相同,即使论证了甲踢一脚与乙的冻死之间存在偶然因果关系,也还是未能解决乙的死亡在客观上是否可归责于甲的问题。根据客观归责理论,在承认甲的行为与乙的冻死之间存在因果关系的基础上,否认甲的行为具有可归责性。因为乙死亡的危险并不包括在甲的踢一脚的行为中,乙的死亡是由于偶然的寒冷天气所引起的。对此,正如罗克辛所说:我们不能把一个纯粹偶然造成的死亡在客观上评价为法律意义上的杀人。② 就客观归责而言,需要解决的不是因果关系问题,而是行为是否制造了法所不允许的风险问题。换言之,需要解决的是甲的行为是否具有杀人性质的问题。

案例二:李某骑自行车带着朋友王某进城,因前面有一辆减速慢行的汽车挡路,李某打算从左侧超过汽车。当自行车刚往左一拐时,正好与迎面开来的汽车

---

① 这四个案例均出自李光灿、张文、龚明礼:《刑法因果关系论》,123 页以下,北京,北京大学出版社,1986。
② 参见 [德] 克劳斯·罗克辛:《德国刑法学总论》,第 1 卷,王世洲译,245 页,北京,法律出版社,2005。

相撞，李某被撞伤，王某被轧死。偶然因果关系说认为，在本案中，李某违反交通规则的超车行为与王某的死亡之间存在偶然因果关系。根据条件说，李某的违章行为与王某的死亡之间存在因果关系；根据原因说也同样承认其因果关系的存在。偶然因果关系说之所以称李某的违章行为对王某的死亡来说是偶然因果关系，是与汽车司机将王某轧死的行为相比较而言的，因为在偶然因果关系说看来，汽车的撞轧是王某死亡的决定性原因，决定了王某死亡的必然性，两者之间是必然的因果关系。只不过，汽车司机的行为是正当行为，因而与王某的死亡之间不存在刑法上的因果关系，因为刑法中的因果关系是危害社会的行为与危害社会的结果之间的因果关系。而根据客观归责理论，李某的违章行为制造了法所不允许的风险并且实现了这一风险，具有客观上的可归责性。这一解决本案中李某的刑事责任的思路较之偶然因果关系说，更为简单明了。

  案例三：专业户张某在市场卖瓜，把卖得的钱装在一个布袋里。当他给一买主称瓜时，布袋被王某抢夺去。张某立即追赶。在张某将要抓住王某时，后面有赵某的汽车快速开来，王某为了逃脱，随即穿越马路，想用汽车阻挡张某的追赶。张某索回钱物心切，只注意盯住王某，没有发现后面有汽车开来，他刚一拐弯，被赵某的汽车撞轧而死。偶然因果关系说认为，在本案中，王某的行为与张某的死亡之间存在偶然因果关系。王某穿越马路逃跑与张某被汽车撞轧死亡之间是存在因果关系的，但王某的行为是否具有客观上的可归责性，则并非偶然因果关系所能界定。根据客观归责理论，王某的行为并未制造法所不允许的风险，因而不可归责。

  案例四：甲在车辆繁多的马路上殴伤乙后，扬长而去，乙爬起来向前走了几步，踉跄倒地，丙的车速过快，刹车不住，将乙轧死。偶然因果关系说认为，在本案中，甲的伤害行为与乙的死亡之间存在偶然因果关系。根据客观归责理论，乙的死亡并非甲的行为所创设的法所不允许的风险，因而不可归责于甲。

  从以上对偶然因果关系说的四个案例的分析可以发现，偶然因果关系说实际上只是在完成条件说的使命，虽然在不承认各种条件的原因力等同而力图区分必然因果关系与偶然因果关系这一点上不同于条件说，但在归责问题上并没有超越

条件说。因此，笔者赞同我国学者的观点：我国刑法因果关系的研究要真正取得进展，就应当绕开哲学上必然偶然之争这条路子，寻找新的研究视角。① 这一新的研究视角，包括客观归责理论之引入。

(二) 因果关系的客观性与主观性问题

因果关系的客观性，是我国因果关系研究中反复强调的一个命题，其理论根据是唯物主义，并且将否定因果关系的客观性的观点斥为唯心主义。

从哲学上来看，因果关系的客观性与主观性确实存在唯物主义因果论与唯心主义因果论之争。其中，唯心主义因果观以英国哲学家休谟为代表，休谟把因果律视为联想形成的第三个法则，指由一种事物观念想到与它有因果关系的另一种事物观念。由于休谟是在主观联想的视域内理解因果律的，因而休谟把因果律完全看成是以时间先后和空间接近为必要条件、以"习惯性联想"或"经验推论"为主导的作用，由此否认了因果关系的客观性。② 这种唯心主义因果观当然是难以成立的。在这个意义上说，因果关系的客观性意味着因果关系是否存在不以人的主观认识为转移。这里的人，是指作为认识主体的人，它是因果关系的判断者。在法律中，这里的人就是指法官。但因果关系的客观性并不否认在因果关系中包括主观认识的内容，只是这种主观认识是因果关系的组成部分。这里存在自然的因果关系与社会的因果关系之分：自然的因果关系是没有人介入的，因而完全是客观的。而社会的因果关系是以人为中介的，人的认识本身就是这种因果关系的应有之义，确切地说，是原因的内容之一。在这种情况下，将人的主观认识引入因果关系并非对因果关系的客观性的否定，因为人的认识对于行为主体来说是主观的东西，但对于判断主体来说则是客观的东西。刑法因果关系，属于社会的因果关系，应当承认主观认识在因果关系认定中的作用。

这里涉及相当因果关系的理论。相当因果关系的相当性，是对因果关系的一种规范评价，通过这种评价将不具有相当性的因果关系从刑法因果关系中排除出

---

① 参见张绍谦：《刑法因果关系研究》，97 页，北京，中国检察出版社，1998。
② 参见 [英] 休谟：《人类理解研究》，关文运译，44 页，北京，商务印书馆，1981。

去。相当因果关系说认为,就刑法上的因果关系而言,只有行为和结果之间的事实因果关系是不够的,必须以条件关系为前提,在对结果发生具有作用力的各种条件之中,根据社会生活的一般经验,认为该行为足以发生结果时就具有因果关系。相当因果关系要求行为人对根据社会生活一般经验可能发生的结果负责,对于偶然发生的结果则不负责。在这个意义上说,相当性的判断具有归责的蕴意。那么,这里的相当性又是如何判断的呢?回答是:根据人在行为时所认识以及所能认识加以判断。也就是说,在因果关系的相当性的判断中,引入了人的主观认识。这一观点,即使在日本也是受到批评的,认为在应当客观看待的因果关系的有无上,将判断的基础放在行为人的主观上并不妥当。① 显然,这种反对说也是拿因果关系的客观性与主观性说事。在我国刑法学界更是将相当因果关系理论视为主观唯心主义的表现,指出:既然刑事案件中的因果关系是客观存在的,不以人们的主观意志为转移,那么,在判断是否存在刑法因果关系时,就绝不能从一般人或者行为人的主观认识能力出发。因为不论人们对客观存在的因果关系有无认识,只要行为人实施的危害社会的行为引起了某种危害社会结果,就客观地存在着刑法因果关系。因此,不能把因果关系同一般人或者行为人的主观认识混为一谈,否则就背离了因果关系的客观真理性,就不可能正确地解决刑法因果关系问题。② 笔者认为,这一对相当因果关系说的批评是不能成立的,这里涉及相当因果关系的两个前提:一是相当因果关系的成立以条件说确立的条件关系为前提,已经解决了因果关系的客观性问题;二是因果关系的相当性的判断标准——人的主观认识本身对于判断者来说同样是客观的。因此,笔者赞同相当因果关系说,认为这一学说能够较为妥当地解决刑法因果关系问题。在《本体刑法学》一书中,笔者将因果关系区分为事实上的因果关系与法律上的因果关系,以条件说解决事实因果关系问题。在此基础上,以相当因果关系说解决法律因果关系问题。③ 当然,相当因果关系到底是归因还是归责,仍然是一个值得推敲的问题。

---

① 参见[日]大谷实:《刑法总论》,黎宏译,163页,北京,法律出版社,2003。
② 参见李光灿、张文、龚明礼:《刑法因果关论》,64页以下,北京,北京大学出版社,1986。
③ 参见陈兴良:《本体刑法学》,283页以下,北京,商务印书馆,2001。

(三) 因果关系的归因性与归责性问题

因果关系具有归因性，这是毫无疑问的。那么，因果关系是否具有归责性？换言之，归责是否已经超越了因果关系之功能的范畴？这里涉及对相当因果关系与客观归责关系的理解。客观归责理论的出现取代了相当因果关系说，但这一理论在日本受到抵制。例如日本学者大塚仁对用客观归责的见解取代相当因果关系说的意义深表怀疑，指出：客观性归责作为主观性归责的前提，如果其目的在于将行为与行为人联系起来的话，在体系论上也许有所创新，但很难看出它超越过去的理论的实质意义。大塚仁认为，论及因果关系的问题时，应当把它看成划定构成要件符合性的一要素，其内容在以实行行为与犯罪性结果之间的条件关系为前提、根据折中性相当因果关系说认为存在相当因果关系时就可以认定，这种今日通说的立场是妥当的。[①] 这一见解在日本具有一定的市场。与之相反，以客观归责理论取代相当因果关系说在德国则几乎成为通说。在德国刑法教科书中，一般都把因果关系与客观归责并列。德国学者指出：一般而言，行为人造成的结果应当归责于行为人：谁因自己的行为造成某种结果，就应负刑事责任。尽管如此，客观责任和因果关系范畴还是截然不同的。为了解决归责问题，因果关系的自然科学的范畴，只能提供外部的框架，而不能提供结论性答案。[②] 笔者认为，归因与归责是不同的，归责当然是以归因为前提的，但归因绝不等同于归责。在这个意义上说，客观归责理论是对相当因果关系说的超越。

更为重要的是，因果关系是一个事实问题，它所要解决的是行为与结果之间的某种联系，因而因果关系是一种形式的判断。因果关系判断是在根据构成要件确定作为原因的行为及其构成要件的结果以后，对两者之间关系的一种判断。因此，因果关系的判断是必须遵守位阶关系的。而客观归责的判断，是在因果关系获得确证的基础上的归责判断，是一种实质判断。正如我国台湾地区学者指出：客观归责理论企图从法秩序的目的定出确定构成要件行为的范围，是想替构成要

---

① 参见 [日] 大塚仁：《犯罪论的基本问题》，冯军译，106页，北京，中国政法大学出版社，1993。
② 参见 [德] 汉斯·海因里希·耶赛克、托马斯·魏根特：《德国刑法教科书》，徐久生译，337～338页，北京，中国法制出版社，2001。

件行为找出实质的判断依据。罗克辛所提出来的规范保护目的、被容许的风险、构成要件的效力范围等原则,都是尝试将法秩序的要求具体化,而它们本身都是实质的标准,所以客观归责理论和实质违法性理论,同属于 20 世纪以来刑法学思潮,乃至法学思潮实质化运动的一环。而犯罪阶层体系(即犯罪构成体系——引者注)与违法性阶层目前的混乱情形,亦即两阶层要素互相跨越、学说见解空前分歧的情形,和违法性及构成要件实质化的发展有绝对的关系。① 笔者认为,这一观点是极有见地的。由此可见,归责的判断不同于归因的判断。由于归责的判断是一种实质的判断、规范的判断,因而它在一定程度上取代了实质违法的判断,由此引发对犯罪构成体系的反思:到底是二阶层还是三阶层?

在笔者看来,客观归责理论的提出确实意义重大,它以归因与归责相区分为切入,导致犯罪构成体系的变动。在很多情况下,客观归责理论中的规则都涉及对行为的实质审查,因而并非简单的归因理论。笔者以为,引入客观归责理论以后,罪体要件可以区分为行为事实与客观归责两个层面。事实层面由主体、行为、客体、结果、时间、地点等实体要素构成。在此基础上,再进行归责判断,主要是根据客观归责的规则对事实要素进行实质审查。罪责要件则可以区分为责任能力与责任形式两个要素。在责任形式中分为故意责任与过失责任。故意责任与过失责任又可以分为心理事实与主观归责两个层面。心理事实包括认识因素与意志因素,而主观归责要素则包括违法性认识与期待可能性。通过客观归责与主观归责,最终完成从事实向责任的过渡。

四、结语

我国犯罪构成理论的陈旧性,包括知识的陈旧与体系的陈旧,是有目共睹的。在这种情况下,我国刑法学者如何积极追踪各国刑法理论发展的前沿成果,并加以借鉴与吸收,以充实我国的刑法理论,是一个亟待解决的问题。客观归责

---

① 参见许玉秀:《主观与客观之间》,275 页,台北,1997。

理论是发轫于德国刑法理论的最新成果之一。在汉语世界中，我国台湾地区刑法学界对其早有介绍①，并且将其纳入刑法教科书之中。② 我国大陆刑法学界除在引入的德日刑法教科书和专著中有所介绍以外，对客观归责理论的研究也逐渐开始。③ 笔者认为，客观归责理论引入我国，将有助于在以下三个方面引起我国刑法学界的反思：一是因果关系理论。目前我国的因果关系理论是最为混乱的领域之一，从苏联刑法理论中引入的以区分必然因果关系与偶然因果关系为特征的庸俗哲学观念盛行，根本无法适应司法实践的需要。症结所在，就是归因与归责没有严格区分。客观归责理论肇始于因果关系理论，但它又彻底地从因果关系理论中摆脱出来，从而使因果关系的归因性功能更加明显，对于解决我国因果关系理论的混乱状态具有重要意义。二是责任理论。"违法性是客观的，责任是主观的"，这是大陆法系的传统。违法的客观性与责任的主观性确立了归因与归责的对峙性。然而，客观归责理论破除了"责任是主观的"戒律，客观上同样存在一个归责问题，这就使我们重新审视犯罪的客观要素与主观要素之间的关系。我国刑法中的责任理论并未完全建立起来，以往大量的刑事责任理论是基于苏联刑法理论中的"犯罪构成是刑事责任的唯一根据"这一命题展开的，完全不同于德日刑法理论中的责任理论。我国刑法理论面临重构责任理论的任务，客观归责理论应当纳入我国刑法理论的视野。三是犯罪构成理论。犯罪构成理论是刑法理论的核心，尽管我国有些学者对我国目前的犯罪构成体系持维护的态度④，但笔者认为我国目前的犯罪构成体系的重构迫在眉睫。一个犯罪构成体系的科学性判断，不仅要看其是否具有便利性与逻辑性，而且要看它能否容纳刑法理论中涌现的最

---

① 参见许玉秀：《主观与客观之间》，台北，1997。
② 参见林山田：《刑法通论》上册，增订 7 版，台北，2000。
③ 在陈兴良主编的《刑事法评论》中，就发表过三篇关于客观归责理论的论文，分别是：（1）许永安：《客观归责理论及其对我国犯罪构成的意义》，载陈兴良主编：《刑事法评论》，第 8 卷，北京，中国政法大学出版社，2001；（2）陈檬：《论客观归咎理论的体系地位——兼论在中国语境下的解决》，载陈兴良主编：《刑事法评论》，第 16 卷，北京，中国政法大学出版社，2005；（3）刘磊：《主观主义的反思与客观归咎理论的抬头——评德国刑法中的客观归咎理论》，载陈兴良主编：《刑事法评论》，第 16 卷，北京，中国政法大学出版社，2005。
④ 参见黎宏：《我国犯罪构成体系不必重构》，载《法学研究》，2006（1）。

新知识成果。显然,我国目前的犯罪构成体系本身具有的封闭性是不能适应刑法理论发展的。客观归责理论在我国目前的犯罪构成体系中是无处容身的,因而反映了我国目前的犯罪构成体系重构的迫切性。应当指出的是,我国刑法理论相对于德日等大陆法系国家的刑法理论来说,处于一种落后状态。我国应当学习、借鉴并引入一切最新的刑法理论成果,结合我国刑事立法和刑事司法加以吸收,从而改进与完善我国的刑法理论。

(本文原载《法学研究》,2006(2))

客观归责的体系性地位

客观归责是刑法学中的一个重要理论问题,如何确定客观归责在犯罪论体系中的地位,始终存在争议。本文试图从因果关系论切入,以构成要件的实质化为中心线索,对客观归责的体系性地位进行考察。

一

在客观归责与因果关系之间,存在一种纠缠不清的关系。讨论客观归责的体系性地位,从它与因果关系之间的关系切入,不失为一种可行的思路。

我国学者在论及客观归责与因果关系的纷争时,存在以下三种观点:(1)客观归责与因果关系并列。(2)因果关系是客观归责的下位概念。(3)客观归责取代因果关系。[1] 以上见解的概括是否妥当,值得推敲。在笔者看来,因果关系是以解决归因问题为使命的,而客观归责则是以实现归责功能为职责的,两者在性质上完全不同。目前之所以在客观归责与因果关系的关系问题上存在纷争,主要是

---

[1] 参见张亚军:《刑法中的客观归属论》,143页以下,北京,中国人民公安大学出版社,2008。

客观归责的体系性地位

因为在客观归责论正式确立以前，人们试图通过因果关系论同时完成归因与归责的双重使命，从而使因果关系论极度扩张。在客观归责论问世以后，客观归责与因果关系在功能上存在某些重合，由此产生了两者是并存还是互相取代的问题。

严格地说，因果关系并不是构成要件的实体性要素，而是行为与结果这两个构成要件要素之间的关系。用哲学上的语言来说，它不是实体范畴而是关系范畴。构成要件的行为与构成要件的结果，通常是由刑法明文规定的，根据刑法规定对行为与结果进行构成要件该当性的判断。应当指出，对行为与结果的构成要件该当性是分别进行判断的。例如甲对乙进行射击，子弹未击中乙，乙却因为枪声引起心脏病发作而死亡。在这一案例中，甲具有杀人行为，也发生了乙死亡的结果，这就具备了构成要件该当的杀人行为与构成要件该当的死亡结果。问题在于：这一杀人行为与死亡结果之间是否存在因果关系？只有存在因果关系，我们才能将乙的死亡结果归因于甲的杀人行为，从而使自然意义上的死亡结果转化为法律意义上的杀人结果。如果不存在因果关系，则乙的死亡结果不能归因于甲的杀人行为，因而这一死亡结果不是杀人结果。

日本学者小野清一郎提出了构成要件是一体性行为过程的命题，以此出发肯定因果关系在构成要件中的重要地位。他指出："构成要件的、定型的因果关系，是联结行为与结果的红线。由于有了它，构成要件的全部事实才成为一个因果过程。我们可以把这些全部事实称为'所为'或广义的'行为'。把'行为'这个词放在狭义——身体的动静——中使用，还是放在广义——包含着结果的意义——中使用，虽说是个使用方便的问题，但是都要以它作为主体意志的实现（客观化）属于一种因果过程为前提。"[①] 显然，小野清一郎把因果关系称为联结行为与结果的一条"红线"这一说法，表明其十分强调因果关系在构成要件中的作用，赋予了因果关系一种特殊的功能。我们还必须注意，小野清一郎在因果关系这一概念前面加上了"构成要件的、定型的"这样一些限定词，尤其是推崇所

---

① ［日］小野清一郎：《犯罪构成要件理论》，王泰译，115页，北京，中国人民公安大学出版社，2004。

谓定型性的因果关系。小野清一郎把自己的观点概括为构成要件的、定型的因果关系论。在论及因果关系的定型化时，小野清一郎指出："单讲定型化时，因果关系的类型化、一般化就是必要的，在这方面有点接近相当因果关系说。可是作为构成要件的定型论，则可以说是与条件说接近。"①

　　值得我们思考的是：为什么小野清一郎说相当因果关系说接近于一般化，但又认为条件说接近于定型说？关于这个问题，应当追溯到关于因果关系的一般化理论与个别化理论。英国学者指出："大陆学者承认在以下两类理论之间存在根本区别：一类理论承认每一个特定的因果关系陈述都隐含着一般性，这是指它的真实性取决于对规律性的某种一般性陈述；另一类理论则不承认这一点。第一类理论以'一般化理论'而闻名，而第二类理论则被称为'个别化理论'。"② 英国学者认为，个别化理论有两种类型：一是必然性理论，强调行为与结果之间的必然关系。二是有效性理论，强调行为对于结果发生的有效性。相当因果关系说属于一般化理论，它是以条件说为前提的，条件说本身同样具有一般化理论的特征。从历史演变过程来看，存在一个从个别化理论到一般化理论转变的过程。个别化理论，无论是必然性理论还是有效性理论，都是要从各种事件中寻找一个作为结果发生的原因，因此也称为原因说。作为判断根据的"必然性"或者"有效性"，原因说具有个案性的实质判断的性质，缺乏一般性与定型性。因此，个别化理论在因果关系理论的历史上并不具有重要性。相反，条件理论则被法院广泛采纳。例如德意志帝国法院的刑庭从一开始就采用了条件理论。在1880年判决的一个案件中，被告在窗台上放置了一个装了砒霜溶液的瓶子，然后离开房间。她本应预见到她那个有酒瘾的丈夫可能会品尝它从而造成致命的结果，而事实上她的丈夫确实这样做了。虽然介入了丈夫的粗心行为，她仍然被判以过失杀人罪。因为"如果没有她放入毒药并留下这只毒药瓶子的行为，她的丈夫就不会被

---

　　① ［日］小野清一郎：《犯罪构成要件理论》，王泰译，109页，北京，中国人民公安大学出版社，2004。
　　② ［英］H. L. A. 哈特、托尼·奥诺尔：《法律中的因果关系》，张绍谦、孙战国译，393页，北京，中国政法大学出版社，2005。

客观归责的体系性地位

毒死。因而整个结果的发生都是以她的这一行为为条件的，所以她的行为就具有充分的原因性"①。

条件说将一定结果发生的所有条件都认为是原因，即按照"若无前者，即无后者"的公式认定因果关系。因此，条件说又称为等值理论，即各种条件都是原因，具有等价值性。正是在这个意义上，条件理论具有构成要件的定型性的特征，属于一般化理论。对此，德国学者罗克辛教授指出："一般认为，因果概念是在自身先法学性的哲学和自然科学的意义中，为等值理论奠定基础的。这一点的正确性在于，这个理论在历史上顶住了大量所谓的个别化因果理论而得到了承认。"② 由此可见，条件说的价值就在于其能够为因果关系的司法认定提供一个可行的一般性标准。因此，条件说被学者与司法所承认。当然，条件说也存在一个明显的缺陷，就是使原因的范围过于宽泛。例如，日本学者小野清一郎指出："所说的事实，哪怕要求的各条件缺少一个，也不能成立。在这个意义上，条件说是正确的。但是若将这种抽象的理论贯彻到伦理行为中去，就会陷入'恶无限'的境地。亦即生育杀人犯的父母亲也是杀人的原因；制造和贩卖切菜刀的，也成了伤害致死的原因；或者打人并使其受点非常轻微的伤害，被害人去医院途中，恰逢交通事故死亡，打人者也要负伤害致死的责任了。所以，在对具体行为做伦理的或法律的考察时，无论如何有必要加以某种限制。"③ 笔者认为，上述对条件说的指责是似是而非的。因果关系的考察，从司法流程上来说，是在构成要件该当的行为与构成要件该当的结果获得肯定性的判断以后。某一行为，只有符合杀人罪的构成要件，才能认定为杀人行为；同时，只有在存在死亡结果的情况下，才进入该杀人行为与死亡结果之间是否存在因果关系的判断过程。因此，杀人犯母亲的生育行为，杀人菜刀的制造、贩卖行为等，在构成要件该当行为的

---

① [英] H. L. A. 哈特、托尼·奥诺尔：《法律中的因果关系》，张绍谦、孙战国译，403 页，北京，中国政法大学出版社，2005。
② [德] 克劳斯·罗克辛：《德国刑法学总论》，第 1 卷，王世洲译，232 页，北京，法律出版社，2005。
③ [日] 小野清一郎：《犯罪构成要件理论》，王泰译，105 页，北京，中国人民公安大学出版社，2004。

判断中就予以排除，根本不会进入因果性的判断过程。至于造成他人轻微伤，被害人在去医院途中被撞死，行为人是否对伤害致死负责，完全可以采用因果关系中断说来予以解决。① 因此，条件说的"恶无限"问题是完全可以解决的，由此否认条件说的价值确实存在一定的轻率。

正是因为条件说具有其所确定的原因范围过于宽泛这一缺陷，具有个别化特征的原因说才与之对立而存在。原因说试图从物理上对原因和条件加以区分，虽然在原因说中，无论是优势条件说还是最终条件说，都是基于个别性判断而区分原因与条件的。事实已经证明，刑法因果关系需要的是一般性判断而不是个别性判断。因此，建立在个别性判断基础之上的原因说是没有生命力的，最终被司法所抛弃。而相当因果关系说不像原因说那样，从物理上去区分原因与条件，而是将社会生活经验法则作为因果性的判断标准。在这种情况下，相当因果关系说风靡一时，在相当长的一个时期成为刑法因果关系的通说。日本学者小野清一郎指出："因为区别原因和条件的困难首当其冲，因而相当因果关系的观点就应运而生了。所谓相当因果关系，是一般化的看问题方法，即按照一般的看法判断是否产生这样的结果。这样评价所依据的多是经验法则或实验法则，因而，在其背后有社会的伦理的评价。在某种意义上，它仍然是在区别原因和条件——不是在质上，而是在量上。"② 根据相当因果关系说，只有合乎社会生活经验法则的条件才是原因，这就把那些偶尔的、例外的情形从原因中予以排除，使因果关系具有一般性特征。这里的一般性，是指因果关系在性质上的一般性。至于在判断上，相当性的判断属于个案性判断。例如，相当因果关系的首倡者克里斯（Kies，1852—1928年）指出："相当性原因则属于不相当或偶然性问题，应求诸特殊个案，而非依据一般性法则论定之。根据人类经验与事件发生的通常过程，若某条件具有引发某项结果发生的倾向，该条件即为发生结果的相当性原因。因此，只

---

① 关于因果关系中断说，参见［德］李斯特：《德国刑法教科书》（修订译本），徐久生译，187页，北京，法律出版社，2006。
② ［日］小野清一郎：《犯罪构成要件理论》，王泰译，107页，北京，中国人民公安大学出版社，2004。

要某条件增加结果发生的客观可能性,除非有异常事件介入,该结果即属事件通常发生过程中产生的结果,因而具有相当因果关系。"①

相当性判断虽然是个案性判断,但它之所以是一般化理论而不是个别化理论,就在于相当因果关系说是以条件说为前提的。更为重要的是,相当因果关系说力图寻找行为与结果之间的一般性联系,这一联系是为人类生活经验法则所认同的,由此而区别于个别化理论。英国学者在论及一般化理论与个别化理论之间的区别时指出:"一般化理论与个别化理论的不同在于,尽管前者也致力于从一个事件的诸多条件中选择一个作为它的原因,但是它们之间所以选择一个特定条件作为一个事件的原因,是因为它属于某种类型的条件。这种条件按照一个表现规律性顺序的通则或者陈述,与这样的事件相联系。另一方面,许多主张个别化理论的学者对于选择一个条件作为事件的原因感到满意,与其他条件相比较,这个条件在特定场合对于结果的'产生''贡献'了更多的'能量'。然而,一般化理论的学者对于这样的证明并不满意,即如果此时在另一场合集中了一组相同的条件(至少是在涉及自然发生的情况下),那么也会跟随发生一个同种事件;从这个意义上说,一个事件的每一个条件都与它存在着一般性联系。他们寻找的实质上是一个条件和后继事件之间的一般性联系。这种联系的含义是指,尽管这个条件是与一组变化多样的其他条件总体相结合的,但是这种联系依然还会存在。因而'一般的'在这里主要是指'并不局限于一个确定的条件总体'。"② 相当因果关系说是在条件说的基础上进行因果关系的认定,因而是在因果关系理论范围内被提出的,并且是一种一般化理论。但问题在于:相当性判断是因果关系的判断吗?相当因果关系说是因果关系理论吗?

相当因果关系说是否属于因果关系理论的问题,从一开始就已经被提出来。力主条件说的李斯特,对相当理论的批评是:将原因问题与责任问题混淆了。坚持原因与责任的区分,是李斯特的一贯立场,也是其条件说的逻辑支撑点。李斯

---

① 韩强:《法律因果关系理论研究——以学说史为素材》,101 页,北京,北京大学出版社,2008。
② [英] H. L. A. 哈特、托尼·奥诺尔:《法律中的因果关系》,张绍谦、孙战国译,421 页,北京,中国政法大学出版社,2005。

特指出:"我们应当绝对坚持这样的观点,'因果律'(Kausalsatz)只涉及事实前的时空,不涉及概念的逻辑关系或对行为的社会伦理评价。此外,我们还应当特别引起注意的是,因果关系涉及一个思维方式问题,借助这个思维方式我们将实际存在的情况联系在一起,而不对导致事件过程的力量作出任何评价。从因果关系的这一观点首先可以得出如下结论,原因问题与责任问题应当作出严格的区分。"① 在李斯特的以上论述中,主张原因问题与责任问题严格区分,这是完全正确的。因为原因问题是一个归因问题,这是一个事实问题,属于存在论范畴。而责任问题是一个归责问题,这是一个评价问题,属于价值论范畴。在李斯特的古典时代,仍然恪守"违法是客观的,责任是主观的"这个命题,只有主观归责,根本不认同客观归责。李斯特认为,因果关系只是为归责提供材料或对象,因而贬低因果关系在刑法中的重要性。李斯特还对赫尼希(Honing)的客观归责理论进行了批评。因为赫尼希将行为与结果之间的相互关系细分为因果关系和客观归责。在他看来,因果关系是纯粹本体论上事物之间的因果链条,也就是从自然的、物理的角度所进行的因果判断,这种本体论上的因果关系不能满足法律程序对于行为与结果相互关系进行说明的要求。因果的判断仅仅是构成行为与结果之间联系的必需性前提,下一步必须考察的是,是否这种因果联系对于法律秩序也有意义,是否这种联系满足了法律秩序的要求。在这第二步评价中所涉及的客观归责,是就因果判断对法律程序的意义进行价值判断,而法律秩序本身赋予了这种价值判断的标准。② 因此,赫尼希对归因与归责是明确加以区分的,并且确认了归因与归责之间的位阶关系:归责以归因为其逻辑前提。当然,赫尼希的客观归责,是以所谓客观合目的性为核心的,因此有学者认为,赫尼希的归责理论是一种主观归责理论,并非真正的客观归责理论。③ 正是这种归责的主观性,使其难以与相当因果关系说划清界限。对此,李斯特指出:"赫尼希试图利用'客观归责'(Objektive Zurechnung)思想,他只想对结果的产生作出刑法上的

---

① [德]李斯特:《德国刑法教科书》(修订译本),徐久生译,185页,北京,法律出版社,2006。
② 参见吴玉梅:《德国刑法中的客观归责研究》,26页以下,北京,中国人民公安大学出版社,2007。
③ 参见张亚军:《刑法中的客观归属论》,13页,北京,中国人民公安大学出版社,2008。

客观归责的体系性地位

评价,'这种结果被视为是符合目的的'。赫尼希在反对适当性思想(指相当因果关系说——引者注)方面,则又是很不自信的。赫尼希的'客观归责'概念因本教科书向来十分强调的'意志行为'这样一个前提条件而显得是完全多余的了。"① 李斯特把赫尼希的客观归责当作一种主观归责理论,符合李斯特所坚持的"责任是主观的"这一主张。就主观归责而言,李斯特认为意志行为这一概念足以胜任,以此否认了客观归责的理论。

只有在规范归责的概念提出以后,客观归责才彻底脱离相当因果关系说,成为真正意义上的归责。在规范归责中,风险概念成为一种连接事实与规范的关键要素,因为风险本身就是由对事实状态的评价得来的,可以说规范归责中的各种学说都围绕着对风险的认识和界定而展开。归责中的规范立场使得事实间的联系具有法律评价的意义,在规范立场上的客观归责实际上所论证的是客观不法的成立。② 在这种情况下,客观归责就成为构成要件的核心要素。

基于以上分析,我们回到因果关系与客观归责的关系上来,两者并列的观点是能够成立的。当然,这里的因果关系是指以条件说为根据确认的"若无前者,即无后者"的条件关系。客观归责是在条件说确立的因果关系的基础上,进一步对构成要件进行实质判断。

客观归责是一种实质的价值判断,它与相当性判断是不同的。在此,我们还需要进一步讨论相当理论与客观归责论之间的关系。相当理论是在条件说的基础上发展起来的,一般被认为是一种因果关系理论,即相当因果关系说。但正如前面所说,相当理论在很大程度上已经超出因果关系的归因范畴,实际上已经进入归责的领域,可以说是一种归责理论。罗克辛曾经论及麦兹格的重要理论(Relevanztheorie)。该理论认为,从所有结果的原因等价上并不能得出对归责问题同等的法律重要性的结论。与相当理论不同,重要理论不想根据或然性判断,而是想根据涉及的构成要件的意义来确定:在具体情况下刑事责任应被限制在何种结

---

① [德]李斯特:《德国刑法教科书》(修订译本),徐久生译,186 页,北京,法律出版社,2006。
② 参见吴玉梅:《德国刑法中的客观归责研究》,52 页,北京,中国人民公安大学出版社,2007。

果条件上。因此，该理论并不具有限制因果关系的一般的标准。① 重要理论已经偏离行为与结果之间的关系，而将关注重心转移到对构成要件意义的考察上：确认何种构成要件该当行为对于结果发生具有重要意义，以此限制责任。罗克辛在评价麦兹格的重要理论与相当理论时指出："适当理论（即相当理论——引者注）不是因果理论而是归责理论这一点，在过去，首先是麦兹格，就已经正确地认识了，他还把这一点作为自己提出的所谓的意义重大理论（即重要理论，Relevanztheorie，——引者注）的基础。'由此说来，在刑法中，条件理论也保留了自己作为唯一可能的因果理论的地位。与此相对，适当理论是一个责任理论（Haftungstheorie），一般说来，是一个在法律上意义重大的理论。'哪一些因果关系是意义重大的，麦兹格不是仅仅根据适当的基本原理，而是也通过一种对法定行为构成（指构成要件——引者注）具有符合意义的（Sinngemaβe）解释来查明的。这包含了根据一种与因果性审查相联系的独立的归责理论的要求，并且在这一点上是完全正确的。麦兹格仅仅耽搁了，没有把自己的意义重大理论发展成一个一般的归责理论。"② 从因果关系论中独立出来，形成一个一般的归责理论，这是客观归责论所承担的使命。在客观归责论形成以后，相当理论处于一种十分尴尬的地位：或者被客观归责论所取代或者成为排斥客观归责论的理由。当然，在德国和日本，相当理论的命运，实际上也是客观归责理论的命运是各不相同的。

在德国刑法理论上，因果关系和客观归责是并列的两个问题：因果关系采用条件说，解决归因问题，而客观归责则解决归责问题。德国学者将因果关系与客观归责相提并论，作为刑事责任的基础。③ 在这种情况下，相当理论就丧失了其存在的实际意义，只是作为一种学术材料而被刑法教科书提及。相当理论之所以

---

① 参见［德］汉斯·海因里希·耶赛克、托马斯·魏根特：《德国刑法教科书》，徐久生译，350 页，北京，中国法制出版社，2001。

② ［德］克劳斯·罗克辛：《德国刑法学总论》，第 1 卷，王世洲译，244 页，北京，法律出版社，2005。

③ 参见［德］汉斯·海因里希·耶赛克、托马斯·魏根特：《德国刑法教科书》，徐久生译，336 页，北京，中国法制出版社，2001。

客观归责的体系性地位

被客观归责理论所取代，在德国学者罗克辛看来，是因为相当理论作为归责理论是不充分的，因为它的影响范围主要限制在排除不寻常的因果过程中的归责。① 也就是说，还有大量的归责问题是相当理论所难以解决的，只有客观归责论才能胜任。

在日本刑法理论上，相当因果关系说仍然占据着主导地位，客观归责论则只被少数学者论及。在这个问题上，日本学者大塚仁教授的观点具有代表性。大塚仁教授指出："关于客观性归责的认定，在与客观性相当因果关系说中的客观的事后预测同样的思考下，认为应当考虑是否存在对犯罪性结果的客观的预见可能性及避免可能性、以相当于构成要件的因果性经过为基础由行为人的行为造出的危险是否显在化。因此，这种立场实质上与相当因果关系说没有大差别。我不禁产生了用这种见解（指客观归责——引者注）取代相当因果关系说有什么意义的疑问。'客观性归责'作为'主观性归责'的前提，如果其目的在于将行为与行为人联系起来的话，在体系论上也许有所创新，但很难看出它超越过去的理论的实质意义。我认为，论及因果关系的问题时，应当把它看成划定构成要件符合性的一要素，其内容在以实行行为与犯罪性结果之间的条件关系为前提、根据折中性相当因果关系说认为存在相当因果关系时就可以肯定，这种今日通说的立场是妥当的。"② 因此，大塚仁教授认为以客观归责论取代相当因果关系说是没有必要的，以此为相当因果关系说辩护。大塚仁教授认为客观归责的观念本身和其在刑法理论体系上的地位等，尚缺乏明确性，存在不少问题，因而得出了没有放弃相当因果关系说而采用这种理论的必要的结论。③ 如何回应大塚仁教授这一对客观归责论的质疑，就成为一个关系到客观归责论存在的正当性与必要性的问题。

---

① 参见［德］克劳斯·罗克辛：《德国刑法学总论》，第 1 卷，王世洲译，244 页，北京，法律出版社，2005。
② ［日］大塚仁：《犯罪论的基本问题》，冯军译，106 页，北京，中国政法大学出版社，1993。
③ 参见［日］大塚仁：《刑法概说（总论）》（第 3 版），冯军译，164 页，北京，中国人民大学出版社，2003。

相当因果关系说本身具有归责的性质，在这一点上它与客观归责具有功能上的重合性，这是没有异议的。然而必须指出，相当因果关系说虽然具有归责的性质，但又不可避免地具有因果性思维方式特点。那么，什么是因果性思维方式呢？笔者认为，因果性思维方式是指在一个事物与另一个事物之间寻找某种关联，例如行为与结果之间的关联就是其中之一。对于判断者来说，行为与结果是先在于因果关系认定的。换言之，人们是在确认了行为与结果以后，再来考察两者之间是否存在因果关系。正是在这个意义上，因果关系论是一种关系范畴。而客观归责论则具有超越因果性思维方式的性质。它并不限于对行为与结果之间关系的考虑，更为重要的是它进而对行为进行实质判断，对结果是否属于行为造成的结果进行实质判断，因而它涉及对整个构成要件的实质判断。以下分别以大塚仁教授和罗克辛教授论及的两个教学案例为材料进行讨论。

【大塚仁教授的血友病患者案】[①]

甲使乙负了伤，乙因为是血友病患者，出血不止而死亡。根据主观说，如果不是甲曾经知道或者能够知道乙的血友病这种情况，就不能承认因果关系；从客观说来看，既然行为时乙是血友病患者，那么就不管甲是否知道或者是否能够知道该事实，都存在因果关系；根据折中说，行为时一般人能够知道或者甲知道乙的血友病这一事实时，就可以肯定因果关系，但是一般人不可能知道，甲也不知道时，就不存在因果关系。

在上述案例的讨论中，采用相当因果关系说，无论是主观说、客观说还是折中说，都围绕着是否存在因果关系而展开。如果没有相当性则不具有因果关系，并不否认甲的行为是杀人行为，至于主观上是故意还是过失，则在责任中解决。例如，根据客观说，无论甲是否知道或者能够知道乙是血友病患者，都存在因果关系，如果在有责性的判断中，对死亡结果缺乏预见可能性，那么就没有故意或者过失而不能追究其责任。

---

① 参见［日］大塚仁：《刑法概说（总论）》（第3版），冯军译，169页，北京，中国人民大学出版社，2003。

客观归责的体系性地位

【罗克辛教授的杀人案】①

案例1：有人"在暴风雨就要来的时候，把别人派到森林里去，希望他会被雷劈死"。如果这个结果违背了所有的概率法则而真的发生了，那么，根据等值理论（指条件说——引者注）就不应当怀疑派遣人的原因性。如果人们在这里认为客观行为构成已经得到满足，那么，人们就只能通过否定故意来规避刑事惩罚。韦尔策尔（Welzel）也是这样做的。他认为，在这里，对后一个人会存在着一种希望或者愿望，但不是故意所要求的那种对事件的发生真正产生影响的强大的意志。然而，这不是一种令人信服的理由，因为行为人在主观上准确希望的自己要在客观上产生的影响，是无可争辩的——计划和事情发生的真正经过相互之间完全符合。当我们仍然认为一种刑事惩罚是不正确的时候，那么，这首先是因为事件的客观偶然性。仅仅因为我们没有把一个纯粹偶然造成的死亡在客观上评价为法律意义上的杀人，所以一个以此为目的的故意就不是杀人故意，而是以某种不受刑事惩罚的事情为指向的。

在上述案例中，派遣人与被派遣人之间，按照条件说，是存在因果关系的，只不过没有杀人故意而不构成杀人罪。在此，对故意的解释是实质的故意论，即要求对行为与结果的因果过程具有认识。当然，如果按照相当因果关系说，在上述案例中，由于缺乏相当性而不构成杀人罪。无论如何，条件说和相当因果关系说都没有否认杀人行为的存在。罗克辛则根据客观归责论得出结论，上述派遣人之所以不构成杀人罪，是因为没有创设一种在法律上意义重大的杀人危险。在这种情况下，不是没有因果关系，也不是没有故意，而是根本就没有构成要件该当的行为，被派遣人的死亡也就不能归责于派遣人。

案例2：甲以杀人的故意对着乙开枪，乙仅仅受了轻伤，但却在医院治疗期间由于火灾丧了命。这些案例的一致性在于，在这种状况下应当仅仅认定为杀人未遂。如果司法判决和（还有的）主流理论为这种做法提供的根据是缺乏杀人故

---

① 参见［德］克劳斯·罗克辛：《德国刑法学总论》，第1卷，王世洲译，245页，北京，法律出版社，2005。

327

意，因为这种故意必然包括具体的因果过程，那么，在这里，问题就又重新转到主观方面的不法上来了。通过医院火灾的死亡，不能在客观上评价为是甲的成果，在此，构成行为的完成就不能由于缺乏故意而落空。因为这种在任何情况下都能得到肯定的未遂，也是以杀人故意为条件的。所以，只有在人们不再把这种死亡的造成，就像其所发生的那样，看成是一种行为构成意义上的"杀人"时，人们才能在具体的杀人结果方面拒绝这个故意。这是一个客观归责的问题，而不是一个故意的问题。

在上述案例中，甲具有杀人故意，其杀人行为造成乙轻伤，乙在医院治疗期间由于火灾而死亡。从甲的杀人行为与乙的死亡结果来看，显然存在"若无前者，即无后者"的条件关系。在通常情况下，我们会把甲的行为认定为杀人未遂，使之不对乙的死亡承担刑事责任，给出的理由是：甲对乙的死亡没有故意。但罗克辛认为，这不是一个没有故意的问题，而是一个客观归责的问题。在这种情况下，行为人的射击虽然引起了被害人死亡这个不被允许的危险，但是在医院的火灾中并没有实现这个由于射击伤害而产生的危险。由于这个原因，就不能把这个结果作为已经完成的杀害而归责于这个行为人。① 通过细致分析可知，虽然轻伤结果是杀人行为造成的，但死亡结果却不存在使之发生的构成要件意义上的杀人行为，因而不是构成要件该当的杀人结果。

从上面案例比较可以看出，因果关系的思维方式与客观归责的思维方式是完全不同的：因果性思考只限于对行为与结果之间关系的考察，至于对行为与结果的考察那是应当在因果性判断之前完成的。问题在于：在某些情况下，这种分别的考察难以承担构成要件的实质判断的功能，正是客观归责论提供了一种一体化的考察思路。基于条件性因果关系，客观归责论进而对行为与结果进行实质性的价值判断，因而超越了因果关系的范畴，进入了归责的范畴。因此，那种试图以相当因果关系说排斥客观归责论的观点是难以接受的。它没有看到相当因果关系

---

① 参见［德］克劳斯·罗克辛：《德国刑法学总论》，第1卷，王世洲译，246页，北京，法律出版社，2005。

客观归责的体系性地位

说的局限性,也没有看到客观归责论的完整功能。

那么,能不能反过来以客观归责取代因果关系的判断呢?客观归责是以条件说确立的因果关系为前提的,然而客观归责不能包含,更不能取代因果关系的判断。至于在刑法理论上,个别学者,例如德国学者戈塞(Gossel)认为客观归责理论无须从条件说的必要条件命题导出,而只需依据"规范保护目的原则"的观点,实际上即是以规范保护原则排除条件的判断,进而排除因果关系的判断过程。① 这种否定因果关系判断的独立性,甚至取消因果关系判断的观点显然是不足取的。

二

在厘清了因果关系理论与客观归责论的关系,进而同时肯定两者在定罪的司法过程中所具有的不可替代的作用以后,我们终于可以正面讨论客观归责在犯罪论体系中的地位。论及客观归责的体系性地位,我国学者指出:"由于客观归责是关于行为人——行为——结果之间在刑法意义上的客观联系,在内容上所涉及的是犯罪成立的客观事实,因此在犯罪论的体系上毫无疑问是属于犯罪成立第一阶段的内容。"② 这里所说的犯罪成立第一阶段,是指大陆法系三阶层的犯罪论体系中的构成要件该当性。迄今为止,似乎还没有学者将客观归责排斥在构成要件之外。而从构成要件该当性的角度确立客观归责的体系性地位,必然涉及构成要件的实质化变动。

构成要件存在一个从形式的构成要件到实质的构成要件的转变过程。一般认为,古典派的犯罪论体系中的构成要件具有明显的形式化倾向,这种形式化以客观性、事实性和描述性为特征:客观性相对于主观性,构成要件是客观的构成要件,主观要素属于责任问题;事实性相对于规范性,构成要件不包含规范要素;

---

① 参见方泉:《犯罪论体系的演变——自"科学技术世纪"至"风险技术社会"的一种叙述和解读》,155 页,北京,中国人民公安大学出版社,2008。
② 吴玉梅:《德国刑法中的客观归责研究》,122 页,北京,中国人民公安大学出版社,2007。

描述性相对于评价性，构成要件不包含价值评判。规范的、价值的评判是由违法性承担的，而构成要件是中性无色的。例如，古典派犯罪论体系的缔造者贝林指出："法定构成要件是这样一个概念，即不仅其显然不同于纯粹的客观刑罚可罚性条件和责任概念（与相关的主观方面不同的，与上述客观要素一样，该构成要件存在于客观方面），而且与违法性也不同。如果说，违法性表达了法律对行为的不允许，是规范的（价值的）概念，那么法定构成要件的功能，就是那些描述性地勾勒出刑法中相关的客观事实（Tatbestaende）。对行为的法律评价，不可能在法律上规定出来。构成要件符合性与违法性之间彼此关联，正如相互分割的两个领域。"① 在贝林看来，构成要件是形式判断，以此体现罪刑法定原则；违法性是实质判断，以此体现法益保护原则。构成要件该当的行为还不一定是违法的，只有排除了违法阻却事由，构成要件该当行为才具有违法性。因此，对行为的客观判断，是通过构成要件与违法性这两个阶段完成的：第一阶段的构成要件是形式的，只有作为违法类型的构成要件才是实质的。通过构成要件该当性与违法性这两个阶层，完成了从构成要件的形式化到实质化的转变。

随着新古典派犯罪论体系发现了主观的违法要素与规范的违法要素，构成要件不再是纯客观的和纯事实的，由此开始了一个构成要件的主观化与实质化的演变过程。其中，构成要件的主观化，是随着韦尔策尔的目的行为论的犯罪论体系出现的，并完成了从心理责任论到规范责任论的转变，以将故意与过失等心理要素纳入构成要件为标志，最终形成了主观归责理论。而构成要件的实质化，则以韦尔策尔的社会相当性理论的提出为肇始。德国学者对社会相当性理论的含义做了以下揭示："社会相当性理论（Lehre Von der Sozialen Adaequanz）表明，该行为属于历史形成的社会共同生活秩序范围内的行为，不属于犯罪构成要件范畴，即使它与侵害刑法所保护的法益的危险有联系。"② 由上可见，社会相当性

---

① ［德］恩施特·贝林：《构成要件理论》，王安异译，67 页以下，北京，中国人民公安大学出版社，2006。
② ［德］汉斯·海因里希·耶赛克、托马斯·魏根特：《德国刑法教科书》，徐久生译，310 页以下，北京，中国法制出版社，2001。

客观归责的体系性地位

是构成要件判断的实质标准,缺乏社会相当性的行为就不属于构成要件的行为。在这种情况下,社会相当性就成为构成要件的实质性的判断标准,从而解除了构成要件的形式化的桎梏。值得注意的是,韦尔策尔的社会相当性理论最初是作为正当化的一般原理而提出的,因而是一种实质的违法性理论。只是后来,社会相当性才被提前纳入构成要件该当性的考察当中,成为构成要件该当性的阻却根据。

我国学者论及将社会相当性视为构成要件该当性阻却事由的见解时指出:"社会的相当性具有阻却构成要件该当性作用的见解既把构成要件当罚行为系统化,构成要件又必须与生动的现实的社会生活中有关社会伦理性秩序联系起来加以理解。据此,主张在社会伦理性秩序的范围内的行为,构成要件该当性本身要受到阻却。如果根据这个见解,外科医生在手术中切断患者的一个手臂的行为,从一开始就不应该符合伤害罪的构成要件,在拳击、摔跤等运动中,向对方的身体施加攻击的行为也不符合伤害罪的构成要件。而这个见解正因为这个结论才与社会生活相吻合而恰如其分,并且由于承认它对社会的相当性有阻却构成要件该当性的作用。从构成要件所使用的措辞来看,虽包括在构成要件之内,但明显不应受罚的行为要排除在构成要件之外,实质上是限定了构成要件的范围,并主张维持违法类型的构成要件的机能。"[1] 尽管社会相当性能够起到限定构成要件范围的机能,但是社会相当性的标准本身具有暧昧性,而且韦尔策尔本人对于社会相当性到底是作为构成要件的阻却根据还是违法性的阻却根据一直是摇摆不定的。例如,罗克辛就曾经说韦尔策尔经常改变社会相当性的法律形象。[2] 在这种情况下,客观归责论作为构成要件的实质化的一种方法应运而生。我国台湾地区学者许玉秀提出了客观归责理论是刑法学思潮乃至法学思潮实质化运动的一环的命题。她指出:"客观归责理论企图从法秩序的目的定出确定构成要件行为的范围,是想替构成要件行为找出实质的判断依据,罗克辛所提出来的规范保护目

---

[1] 张亚军:《刑法中的客观归属论》,25 页,北京,中国人民公安大学出版社,2008。
[2] 参见 [德] 克劳斯·罗克辛:《德国刑法学总论》,第 1 卷,王世洲译,192 页,北京,法律出版社,2005。

的、被容许的风险、构成要件的效力范围等原则,都是尝试将法秩序的要求具体化,而它们本身都是实质的标准,所以客观归责理论和实质的违法性理论,同属于20世纪以来刑法学思潮,乃至法学思潮实质化的一环。"① 客观归责作为构成要件的实质判断标准,在构成要件中的体系性地位仍然是不明确的。在德国刑法学中,一般把因果关系和客观归责相并列,使之共同作为刑法责任基础。② 然而客观归责不同于因果关系,这种把客观归责与因果关系并列的做法,实际上并没有找到客观归责的合适位置。我国台湾地区学者黄荣坚教授则别出心裁地将客观归责定位为不成文的不法阻却事由,以相对于正当防卫等成文的不法阻却事由。在不成文的不法阻却事由中,黄荣坚教授又将因果关系作为正面要件,阻却客观归责事由则作为负面要件。③ 这一定位当然与黄荣坚教授所坚持的不法构成要件与主观不法的二阶层犯罪论体系有关。把客观归责作为不成文的违法阻却事由,与成文的违法阻却事由在性质上相等同,笔者认为并不妥切。因为正当防卫等违法阻却事由属于违法性的判断,是以构成要件该当性为前提的。它只否认违法性却并不否认构成要件该当性,阻却客观归责事由则否认构成要件该当性。就此而言,将阻却客观归责事由作为消极的构成要件更为合理。

消极的构成要件是相对于积极的构成要件而言的,最终被用来指称合法化事由。通过把合法化事由视为消极的构成要件,实际上是把违法性纳入构成要件该当性,从而取消了违法阻却事由。对此,德国学者提出了我们必须拒绝消极的构成要件理论的命题,指出:"只要构成要件被理解为犯罪类型的典型不法内容的承担者,空缺的构成要件理论给构成要件太少,而消极的构成要件特征理论则给构成要件太多。根据消极的构成要件特征理论,构成要件不能仅包括对犯罪来说典型的情况,而是要包括所有涉及违法性的情况。这里,合法化事由的先决条件被理解为消极的构成要件特征,它之所以被纳入构成要件,是因为只要当缺少它

---

① 许玉秀:《当代刑法思潮》,408页,北京,中国民主法制出版社,2005。
② 参见[德]汉斯·海因里希·耶赛克、托马斯·魏根特:《德国刑法教科书》,徐久生译,336页以下,北京,中国法制出版社,2001。
③ 参见黄荣坚:《基础刑法学》上,142、193页以下,北京,中国人民大学出版社,2009。

客观归责的体系性地位

时，关于行为违法性的最终的判断才有可能。构成要件特征和合法化事由的先决条件以该方式被统一到总构成要件（Gesamttatbestand）之中，并被体系化地置于同一层面。"①

对于这种将合法化事由视为消极的构成要件的理论，笔者认为也是不妥的。这里涉及构成要件该当性与违法性这两个要件之间的关系，也涉及在犯罪论体系上的三阶层理论与二阶层理论之争，在此不予展开。仅从逻辑上来说，把正当防卫当作合法化事由，视为消极的构成要件，并不能否定构成要件该当性。因此，将正当防卫作为违法阻却事由，在肯定其构成要件该当性的基础上，否认其违法性才是合乎逻辑的。把客观归责阻却事由当作消极的构成要件，并不存在逻辑上的障碍。因为在具备客观归责阻却事由的情况下，实际上是构成要件该当性不存在。

在罗克辛的客观归责理论中，主要存在三个规则，即制造风险、实现风险和构成要件的效力范围。相应地，可以把没有制造风险、没有实现风险和超出构成要件的效力范围视为客观归责的三种阻却事由。其中，制造风险是对构成要件该当行为的实质审查，没有制造风险可以否定构成要件该当行为的成立。实现风险是对构成要件结果的实质审查，没有实现风险可以否定构成要件该当结果的成立。超出构成要件的效力范围是对构成要件的否定，是对前述两个事由的补充。② 因此，制造风险、实现风险和构成要件效力范围就成为消极的构成要件。在具备构成要件该当的行为、结果及其因果关系的基础上，再进行是否存在消极的构成要件的实质判断。如果存在客观归责阻却事由则构成要件该当性被否认。

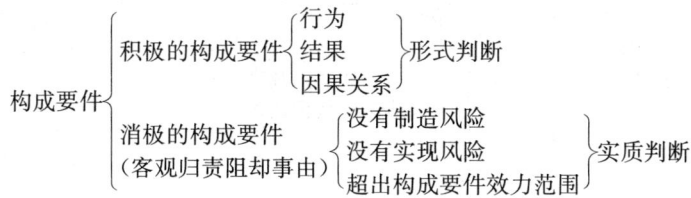

---

① [德]汉斯·海因里希·耶赛克、托马斯·魏根特：《德国刑法教科书》，徐久生译，307页，北京，中国法制出版社，2001。

② 参见许永安：《客观归责理论研究》，80页，北京，中国人民公安大学出版社，2008。

333

关于客观归责在三阶层的犯罪论体系中的地位，笔者曾经十分大胆地提出，若将归责理论贯彻到底，就应当将客观归责纳入有责性中加以研究。① 当然，这必将涉及三阶层的犯罪论体系在内容上的重大调整。

首先，构成要件作为一个事实要件，应当包括客观的构成要件要素与主观的构成要件要素，并且按照客观判断先于主观判断的原则，确立客观的构成要件与主观的构成要件之间的位阶关系。其次，在具备构成要件该当性的基础上，进行违法性的实质判断。在违法性中，分别讨论客观的违法阻却事由与主观的违法阻却事由。其中，客观的违法阻却事由就是正当防卫、紧急避险等传统的正当化事由。而主观的违法阻却事由是指主观上违法性认识的缺乏，即所谓违法性认识错误。应当指出，我们现在都把违法性认识错误视为责任阻却事由在有责性中加以讨论。其实，违法性认识是一个主观的违法性的问题，因而违法性认识错误是一个主观的违法阻却事由。② 最后，在有责性中，分别考察客观归责与主观归责。客观归责是对客观的构成要件所进行的实质判断，主要讨论客观归责阻却事由。主观归责是对主观的构成要件所进行的实质判断，主要讨论主观归责阻却事由，例如责任无能力和期待不可能等情形。

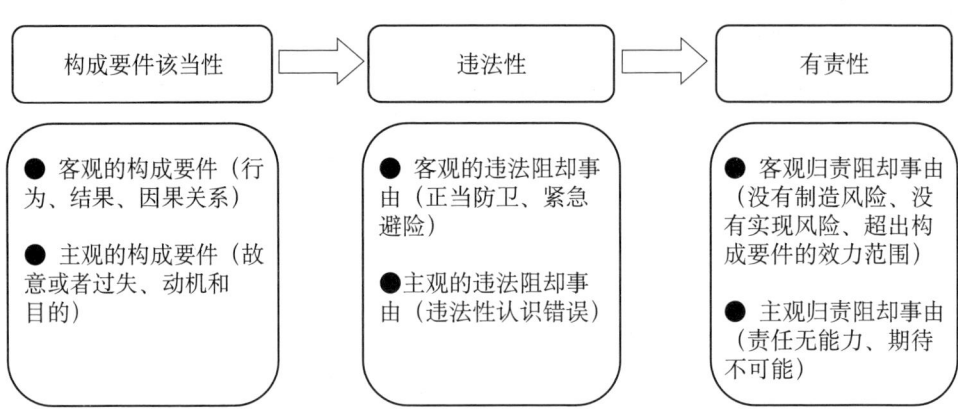

---

① 参见陈兴良：《从归因到归责：客观归责理论研究》，载《法学研究》，2006（2）。
② 关于主观的违法阻却要素，参见［德］冈特·施特拉腾韦特、洛塔尔·库伦：《刑法总论Ⅰ——犯罪论》，杨萌译，193页以下，北京，法律出版社，2006。

客观归责的体系性地位

三

我国目前采用的四要件的犯罪构成体系,在四个要件之间不具有阶层性。在这四个要件之间,虽然客观要件与主观要件是区分的,但两者之间并不存在逻辑上的位阶关系。在这种情况下主客观要件之间的关系是混乱的,没有体现客观判断先于主观判断的原则。从四要件的要素上来说,虽然其中贯穿了社会危害性这一实质的价值评判标准,然而社会危害性并没有纳入犯罪构成体系作为构成要件加以确立,而是游离于犯罪构成之外,凌驾于犯罪构成之上,成为实质上的归责根据,即刑事责任的实体性根据。但是,主观上没有归责,存在"无归责的罪过"[1];客观上也同样没有归责,只有因果关系,并且因果关系理论还停留在个别化理论的阶段。

一般认为,法律因果关系理论经历了从个别化理论到一般化理论的发展过程。如上文所述,条件理论和相当理论属于一般化理论,而个别化理论是指必然原因论和有效及其近似原因论。其中,必然原因论认为,法律上的原因就是指"必然的"原因,其含义就是,假定存在这个所称的原因,由于这个原因的内在性质所决定,就会必然跟随发生所称的这个结果。[2] 必然原因论将原因区分为必然的原因与偶然的原因。由于它不以条件说为前提,因而必然与偶然都是一种个别性的判断,缺乏定型性与一般性,因而称为个别化理论。

在大陆法系国家,个别化理论是 19 世纪初期流行的,此后个别化理论经由条件说发展到相当因果关系说,20 世纪 70 年代以后又确立了客观归责论,实现了从归因到归责的转变。但我国至今仍然流行必然原因论。正如我国学者指出:"必然原因论在传统大陆法系学说史上并无特别重要的地位。但是,该理论后来经过苏联法学家重新发掘,并赋予其马克思主义法学的新内涵,从而一度在苏东

---

[1] [美] 乔治·弗莱彻:《反思刑法》,邓子滨译,364 页以下,北京,华夏出版社,2008。
[2] 参见 [英] H. L. A. 哈特、托尼·奥诺尔:《法律中的因果关系》,张绍谦、孙战国译,396 页,北京,中国政法大学出版社,2005。

及中国等社会主义国家的学说史上占据重要地位。"[1] 在苏联学者的著作中可以看到从意识形态出发对条件说与相当因果关系说的猛烈批判,给其戴上形而上学和唯心主义两顶帽子。但苏联学者特拉伊宁又隐隐约约地感觉到归责的重要性,因而把因果关系与罪过作为犯罪构成的基础。他指出:"无论是罪过或是因果关系,都是每个犯罪构成的必要因素。没有罪过,就会导致对犯罪结果的客观归罪,这是同社会主义的审判背道而驰的。没有因果关系,也同样会得出一个同社会主义的审判格格不入的原则:对那些根本没有犯罪结果,或者虽有犯罪结果但非由被检举负责者所造成的作为(不作为),确定责任。"[2] 在此,特拉伊宁也想通过因果关系和罪过解决归责问题。然而由于因果关系和罪过是实体性的构成要件,难以胜任归责的使命,在这种情况下,苏联刑法学提出了刑事责任的概念。特拉伊宁把犯罪构成的两个要件——罪过与因果关系划分出来作为刑事责任的独立根据,这种做法在当时是有争议的。[3] 刑事责任理论成为犯罪构成体系以外的一种责任理论。离开了犯罪构成,刑事责任就不再是一种归责理论。[4] 我国学者提出了狭义的归责与广义的归责的二元区分,认为客观归责与主观归责是狭义的归责,而苏联刑法学中以社会危害性为基础的归责是广义的归责,并对广义的归责进行了深刻的分析,指出:"从本质上讲,社会危害性提示的是结果不法的内容。因而,这种体系架构的基础存在缺失。正是由于这种缺失,采用广义的归责概念,即认为整个犯罪认定的过程都是追究行为人刑事责任的过程,行为人的行为只要符合了犯罪构成,就成立犯罪,就应承担刑事责任。整个刑法体系仍然属于松散的犯罪—刑罚结构,刑事责任在整个刑法体系中如同鸡肋,食之无味,弃

---

[1] 韩强:《法律因果关系理论研究——以学说史为素材》,96页,北京,北京大学出版社,2008。
[2] [苏] A. H. 特拉伊宁:《犯罪构成的一般学说》,王作富等译,147页,北京,中国人民大学出版社,1958。
[3] 参见[苏] A. A. 皮昂特科夫斯基等:《苏联刑法科学史》,曹子丹等译,44页,北京,法律出版社,1984。
[4] 关于我国刑法中的刑事责任理论的学术史考察,参见陈兴良:《从刑事责任理论到责任主义——一个学术史的考察》,载《清华法学》,2009(2)。

客观归责的体系性地位

之可惜。客观方面的一统天下导致了整个犯罪构成体系的形式化判断格局，违背了进行实质化犯罪判断的初衷和目的。"① 我国四要件的犯罪构成体系，基本上承袭了苏俄刑法学的犯罪构成理论，在四要件的框架结构上两者如出一辙。从犯罪构成的客观结构上来说，存在着形式与实质不分、归因与归责混同等根本性的缺陷。

近年来，我国逐渐了解了客观归责论，并结合我国的犯罪构成体系进行了较为深入的研究。当然，对于客观归责论是否有必要引入我国刑法理论，也是存在不同见解的。周光权教授指出："客观归责理论将实行行为概念形式化，会带来不合理的地方。在客观归责理论中，危险性极低的身体举动，也是实行行为，只是对这种行为所导致的结果不归责而已。……在这个意义上，客观归责理论有将刑法问题复杂化的嫌疑。客观归责理论试图尽量弱化甚至消灭因果关系论的影响力，将因果关系降为纯粹自然的联系，而非实质的社会意义上、规范上的联系，所以会得出不作为犯可能无因果关系，但客观上可以归责的结论。由此，可以进一步得出结论：如果对实行行为作实质评价；对因果关系不是仅仅从存在论的意义上，还要从规范的、论理的意义上进行理解；对相当性是否存在作审慎判断，就基本上可以得出客观归责理论不需要的结论。因为没有必要在事实判断（条件说）、法律判断（相当因果关系说）之外，另外建构一套实质地评价行为与后果关系的理论。"② 周光权教授主要是从客观归责的功能上进行质疑的。因而，回答这个问题就应当从客观归责的功能入手：离开了客观归责，实质地理解类型化的实行行为概念，采用相当因果关系说，是否已经能够解决归责问题，而没有必要采用客观归责论？在此，笔者想重点对实行行为的实质解释与客观归责的关系加以讨论。

如前所述，古典派犯罪论体系学者所主张的构成要件是形式的，此后逐渐出现了一个构成要件实质化的过程。这是一种归责的实质化，不同于违法性中所涉

---

① 王扬、丁芝华：《客观归责理论研究》，183页，北京，中国人民公安大学出版社，2006。
② 周光权：《刑法总论》，155页以下，北京，中国人民大学出版社，2007。

及的不法的实质化。在苏联及我国刑法学中，引入社会危害性理论，对行为进行实质化解释。因此，在我国，行为是危害社会的行为。例如我国学者指出："危害行为实际上是个综合性的概念，将实施行为的主体（人）、行为主体的主观意识、行为的自然和社会性质都概括进来，在一定意义上揭示了犯罪构成的前提性因素。而这些因素也只有与危害行为相结合，才能与犯罪发生联系，具备刑法上的意义。"① 在上述危害行为的定义中，凸显了行为的社会危害性，体现了对行为的实质评价，而行为的规范特征反而被遮蔽了。这是一种典型的形式判断与实质判断不加区分，甚至以实质判断取代形式判断的方法。在此，我们可以比较一下德日刑法学中的行为概念。德日刑法学中的行为概念分为两个层次讨论：一是行为理论中的行为概念，主要通过因果行为论、目的行为论、社会行为论与人格行为论等理论的分析，探讨行为的本体内容。② 这个意义上的行为概念是先在于构成要件的，因而与刑法规范无关。二是在构成要件该当性中的行为概念，即构成要件行为，也称为实行行为，这是规范的行为概念。例如日本学者在区分上述两种行为概念时指出："行为论中所讲述的行为，是指能够受意思支配的具有社会意义的人的外部态度，是作为刑法上的构成要件符合性的对象的社会事实的行为。但是，本处所讲的行为（指构成要件的行为），是作为构成要件中所规定的构成要件要素的行为。"③ 构成要件意义上的行为具有形式化特征，是类型化的行为。至于对构成要件行为的实质评价，是通过违法性这一要件实现的。现在，对构成要件行为在构成要件内予以实质化的呼声越来越高。在德国刑法学中，这一实质化功能是由客观归责承担的。我国学者也提出了对构成要件加以实质解释的观点，例如张明楷教授指出："对构成要件进行实质的解释，意味着使符合犯罪构成的行为具有应当追究刑事责任程度的社会危害性。而要做到这一点，就必

---

① 赵秉志主编：《刑法总论》，232页，北京，中国人民大学出版社，2007。
② 参见［德］约翰内斯·韦塞尔斯：《德国刑法总论》，李昌珂译，42页以下，北京，法律出版社，2008。
③ ［日］大谷实：《刑法讲义总论》（新版第2版），黎宏译，113页，北京，中国人民大学出版社，2008。

客观归责的体系性地位

须以犯罪的本质为指导解释构成要件,不仅使各个构成要件说明和反映犯罪的本质,而且使犯罪构成的整体所反映的社会危害性达到应当追究刑事责任的程度。"①

在构成要件的实质解释中,首先是对行为的实质解释。这种实质解释如果是以社会危害性为标准的,那么,在苏联及我国的四要件的犯罪构成体系中,实际上每时每刻都在进行实质解释。问题在于:社会危害性这种抽象的、含糊的、非规范的标准能够完成实质解释这一使命吗?例如,甲欲使乙死亡,遂指使乙在打雷天外出劳动,乙恰好被雷电击死。在这一案例中,如果按照社会危害性标准来衡量,甲的行为有没有社会危害性呢?当然会得出肯定的结论。因此,对于构成要件行为,乃至整个构成要件,不是要不要进行实质判断,而是如何进行实质判断的问题。简单地按照社会危害性对行为进行实质判断的做法,缺乏科学性,再也不能继续下去了。因此,笔者认为客观归责是必要的,它是构成要件实质化的必由之路。客观归责引入构成要件,使构成要件分为事实与价值两个层面,在事实层面进行构成要件的形式判断。其逻辑思路是:是否属于构成要件的行为?→是否属于构成要件的结果?→行为与结果之间是否存在因果关系?

事实层面的判断具有形式性、规范性的特征,是以归因为中心的。在此基础上,再进行价值层面的判断。其逻辑思路是:是否制造不被容许的风险,以检验构成要件的行为→是否实现不被容许的风险,以检验构成要件的结果→是否属于构成要件的效力范围,以检验整体的构成要件。

通过以上对客观归责的研究,笔者认为应当将客观归责论引入我国刑法学。现在的问题是:我国目前的四要件的犯罪构成体系能否容纳客观归责的内容?对此,我国学者认为客观归责与我国的犯罪成立体系是兼容的。②具体地说,应当将客观归责纳入犯罪构成的客观要件。例如,我国学者指出:"应当认为,将这一理论潮流(指客观归责论——引者注)引进我国刑法之中,与我国目前的刑法

---

① 张明楷:《刑法的基本立场》,128 页,北京,中国法制出版社,2002。
② 参见吴玉梅:《德国刑法中的客观归责研究》,256 页,北京,中国人民公安大学出版社,2007。

理论体系不会发生本质的冲突。客观归责论是实质的客观构成要件理论，在客观构成要件的判断中，适当引入客观归责论的判断模式，可以适当地实现判断犯罪的功能。如果将客观归属性考虑为客观方面的要件，运用制造风险和实现风险的原则及其下位的各种衍生规则进行系统的分析，更有利于刑法上规范机制的处理。"① 这一愿望当然是好的，但在我国目前四要件的犯罪构成体系不做任何改动的情况下，引入客观归责论存在以下三个障碍：

（1）客观归责论与社会危害性论的矛盾难以克服。在我国四要件的犯罪构成体系中，社会危害性已经承担了实质判断的功能。在犯罪构成客观方面的要件中，行为经过社会危害性的判断以后，已经成为危害行为，这是一种实质的行为概念。而客观归责是以形式的行为概念，即构成要件行为为前提的。如果把社会危害性判断替代为客观归责中制造风险的判断，以此作为对行为的实质审查，则势必去社会危害性，这就必然导致四要件的犯罪构成体系的根基性动摇。因此，客观归责论在我国四要件的犯罪构成体系中缺乏逻辑根据。

（2）客观归责论与因果关系论的矛盾难以克服。我国刑法学关于因果关系的主流观点还停留在必然原因论阶段，即将因果关系分为必然因果关系与偶然因果关系。至于条件说与相当因果关系说，只是个别学者的著作主张而被通说排斥。必然原因论作为一种个别化理论，缺乏定型性与一般性，更缺乏归责的内容。而客观归责论是以条件说所确立的因果关系为前提的，明确地将归因与归责加以区分。在不对我国的因果关系论做根本改变的情况下，客观归责论在我国四要件的犯罪构成体系中缺乏逻辑基础。

（3）客观归责论与四要件犯罪构成体系结构之间的矛盾难以克服。客观归责是以三阶层的犯罪论体系为其理论生存空间的，它为主观归责提供客观基础。而我国四要件的犯罪构成体系不是阶层理论而是耦合结构。在四要件的犯罪构成体系中，四个要件之间不存在逻辑上的位阶关系。在这种情况下，客观归责并非必然先于主观归责。因此，客观归责在我国四要件的犯罪构成体系中缺乏逻辑

---

① 张亚军：《刑法中的客观归属论》，275页，北京，中国人民公安大学出版社，2008。

语境。

基于以上分析,笔者认为,只有废弃四要件的犯罪构成体系,引入三阶层的犯罪论体系,客观归责在我国刑法学中才有立足之地。

(本文原载《法学研究》,2009(6))

目的犯的法理探究

目的犯是刑法理论中一个不大不小的问题，说它不大是因为目的犯只是各种犯罪形态之一种，说它不小是因为目的犯的定罪具有不同于其他犯罪的特征，刑法理论需要予以应有的关注。本文以我国刑法关于目的犯的规定为例，对目的犯进行学理上的解析。

一

我国刑法分则对具体犯罪的规定，主要涉及的是罪体要素，例如行为、客体与结果，而罪责要素一般由刑法总则来解决，例如故意与过失，在《刑法》第14条、第15条均有明文规定。刑法分则中除明确规定故意或者过失的以外，一般均为故意，也有少数犯罪依照司法传统理解为过失犯罪，例如玩忽职守罪等。当然，刑法分则在某些犯罪中涉及罪责要素，主要有两种情形：一是明知，二是目的。在这种情况下，明知与目的作为犯罪构成要素，对于该罪的成立具有重要意义。在刑法理论上，对于明知与目的都缺乏深入研究。问题在于：刑法分则中的明知与目的，与刑法总则中的故意是一种什么样的关系？它能否为罪责的一般

目的犯的法理探究

理论所包摄？我认为，这些问题都是值得研究的。为论述方便，现将我国刑法明文规定的目的犯列举如下：

(1) 第 126 条第 1、2 项规定，构成违规制造、销售枪支罪须以非法销售为目的。

(2) 第 152 条规定，构成走私淫秽物品罪须以牟利或者传播为目的。

(3) 第 175 条规定，构成高利转贷罪须以转贷牟利为目的。

(4) 第 187 条规定，构成用账外客户资金非法拆借、发放贷款罪须以牟利为目的。

(5) 第 192 条规定，构成集资诈骗罪须以非法占有为目的。

(6) 第 193 条规定，构成贷款诈骗罪须以非法占有为目的。

(7) 第 196 条第 2 款规定，恶意透支构成的信用卡诈骗罪须以非法占有为目的。

(8) 第 217 条规定，构成侵犯著作权罪须以营利为目的。

(9) 第 218 条规定，构成销售侵权复制品罪须以营利为目的。

(10) 第 224 条规定，构成合同诈骗罪须以非法占有为目的。

(11) 第 228 条规定，构成非法转让、倒卖土地使用权罪须以牟利为目的。

(12) 第 239 条规定，构成绑架罪须以勒索财物为目的（绑架他人作为人质的除外）。

(13) 第 240 条规定，构成拐卖妇女、儿童罪须以出卖为目的。

(14) 第 265 条规定，盗接他人通信线路、复制他人电信码号或者明知是盗接、复制的电信设备、设施而使用构成盗窃罪须以牟利为目的。

(15) 第 276 条规定，构成破坏生产经营罪须出于泄愤报复或者其他个人目的。

(16) 第 303 条规定，构成赌博罪须以营利为目的。

(17) 第 326 条规定，构成倒卖文物罪须以牟利为目的。

(18) 第 345 条第 3 款规定，构成非法收购盗伐、滥伐的林木罪须以牟利为目的。

(19) 第363条第1款规定，构成制作、复制、出版、贩卖、传播淫秽物品牟利罪须以牟利为目的。

在上述刑法规定的目的中，明显地可以分为两种情形：一是包含在直接故意之中的目的，例如合同诈骗罪的非法占有目的。合同诈骗行为是指通过签订合同而骗取他人财物，因此，非法占有他人财物是合同诈骗的题中之义，行为人主观上的合同诈骗故意涵括非法占有的目的。就此而言，主观上的非法占有目的与客观上的非法占有行为是统一的。二是存在于直接故意之外的目的，例如走私淫秽物品罪的牟利或者传播目的。走私淫秽物品罪的直接故意所包含的目的是指将淫秽物品走私出入境。这种主观目的与客观行为之间存在对应关系，即从客观行为中就可以推论出主观目的。但牟利或者传播目的则不是走私淫秽物品罪的直接故意所包含的，这一目的的实现有待于进一步实施牟利或者传播的客观行为。因此，相对于走私淫秽物品行为来说，牟利或者传播目的是一种超过的主观要素。在以上两种情形中，我认为只有后一种情形才是刑法理论上所称的目的犯。在这个意义上，目的犯不能简单地认为是刑法规定以一定目的作为犯罪构成要件的犯罪，而应像日本学者小野清一郎表述的那样，目的犯是指以具有超过客观要素的一定主观目的的行为为必要的犯罪。①

目的犯之称谓，由于刑法规定的用语不同，在刑法理论上亦有称为意图犯者。例如我国台湾地区学者基于台湾"刑法"使用意图一词，将目的犯称为意图犯。指出："刑法"中有不少所谓"意图犯"（Absichtsdelikte）的规定，例如财产犯罪中大部分的犯罪类型，如窃盗罪、抢夺罪、强盗罪、侵占罪等，又如伪造罪，此类犯罪类型中除故意之主观要件外，尚有所谓"意图"（Absicht）的主观要件存在，也就是在同一犯罪构成中同时含有两个主观要件。② 实际上，我国刑

---

① 参见［日］小野清一郎：《犯罪构成要件理论》，王泰译，35页，北京，中国人民公安大学出版社，1991。值得注意的是，小野清一郎指出：盗窃罪（日本《刑法》第235条）中的"非法占有"目的，也可以属于这方面的问题。但我认为，盗窃罪的"非法占有"目的，是盗窃行为的必然结果，并非超过的主观要素，也与小野清一郎本人关于目的犯的定义相矛盾。

② 参见柯耀程：《变动中的刑法思想》，242页，北京，中国政法大学出版社，2003。

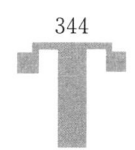

目的犯的法理探究

法中同样存在这种采用意图一词表示的主观要件,例如《刑法》第 243 条诬告陷害罪中的"意图使他人受刑事追究",第 305 条伪证罪中的"意图陷害他人"。上述两种情形,也应视为目的犯。此外,刑法中没有写明"目的"或者"意图",但规定了该意图支配下的行为的,也是目的犯。例如《刑法》第 389 条规定,"为谋取不正当利益,给予国家工作人员以财物的,是行贿罪"。这里的"为谋取不正当利益",就是指意图谋取不正当利益。又如《刑法》第 385 条规定:"国家工作人员利用职务上的便利,索取他人财物的,或者非法收受他人财物,为他人谋取利益的,是受贿罪。"这里的"为他人谋取利益"到底是犯罪构成的主观要件还是客观要件,在刑法理论上存在争论。① 从刑法规定本身来看,其性质是不够明确的,在刑法理论上引起争议也在情理之中。在司法实践中,刑法规定的"为他人谋取利益"被理解为包括承诺、实施和实现三个阶段的行为。只要具有其中一个阶段的行为,就具备了为他人谋取利益的要件。对于国家工作人员收受他人财物,虽没有利用职务便利为他人谋取利益,但国家工作人员在收受他人财物时根据他人提出的请托事项承诺为他人谋取利益的,或者明知他人有具体的请托事项而收受他人财物的,应当认定为受贿。② 从上述表述来看,为他人谋取利益似乎是行为,属于客观要件。我认为,为他人谋取利益应当理解为意图为他人谋取利益,承诺、实施和实现都是这一意图的客观表现。对于构成受贿罪来说,只要具有为他人谋取利益的意图即可。因此,为他人谋取利益是受贿罪的主观要件,受贿罪应当理解为目的犯。

除刑法明文规定的目的犯和隐含的目的犯以外,是否存在非法定的目的犯,是一个值得研究的问题。我国刑法学者把这种非法定的目的犯称为不成文的目的犯,指出:有些犯罪,刑法分则条文虽然没有规定构成该罪必须具备某种特定犯罪目的,但从司法实践和刑法理论来看,则必须具备某种特定犯罪目的才能构成

---

① 参见王作富主编:《刑法分则实务研究》下,1757 页,北京,中国方正出版社,2001。
② 参见《准确理解和适用刑事法律,惩治贪污贿赂和渎职犯罪——全国法院审理经济犯罪案件工作座谈会讨论办理贪污贿赂和渎职刑事案件适用法律问题意见综述》,载最高人民法院刑事审判第一庭、第二庭编:《刑事审判参考》,第 4 卷·下册,491 页,北京,法律出版社,2004。

该犯罪，即所谓不成文的构成要件。对于这类尚未被立法成文化的事实上的目的犯，尤须注意。为免于犯罪认定发生困难，我国刑法对这类不成文的目的犯有将其成文的必要。① 在我国刑法中，引起讨论的是以下两个罪名：

（1）伪造货币罪。关于本罪，外国刑法一般都将其规定为目的犯。例如日本《刑法》第148条规定伪造货币罪须以行使为目的。《德国刑法典》第146条规定伪造货币罪须具有行使或者进入流通的意图。但我国《刑法》第170条规定的伪造货币罪，并未规定以行使为目的或者意图流通。在这种情况下，伪造货币罪是否必须以行使为目的呢？对此，我国刑法学者之间存在分歧。否定说认为，我国刑法鉴于伪造货币行为的严重危害程度，没有要求行为人主观上具有特定目的。而且，对于仅伪造货币并不使用伪造的货币的行为，也以本罪论处。事实上不以使用为目的而伪造货币的行为，也会侵犯货币的公共信用。因此，从解释论上而言，不应认为本罪为目的犯。② 肯定说则认为，在刑法解释论上应当要求有行使、流通的意思（目的犯），即将假币作为真币置于市场上流通，从而危害货币的公共信用。单纯为了教学、艺术表演、私人收藏或展览而设计、伪造货币的，不认为具有行使目的，欠缺本罪故意，不构成本罪。③ 显然，伪造货币罪是否以行使为目的，是一个刑法解释论上的问题。否定说是一种本义解释，其逻辑是：既然刑法没有规定以行使为目的，那么伪造货币罪的构成就不需要此特定目的。这一解释当然有其根据。当然，以伪造货币并不使用也以本罪论处作为本罪不需要以行使为目的的理由，在逻辑上难以成立。因为主观上是否具有行使的目的与客观上是否实际行使是两个不同的问题。即使客观上没有行使也不能否定主观上是具有行使目的的。至于肯定说，是对刑法规定做出的限制解释。刑法没有规定伪造货币罪须以行使为目的，但从刑事政策出发对此做出限制解释，将没有行使目的的伪造货币行为从犯罪中排除出去，在刑法解释上也是可以成立的。当然，从不具有行使目的并不能得出没有伪造货币的故意的结论，因为行使目的并非伪

---

① 参见陈立：《略论我国刑法的目的犯》，载《法学杂志》，1989（4），18页。
② 参见张明楷：《刑法学》，2版，607页，北京，法律出版社，2003。
③ 参见周光权：《刑法各论讲义》，274页，北京，清华大学出版社，2003。

目的犯的法理探究

造货币故意的内容。我个人是赞同肯定说的，因而也主张非法定的目的犯这个概念。当然，予以法定化则更好。这里涉及伪造货币罪侵犯的法益。日本刑法学者认为，伪造货币罪侵犯的法益，是社会对货币的信用，以及由此而产生的交易安全。伪造货币罪侵犯的法益经历了一个从制造或发行货币以及批准权到货币信用的变迁过程。① 如果伪造货币罪侵犯的法益是货币制造或者发行权，则只要制作了货币就应构成伪造货币罪。而如果伪造货币罪侵犯的法益是货币信用，则没有行使目的很难说就会侵犯货币信用。我国刑法理论以往都把伪造货币罪的客体理解为货币管理制度，但这一说法过于宽泛，而新近的著作则都把伪造货币罪侵犯的客体理解为货币的公共信用。② 在这种情况下，要求伪造货币罪须以行使为目的是符合伪造货币罪的本质特征的。

(2) 虚开增值税专用发票、用于骗取出口退税、抵扣税款发票罪。对于本罪，《刑法》第205条并未规定以骗取税款为目的的。因此，对于本罪是否以骗取税款为目的，在刑法理论上同样也存在否定说与肯定说之争。否定说认为，一般来说，行为人主观上都是以营利为目的的，但法律上并未规定"以营利为目的"是构成本罪在主观方面的必备要件。因此，如果以其他目的虚开增值税专用发票，也构成本罪。③ 根据这种观点，本罪不是目的犯。肯定说则认为，本罪具有牟取非法利益的目的。④ 据此，本罪就是目的犯。在现实生活中，绝大多数虚开增值税专用发票、用于骗取出口退税、抵扣税款发票的行为人主观上都具有骗取税款的目的，但也不能排除在个别情况下，行为人虽然实施了虚开行为，但主观上并非为骗取税款。例如，某上市公司为虚增业绩，其两家下属公司互相虚开增值税专用发票，但并未骗取税款，主观上也没有骗取税款的目的。这种情形，根据否定说，构成本罪；根据肯定说，则不构成本罪。在刑法颁行之初，这种不

---

① 参见〔日〕木村龟二主编：《刑法学词典》，顾肖荣等译，572～573页，上海，上海翻译出版公司，1991。
② 参见周光权：《刑法各论讲义》，272页，北京，清华大学出版社，2003。
③ 参见周道鸾、张军：《刑法罪名精释》，356页，北京，人民法院出版社，1998。
④ 参见周光权：《刑法各论讲义》，329页，北京，清华大学出版社，2003。

以骗取税款为目的的虚开行为尚未出现，因此理论上的分歧也尚未出现。随着此类案件的出现，本罪是否以骗取税款为目的的问题才引起关注。

在芦才兴虚开可以用于抵扣税款的发票冲减营业额偷逃税款一案中，浙江省宁波市人民检察院以被告人芦才兴犯虚开用于抵扣税款发票罪提起公诉。宁波市中级人民法院认为，芦才兴虚开用于抵扣税款的发票的目的是虚增营业开支，冲减营业数额，偷逃本应纳税款，因此构成偷税罪。一审判决后，宁波市人民检察院抗诉提出：本案中的运输发票具有抵扣税款的功能，被告人芦才兴虚开了具有抵扣功能的发票，其行为已触犯《刑法》第205条的规定，构成虚开用于抵扣税款发票罪。一审判决因被告人没有将虚开的发票直接用于抵扣税款而认定被告人的行为构成偷税罪不当。浙江省高级人民法院审理后认为，本案中所有用票单位都是运输企业，均不是增值税一般纳税人，无申报抵扣税款资格。因此本案被告人为别人虚开或让别人为自己虚开的发票在运输企业入账后，均不可能被用于抵扣税款。被告人芦才兴主观上明知所虚开的运输发票均不用于抵扣税款，客观上使用虚开发票冲减营业额的方法偷逃应纳税款，其行为符合偷税罪的构成要件，而不符合虚开用于抵扣税款发票罪的构成要件，因而驳回抗诉，维持原判。本案的评释意见指出：虽然虚开用于抵扣税款发票罪是行为犯，只要行为人实施了虚开用于抵扣税款的发票，就可构成犯罪，至于是否已将发票用于抵扣税款，不影响虚开用于抵扣税款发票罪的成立，但行为人没有抵扣税款的故意，即使实施了虚开用于抵扣税款发票的行为，也不能以虚开用于抵扣税款发票罪定罪处罚。在这里，对《刑法》第205条中的"用于抵扣税款"的理解不能过于宽泛，"用于"应指主观上想用于和客观上实际用于，而不包括虽然可以用于但行为人主观上不想用于，客观上也没有用于，也不能将行为人使用发票意图不明的视为准备用于。① 这一判例确认了虚开增值税专用发票、用于骗取出口退税、抵扣税款发票罪须以骗取税款为目的这一定罪

---

① 参见最高人民法院刑事审判第一庭、第二庭编：《刑事审判案例》，258页以下，北京，法律出版社，2002。

规则，实际上是确认了本罪为目的犯。对于这一观点，我深表赞同。由此可见，尽管刑法没有明文规定，但可以通过限制解释将某些犯罪确认为目的犯，这就是非法定的目的犯。

二

目的犯之目的（或者意图犯之意图）属于犯罪的主观要素，这是毫无疑问的。但它与犯罪故意之间存在何种关系以及在犯罪构成体系中的地位如何，是一个值得研究的问题。

违法是客观的，责任是主观的，这是大陆法系刑法理论通行的法谚。正如小野清一郎所指出：违法性的评价，是从行为的客观方面，即它的外部，对行为进行评价的。这是因为，所谓法，不管怎样，总是以维持国家的、国民的正常生活的外部秩序与和平为目的而制定的。这个目的，构成了法本身的特殊素质。① 因此，违法性是对行为的客观评价，与主观责任无涉。由此形成的是客观的违法性论。从客观违法性论出发，构成要件的内容也是纯客观而不包括主观要素的。客观违法性论将法律评价与规范的客体限于人的外部行为，这无疑是正确的。但人的外部行为与主观精神并非绝对分离的，在某些情况下，行为之违法性的评价不能脱离主观要素。在这种情况下，主观违法性论得以提出。例如德国学者麦兹格认为：可罚的违法虽系客观之状态而由刑法上之构成要件加以明白宣示，然而人类之外部行为无一不起源于内在的精神活动。法律固然不能单纯支配人的内心而成为心情的规划，但当规范外部行为时，对于内心的心理状态，自然不能不予以关注。因此，在法律上确定何者为违法，有时如不兼从行为以及行为之内在根源——主观的因素加以判断，当无从明其真谛。这种为刑法上违法评价所不可或

---

① 参见［日］小野清一郎：《犯罪构成要件理论》，王泰译，17 页，北京，中国人民公安大学出版社，1991。

缺者即称为主观的违法要素。① 主观违法性论在考察行为之违法性时，纳入主观视角，可以说是一种更为全面的违法性理论。构成要件是一种违法类型，因此在构成要件的内容上，不仅仅包含客观要素，同样也包含主观要素。最初所指的主观要素就是指目的犯之目的等特定的主观要素，后来才扩及故意与过失等一般的主观要素。

从犯罪构成理论分析，目的犯之目的是故意之外的主观要素，它与故意之内的目的是有所不同的，对此应当加以区分。为表述方便，我姑且把故意之内的犯罪目的称为目的Ⅰ，而把故意之外的犯罪目的称为目的Ⅱ。在我国刑法理论上，目的Ⅰ是指犯罪人希望通过实施犯罪行为达到某种危害社会结果的心理态度，也就是危害结果在犯罪人主观上的表现。因此，目的Ⅰ与犯罪结果具有密切联系，它是主观预期的犯罪结果。这种目的的客观化就转化为一定的犯罪结果。例如，故意杀人的目的是非法剥夺他人的生命，这一目的的实现就是他人生命被非法剥夺，即发生了死亡结果。而这一结果正是行为人所希望其发生的，这也表明目的Ⅰ只存在于直接故意之中，间接故意则不存在犯罪目的。目的Ⅱ不同于目的Ⅰ，它与本罪的犯罪结果并无必然联系，它是与目的Ⅰ并存的另外一种主观心理要素。例如《刑法》第152条规定的走私淫秽物品罪，其目的Ⅰ是淫秽物品得以非法出入境，目的Ⅱ是牟利或者传播。前一目的是包含在走私淫秽物品故意之内的，即使没有后一目的，走私淫秽物品的故意仍然是客观存在的。而后一目的则并不包含在走私淫秽物品故意之内，它是可以独立存在的。我认为，只有对目的做上述明确区分，才能正确地界定目的犯之目的。

目的犯之目的与客观行为之关系，也是一个值得研究的问题。我国刑法坚持主观与客观相统一的定罪原则。这里的主观，是指主观罪过，而客观是指客观行为。因此，主观与客观的两个分析视角，在刑法理论上是极为常见的。然而，犯罪是一个整体，将其一分为二，区分为主观要件与客观要件，只是一种刑法理论

---

① 关于主观的违法性论，参见余振华：《刑法违法性理论》，71页以下，台北，元照出版有限公司，2001。

目的犯的法理探究

上的建构。就主观罪过与客观行为两者的关系而言,实际上是紧密相连、不可分割的。犯罪的客观行为是受主观罪过支配的。例如杀人行为与杀人故意,不仅在时间上具有同在性,而且在内容上具有同一性。目的Ⅰ由于包含在故意之内,因而与客观行为同样是存在对应关系的。而目的Ⅱ则与此不同,从目的Ⅱ与客观行为的关系来看,不存在对应关系,若要实现这一目的尚需进一步实施一定的行为。如果我们把本罪的构成要件行为称为行为Ⅰ,那么,实现目的犯之目的所需实施的行为就是行为Ⅱ。例如,在受贿罪中,利用职务上的便利收受他人财物是本罪的构成要件行为,即行为Ⅰ,而为他人谋取利益之意图的实现行为就是行为Ⅱ。行为Ⅱ并非本罪的构成要件行为,行为人只要主观上具有为他人谋取利益的意图即可,并非一定要将这一意图付诸实施。在这个意义上说,这种目的犯之目的是一种超过的主观要素。在超过的主观要素的情况下,主观与客观是不统一的,在刑法理论上称为主客观不相符的构成要件。正如我国台湾地区学者指出:立法者在设定若干犯罪类型的构成要件时,时常使用所谓"不一致的构成要件"(inkongruente Tatbestande),即在此种构成要件中,主观要件的内容,较客观要件所规定者为多。而于此种犯罪类型,一般对于涵盖客观要件的主观要件,亦以故意要求之,但对于超出客观要件规定范围的主观要件则称为"意图"或"超出的内在倾向"(überschiessende Innentendenz)①。在这种"不一致的构成要件"的情况下,虽然主观与客观之间不存在严格的对应关系,因而主观与客观并不完全统一,但它并不违反主观与客观相统一的定罪原则。这是因为就本罪的构成要件的行为(行为Ⅰ)而言,行为人主观上是存在罪过的,在这个意义上主观与客观是相统一的。只是对于目的Ⅱ而言,与之相对应的行为Ⅱ并非构成犯罪的必要条件,因而目的Ⅱ是一种超过的主观要素。这种主观要素对于定罪提出了更为严格的要求。

行为Ⅱ对于目的犯的构成来说,是不必要的,但在现实生活中行为人往往不仅实施了行为Ⅰ,并且还实施了行为Ⅱ。这个问题在刑法理论上称为"意图实

---

① 柯耀程:《变动中的刑法思想》,250页,北京,中国政法大学出版社,2003。

351

现"。那么，行为Ⅱ对于定罪会产生什么影响呢？换言之，行为Ⅱ与行为Ⅰ的关系如何加以界定？这也是一个值得研究的问题。我认为，行为Ⅱ与行为Ⅰ的关系存在以下两种情形：一是行为Ⅱ作为行为Ⅰ所构成之罪的不可罚的事后行为。例如，《刑法》第 170 条规定的伪造货币罪是一种非法定的目的犯，其目的是行使。而《刑法》第 172 条规定了使用伪造的货币罪，这里的使用伪造的货币罪是指明知是伪造的货币而使用，数额较大的行为。我认为，这里的"明知"就排除了伪造者本人构成使用伪造的货币罪的可能性。因此，使用伪造的货币行为，对于伪造货币罪来说，是一种不可罚的事后行为。二是行为Ⅱ与行为Ⅰ之间存在牵连关系因而构成牵连犯。在行为Ⅱ构成犯罪的情况下，它与行为Ⅰ之间就存在牵连关系，因此目的犯与牵连犯颇有学理上的联系。正如我国台湾地区学者指出：意图犯的结构关系及意图实现所生的形态，系一种新的连接关系，其所涉及者可能有两个不同构成要件，实应以"方法—结果"的关系来认定。"意图实现"问题根本上即为牵连关系的典型适用形态，且应将刑法牵连关系的适用范围之一，设定在针对意图犯意图实现的问题上。[1] 例如，我国刑法中的受贿罪，在以收受他人财物构成的情况下，刑法要求以为他人谋取利益为要件。这里的为他人谋取利益，既包括谋取合法利益，又包括谋取非法利益。当为他人谋取非法利益时，其谋利行为就可能构成其他犯罪。例如，司法工作人员收受财物之后贪赃枉法的，其行为Ⅰ构成受贿罪，其行为Ⅱ构成徇私枉法罪，两者之间存在牵连关系，系牵连犯。对于这种牵连犯，刑法明文规定按照处罚较重的规定定罪处罚。因此，在目的犯中，不仅应当研究行为Ⅰ，而且应当论及行为Ⅱ。

三

目的犯的目的是行为人的一种主观心理内容，目的犯的设立，对控方的举证增加了一定的难度：控方不仅要证明构成本罪的客观行为与主观故意，而且还需

---

[1] 参见柯耀程：《变动中的刑法思想》，259 页，北京，中国政法大学出版社，2003。

目的犯的法理探究

额外地证明特定目的之存在。而在司法实践中，主观要素的证明始终是一个难题。

我认为，在目的的证明中，应当引入司法推定的方法。因为目的犯之目的是行为人的一种主观心理要素，在其未付诸实施的情况下，证明难度是可想而知的。应当指出，主观目的的证明不能以行为人的口供为转移，即不能行为人供有则有、供无则无，而应当将主观目的的证明建立在客观事实的基础之上。为此，就有必要采用推定方法，根据客观存在的事实推断行为人主观目的之存在。例如，曾某于2003年元旦下午，持中华人民共和国往来港澳通行证从深圳罗湖口岸无申报通道入境。经海关工作人员检查，曾某携带的两个尼龙编织袋内藏匿有《龙虎豹》《藏青阁》等书刊共319本，经鉴定，均属于淫秽物品。后公安机关在其所开发廊的住所发现少量淫秽书刊。公诉机关认为被告人曾某违反海关法规，逃避海关监管，随身携带319本淫秽书刊入境，其行为已构成走私淫秽物品罪。曾某对指控的事实没有异议，但辩称书刊是带回来自己看的，不承认有牟利和传播的目的。法官在审理过程中认为，所查获的书刊多达319本，且同一种甚至同一期的刊物就有多本，若自己翻阅不合常理，再加上在其所开发廊的住处发现少量淫秽书刊，故有牟利和传播的可能。因此，法院认为公诉机关的指控可以成立，依法判处曾某有期徒刑3年，并处罚金人民币2 000元，缴获的319本淫秽书刊依法予以没收，交有关部门统一销毁。在上述案例中，尽管被告人曾某辩称没有牟利和传播的目的，但根据其所携带的淫秽书刊的数量和种类，就推定其主观上存在牟利和传播的目的，并据以判处有期徒刑。由此可见，司法推定是一种重要的主观要素的认定方法。

应当指出，推定是英美法系中的一个概念，大陆法系除无罪推定原则中采用推定一词以外，在事实认定中鲜有论及推定方法的。而英美法系则在司法活动中广泛地采用推定方法。在英美法系法学理论中，推定可以分为立法推定与司法推定、法律推定与事实推定。而这里所说的对目的犯之目的的推定，属于司法推定中的事实推定。英国学者指出：根据对某个事实的证明，陪审团可以或者必须认定另外某个事实（通常称"推定事实"）的存在，就叫作推定。其中，推定又可

以分为法律的推定与事实的推定。"可以"和"必须"是区分法律的推定和事实的推定的依据。在陪审团必须认定事实的存在时，推定是法律的推定。如果陪审团根据对某一其他事实的证明而可以认定推定事实的存在，推定就是事实的推定。英国学者认为，事实的推定往往是能够证明被告人心理状态的唯一手段，因而在刑事司法中起着非常重要的作用。法官应该对陪审团做出这样的指示，即它有权从被告人已经实施的违禁行为的事实中，推定出被告人是自觉犯罪或具有犯罪意图，如果被告人未做任何解释，推定通常成立。① 在此，英国学者甚至将推定看作证明被告人心理状态的唯一手段。《美国模范刑法典》还对推定做了专门规定，其1.12条第5项规定："本法对于该当于犯罪成立要件之事实所做推定之规定其效果如下：（a）如有证据足以证明可作为规定之基础之事实存在时，法院除依所有证明所做综合判断认为推定之事实显然不存在外，应将有关规定之事实是否存在之争点提出（给）陪审团讨论。（b）有关推定之事实是否存在之争点提出（给）陪审团讨论时，法院应对陪审团指示被推定之事实虽应基于一切证据而做至不容合理怀疑存在为止之证明，但亦应指示陪审团将作为推定之基础之事实视为被推定之事实之充分的证据亦为法律所允许。"第6项还规定："非本法所定之推定而与本法之规定不相矛盾时，具有法律对之所赋予之效果。"在这一规定中，只要证明基础事实的存在，推定事实即可成立，除非有足够的反证。因此，推定是一种间接的证明方法，并且是允许反证的。当然，推定一经成立，即具有法律上的效果。可以说，推定为司法机关认定行为人的主观要素提供了一种科学方法，同时也减轻了控方的举证负担。

在我国司法实践中，行为人主观要素的证明并没有得到很好的解决。司法工作者，尤其是侦查人员往往缺乏对主观要素的证明意识，即使有证明意识，也往往缺乏对主观要素的证明手段。我们一方面应当提高对主观要素的证明意识，另一方面还应引入推定方法作为对主观要素的证明手段。对此，我国学者已经认识

---

① 参见［英］普珀特·克罗斯、菲利普·A·琼斯：《英国刑法导论》，赵秉志等译，55～56页，北京，中国人民大学出版社，1991。

到这个问题。例如，我国学者指出：主观罪过作为人的一种内心活动，在现有的科学技术条件下很难被外界直接感知。在司法实践中，很多被告人为了逃避法律的制裁，往往以各种借口拒绝承认自己行为时的主观罪过，从而更增加了对主观罪过认定的难度。但是，主观罪过作为犯罪的构成要件之一，又是必须加以证明的要素。在司法实践中，对主观罪过的认定，只能采用推定的途径，即通过行为人的客观行为来推定其主观罪过。[①] 目的犯之目的作为行为人的主观要素，同样也需要通过推定来加以证明。我认为，应当通过立法或者制定司法解释的方式对刑事推定的方法、规则、程序以及效果等做出规定，并且对某些犯罪的主观要素推定的基础事实做出规定，以便为司法工作者的推定提供根据。

（本文原载《法学研究》，2004（3））

[①] 参见游伟、肖晚祥：《刑事推定原理在我国刑事法律实践中的运用》，载陈兴良主编：《刑事法判解》，第4卷，215页，北京，法律出版社，2001。

刑法分则规定之明知：以表现犯为解释进路

明知是我国刑法中广泛采用的一个表明犯罪主观构成要件要素的法律术语，除了《刑法》第14条故意犯罪概念中规定的明知（以下简称"刑法总则规定的明知"）以外，我国刑法分则还大量规定了明知（以下简称"刑法分则规定的明知"）。本文以德日刑法学中的表现犯概念为分析工具，对我国刑法分则规定的明知进行刑法教义学的研究。

一、刑法分则规定的明知：界定与描述

如何区分刑法总则规定的明知与刑法分则规定的明知，是本文的逻辑起点。在2003年围绕着奸淫幼女的司法解释，我国刑法学界曾经对刑法中的明知问题展开过讨论。这场讨论涉及对我国刑法中"明知"的正确理解，遗憾的是，在有关明知的讨论中没有严格区分刑法总则规定的明知与刑法分则规定的明知。为了体悟刑法中明知问题的理论意义，笔者谨从奸淫幼女的司法解释切入展开讨论。

（一）最高人民法院关于奸淫幼女的司法解释及其争议

奸淫幼女的司法解释缘于一个奸淫幼女的案例。被害人徐某，案发时13岁，

刑法分则规定之明知：以表现犯为解释进路

身高1.65米，体重60.2公斤。该女在2002年2月，以"疯女人"的网名上网与人聊天，随后与人见面，先后与张某等六人发生性关系。本案由某区人民检察院向某区人民法院提起公诉。某区人民法院经审理后，对该案奸淫事实确认无误，但对被告人的行为是否构成犯罪存在意见分歧，遂将本案请示到市中级人民法院。中级人民法院经审委会讨论，同样存在意见分歧，遂请示到省高级人民法院。省高级人民法院对本案定性没有把握，尤其是考虑到这个案件涉及对《刑法》第236条第2款规定的正确解释，具有一定的普遍性，就将该案请示到最高人民法院。最终最高人民法院以批复的形式对该案做出了司法解释。

在法院对该案的审理中，主要存在以下两种意见：第一种意见认为，被告人张某等六人构成奸淫幼女罪。① 理由是：被害人徐某案发时未满14周岁，而奸淫幼女是指与不满14周岁的幼女发生性交的行为。本案主观方面是故意，并且具有奸淫的目的；客观方面表现为与不满14周岁的幼女发生性交行为。不管幼女是否同意，也不管行为人用什么方法达到奸淫目的，只要实施与幼女性交的行为，即构成此罪，上述六被告人的行为符合奸淫幼女罪的犯罪构成。第二种意见则认为，被告人张某等六人的行为不构成奸淫幼女罪。理由是上述六被告人无罪过。2003年1月8日最高人民法院审判委员会经讨论，通过了对本案的下述批复："你院《关于行为人不明知是不满十四周岁的幼女而与其自愿发生性关系，是否构成强奸罪问题的请示》收悉。经研究，答复如下：行为人明知是不满十四周岁的幼女而与其发生性关系，不论幼女是否自愿，均应依照刑法第二百三十六条第二款的规定，以强奸罪定罪处罚；行为人确实不知对方是不满十四周岁的幼女，双方自愿发生性关系，未造成严重后果，情节显著轻微的，不认为是犯罪。"以上批复确立了奸淫幼女构成强奸罪应以明知对方是不满14周岁的幼女为前提的司法规则。

该司法解释颁布后，引发了一场广泛的争议。社会公众对该司法解释的误

---

① 根据1997年12月11日最高人民法院《关于执行〈中华人民共和国刑法〉确定罪名的规定》，强奸罪与奸淫幼女罪是两个独立罪名。2002年3月15日最高人民法院、最高人民检察院《关于执行〈中华人民共和国刑法〉确定罪名的补充规定》则取消了奸淫幼女罪，统称强奸罪。

357

解、法理学家对该司法解释越权的质疑①，以及刑法学家几乎众口一词地为该司法解释的辩护②，将该司法解释推到了风口浪尖。在此，去除对奸淫幼女的司法解释的社会层面的思考，以及司法解释的价值论反思，我仅从刑法教义学的视角对这场讨论进行考察。

在关于奸淫幼女的司法解释的讨论中，一般都涉及严格责任概念，这本身也是一个刑法教义学的分析思路。然而，严格责任是英美刑法的概念，在实行责任主义的德日刑法学中并不采用。本文的分析是以德日刑法学为路径的。那么，我国刑法学家是如何为奸淫幼女的司法解释辩护的呢？主客观相统一是刑法学家为奸淫幼女的司法解释辩护的理论根据。主客观相统一是我国刑法学特有的一套刑法话语，所针对的是刑法客观主义和刑法主观主义。"主客观相统一原则，基于犯罪的主观因素与客观因素可能相互分离而单独存在的客观事实，强调在解决人的刑事责任问题时必须同时考虑犯罪的客观因素与主观因素，并注意二者是否统一于犯罪行为之中，是否具有内在的一致性。这样就防止了在犯罪的主观因素与客观因素相分离的状态下只根据其中一个方面追究刑事责任的错误，使刑事责任的实际追究更趋合理。"③ 因此，主客观相统一的含义，较为接近于德日刑法学中的责任主义。然而，何以否认奸淫幼女构成强奸罪需要对幼女年龄的明知，就是违反了主客观相统一的原则？关键问题在于，对幼女年龄的明知究竟是否属于主观故意的内容。由此可见，如何正确认识奸淫幼女的司法解释所认定的明知的性质及其在犯罪论体系中的地位，是值得深入探讨的问题。

(二) 刑法总则规定的明知与刑法分则规定的明知

在为奸淫幼女的司法解释辩护的理由中，最为有力的辩解是故意要素说。这种观点认为，该司法解释中对幼女年龄的明知是刑法总则规定的犯罪故意的内

---

① 参见苏力：《司法解释、公共政策和最高法院——从最高法院有关"奸淫幼女"的司法解释切入》，载《法学》，2003 (8)，3页以下。
② 参见赵秉志主编：《主客观相统一：刑法现代化的坐标——以奸淫幼女型强奸罪为视角》，北京，中国人民公安大学出版社，2004。
③ 张智辉：《刑事责任通论》，363页，北京，警官教育出版社，1995。

刑法分则规定之明知：以表现犯为解释进路

容。我国《刑法》第 14 条规定："明知自己的行为会发生危害社会的结果，并且希望或者放任这种结果发生，因而构成犯罪的，是故意犯罪。"对幼女年龄的明知，就是故意概念中明知的具体反映。例如有学者指出："分则条文没有对奸淫幼女要求'明知是幼女'，是否意味着奸淫幼女的成立不要求行为人明知是幼女呢？答案是否定的。因为总则指导分则、补充分则，如果分则没有例外的、特别的明文规定，就必须适用总则的规定。既然根据刑法总则的规定，任何故意犯罪的成立，都要求认识到犯罪的客观构成要件要素（包括犯罪对象），那么，只要分则没有特别规定，奸淫幼女的成立就必须以明知对方是幼女（犯罪对象）为条件。也正因为如此，有的国家和地区（如意大利、格陵兰、加拿大）刑法规定，奸淫幼女的，不得以不知被害人年龄作为无罪的辩解，甚至规定过失的奸淫幼女罪。但是，在我国刑法将奸淫幼女规定为故意犯罪，又没有类似特别规定与过失犯罪规定的情况下，对被害人年龄的不知，便成为无罪的辩解。"[1] 应该说，这种观点是能够成立的。但这里涉及如何看待刑法总则规定的明知与刑法分则规定的明知的关系问题。正是在这一问题上，上述解释存在含糊之处，值得一议。一方面，其强调刑法分则关于明知的规定只不过是总则规定的明知的提示性规定，"我国的刑法分则较多地采用了'明知'的规定，由于即使没有'明知'的规定，故意犯罪的成立也要求行为人明知犯罪构成的客观要素，因此，刑法分则关于'明知'的规定都属于注意规定。基于这一理由，即使刑法分则没有明文规定'明知'要素，对于犯罪构成的客观要素，故意犯罪的行为人主观上也必须明知"[2]。注意规定是该学者用来解释刑法犯罪规定的一个术语，是指在刑法已做基本规定的前提下，提示司法工作人员注意，以免司法工作人员忽略的规定。[3] 因此，注意规定的基本功能在于其提示性，刑法分则规定关于明知的规定，都属

---

[1] 张明楷：《主客观统一原则在奸淫幼女犯罪中的贯彻》，载赵秉志主编：《主客观相统一：刑法现代化的坐标——以奸淫幼女型强奸罪为视角》，151~152 页，北京，中国人民公安大学出版社，2004。

[2] 张明楷：《主客观统一原则在奸淫幼女犯罪中的贯彻》，载赵秉志主编：《主客观相统一：刑法现代化的坐标——以奸淫幼女型强奸罪为视角》，153 页，北京，中国人民公安大学出版社，2004。

[3] 参见张明楷：《刑法分则的解释原理》下，2 版，622 页，北京，中国人民大学出版社，2011。

于注意规定。根据上述观点,刑法分则规定的明知是刑法总则故意概念中明知的一种提示性规定,因此这两种明知在性质上是同一的:刑法分则规定的明知只是刑法总则规定的明知的重复而已。另一方面,又说刑法总则规定的明知与刑法分则规定的明知之间有所不同:"刑法总则规定,故意的认识因素是'明知'自己的行为会发生危害社会的结果;刑法分则某些条文对犯罪规定了'明知'的特定内容。这两种'明知'是既有联系又有区别。总则中的'明知'是故意的一般构成要件,分则中的'明知'是故意的特定构成因素;只有具备分则中的'明知',才能产生总则中的'明知';但分则中的'明知'不等于总则中的'明知',只是总则中的'明知'的前提。"① 在这种情况下,刑法分则规定的明知又不同于总则规定的明知,是一种特定的明知。如果刑法分则规定的明知是一种特定的明知,那么它就不可能仅仅是总则规定的明知的提示性规定,而应具有其特殊的功能。尽管如此,在刑法分则规定的明知属于故意的内容,只不过是故意的特定构成要素这一点上,上述观点是明确的,而这也是最值得商榷的,因为其无异于否认了刑法分则规定的明知所具有的构成要件界定功能。应该指出,将对幼女年龄的明知归入奸淫幼女罪的主观故意内容,是完全正确的。因为这一明知并非刑法分则所规定,而应从刑法总则关于故意的概念中理所当然地引申出来的,因而可以说关于奸淫幼女的司法解释的明知规定是对刑法总则关于故意的一种提示性规定。但在对这一命题进行论证的时候,将刑法分则规定的明知与刑法总则规定的明知视为同一性质,则涉及对分则规定的明知的理解问题,这也正是本文所要关注的问题。

(三)分则性明知的分类与司法解释中的明知

我国刑法分则关于明知的规定之多,在世界各国刑法中实属罕见。因此对刑法分则规定的明知予以合理的解释也就十分重要。

在我国刑法分则关于明知的总计 31 个规定中,就其内容而言,大体上可以分为四种情形:一是对行为客体的明知,例如持有假币罪中明知是伪造的货币而持有,明知的内容就是伪造的货币。二是对行为状态的明知,例如拒不救援友邻

---

① 张明楷:《刑法学》,4 版,246 页,北京,法律出版社,2011。

刑法分则规定之明知：以表现犯为解释进路

部队罪是不作为犯罪，该罪的不作为表现为能救援而不救援，其明知的内容是友邻部队处境危急请求救援，这是为了说明行为人具有救援义务。三是属于过失犯罪的明知。应该指出，在以上我国刑法分则关于明知的规定中，绝大多数是故意犯罪，有的条文甚至标明了故意。例如徇私枉法罪不仅规定了对行为客体的明知，而且规定了其行为是故意的。但我国刑法分则还有个别情况是对过失犯罪也规定了明知。例如，一般都认为教育设施重大安全事故罪是过失的责任事故犯罪，然而《刑法》第138条也规定了明知。有学者认为，这是作为刑法总则过于自信过失的具体化而规定的。① 四是共犯的明知。共犯对于正犯具有在犯罪性质上的一定从属性，因而其主观上的明知对于认定共犯行为具有重要意义。尤其是在中立行为认定为共犯的情况下，主观上的明知对于定罪具有重要意义。② 在刑法分则中也有关于共犯的明知规定，例如为他人制造毒品而提供用于制造毒品的原料或者配剂的，只有当主观上具有明知时，才能成立制造毒品罪的共犯，这里主要是指帮助犯。由此可见，我国刑法分则对明知的规定范围十分宽泛，所以有必要指出，本文所讨论的重点乃是与故意犯罪相关的刑法分则规定的明知。

除了我国刑法分则以外，在有关司法解释中也有关于明知的解释，以上讨论的奸淫幼女的司法解释就是一个适例。此外，2001年最高人民检察院《关于构成嫖宿幼女罪主观上是否需要具备明知要件的解释》规定："行为人知道被害人是或者可能是不满十四周岁幼女而嫖宿的，适用刑法第三百六十条第二款的规定，以嫖宿幼女罪追究刑事责任。"那么，司法解释规定的明知在性质上到底属于总则规定的明知还是属于分则规定的明知？我认为，司法解释所规定的明知属于总则规定的明知，是对刑法总则犯罪故意概念中明知的一种提示性规定，而不同于分则规定的明知。例如，2002年7月8日最高人民法院、最高人民检察院、海关总署《关于办理走私刑事案件适用法律若干问题的意见》第5条对走私罪的明知专门做了规定，指出："行为人明知自己的行为违反国家法律法规，逃避海

---

① 参见张明楷：《刑法学》，4版，246页，北京，法律出版社，2011。
② 关于中立行为的研究，参见陈洪兵：《中立行为的帮助》，北京，法律出版社，2010。

关监管，偷逃进出境货物、物品的应缴税额，或者逃避国家有关进出境的禁止性管理，并且希望或者放任危害结果发生的，应认定为具有走私的主观故意。走私主观故意中的'明知'是指行为人知道或者应当知道所从事的行为是走私行为。"从该规定来看，走私罪中的明知就是走私故意中的明知。也就是说，刑法分则对走私罪没有规定明知，司法解释对走私罪明知的规定只不过是刑法总则犯罪故意概念中明知的一种提示性规定。正因为司法解释规定的明知属于刑法总则规定的明知的提示性规定，所以其也不在本文的研究视野之内。除非是对刑法分则规定的明知的司法解释，才会纳入本文的讨论范围。

关于刑法总则规定的明知与刑法分则规定的明知之间存在性质上的区别，在司法实践中被我国指导性案例所认可。例如，在王岳超等生产、销售有毒、有害食品案中，裁判理由在说明生产、销售有毒、有害食品案件中的明知如何认定时，指出：本案被告人及辩护人对本案犯罪故意中是否"明知"提出异议，一审判决认为《刑法》第144条规定的"明知"和《刑法》第14条规定的"明知"应当有所区别。总则中的"明知"是对犯罪故意成立的总的要求，或者说是所有故意犯罪的一般构成要素，其内容是"自己的行为会发生危害社会的结果"。而分则中的"明知"，其内容则较为特定，不能局限于犯罪故意的认定，还涉及定罪量刑标准等问题。[①] 以上裁判理由正确地揭示了总则规定的明知与分则规定的明知是存在区别的，不能将两者混为一谈。然而总则规定的明知与分则规定的明知为什么存在区别，以及如何加以区别，对于这些问题裁判理由并没有做出回答。因此，需要采用德日刑法学中表现犯的概念对刑法分则规定的明知予以解读，以正确区分总则规定的明知与分则规定的明知。

二、德日刑法学中的表现犯：概念与性质

在德日刑法学中，表现犯是指以内心认知作为主观构成要件要素的犯罪。由

---

① 最高人民法院刑事审判第一、二、三、四、五庭主办：《刑事审判参考》，总第81集，7页，北京，法律出版社，2012。

此可见，表现犯是因刑法分则对特定的主观要素的规定而形成的一种犯罪类型，其与目的犯的性质是极为相似的。应当指出，表现犯这个概念在我国刑法学中较为少见，与目的犯概念的广泛采用形成鲜明的对照。我国刑法学界对于目的犯之目的这一主观构成要件要素进行了较为充分的研究[1]，我也曾经专门撰文讨论我国刑法中的目的犯。[2] 相对来说，我国刑法学界对表现犯则缺乏深入研究，因此，梳理和检讨这一概念产生的过程及其性质，十分必要。

（一）德国刑法中主观违法要素理论的发展及表现犯的立法规定

表现犯是随着主观违法要素的发现应运而生的一个概念。因此，对表现犯概念产生过程的追溯，也就是对犯罪论体系从古典的犯罪论体系到新古典的犯罪论体系，再到目的行为论的犯罪论体系演变过程的回顾。

古典的犯罪论体系以德国著名刑法学家贝林为代表，主张客观违法性论，由此界定违法性与有责性之间的关系。以下这句法律格言充分揭示了这一关系："违法是客观的，责任是主观的。"在这种情况下，违法与责任的关系就被等同于客观与主观的关系，即：违法＝客观，责任＝主观。由于构成要件是判断违法性的凭证，因此，从客观违法性中没有疑义地引申出构成要件的客观性。例如贝林在其学术生涯的早期，提出了构成要件的概念，以此与违法性和有责性相对应，建立了古典的犯罪论体系。毫无疑问，贝林的构成要件是客观的，甚至直接将构成要件视为与法的价值判断相背离的、纯粹形式的、记叙的、价值中立的犯罪类型。此后，随着主观违法要素的发现，对贝林的构成要件论产生了某种程度的冲击。贝林在学术生涯的晚年，对其构成要件论做了一定的修正。例如，不再将构成要件称为犯罪类型，而是犯罪类型的指导形象或者客观轮廓，但贝林仍然否认所谓的主观构成要件要素或者主观违法要素的概念。例如他指出：如果硬要把"内在要素"从行为人精神层面上塞入构成要件之中，就会陷于方法论的歧途；所谓主观构成要件要素是犯罪类型本身的要素，而不是从犯罪类型中提炼出来的

---

[1] 参见付立庆：《主观违法要素理论——以目的犯为中心的展开》，北京，中国人民大学出版社，2008；欧阳本祺：《目的犯研究》，北京，中国人民公安大学出版社，2009。

[2] 参见陈兴良：《目的犯的法理探究》，载《法学研究》，2004（3），72页以下。

指导形象的要素。① 在贝林之后,对主观违法要素理论做出了巨大贡献的是德国刑法学家迈耶。迈耶认识到在构成要件中存在主观要素,这些主观要素对违法性的判断具有重要影响。但迈耶又自相矛盾地坚持构成要件是客观的,因而把构成要件中的主观要素归入责任,即在"责任是主观的"这一命题下处理主观违法要素的体系性地位。这是一种不彻底的主观违法要素论。正如德国学者指出,主观违法要素理论的全面发展应当归功于麦兹格。② 麦兹格肯定了主观违法要素的概念,认为类型化了的主观违法要素就是主观的构成要件要素。为区分主观违法要素和故意、过失等责任要素,麦兹格提出了以下著名的命题:责任要素是"外部的行为的单纯的意欲",而主观违法要素是"外部行为的有意义的意欲"。

那么,如何区分这里的"单纯的意欲"和"有意义的意欲"呢?我认为,关键的问题是怎么界定这里的"意义"。以我的理解,这里的"意义"是指对于违法性判断的意义。也就是说,在意欲(主观要素)对于违法性判断具有意义的情况下,这种意欲就是主观违法要素。如果这种意欲(主观要素)对于违法性判断没有意义,就是责任要素。麦兹格的这一思想确定了主观违法要素的地位,尤其是揭示了主观违法要素与责任要素的界分,具有重要意义。当然,麦兹格仍然把故意与过失归入责任,在例外的情况下肯定主观违法要素的存在。麦兹格进一步将含有主观心理色彩成分的构成要件划分为三种类型,即所谓目的犯(Absichtsdelikte)、倾向犯(Tendenzdelikte)和表现犯(Ausdrucksdelikte)。③ 及至目的论的犯罪论体系产生以后,规范责任论取代了心理责任论,因此故意与过失等心理要素被从责任范畴中"逐出",而被纳入构成要件,由此颠覆了构成要件的客观性。正如德国学者指出:从目的的行为结构中得出这样的结论,即故意必须与其他主观的不法特征一起,共同属于犯罪构成要件范畴,因为犯罪构成要件的任

---

① 参见[德]恩施特·贝林:《构成要件理论》,王安异译,16~17页,北京,中国人民公安大学出版社,2006。

② 参见[德]汉斯·海因里希·耶赛克、托马斯·魏根特:《德国刑法教科书》,徐久生译,382页,北京,中国法制出版社,2001。

③ 参见付立庆:《主观违法要素理论——以目的犯为中心的展开》,32页,北京,中国人民大学出版社,2008。

刑法分则规定之明知：以表现犯为解释进路

务是在所有的对处罚具有意义的不法特征方面来说明行为。主观的构成要件特征现在更多地被以"个人的不法要素"的大概念形式，与故意合二为一，并被作为"行为非价"（Handlungsunwert）与"结果非价"（Erfolgsunwert）相对立①。目前在德国刑法学界，行为与结果无价值的二元论占据主导地位，主观构成要件成为通说，只不过把主观构成要件进一步分为一般的主观构成要件与特殊的主观构成要件。在特殊的主观构成要件中，讨论目的犯、倾向犯和表现犯。

在《德国刑法典》中，主观违法要素的立法例并不是很多，相对来说目的犯的规定较多，因此在德国刑法学中对目的犯进行了较为充分的研究。而倾向犯和表现犯的规定较少，因而对此的研究也较为薄弱。关于表现犯，德国学者在界定的时候有的强调其行为显示了行为人的一种内心过程②，有的则强调行为人的外部行为与内心认识状态相矛盾。③ 第一种表述中的内心过程这个概念过于粗疏，而第二种表述中的外部行为与内心认识状态相矛盾则较为明确，但只有证言犯才能体现这种内心认识与外在行为的矛盾。例如德国学者一般都以《德国刑法典》第153、154、156条所谓证言犯，以及第138条知情不举犯为例，来说明表现犯。证言犯中的虚假言词，从字面上来看似乎没有涉及行为人的主观要素。但证言犯是以行为人明知其言词与事实情况不相符合为前提的，如果行为人误以为其证言与事实情况相符合而陈述，则因缺乏主观违法要素而不构成该罪。在这种情况下，明知其证言虚假就成为证言犯构成要件的主观要素。因此，虽然德国刑法在关于证言犯的构成要件中并没有明文规定主观要素，但该主观要素可以从虚假言词中推导出来。至于知情不举，《德国刑法典》第138条规定了"确实知道"这一主观要素。在确实知道的情况下不予告发，确实知道就成为产生具体告发义务的主观前提。因此，只有在确实知道的情况下，不予告发这一行为才具有违

---

① ［德］汉斯·海因里希·耶赛克、托马斯·魏根特：《德国刑法教科书》，徐久生译，260～261页，北京，中国法制出版社，2001。
② 参见［德］克劳斯·罗克辛：《德国刑法学总论》，第1卷，王世洲译，208页，北京，法律出版社，2005。
③ 参见［德］汉斯·海因里希·耶赛克、托马斯·魏根特：《德国刑法教科书》，徐久生译，385页，北京，中国法制出版社，2001。

法性。

(二) 日本学界对主观违法要素及表现犯概念的态度

主观违法要素的概念也被日本刑法学界所认同,只是在主观违法要素的性质上存在不同见解。例如小野清一郎认为:构成要件中有主观要素这一点,无论在实定法上,还是在理论上,都是不能否定的。如果是这样,那么问题就在于它在实质上是属于违法性呢,还是属于责任。他认为:在主观要素的三种构成要件中,所谓表现犯的主观要素是属于违法性方面的;但是倾向犯及目的犯中的主观要素,就不是违法要素,而往往属于道义责任。[①] 其理由是:在表现犯的情况下,离开了主观要素,例如知情不举中的知道事实真相,则其客观行为,例如不予举报就不具有违法性。因为法律只将报告义务赋予了解事实的人,只要不具备了解事实这一条件,一般地说就不存在法律义务。所以,不报告,只有在了解事实而不报告的场合才应当是违法的。因此,表现犯的主观要素是主观违法要素。至于倾向犯和目的犯,从行为客观方面就可以观察出其是违法的。例如,倾向犯中的猥亵或者侮辱,其行为都是违法的。目的犯中的伪造货币,即使没有行使目的也是违法的,只是在具有行使的目的时,才开始构成伪造货币罪。因此,倾向犯中的内心倾向和目的犯中的目的都属于责任要素而非违法要素。[②] 应该说,在日本刑法学界,小野清一郎是肯定表现犯为主观违法要素的少数学者中的一位。

日本刑法学界关于主观违法要素存在肯定说与否定说之分。行为无价值论一般都肯定主观违法要素,不仅肯定特殊的主观违法要素,而且肯定一般的主观违法要素。例如大塚仁指出:作为构成要件性行为的主观要素,可以举出故意、过失、目的等。除了目的犯之外,作为包括主观违法要素的犯罪,麦兹格还提出了倾向犯和表现犯这种观念。所谓倾向犯,是指行为是作为表现行为人的主观倾向而发生的,只有在能够看出这种倾向时,才肯定构成要件符合性。例如,公然猥

---

① 参见 [日] 小野清一郎:《犯罪构成要件理论》,王泰译,64~65、67 页,北京,中国人民公安大学出版社,2004。

② 参见 [日] 小野清一郎:《犯罪构成要件理论》,王泰译,64~65、67 页以下,北京,中国人民公安大学出版社,2004。

亵罪、强制猥亵罪等,只有在刺激或者满足行为人的性冲动的倾向下进行时,才视为犯罪。外表上虽然是同样的行为,以诊断和治疗的目的进行的行为等则不包含在内。表现犯,是指行为是作为行为人内部的、精神的经过或者状态而显现的。不比较外部的事象和行为人的精神面,就不能正确地判断其违法性和构成要件符合性。例如,伪证罪,只有在行为人违反其记忆做了虚假的陈述时,才成为犯罪。① 由此可见,他对主观违法要素是全面肯定的。故意与过失,在大塚仁的犯罪论体系中具有双重意义:既是构成要件要素,又是责任要素。但目的等特殊的主观违法要素是否同时又是责任要素呢?对此,并没有论及。

至于结果无价值论对于主观违法要素的态度,一般来说,故意与过失这样的主观要素都被认为是责任要素,因而不承认所谓一般主观违法要素的概念。但对于目的等特殊的主观违法要素是否承认又存在不同见解。其中,既有像山口厚这样肯定特殊的主观违法要素的学者,又有像前田雅英教授这样否定主观违法要素的学者。山口厚指出:违法性的实质是法益侵害、危险的引起,由于有无法益侵害和行为人的意思无关,故而基本上不能认可主观的违法要素,但在属于构成要件要素的结果是法益侵害之危险的场合,例外情况下也存在着行为人的行为意思(并非单纯的对事实的认识)通过对有无法益侵害之危险及其程度施加影响,而能够作为违法要素予以认可的场合。② 值得注意的是,山口厚所认可的主观违法要素的范围是极其窄小的,仅承认作为主观的超过要素的目的是主观违法要素,至于倾向犯和表现犯都不认可其主观违法要素之存在。例如在论及表现犯时,山口厚指出:内心的表现成为处罚对象的犯罪(这称为表现犯)中的内心状态属于主观的违法要素吗?关于伪证罪中的"虚假的陈述"的含义素有争论,其中,判例从把陈述与内心记忆的不一致理解为"虚伪"的主观说出发,承认了其属于主观的违法要素。但是,若是把针对违反"符合记忆进行陈述"这一义务的认识本身作为主观的违法要素的话,即便主观说也认为是违反记忆的客观的陈述

---

① 参见〔日〕大塚仁:《刑法概说(总论)》(第3版),冯军译,142页,北京,中国人民大学出版社,2003。
② 参见〔日〕山口厚:《刑法总论》(第2版),付立庆译,95页,北京,中国人民大学出版社,2011。

奠定了违法性的基础，并不意味着单纯的内心状态成了违法要素。在这个意义上，与围绕着"虚伪"含义的主观说和客观说的对立无关，无论如何，不能认可这种主观的违法要素。① 他在这里所说的关于虚伪的主观说和客观说，是指对虚伪的两种不同理解。按照主观说，是否虚伪应以行为人的主观认识为标准，因此主观认识为 A，但其陈述为 B，即使所陈述的 B 与客观真实相符合，也属于虚假陈述。而按照客观说，是否虚伪应以客观真实为标准，只要行为人的陈述违背客观真实，无论其主观认识如何，都属于虚假陈述。日本刑法学界一般认为，如果主张客观说则虚假性的认识是一个故意的问题，没有必要承认主观违法要素。只有在主张主观说的情况下，其符合事实真相的陈述要认定为虚假陈述，才有必要承认主观违法要素。例如，西田典之指出：表现犯是指因表现行为者的内心而成立的犯罪。伪证罪就是典型的表现犯。就伪证的含义采取主观说者认为，其违法性在于证人作出有违自己的记忆的证言。但如果采取客观说，即伪证是指证言内容有违客观真实，则虚假性的认识应归结为故意的问题。这样便没有必要肯定目的犯以外的其他主观性违法要素。② 但山口厚认为：无论是主观说还是客观说都没有必要承认主观违法要素，因为在主张主观说的情况下，违反记忆的陈述本身是违法性的基础，其判断仍然是客观的。但违反记忆而又符合真相的陈述，如果仅从客观外观上来看，并不能认为是虚假的陈述。只有结合行为人的主观认识，才能确认其陈述是违反记忆的，因而是虚假的陈述。就此而言，在采用主观说的情况下否认主观违法要素的观点并非无懈可击。前田雅英是把构成要件分为客观的不法构成要件和主观的责任构成要件。在这种情况下，故意与过失以及其他主观要素都被类型化为主观的构成要件要素，因此不承认主观违法要素的概念。③ 基于此，前田雅英不承认表现犯的概念。

---

① 参见〔日〕山口厚：《刑法总论》（第 2 版），付立庆译，97~98 页，北京，中国人民大学出版社，2011。
② 参见〔日〕西田典之：《日本刑法总论》，刘明祥、王昭武译，65 页，北京，中国人民大学出版社，2007。
③ 参见付立庆：《主观违法要素理论——以目的犯为中心的展开》，134 页，北京，中国人民大学出版社，2008。

刑法分则规定之明知：以表现犯为解释进路

综上，在德日刑法学中，对于建立在主观违法要素理论基础上的表现犯，存在不同观点的聚讼。刑法学家从各自不同的逻辑前提出发，得出了不同的结论。尤其是德日学者对表现犯都能够结合本国刑法的规定进行研究，从而使其理论具有实践价值，这种研究方法是值得借鉴的。

三、我国刑法学中的表现犯：借鉴与争议

在我国四要件的犯罪论体系中，不存在主观违法要素的概念，因此也就没有采用表现犯的分析工具对刑法中的规定进行研究。近年来，随着德日刑法知识，尤其是三阶层犯罪论体系引入我国，主观违法要素理论开始受到学者的重视，但表现犯的理论仍然是被忽视的。

（一）接受表现犯概念的逻辑基础与学界对此概念的争议

四要件的犯罪论体系将犯罪构成要件区分为客观要件和主观要件。在这种主客观两分法的逻辑中，客观的归客观，主观的归主观，也就没有主观违法要素存在的余地。例如，俄罗斯学者把犯罪的主观方面要件分为基本要件和补充要件（或称选择要件）。罪过是所有犯罪主观方面的基本要件，而动机、目的和情感状态属于选择要件。基本要件的本质在于，其存在于一切犯罪之中，而选择要件在一些犯罪中并不存在。因此，将犯罪主观方面分为基本要件和选择要件，不是因为罪过存在于一切犯罪之中，而是因为动机、目的和情感状态在一些犯罪中可能不存在。[1] 这里的犯罪主观方面基本要件和选择要件并没有正确地揭示两者的差别。其实，基本要件是由刑法总则规定的，而所谓选择要件是由刑法分则规定的，二者的功能不同：前者是在具备刑法分则规定的构成要件的基础上，为责任的追究提供主观根据；后者则是和刑法分则中规定的其他客观要素一起，形成某一具体犯罪的构成要件。但在四要件的犯罪论体系中，构成要件的概念实际上已

---

[1] 参见［俄］Л. В. 伊诺加莫娃-海格主编：《俄罗斯联邦刑法（总论）》，黄芳等译，83页，北京，中国人民大学出版社，2010。

经缺失，刑法总则规定的犯罪主观要素和刑法分则规定的主观要素的区分几乎不可能。因此，所谓基本要件与选择要件只是一种十分表面化的说法，未能触及事物的本质。以往在我国刑法学界因为秉承四要件的犯罪论体系，也没有正确地阐述以上两种犯罪主观要素之间的区别。我国学者也在犯罪构成的主观方面中讨论动机与目的。在论及刑法分则规定的目的时，有学者指出："犯罪目的尽管对直接故意的形成具有重要的意义，但目的本身并不是犯罪构成的要件。只有当法律为限制某种犯罪的范围，特别指明某种犯罪必须具有一定目的时，犯罪目的才成为该罪的构成要件。犯罪目的是行为人实施犯罪行为所要达到的结果的主观反映。追求犯罪目的的实现，正是希望性故意（直接故意）固有的特征。刑法要求某些犯罪具有特定的目的，不仅意味着过失不能构成此种犯罪，而且表明该种犯罪由特殊的故意构成，也即不是普通的故意，而是以特定目的为内容的直接故意。"[1] 在这种情况下，刑法分则规定的目的不过是直接故意的提示性规定，与故意并没有区别。按照这样的逻辑，刑法分则规定的明知也同样是故意的内容，属于犯罪构成的主观方面要件，因此，也就没有表现犯独立存在的余地。此后，我国学者将刑法分则规定的目的与故意加以区分，指出："这种规定的意义在于说明，这些犯罪不仅是故意犯罪，而且另外还要求特定目的。"[2] 但由于在四要件的犯罪论体系中没有主观违法要素的概念，特定目的在犯罪论体系中的地位无从确立，表现犯的分析工具仍没有逻辑基础。

在引入三阶层的犯罪论体系以后，违法与有责作为犯罪两大支柱的观念逐渐建立起来，主观违法要素的概念也开始被我国学者所接受。首先是目的犯的概念，倾向犯和表现犯的概念也得到了一定程度的探讨。一些学者肯定表现犯的观点，例如有学者指出：根据刑法理论，故意的认识对象是构成要件的客观事实，也就是说，构成要件的客观事实具有规制故意内容的功能。但是对于表现犯来说，故意的内容不能完全依靠客观要素来判断。例如，在伪证罪中，行为人陈述

---

[1] 高铭暄主编：《刑法学原理》，第 2 卷，121 页，北京，中国人民大学出版社，1993。
[2] 高铭暄主编：《刑法专论》上编，253 页，北京，高等教育出版社，2002。

刑法分则规定之明知：以表现犯为解释进路

的事实是否与客观事实相符合，对于行为人犯罪故意的认定无济于事；犯罪故意的有无取决于行为人陈述的事实与行为人记忆的事实是否一致。也就是说，在伪证罪中，行为人是否具有犯罪故意，难以从客观上判断，而必须结合行为人主观心理态度来判断。在这一点上，表现犯有其存在的价值。① 而有学者从其结果无价值论出发，否认主观违法要素的概念，只是在主观超过要素的意义上承认目的犯。在论及表现犯时认为：所谓表现犯，是指行为反映了行为人的内部经过或者状态的犯罪；对这种犯罪的认定，必须将外部的事实与行为人的主观心理进行比较，否则不可能判断其构成要件符合性与违法性。伪证罪通常被认为是表现犯的适例，但主观说难以被人接受。因为证言是否虚假，应以证人陈述的内容与客观事实是否符合为标准进行判断。只有违背客观事实的证言，才可能妨害司法活动。如果联系主观方面考虑，虚假应是违反证人的记忆与实际体验且不符合客观事实的陈述。如果违反证人的记忆与实际体验但符合客观事实，就不可能妨害司法活动，不能认定为伪证罪；如果符合证人的记忆与实际体验但与客观事实不相符合，则行为人没有伪证罪的故意，也不可能成立伪证罪。因此，伪证罪不是表现犯，表现犯的概念也没有存在的必要。② 应该说，该学者的以上论断，与其所坚持的绝对的结果无价值论的学术立场具有极大的相关性。他在论及结果无价值论与行为无价值论的区别时指出：结果无价值论认为，判断行为是否违法，只能以行为的客观面为根据；不管行为人的主观能力、意识内容如何，只要客观上违反法律，就具有违法性。行为无价值论则认为，判断行为是否违法，不能仅以行为的客观面为根据，而应同时考虑行为人的主观能力与意识内容。于是，结果无价值论者一般不承认主观的违法要素，而行为无价值论者则普遍承认主观的违法要素。③ 但是，结果无价值论者并非完全否认主观违法要素，例如，作为结果无价值论者的山口厚虽然否认故意、过失是主观违法要素，但还是例外地认可在超

---

① 参见欧阳本祺：《目的犯研究》，165~166页，北京，中国人民公安大学出版社，2009。
② 参见张明楷：《刑法分则的解释原理》上，2版，460~461页，北京，中国人民大学出版社，2011。
③ 参见张明楷：《刑法的基本立场》，171页，北京，中国法制出版社，2002。

过的主观要素意义上的目的犯之目的是主观违法要素。① 我个人也是赞同结果无价值论的②，但主张的是相对的结果无价值论，因此并不否认特定情况下的主观违法要素。③ 这里的特定情况，就是指刑法分则关于主观要素的规定，例如目的、明知等情形。当然，刑法分则规定的主观要素是否一概归于主观违法要素还值得进一步讨论。例如，我国刑法分则在某些条文中规定了故意（例如故意杀人罪）与过失（过失致人死亡罪）等，这里的故意与过失的性质如何界定还值得研究。无论如何，一概否认主观违法要素，虽然能将结果无价值论的学术立场贯彻到底，但在解释刑法分则规定的主观要素时就会无能为力。

以上围绕着表现犯概念展开的讨论，只是日本刑法学界的争论在我国的翻版。这里有一点需要着重指出，就是在我国学者对表现犯的讨论中，仍然采用伪证罪的例子，但我国《刑法》第305条关于伪证罪的规定，与德日刑法都不相同，强调了"故意作虚假证明、鉴定、记录、翻译，意图陷害他人"。在这种情况下，讨论表现犯的余地并不大。而我国刑法在分则中大量规定了明知的要素，我国学者并没有将其作为表现犯进行讨论，而是把它理解为故意的特别规定，这是令人遗憾的。

值得注意的是，我国台湾地区学者将确信之违反作为表现犯之特定意态，指出：所谓确信，指认识某事物，已达于极深之程度；亦即所谓明知者是。若只为"预见"，而非"明知"，尚不得谓为确信。例如：在假酒充斥之市场，购得之酒，虽有其可能为假酒之预见，但尚不得谓已明知其为假酒；亦即尚未系确信其为假酒。依刑法分则或其他特别刑法之规定，须明知如何如何，始构成犯罪者，皆属确信之违反。例如：滥权追诉罪，须明知为无罪之人，而使其受追诉，始能成立；贩卖伪品罪，须明知为伪造或仿造之商标、商号之货物而贩卖，始能成立；公务员登记不实罪，须明知为不实之事项，而予登载，始能成立皆是。亦有在条文上虽未明定"明知"字样，而依其性质，当然以出于"明知"为必要者，亦属

---

① 参见[日]山口厚：《刑法总论》（第2版），付立庆译，95页，北京，中国人民大学出版社，2011。
② 参见陈兴良：《教义刑法学》，340页，北京，中国人民大学出版社，2010。
③ 关于相对的结果无价值一元论视野下的主观违法要素的原则否认与例外肯定的观点，参见付立庆：《主观违法要素理论——以目的犯为中心的展开》，134页，北京，中国人民大学出版社，2008。

确信之违反。例如：枉法裁判罪，须明知法律故为出入，始能成立；伪证罪，须明知为虚伪之事项，而予陈述，始能成立皆是。表现犯之所表现者，即为此内心之"明知"状态。① 由此可见，台湾地区学者根据其"刑法"关于明知的规定，而采用了表现犯的理论进行解释。

（二）刑法分则规定的明知是主观违法要素同时也是主观的构成要件要素

我国刑法分则虽有大量明知的规定，但学界对此却没有采用表现犯的解释进路。如上所述，否认主观违法要素观点的学者，当然不可能将刑法分则规定的明知解释为表现犯；即使是主张主观违法要素理论的学者，也没有将刑法分则规定的明知归入表现犯的范畴。在此，首先需要对刑法分则规定的明知是主观违法要素的命题加以论证。

明知是一种主观要素，这是没有问题的。那么，它究竟是主观违法要素还是责任要素？对此，我国学者并没有展开讨论。这里涉及违法要素与责任要素的区分标准问题：一般认为，违法要素决定行为的法益侵害性，而责任要素与法益侵害性的判断没有关系。在通常情况下，违法要素都是客观的，法益侵害是由客观行为造成的，而刑法分则的具体罪状描述就是类型化了的法益侵害行为。在这个意义上，构成要件是违法行为类型。构成要件具有违法性推定机能，在一定程度上说，构成要件的判断就是违法性认定。但是在极少数情况下，主观要素发挥着与客观要素相同的功能。日本学者泷川幸辰指出：主观的违法要素可以起着这样的作用，即可以决定同样的外部举止活动哪一个是有侵害性的，或是决定哪一个侵害是严重的。主观违法要素将外部的、事实上的、客观的举止活动的侵害性赋予了个性，因而它和客观的要素一样，也属于违法类型的要素。② 我以为，泷川幸辰的以上论述是十分精辟的。在一般情况下，通过客观行为以及结果可以进行违法性判断。当然，这里的违法性是指形式违法性，只有排除了违法阻却事由以后才能获得实质违法性。例如杀人行为，在一般情况下可以将其判断为违法，但

---

① 参见郑健才：《刑法总则》，128～129 页，台北，三民书局，1985。
② 参见 [日] 泷川幸辰：《犯罪论序说》，王泰译，41 页，北京，法律出版社，2005。

在某些情况下，客观行为本身具有中性，难以从其外观做出违法性的判断。例如，我国《刑法》第 258 条规定的重婚罪包括两种行为：一是有配偶而重婚，这是指本人有配偶而与他人结婚；二是明知他人有配偶而与之结婚。第一种行为在客观上就是重婚，其行为的重婚性质与主观要素无关。但第二种行为因为本人是单身，在缺乏对他人有配偶明知的情况下，与他人结婚的行为就是一种正常的结婚行为；只有明知他人有配偶而又与之结婚，其行为才能评价为非法的结婚行为，即重婚。十分值得回味的是，我国刑法分则第 3 章第 1 节关于生产、销售伪劣商品罪的规定，除了第 140 条（生产、销售伪劣产品罪）、第 141 条（生产、销售假药罪）、第 142 条（生产、销售劣药罪）、第 143 条（生产、销售不符合安全标准的食品罪）及第 144 条（生产、销售有毒、有害食品罪）前半段以外，第 145 条（生产、销售不符合标准的医用器材罪）、第 146 条（生产、销售不符合安全标准的产品罪）、第 147 条（生产、销售伪劣农药、兽药、化肥、种子罪）、第 148 条（生产、销售不符合卫生标准的化妆品罪）的构成要件都采取了对生产没有规定明知，但对销售则规定了明知这样一种立法模式。之所以如此规定，是因为对于生产者来说，伪劣产品是其制造出来的，没有必要规定明知，其生产伪劣产品行为本身就具有违法性。对于（非生产者的）销售者来说，缺乏明知其行为的违法性就没有达到应受刑罚处罚的严重程度。在这个意义上说，这里的明知也具有违法性程度的标识功能。

（三）刑法总则规定的明知属于有责性要素

在论证了刑法分则规定的明知属于违法要素的基础上，还要进一步讨论刑法分则规定的明知与总则关于犯罪故意规定中的明知之间的区别。关于这两者的区别，我国台湾地区学者曾经做过以下论述："刑法总则上所称之明知，与刑法分则上所称之明知不同。前者，系作为基本主观要件之一种基础；后者则系一种特定主观要件。犯罪须具备此特定主观要件时，刑法分则之明知为第一次明知，刑法总则之明知为第二次明知。有第一次之明知，未必即有第二次之明知。"[①] 我

---

① 郑健才：《刑法总则》，96 页，台北，三民书局，1985。

刑法分则规定之明知：以表现犯为解释进路

认为，这里的"有第一次之明知，未必即有第二次之明知"这句话十分重要。可以想见，如果刑法分则规定的明知属于故意中的明知，是故意的内容，则只要有第一次明知就必然有第二次明知。在这种情况下，刑法分则规定的明知就只具有提示功能，而没有独立存在的价值。此外，"有第一次之明知，未必即有第二次之明知"还揭示了刑法分则规定的明知与刑法总则规定的明知之间的递进关系：第一次明知属于构成要件，是主观违法要素，而第二次明知属于责任要素。就违法与责任的关系而言，没有违法也就没有责任，但即使违法也不一定有责任。所以说，刑法分则规定的明知是刑法总则规定的明知的前提，但却不是其本身的要素。因为具有第一次之明知，在一般情况下就具有第二次之明知，那么如何理解这里的虽有第一次之明知却没有第二次之明知的情形呢？如果不深入思考，有时难以理解。在此，关键问题是如何区分第一次明知与第二次明知。郑健才曾经举了一个例子说明第一次明知与第二次明知的区别："台湾'刑法'第213条规定了登载不实罪，其构成要件是：公务员明知为不实事项，而登载于职务上所掌之公文书，足以生损害于公众或他人。例如公务员在职务上掌管甲乙两种账簿，应在甲账簿登载一万元，在乙账簿登载一千元。若在甲账簿登载一千元，在乙账簿登载一万元者，即为登载不实，此为该公务员所明知（第一次明知）。亦即已具备该罪之特定主观要件。在具备此要件之情形下，倘该公务员进而明知甲账簿非乙账簿，而在甲账簿为一千元之记载，则此为第二次明知，已成为确定故意。倘该公务员非有此第二次明知，而仅系不分辨账簿之为甲为乙，随意分别为一万元及一千元之登载，以致登载不实，亦只为不确定故意，而非确定故意。"[①] 在此，对应在甲账簿登载一万元、在乙账簿登载一千元的明知，是第一次明知；对甲账簿非乙账簿的明知，是第二次明知。如果没有第一次明知，即没有认识到应在甲账簿登载一万元，在乙账簿登载一千元，则其在甲账簿登载一千元、在乙账簿登载一万元的不实登载行为不具有该罪的构成要件该当性。如果有此第一次明知，但没有第二次明知，即不分辨账簿之为甲为乙，则虽然具备不实登载罪的构成要

---

① 郑健才：《刑法总则》，96页，台北，三民书局，1985。

375

件该当性，但没有故意而不具备责任要件。以上是以台湾地区"刑法"规定的犯罪为例进行讨论。由于我们对该罪名的构成要件不甚熟悉，显得有些难以理解。在此，我接下来以我国刑法规定的犯罪为例进行分析。应该指出，我国刑法关于明知的规定，不像上述规定那样复杂。刑法规定的明知基本上是对行为客体的明知，本来应该属于故意的认识因素，却被立法者为限制犯罪成立的范围而作为构成要件要素加以规定。在这种情况下，作为故意内容之一的对行为客体的明知被前置为构成要件，可以称为是一种前置型的明知。故意的明知被前置以后，故意的认识因素不再包括对行为客体的明知，只是对行为性质的明知以及对其他构成要件要素的明知。例如《刑法》第172条持有、使用假币罪，其构成要件是明知是伪造的货币而持有、使用。对假币的明知是第一次明知，这是对持有、使用假币罪的行为客体的明知。而对其行为是持有、使用假币行为的明知，则是第二次明知。

　　在三阶层的犯罪论体系中，如果坚持构成要件的违法行为类型说，则刑法分则规定的明知属于第一阶层中构成要件的要素，而刑法总则规定的明知属于第三阶层中有责性的要素。在法律评价上，两者是有所不同的。例如《刑法》第259条规定的破坏军婚罪，刑法分则规定明知是现役军人的配偶而与之同居或者结婚的构成本罪。因此，如果缺乏这种明知，是破坏军婚罪的构成要件不具备，因而也就不具有违法性。但《刑法》第236条第2款规定的奸淫幼女型的强奸罪，只要在客观上与不满14周岁的幼女发生性行为，就具备了构成要件该当性。缺乏对幼女年龄的明知，这是一个在有责性中解决的问题。换言之，即使在不知对方是不满14周岁的幼女的情况下与之发生性行为，也是违法的，只不过不追究责任而已。又如《刑法》第360条第1款规定了传播性病罪，其构成要件是明知自己患有梅毒、淋病等严重性病而卖淫、嫖娼。如果缺乏这里的明知，则该罪的构成要件不具备。而《刑法》第360条第2款规定的嫖宿幼女罪，其构成要件是嫖宿不满14周岁的幼女。因为刑法分则没有规定明知，尽管司法解释规定了明知，但只要在客观上嫖宿不满14周岁的幼女，该罪的构成要件就具备了。至于有没有明知，那是故意是否存在的问题。比较以上两种情况，没有刑法分则规定的明知是欠缺违法性，而没有刑法总则规定的明知是在具备违法性的前提下缺乏有责性，这是两种

不同的法律评价。

四、刑法分则规定的明知：分析与认定

对于我国刑法分则规定的明知在实体上如何界定，以及在司法实践中如何认定，是一个亟待解决的问题。因为这里的明知属于主观范畴，其内容界定和司法认定都具有不同于客观要件的特点，应从法理上予以探讨。

（一）必须从确定性认识的意义上去把握刑法分则规定的明知

在理解刑法分则规定的明知的时候，首先需要将其与刑法总则规定的明知的含义加以比较。刑法理论上一般认为，刑法总则在犯罪故意概念中规定的明知是犯罪故意的认识因素，包括两种情形：一是明知结果可能发生，二是明知结果必然发生。因为我国刑法关于故意的规定是以明知自己的行为会发生危害社会的结果为内容的，明知的终极指向是结果，而结果的发生可以分为可能发生与必然发生两种情形，所以对故意的明知也做了以上两种区分。但实际上故意的明知对象不仅包括结果，还包括行为、行为客体等内容。对于这些认识对象来说，并不存在可能发生与必然发生的问题，只是一个存在还是不存在的问题。因此，可以与刑法分则规定的明知相对比的只能是对行为以及行为客体或者行为状态的认识。就这一认识内容而言，明知就是一个主观对于客观状况的反映问题，是一个认识论的问题。以此为内容进行比较，我认为刑法总则规定的明知与刑法分则规定的明知不是一般明知与特殊明知的关系。如前所述，我国刑法分则规定的明知是一种前置型的明知，因此其不是对刑法总则规定的明知的例外，两者是一种并列关系。在这种明知的立法例中，明知在具体犯罪的构成要件中发挥了更多的限定性作用，使缺乏明知的行为从构成要件中排除，而不是在故意中予以排除。

这里涉及一个值得研究的问题：以明知为构成要件的犯罪是否可以由间接故意构成？对此，在我国台湾地区刑法学界也存在争议，可以分为肯定说和否定说。例如林山田教授在论及公务员登载不实罪的主观罪过时指出，本罪的构成要件故意仅以直接故意为限，行为人若仅具间接故意，则不足以构成本罪。[1] 但也有学者不

---

[1] 参见林山田：《刑法各罪论》（修订5版）下册，289页，北京，北京大学出版社，2012。

同意以上观点，指出：学者间有主张凡刑法分则规定以明知为要件之一之犯罪，必须有确定故意，始能成立者，乃将刑法分则上之明知，与刑法总则上之明知，混而为一之故。① 这里所说的确定故意是相对于不确定故意而言的，确定故意往往被认为是直接故意的别称，而不确定故意则被认为是间接故意的别称。② 这里涉及的更为深层次的问题是：直接故意与间接故意的区分到底在于认识因素还是意志因素，抑或两者？显然，确定故意与不确定故意之称，是从认识因素上区分直接故意和间接故意的，即前者的认识是确定性认识，后者的认识是不确定性认识。但在刑法理论上，更强调意志因素：直接故意对于结果是希望其发生的，而间接故意对于结果是放任其发生的。当然，对于直接故意与间接故意的认识因素是否存在区分，还是有分歧意见的。按照台湾地区学者的观点，第一次明知是确信之违反，当然只能是确定认识；但第二次明知可以是不确定的认识。由于两次明知的对象不同，所以其确定与否也就不同。这样说起来，肯定说还是有一定道理的。

关于以明知为构成要件的犯罪是否可以由间接故意构成的问题，在我国大陆刑法学界未见否定的观点，但见肯定的观点。例如有学者认为，当刑法分则规定以明知为要件时，并不排除间接故意的可能性。③ 但为什么不能排除，未见其阐述理由。我认为，刑法分则中的明知基本上是对行为客体的明知，这种明知本身是确定性的认识。因此，在行为犯的情况下，刑法分则规定明知的犯罪都只能是直接故意。例如，明知他人有配偶而与之结婚，行为人的主观心理显然是直接故意。但在结果犯的情况下，由于直接故意和间接故意的区分取决于对结果是希望还是放任的心理态度，就此而言，刑法分则规定的明知确实并不能否认间接故意的存在。《刑法》第148条规定的生产、销售不符合卫生标准的化妆品罪，在以销售行为构成本罪时，要求行为人主观上对不符合卫生标准的化妆品具有明知。

---

① 参见郑健才：《刑法总则》，96页，台北，三民书局，1985。
② 有学者认为，把确定故意等同于直接故意，把不确定故意等同于间接故意，是欠妥的。事实上，确定故意未必就是直接故意，不确定故意未必就是间接故意。参见姜伟：《罪过形式论》，152页，北京，北京大学出版社，2008。
③ 参见张明楷：《刑法学》，4版，246页，北京，法律出版社，2011。

刑法分则规定之明知：以表现犯为解释进路

本罪属于结果犯，因此虽然行为人对不符合卫生标准的化妆品具有明知，但对造成严重后果却可能是放任的，由此构成间接故意犯罪。

刑法分则规定的明知就其认识内容的确定性程度而言，确实要比刑法总则规定的明知高一些。正是在这个意义上，我国台湾地区学者认为表现犯的本质是确信之违反，是一个反真实的问题。有学者指出："确信，原系认识问题，属于观念范围，非属于意思范围；如明知鹿为鹿，马为马是。但确信之违反，则已进入意思范围；如指鹿为马是。此种确信之违反，与目的犯之意图不同；盖确信之违反，系反真实的心理状态，因其反真实而受非难；而意图，系因其目的不法，而受非难，并非反真实问题。确信之违反，又与倾向犯之意欲不同；盖意欲，系因其心理倾向不法，而受非难，亦非反真实之问题。"[1] 因此，刑法分则规定的明知已经不是一般意义上的认知问题，而是一个反真实的问题。应该说，这一对表现犯本质的概括是十分精彩的。我们在认定刑法分则规定的明知时，必须从确切性认识的意义上去把握明知的内容。

在我国刑法理论上，如何理解刑法分则规定的明知，这个问题存在表述上的差异，并引起了讨论。在《刑法》第219条第2款关于侵犯商业秘密罪的规定中，曾经出现明知与应知的并列，因此对应知如何理解产生了不同的观点。我国刑法关于过失犯罪的规定采用了应当预见而没有预见的表述，而应知往往被理解为应当知道，所以应知就是一种过失的心理特征，主要是疏忽大意的过失。[2] 然而，《刑法》第219条对侵犯商业秘密行为的规定，都是故意的，是否可能仅因为在条文中出现了应知的用词，而肯定侵犯商业秘密罪也可以由过失构成，这是存在疑问的。对此，有学者主张这里的应知应当解释为结合案件中的各种证据，可以推定行为人在当时情况下知道他人是以盗窃、利诱、胁迫或者其他不正当手段获取权利人的商业秘密，而仍然放任非法获取、使用或者披露他人商业秘密的侵害结果发生，行为人主观上至少有间接故意，应知是一种推定的明知。[3] 这个

---

[1] 郑健才：《刑法总则》，128页，台北，三民书局，1985。
[2] 参见党建军主编：《侵犯知识产权罪》，184页，北京，中国人民公安大学出版社，1999。
[3] 参见周光权：《刑法各论》，2版，277页，北京，中国人民大学出版社，2011。

解释也许更为合理，但也存在一个文义解释上的障碍：在法条上应知与明知是并列的，是否可以通过解释方法将应知包含在明知的外延之中？我认为，如果把明知解释为对这种主观心理的实体性规定，而把应知解释为对这种心理的推定性规定，还是能够对以上刑法规定做出合理解释的。因此，应当知道并非以不知道为前提，而是指并非行为人本人承认的知道，是通过推定所确认的知道。因此，我主张摒弃"应当知道"这一提法，改为"推定知道"的用语。[①] 当然，这里涉及推定方法在明知认定中的运用。

（二）司法解释中对认定明知的把握

我国司法解释没有把明知与应知并列起来，而是将明知解释为知道和应当知道，即把应知包含在明知的范畴之中。例如，《刑法》第214条规定的销售假冒注册商标的商品罪，要求对假冒注册商标的商品明知。2004年12月8日最高人民法院、最高人民检察院《关于办理侵犯知识产权刑事案件具体应用法律若干问题的解释》第9条第2款规定，具有下列情形之一的，应当认定为属于《刑法》第214条规定的"明知"：（1）知道自己销售的商品上的注册商标被涂改、调换或者覆盖的；（2）因销售假冒注册商标的商品受到过行政处罚或者承担过民事责任，又销售同一种假冒注册商标的商品的；（3）伪造、涂改商标注册人授权文件或者知道该文件被伪造、涂改的；（4）其他知道或者应当知道是假冒注册商标的商品的情形。在以上司法解释中，前三项是为明知的推定提供基础事实，只要具备前三项事实，即可认定明知之存在。但由于司法解释将明知界定为知道或者应当知道，那么在具备以上三项事实的情况下，究竟是知道还是应当知道呢？对此，指证不明。值得注意的是，2009年11月4日最高人民法院《关于审理洗钱等刑事案件具体应用法律若干问题的解释》，对明知的规定发生了重要的变化。该司法解释第1条第1款规定：《刑法》第191条、第312条规定的"明知"，应当结合被告人的认知能力，接触他人犯罪所得及其收益的情况，犯罪所得及其收益的种类、数额，犯罪所得及其收益的转换、转移方式以及被告人的供述等主、

---

① 参见陈兴良：《"应当知道"的刑法界说》，载《法学》，2005（7），84页。

刑法分则规定之明知：以表现犯为解释进路

客观因素进行认定。第 2 款规定，具有下列情形之一的，可以认定被告人明知系犯罪所得及其收益，但有证据证明确实不知道的除外：(1) 知道他人从事犯罪活动，协助转换或者转移财物的；(2) 没有正当理由，通过非法途径协助转换或者转移财物的；(3) 没有正当理由，以明显低于市场的价格收购财物的；(4) 没有正当理由，协助转换或者转移财物，收取明显高于市场的"手续费"的；(5) 没有正当理由，协助他人将巨额现金散存于多个银行账户或者在不同银行账户之间频繁划转的；(6) 协助近亲属或者其他关系密切的人转换或者转移与其职业或者财产状况明显不符的财物的；(7) 其他可以认定行为人明知的情形。第 3 款规定：被告人将《刑法》第 191 条规定的某一上游犯罪的犯罪所得及其收益误认为《刑法》第 191 条规定的上游犯罪范围内的其他犯罪所得及其收益的，不影响《刑法》第 191 条规定的"明知"的认定。以上对洗钱犯罪的明知规定，是所有关于明知的司法解释中最为详细和详尽的，对于司法机关正确认定洗钱犯罪具有重要的指导意义。在以上三款规定中，第 1 款是关于明知认定的一般原理，强调了在认定明知的时候应该结合主客观因素。第 2 款是关于明知推定的基础事实，尤其是司法解释还规定了"但有证据证明确实不知道的除外"，这表明通过推定得出的结论是或然的，在存在反证的情况下可以被推翻，这就为辩护留下了余地。这在以往的司法解释中是没有的。我国学者把这一规定称为"除却规定"，认为这是一种可反驳的客观推定，允许被告人反驳，以便有效地防止客观推定的绝对化。如果行为人有证据证明自己确实不知，则推定其明知的结论不成立。① 第 3 款则是对洗钱罪明知对象的特殊规定。因为洗钱罪的上游犯罪并非一种而是多种，司法解释对此做了盖然性规定，表明洗钱罪的明知也可以是盖然性的认识。这里的盖然性不是指认识程度的盖然性，而是指认识内容的盖然性。在这一司法解释中，关于明知的界定没有再出现应当知道这一表述内容，这是对司法解释此前关于明知的规定的一个重大转变。对此，司法解释的执笔人指出：《解释》起草之初曾在第 1 条第 1 款对"明知"有说明性文字，即"明知是指知道或者应当知道"。专家论证

---

① 参见王新：《反洗钱：概念与规范诠释》，247 页，北京，中国法制出版社，2012。

会上有意见指出,尽管过去相关司法解释文件有类似表述,但从理论上看并不严谨,"应当知道"包括确实不知道或者说过失的情形,而本解释强调的是明知可以通过客观证据来推定,并非要将过失的情形涵括在内。考虑到国外不乏将过失洗钱规定为犯罪的立法例,为避免司法中可能出现的不必要的误解,坚持我国洗钱犯罪为故意犯罪的立法本意,《解释》删去了该文字表述。[①] 我认为,这是一个重要的进步,它不仅可以避免对过失的误解,而且还对明知的理论定性提供了司法资料。

(三)通过推定认定刑法分则规定的明知

如何认定犯罪的主观要素,始终是司法活动中的一个疑难问题。对于故意来说,在绝大部分情况下,都可以从故意支配下的客观行为中得到确证。例如,行为人使用手枪朝着被害人的心脏开枪,在这种情况下,即使没有打死被害人,也可以从行为人开枪行为中确认其主观上具有杀人故意。又如,行为人潜入他人住宅秘密窃取他人财物,也可以从窃取财物行为中确认行为人主观上具有盗窃故意。对于这些主观要素来说,证明并不困难。但对目的犯之目的、倾向犯之倾向、表现犯之表现,证明起来是相当困难的。因为在这些情况下,某些主观要素,例如目的犯之目的,并不对应于客观行为。这些主观要素是一种主观超过要素,难以从客观行为中直接确认其存在。至于倾向犯之倾向,例如强制猥亵罪中的性意图,表现犯之表现,例如刑法分则规定的大量明知,都是行为以外需要证明的主观违法要素,不能从其行为中直接确证。在这种情况下,行为本身不具有违法性或者违法性程度较低,需要通过主观要素确认其行为的违法性或者提升其行为的违法性,而客观上的行为并不能为这种主观要素的认定提供直接的根据。为此,在司法活动中对主观要素采取了推定的证明方法。尤其是有关司法解释通过设置推定规范,为明知的司法认定提供了法律根据。

推定是一种根据已知的事实推导出推定事实的方法,经常被用于主观事实的证明。就主观事实与客观事实相比较而言,客观事实的证明相对来说较为容易,而主

---

① 参见刘为波:《〈关于审理洗钱等刑事案件具体应用法律若干问题的解释〉的理解与适用》,载最高人民法院刑事审判第一至五庭主办:《刑事审判参考》,总第72集,125页,北京,法律出版社,2010。

刑法分则规定之明知：以表现犯为解释进路

观事实的证明则较难。所以我国学者提出了刑事主观事实的证明这一命题，并对此进行了研究，这是具有现实意义的。① 在我国法学界，推定是最为混乱的概念之一，诉讼法学者与实体法学者对于推定的理解就存在差异。例如刑事法中的推定，也是如此。对于明知的推定，严格来说应该是一个证据法的问题，在这个问题上，诉讼法学者也许更有发言权。从证据法的角度来说，推定的问题实际上是一个证明责任转移的问题。因为主观的构成要件要素的证明责任属于控方，这是从无罪推定原则中引申出来的必然结论。对于诸如明知这样的主观构成要件要素，如果被告人自认，当然没有问题。如果被告人不承认，但有间接证据可以证明，这就是所谓推论。而只有在不能从间接证据中推论的情况下，才存在所谓推定的问题。因为在推定的情况下，通过一定的形式已经把控方的举证责任转移给辩方，即：只要存在法定的已知事实，就可以得出推定事实，除非存在反证。而反证必须由辩方提出，如果提不出反证，则推定事实就可以成立。例如有诉讼法学者对推论和推定做了严格区分，指出了推论与推定的以下几个不同特征：第一，推定因其具有一定程度的"推测与假定性"而降低了证明要求，推论则必须符合证明充分性的一般要求。第二，推定具有"法定证据"的制度特征，而推论具有"自由心证"的制度特征。第三，推定转移了证明责任，而推论并未转移证明责任。第四，推定确立了事实认定义务，推论则没有这种义务。第五，推定是法律问题，推论是事实问题，二者在诉讼中的意义和性质不同。② 我认为，以上区分是正确的。对于明知的认定来说，在大多数的情况下，采用的是推论方法，即根据现有的证据，采用逻辑推论和经验推断的方法，对是否存在明知获得内心确证。只有在极少部分司法解释有明文规定的情况下，可以采用推定的方法，从司法解释所列举的已知事实中推导出推定事实，这样就使控方对主观构成要件要素的举证负担大为减轻。

(本文原载《法学家》，2013（3））

---

① 参见康怀宇：《刑事主观事实证明问题研究》，北京，法律出版社，2010。可惜该书以在伪证罪上采用客观说为由否认表现犯的概念，并且没有对我国刑法分则规定的明知的司法证明进行研究。
② 参见龙宗智：《证据法的理念、制度与方法》，292 页以下，北京，法律出版社，2008。

四、违法性

违法性的中国语境

在三阶层的犯罪论体系中，违法性是构成要件之后的一个阶层，意在对符合构成要件的行为进行违法性的实质审查，由此排除虽然具备构成要件但欠缺违法性的情形，例如正当防卫、紧急避险等违法阻却事由。然而，在我国四要件的犯罪论体系中，并不存在违法性的要件。那么，我国四要件的犯罪论体系中的违法性的实质审查功能到底是由何者承担的呢？本文以德国三阶层犯罪论体系中的违法性为样板，与我国刑法理论中的刑事违法性、社会危害性和犯罪客体这三个概念进行对比，对违法性在我国刑法中的语境进行描述性分析。

一、德国刑法中的违法性要件

违法性是德国三阶层犯罪论体系中的第二阶层，具有对构成要件的实质审查功能。违法性是一个定性的概念。当我们说某一行为具有违法性的时候，我们是在将违法的属性归于该行为。而具有违法性的行为，在德国刑法中称为不法。违法性与不法这两个概念，在德国刑法中是存在明显区别的。例如，德国学者罗克辛（Roxin）教授指出："在'违法性'和'不法'这两个刑法的体系性概念之

间，存在着这样的区分：违法性表示了符合行为构成的性质，也就是其对刑法禁止和要求的违反，与此同时，人们在不法中，把符合行为构成和违法性的行为理解为这个行为本身，也就是把违法性评价的对象连同其价值称谓一起加以理解。在不法的概念中，因此就同时包含了行为、行为构成符合性和违法性这三个犯罪范畴。"[1] 在此，罗克辛教授所说的违法性与不法具有两层意思上的区分。一是性质：违法性是行为的属性，而不法是具有违法性的行为实体。二是内容：违法性只是指行为具备构成要件的属性，而不法则是指具备构成要件和违法性的行为。在我国刑法中，在违法性与不法之间没有这种严格意义上的区分，甚至通常不使用不法一词，而是使用违法一词以表示具有违法性的行为实体。因此，在我国刑法中违法性与违法之间存在性质上的差别，即违法性是指行为具有违法的属性，而违法则是指具有违法属性的行为。当然，在某些情况下，违法与违法性这两个概念也存在混用的情形。例如，严格来说，违法存在程度问题，违法性作为行为的一种属性本来没有程度问题。但我国学者还是经常使用违法性程度这种说法。由此可见，违法与违法性这两个概念之间的区分在我国刑法中并不是绝对的。随着德日刑法学知识引入我国，不法这个概念也逐渐被学者采用。例如，我国学者张明楷教授提出的"不法和责任是犯罪的两大支柱"的命题，就是在构成要件加违法性的意义上使用不法一词的。[2] 在中文语境中，包括翻译德国文献，不法与违法这两个概念往往没有区分。本文也在不法的意义上使用违法一词，并将违法性与违法加以区分。

从学术史的角度来看，存在一个从违法到违法性的演变过程。也就是说，违法在其初始，是指具有违法属性的行为。只是到了后来，才出现违法性的概念。

违法的概念可以追溯到黑格尔。黑格尔在其《法哲学原理》一书中对不法的概念进行了界定，认为不法是指特殊意志自为地与普遍意志不同，表现为任意而

---

[1] [德] 克劳斯·罗克辛：《德国刑法学总论》，第1卷，王世洲译，389页，北京，法律出版社，2005。

[2] 参见张明楷：《以违法与责任为支柱构建犯罪论体系》，载《现代法学》，2009 (6)，41~56页。

违法性的中国语境

偶然的见解和希求,而与法本身背道而驰。① 这里的不法,就是指违法。黑格尔所说的特殊意志是指个人的意志,而普遍意志则是指国家意志。法是国家意志的显现,对于国家意志的违反是不法的本质。当然,黑格尔在这里所说的不法,是一般意义上的不法,既包括民事不法,也包括刑事不法,刑事不法即是犯罪。因此,黑格尔是从与法秩序相抵触的意义上界定不法的,这个意义上的不法等同于犯罪本身。

违法的概念在实体刑法中的正式确认,始于费尔巴哈。费尔巴哈在其《德国刑法教科书》中,论及心理强制说的时候指出:"任何形式的违法都是与国家目的相违背的,因此,违法的现象不应当发生在国家中是绝对必要的。正因为如此,国家有权利和义务做好避免违法现象发生的准备。"② 这里所谓与国家目的相违背意义上的违法,其实就是黑格尔所说的与国家意志相违反的不法,都是从实质意义上界定的违法,因此等同于犯罪本身。值得注意的是,费尔巴哈基于罪刑法定原则,提出只有法律明文规定的行为才是犯罪,即所谓法无明文规定不为罪。因此,符合刑法的规定是犯罪的法定特征。正因如此,费尔巴哈指出:"犯罪是一个刑法中规定的违法或者说由刑法加以威慑的与他人权利相违背的行为。"③ 在以上论述中,费尔巴哈基于罪刑法定原则,将犯罪界定为刑法规定的违法,强调了犯罪的法定性,在极大意义上丰富了违法性的内容。当然,我们必须注意的是,费尔巴哈仍然是从实质或者实体的意义上界定违法的。

李斯特首次在刑法中明确地区分两种违法,这就是形式违法与实质违法,并且从违法的概念进一步发展出违法性的概念,为违法性理论奠定了基础。在其《德国刑法教科书》中,李斯特把违法分为形式违法和实质违法,指出:"对行为的法律评价,可能有两个考察方法:①形式违法是指违反国家法规、违反法制的

---

① 参见[德]黑格尔:《法哲学原理》,范扬、张企泰译,90页,北京,商务印书馆,1961。
② [德]安塞尔姆·里特尔·冯·费尔巴哈:《德国刑法教科书》,徐久生译,27页,北京,中国方正出版社,2010。
③ [德]安塞尔姆·里特尔·冯·费尔巴哈:《德国刑法教科书》,徐久生译,34页,北京,中国方正出版社,2010。

要求或禁止规定的行为。②实质违法是指危害社会的（反社会的）行为。"① 李斯特所说的形式违法，是指对法规范的违反，而实质违法则是指对法价值的违反。前者是根据规范标准进行认定的违法，后者是根据实体内容进行判断的违法。相对于以法规范标准进行判断的形式违法，李斯特认为实质违法的判断标准是所谓"前法学"的。这里的前法学，就是指非规范。李斯特指出："这种违法行为的实体（反社会的）内容不取决于立法者的正确评价（该内容是前法学的）。法律只能发现它，而不能制造它。"② 在这个意义上对实质违法的理解，与黑格尔和费尔巴哈是一脉相承的，只不过界定实质违法的内容有所不同。具体而言，在黑格尔那里是违反普遍意志，在费尔巴哈那里是违反国家目的，而在李斯特这里则是反社会。在李斯特看来，反社会正是犯罪的性质之所在。李斯特指出："不法行为是对法益的破坏或危害。如同法律不仅保护国家，而且最终保护社会一样，不法行为不仅针对国家，而且它的最终目标还是针对社会。这正是不法行为的反社会意义。"③ 如果仅仅停留在违法这一概念上，那么，它只能为犯罪的实质评价提供根据，还不能在三阶层的犯罪论体系中发挥限缩构成要件该当行为的出罪功能。这一功能的实现有赖于从违法概念中衍生的违法性这一概念。如果说，违法是一个实体的概念；那么，违法性就是一个属性的概念。李斯特明确地把违法性视为犯罪的特征，同时也是犯罪成立的要件，由此而为在构成要件该当之后排除行为的违法性创造了条件。李斯特指出："承认违法性是犯罪的概念特征这一命题，以及对那些取消行为的违法性特征的情况进行仔细的领会，是一个缓慢的远没有结束的刑法科学发展的结果。"④ 在此，李斯特提出了违法性是犯罪的概念特征的命题，而这一命题的重要意义就在于，为违法性的阻却提供了逻辑前提。因为违法性是行为的属性，因此该种属性是可以排除的。例如杀人行为，在通常情况下是具有违法性的，但也存在正当防卫杀人不具有违法性的情

---

① ［德］李斯特：《德国刑法教科书》（修订译本），徐久生译，200 页，北京，法律出版社，2006。
② ［德］李斯特：《德国刑法教科书》（修订译本），徐久生译，201 页，北京，法律出版社，2006。
③ ［德］李斯特：《德国刑法教科书》（修订译本），徐久生译，8～9 页，北京，法律出版社，2006。
④ ［德］李斯特：《德国刑法教科书》（修订译本），徐久生译，203 页，北京，法律出版社，2006。

违法性的中国语境

况。因此,正当防卫对于杀人行为来说,是一种违法阻却事由。应当指出,这里的违法阻却事由确切地说,应该是指违法性的阻却事由。与之不同,作为行为类型的违法则是不能阻却或者排除的,因为违法是一种行为,这是一个实体的概念,它只有存在与否的问题。由此可见,违法作为行为实体不能排除,违法性作为行为属性则可以排除,这也正是区分违法与违法性的意义之所在。

  在德国刑法中,违法性与构成要件的关系经历了一个转变,由此,违法性的功能也发生了重大的变动。在贝林(Beling)的设计中,构成要件是客观的、事实的,并且是形式的要件,只是单纯的犯罪的客观轮廓。贝林提出了"无违法性则无犯罪"的命题,而这里的违法性是需要进行实质判断的。贝林指出:"行为在何种程度内是违法的,取决于整体实证法秩序,正如法官在使用正确的方法时所发现的那样。因此,它并不是仅仅拘泥于法律条款(实定法违反性)。"① 在此,贝林区分了整体法秩序的违反性和实定法的违反性:前者需要进行实质判断,后者只要进行形式判断。对于刑法来说,实定法的违反性其实就是构成要件该当性,因此这是一个形式判断的问题。而违法性是指整体法秩序的违反性,这是一个需要实质判断的问题。在贝林那里,构成要件与违法性的关系是一种形式与实质的关系。正如罗克辛教授所指出:贝林的构成要件具有"客观的"和"无价值的"这两个特征。其中,"无价值的"这一特征也可以称为是"形式的"。因此,贝林的构成要件是一种客观主义—形式主义的二极结构。"无价值的"特征使得构成要件成为一个纯粹的评价客体,而对这个客体的评价只有在违法性范畴的框架内,才能随后展开。② 只是到了新古典学派以后,随着构成要件的主观要素和规范要素的发现,才改变了构成要件的结构。评价要素被引入构成要件,正如德国学者耶赛克和魏根特教授指出:"构成要件现在不再被视为对外界事件的价值自由的描述,而是被看作立法者对该犯罪类型特有的行为的不法内容的特征

---

  ① [德]恩施特·贝林:《构成要件理论》,王安异译,88页,北京,中国人民公安大学出版社,2006。
  ② 参见[德]克劳斯·罗克辛:《德国刑法学总论》,第1卷,王世洲译,183页,北京,法律出版社,2005。

进行概括的辅助手段。因此构成要件（Tatbestand）转变为对相关犯罪具有违法性典型要素的总体概念意义上的不法构成要件（Unrechtstatbestand）。"① 可以认为，原先实质性的评价完全在违法性中进行，而现在移置于构成要件。在这种情况下，构成要件具有了违法性推定机能，违法性的主要职责就在于排除违法阻却事由。这个意义上的违法性要件，被赋予了解决社会冲突的功能。罗克辛指出："在违法性层面，人们探讨的是相对抗的个体利益或社会整体利益与个体需求之间产生冲突时，应当如何进行社会纠纷的处理。"② 在具有正当防卫、紧急避险等违法阻却事由的情况下，尽管行为符合构成要件，但基于刑法的明文规定或者整体法秩序的判断而将其出罪。可以说，三阶层的犯罪论体系中的违法性要件成为一种出罪机制。

二、我国刑法中的违法性近似概念

在我国刑法中，并没有违法性这个概念，因此，我们只能对违法性的近似概念进行相关分析。我国刑法中的犯罪论，可以分为犯罪概念论与犯罪构成论这两部分。犯罪概念论本身是具有实体内容的，这一点与德国刑法中犯罪概念论与犯罪论的虚实关系是完全不同的。在德国刑法中，犯罪概念是一个形式概念，即犯罪是符合构成要件的、违法的和有责的行为。③ 而构成要件、违法、有责就是犯罪构成的三个要件，由此形成三阶层的犯罪论体系。对于构成要件、违法、有责的实体内容是在犯罪论体系中分别加以阐述的，其中，违法性就是在构成要件之后需要考察的一个犯罪构成要件。在我国刑法中，基于犯罪的法定概念，形成了具有实体内容的犯罪概念论。在犯罪概念论中讨论犯罪的实体内容，即社会危害

---

① ［德］汉斯·海因里希·耶赛克、托马斯·魏根特：《德国刑法教科书》，徐久生译，255 页，北京，中国法制出版社，2001。
② ［德］克劳斯·罗克辛：《刑事政策与刑法体系》（第 2 版），蔡桂生译，21 页，北京，中国人民大学出版社，2011。
③ 参见［德］李斯特：《德国刑法教科书》（修订译本），徐久生译，169 页，北京，法律出版社，2006。

违法性的中国语境

性、刑事违法性和应受处罚性这三个犯罪特征。在这三个犯罪特征中，刑事违法性在字面上接近于违法性，而社会危害性在内容上接近于违法性。除此以外，在四要件的犯罪论体系中，犯罪客体的概念是争议最大的，也被某些学者认为其在四要件的犯罪论体系中具有实质审查功能，因此在功能上也是接近于违法性的。在此，对刑事违法性、社会危害性和犯罪客体这三个违法性的近似概念进行考察。

（一）刑事违法性

刑事违法性是我国刑法理论从《刑法》第13条规定的犯罪的法定概念中引申出来的犯罪特征之一。根据我国《刑法》第13条的规定，一切危害社会的行为，依照法律应当受刑罚处罚的，都是犯罪。从这一规定中，我国刑法理论确立了犯罪的三个特征，这就是社会危害性、刑事违法性和应受处罚性。其中，社会危害性被认为是犯罪的本质特征，刑事违法性是犯罪的法律特征，应受处罚性是犯罪的后果特征。在以上三个特征中，最为重要的当然是社会危害性，对此在下文将进行讨论。刑事违法性作为犯罪的法律特征，使犯罪具有规范蕴含，因此对于犯罪认定也具有重要意义。

刑事违法性，从字面上来看，是指违反刑法，因此是刑法意义上的违法性。刑事违法性的提法与我国法学理论中违法的分类学说有关。我国法理学界一般把违法分为以下五种：(1) 刑事违法，即犯罪，是指违反刑事法律应受刑法处罚的行为。(2) 民事违法，是指违反民事法规的行为。(3) 行政违法，是指违反行政法规的行为。(4) 程序违法，是指违反程序法规的行为。(5) 违宪，是指违反宪法的行为。与之相对应，存在以下五种法律责任：(1) 刑事责任；(2) 民事责任；(3) 行政责任；(4) 程序责任；(5) 违宪责任。显然，以上对于违法的分类，是以所违反的法律部门为标准的。在这一分类中，刑事违法等同于犯罪。在此基础上，可以提炼出刑事违法性的概念。因此，刑事违法性是刑法所特有的违法性。各种违法性的认定标准不同，其性质与内容也就各有不同。

刑事违法性作为犯罪概念的特征，这样一种理论传统来自苏俄刑法学。苏俄刑法学根据刑法对于犯罪概念规定的不同，把犯罪概念分为犯罪的实质概念和形

式概念，与之对应，犯罪特征也分为实质特征与形式特征。苏俄学者将只规定了犯罪的实质内容而没有规定犯罪的形式特征的犯罪概念，称为犯罪的实质概念。1922年《苏俄刑法典》第6条规定的犯罪概念被认为是一个犯罪的实质概念，该条规定："威胁苏维埃制度基础及工农政权在向共产主义制度过渡时期所建立的法律秩序的一切危害社会的作为或不作为，都被认为是犯罪。"这一犯罪概念并没有规定犯罪必须是在刑法中有规定的行为，这与当时《苏俄刑法典》否定罪刑法定原则具有关联性。因此，苏俄学者将只规定了犯罪的形式特征而没有规定犯罪的实质内容的犯罪概念称为犯罪的形式概念。例如，苏俄学者 M. A. 切利佐夫－别布托夫指出："资产阶级刑法典是从形式上规定犯罪的定义，把犯罪看成是实施时即为法律所禁止，并应受惩罚的行为。"① 这里的法律所禁止，即是指刑法有明文规定。因此，所谓犯罪的形式概念其实是指基于罪刑法定原则所确立的犯罪概念。及至1958年《苏联和各加盟共和国刑事立法纲要》取消类推，第7条对犯罪概念做了以下规定："凡是刑事法律规定的危害苏维埃社会制度或国家制度，破坏社会主义经济体系和侵犯社会主义所有制，侵犯公民的人身、政治权利、劳动权利、财产权利和其他权利的危害社会的行为（作为或不作为），以及刑事法律规定的违反社会主义法律秩序的其他危害社会的行为，都是犯罪。"在这一犯罪概念中，除了社会危害性以外，还强调了"刑事法律规定的"这一犯罪特征，这就是所谓刑事违法性的来源。苏俄学者指出："鉴于摒弃了类推制度，只有立法者才能确定什么样的社会危害行为属于犯罪。如果刑事立法中无明文规定，任何人都无权认定某个危害行为是犯罪。从另一方面来说，如果某种危害行为在刑事立法中被认为是犯罪，那么，任何人也不能认为它不是犯罪。"② 这种犯罪的实质特征与形式特征相统一，即社会危害性和刑事违法性相统一的犯罪概念，苏俄学者称为混合的犯罪概念。其既区别于犯罪的实质概念，又区别于犯罪

---

① ［苏］A. A. 皮昂特科夫斯基等：《苏联刑法科学史》，曹子丹等译，19～20页，北京，法律出版社，1984。
② ［苏］H. A. 别利亚耶夫、M. Л. 科瓦廖夫主编：《苏维埃刑法总论》，马改秀、张广贤译，64页，北京，群众出版社，1987。

的形式概念。

我国刑法中犯罪概念的立法规定，完全是以《苏俄刑法典》为摹本的。值得注意的是，我国1979年《刑法》第79条规定了类推制度。在这样一种法律语境之下，当时《刑法》第10条仍然把刑事违法性表述为犯罪的特征，规定了犯罪的混合概念。在此基础上，刑事违法性就成为我国刑法中犯罪的特征之一，在犯罪概念论中得以确立。1997年修订《刑法》以后，废除类推制度，确立了罪刑法定原则。在这种情况下，犯罪的刑事违法性就成为罪刑法定原则在犯罪概念上的体现。例如，我国学者从罪刑法定原则出发，对犯罪的刑事违法性进行了论述，指出："刑事违法性特征说明，即使某种危害社会的行为危害程度严重，但只要刑法没有明文将其规定为犯罪，也就表明该行为不具有应受刑罚惩罚性，同样不是犯罪。何种行为是犯罪，应受何种刑罚制裁，在事前必须由刑法明文规定，对事前没有明文规定的行为，在任何情况下都不得视为犯罪而受到刑罚制裁。这是罪刑法定原则的要求。因此，犯罪是违反刑事法律的行为。具有刑事违法性，是犯罪的法律形式特征。"[①] 从对犯罪的刑事违法性特征的强调，可以明显感受到罪刑法定原则的影响，这也是法治进步的表现。

通过以上对苏俄及我国刑法中的刑事违法性这一犯罪特征的法理分析，可以发现刑事违法性主要是解决犯罪的法定性问题。从刑法条文的规定来看，所谓刑事违法性是从"依照刑法"的表述中归纳出来的。这个意义上的违法性，我国刑法称为刑事违法性。但是，对于刑法是否存在违反的问题，的确是一个值得商榷的问题。在前引费尔巴哈的犯罪概念中，把犯罪定义为"刑法中规定的违法"。显然，这里的"刑法中规定"是指犯罪的法定性。那么，这里的"违法"究竟是指违反何种法律呢？毫无疑问，这里的违法并不是指违反刑法。否则，费尔巴哈这句话就会被解释为："刑法中规定的违反刑法"。这显然是说不通的。因此，费尔巴哈这里所说的违法并不是指违反刑法，而是指违反其他法律。从逻辑上说，根本不存在违反刑法的问题，刑事违法性只是一个虚幻的概念。对此，贝林曾经

---

① 林亚刚：《刑法学教义（总论）》，67页，北京，北京大学出版社，2014。

指出:"规范人的行为,并不是刑法的专利;其他的部门法,如民法、行政法等,所有符合这一规则的,都是行为规范。即使根本没有相应的刑罚威慑,也可以确定,人们因为法律之规定而应该如何行为。当然,只有某行为违法的时候,刑法才考虑用刑罚处罚刑法规定的行为——行为的违法性在逻辑上是可罚性的前提。但是,人们的行为是否以及在何种范围内是主要的、特殊的违法,并非刑法本身的问题,依据刑法来认定行为的违法性,并不充足。认为罪犯'违反和损害了刑法',这是语言错误。恰恰相反,行为符合了刑法大前提的人,才是罪犯。刑法是一个建构在其他法律之上的、在相关方面与其他法律密切联系的部门法,在此范围内,其他法律也包括行为规范,只有从这些其他规范中才能得出刑法中行为的违法性存在与否及其范围之结论,如果没有确定这种行为,也就不能确定该行为是否具有可罚性。不存在一个特别的'刑事违法性'(Strafrechtswidrigkeit)。"① 由此可见,严格来说,根本就没有刑事违法性可言。因此,刑事违法性的犯罪特征并不完全与刑法关于犯罪概念规定的表述相吻合。与其称为刑事违法性,不如称为刑事法定性。

当然,我国学者也有从两个层次对刑事违法性进行界定的,认为刑事违法性是指行为具有违反刑法规范的禁令、符合刑法条文有关犯罪的规定的属性。因此,刑事违法性具有以下两层含义:一是违反刑法规范中的禁令,即刑法规范中的行为规则。二是行为符合刑法条文有关犯罪的规定。② 应该说,对刑事违法性的这一理解是较为全面的。但将"违反"与"符合"这两种相反的含义集中在同一个概念之中,总感觉不是那么严谨。违法性,其基本语义是违反法律而不是符合法律。如果是在违反刑法规范的禁令这个意义上理解刑事违法性,那么它就是实质违法性。如果是在符合刑法条文有关犯罪的规定的意义上理解刑事违法性,则不能称之为违反性而应该是符合性。因此,刑事违法性这个概念确实是一个十

---

① [德] 恩施特·贝林:《构成要件理论》,王安异译,43~44页,北京,中国人民公安大学出版社,2006。
② 参见青锋:《犯罪本质研究——罪与非罪界说新论》,180~181页,北京,中国人民公安大学出版社,1994。

违法性的中国语境

分尴尬的存在。

在三阶层的犯罪论体系中，犯罪的法定性问题主要是通过构成要件加以解决的。所谓刑法的明文规定，就是指刑法分则对于某一具体犯罪的构成要件的规定。只有该当构成要件的行为，才被认为是刑法有明文规定，具有了构成犯罪的规范前提。例如，德国学者罗克辛教授从刑事政策的视角考察了构成要件的机能，指出："构成要件受的是法的明确性的指导（Leitmotiv），这一明确性经常是教义学之所以正当存在（Legitimation）的唯一理由；为了实现罪刑法定原则，需要各个构成要件（Tatbestaende）。从罪刑法定原则出发，也就有了教义学上的阶层划分。"① 因此，在三阶层的犯罪论体系中，构成要件所具有的罪刑法定机能，是极为明显的。而我国刑法中的刑事违法性虽然也要发挥罪刑法定机能，但过于抽象的违法性标准难以承担这一使命。更为关键的是，在四要件的犯罪论体系中，刑事违法性并不是四个要件之一，没有被纳入犯罪论体系，只是在犯罪论中讨论，难以为具体犯罪的认定提供客观标准。

（二）社会危害性

相对于刑事违法性的概念，也许社会危害性这个概念与违法性的概念在功能上是更为接近的。社会危害性的概念来自苏俄刑法学，被认为是苏俄刑法学的最大理论特色之一，甚至成为苏俄刑法学的理论基石。我国刑法中的社会危害性被刑法关于犯罪的概念所确认，被认为是犯罪的本质，同时也是四要件的犯罪论体系的证明对象，在刑法学中占据着举足轻重的地位。

社会危害性的性质从苏俄刑法学中的客观属性到我国刑法学中的主客观相统一的属性，经历了一个演变过程。苏俄刑法学中的社会危害性是指犯罪的客观属性，以此与犯罪的主观属性——罪过相对应。例如，苏俄学者在论述犯罪的本质时认为：社会危害性只是作为或不作为的特征。不能认为一切具有社会危害性的作为或不作为都是犯罪，只有罪过的危害社会的作为或不作为才被认为是犯罪行

---

① ［德］克劳斯·罗克辛：《刑事政策与刑法体系》（第 2 版），蔡桂生译，20～21 页，北京，中国人民大学出版社，2011。

为。也就是说，只有故意或过失实行危害社会之作为或不作为，才被承认为犯罪行为。① 根据这一论述，社会危害性与罪过是犯罪的两个基本特征。因此，社会危害性是独立于罪过的，是对作为或不作为的客观评价。应该说，苏俄刑法学将社会危害性理解为犯罪的客观属性，是与其将罪过作为犯罪特征紧密相关的。在这个意义上说，行为罪过性是与社会危害性相对应的一个犯罪主观特征。例如苏俄学者指出："犯罪就是有罪过的行为。社会危害性和刑事违法性是犯罪的客观要件。为着确认具有这些要件的行为是犯罪，还必须具备一个要件——主观要件。行为的罪过性就是这种要件，即行为是故意或过失地实施的。"② 由此，苏俄刑法学确认了犯罪概念的四个特征，即社会危害性、刑事违法性、罪过性和应受惩罚性。在我国刑法中，犯罪概念的特征从来都是三个，即社会危害性、刑事违法性和应受惩罚性。在这种情况下，社会危害性就被阐述为主客观相统一的特征。唯有如此，社会危害性才能被确认为犯罪的本质特征。根据这种观点，社会危害性及其程度，不只是由行为客观上所造成的损害来说明的，而且还包括行为人的主体要件和主观要件。例如，故意伤害的社会危害程度要大于过失伤害的社会危害程度。③ 社会危害性既然涵盖了犯罪的主客观要件，就为其从实质上体现犯罪的本质提供了逻辑基础。

在社会危害性问题上，我国刑法学界存在所谓事实说和属性说之争。事实说认为社会危害性是犯罪的一种事实呈现，而属性说则认为社会危害性是犯罪的一种价值属性。④ 事实与属性当然是具有密切关联的，但对社会危害性是定义为事实还是属性，两者之间又确实是存在差异的。事实说着眼于社会危害性的事实，因此，就具有存在论的性质。而属性说则将社会危害性界定为某种属性，因此具

---

① 参见［苏］苏联司法部全苏法学研究所主编：《苏联刑法总论》下册，彭仲文译，308 页，上海，大东书局，1950。

② ［苏］苏联司法部全苏法学研究所主编：《苏联刑法总论》下册，彭仲文译，67 页，上海，大东书局，1950。

③ 参见李居全：《犯罪概念论》，132 页，北京，中国社会科学出版社，2000。

④ 关于社会危害性的事实说与属性说之争，参见聂慧苹：《刑法中社会危害性理论的应用研究》，16 页，北京，法律出版社，2013。

违法性的中国语境

有价值论的意义。在我国刑法学界，占据通说地位的还是属性说。在这个意义上，社会危害性是作为一种价值判断标准而存在的。正因为如此，我国学者主张以社会危害性代替违法性。例如我国学者陈忠林教授指出："我国刑法理论中的'社会危害性'，完全可以发挥大陆法系刑法理论中的'违法性'概念在犯罪论体系中的全部作用。"[1] 从表面上看，社会危害性与违法性之间确实具有性质上的相同性，都是一种实质评价。但是，社会危害性之所以不能替代违法性的功能，主要是因为：社会危害性在四要件的犯罪论体系中并没有其单独的地位，而只是在犯罪概念论中作为犯罪特征讨论的内容；而违法性则是三阶层的犯罪论体系的第二个阶层，具有其特定的体系性地位。这个问题，涉及犯罪概念论与犯罪论体系之间的关系问题，需要专门讨论。

在德国刑法中，没有规定犯罪的一般概念，而只是在《德国刑法典》第12条规定了重罪和轻罪的概念。根据《德国刑法典》第12条的规定，这里的重罪和轻罪是以判处刑罚一年自由刑为标准来划分的：凡是判处最低一年或者一年以上自由刑的违法行为，就是重罪；凡是判处不满一年自由刑或者罚金刑的违法行为，就是轻罪。因此，《德国刑法典》规定的重罪和轻罪都是形式概念。在刑法理论上，德国学者对犯罪的一般概念也坚持形式概念。如果要揭示犯罪的实体内容，则如同李斯特所指出的那样，犯罪是符合构成要件的、违法的和有责的行为。[2] 因此，构成要件、违法、有责，就成为犯罪概念的三个特征，对这三个特征展开论述，就形成犯罪论体系。在这种情况下，德国刑法学中的犯罪概念论与犯罪论体系就合二为一，即没有独立于犯罪论体系之外的具有实体内容的犯罪概念论。

在苏俄刑法学和我国刑法学中，基于刑法中犯罪的法定概念，而且通常都是具有实体内容的犯罪概念，在刑法理论上就形成了特有的犯罪概念论。在犯罪概念中，主要探讨犯罪概念的特征。无论是苏俄刑法学中犯罪概念的四特征还是我

---

[1] 陈忠林主编：《违法性认识》，15页，北京，北京大学出版社，2006。
[2] 参见［德］李斯特：《德国刑法教科书》（修订译本），徐久生译，169页，北京，法律出版社，2006。

国刑法中犯罪概念的三特征,都需要单独进行阐述,由此形成具有实体内容的犯罪概念论。社会危害性正是犯罪概念中最为重要的犯罪特征,由此涉及犯罪概念论与犯罪论体系之间的关系。我国刑法教科书在论及犯罪概念与犯罪构成之间关系的时候,指出:"犯罪概念与犯罪构成的关系,可以说是抽象与具体的关系;还可以说犯罪概念是从宏观上来认识作为社会现象的所有犯罪的本质特征,而犯罪构成则是从微观上来确定某一具体危害行为是否具备了某罪的成立要件,如果具备这些要件,也就具备了某罪的犯罪构成。"① 按照这一论述,社会危害性是对行为的抽象判断,而犯罪构成则是对行为的具体判断。那么,这两种判断孰先孰后呢?即:是先进行社会危害性的判断后进行犯罪构成的判断,还是先进行犯罪构成的判断后进行社会危害性的判断?如果按照前者,则社会危害性的判断先行,犯罪构成成为对社会危害性判断结论的一种具体说明,这是一种典型的价值判断先于事实判断的思维方法。如果按照后者,则犯罪构成判断先行,具有犯罪构成的全部要件还不足以成立犯罪,还需要另行做社会危害性的实质判断,因此,犯罪构成沦为一种形式判断。从目前的情况来看,在司法实践中经常发生的是社会危害性的判断先于犯罪构成的判断,由此形成价值判断先于事实判断的逻辑进路。

犯罪概念是处于犯罪论体系之外的实质判断,而四要件的犯罪构成则是犯罪成立的具体条件。如此界定犯罪概念与犯罪论体系的关系,社会危害性就自外于犯罪成立要件,而四要件的犯罪构成也就有形式化之虞。这里涉及犯罪构成与社会危害性之间的关系,主要表现在如何处理正当防卫等违法阻却事由在犯罪论体系中的地位问题。在我国刑法学中,正当防卫等违法阻却事由被称为排除社会危害性的行为,不是在犯罪构成中而是在犯罪构成之外予以排除的。我国学者认为社会危害性具有双重的功能:对于犯罪构成来说是正面肯定功能,即只有具有社会危害性的行为才能构成犯罪;而对于违法阻却事由来说,则是反面否定功能,即只要行为没有社会危害性就不能构成犯罪。这两者是沿着两条思路前行的,它

---

① 高铭暄主编:《中国刑法学》,75页,北京,中国人民大学出版社,1989。

违法性的中国语境

们之间并不存在交集。换言之，构成犯罪与排除犯罪是两个不同的问题。例如，我国学者指出：中国刑法学之所以将正当防卫、紧急避险等阻却犯罪行为置于犯罪构成之外加以研究，完全是因为中国刑法学中的犯罪构成是承载社会危害性的实质构成，所以没有阻却犯罪行为的托足余地。对于某些具有正当防卫等犯罪阻却可能的案件，首先是根据正当防卫等构成要件对行为性质加以判断，在充足构成要件的情况下即认定正当防卫等阻却犯罪行为的成立，犯罪构成无须登场，只有在正当防卫等构成要件不充足的情况下才需要启动犯罪构成理论进行罪与非罪、此罪与彼罪的厘定。因此，尽管犯罪阻却行为理论被置于犯罪构成体系之外，但并不影响其实际功能的发挥。① 根据这一论述，正当防卫等违法阻却事由是在犯罪构成之外独立进行判断的，并不以构成要件该当为前提，这就损害了犯罪论体系的完整性。事实上，正当防卫等情形之所以纳入刑法的思考范围，主要是这些行为符合了刑法分则所规定的构成要件。因此，只有在构成要件该当性判断的基础上，才能进行违法阻却的判断。在四要件的犯罪论体系中，对于正当防卫等违法阻却事由的处理，存在着一个难以克服的悖论：如果承认正当防卫等违法阻却事由是符合犯罪构成的，则势必将犯罪构成形式化。在我国以往的刑法学中，也确实存在将犯罪构成与社会危害性理解为形式与实质关系的见解。例如我国学者指出："犯罪构成是由四个方面的要件所结合成的'有机统一体'——仍然只具有形式的特征，它只是犯罪存在的形式，只是犯罪在法律上的表现，它们只能'反映'行为的社会危害性，而不能'决定'行为的社会危害性。客观上存在着形式上符合犯罪构成但实质上不构成犯罪的情形。换言之，犯罪构成只是犯罪成立的必要条件，而不是充分条件。"② 根据这种观点，犯罪构成只是一种法律形式，符合犯罪构成尚不能构成犯罪，还要以不具有社会危害性来排除正当防卫等违法阻却事由，才能最终构成犯罪，由此提出了社会危害性具有排除正当行为的功能。这种思路虽然坚持在犯罪构成之后再进行违法阻却事由的判断，强调

---

① 参见高铭暄：《关于中国刑法学犯罪构成理论的思考》，载《法学》，2010 (2)，56~61页。
② 王政勋：《论社会危害性的地位》，载《法律科学》，2003 (2)，31~38页。

社会危害性的实质违法性的功能；但在将社会危害性的判断后置于违法阻却事由判断的同时，使犯罪构成形式化，同样损害了四要件的犯罪论体系的科学性。

这里值得思考的问题在于：社会危害性是否能够同时承担犯罪构成的实质化功能和为违法阻却事由提供根据的功能？对于前者来说，困惑在于社会危害性不在四要件的犯罪构成之内，在这种情况下，社会危害性的判断就不受构成要件的限制，容易成为先入之见，由此会出现架空犯罪构成的危险。这就是在四要件的犯罪论体系中所存在的价值判断先于事实判断的问题。这对于犯罪认定来说，强化了社会危害性的入罪功能，由此与罪刑法定原则相抵触。对于后者来说，困难在于社会危害性是一种定性的判断，在具体犯罪中，社会危害性表现在构成要件当中。例如，故意杀人罪的社会危害性就在于侵犯了他人的生命权。即使在正当防卫杀人行为的情况下，也不能否定杀人事实的存在，那么，杀人行为的社会危害性如何排除呢？因此，排除社会危害性的理论难以为正当防卫等违法阻却事由找到出罪的合理根据。

综上所述，我认为社会危害性与违法性在犯罪论体系中的地位完全不同，对社会危害性概念无论如何进行改造，也不能替代违法性的功能。

（三）犯罪客体

四要件的犯罪论体系的四要件，是指犯罪客体、犯罪客观方面、犯罪主体、犯罪主观方面。在这四个犯罪成立要件中，通常都把犯罪客体排列在最前面，被认为是体现犯罪本质特征的要件。在我国刑法学界，犯罪客体也是争议最大的一个要件。在此，首先对犯罪客体要件的内容进行叙述，再对违法性与犯罪客体的功能进行对比性分析。

犯罪客体是四要件的犯罪论体系中一个十分独特的要件，也是三阶层的犯罪论体系所没有的一个要件。犯罪客体的概念来自苏俄刑法学，其逻辑起点是犯罪对象与犯罪客体的区别。在哲学上，对象与客体基本上是同义词，都是与主体相对应的概念。然而，苏俄刑法学家从马克思在1842年的《关于林木盗窃法的辩论》一文中的以下论断出发，为犯罪客体的概念奠定了理论根据："犯罪行为的实质并不在于侵害了作为某种物质的林木，而在于侵害了林木的国家神经——所

违法性的中国语境

有权本身,也就是在于实现了不法的意图。"① 马克思在这一论述中,把盗窃的对象(林木)与客体(林木所有权)加以区分。前者只是犯罪的表象,而后者才是犯罪的实质。苏俄学者将马克思的这一论断加以推演,所有犯罪都存在犯罪对象与犯罪客体之分,由此把犯罪客体确定为犯罪成立的要件,而且是第一个要件。

根据苏俄刑法理论,犯罪客体是指犯罪行为所侵犯的社会主义社会关系。在这一概念中,犯罪客体的实质内容是社会关系。社会关系这个概念,在马克思主义的理论体系中,被认为是社会的整体性内容,它是社会的经济关系、政治关系以及其他关系的总和。根据苏俄学者的论述,社会关系可以分为三个组成部分:一是社会关系的主体;二是社会关系在外部世界的某种表现;三是主体之间的相互关系。② 这里的社会关系主体是人。社会关系的外部表现包括物质和精神等内容。主体之间的关系则包括了更为广泛的内容,如所处的状态和地位、所持的观点和态度等。以上这些社会关系的内容,其实就是所谓的犯罪对象。只有通过这些犯罪对象才能侵害犯罪客体。例如,人是社会关系的主体,在不同的社会关系中,人具有不同的身份,因此其主体地位是有所不同的。在故意杀人罪中,杀人的对象是人,而侵害的客体是人的生命权。在这一对象—客体的关系中,故意杀人罪的性质得以揭示,并且与故意伤害罪等其他犯罪得以区分。一般来说,刑法分则对于具体犯罪的规定并没有涉及犯罪客体,一般只是规定了犯罪对象,而犯罪客体是通过逻辑分析从犯罪对象背后提炼出来的。例如,刑法对于故意杀人罪只是规定了杀人,至于侵害生命权之类的客体内容,只有通过理论分析才能显示出来。当然,基于客体对于犯罪的决定作用这一观念,在立法的时候,可能会出现对象虽然相同但是侵害客体却不同的情形,因而被立法者设立为两个不同的罪名。例如我国《刑法》第275条规定的故意毁坏财物罪和第276条规定的破坏生产经营罪,行为方式都是毁坏,而对象都是财物。前者法条表述为"毁坏公私财

---

① 《马克思恩格斯全集》,中文1版,第1卷,168页,北京,人民出版社,1956。
② 参见 [苏] H. A. 别利亚耶夫、M. Л. 科瓦廖夫主编:《苏维埃刑法总论》,马改秀、张广贤译,93页,北京,群众出版社,1987。

物",后者表述为"毁坏机器设备、残害耕畜或者以其他方法破坏生产经营"。因为一般的财物只是体现财产关系,而机器设备等生产资料体现了生产关系,因此两个罪名侵害的客体不同,犯罪性质也就不同。这是两罪区分的主要根据。

在四要件的犯罪论体系中,犯罪客体可以分为一般客体、同类客体和直接客体这三个层次:一般客体是指一切犯罪所侵害的共同客体,是社会关系整体。同类客体是指某一类犯罪所侵害的相同客体,是社会关系的某一部分。一般来说,刑法分则的每一章都具有相同的客体。在这个意义上,同类客体是犯罪分类的基础。直接客体是指某一个犯罪所侵害的具体客体,是具体的社会关系。当然,这一分类也不是绝对的,在某些犯罪中并不存在独特的直接客体。换言之,同类客体与直接客体之间是重合的关系。例如,财产犯罪的同类客体是财产关系,财产犯罪的具体罪名是根据犯罪方法划分的,而每一个财产犯罪的直接客体也都是财产关系。因此,除了抢劫罪存在着财产关系与人身关系的双重客体以外,其他财产犯罪都不能根据直接客体加以界分。

以上这些关于犯罪客体的理论是苏俄刑法学确立的,我国在引入四要件的犯罪论体系的同时,也采用了这套犯罪客体理论。在我国刑法学界,即使是在坚持苏俄刑法理论的学者中,对于犯罪客体的争议也是最大的。可以说,对于犯罪客体的争议始终贯穿在我国刑法学对于四要件的犯罪论体系的反思与重构过程之中。对于犯罪客体的争议主要反映在三个方面:一是在坚持犯罪客体的前提下,主张对犯罪客体的内容加以重新阐述。二是主张取消犯罪客体要件,以此将四要件的犯罪论体系改造成三要件的犯罪论体系。三是维持四要件犯罪论体系的同时,对犯罪客体的排列顺序进行调整,使犯罪客体发挥实质审查的功能。

如前所述,传统的犯罪客体理论,是将犯罪客体的内容界定为社会主义社会关系。这一论断是建立在对所谓资产阶级的法益说和规范说以及两者结合的观点的批判基础之上的。例如,苏俄学者指出:"关于什么是犯罪的客体问题,资产阶级的刑法学者并无统一的观点。一派(主要是古典派刑法学者)认为犯罪客体只是那些规定抑制实行某种行为(禁止)或规定实行一定行为(命令)的法律规范。另一派刑法学者(主要是社会学派)认为一切犯罪的客体乃是某种法益,亦

违法性的中国语境

即由法律保护的生活利益。这些利益也可以是各个个体的利益（个人的法益），也可以是全社会的利益（集体的法益）。资产阶级的刑法学者中间，也有人想把这两种观点，统合于犯罪客体之内。"① 苏俄学者所说的规范说大体上相当于规范违反说，而法益说则相当于法益侵害说。而规范违反说和法益侵害说是德日刑法中对于违法性本质的两种不同解读，对于理解犯罪性质具有重要意义。犯罪客体的社会关系说，既不同于规范违反说，又不同于法益侵害说。当然，从方法论上来说，社会关系说更接近于法益侵害说。

无论是对于犯罪客体的规范说还是法益说的理解，都不能否认犯罪客体所具有的实质判断的性质。然而，在对犯罪客体的界定上，我国刑法学界却明显存在着事实化与价值化这两种倾向。关于犯罪客体的事实化观点认为，犯罪客体是指刑法所保护的人和物的存在状态，包括犯罪对象和犯罪结果。例如我国学者指出："犯罪客体是犯罪构成要件之一，理当具有犯罪构成要件的特征，即能成为犯罪客体的只能是那些从犯罪客体方面体现各种具体犯罪特殊本质的、能为人们直接把握的事实特征。"② 按照这一观点，犯罪客体的价值判断功能被屏蔽，剩下的只是事实性的客观要素，包括犯罪对象和犯罪结果，而这正是犯罪构成客观方面的要素。显然，这种对于犯罪客体的界定使犯罪客体名存实亡。关于犯罪客体的价值化观点认为，犯罪客体是行为对于法律关系的破坏性。这一定义较为接近于规范说，认为犯罪客体实质上就是实质的违法性。例如我国学者指出："将犯罪客体作为一种评价因素而不是作为一个犯罪事实的组合要素，可以准确地反映犯罪客体的规范属性，也可以准确地反映其地位和功能。反之，如果将犯罪客体看作一种'社会关系'，则不能准确地反映已经作为'法'的国家意志，也不能反映犯罪客体作为'法的评价标准'的属性。"③ 相对来说，这种观点试图挽救犯罪客体的命运，将犯罪客体在四要件的犯罪论体系中的位置加以调整以后，

---

① ［苏］苏联司法部全苏法学研究所主编：《苏联刑法总论》下册，彭仲文译，326页，上海，大东书局，1950。
② 吴念胜：《犯罪客体要件研究》，98页，北京，中国检察出版社，2010。
③ 童伟华：《犯罪客体研究——违法性的中国语境分析》，54页，武汉，武汉大学出版社，2005。

403

使之发挥类似违法性的功能。其具体方案是：对四要件的排序进行调整，将犯罪客体调整到犯罪客观方面之后，将犯罪客观方面与犯罪客体的关系确定为事实判断与规范判断（或价值判断）的关系，由此而使四要件的犯罪论体系从平面的犯罪构成演变为立体的犯罪构成。同时指出："将犯罪客体移至犯罪构成客观方面要件之后，犯罪构成理论就实现了作为评价标准的犯罪构成和作为评价机制的犯罪构成的合一。由于评价机制一般是就特定行为事实而言的，因此它对于作为评价对象的边界有明确的要求，否则，评价是无法完成的。这样一来，犯罪构成的各个方面要件就必须具有明确而相对独立的内涵，不能将此要件的含义纳入彼要件。"[1] 这一设想当然是具有吸引力的，但问题在于：仅仅对四要件的序位进行调整，能否改变四要件之间耦合式的关系，使各个要件互相独立，各自发挥作用？

这里涉及四要件之间的逻辑关系。不同于三阶层之间的位阶关系，四要件之间是一种耦合关系。位阶关系的特点在于：前一要件独立于后一要件，不以后一要件的存在为前提；但后一要件以前一要件的存在为前提。例如，构成要件作为三阶层的第一个要件，独立于违法性和有责性，不以违法性和有责性的存在为前提。但是，违法性以构成要件为前提，有责性则以违法性为前提。正是在这个意义上，没有构成要件，就没有犯罪。而四要件的关系是一种耦合关系，其特点是四个要件互相依存，不可分离。只有犯罪成立，四个要件才有各自的含义。如果一个要件不存在，那么，其他要件都不能成立。换言之，四要件中的每一个要件和犯罪之间都是部分和整体的关系。例如，犯罪客体是被犯罪行为所侵害的社会主义社会关系。一种社会关系如果没有被犯罪行为所侵害，是不可能成为犯罪客体的。而犯罪主体则是实施了犯罪行为的人，一个人如果没有实施犯罪行为是不可能成为犯罪主体的。余此类推。由此可见，即使对四要件的序位进行调整，也不可能改变四要件之间的这种互相依存的关系。从犯罪客体这个概念来看，其本身就是一个实体的概念，而不是一个属性的概念。因此，可以把犯罪客体定义为

---

[1] 童伟华：《犯罪客体研究——违法性的中国语境分析》，158页，武汉，武汉大学出版社，2005。

违法性的中国语境

一定的社会关系,其受到犯罪行为的侵害,只是这种社会关系的某种状态。像前引学者对犯罪客体的重新定义,认为犯罪客体是行为对于法律关系的破坏性。把破坏性作为犯罪客体的实体性内容,显然是违反语法逻辑的。我们可以说犯罪客体具有被破坏性,但不能说被破坏性是犯罪客体。事实上,犯罪客体本身就是一个实体性概念,难以被改造为一个评价性概念。因此,将犯罪客体视为中国语境中的违法性,虽然心愿是好的,却难以实现。

三、分析与评论

根据以上对我国刑法中类似违法性的三个概念,即刑事违法性、社会危害性和犯罪客体的分析,可以得出结论:这些概念都与违法性概念存在较大的差异。其中,刑事违法性与违法性虽然在语词上最为接近,但在含义上最为偏离。犯罪客体在四要件的犯罪论体系中的概念接近于违法性,但两者在犯罪论体系中与其他要件之间的逻辑关系不同,因此,犯罪客体也难以取代违法性的功能。相对来说,社会危害性的概念,无论是内涵还是功能,与违法性都是最为接近的,但问题在于:社会危害性并不是四要件的犯罪论体系中的一个独立要件,因此也不能发挥违法性在定罪中的正确作用。

罗克辛教授在论及实质违法性的功能时,提到实质违法性的以下三个实际意义:不法的等级分类、现行法界限内对构成要件的解释和利益权衡。[1] 在以上三者当中,实质违法性的等级分类功能是相对于形式违法性而言的。因为,形式违法性只存在是否违反的问题,而不能区分出等级。而实质违法性则不同,它作为一种价值判断,是具有程度之分的。例如杀人侵犯的是人的生命权,伤害侵犯的是人的健康权。生命权的重要性大于健康权,因此,侵犯生命权的杀人罪的违法性程度大于侵犯健康权的伤害罪。即使同一个犯罪,例如伤害罪,也存在伤害程

---

[1] 参见[德]克劳斯·罗克辛:《德国刑法学总论》,第1卷,王世洲译,392页,北京,法律出版社,2005。

度上的差异。这种实质违法性的程度,对于量刑当然是具有意义的。就等级分类功能而言,社会危害性也存在这种程度上的区分,因此具有等级分类功能。而刑事违法性其实是犯罪的法定性,是指行为是否合乎某一犯罪的构成要件,也只有是否符合的问题,而不存在程度的区分。至于犯罪客体,它只为实质违法性的判断提供了根据,但其本身还不是实质违法性。例如,杀人罪的侵害客体是生命权,伤害罪的侵害客体是健康权,生命权和健康权都是实质违法性判断的根据,但不能直接将其等同于违法性判断。所以,犯罪客体也不具有所谓等级区分功能。

现行法界限内对构成要件的解释功能,也可以简称为解释功能,这是实质违法性的重要功能。在贝林那里,实质违法性的这一功能是在第二阶层,即违法性阶层实现的,以此完成构成要件的实质化。在这种情况下,构成要件与违法性是脱节的,按照贝林的话来说,是两个互不相交的圆圈。在构成要件该当性的基础上,还需要继续进行单独的违法性判断。通过违法性判断,将形式上具有构成要件,但实质上不具有违法性的行为予以排除。此后随着构成要件的实质化,尤其是罗克辛教授的客观归责理论的提出,在构成要件阶层通过风险创设、风险减小、可容许的风险、风险创设之禁止规范的保护目标以及分析实现等准则,对构成要件进行实质审查。这个意义上的违法性可以说是一种实体上的违法性,由此而使构成要件该当行为具备了违法性的推定机能。值得注意的是,违法性对构成要件的这种实质审查功能,是在确立了形式的构成要件以后,在法界限内展开的。因此,它严守了罪刑法定原则。因为,这里的实质判断不能超越构成要件的范围。实质违法性的这种解释功能,在我国刑法中,社会危害性是一个重要的承载者,但社会危害性如前所述,是在四要件的犯罪论体系之外的,并不受构成要件的限制。因此,社会危害性与罪刑法定原则之间的紧张关系,始终未能得到缓解。事实上,也确实存在着社会危害性的判断先于四要件的判断,由此而使四要件虚置的情形。在我国司法实践中,对于有没有社会危害性和刑法有没有明文规定这两个问题的考虑,前者总是优先于后者。

【朱建勇故意毁坏财物案】

被告人朱建勇利用事先获悉的账号和密码,侵入被害人陆某夫妇在证券营业

违法性的中国语境

部开设的股票交易账户,篡改密码,并采取高进低出的方法进行股票交易。案发时,被告人朱建勇的行为共计给被害人陆某夫妇造成经济损失19万元。

对于本案,法官认为,被告人朱建勇的行为侵犯公民的私人财产所有权,扰乱社会经济秩序,社会危害性是明显的。依照我国《刑法》第275条的规定,构成故意毁坏财物罪。在这一判决中,法官首先考虑的是,被告人的行为造成了他人的财产损失,因而具有社会危害性。将行为是否具有社会危害性的判断前置于行为是否符合故意毁坏财物罪的构成要件的判断。即使是在对后者的判断上,也还是采取了实质判断优先的思维方法,认为使财物的价值降低是故意毁坏财物的本质特征。而在朱建勇案中,被告人的行为给他人的财产造成了损失,因此其行为构成故意毁坏财物罪。这是一种价值先行的定罪思维,其与罪刑法定原则的背离性是显而易见的。通过这个案例可以说明,在我国刑法中,由于社会危害性的无所不在的地位,其不受构成要件的限制也就是十分容易理解的了。因此,社会危害性虽然具有实质违法性的性质,却难以在犯罪论体系中发挥应有的作用。

如果说实质违法性的解释功能已经移入构成要件,由此而使构成要件具有违法性的推定机能,那么,独立于构成要件的违法性所发挥的就是所谓利益权衡的功能。通过利益权衡,将虽然符合构成要件但不具有实质违法性的行为予以排除,这就是违法阻却事由。这里的利益权衡,罗克辛教授也称之为干预权问题,他指出:"在违法性层面,人们探讨的是相对抗的个体利益或社会整体利益与个体需求之间产生冲突时,应该如何进行社会纠纷的处理。也就是在一般人格权与公民行为自由之间有矛盾时,是否有必要进行公权力的干预,以求得矛盾的消除,以及在现实的、难以预见的紧急状态的情况下,是否要求做出进行干预的决定。"[1] 这里的干预是按照利益权衡原则做出的,由此为合法化提供了根据。正如德国学者指出:"合法化事由(亦即违法阻却事由——引者注)不是以规范的一般之例外为基础,而是为了解决社会矛盾冲突情况,要求在具体情况下进行价

---

① [德]克劳斯·罗克辛:《刑事政策与刑法体系》(第2版),蔡桂生译,21页,北京,中国人民大学出版社,2011。

值权衡，基于这样的价值权衡，不受影响地维持被保护的法益的利益，必要时必须退却到同样被法秩序承认的其他价值之后。因此，合法化事由是有别于构成要件特征的，构成要件和合法化事由关系中固有的冲突问题，并没有因合法化事由与消极的预兆被吸收进构成要件而人为地得到调和。"① 在此，德国学者揭示了构成要件与合法化事由的不同，即前者是具有法益侵害性的事实性要素，而后者是基于利益权衡考虑而排除违法性的情形。

在三阶层的犯罪论体系中，目前违法性阶层主要承担排除违法阻却事由的功能。因此，违法阻却事由是指那些虽然具备构成要件，但基于利益权衡而被排除在违法性之外的情形。由此可见，构成要件实质化以后的违法性，只是指价值的违法性而不再包括事实的违法性。这里的事实违法性，表明某种法益已经遭受侵害。即使排除价值的违法性，也不能否定法益遭受侵害这一事实状态。而价值的违法性则具有利益权衡思想和目的论思想，某一行为虽然违反一般性禁止规定，但在具体适用的案件中，被保护的行为客体较之侵害或者导致其危险的客体价值更高，而且行为人追求的目的适当。② 因此，作为独立要件的违法性所要处理的是在规范冲突或者竞合的情况下，如何认定行为的违法属性的问题。我国刑法中的社会危害性概念是没有这一功能的。

我国刑法将正当防卫等事由称为排除社会危害性行为。何谓排除？排除就是消除，使之消失。如前所述，在正当防卫而将不法侵害人杀死的情况下，他人的生命已经被剥夺，生命权受到了侵害，这也正是杀人罪的社会危害性之所在。那么，一个杀人行为被认定为正当防卫，是否能够消除其侵害他人生命权这一社会危害性呢？答案是否定的。因此，排除社会危害性这样的命题本身在逻辑上就是难以成立的。只有把不法侵害人对防卫人的人身侵害——并使其人身权利受到不法侵害——与防卫人因正当防卫而剥夺了不法侵害人的生命这两个事实进行对

---

① ［德］汉斯·海因里希·耶赛克、托马斯·魏根特：《德国刑法教科书》，徐久生译，309页，北京，中国法制出版社，2001。
② 参见［德］汉斯·海因里希·耶赛克、托马斯·魏根特：《德国刑法教科书》，徐久生译，391页，北京，中国法制出版社，2001。

违法性的中国语境

比，对不法侵害人的生命价值与正当防卫人的人身权利进行权衡，才能找到排除正当防卫的违法性的价值根据。而社会危害性概念对此是无能为力的，因为它是一个较为抽象和笼统的概念，不能在事实的违法性与价值的违法性之间做出区隔。

【陈某强奸案】

陈某（男，33岁）通过网络聊天结识了卖淫女李某（27岁），二人商定嫖娼价格为一次300元，包夜800元。二人上午8时见面后，陈某先支付800元，并与李某发生了一次性关系。下午3时许，因有其他人出更高价格嫖宿李某，李某遂要求陈某离开。陈某要求退还500元，李某不同意，陈某遂强行与李某发生了性关系。

对于本案被告人陈某的行为是否构成强奸罪，在我国司法实践中存在争议。如果按照社会危害性理论进行分析，陈某的行为就其违背李某意志强行与其发生性关系而言，是具有社会危害性的。如果仅仅在社会危害性意义上，并不能准确地找出本案定罪的争议之所在。陈某的行为是以李某违约为前提的，具有强行履行事先约定嫖娼协议的性质。因此，如果在四要件的犯罪论体系内进行平面分析，则逻辑关系难以厘清。而如果按照三阶层的犯罪论体系，在构成要件阶层，陈某的行为当然是符合强奸罪的构成要件的。在此基础上，需要讨论的是违法性问题。本案的争议主要属于违法性的争议，即李某违反协议的行为是否阻却陈某强奸行为的违法性。对此，按照利益权衡的考量，即使李某违反协议，也难以排除陈某强奸行为的违法性。因为，性权利作为一种人身权利相对于财产权利而言，应当受到优先的保护。所谓中立的帮助行为也属此类情形。

【李某窝藏案】

李某与刘某系朋友关系，素有经济往来。一天，刘某将他人杀害后，逃至李某家中，告知李某实情，并向李某索要以前所借欠款作为逃跑的费用。李某遂还钱，致刘某得以逃匿，刘某后在异地被拿获。

根据我国《刑法》第310条的规定，明知是犯罪的人而为其提供隐藏处所、

409

财物，帮助其逃匿或者作假证明包庇的，是窝藏、包庇罪。对于上述案件，首先需要考察的是，李某的行为是否符合明知是犯罪的人而为其提供财物的构成要件。这里的提供财物，当然包括无偿提供，也包括有偿提供，例如借予金钱等。但本案是归还欠款，这是刑法所规定的提供财物吗？这是一个构成要件的问题。如果对提供财物进行限制性的解释，不是不可能在构成要件中将归还欠款的行为从窝藏、包庇罪的构成要件中排除的。当然，如果仅仅从文字上理解，归还欠款也是一种提供财物的行为。在这种情况下，就需要在违法性阶层进行利益权衡。关于这个问题，法官认为：在本案中，李某向刘某付钱从现象上看是归还欠款，履行民事义务，直接目的在于使双方之间的债权债务关系归于消灭。但在实质上，其却违反了刑法所规定的不得向明知的犯罪人提供财物、帮助其逃匿的禁止性规范，违背了法的价值冲突规则，从而侵害了社会公共利益。这种观点当然是从社会公共利益高于个人利益的角度思考问题的，有其明确的价值取向。但是，本案的问题在于：在本案中，李某的行为是一种履行民事还款义务的行为，它与不得帮助明知是犯罪的人逃避法律制裁的刑事义务之间存在一定的冲突。对此，应当要求一般公民如何选择呢？在这种情况下，公民其实处于一种两难境地，即：如果不归还借款，这是一种民事违法行为；如果归还借款，则可能构成犯罪。对于一般公民来说，宁可承担民事违法的后果，也不愿意以犯罪论处。但是，在法律上又如何看待呢？我国学者指出："这些物品在出借之前本就属于正犯可以自由支配的物品，归还这些物品并没有增加不为法所容许的危险，所以履行民事上归还财物义务的行为不宜评价为帮助行为，应否定帮助犯的成立。"① 这种观点是从归还财物行为没有增加不为法所容许的危险的角度考察的，但是否增加危险的问题，不能简单地得出否定性的结论。李某所归还的借款在客观上为刘某逃匿提供了帮助，如果说这不是增加了危险，可能难以成立。对于此类案件，从刑事义务的重要性高于民事义务的观点来看，似乎应该优先履行刑事义务。但基于法秩序统一的原理，履行民事债务的合法行为，仅仅因为其在客观上

---

① 陈洪兵：《中立行为的帮助》，218页，北京，法律出版社，2010。

违法性的中国语境

为他人犯罪或者逃避法律制裁提供了帮助,就被认定为刑法上的犯罪行为,确实存在加剧法律冲突之虞。基于刑法的谦抑性考量,我认为这种中立的帮助行为一般不应认定为犯罪。

对李某窝藏案,只是从是否具有社会危害性方面进行考察,当然是过于简单化了。关键还要具体分析:这是构成要件的问题,还是违法性的问题?对于不同性质的问题,应该在不同的阶层加以讨论。就此而言,违法性要件应当具有独立性。在我国四要件的犯罪论体系中,由于在犯罪成立的条件中没有单独设置违法性的要件,违法性所具有的实质判断功能呈现散在化的特点,不利于通过违法性要件将一些符合构成要件的行为经过利益权衡排除在违法性之外,从而限缩犯罪的范围。

我国学者周光权教授提出了"违法性判断的独立性"的命题,主张以此切入对我国的犯罪论体系进行改造。周光权教授指出:"在苏联及我国的刑法理论中,违法性不是作为犯罪构成要件,而是作为犯罪的特征之一而确立的,对该特征是否具备的特别判断,又是融于犯罪构成要件评价过程中的。至于违法阻却事由,也不是放在犯罪构成的范围内,而是作为排除社会危害性的行为加以确立的。在犯罪构成学说的范围内,不可能对正当防卫和紧急避险这两个问题作详细的研究,而在犯罪构成之外讨论排除犯罪的事由,这样的理论,始终存在不妥当之处。"[1] 对于这一观点,我完全赞同。违法性要件在犯罪论体系中独立地位的确定,必然导致将违法阻却事由纳入犯罪论体系。这将意味着我国传统的四要件的犯罪论体系的结构性改动,甚至是四要件所建构的犯罪论体系的瓦解。

这是必然的结论。

(本文原载《清华法学》,2015(4))

---

[1] 周光权:《违法性判断的独立性——兼及我国犯罪构成理论的改造》,载《中外法学》,2007(6),701~711页。

违法性论的重塑

——一个学术史的考察

违法性论,是四要件与三阶层这两种不同的犯罪构成体系之间最大的差别之所在。违法性是三阶层之一,为犯罪认定提供实质根据标准。而在四要件中,犯罪客体发挥着类似的实质判断的功能,但起到实质判断基准作用的则是社会危害性。因此,正如我国学者指出,缺乏违法性阶层是四要件的结构缺陷之一。[①] 本文拟以从社会危害性到违法性的话语转变为中心线索,揭示以三阶层的犯罪论体系为基础的违法性论的悄然出现,对于我国刑法学术发展所具有的促进意义。

一

关于违法性究竟是否属于犯罪成立要件,在我国民国时期的刑法学中,并无定论。这主要与当时尚未形成定型的犯罪构成体系具有密切的关系。例如民国学者郗朝俊把违法行为看作犯罪的要素之一,并对违法行为做了以下阐述:

[①] 参见付立庆:《犯罪构成理论:比较研究与路径选择》,60页,北京,法律出版社,2010。

违法性论的重塑

违法行为者,违反禁令命令之行为,即破坏社会一般常规之行为也。苟非违法行为,即令对于吾人社会,予以危害,法律上不得认为犯罪行为以处罚之。虽实质上之犯罪,苟对于社会秩序加以危害之行为,不为积极的规定,惟消极的规定违法阻却条件,即权利行为,及放任行为也。①

在此,郗朝俊虽然没有正面论及违法性的内容,但对权利行为和放任行为这两种违法阻却条件做了论述,由此可以看出民国时期刑法对违法性采取消极规定的方法,而在民国时期的刑法学中也已经把违法阻却当作犯罪之消极的构成要件(Negative Tatbes tande)。② 违法阻却事由这一概念的形成,表明民国时期的刑法学已经正确地确立了违法性在犯罪构成体系中的地位。尤其是,民国学者还能够从正面对违法性的内容加以阐述。例如陈瑾昆指出:

刑法学者关于违法之观念,多于反面说明外,更为正面说明,余亦从之。惟学说于违法之本质,所说尚不相同,通说均谓违法乃一面为违反法令,以此为其形式之意义;一面为侵害法益,以此为其实质之意义。余谓犯罪即为违反刑法侵害法益之行为,此为行为之危险性,乃属于犯罪之成立要件,若行为之违法性,则指该行为不但具备犯罪构成要件,而且于法律上为不可容许,必于此时始应处罚,乃为犯罪之处罚要件。故行为之违法性(Rechtswidrigkeit, element injuste),即谓侵害刑法上法益之行为,逸出社会之一般常轨,申言之,即有反于规范共同生活之法律目的(Zweck der das Zusammenleben regelnden Rechtsordnung)。所谓违反社会常轨,与违反法律目的,乃于表里一致,前者可谓为反社会性,后者可谓为反规范性,于此时而后为有违法性。③

---

① 郗朝俊:《刑法原理》,134页,上海,商务印书馆,1930。
② 参见王觐:《中华刑法论》,姚建龙勘校,82页,北京,中国方正出版社,2005。
③ 陈瑾昆:《刑法总则讲义》,吴允锋勘校,141页,北京,中国方正出版社,2004。

以上民国学者对违法性内容的揭示可以说是十分精确的。陈瑾昆从形式违法性与实质违法性两个方面界定违法性,指出了违法性是法益侵害性与规范违反性的统一,两者是表里关系。即使在今天来看,以上对违法性的界定也没有过时。因此,在民国时期的刑法学中违法性论可以说是达到了相当高的学术水准。

其实,将违法性区分为形式违法性与实质违法性的思想来自李斯特。李斯特指出:"对于行为的法律评价,可能有两个考察方法:(1)形式违法是指违反国家法规、违反法制的要求或禁止规定的行为。(2)实质违法是指危害社会的(反社会的)行为。"① 那么,形式违法性和实质违法性之间到底是一种什么样的关系呢?显然,形式违法性与实质违法性并不是互相对立的概念,而是从不同角度对行为的法律属性所做的判断。尤其值得注意的是,李斯特是从犯罪成立条件的意义上确定违法性意义的,因此,违法性的概念与三阶层的犯罪论体系之间存在一定的关联性。我国台湾地区学者指出:

> 依现行犯罪体系三元论观点,违法性为必须系以违反构成要件为前提要件,而构成要件系将违法性为定型化,故倘若行为该当构成要件,原则上该行为即系违法行为,在此意义上,构成要件系违法性之存在理由,或称违法性之表征(Indiz der Rechtswidrigkeit)。换言之,倘依"形式违法论"之见解,则违法性可认为系"依构成要件该当性之判断而确认之类型的违法性";而若采"实质的违法性论"之见解,则违法性应为"以全体法律秩序为背景之具体的违法性"。

此外,另有学者认为,"形式违法性"系指行为之构成要件该当性而言,而"实质违法性"则系指该当构成要件行为而阻却违法事由之情形而言。在此针对违法性所做之种种解释,得以理解判断行为是否具有违法性,不应局限于刑事法规之事实判断,更重要者乃系必须就阻却违法事由存在与否做价

---

① [德] 李斯特:《德国刑法教科书》(修订译本),徐久生译,200页,北京,法律出版社,2006。

违法性论的重塑

值之判断。①

在此,台湾学者把形式违法性与实质违法性之关系理解为事实判断与价值判断的关系。这一结论是值得我们充分关注的,这也是对违法性的一种分析工具。这种违法性论我们可以称为违法性的二元论。当然,作为三阶层之一的违法性,应该是实质违法性。因此,德日刑法学中的违法性理论,主要是指实质违法性的理论。

苏俄刑法学对违法性采取了完全不同于德日刑法学的处理方法。而这个问题,又涉及犯罪概念与犯罪构成之间的关系。在德日刑法中,一般没有规定犯罪概念,即不存在法定的犯罪概念。而刑法学中的犯罪概念与犯罪构成是合为一体的:犯罪是构成要件该当、违法且有责的行为。例如德国学者在论述了犯罪的特征以后,指出:

> 将犯罪行为的特征归类到一个体系之后,出现了古典的,在德国基本上无异议的,以构成要件该当性、违法性、有责行为为内容的犯罪概念定义(四分法),该定义同样为判例所承认。这一定义不是意味着将通常作为一个整体来理解的犯罪分解成具体的部分,而是从不同的视角来研究之。随着犯罪被定义为符合犯罪构成要件的、违法的和有责的行为,人们获得了一些被越来越具体化的法学命题的基本概念。②

在这种情况下,犯罪概念并没有形成具有实体内容的理论,它只是作为犯罪论体系的序曲。因为犯罪概念中所列举的犯罪特征,正是犯罪成立的三个条件,由此而从犯罪概念过渡到犯罪论体系。即使犯罪概念中涉及实体内容,通常也是指行为。例如日本学者大塚仁将行为视为犯罪概念的基底,因而犯罪概念论演变

---

① 余振华:《刑法违法性理论》,67~68 页,台北,元照出版有限公司,2001。
② [德]汉斯·海因里希·耶赛克、托马斯·魏根特:《德国刑法教科书》,徐久生译,246 页,北京,中国法制出版社,2001。

成了行为论。大塚仁指出:

> 在今日的刑法学中,无疑也必须以行为观念为核心来确立犯罪概念。上述犯罪定义中以"符合构成要件的违法而且有责的行为"为犯罪,刑罚法规规定的各犯罪都由一定的行为来赋予特征。例如,在杀人罪中以"杀人"行为为内容(第144条),在窃盗罪中以"窃取他人的财物"的行为为内容(第235条)。①

在德日刑法学中,正因为犯罪概念本身除行为论以外,并不包含实体性内容,因而事实要素与评价要素都在犯罪论体系的三阶层中得以以一种合乎逻辑关系的方式展开。与此不同,在苏俄刑法学中,存在犯罪的法定概念,这个法定概念经历了一个从实质概念到混合概念的演变过程,由此而建立起一个具有实体内容的犯罪概念。

在苏俄刑法学中,社会危害性是犯罪的本质特征,这是犯罪概念论所讨论的内容。同时,在犯罪构成理论中又把社会危害性看作犯罪构成的属性,由此而把犯罪概念与犯罪构成勾连起来。例如苏俄学者特拉伊宁指出:

> 证明犯罪人的行为中有法律所规定的犯罪构成的全部因素,通常也就证明了这个行为的社会危害性、违法性和应受惩罚性。如果证明或者要求证明在每一场合犯罪人的行为中除了具有法律中所描述的构成因素之外,还具有社会危害性和违法性,那么这就是要证明法律已经确认的事实。法律规定一定的构成因素,正是因为它认为这些因素的总和是行为的社会危害性,因而也是其违法性的表现的缘故。②

---

① [日]大塚仁:《刑法概说(总论)》(第3版),冯军译,107页,北京,中国人民大学出版社,2003。
② [苏] A. H. 特拉伊宁:《犯罪构成的一般学说》,王作富等译,66页,北京,中国人民大学出版社,1958。

 违法性论的重塑

在以上论述中，特拉伊宁将犯罪概念与犯罪构成加以区分：一方面是犯罪概念中的三个特征，这就是社会危害性、违法性和应受惩罚性；另一方面是犯罪构成的四个要件，这就是犯罪客体、犯罪客观方面、犯罪主体、犯罪主观方面。四要件具备，则行为就具有了犯罪概念所要求的三个特征。因此，犯罪构成与犯罪概念是表里关系。犯罪概念中的社会危害性与违法性对犯罪构成来说，都是外在于它但又是其所具有的社会与法律的属性。在此，存在一个明显的矛盾：因为行为的社会危害性和违法性不是犯罪构成的要件，尤其是特拉伊宁论证了社会危害性不可能是犯罪构成的一个因素的命题①，在这个意义上，社会危害性是外在于犯罪构成的。但与此同时，社会危害性又是犯罪构成的属性，只要四个要件具备，社会危害性与违法性也必然同时具备。就此而言，社会危害性又似乎是从行为具备犯罪构成中推定的。其逻辑是：立法者之所以把某一行为规定为犯罪，是因为该行为具有社会危害性，而犯罪是以犯罪构成的方式进行规定的。因此，在行为具备犯罪构成的情况下，必然具有社会危害性。在这种情况下，犯罪概念与犯罪构成处于一种循环论证的关系之中。

尽管在苏俄刑法学中，犯罪概念与犯罪构成是纠缠不清的，但我们大体上还是可以把犯罪概念中的社会危害性在一定程度上等同于德日刑法学中的实质违法性的概念。因此，在苏俄刑法学中，虽然没有形成完整的违法性理论，但存在一套具有强烈的政治意识形态特色的社会危害性理论。社会危害性处在犯罪构成的四要件之外，但却对四要件具有重大影响。可以说，犯罪的实质定义对于犯罪构成因素的实质评价起到了重要作用。

在苏俄刑法学中违法性论被社会危害性所取代，与苏俄刑法学的政治价值取向具有直接的关联。例如，苏俄刑法学教科书在论证犯罪的实质概念时指出：

  社会主义的刑事立法给予犯罪概念以实质定义。它规定实质上何种作为

---

① 参见［苏］A. H. 特拉伊宁：《犯罪构成的一般学说》，王作富等译，64 页，北京，中国人民大学出版社，1958。

417

与不作为在我社会主义国家中认为是犯罪的。在苏俄刑法典第 6 条，规定犯罪概念的定义是："凡以反对苏维埃国家机构或破坏由工农政权所建立的步向共产主义机构过渡时期之法定秩序之一切作为与不作为，一概认为是危害社会行为。"社会主义刑法在对犯罪概念做出实体的定义时，同时也就决定了社会主义刑法的社会意义。①

因此，在犯罪的实质概念中，犯罪和社会危害性是可以等同的两个概念，社会危害性是犯罪的实体性存在。建立在犯罪的实质概念的基础上，苏俄学者同时主张一种实质的犯罪构成概念，并对形式的犯罪构成概念进行了批判，从而坚持犯罪构成是刑事责任的唯一根据的原则。正是在实质的犯罪构成概念中，社会危害性，实际上也就是违法性被犯罪构成所吸纳，从而丧失了其独立判断的地位。苏俄学者对贝林关于构成要件与违法性相分离的观点进行了以下批判：

> 德国学者柏林格（指贝林——引者注），以新康德主义的唯心哲学为基础，发挥了关于犯罪构成的"学说"，根据这种"学说"，即使有犯罪构成，仍不能解决某人是否犯罪的问题。照这种观点看来，犯罪构成只是行为诸事实特征的总和；说明每一犯罪的行为的违法性，乃是犯罪构成范围以外的东西；法律上所规定的一切犯罪构成，都带有注释描述的性质，其中并未表现出把行为当作违法行为的这种法律评价。谈到行为的违法性，它好像是属于原则上不同的另一方面，即"当为"的判断方面。法院并不根据法律，而是依据自己的裁量来确定行为的违法性。这样，关于某人在实施犯罪中是否有罪的问题，也就由法院裁量解决了。法院可以依自己的裁量来规避法律，如果这样做是符合剥削者的利益的话。②

---

① [苏] 苏联司法部全苏法学研究所主编：《苏联刑法总论》下册，彭仲文译，307 页，上海，大东书局，1950。
② [苏] А. А. 皮昂特科夫斯基：《社会主义法制的巩固与犯罪构成学说的基本问题》，载中国人民大学刑法教研室编译：《苏维埃刑法论文选译》，第 1 辑，77 页，北京，中国人民大学出版社，1955。

违法性论的重塑

以上批判完全是建立在对贝林的构成要件与违法性理论的重大误解甚至是无知或者是篡改的基础之上的。实际上,贝林对构成要件采行为类型说,由此切断与违法性的关联。在认定犯罪的时候,应当分别独立地进行构成要件该当性与违法性的判断。在论及构成要件与违法性时,贝林指出:

> 构成要件符合性与违法性之间彼此关联,正如相互分割的两个领域。需特别说明的是,即使认定了某人行为已符合构成要件(如杀害了某人),也绝不能判定他已经违法地实施了该行为。既有符合构成要件而未违法的行为(如"导致他人死亡"的正当防卫),也有违法却未符合构成要件的行为(如现行法律中的盗窃习惯就是这样,并不具备构成要件符合性特征)。此种情况下,绝对不会存在可罚性行为。①

贝林以上论述十分清楚地表明,违法性是在具备构成要件该当性的前提下的实质判断。因此尽管构成要件是形式判断,但由于存在违法性的实质判断,也不会将虽然形式上符合构成要件但实质上没有法益侵害性的行为认定为犯罪。同样,由于违法性这一实质判断是以构成要件该当性为前提的,因而也不会将刑法分则没有规定的行为认定为犯罪。因此,在此根本就不存在苏俄学者所指责的法官擅断与规避法律的问题。之所以存在这种重大误解,是因为苏俄学者把贝林所说的构成要件误认为是苏俄刑法学中的犯罪构成。犯罪构成是犯罪成立条件的总和,当然不可能存在形式的犯罪构成,即虽然具备犯罪成立条件总和却又不构成犯罪的情形。但贝林的构成要件只是犯罪成立的三个要件的第一个要件,它所承担的只是罪刑法定所要求的、将法无明文规定的行为排除在犯罪之外的职责。至于实质判断的功能是由违法性承担的。苏俄刑法学将犯罪构成设置为犯罪成立条件的总和,但又把正当防卫与紧急避险放在犯罪构成体系之外讨论,这本身就容

---

① [德] 恩施特·贝林:《构成要件理论》,王安异译,68 页,北京,中国人民公安大学出版社,2006。

易让人产生形式的犯罪构成的印象。因而,某些苏俄学者断言,在个别场合,即使行为没有社会危害性,似乎在这种行为中也难免有犯罪构成,例如,在正当防卫、紧急避险情况下,就是这样。① 应该说,这种观点的形成是与苏俄闭合式的犯罪构成体系本身相关的。此外,在苏俄刑法学中,对于犯罪构成和社会危害性的关系究竟如何处理,是存在争议的。通说认为社会危害性是犯罪构成的属性,由此而使犯罪构成实质化。而个别学者则认为社会危害性并不是犯罪构成的特征,而是犯罪构成以外的东西。这一观点,被苏俄学者称为形式的犯罪构成说,并做了以下批判:

> "违法性处于犯罪构成之外"这个论题,给审判员的裁量开辟了破坏法制和把作为刑事责任基础的犯罪构成的意义化为乌有的道路。
>
> 为了工作,为了巩固社会主义法制的斗争,无论在理论上或审判检察工作的实践中,都应该始终不渝地实行苏维埃实体刑法和刑事诉讼法上的基本原则——犯罪构成是刑事责任的唯一基础;没有行为的违法性(社会危害性)就是没有犯罪构成;有了犯罪构成,就是实施了危害社会行为。苏维埃刑法理论没有任何必要去保全那种取消了行为的社会危害性特征的、形式的犯罪构成的概念。②

在苏俄四要件的犯罪构成体系中,这种形式的犯罪构成的观点当然是难以接受的。但是四要件把形式判断与实质判断混杂在一起,把事实判断与价值判断混杂在一起,这才是其根本缺陷之所在。

---

① 参见[苏]A. A. 皮昂特科夫斯基:《社会主义法制的巩固与犯罪构成学说的基本问题》,载中国人民大学刑法教研室编译:《苏维埃刑法论文选译》,第1辑,43页,北京,中国人民大学出版社,1955。
② [苏]A. A. 皮昂特科夫斯基:《社会主义法制的巩固与犯罪构成学说的基本问题》,载中国人民大学刑法教研室编译:《苏维埃刑法论文选译》,第1辑,85页,北京,中国人民大学出版社,1955。

违法性论的重塑

二

我国刑法学从苏俄引入四要件的犯罪构成理论以及相关的犯罪概念论,由此形成了与苏俄完全相同的犯罪论框架。在这一理论框架中,社会危害性与违法性被看作是两位一体的,是一种决定与被决定的关系。例如我国 20 世纪 50 年代的刑法教科书对社会危害性与违法性的关系做了以下论述:

> 什么样的危害社会的行为应当受到刑罚处罚,是由我国刑法来规定的。只有当危害社会的行为得到刑法的确认的时候,才能被认为是犯罪行为。在我们国家里,行为的社会危害性和违法性是统一的。因此,犯罪一方面是危害社会的行为,同时也是违反刑法的行为。①

因此,社会危害性就被确认为犯罪的本质特征,是区分罪与非罪的标准。与此同时,刑法教科书又把四要件看作认定犯罪的法律标准。某一行为所以被认为是犯罪,是由于它具有若干要件,而这些要件的总和,就决定着某一行为是对于社会有危害性的,并且是应当受到刑罚处罚的。② 在这种情况下,就提出了一个问题:行为到底是因为具有社会危害性而有罪,还是因为具备犯罪构成而有罪?换言之,犯罪概念与犯罪构成之间到底是一种什么关系?我国刑法教科书对此做了以下回答:

> 犯罪构成是犯罪概念的具体化。犯罪概念回答的问题是:什么是犯罪?犯罪有哪些基本属性(特征)?而犯罪构成则是在犯罪概念的基础上,进一

---

① 中央政法干部学校刑法教研室编:《中华人民共和国刑法总则讲义》,58 页,北京,法律出版社,1957。
② 参见中央政法干部学校刑法教研室编:《中华人民共和国刑法总则讲义》,72 页,北京,法律出版社,1957。

步回答：犯罪是怎样形成的？它的成立需要具备哪些法定要件？所以犯罪构成与犯罪概念是两个既有密切联系又有区别的概念。①

因此，犯罪概念与犯罪构成是一种二元结构，而这两者之间又是通过社会危害性加以贯通的。在这种情况下，社会危害性就成为犯罪论的一条红线，这就是社会危害性中心论。在社会危害性中心论的刑法学中，没有违法性论的一席之地。因而，在我国刑法学中违法性的重塑，必然以对社会危害性理论的反思和批判为前提。

20世纪80年代到90年代中期是我国刑法学恢复重建的初期，在这一时期，社会危害性始终在我国刑法学中占据着主导地位。在某种意义上可以说，社会危害性是我国继承苏俄刑法学的最重要的理论遗产之一。在这个时期，社会危害性得到论证、受到肯定，几乎成为我国刑法学的帝王概念，君临整个刑法学。及至1997年《刑法》第3条确立了罪刑法定原则并废除类推，我国学者樊文较早地揭示了罪刑法定与社会危害性的冲突，指出：

> 在新刑法第13条规定的犯罪定义中使用了"危害社会"字样，突出了社会危害性，并用"危害不大"字样，强调了社会危害性程度大小对罪与非罪的决定意义。这样，就反映出在新刑法关于犯罪的定义中，存在社会危害性标准；同时该条还规定"依照法律应当受刑罚处罚的……"，又确立了规范标准。在一个定义中同时使用了互相冲突、排斥的两个标准来界定犯罪，势必影响罪刑法定原则在犯罪定义中的彻底体现，使犯罪这个基本定义乃至整个刑法典的科学性都大打折扣。②

樊文是从犯罪概念中引申出罪刑法定与社会危害性之间的矛盾的。在罪刑法

---

① 高铭暄主编：《刑法学》（修订本），91页，北京，法律出版社，1984。
② 樊文：《罪刑法定与社会危害性的冲突——兼析新刑法第13条关于犯罪的概念》，载《法律科学》，1998（1）。

违法性论的重塑

定原则为我国刑法所确认的情况下,社会危害性的命运如何,的确是一个值得关注的问题。当然,樊文只是提出了问题,而远远没有解决问题。即使对社会危害性的不敬表达,也是小心翼翼的。而对社会危害性大加挞伐的,当推李海东博士。李海东对社会危害性理论进行了正面的批判,指出:

> "社会危害性"这类对犯罪规范外的实质定义的致命弱点在于,在这个基础上建立起来的犯罪体系完全依赖于行为的规范属性,因而,它又从本质上放弃了犯罪的实质概念。如果我们宣称,犯罪的本质在于行为的社会危害性,显然,危害社会的并不都是犯罪,那么区别犯罪与其他危害社会行为的唯一标准就不可避免地只能决定于刑法是否禁止这个行为,也就是行为的形式违法性。这种所谓实质认识由此也就成了一种文字游戏般的东西,其实质变成了由法律形式所决定的,因此也就是形式犯罪而已。换言之,社会危害性的认定在这种理论中完全依赖于行为的形式违法性。至于到底什么是违法的本质,即到底什么叫危害社会、什么算是危害了社会、以怎样的客观具体的标准来认定是不是危害了社会等实质违法的问题,在社会危害性理论中,都是不用回答的,因为它们全部都是规范性的,即只要看这个行为是不是形式上违法就可以了。①

在此,李海东揭露了社会危害性的致命弱点,即前文已经指出的,社会危害性与犯罪构成之间的循环论证关系,其结果必然是使犯罪构成形式化。而这一切的根源,就在于在犯罪构成中缺乏违法性要件。在我国刑法学界,笔者也是较早对社会危害性理论大张旗鼓地进行批判的,提出了将社会危害性的概念逐出注释刑法学领域的命题。尤其是从社会危害性与刑事违法性之间的相关性进行了以下考察:

---

① 李海东:《刑法原理入门(犯罪论基础)》,7页,北京,法律出版社,1998。

在面临形式合理性与实质合理性的冲突的时候，我们应当坚持形式合理性。在这种情况下，社会危害性理论就不像过去那样是一种绝对的真理。尤其在司法活动中，对于认定犯罪来说，社会危害性的标准应当让位于刑事违法性的标准。只有在刑事违法性的范围之内，社会危害性对于认定犯罪才有意义。[1]

在以上的论述中，笔者还是在犯罪概念内，从社会危害性与刑事违法性的关系变化上对社会危害性理论进行反思的。当然，笔者也提出了采用法益侵害性的概念来取代社会危害性，因为，法益侵害性这一概念与社会危害性相比，具有规范性、实体性与专属性的特征，更适合用于对犯罪本质的描述。

在对社会危害性理论的批判中，以下两位年轻学者不能不提：一是刘为波，二是劳东燕。刘为波在批判社会危害性理论的基础上，提出了以下结论性观点：

（1）社会危害性带有明显的阶级性质和政治内容，因而就其实质而言，是一种阶级危害性，尽管这种阶级属性正在逐步让位于社会属性，但它在某种意义上已经构成了社会主义刑法的一个标签。（2）社会危害性作为犯罪的本质特征，与犯罪概念是同一的，它对犯罪具有完全的解释功效。（3）社会危害性是一个庞杂的解释体系、一个万能的分析框架，是整个刑法理论赖以建构的基石。在这种体系框架之内，刑事违法性、应受惩罚性仅仅是社会危害性的一个属性、一种表现、一种后果，它们决定于社会危害性，因而没有自身的独立品性，更无从谈起对社会危害性的牵制关系。一言以蔽之，社会危害性又如普罗克汝斯特斯之床，而刑事违法性则需经常面临被拔高或截肢的危险。（4）社会危害性的解释场域并不仅仅局限于刑事立法层面，而是对刑事司法乃至刑罚执行均具有现实的指导意义。认为社会危害性解决了刑事立法的正当性依据，有利于限制制刑权，全面地贯彻罪刑法定原则，是一种

---

[1] 陈兴良：《社会危害性理论：一个反思性检讨》，载《法学研究》，2000（1）。

违法性论的重塑

历史误读的结果,或者说,是一种出于时代需求的转译或意义重建。因为,新中国刑法史上不存在罪刑法定的知识语境,相反,与罪刑法定存在根本上的对立。易而言之,它是反罪刑法定的,而对此,社会危害性无疑扮演了一个急先锋的角色。①

如果说刘为波主要是从社会危害性的概念本身对其进行了价值论批判,那么劳东燕就是对社会危害性背后的认识论思维方法提出了方法论的质疑。劳东燕在揭示了社会危害性理论是社会主义刑法体系与资本主义刑法体系的区分之后,指出:

> 社会主义刑法体系与资本主义刑法体系存在差别本身并不能证明以社会危害性为核心的犯罪解释体系比以刑事违法性为基点的犯罪解释体系更具有优越性和合理性。显然,这有赖于更上位的范畴为之提供正当化的底线和背景,使社会主义犯罪解释体系的优越性获得合理的诠释。作为意识形态而存在的"实事求是"恰恰在这方面发挥了举足轻重的作用。它使社会危害性成为独特的、与真理休戚与共的概念,并由此完成了对政治正确性的确认,使社会危害性成为政治正确性在刑法领域内的反映和标志。同时,政治上的正确性又反过来使社会危害性毋庸置疑地被赋予凛然不可侵犯的神圣色彩。可以这么说,长久以来社会危害性之所以一直能在社会主义刑法体系中牢牢占据霸主地位,意识形态化的"实事求是"所担当的角色实在是功不可没。②

劳东燕在此所批判的是一种意识形态化的"实事求是"。这个意义上的"实事求是"可以说是绝对的、实质主义的代名词,而这也正是社会危害性理论所具

---

① 刘为波:《论说的底线——对以社会危害性为核心话语和我国犯罪观的批判性考察》,载陈兴良主编:《刑事法评论》,第6卷,96~97页,北京,中国政法大学出版社,2000。
② 劳东燕:《社会危害性标准的背后——对刑事领域"实事求是"认识论思维的质疑》,载陈兴良主编:《刑事法评论》,第7卷,207页,北京,中国政法大学出版社,2000。

有的方法论特征。

在我国学者批判与抨击社会危害性理论的同时,为社会危害性理论辩解和辩护的呼声也同样强烈,由此引发了围绕社会危害性理论而展开的一场辩论。应该说,这场辩论对于我国刑法知识的转型起到了推动作用。从当时的情形来看,社会危害性理论之争仍然是以犯罪概念为中心而进行的,其中犯罪的形式概念与实质概念是辩题之一。我国学者刘艳红指出:

> 我国刑法中的犯罪概念非但不因为规定了犯罪的实质特征——社会危害性于其中而显得不合理;相反,正是因为它在规定了犯罪的形式法律特征的同时又规定了犯罪的实质社会特征,使得该种犯罪概念类型无论是从逻辑结构来评判,还是从法概念体系的独特要求以及主体价值的变易性相适应的角度考察,都是合理的。规定在这一犯罪概念之中的社会危害性理论不但不与罪刑法定原则相冲突,相反,它还通过发挥其自身的刑法解释机能,使得罪刑法定原则所体现的形式合理性得以充分实现。总之,社会危害性理论存在方式(规定于刑法中的犯罪概念之中)的合理性以及其与罪刑法定原则相一致的价值立场表明,我国刑法中的犯罪概念是科学的,社会危害性理论是经得起推敲的。①

以上对社会危害性理论的阐述,主要是基于犯罪的混合概念的立场,认为犯罪是形式特征与实质特征,同时也是形式合理性与实质合理性、形式违法性与实质违法性的统一。在这种情况下,社会危害性是罪刑法定原则的实质侧面,因而与罪刑法定原则并不矛盾。这里涉及对罪刑法定原则的形式侧面与实质侧面的理解,在此不予展开。值得注意的是,作者将社会危害性这一理论纳入罪刑法定主义的话语体系,以此赋予其正当性。当然,社会危害性理论是否披上了罪刑法定的"马甲",就摇身一变成为法治的理论,还是值得推敲的。但无论如何,这也

---

① 刘艳红:《社会危害性理论之辨正》,载《中国法学》,2002(2)。

违法性论的重塑

反映出社会危害性理论的与时俱进。

此外，我国学者还以《刑法》第13条但书为切入点，论证了但书与罪刑法定原则在价值和功能上的一致性，并提出了善待社会危害性观念这颇具温情的命题，以此抵御对社会危害性理论的无情批判。但书规定，是指我国《刑法》第13条关于"情节显著轻微危害不大的，不认为是犯罪"的规定。这是一个出罪条款。但书规定直接渊源于苏俄刑法典规定的犯罪概念的附则，并且与其犯罪的实质概念相关联。根据犯罪的实质概念，社会危害性是犯罪的本质特征，行为具有社会危害性就构成犯罪；与此同时，若行为的社会危害性轻微，则没有必要作为犯罪处理。例如苏俄刑法学者指出："这种罪行的社会危害性，表现在社会主义刑事立法所规定的刑事处分上。常有这种场合，即某种行为适合于刑法所规定的犯罪构成的某些要件，而实际上在某种具体场合，却不得承认其具有社会危害性，从而亦不得处以刑罚。这种情形之发生，或是由于行为细小不足道与并未发生有害的结果，或是由于社会政治环境变化所致。"[①] 为此，苏俄刑法典设立了犯罪概念的附则，将这些社会危害性轻微的犯罪行为予以出罪。我国刑法引入这一立法例，采用具有中国古代刑律表述特色的但书方法予以规定。不可否认，犯罪概念的但书规定确实反映了按照社会危害性予以出罪的功能。正是在这个意义上，我国学者主张善待社会危害性观念，指出："形式意义上理解的罪刑法定原则主旨在于限制国家刑罚权，缩小刑法打击范围，从而实现刑法保障人权的机能。这与但书的功能显然是一致的。从价值和功能讲，但书与形式主义的罪刑法定原则有异曲同工之效。"[②] 按照这种观点，社会危害性理论不仅与罪刑法定原则的实质侧面是一致的，而且与罪刑法定原则的形式侧面也不违背。由此出发，我国学者得出社会危害性概念与罪刑法定原则之间存在共生关系的结论，指出：

---

① ［苏］苏联司法部全苏法学研究所主编：《苏联刑法总论》上册，彭仲文译，208页，上海，大东书局，1950。

② 储槐植、张永红：《善待社会危害性观念——从我国刑法第13条但书说起》，载《法学研究》，2002（3）。

将公正与功利的关系、形式与目的的关系和罪刑法定与社会危害性的关系说成是同一个问题,很可能在说法上并不恰当,但公正与功利的关系、形式与目的的关系和罪刑法定与社会危害性的关系都是可以相互渗透和相互说明的。而既然公正与功利、形式与目的本非截然对立,则罪刑法定与社会危害性也非截然对立。那么,在并非截然对立的前提之下,社会危害性与罪刑法定原则之间便得以形成相互补充、相得益彰的共生关系。①

在这种情况下,社会危害性理论与罪刑法定之间的矛盾与冲突就被完全消解了,两者对立统一的共生关系得以确立。从以上为社会危害性理论辨正的思路可以明显地看出,论者试图以罪刑法定原则为社会危害性理论解套,使社会危害性理论在罪刑法定主义的法律语境下继续得以生存。笔者认为,以上为社会危害性理论辩护的观点,存在的最大问题在于非历史与非逻辑的方法论。

犯罪的实质概念的关键词是社会危害性,这种社会危害性实际上就是阶级危害性。至此,以社会危害性为中心的苏联刑法学得以形成,因为社会危害性不仅是犯罪的本质特征,而且贯穿了犯罪构成,由此得出以社会危害性为本质的犯罪的实质概念,如同一条红线一样贯穿其间。因此,对于社会危害性,我们不能仅就这一概念本身进行逻辑的解析,而应将其置于整个苏联法学理论,尤其是刑法学理论形成的社会背景当中进行某种历史的还原,由此揭示社会危害性理论本身所积淀的意识形态的蕴含。唯有如此,我们才能深刻地理解社会危害性之于犯罪、之于刑法的意义。就此而言,在我国目前关于社会危害性理论的讨论中存在着十分严重的非历史主义的方法论,它极大地妨碍了对社会危害性的政治本质的认识。②

---

① 马荣春、周建达:《为社会危害性概念的刑法学地位辨正——兼与陈兴良教授商榷》,载赵秉志主编:《刑法论丛》,第19卷,198页,北京,法律出版社,2009。
② 陈兴良:《社会危害性理论:进一步的批判性清理》,载《中国法学》,2006(4)。

违法性论的重塑

实际上,社会危害性理论产生之初,就具有对抗法律形式主义的使命。例如苏联学者 Л. И. 斯图奇卡在赞美以社会危害性为核心的犯罪实质概念时,就认为,它第一次把法的问题放到坚实的科学基础之上,它摒弃了对法的纯粹形式主义的观点。① 由此可见,社会危害性理论本身无论在价值内容上还是在思维方法上都是与罪刑法定主义格格不入的。罔顾这一历史事实而将社会危害性理论与罪刑法定原则加以"嫁接",显然是一种非历史主义的方法。与此同时,为社会危害性理论辩护的观点还具有非逻辑的特征。社会危害性理论存在的重大逻辑缺陷在于它与犯罪构成的分离,从而使犯罪构成形式化。例如苏俄学者在论及犯罪概念的附则规定时,指出:

> 情节轻微的犯罪是指具有犯罪的一切要件、应当受到惩罚的行为。在某些具体情况下,可能免除对这种犯罪应承担的刑事责任和刑罚。符合《刑法典》第 7 条第 2 款所规定要件的情节显著轻微的行为具有犯罪的形式特征,即刑事违法性。这种情节显著轻微的行为对社会没有危害性或根据社会主义法律意识尚未达到犯罪的程度。在后一种情况下,这种行为所具有的社会危害性非常之小,以致从刑事法律的角度来看,它不具有社会危害性。②

社会危害性自外于犯罪构成,凌驾于犯罪构成之上。犯罪构成变成一种单纯的法律形式,而社会危害性才具有对定罪的主宰能量,这就潜伏着对罪刑法定原则的破坏性。对此,笔者认为:

> 如果将社会危害性视为一种实质判断,那么这种实质判断就是自外于犯罪构成的。如果社会危害性是犯罪构成判断的唯一结果,那么在犯罪构成之

---

① 参见[苏] A. A. 皮昂特科夫斯基等:《苏联刑法科学史》,曹子丹等译,16 页,北京,法律出版社,1984。
② [苏] H. A. 别利亚耶夫、M. Л. 科瓦廖夫主编:《苏维埃刑法总论》,马改秀、张广贤译,64 页,北京,群众出版社,1987。

外就不需要社会危害性的判断。但在苏联刑法学中逻辑并非如此展开,社会危害性是在犯罪构成之外需要进行独立判断的一个要素,由此形成对行为的社会危害性与犯罪构成的双重判断。现在需要思考的问题是:社会危害性判断会对犯罪构成要件的认定带来什么影响?其必然影响是使犯罪构成形式化,即具备犯罪构成尚不一定构成犯罪,另需进行社会危害性的实质判断。……那么,在犯罪构成被形式化以后,会不会发生犯罪构成被虚置,以社会危害性判断取代犯罪构成,这才是一个值得警惕的灾难性后果。①

围绕着社会危害性展开的这场学术争鸣,是过去十年间(2000—2010年)我国刑法学发生的影响最为深远的一个学术事件。它必将在很大程度上牵制我国刑法学知识的走向。当然,从刑法学史的演变来看,它只是重塑违法性论的一场前哨战。

三

俗话说:"不破不立。"因此,破的目的在于立,而不是为破而破。破除社会危害性理论,意欲以法益侵害说将其取代,这是笔者的初衷。因此,笔者提出了从社会危害性到法益侵害性的转换的命题。②而法益侵害,正是德日刑法学对违法性实质的一种见解。因此,法益理论之引入我国,为促成从社会危害性理论向法益侵害说的转变创造了条件。

法益及法益侵害,是20世纪90年代初期,在我国翻译出版的日本学者的著作中最早出现的。例如日本学者大塚仁教授的《犯罪论的基本问题》一书,经冯军教授翻译,于1993年由中国政法大学出版社出版。该书在关于犯罪的本质的论述中,论及法益及法益侵害的概念,由此带来了不同于苏俄刑法学的社会危害

---

① 陈兴良:《社会危害性理论:进一步的批判性清理》,载《中国法学》,2006(4)。
② 参见陈兴良:《刑法知识论》,145页,北京,中国人民大学出版社,2007。

违法性论的重塑

性的话语表述。大塚仁教授指出：

> 犯罪的本质是与犯罪的实质性观念相关联的问题。今日的通说认为犯罪的本质是法益的侵害。刑法是对社会生活上被认可的各种利益进行保护的，这种利益称为法益或保护法益，只有对法益的攻击行为，即侵害法益或使法益蒙受危险的行为才是犯罪。①

大塚仁教授在犯罪的本质中论及法益侵害。如果仅此而已，那么这与社会危害性是犯罪本质特征的苏俄刑法学就差别不大，只不过是一种语词的替换而已。因此，更为重要的是，大塚仁教授在关于作为三阶层之一的违法性的本质中，进一步确立法益侵害性在违法性论中的体系性内容，并与规范违反的行为无价值并列，从而主张行为无价值与结果无价值的二元论。② 关于行为无价值论与结果无价值论之争，将在下文论及，从这里可以看出，法益侵害性不仅是犯罪的本质，而且是违法性的本质。只有从违法性论的意义上理解法益侵害性，才能深刻理解法益侵害性取代社会危害性的学术价值。这就是促成一种违法性论的产生。

法益概念的出现，对四要件的犯罪构成理论中的犯罪客体形成某种冲击，因为犯罪客体本身经历了从社会关系说到利益说、权益说这样一个演变过程，逐渐地又从权益说转向法益，并对四要件的犯罪构成进行改造。例如我国学者指出：

> 为了便于学习和理解，同时也保证我国刑法学中局部理论的连续性，我们将"犯罪客体"中带有全局的内容放在犯罪本质中加以研究，于是我们形成了"刑法法益侵害"来代替"社会危害性"的对犯罪本质特征的界定。在犯罪构成之内我们认为没有必要将犯罪客体单独列为犯罪构成的一个要素，如果需要可以将犯罪对象的内容放入犯罪客观方面进行研究。由此也基本上

---

① ［日］大塚仁：《犯罪论的基本问题》，冯军译，4 页，北京，中国政法大学出版社，1993。
② 参见［日］大塚仁：《犯罪论的基本问题》，冯军译，115～116 页，北京，中国政法大学出版社，1993。

形成了我国关于犯罪成立的基本要件。①

这里论者所说的犯罪成立的基本要件,是指构成要素符合、刑法法益侵害、排除免责理由三者的有机结合。上述体系与三阶层的犯罪论体系已经较为接近,尤其是把法益侵害性作为犯罪成立条件加以确立。虽然没有采用违法性的术语,但也具有积极意义。当然,我国刑法学界对德日刑法学中的法益理论进行深入研究并用于刑法解释最有力者,还是张明楷教授。张明楷教授2000年出版了《法益初论》一书,并于2003年出版了修订版。该书以法益侵害为中心,对我国以社会危害性论为中心的刑法学进行了理论清理,并努力推动刑法话语的转变。

> 从犯罪论体系上说,大陆法系国家刑法理论的通说认为,构成要件是违法类型,即符合构成要件的行为原则上具有违法性,因此,违法性的实质也是构成要件的实质,结局成为犯罪的本质。……从我国刑法理论的现状来说,一般认为社会危害性是犯罪的本质属性,而犯罪的社会危害性实质上是对法益的侵犯性,故社会危害性大体上相当于上述实质的违法性;在我国刑法理论中,违法性仅指形式的违法性,而违法性与社会危害性是统一的。因此,如果将上述关于犯罪的本质与违法性实质的不同观点纳入我国刑法理论来考虑,实际上就是关于社会危害性即犯罪本质的争论。②

从以上论述可以看出,张明楷教授意图将社会危害性等同于法益侵害性,并将我国刑法学说关于犯罪本质的讨论等同于德日刑法学关于违法性的讨论。在这个意义上,我国刑法学中的社会危害性就是德日刑法学中的实质违法性,而我国刑法学中的刑事违法性是德日刑法学中的形式违法性。这样,围绕社会危害性的讨论就逐渐地转变为违法性的讨论,并引入法益侵害说取代社会危害性理论。这

---

① 丁后盾:《刑法法益原理》,160页,北京,中国方正出版社,2000。
② 张明楷:《法益初论》(修订版),273页,北京,中国政法大学出版社,2003。

违法性论的重塑

种向违法性转化的思路，也是笔者在批判社会危害性理论时的一种思路：

> 如何理解违法性在犯罪构成体系中的地位，这是一个值得关注的重大问题，它直接关系到犯罪构成的结构。在以往的论述中，我曾经认为大陆法系刑法学理论将违法性作为一个构成要件确立是值得商榷的。因为整个犯罪构成实际上就是刑事违法的构成。因此，将违法性作为犯罪构成的一个具体要件，是降低了违法性的意义。因此，我过去主张把刑事违法性作为犯罪的特征，在犯罪概念中加以研究。现在看来，这一观点是值得反思的。实际上，我国刑法理论中的刑事违法性与大陆法系刑法理论中的违法性是两个完全不同的概念，两者不可混为一谈。[①]

这是笔者第一次论及刑事违法性与违法性之间的区分，并试图将刑事违法性向违法性转变。当然，对违法性理论的进一步反思，是在若干年后才完成的。2007年5月12日在西安举行的第四届全国中青年刑事违法性专题研讨会上，讨论的主题就是刑事违法性，实际上是违法性理论。这次研讨会推动了我国违法性理论的研究，向大会提交的论文，收入《刑事违法性理论研究》一书[②]，其中某些重要论文先后在有关刊物上发表，可以看作我国违法性理论的标志性成果。我在提交大会的论文中，通过对苏俄刑法学的刑事违法性与德日刑法学的违法性进行比较，并结合我国的刑事立法与刑法理论进行分析，得出了以下结论：

> 在苏俄刑法学的影响下，社会危害性理论曾经成为我国刑法理论的中心。受到社会危害性是犯罪本质特征这一苏俄刑法学核心命题的压抑，违法性理论在我国刑法学中从来未能占有一席之地。在2000年笔者对社会危害性理论进行了反思，但现在看来如果没有对违法性理论的反思，对社会危害

---

① 陈兴良：《社会危害性理论：一个反思性检讨》，载《法学研究》，2000 (1)。
② 参见贾宇主编：《刑事违法性理论研究》，北京，北京大学出版社，2008。

433

性理论的检讨就不可能是彻底的。因此,对违法性理论的反思可以说是对社会危害性理论反思的继续和深入,也是我国刑法学之去苏俄化的学术努力的一部分。刑法中违法性的问题,归根到底是一个犯罪构成的问题。在我国刑法学研究中,还在悄悄地进行着某种话语的转换。例如社会危害性就越来越被我国学者置换成实质的违法性概念,力图将其纳入违法性理论中来加以界定。但是,如果不将违法性纳入犯罪构成体系中,那么,即使把社会危害性表述为实质的违法性也不能从根本上克服由于苏俄刑法学过于强调实质合理性而可能对罪刑法定原则的某种背离。在这种情况下,违法性在刑法学中的体系性地位问题就转换成为一个犯罪构成模式的选择问题。对违法性理论的反思性检讨,也就势必归结为对犯罪构成体系的反思性检讨。经过以上的理论分析,本文的最后结论是直接采用大陆法系递进式的犯罪论体系,在此基础上充分展开刑法学中的违法性理论。①

从社会危害性到违法性,从四要件到三阶层,这就是我国刑法学中的理论发展脉络。逐渐地把违法性理论的讨论引入犯罪论体系的范畴,这就成为违法性理论发展的一个更高阶段。我国学者周光权教授明确提出了违法性判断的独立性之命题,认为我国刑法学中存在构成要件和违法性的一体化问题,因而犯罪成立理论是平面的而非阶层的结构。周光权教授从构成要件与违法性之间的关系出发,对违法性判断的独立性命题做了以下论证:

> 正是因为构成要件和违法性的差异性,即使麦兹格(Mezger,1884—1962)竭力主张将构成要件与违法性融合在一起,统称其为"不法",但现在的多数说仍然认为,麦耶主张区分构成要件与违法性的观点是有道理的,对构成要件和违法性需要作为不同的东西来加以把握。在很多时候,对构成要件的判断不能替代对违法性的判断。同时,为了追求理论上、逻辑上的完

---

① 陈兴良:《违法性理论:一个反思性检讨》,载《中国法学》,2007(3)。

违法性论的重塑

满，使理论思维显得更为清晰，确保从不同侧面推敲犯罪成立与否的关键问题，也有必要对构成要件和违法性进行分层次的判断。①

在此，周光权教授完全是在德日刑法学的语境中讨论构成要件与违法性的分离以及违法性判断的独立性问题。违法性判断的独立性命题的提出，对我国重塑违法性理论是一个积极的信号。因为在我国传统刑法学中，违法性判断从来就不是独立的，而是依附于社会危害性的。在犯罪概念论中，虽然也把刑事违法性当作犯罪的一个特征，但它仅仅是犯罪的形式特征，是被社会危害性这一犯罪的本质特征所决定的，没有其独立价值。在我国传统刑法教科书中，对刑事违法性都只有三言两语的泛泛之论，根本没有形成具有实体性内容的违法性理论体系。至于在四要件的犯罪构成中，也没有违法性的一席之地。作为实质判断的违法性要素之阙如，导致构成要件表面上的形式化，尤其是正当防卫、紧急避险等正当化事由自外于四要件的犯罪构成，由此产生的结构上的矛盾难以克服。"犯罪构成要件渊源于对静态的犯罪类型的解析，传统犯罪构成理论在分析构成要件时从立法的角度出发，在定罪时又从实质特征出发。它从两种不同的角度阐述犯罪构成要件的性质，结果导致内在思维逻辑的混乱。"② 这里所说的思维逻辑混乱，主要是指在四要件的犯罪构成中，形式判断与实质判断的关系未能予以妥帖的处理。归根到底，还是在四要件中未能正确地确立违法性的体系性地位。在这种情况下，苏俄刑法学就形成了犯罪构成与社会危害性之间的循环论证，即犯罪构成本身被定义为社会危害性的构成，但由于社会危害性处于四要件之外，因而犯罪构成需要社会危害性的阐明。而克服这一逻辑混乱的唯一出路，就是将实质判断引入犯罪构成，恢复违法性在犯罪构成中的地位。而这个问题的解决，必然涉及对犯罪论体系的改造。对于这个问题，将在有关犯罪论体系中讨论，在此不赘述。

---

① 周光权：《违法性判断的独立性——兼及我国犯罪构成理论的改造》，载《中外法学》，2007（6）。
② 肖吕宝：《主、客观违法论在刑法解释上的展开》，118～119页，哈尔滨，黑龙江人民出版社，2008。

四

随着从刑事违法性向违法性的转变,社会危害性理论被违法性理论所取代。在我国刑法学界虽然以社会危害性为主题的论文并不少见①,但这些论文大多是为社会危害性理论辩护的,而深入阐发社会危害性理论内涵的论文则不多见。与之相反,违法性理论却逐渐形成,并在德日刑法学的话语下得到长足的进步。例如肖吕宝博士的《主、客观违法论在刑法解释上的展开》一书,就将我国传统刑法学中社会危害性的主客观统一说称为主观违法论,并对此进行了批判,从而提倡客观违法论。② 该书以主观违法论与客观违法理念为切入点,为重建我国的违法性论做出了学术贡献。

随着违法性理论的深入,一个关涉违法性的本质的重大理论问题也浮出水面,这就是行为无价值与结果无价值的问题。应该指出,行为无价值与结果无价值是德国学者首先提出来的,因而是一个德国刑法学的问题。德国学者指出:

> 古典解释学的犯罪概念是以区分纯客观地理解不法和纯主观地理解罪责为基础的。在违法性层面上,仅仅因行为所引起的状态得到评价。新的犯罪论则从这样的认识出发,即主张行为的违法性不是表现在对犯罪结果的否定上,而是将造成在法律上被否定的状态的方式和方法也必须纳入否定评价中去。如此,对现今的解释学而言,就产生了区分不法中的结果非价与行为非价(Erfolgs-und Hard-lungsunwert)。③

---

① 例如《山东警察学院学报》2010年第5期对于社会危害性理论进行了专题讨论,集中发表了4篇从不同角度讨论社会危害性理论的文章,对于我们了解社会危害性理论的动态具有参考意义。
② 参见肖吕宝:《主、客观违法论在刑法解释上的展开》,哈尔滨,黑龙江人民出版社,2008。
③ [德]汉斯·海因里希·耶赛克、托马斯·魏根特:《德国刑法教科书》,徐久生译,294页,北京,中国法制出版社,2001。

违法性论的重塑

以上所说的古典解释学,是指古典的犯罪论体系,新的犯罪论则是指新古典的犯罪论体系。结果非价与行为非价,即结果无价值和行为无价值。由此可见,这个问题是围绕着以何种要素作为判断违法性的根据而展开的:结果无价值论主张在判断违法性的时候,只能以行为所造成的结果作为根据,这是一种较为彻底的客观违法性论;而行为无价值论则主张,在判断违法性的时候,不仅要考虑结果,而且要将行为的方式和方法也纳入违法性评价的对象中。而行为本身更多地反映了行为人主观思想状态,因而行为无价值论是一种不彻底的客观违法性论。当然,这种认为在判断违法性的时候,同时考虑结果与行为的观点,已经属行为无价值与结果无价值的二元论,它与那种行为无价值的一元论还是有所区别的。因为根据行为无价值的一元论,判断违法性的时候,只能考虑行为而根本不应考虑结果。例如德国学者指出:

> 在被作纯目的性理解的不法理论基础上产生了一种极端的立场,即只是行为意志构成不法,且结果非价对不法而言,似乎完全不具有任何意义;结果非价之所以被立法者吸收进刑法规定中,是因为如果没有表明对禁止的蔑视,就没有予以刑法处罚的必要。根据该观点,结果的出现只是应受处罚性的客观条件。①

这种极端的行为无价值论,主张者甚少,通常所说的行为无价值论一般都是指行为无价值与结果无价值的二元论。

二元论的"人"的不法理论肯定犯罪的不法内容既由法益侵害或威胁的结果决定,又由行为的方式和方法所决定,行为无价值和结果无价值都能作为刑事不法的实质根据。这一理论由默拉赫、耶塞克等学者所提出,受到大

---

① [德]汉斯·海因里希·耶赛克、托马斯·魏根特:《德国刑法教科书》,徐久生译,294页,北京,中国法制出版社,2001。

多数学者的支持,在德国刑法理论上处于通说的地位。①

行为无价值论与结果无价值论传入日本以后,对日本刑法学界产生了重大影响。围绕着行为无价值论与结果无价值论的争论,几乎成为60年来日本刑法学发展的一条中心线索。日本学者山口厚指出：

> 行为无价值论和结果无价值论的对立关系,在如何理解违法性,进而如何理解刑法的作用问题上,今天仍然提供着一个重要的视角。在这一点上,日本刑法学和把行为无价值论作为当然的理论前提的德国相比,具有根本的不同,可以说,这是日本刑法学者在学习德国刑法学的过程中形成的自己的特色。②

日本刑法学界关于行为无价值论与结果无价值论之间的对立可以说是全方位的,由此形成刑法学派之争,其影响是深远的,甚至出现了按照行为无价值论与结果无价值论编写的不同版本的刑法总论教科书。日本学者前田雅英曾经将行为无价值论与结果无价值论的对立列表如下③：

	行为无价值	结果无价值
保护对象	道德、伦理	生活利益
违法评价的标准	客观的	客观的
违法评价的静的对象	包含主观面	限于客观面
违法评价的动的对象	"行为"中心	"结果"中心
违法评价的时点	行为时	结果发生时
刑罚法规的机能	行为规范	裁判规范

---

① 王安异：《刑法中的行为无价值与结果无价值研究》,41页,北京,中国人民公安大学出版社,2005。

② [日]山口厚：《日本刑法学中的行为无价值论与结果无价值论》,金光旭译,载《中外法学》,2008(4)。

③ 参见[日]前田雅英：《刑法总论讲义》,4版,51页,东京,东京大学出版社,2006。

违法性论的重塑

我国的行为无价值论与结果无价值论是从德日引进的，并且在很大程度上受日本学说的影响。因为围绕行为无价值论与结果无价值论进行学术争议的学者，例如张明楷、周光权、黎宏等，都具有日本留学背景。行为无价值论与结果无价值论最初传入我国，是通过冯军教授翻译的日本学者大塚仁教授的著作。大塚仁教授在论及违法性的本质时指出：

> 实质的违法性论可以大致认为两个立场。一是李斯特的见解所代表的把违法性解释为社会侵害性态度的行为观点；认为违法性无非是侵害法益或使法益遭受危险，可以说是把重点放在法益的侵害上的立场。另一个源于M. E. 麦耶的见解，认为违法性是违反国家所承认的文化规范的态度的观点，这是重视规范的违反的立场。
>
> 对上述立场的异质性，今日我国学者似乎强调得有些过分了，认为前者主要着眼于作为行为结果的法益的侵害，而后者则重视行为本身的意义，并且把前者与结果无价值论、后者与行为无价值论结合起来。
>
> 我认为上述两种立场只不过是从不同的角度认识违法性的实质的，绝非不相容的，只有并用两者，才能正确把握违法性的意义。如后所述，为了正确认识违法性的意义，必须在考虑结果无价值的同时，也考虑行为无价值。①

以上对行为无价值与结果无价值的介绍是言简意赅的，并且也表明了大塚仁教授行为无价值论的立场。当然，由于当时我国刑法学界尚未对苏俄刑法学展开全面的反思，因而大塚仁教授的上述观点并未在我国刑法学界引起反响。此后，我国学者王安异完成并出版了其博士论文《刑法中的行为无价值与结果无价值研究》（中国人民公安大学出版社 2005 年版）一书，该书是我国第一本系统地阐述行为无价值与结果无价值的专著。以作者曾经在德国留学的知识背景，该书包含了德国刑法学界关于行为无价值与结果无价值的理论资料，并结合我国刑法理论

---

① ［日］大塚仁：《犯罪论的基本问题》，冯军译，115～116 页，北京，中国政法大学出版社，1993。

对行为无价值与结果无价值进行了较为深入的研究。在我国尚未全面展开行为无价值与结果无价值之争的时候,该书的出版可谓横空出世,值得充分肯定。

在我国刑法学界,最早阐述行为无价值论与结果无价值论,并表明自己的结果无价值论立场的是张明楷教授。张明楷教授在其关于法益的论著中,论及法益的违法性评价机能的时候,对行为无价值论与结果无价值论做了介绍。[1] 张明楷教授在批判社会危害性理论的基础上,明确地主张法益侵害说,并在此基础上赞同结果无价值论,指出:

> 客观主义犯罪论理所当然主张结果无价值,法益侵害说将行为对法益的侵害与威胁作为刑罚处罚的根据,而行为对法益的侵害与威胁就是结果无价值。我倾向于结果无价值不仅仅基于体系上的考虑,而且因为结果无价值论对于发挥刑法保护法益与保障人权的机能、同时保护社会利益与个人利益、合理对待犯罪化与非犯罪化、合理区分刑法与伦理、合理处理刑事立法与刑事司法的关系等都有益处。[2]

我国学者黎宏对行为无价值论进行了批判,认为这种理论(主要是指二元的行为无价值论)无论从其自身的内在逻辑、适用标准还是从其理论根据来看,都存在严重缺陷,难以为我国的社会危害性论的重构提供一条新的路径。[3] 值得注意的是,黎宏是从我国社会危害性理论的重构这一基点出发的。换言之,黎宏是在将社会危害性等同于违法性的意义上讨论行为无价值与结果无价值之争的。应该说,这一对比具有一定的合理性,将社会危害性转换成法益侵害性是较为容易的。当然,这与社会危害性是主观与客观相统一的观点又存在矛盾。因此,黎宏一再主张社会危害性的客观化的观点,指出:

---

[1] 参见张明楷:《法益初论》(修订版),203 页,北京,中国政法大学出版社,2003。
[2] 张明楷:《刑法的基本立场》,172 页,北京,中国法制出版社,2002。
[3] 参见黎宏:《刑法总论问题思考》,2~3 页,北京,中国人民大学出版社,2007。

违法性论的重塑

在犯罪类型的认定当中,首先必须从纯粹的客观主义的立场出发,判断行为是不是具有具体犯罪所要求的社会危害性的行为即危害行为,这种判断是纯粹的客观判断,不应当考虑行为的主观方面的要素;其次,必须综合主、客观两个方面来判断该行为构成刑法当中所规定的何种犯罪。在进行这种判断的时候,必须考虑行为人主观方面的意思内容。否则,就难以确定行为人的行为是不是符合具体的犯罪构成。但是,我国目前的通常见解却将这二种判断混为一体,因此,便出现了人为在行为的社会危害性的判断上,需要考虑行为人的主观要素的见解,导致了在行为的客观属性的判断上的主观化结局。①

如果按照黎宏的观点,对社会危害性加以客观化改造,将客观要素的判断与主观要素的判断严格区分并形成阶层,那么,就必须摈弃四要件的犯罪构成体系,其关于我国目前的犯罪构成体系不需要重构的命题就难以成立。在这一点上,张明楷教授的见解也许更有说服力:

根据大陆法系国家的刑法理论上的通说,实质的违法性是,客观的行为是否具有实质的违法性,只是取决于行为是否侵害或威胁了法益,而与行为人的主观能力及故意或过失无关;我国刑法理论中的社会危害性概念则是主客观统一的,行为是否具有社会危害性,不仅取决于客观因素,而且取决于主观因素。因为社会危害性是犯罪构成的基础,犯罪构成是主客观相统一的,既然如此,社会危害性也必须是主客观相统一的。如果仍然坚持现今的犯罪论体系,那么关于社会危害性由主客观因素统一决定的观点也是不能动摇的。②

---

① 黎宏:《刑法总论问题思考》,89 页,北京,中国人民大学出版社,2007。
② 张明楷:《法益初论》(修订版),208 页,北京,中国政法大学出版社,2003。

441

以主客观相统一为特征的社会危害性论，没有将不法与责任加以区分，在不法中也没有将客观违法与主观违法加以区隔，而是主客观合为一体。在这种情况下，行为无价值论与结果无价值论之争是不可能存在的。只有在引入德日刑法学中的违法性理论以后，才能就违法本质是行为无价值还是结果无价值问题展开讨论。

在我国刑法学界，站在行为无价值的立场上对行为无价值与结果无价值进行研究的是周光权教授。早在 2003 年，周光权教授就撰文明确提出行为无价值论，指出：

> 在刑法理论总体上倾向于客观主义的前提下，究竟应该选择行为无价值论还是结果无价值论，是一个值得研究的问题。
>
> 有学者极力主张结果无价值论，试图确立法益侵害说在刑法理论中的核心地位。[1] 但是，在我看来，就当前的中国实际来看，单纯主张法益侵害说的确有时存在不足，行为无价值论对于中国刑法以及刑事法律制度的建设更具有现实意义。所以，我个人倾向于采用以前期旧派理论为立足点的刑法客观主义立场，但应以规范违反说的部分内容修正法益侵害说的不足，我认为，这应当是中国刑法进一步发展的基本选择。[2]

周光权教授的行为无价值论主张与张明楷教授的结果无价值论主张是对立的，这也就是我国刑法学界首次在这一问题上的观点碰撞。此后，周光权教授与张明楷教授又以商榷的方式分别撰文，对行为无价值论与结果无价值论展开讨论。周光权教授从违法性判断的基准的意义上对其行为无价值论进行了阐述，指出：

---

[1] 参见张明楷：《法益初论》（修订版），196～441 页，北京，中国政法大学出版社，2003；张明楷：《刑法的基本立场》，176～188 页，北京，中国法制出版社，2002。

[2] 周光权：《行为无价值论之提倡》，载《比较法研究》，2003（5）。

违法性论的重塑

法益侵害性远远不能囊括违法性的全部内容。违法性的核心是对行为是否违反规范加以判断，并在肯定这种违反之后，进一步对造成的客观损害进行评价。与结果无价值论相同，行为无价值论仍然强调客观地判断行为的违法与否。……违法性判断的对象，是人能否基于其意思改变因果过程，抵制结果的发生。违法性判断对于社会一般人将来确立行为基准有帮助，使其在未来可能处于行为人的地位时，不会实施类似行为。这样的违法性论，才有助于积极的、规范的一般预防的确立。所以，要肯定违法性，就需要考虑规范被遵守（其反面就是被违反）的可能性。在这个意义上，可以说对犯罪本质的解释，也必须从规范违反说入手：犯罪是对隐藏于生活利益背后的法规范、社会同一性以及公众规范认同感的公然侵犯，而不仅仅是对法益本身的侵害。[1]

在以上论述中，周光权教授强调了犯罪的本质是规范违反，由此可以看出从规范违反说角度对法益侵害说的修正，强调通过对违反规范的犯罪行为的刑罚制裁，增强公众对规范的认同，并确认规范的有效性。[2] 但是，张明楷教授更亲近于法益侵害说，并且质疑在社会生活中规范能否如其所愿地起到对人的行为的规范作用。张明楷教授指出：

社会生活是复杂的，行为规则是不完整的，也是模糊不清的。在当今的风险社会，特殊的、不正常的情况或境遇越来越普遍，许多规则只不过是"笨手笨脚的规则""行为的粗糙指导"，而且，离开了"死亡"结果，不会有"杀人"概念。所以，禁止结果或者说禁止实施足以发生结果的行为，是更为有效的。另一方面，义务论所无法解决的难题是，在特殊情况下，当不同的义务相互冲突时，人们应当怎么办？结果无价值论的回答非常简单和有

---

[1] 周光权：《违法性判断的基准与行为无价值论——兼论当代中国刑法学的立场问题》，载《中国社会科学》，2008（4）。

[2] 参见周光权：《刑法学的向度》，344 页以下，北京，中国政法大学出版社，2004。

效：履行哪个义务能够最大限度地保护最重要的法益，就履行该项义务。基于同样的理由，在法益之间发生冲突时，以保护更为优越、更为重大的法益为原则。①

如何看待规范的功能，确实是行为无价值与结果无价值的重要分歧之一。行为无价值论把规范看作行为规范，注重规范的事前判断。而结果无价值论则把规范视为裁判规范，强调规范的事后判断，由此而展开不同的违法性论。不过笔者从构成要件与违法性相区分的意义上，还是认为构成要件与罪刑法定原则相关，通过构成要件确认规范违反。而违法性主要还是进行是否具有法益侵害性的判断，它是在构成要件该当性的基础上所进行的实质判断。对于这一判断而言，以法益侵害的结果以及造成这种结果的危险作为判断标准，更为可取。当然，在中国当代法治背景下讨论行为无价值论与结果无价值论，不能不承认行为无价值是在刑法客观主义中更偏向刑法主观主义的。周光权教授的思路是：我国刑法学现在是主观主义的，为了不至于转型幅度过大，因而采用相对偏向主观主义的行为无价值论。② 但采用相对偏向主观主义的行为无价值论难道能够使我国摆脱刑法主观主义的幽灵吗？对此，笔者是心存疑虑的。

在违法性本质问题上的行为无价值论与结果无价值论之争，在我国刑法学界才刚刚拉开序幕，还会逐渐深入。③ 这对于我国违法性论的重塑无疑是具有重要意义的。

（本文原载《政法论坛》，2011（5））

---

① 张明楷：《行为无价值论的疑问——兼与周光权教授商榷》，载《中国社会科学》，2009（1）。
② 参见周光权：《违法性判断的基准与行为无价值论——兼论当代中国刑法学的立场问题》，载《中国社会科学》，2008（4）。
③ 关于行为无价值论与结果无价值论的进一步争论，参见周光权：《行为无价值论的法益观》，载《中外法学》，2011（5）；张明楷：《结果无价值论的法益观——与周光权教授商榷》，载《中外法学》，2012（1）。

正当化事由研究

正当化事由是不构成犯罪的情形，因而是定罪的反面。换言之，正当化事由是否定意义上的定罪。因此，正当化事由是犯罪论的不可或缺的内容。正当化事由在刑法理论上是一个争论较大的问题，关于正当化事由在犯罪论体系中的地位、正当化事由的理论根据，乃至正当化事由的称谓本身，都存在各种观点的分歧。本文拟就正当化事由中的主要问题进行学理上的分析。

一、正当化事由的概念

正当化事由在各国刑法理论中称谓不一，由此入手可以厘清正当化事由的基本理念。下面，分别对违法阻却事由、排除社会危害性行为与合法抗辩三种称谓加以分析。

违法阻却事由之说见诸大陆法系刑法理论。违法阻却事由与违法性大有关系，是大陆法系构成要件该当性、违法、有责性这一递进式犯罪构成体系演绎的结果。在递进式犯罪构成体系中，违法性是评价性要件，在一般情况下，该当构成要件的行为就被推定为具有违法性，而推翻其推定使其不具有违法性的事由，

就被称为违法性阻却事由。① 由此可见,违法性是在构成要件该当性的基础上,进一步对行为是否违法加以判断。违法性阻却行为,虽然具备构成要件该当性但由于不具有违法性,因而不认为是犯罪。在这一犯罪构成理论中,违法阻却事由被纳入犯罪构成体系之内加以考察,因而在理论上也把它理解为消极的构成要件要素。② 尽管对此存在不同理解,但在犯罪构成之内解决违法阻却事由的体系性地位问题是一个确定的事实。

排除社会危害性行为之说见诸苏联及我国刑法理论。排除社会危害性的称谓与社会危害性理论存在逻辑上的关联性。在苏联及我国刑法理论中,社会危害性是犯罪的本质特征,因而正当防卫、紧急避险作为非罪行为,被称为排除社会危害性的行为。③ 我国学者对排除社会危害性这一用语进行质疑,其理由是:行为既然不具有社会危害性,又从何而排除或免除呢?④ 我认为,是排除社会危害性的行为还是没有社会危害性的行为,只是一个用语的问题,它都是以社会危害性为理论前提的。值得注意的是,我国新近出版的某些刑法教科书开始采用排除犯

---

① 在论及违法性与构成要件该当性的关系时,日本学者指出:构成要件是违法行为的定型,符合这种构成要件的行为,就可以推定它具有违法性,所以,对于违法性只要探讨是否存在违法性阻却事由即可。但是,如果出现构成要件的违法性推定机能不起作用的情况,仅确定不存在违法性阻却事由是不充分的,这就有必要积极地把违法性作为基础。参见〔日〕福田平、大塚仁:《日本刑法总论讲义》,李乔等译,87页,沈阳,辽宁人民出版社,1986。

② 消极的构成要件要素的说法是把以违法为基础的事由都理解为构成要件要素,由于违法性阻却事由欠缺违法性这一实现构成要件所必需的要素,所以把它称为消极的构成要件要素。对此加以批评的学者指出,这种说法是不区分构成要件和违法性的,致使丧失在违法性判断之前的构成要件的独立机能。参见〔日〕福田平、大塚仁:《日本刑法总论讲义》,李乔等译,86页,沈阳,辽宁人民出版社,1986。

③ 最初,排除社会危害性的行为,被译为免除行为社会危害性的情况。参见〔苏〕苏联司法部全苏法学研究所主编:《苏联刑法总论》下册,彭仲文译,400页,上海,大东书局,1950。此后,才通行排除社会危害性的行为这一译法,并被我国刑法理论所采用,参见高铭暄主编:《刑法学》,162页,北京,法律出版社,1982。

④ 我国学者指出:在论述正当防卫和紧急避险问题时,不应把正当防卫和紧急避险称为排除社会危害性的行为,既然我们都认为正当防卫和紧急避险是有益于社会的行为,当然也就是肯定它们不具有社会危害性。行为既然不具有社会危害性,又从何而排除或免除呢? 这不仅仅是个用语问题,而是涉及如何把社会主义刑法理论建立在更为严整的科学体系基础上的问题。参见曾宪信、江任天、朱继良:《犯罪构成论》,125~126页,武汉,武汉大学出版社,1988。

正当化事由研究

罪性的行为这一概念，以取代排除社会危害性行为这一概念。① 从这两个概念的内容来看，二者并无实质性的区分，都是以不具有社会危害性作为此类行为的本质。② 由于在苏联及我国刑法理论中，社会危害性是犯罪的本质特征，而不是犯罪构成的一个要件，因而关于排除社会危害性的行为，不是在犯罪构成体系内论述的。③ 因此，排除社会危害性的行为或者在犯罪概念之后或者在犯罪构成之后论述。

合法抗辩说见诸英美法系刑法理论。合法抗辩是以免责事由的形式出现的。在英美法系刑法理论中，犯罪行为和犯罪意图是犯罪构成的本体要件，也是犯罪成立的一般要件。合法抗辩则是通过辩护而对本体要件予以否定，因而不构成犯罪的情形。④ 将正当防卫、紧急避险等归为合法抗辩事由，与犯罪的本体要件互为补充，具有英美法系的特点。

我认为，上述三种称谓各有利弊，并且都是各自的犯罪构成理论演绎的结果。我赞同将正当防卫、紧急避险等因具有正当理由而不构成犯罪的情形称为正

---

① 我国学者指出：20 世纪 80 年代中期，苏联的刑法论著又把排除社会危害性的行为称为"排除行为的犯罪性情况"。1991 年马克昌教授在其主编的《犯罪通论》中第一次使用"排除犯罪性的行为"的概念，这个概念更正确地反映了客观事物的本质。参见何秉松：《犯罪构成系统论》，402 页，北京，中国法制出版社，1995。

② 请看以下两个定义：排除社会危害性的行为，是指外表上似乎符合某种犯罪构成，实质上不仅不具有社会危害性，而且对国家和人民有益的行为。参见高铭暄主编：《中国刑法学》，145 页，北京，中国人民大学出版社，1989。排除犯罪性行为，是指那些在形式上似乎符合某种犯罪构成而实质上不具有社会危害性和刑事违法性，从而不构成犯罪的行为。参见高铭暄主编：《新编中国刑法学》上册，272 页，北京，中国人民大学出版社，1998。上述两个定义，称谓不同，内容上并无实质性的变化。

③ 苏联学者指出，在犯罪构成学说的范围内，没有必要而且也不可能对正当防卫和紧急避险这两个问题做详细的研究。参见 [苏] A. H. 特拉伊宁：《犯罪构成的一般学说》，王作富等译，272 页，北京，中国人民大学出版社，1958。在此，特拉伊宁并未说明为什么不在犯罪构成学说范围内论述正当防卫和紧急避险的理由。我认为，这与社会危害性不是犯罪构成的要件有关。

④ 美国学者指出：仅仅是违法尚不足以提出刑事责任。刑事责任还要求被告人没有有效的辩护理由。一个被告人也许触犯了某种罪名，但是，如果他能够证明自己的行为适当，就可能不构成犯罪。例如，防卫杀人就不是谋杀。参见 [美] 道格拉斯·N. 胡萨克：《刑法哲学》，谢望原等译，20 页，北京，中国人民公安大学出版社，1994。

447

当化事由。① 正当化是相对于犯罪化而言的，因而是犯罪化的反面。就此而言，正当化就是非犯罪化。正当化事由之所以在刑法中加以研究，是因为它与犯罪存在形式上的相似性，需要在定罪的过程中予以排除。这种形式上的相似性，在大陆法系刑法理论中，认为是具有构成要件该当性。这一思路是以事实与价值的二元论为逻辑基础的。是否具备构成要件的该当性，是构成要件该当性的事实判断，是否具备正当化事由，则是违法性的价值判断。这种形式上的相似性，在苏联及我国刑法理论中，称为形式上似乎符合某种犯罪构成。② 形式上符合犯罪构成，而实质上不具有社会危害性与违法性，因而不构成犯罪。在此，存在形式与实质的二元逻辑。英美法系刑法理论似乎没有采用形式与实质的分析框架，而是采用了一般与例外的分析框架。符合犯罪构成的本体要件，在一般情况下即为犯罪，除非存在正当防卫等抗辩事由，这是其逻辑演绎的思路。③ 因此，英美法系将合法抗辩的证明责任转嫁给被告人，使之具有诉讼要件的印记。我认为，无论是事实与价值的分析框架或者形式与实质的分析框架，还是一般与例外的分析框架，都界定了犯罪与正当化事由的关系，是正确认识正当化事由的理论基础。为了更为深刻地理解正当化事由，我想再给出肯定与否定的分析框架。定罪是一种肯定性判断，行为符合犯罪构成即为犯罪。定罪这一肯定判断依据的是刑法的禁止性规范，例如，刑法禁止杀人，违反此禁令而杀人者，即为杀人罪。应当指出，刑法中绝大多数规范是禁止性的，这也正是刑法作为一种制裁法的特征之

---

① 在刑法理论中，正当化事由这一概念也是被采用的，只是不及其他概念那么通用。李海东博士虽然在违法论中论述正当防卫等，但并未采用违法阻却事由一词，而是以正当化事由概括之，认为正当化事由指的是在具体事件中，在两个法益只能保护其中一个的情况下通过牺牲较小的法益而保护较大的法益的情况。参见李海东：《刑法原理入门（犯罪论基础）》，76 页，北京，法律出版社，1998。意大利学者指出，经法律规范授权或命令实施的行为，即刑法上的"正当化原因"。参见［意］杜里奥·帕多瓦尼：《意大利刑法学原理》，陈忠林译，142 页，北京，法律出版社，1998。

② 参见高铭暄主编：《新编中国刑法学》上册，272 页，北京，中国人民大学出版社，1998。

③ 我国学者指出：根据英美刑法理论，刑法规范的适用是建立在这样一个普遍推定的基础之上的，即实施了符合法定犯罪要件的行为的人被推定为是有实际危害的和有责任的。因此，控告一方只需要证明被告人的行为是符合法定犯罪要件的。如果被告一方在其行为符合法定犯罪要件的情况下要否定其刑事责任，那就应当说明他的行为没有实际危害或者是没有主观责任，这就是所谓刑法上的合法辩护。参见储槐植：《刑事一体化与关系刑法论》，189~190 页，北京，北京大学出版社，1997。

正当化事由研究

一。但是，刑法也存在个别允许规范，以限制禁止规范的内容。正当化事由就是此类允许规范。① 从这种意义上说，正当化意味着合法化。当然，这种允许规范不是一般意义上的允许规范，而是作为禁止规范之例外的允许规范。因此，允许规范具有高于禁止规范的效力，形成对禁止规范的否定，使禁止规范失效。

二、正当化事由的根据

在关于正当化事由的讨论中，正当化事由的根据是一个最为重要的问题。为解决这个问题，各国刑法学者可谓绞尽脑汁，为正当化事由的存在根据提供理论上的论证。

法益权衡说是作为正当化事由的根据而被提出来的，并且具有一定的说服力。法益权衡说着眼于利益权衡，认为正当防卫与紧急避险等正当化事由都是法益冲突的结果，在法益冲突的情况下，应当进行法益比较，保全重要法益而牺牲次要法益。因此，法益权衡说，亦称为优越利益说。法益权衡说受到以下两点批评：一是过于注重法益侵害结果；二是难以说明正当防卫的合法性。② 在上述两点批评中，第一点无关紧要，第二点则是直指要害。确实，正当防卫与紧急避险是有所不同的。③ 法益权衡说对于解决紧急避险的正当化根据是十分圆满的，对

---

① 我国学者指出：在法秩序中，不仅有禁止规范，同时也有允许规范。这种允许规范在一定情况下会取消某种规范的禁止性。这种允许规范表现为正当化事由构成要件，它是作为不法构成要件的对立面而发挥作用的。在具备正当化事由的情况下，不法构成要件中体现作为法律义务的禁止性规范就会失效。参见李海东：《刑法原理入门（犯罪论基础）》，75 页，北京，法律出版社，1998。

② 日本学者指出：优越利益说把判断的标准单纯置于所谓侵害法益的结果方面，在这点上是不妥当的。作为实际问题，例如用优越利益来说明正当防卫的合法性是困难的。参见［日］福田平、大塚仁：《日本刑法总论讲义》，李乔等译，87 页，沈阳，辽宁人民出版社，1986。

③ 日本学者指出：正当防卫是对不法的侵害进行的反击，即使微微超出了侵害的程度，也必须被认为是合法的。在此，不是从平面的观点进行法益的衡量，而是需要比较侵害行为与防卫行为，按照国家社会的伦理规范论及防卫行为的意义，也可以说应当根据分配的观点考虑法益的权衡。这样，仅仅根据法益衡量说往往不能充分说明违法性阻却事由的意义。参见［日］大塚仁：《犯罪论的基本问题》，冯军译，141 页，北京，中国政法大学出版社，1993。

于正当防卫的正当化根据的论述则颇为牵强。① 这里提出了一个是否存在统一的正当化事由的根据的问题。传统的观点是强调正当防卫的特殊性，否认具有统一的正当化根据。现在出现正当化根据统一的倾向②，但是否统一于法益权衡，是值得研究的问题。法益权衡使正当化根据实证化，具有可考量性，这是其优越之处，但并非所有正当化事由都可通过法益比较而正当化，因而法益权衡说存在局限性。

目的说是关于正当化事由根据的又一种学说。此说是在批判法益权衡说的基础上提出来的，它不是着眼于结果的价值，而是考虑行为的价值。这种行为的价值又是通过一定的目的得以证明的。这里的目的是指国家所承认的人类共同生活的目的。因此，根据目的说，为达到国家所承认的共同生活的目的而采取的适当手段，就成为正当化事由的根据。目的说招致的批评也有两点：一是国家主义立场；二是标准本身的不明确性。③ 国家主义立场，指的是目的说过于强调法秩序，忽视个人法益的保护。这当然有其片面性，但还不是最主要的。目的说的主要缺陷在于其认定标准的模糊性，在实际适用上会带来一定的困难。

由于法益权衡说与目的说各有缺陷，因而一种综合上述两说的正当化事由的

---

① 在正当防卫中，如何进行法益比较？李海东博士认为，正当防卫的法秩序根据主要体现在对于他人法益侵害的正当防卫以及由于利益对比悬殊而对防卫的限制上。参见李海东：《刑法原理入门（犯罪论基础）》，81页，北京，法律出版社，1998。我认为，由于正当防卫是正与不正的关系，对于正当防卫的限制因素虽然包含双方法益的比较，但更主要的还是以满足防卫为必要，防止滥用防卫权。因此，防卫人损害的法益可大于侵害法益。

② 我国学者指出：德国是把这些正当化原理理解为与阻却违法事由有着本质不同，强调正当防卫的特殊性、独自性，在传统上有着论证正当防卫与其他正当化的事由迥然有别的倾向。但是，近年来也有依据阻却违法事由的一般原理来说明正当防卫的动态，用所谓"优越利益"的原理来阐明正当防卫的见解就是一个反映。参见何鹏主编：《现代日本刑法专题研究》，42~43页，长春，吉林大学出版社，1994。

③ 日本学者指出，目的说强调达到被国家承认的共同生活的目的，这是过分偏重国家秩序的片面想法，而且究竟什么是达到正确目的的适当手段，也不明确。参见［日］福田平、大塚仁：《日本刑法总论讲义》，李乔等译，88页，沈阳，辽宁人民出版社，1986。

正当化事由研究

根据理论应运而生,这就是社会相当性说。① 相当性的观念是基于一种动态的相对的立场,对正当化事由的根据加以把握。根据韦尔策尔的观点,社会生活是不断变动的而非静态的,在社会生活中只有对行为自由加以限制才能形成社会共同生活。但如果法律对所有侵害法益的行为都认定为客观的违法而加以禁止,则社会生活就会停滞。因此,应当在历史所形成的国民共同秩序内,将具有机能作用的行为排除于不法概念之外,并将此种不脱逸社会生活上的常见行为,称为社会相当行为。换言之,行为若符合历史所形成的社会伦理秩序,就具有社会相当性。② 社会相当性概念的提出,就把法益侵害行为分为两种:一是不具有社会相当性的实质上的违法行为;二是具有社会相当性的行为。具有社会相当性的行为,即使存在法益侵害,也不在法律禁止之列。应该说,社会相当性理论较之法益权衡说和目的说具有更大的包容性,因而可以成为正当化事由的根据。

那么,对社会相当性应如何判断呢?一般认为,对社会相当性应当从以下几个方面加以判断:(1)目的的正当性。在社会生活中,存在各种利益冲突。行为人基于本人立场,追求本人的目的,只要这种目的符合社会生活的一般伦理秩序,即应被视为正当。例如,在正当防卫中,出于防卫的意图,就是一种正当的目的。因此,目的的正当性应从行为人的动机、行为人对正当价值的认识等主观的层面予以把握。(2)手段的正当性。这里的手段,是指实现正当目的的方法。目的正当,是成立正当化事由的前提,但并非唯一标准。换言之,不能以目的的正当性证明手段的正当性;否则,将允许行为人不惜采取一切手段实现其正当目的,从而有悖于社会伦理观念。因此,手段的正当性具有独立

---

① 日本学者指出:学说上一般是把目的说与法益衡量说结合起来,从法益衡量的角度判定作为符合目的的手段的行为的合法性的界限。这种观点是基于目的性来补正法益的平面性衡量。近年,韦尔策尔想用社会的相当性(Aoziale Adäquanz)的观念来表示违法性阻却事由的一般原理。这种思想是与行为无价值说相关联的、把目的说与利益衡量说加以综合考虑的立场。因而,我想完全可能把它解释为违法性阻却事由的一般原理。参见[日]大塚仁:《犯罪论的基本问题》,冯军译,136~137页,北京,中国政法大学出版社,1993。

② 参见黄丁全:《社会相当性理论研究》,载陈兴良主编:《刑事法评论》,第5卷,321页,北京,中国政法大学出版社,1999。

451

于目的正当性的判断价值。如果目的虽然正当，但采取不正当的手段，仍然为社会观念所不允许，因而欠缺社会相当性。（3）法益的均衡性。在判断社会相当性的时候，法益具有重要意义。因此，社会相当性并不排斥法益衡量。在判断社会相当性的时候，应当对保护之法益与损害之法益进行综合判断。通过上述内容，使社会相当性的判断标准具体化，从而避免社会相当性理论的模糊性与暧昧性。

应当指出，在正当化事由的根据问题上，还存在一元论与多元论之争。[①] 一元论试图将所有正当化事由统一于一定的根据，即正当化事由具有本质上的相同性，应在统一的原理下予以理解。尽管法益权衡说、目的说与社会相当性说在正当化根据的论证上各不相同，但在试图统一正当化根据的努力上是相同的，此谓一元论。多元论则认为各种正当化事由在性质上是有差别的，因而正当化根据应予个别明确，难以用一个原理加以概括。[②] 上述一元论与多元论并非不能相容，一元论强调各种正当化事由的共性，而多元论则强调各种正当化事由的个性。其实正当化事由的共性与个性是可以统一的。因此，在揭示正当化事由的统一根据的基础上，仍然可以对各种正当化事由的特殊原理加以说明。从这个意义上讲，我同意一元论的内容。因此，凡是正当化事由的统一根据，必然要求具有相当的概括性。社会相当性具有这种概括性，可以成为正当化事由的统一根据。

---

① 参见甘添贵：《刑法之重要理念》，57 页，台北，瑞兴图书股份有限公司，1996。
② 例如，德国刑法学家麦兹格将违法阻却原理分为优越利益原理和利益欠缺原理，以优越利益原理作为公务员之职务行为、基于适法命令行为、惩戒等优越之行为义务、正当防卫、紧急避险等特别之行为权能、超法规的一般法益衡量原则的正当化根据，以利益欠缺原理作为被害者之承诺、推定之承诺的正当化根据。日本刑法学家西原春夫将违法阻却原理分为正当利益之保护原理、优越利益之保护原理和必要利益之保护原理。以正当利益之保护原理作为依法令之行为、正当防卫、自救行为的正当化根据，以优越利益之保护原理作为业务行为、紧急避险的正当化根据，以必要利益之保护原理作为被害者之承诺的正当化根据。参见甘添贵：《刑法之重要理念》，58～59 页，台北，瑞兴图书股份有限公司，1996。

正当化事由研究

三、正当化事由的分类

在一个法治社会里，正当化事由是基于法秩序的统一性而加以确立的。社会相当性作为正当化事由的一般根据，只是提供了一个基本原理，还要以社会相当性为指导，将各种正当化事由类型化。

根据法律对正当化事由是否有规定，可以把正当化事由分为法定的正当化事由和超法规的正当化事由。法定的正当化事由是指刑法有明文规定的正当化事由，正当防卫与紧急避险等涉及重大法益的正当化事由在各国刑法中通常有明文规定。超法规的正当化事由是指刑法无明文规定、从法秩序的精神引申出来的正当化事由。对于法定的正当化事由，由于其正当化根据在于法律的明文规定，因而易于理解。而超法规的正当化事由，既然法无明文规定何以能够成为正当化事由，需要从理论上加以解释。一般认为，超法规的正当化事由与法秩序的统一原则有关。在大陆法系刑法理论中，正当化事由是一种阻却违法的情形。而违法又有形式违法与实质违法之分。法定的正当化事由阻却的是形式违法，因为正当防卫与紧急避险行为，刑法明文规定为不负刑事责任，因而形式的违法性也不构成。而超法规的正当化事由，由于刑法上并无明文规定，因而阻却的是实质违法。① 超法规的正当化事由不仅基于实质违法概念，而且建立在法秩序的统一原则之上。这里所谓超法规，是指在刑法上未予明文规定，但并非指超越一切法规。某些正当化事由，例如职务行为等，虽然在刑法上没有明文规定，但在行政法或者其

---

① 我国台湾地区学者指出：依形式的违法论之见解，违法性仅为实定法规之违反。因此，该当于构成要件之行为，仅仅就法规上有无违法阻却事由之存在，加以论断其违法性为已足，毋庸自实质观点承认超法规的违法阻却事由存在之余地。现今社会生活日趋复杂，有必要依法律予以保护之利益，亦愈扩展。不仅各种利益或价值互为交错，即法益冲突之现象，亦所恒有。因此，若仅借某个法规之形式论断行为之违法性，实在是事有未济，须就其实质进一步加以探究，视其是否违反全体法秩序，以决定其违法性之有无。依此实质违法论之见解，违法性乃为具体的、实质的概念。某种行为，纵不合于法规上定型的违法阻却事由，倘若在实质上不违反全体法之秩序，亦即该行为为法秩序基础之社会伦理秩序所容许时，即属适法行为。故超法规违法阻却事由，乃自实质的违法论所导出之理论。参见甘添贵：《刑法之重要理念》，56～57页，台北，瑞兴图书股份有限公司，1996。

他法律中确认其正当性，因而在刑法上亦应承认其正当性。① 我国刑法只规定了正当防卫与紧急避险两种正当化事由，在刑法理论上也未论及超法规的正当化事由这一概念，但还是承认刑法规定的其他正当化事由的客观存在。② 因此，法定的正当化事由与超法规的正当化事由是正当化事由的一个基本分类。

根据正当化事由的性质，还可以把正当化事由分为紧急行为与正当行为。紧急行为，是指在紧迫情况下的正当化事由。③ 紧急行为是以紧迫性为前提的，在法观念中历来存在"紧急时无法律"（Necessitas non habet legem）之格言，由此形成独立的正当化事由。一般认为，紧急行为除刑法规定的正当防卫、紧急避险以外，还包括自救行为④与义务冲突。⑤ 正当行为是指一般意义上的具有正当性的行为，其正当性的根据除法律规定的职务行为和其他依法令的行为以外，还包括依照社会伦理秩序观念确定的正当行为，因而其范围极其广泛。正当行为一般是超法规

---

① 我国学者指出：法秩序中的违法概念是统一的，有区别的只是在不同的法律部门的法律后果不同而已，这就是法秩序的统一原则。因此，所谓正当化事由也必须以法秩序整体作为基础。民法、行政法、宪法或者其他法律部门的正当化事由应该同样适用于刑法领域，而刑法领域的正当化事由也同样使这一行为在其他法律领域里具有正当化。参见李海东：《刑法原理入门（犯罪论基础）》，77页，北京，法律出版社，1998。

② 我国学者指出：我国刑法明文规定了正当防卫与紧急避险两种排除犯罪的事由，但从刑法的相关规定来看，事实上还存在其他排除犯罪的事由，如法令行为、正当业务行为、经被害人承诺的行为、基于推定的承诺的行为、自救行为、自损行为、义务冲突等。参见张明楷：《刑法学》上，223页，北京，法律出版社，1997。这里所称排除犯罪的事由，就是正当化事由。但"刑法的相关规定"究系何指，不太清楚。按照我的理解，超法规的正当化事由不存在刑法的相关规定，这也是与法定的正当化事由的根本区别之所在。

③ 日本学者指出：紧急行为是在能够受到法律保护的急迫事态中，为了保护法益而突然进行的行为，这种行为是被法律所允许的。参见［日］大塚仁：《犯罪论的基本问题》，冯军译，138页，北京，中国政法大学出版社，1993。

④ 日本学者指出：自救行为，在现行刑法上没有被规定为违法阻却事由，在解释论上一般把它解释为一种超法规的违法性阻却事由。即在法治国家里，对法益受到侵害者的救济，原则上要通过国家救济机关之手来进行，但是，由于国家救济机关的救济能力不是万能的，对其不足的部分，法律上必须肯定在紧急事态下被害人自己为了保卫自己的权利所进行的行为。参见［日］大塚仁：《犯罪论的基本问题》，冯军译，151～152页，北京，中国政法大学出版社，1993。

⑤ 我国学者指出：作为正当化紧急避险的义务冲突，是指在行为人所担负的两个或两个以上义务发生冲突时他只能履行其中一项义务，而不履行另一项义务又使其行为具备构成要件该当性的情况。参见李海东：《刑法原理入门（犯罪论基础）》，89页，北京，法律出版社，1998。在此，李海东博士将义务冲突视为紧急避险的一种情形。我认为，义务冲突与紧急避险是有所不同的：前者以对两个事项都负有义务为前提，后者则不存在这种义务。

的正当化事由,通常包括职务行为①、被害人承诺的行为②、正当业务行为③等。

四、正当化事由的形式Ⅰ:防卫权

正当防卫是最重要的正当化事由,各国刑法对此一般都有明文规定。正确地揭示正当防卫的性质、界定正当防卫的构成,对于正当防卫的适用具有重要意义。正当防卫理论的核心是防卫权问题,防卫权的来源与限度,都直接关涉正当防卫制度的确立。

防卫权的来源,是关系到正当防卫性质的一个问题。在这个问题上,存在着自然权利说与法律权利说的聚讼。自然权利说为古典自然法学派所主张,从自然权利的意义上赋予防卫权正当性。例如,英国启蒙学者洛克把自卫权解释为一种正当的权利和自由,认为在法律不能保障我的生命的紧急情况下,我可以杀死侵犯者。只有这样,才合乎正义。④ 法国启蒙学者孟德斯鸠则把保障公民人身和财产安全的救济形式分为两种:第一种是诉诸法律,即所谓公力救助。第二种是直接诉诸暴力,即所谓自力救助。公力救助是保障公民人身和财产安全的一般形式,而自力救助则是在公力救助不济的紧急情况下,为保障本人的生命和财产安全而采取的暴力手段,是保障公民人身和财产安全的特殊形式。⑤ 自然法学派从

---

① 职务行为是指在法律权限内根据自己的身份与义务要求所实施的构成要件该当的法益损害行为。参见李海东:《刑法原理入门(犯罪论基础)》,93页,北京,法律出版社,1998。
② 被害人承诺的行为是指具体法益所有人对于他人侵害自己可以支配的权益所表示的允诺。参见李海东:《刑法原理入门(犯罪论基础)》,90页,北京,法律出版社,1998。广义上的被害人承诺的行为还包括推定的承诺行为。
③ 正当业务行为是指业务本身正当,而且其行为需要属于其业务的正当范围的行为。参见福田平、大塚仁:《日本刑法总论讲义》,李乔等译,101页,沈阳,辽宁人民出版社,1986。
④ 洛克指出:当为了保卫我而制定的法律不能对当时的强力加以干预以保障我的生命,而生命一经丧失就无法补偿时,我就可以进行自卫并享有战争的权利,即杀死侵犯者的自由,因为侵犯者不容许我有时间诉诸我们共同的裁判者或者法律的判决来救助一个无可补偿的损害。参见[英]洛克:《政府论》下篇,叶启芳、瞿菊农译,114页,北京,商务印书馆,1964。
⑤ 孟德斯鸠指出:在公民与公民之间,自卫是不需要攻击的。他们不必攻击,只要向法院申诉就可以了。只有在紧急情况下,如果等待法律的救助,就难免丧失生命,他们才可以行使这种带有攻击性的自卫权利。参见[法]孟德斯鸠:《论法的精神》上册,张雁深译,137页,北京,商务印书馆,1961。

自然权利出发论证正当防卫的正当性，具有其伦理上的合理性。法律权利说则把正当防卫视为法律所赋予的一种权利。因此，正当防卫不仅具有个人自卫性，而且具有维护法秩序的功能。我认为，自然权利说与法律权利说并非截然对立。不可否认，防卫权来自人的防卫本能。人和动物一样，具有一定的先天或者遗传的机制所牢固地控制着的生物本能。食欲、性欲和防卫，是生物学家和人类学家所公认的一切生物所具有的三大本能。其中，防卫是人类社会维持个体和族类的生存和延续的必要条件之一。当然，在不同的社会形态中，个人满足其防卫本能的方式是有所不同的。在原始社会，防卫本能以复仇的形式得到满足。在国家和法律出现以后，复仇被刑罚所取代，自力救助被法律救助所取代。但在相当长的一个时期内，还存在着复仇的残余形态——私刑。它成为刑罚的补充。随着国家刑罚权的扩张，私刑逐渐消失。但在紧迫的情况下，仍然允许公民具有防卫权，并在法律上正式确立正当防卫制度，使这种防卫权的行使具有法律保障。由此可见，防卫权就其来源而言，是一种自然权利。但一经法律确认，它就转化为一种法律权利。

　　防卫权是有限的还是无限的，这也是关系到正当防卫性质的重要问题。无限防卫权的思想被启蒙思想家所主张，其从个人权利神圣不可侵犯的理念出发，认为个人权利的行使只以保障社会其他成员能享有同样的权利为限制，除此以外，个人权利是无限的，任何人不得干涉。这种理论导致了无限防卫权的思想，就是对正当防卫的强度没有任何控制。而社会法学派则以社会本位的法代替个人本位的法。反映在正当防卫的理论上，就是由过去以个人权利为基础阐发正当防卫的本质，发展到以社会利益为出发点阐发正当防卫的本质，主张立法上对正当防卫权实行一定的控制。① 我认为，无限防卫权的思想片面强调个人权利，在逻辑上很难与私刑加以区分，并有将国家维护社会治安、保护公民自由的义务通过正当防卫转嫁给公民之嫌，在理论上殊不足取。② 国家赋予公民防卫权，是基于人的

---

① 参见陈兴良：《正当防卫论》，19~21页，北京，中国人民大学出版社，1987。
② 我国学者李海东认为，正当防卫本质上面临的理论问题是个人自卫权与法秩序国家垄断性之间的矛盾。保护公民生活在一个安全的社会环境中，是国家的义务，也是用公民的税金维持一支往往是庞大的治安警察队伍的合理根据。国家的这一责任与义务不应通过对正当防卫的道义化评价转嫁到每个公民自己的身上。参见李海东：《刑法原理入门（犯罪论基础）》，80页，北京，法律出版社，1998。

防卫本能,使刑法合乎情理。同时,防卫权之行使能够制止犯罪,具有一定的社会功效。但如果过分强调防卫的社会功效,甚至将正当防卫当作维护社会秩序的一种手段,赋予公民无限防卫权,就会导致因国家责任的放弃而滋生私刑。① 因此,防卫权不能是无限的,无限防卫权会导致防卫权的滥用。正如任何权利都有一定的限制,防卫权也应当具有一定的限制。防卫权限制的思想乃基于以下两个理念:一是社会法益平衡的观点,即在保护防卫人的个人利益的同时,还须考虑保护不法侵害人的合法权益,使两种法益得以平衡。唯此,才能维护社会秩序的稳定性。二是手段与目的相当的观点,即防卫行为所构成之损害,不可超越正当防卫的必要限度,这一限度是足以制止不法侵害所必需的限制。诚然,正当防卫是一种正义行为,是"正与不正"之关系,但任何正义行为都是有限度的,否则正义就会转化为不义。②

五、正当化事由的形式Ⅱ:避险权

紧急避险,又称为紧急避难③,是正当化事由之一,各国刑法对此一般均有

---

① 马克思指出:"公众惩罚是罪行与国家理性的调和,因此,它是国家的权利,但这种权利国家不能转让给私人,正如同一个人不能将自己的良心让给别人一样。国家对犯人的任何权利,同时也就是犯人对国家的权利。任何中间环节的插入都不能将犯人对国家的关系变成对私人的关系。即便假定国家会放弃自己的权利,即自杀而亡,那么,国家放弃自己的义务将不仅仅是一种放任行为,而且是一种罪行。"《马克思恩格斯全集》,中文1版,第1卷,169页,北京,人民出版社,1956。

② 黑格尔指出:在道德方面,只要在"有"的范围内来加以考察,也同样有从量到质的过渡,不同的质的出现,是以量的不同为基础的。只要量多些或少些,轻率的行为会越过尺度,于是就会出现完全不同的东西,即犯罪。并且,正义会过渡为不义,德行会过渡为恶行。参见[德]黑格尔:《逻辑学》上卷,杨一之译,405页,北京,商务印书馆,1966。

③ 外国刑法一般称"紧急避险"为"紧急避难",旧中国刑法和我国台湾地区现行"刑法"亦如此。我国1979年刑法在起草过程中,在22稿中称为"紧急避难"。许多同志反映,"紧急避难"一词沿自旧法,不通俗、不明确,因为谈"危难"通常是指灾难,而实际上紧急避险的危害来源不见得都是灾难。因此,"危难"不如"危险"确切;同时,"紧急避难"也易与"政治避难"混淆,不足以表明它是对正在发生的危险所采取的一种紧急措施。故33稿改为"紧急避险",以后各稿均照此未变。参见高铭暄编着:《中华人民共和国刑法的孕育和诞生》,44~45页,北京,法律出版社,1981。立法上采用紧急避险一词,我国刑法理论均从立法。我个人亦认为,紧急避险一词要比紧急避难更为确切。

明文规定。紧急避险被认为是"正与正"之关系，因而在性质上不同于正当防卫的"正与不正"之关系。因此，从法理上阐述紧急避险具有重要意义。紧急避险是以损害他人法益的方式保全本人的法益。这种法益损害行为何以正当？这涉及避险权的问题。

避险权之所以被社会所认可，可以从以下这句古老的法律格言中得到反映：紧急时无法律（Necessitas non habet legem；Necessitas caret lege）。[1] 紧急避险存在于两种法益的冲突之中，要么丧失本人的财产或者生命，要么牺牲他人的财产或者生命。在这一法益冲突中，如果允许行为人通过损害他人法益而保全本人法益，则行为人享有避险权。对于这种避险权，德国哲学家康德认为只是一种假定的权利，并不能由此认为合法。[2] 在此，康德提出了两个值得思考的问题：一是主观评价与客观评价的问题，二是道德评价与法律评价的问题。就前一问题而言，康德认为紧急避险之所以免责，并非客观上合法，而是主观上基于自我保全的意图。就后一问题而言，康德认为紧急避险在道德上是应受谴责的，因而法律上也不得视为合法。因此，在康德看来，避险权只是一种假定的权利，而非真实的权利。康德对避险权的思考是深刻的，但也只是提出了问题而没有真正解决问题。德国哲学家黑格尔则从法的意义上肯定了避险权[3]，从法而不是从道德上论

---

[1] 这一格言也可以译为"必要时无法律"，产生于中世纪的教会法，其基本含义是，在紧急状态下，可以实施法律在通常情况下禁止的某种行为，以避免紧急状态所带来的危险。对这一格言的详尽分析，参见张明楷：《刑法格言的展开》，241页以下，北京，法律出版社，1999。

[2] 康德指出：所谓紧急避险权是一种假定的权利或者权限，就是当我遇到可能丧失自己生命的危险情况时，去剥夺事实上并未伤害我的另一个人的生命的权利。很明显，从权利学说的观点看，这就必定陷入矛盾。这种为了自我保存而发生的暴力的侵犯行为，不能视为完全不该受到谴责，它只是免于惩罚而已。可见，这种豁免的主观条件，由于奇怪的概念上的混淆，一直被法学家们视为在客观上也是合法的同义词。紧急避险权的格言可以用这样一句话表达："在紧急状态下没有法律"。但是，不能由于紧急避险而把错误的事情变为合法。参见［德］康德：《法的形而上学原理——权利的科学》，沈叔平译，46～47页，北京，商务印书馆，1991。

[3] 黑格尔指出：当生命遇到极度危险而与他人的合法所有权发生冲突时，它得主张紧急避险权（并不是作为公平而是作为法）。因为在这种情况下，一方面定在遭到无限侵害，从而会产生整个无法状态；另一方面，只有自由的那单一的局限的定在受到侵害，因而作为法的法以及仅其所有权遭受侵害者的权利能力，同时都得到了承认。参见［德］黑格尔：《法哲学原理》，范扬、张企泰译，130页，北京，商务印书馆，1961。

证避险权,这是他不同于康德的地方。黑格尔引入了法益比较原理,将法与不法视为一对相对的范畴,并以生命、自由等这样一些更高的价值来论证避险权的正当性。① 由此可见,黑格尔将避险权视为从生命、自由中引申出来的一项权利。紧急避险正当性来自对人性的体谅,并且与"法不强人所难"的格言相符,这种朴素的认识无疑是正确的。② 然而,紧急避险毕竟是一种法律制度,应当从法理上加以说明。恰恰在这一点上,学者们的认识往往存在分歧。由来已久的是违法阻却说与责任阻却说之争。③ 违法阻却说认为,紧急避险之所以不为罪,其法理上的根据在于违法性阻却。违法阻却说的主要理论是法益权衡说,认为在紧急避险的情况下存在两种法益的冲突,为保全重要法益而牺牲较小法益合乎法秩序的要求。责任阻却说认为,紧急避险侵害的是第三者的正当法益,难以否认其违法性,之所以不为罪,其法理上的根据在于责任阻却。责任阻却说的主要理论基础期待可能性说认为,在紧急避险的情况下由于不可能期待行为人实施合法行为而阻却其责任。上述两种观点的分歧在于:紧急避险是否具有违法性?违法阻却说否认紧急避险的违法性。那么,不违法是否就是合法呢?根据违法阻却说似乎应当得出肯定的结论。这种合法性来自法益权衡,在为保护重大法益而牺牲较小的法益的情况下,根据法益权衡原则肯定紧急避险的合法性具有一定的合理性。但在保护法益与牺牲法益价值相同的情况下,其根据法益权衡原则获得的合法性就

---

① 黑格尔指出:生命,作为各种目的的总和,具有与抽象法相对抗的权利。一人遭到生命危险而不许其自谋所以保护之道,那就等于把他置于法之外,他的生命既被剥夺,他的全部自由也就被否定了。当然有许许多多细节与保全生命有关,我们如果瞻望未来,那就非关涉到这些细节不可。但是唯一必要的是现在要活,至于未来的事不是绝对,而是听诸偶然的。所以只有直接现在的急要,才可成为替不法行为辩护的理由,因为克制而不为这种不法行为,这件事本身是一种不法,而且是最严重的不法,因为它全部否定了自由的定在。参见[德]黑格尔:《法哲学原理》,范扬、张企泰译,130页,北京,商务印书馆,1961。
② 我国学者指出,紧急避险恰如一个避风港,为脆弱的人性在惊涛骇浪面前开辟了一处栖息的空间。参见刘为波:《紧急避险限度条件的追问——兼论紧急避险限度理论根基的解构与重建》,载陈兴良主编:《刑事法判解》,第1卷,357页,北京,法律出版社,1999。
③ 关于违法阻却说与责任阻却说的详尽论述,参见刘明祥:《紧急避险研究》,7页,北京,中国政法大学出版社,1998。

存在疑问。为此，违法阻却说需要加以修补。① 责任阻却说则肯定紧急避险的违法性。违法而不处罚，仅在于因缺乏期待可能性而阻却责任。② 但一概地将紧急避险视为违法行为，尤其是将保护重要法益而牺牲较小法益的行为视为违法③，则使违法与合法的区分过于机械。实际上，违法与合法的区分是相对的，并且是可以转化的。这里可以引用一句法律格言为证："紧急使不合法变成合法。"（Propter necessitatem illicitum efficitur licitum.）④ 因此，责任阻却说断言紧急避险均为违法似有不妥。正是由于上述违法阻却说与责任阻却说各执一词，因而出现了两分说。该说认为无论是把紧急避险一律当作阻却违法性的事由，还是将其一概视为阻却责任的情形，都有片面性。实际上，在某些场合，紧急避险是阻却违法性的事由；而在另一些场合，则是责任阻却事由。⑤ 我国学者李海东则直接把紧急避险分为正当化紧急避险和免责紧急避险。正当化紧急避险与免责紧急避险的根本区别在于：正当化紧急避险成立的理论根据是冲突说，也就是说，为了避

---

① 日本学者指出：在紧急避险中，既然是以"正对正"的关系为基础，虽然说违法性被阻却了，但是其合法性的程度低，按照国家社会的伦理规范，只不过是缺乏可罚的违法性。特别是在为了救助等价值的法益而牺牲其他法益的情形下，严格地说，优越利益的原则并不妥当，只是加上紧急事态中的行为，才缺乏可罚的违法性。参见［日］大塚仁：《犯罪论的基本问题》，冯军译，142页，北京，中国政法大学出版社，1993。

② 我国学者指出：责任阻却说的意义在于，当避险行为所侵害的利益与所保护的利益两者相当或不好比较，或确实存在社会危害性时，我们不能遽下结论，而应根据有无期待可能性来做出判断。当然，这里所谓的期待可能性判断是以避险行为实施时的主客观情况、普遍人性及一般的伦理道德规范为基础所做出的综合判断。参见刘为波：《紧急避险限度条件的追问——兼论紧急避险限度理论根基的解构与重建》，载陈兴良主编：《刑事法判解》，第1卷，359页，北京，法律出版社，1999。

③ 存在一种"迫不得已的违法"的说法，但这也是以违法为前提的。参见［法］卡斯东·斯特法尼等：《法国刑法总论精义》，罗结珍译，367页，北京，中国政法大学出版社，1998。

④ 我国学者指出：刑法的禁止性规范是就一般情形下的行为而设，但现象总是有一般与特殊之分，在特殊情形下便难以遵守就一般情形所设立的规范。于是，刑法就紧急状态下的行为作为例外规定，使紧急状态下的特殊行为合法化。从形式上说，是刑法允许人们在紧急时实施一定的禁止行为；从实质上说，是因为事态紧急使得行为人不得不采取禁止行为以保护合法权益。参见张明楷：《刑法格言的展开》，245页，北京，法律出版社，1999。

⑤ 超法规的紧急避险是指在不符合刑法规定的紧急避险要件时，可援用实质性原理，使紧急避险具有不可罚性。如日本学者指出，即使在缺少其他要件，特别是法益的权衡时，也由于援用了期待可能性这种一般的责任阻却事由，作为超法规的责任阻却理由的紧急避险更广泛地被承认。参见［日］木村龟二主编：《刑法学词典》，顾肖荣等译，213页，上海，上海翻译出版公司，1991。

 正当化事由研究

免一个较重要的法益遭受损害而牺牲一个较轻微的法益。因此，避险所保护的法益与避险所损害的法益在质或量上有本质的区别，是紧急避险作为正当化事由成立的关键。缺乏这一区别的避险行为，就缺乏行为的正当性，因而，它也就是违法的。它的可罚性将通过责任论中是否构成免责的紧急避险来决定。① 二分说又称区别说，放弃寻找紧急避险性质界定的统一答案，是一种较为实际的解决办法。但上述区分是以刑法规定为根据的，在德国刑法中分别对作为违法性阻却事由的紧急避险和作为责任阻却事由的紧急避险做了规定。在其他国家大多没有这种规定，因而出现了超法规的紧急避险这一概念，将作为免责事由的紧急避险包括进去。②

以上争论，实际上涉及一个重要问题，就是在保全法益与牺牲法益价值相同的情况下能否成立紧急避险；如果成立，其理论根据又是什么。我认为，在保全法益与牺牲法益价值相同的情况下，应当承认其为紧急避险。从道德上来说，这是一种危险的转嫁。例如所谓卡纳安德斯之板：航船沉没后两人争夺只能载一人的木板，体强者将体弱者推开而致体弱者淹死。③ 在这种情况下，无非有四种可能性：一是其中一人舍己为人，二是其中一人舍人为己，三是二人互让同时死亡，四是二人互争同时死亡。第三种和第四种是最差的结果，第一种情况是建立在高尚道德基础之上的。如果将第二种情况视为犯罪，就是对人以第一种情况相要求。如此，则法律是以崇高的人性为基础而不是以软弱的人性为基础。但是，

---

① 李海东认为：正当化紧急避险是以冲突说为根据的，免责紧急避险是以相当说为根据的。冲突说是黑格尔的观点，根据在法益冲突的情况下法益质量比较的认识，形成了紧急避险的冲突说。相当说是康德的观点，认为避险行为虽然不是"不必可能"（inculpalilis），因为尽管在紧急情况下，它也是违反了绝对命令的，但却是"不可罚"（impunibilis）。因此，法律不能对处于不可抵抗强制中的人提出从事正确行为的要求。基于刑罚的经济原则，对于这类行为不予处罚。参见李海东：《刑法原理入门（犯罪论基础）》，86页，北京，法律出版社，1998。
② 二分说又可以分为以阻却违法为基础的二分说和以阻却责任为基础的二分说。参见刘明祥：《紧急避险研究》，14页，北京，中国政法大学出版社，1998。
③ 这个例子是希腊哲学家卡纳安德斯提出的，因此称为卡纳安德斯之板。参见李海东：《刑法原理入门（犯罪论基础）》，122页，北京，法律出版社，1998。在我所主编的《刑事法判解》第1卷，曾经讨论过李某牺牲他人生命保全本人生命案，参见该书313页。

刑法既不强迫人们做出牺牲，也不将英雄主义强加于人。[1] 因此，尽管上述第二种情况是不道德的，但在法律上不能认为是犯罪，同样应当承认是紧急避险而不负刑事责任。那么，这种法律规定是否会助长人性的残忍与冷酷呢？这里涉及对行为进行选择的环境问题，即在紧急情况下不能像在通常情况下一样要求行为人。既然这种保全法益与牺牲法益价值相同的情况属于紧急避险，那么它与其他紧急避险在性质上是不是具有同一性呢？这也正是违法阻却说、责任阻却说与二分说的分歧之所在。在上述三种观点中，我倾向于违法阻却说，关键是如何理解这里的违法。如果仅从形式上而不是从实质上考察，即使正当防卫也不能不说是实施了一种法律禁止的行为，例如防卫杀人。但是否违法，还是应当从社会相当性上分析，并且要考虑紧急状态这一特殊情况。基于以上分析，我认为紧急避险是一种违法阻却情形，也就是一种正当化事由。[2] 这种正当性并非来自道德评价，而是基于紧急状态下行为特殊性的一种法律评价。

(本文原载《法商研究》，2000（3））

---

[1] 参见［法］卡斯东·斯特法尼等：《法国刑法总论精义》，罗结珍译，367页，北京，中国政法大学出版社，1998。

[2] 意大利学者论述了紧急避险的利益平衡说与期待可能性说，认为这两种理论的差别不仅在于如何理解紧急避险的根据，更重要的是，采用这种或那种理论会极大地改变紧急避险的内容。在上述两种意义迥然不同的理论面前，我们的刑法典可以说是采取了一种名副其实的折中主义。但是，这种做法不仅是不能令人满意地解决许多问题的原因，同时使紧急避险在刑法体系中的地位也成为有争议的问题。我们将这种制度放在正当化原因中来讨论，因为这种做法更符合传统的做法。参见［意］杜里奥·帕多瓦尼：《意大利刑法学原理》，陈忠林译，172～173页，北京，法律出版社，1998。

四要件犯罪构成的结构性缺失及其颠覆

——从正当行为切入的学术史考察

在德日刑法学的三阶层的犯罪论体系和我国刑法学的四要件的犯罪构成体系的对比中，正当防卫、紧急避险等正当行为[①]在犯罪成立条件中的体系性地位，是一个差别最大的问题。在三阶层的犯罪论体系中，正当防卫、紧急避险等正当行为称为违法阻却事由，是在违法性阶层中讨论并予以出罪的。而在四要件的犯罪构成体系中，上述正当行为则称为排除社会危害性行为，是在四要件的犯罪构成以外予以讨论的，在犯罪构成体系中并无其地位。在这种情况下，四要件的犯罪构成并不是犯罪成立的充足条件。因为在具备了四要件的犯罪构成以后，从逻辑上来说还可能因为存在正当行为而被出罪。在这个意义上说，四要件的犯罪构成体系存在着结构性的缺失，这也是四要件的犯罪构成体系非改不可的原因之一。本文以正当行为在犯罪成立条件中的体系性地位问题为中心线索，对正当行为从排除社会危害性行为到违法阻却事由的演变过程，进行学术史的考察。

---

① 本文所称正当行为，在苏俄刑法学中称排除社会危害性行为或排除犯罪性行为，在德日刑法学中称违法阻却事由或正当化事由。上述称谓，在本文中根据叙述语境不同，可以互换，特此说明。

一

在我国古代刑法中,只有在《唐律》中存在"诸夜无故入人家者,笞四十。主人登时杀者,勿论"这样一种个别性规定,而没有关于正当行为的一般性规定。及至1911年《大清新刑律》第15条才从日本引进关于正当防卫的规定:"对现在不正之侵害,而出于防卫自己或他人的权利之行为不为罪"。在犯罪成立条件中,违法性或者违法行为都是犯罪要件之一,而正当行为则以违法阻却事由被论及。例如,民国学者郗朝俊把正当行为称为违法阻却原因,在违法行为这一犯罪要素中加以讨论,他指出:

> 以具构成犯罪特别要件之行为为违法者,通则也。然此种行为,若为刑法及其他法令所要求所容许之时,则不得以其行为为违法,故以犯罪为违法行为研究者,与其从积极的论定,以如何行为,方为违法也,宁从消极的观察,以可为违法之行为,依如何条件,方阻却其违法,而总称此条件曰:客观的不论罪原因,又曰:违法阻却原因。又此原因存在之时,妨其犯罪之成立,而自其成立犯罪,以无此原因为要之观察,有称此为犯罪之消极的构成要件者。[①]

在以上论述中,郗朝俊把正当行为视为违法行为的反面,在违法性当中加以讨论,因为违法性是一种犯罪成立条件,因而正当行为是在犯罪论体系中研究的一个问题。由此初步确立了正当行为的体系性地位。同时,郗朝俊还把正当行为看作一种客观的不论罪原因,从而与主观的不论罪原因,如责任无能力及意思无责任相区别。郗朝俊对客观的不论罪原因与主观的不论罪原因做了以下对比性论述:

---

① 郗朝俊:《刑法原理》,198页,上海,商务印书馆,1930。

四要件犯罪构成的结构性缺失及其颠覆

  客观的不论罪原因，须与主观的不论罪原因区别。主观的不论罪原因，为责任无能力及意思无责任等，因缺主观的责任原因，故妨其犯罪之成立。客观的不为罪原因，因阻却行为之违法，故使其犯罪之不成立。其结果有客观的不论罪原因时，阻却总加担者行为之违法性。有主观的不论罪原因者，虽不能为共犯，而利用有此原因者的行为之第三者，则为间接正犯。易言之，主观的不论罪原因，为一身的不成立犯罪。客观的不论罪原因，为一般的消极行为自身之犯罪性也。①

客观的不论罪原因与主观的不论罪原因相对应。这一思路是有其可取之处的，对于我们当今犯罪论体系建构也具有启发意义。

在我国民国时期，犯罪论体系还未成型，因而关于犯罪成立条件也其说纷纭，并且存在各种分类。例如，把犯罪要件分为普通要件与特别要件、主观要件与客观要件、积极要件与消极要件等。其中，引起我关注的是关于积极要件与消极要件的区分。例如，民国学者陈瑾昆指出：

  学者关于犯罪要件，有分为积极要件与消极要件者。后者即以指刑法就责任能力及违法所规定之消极要件事实，而又一称曰责任阻却原因（Sehuldausschliessungsgrunde）。一称曰违法阻却原因（Ausschliessungsgrunde der Rechtswidrigkeit）。②

这里论及的消极要件，与德日刑法学消极构成要件理论中的消极的构成要件还是有所不同的。但"消极"一词表明，违法阻却事由是从反面论及违法性这一要件的。尤其值得注意的是，民国学者王觐还从民法与刑法的对比中对违法阻却事由的消极性质进行了分析，他指出：

---

① 郗朝俊：《刑法原理》，199页，上海，商务印书馆，1930。
② 陈瑾昆：《刑法总则讲义》，吴允锋勘校，66页，北京，中国方正出版社，2004。

465

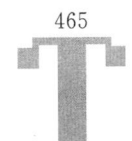

> 民法对于法律行为，用积极的方法，规定违法之观念，以公共秩序善良风俗为人类自由活动之最后界限。而刑法则不尔，仅以消极的方法，列举各种违法阻却事由而以不背公共秩序善良风俗之行为，为违法阻却事由之一种，称此为违法阻却事由，曰消极的犯罪事实。①

综上所述，民国时期的刑法学都将正当行为作为违法阻却事由在违法性中加以讨论，将其纳入犯罪论体系。

20世纪50年代初，新中国从苏俄引入刑法学。在这种情况下，正当行为的体系性地位发生了根本性的变化：从犯罪论体系中被剔除，不再是犯罪成立的一个条件，而成为在犯罪构成之外的排除社会危害性行为。由此，我国刑法学与德日刑法学在正当行为的体系性地位问题上出现了明显的区隔，这也成为我国犯罪构成体系的结构性缺陷。那么，苏俄刑法学关于正当行为的体系性变动是如何发生的，其原因又何在呢？

苏俄学者把正当行为定性为排除社会危害性行为，并将其放在犯罪构成体系之外。我认为主要原因在于以下三个方面。

(一) 社会危害性与违法性之间关系的混乱

苏俄刑法学把社会危害性当作犯罪的本质特征，由此形成犯罪的实质概念，并将社会危害性当作刑法学的基石。在苏俄刑法学中，社会危害性与违法性的关系，始终是一个存在争议的问题。苏俄刑法学的主流观点主张社会危害性与违法性相统一，例如，有苏俄学者指出：

> 苏维埃刑法认为，犯罪作为一种现象不仅仅是对苏维埃国家的利益具有社会危害性的行为，而且也是一种违法行为。把这两个特征——实质的与形式的——结合起来，可以作为苏维埃刑法中犯罪概念的特征，而且是解决犯

---

① 王觐：《中华刑法论》，姚建龙勘校，209页，北京，中国方正出版社，2005。

四要件犯罪构成的结构性缺失及其颠覆

罪论中一切问题，包括犯罪构成问题在内的出发点。①

在这种实质与形式相统一原则的指导下，社会危害性与违法性被认为是统一的，因而三阶层的犯罪论体系中的违法性就被转换成为体现社会危害性内容的刑事违法性。苏俄学者对三阶层犯罪论体系中的违法性理论进行了以下批判：

> 资产阶级刑法并不运用社会危害性这一概念，而只运用犯罪构成及违法性的概念，同时也未揭露出它们的阶级本质。资产阶级的刑法学者们，一方面摒弃这些概念的社会政治内容，另一方面借抽象的结构，将犯罪构成的概念与违法性的概念截然对立起来。
>
> 譬如，资产阶级刑法学者柏林格（指贝林——引者注）和他的拥护者断言，犯罪构成是没有任何评价因素的单纯的事实总和。按照柏林格的意见，只是确定行为符合犯罪构成，根本就没有解决关于该行为的违法性问题。犯罪构成是一种纯粹描述性质的抽象的法律上的结构。另一方面，柏林格和他的拥护者们断言，关于违法性的论断也不是以犯罪构成为转移的。行为虽然不符合犯罪构成，但也可能是违法的。同时，我们应当注意，上述这些刑法学者是把违法性理解为行为与刑事法律以外的规范，即与所谓的"文明规范"等相抵触的。
>
> 资产阶级对违法性的理解，是以反动的观点为基础的，按照这种观点，犯罪人所违反的不是刑事法律，而是刑事法律以外的规范。资产阶级关于犯罪构成的概念与违法性概念的相互关系的理论，带有反动的阶级性质，并反映出帝国主义时期整个法权所特有的资产阶级法制的破坏过程。②

---

① ［苏］哈萨洛夫：《关于犯罪构成概念的问题》，载中国人民大学刑法教研室编译：《苏维埃刑法论文选译》，第1辑，54页，北京，中国人民大学出版社，1955。
② ［苏］采列捷里、马卡什维里：《犯罪构成是刑事责任的基础》，载中国人民大学刑法教研室编译：《苏维埃刑法论文选译》，第1辑，63～64页，北京，中国人民大学出版社，1955。

在以上论述中,剔除政治意识形态的批判,我们可以发现苏俄学者对贝林的三阶层的犯罪论体系是多么地无知,因而充满了误解与偏见。苏俄学者承认贝林体系中的违法性概念相当于苏俄刑法学中的社会危害性概念,但并没有认识到违法性可以分为形式违法性与实质违法性。形式违法性是通过构成要件该当性予以推定的,因而其考察标准是刑法规范;而实质违法性是在具备形式违法性基础之上的一种实质的价值判断,其标准当然不再是刑法规范本身,而是刑法以外的东西,例如法益侵害性等。在这一点上,社会危害性的功能与实质违法性的功能实际上是完全相同的。而正当行为恰恰是具备构成要件该当性而缺乏实质违法性的情形,是违法阻却事由。在这种情况下,正当行为在犯罪论体系中被讨论,是一个犯罪成立的问题。而苏俄刑法学则采用社会危害性概念取代违法性,因而正当行为不再属于违法阻却事由,而改为排除社会危害性行为。因为社会危害性是无法像违法性那样区分为形式的社会危害性与实质的社会危害性的,因而作为社会危害性构成的犯罪构成,当然也就没有正当行为的容身之地。就这样,正当行为被逐出了犯罪构成。由此可见,正当行为放在犯罪构成之外讨论,是社会危害性理论的必然后果。从违法阻却事由到排除社会危害性行为,虽然只是名称的变换,但其中包含了社会危害性理论取代违法性而成为刑法学中心这一重要的学术背景。其实,正当行为是称为违法阻却事由还是排除社会危害性行为本身并不重要,关键问题在于由此而带来的正当行为的体系性地位的变化。

(二) 犯罪概念与犯罪构成之间关系的脱节

犯罪概念与犯罪构成虽然是两个不同的概念,但两者之间的关系之密切,又完全可以在理论上看作一个问题。贝林曾经提出一个问题:犯罪可以被定义为"符合构成要件的违法、有责的行为"吗?其实,犯罪是符合构成要件的、违法的和有责的行为,这是李斯特为犯罪所下的定义。[1] 贝林对这一犯罪概念做了进一步的补充,认为犯罪概念更确切的表达是:犯罪是类型化的违法有责行为。[2]

---

[1] 参见 [德] 李斯特:《德国刑法教科书》(修订译本),徐久生译,169页,北京,法律出版社,2006。
[2] 参见 [德] 恩施特·贝林:《构成要件理论》,王安异译,27页,北京,中国人民公安大学出版社,2006。

四要件犯罪构成的结构性缺失及其颠覆

贝林在犯罪概念中引入了类型化的特征,认为"类型性"是犯罪的一个概念性要素。而法定构成要件,正是犯罪类型先行存在的指导形象(Vorgelagertes Leitbild)。因此,尽管贝林和李斯特对犯罪概念的表述不尽相同,但他们都把犯罪成立条件纳入犯罪概念,作为犯罪特征加以确立。在这种情况下,犯罪概念与犯罪构成理论之间就具有某种重合性。这种将犯罪成立条件作为犯罪概念内容的观点,在德日刑法学中都是通说。例如,德国学者指出:

> 将犯罪行为的特征归类到一个体系之后,出现了古典的,在德国基本上无异议的,以构成要件该当性、违法性、有责行为为内容的犯罪概念定义,该定义同样为判例所承认。这一定义不是意味着将通常作为一个整体来理解的犯罪分解成具体的部分,而是从不同的视角来研究之。随着犯罪被定义为符合犯罪构成要件的、违法的和有责的行为,人们获得了一些越来越具体化的法学命题的基本概念。[①]

在这种情况下,犯罪概念与犯罪构成之间是互相贯彻、衔接的,犯罪概念也为犯罪论体系奠定了基础。但在苏俄刑法学中,犯罪概念与犯罪构成之间却发生了某种脱节。在《苏俄刑法典》中规定了犯罪的法定概念,并从犯罪的法定概念中归纳出社会危害性、刑事违法性与应受处罚性等犯罪特征,而犯罪构成则是犯罪成立条件的总和,包括犯罪客体、犯罪客观方面、犯罪主体、犯罪主观方面四个要件。

那么,犯罪概念与犯罪构成之间又是一种什么样的逻辑关系呢?苏俄学者认为犯罪概念与犯罪构成之间是一般与个别的关系,他们指出:

> 犯罪的概念包括一切罪行中最普遍的社会——法律特征,这种特征指出了

---

① [德]汉斯·海因里希·耶赛克、托马斯·魏根特:《德国刑法教科书》,徐久生译,246页,北京,中国法制出版社,2001。

犯罪的社会危害性和违法性。在具体的犯罪构成中,犯罪概念的一般特征被具体化了,并充实了一定的内容,因为在犯罪构成中,叙述了某一种类的危害社会行为和违法行为:杀人、流氓行为、偷窃以及其他。同时,犯罪构成总是含有说明其社会危害性的要件总和。不能把社会危害性同其他要件一样作为犯罪构成的一个独立要件,它是立法者在叙述犯罪时所反映出来的一种共同特性。①

在以上论述中,苏俄学者虽然强调犯罪概念与犯罪构成的内在同一性,但同时又否认社会危害性,也即违法性是犯罪构成的一个要件,因而还是把犯罪概念与犯罪构成看作两个实体性存在。这一关于犯罪概念与犯罪构成的关系界定,直接影响了正当行为的体系性地位,也为正当行为被排斥在犯罪构成之外提供了逻辑上的可能性。因为社会危害性是犯罪的本质特征,而正当行为没有社会危害性,因而是排除社会危害性行为。在这个意义上,正当行为的社会危害性是在犯罪中被排除的。而犯罪构成以各个要件体现行为的社会危害性,因而被看作社会危害性的构成。因为正当行为没有社会危害性,因而不可能被纳入犯罪构成。因此,正当行为更直接地与犯罪概念相关,是在犯罪概念论中予以讨论的问题。对此,苏俄学者指出:

> 社会危害性是构成一切犯罪最重要的要件。社会危害性表现为给国家利益、公共利益或公民的个人利益造成极为严重的损害。苏维埃刑法认为,在某些情况下,即使是对法律所保护的利益造成了严重的损害也不能构成犯罪。现行立法把正当防卫、紧急避难和拘留罪犯称为排除行为社会危害性和违法性的情况。②

---

① [苏] H. A. 别利亚耶夫、M. Л. 科瓦廖夫主编:《苏维埃刑法总论》,马改秀、张广贤译,82页,北京,群众出版社,1987。
② [苏] H. A. 别利亚耶夫、M. Л. 科瓦廖夫主编:《苏维埃刑法总论》,马改秀、张广贤译,171页,北京,群众出版社,1987。

四要件犯罪构成的结构性缺失及其颠覆

在某种意义上，正当行为作为排除社会危害性行为，被纳入社会危害性理论，因而它与作为社会危害性构成的犯罪构成形成一种对应关系：犯罪构成表明具有社会危害性的行为具备犯罪构成因而予以入罪，排除社会危害性行为表明某一行为不具有社会危害性因而予以出罪。因此，犯罪构成是社会危害性理论的正面肯定，排除社会危害性行为是社会危害性理论的反面肯定。但是，在入罪与出罪之间如何衔接呢？入罪难道不是出罪的反面，出罪难道不是入罪的反面吗？对于这个问题，苏俄刑法学并没有做出科学说明。

（三）构成要件与犯罪构成之间关系的混淆

在德日三阶层的犯罪论体系中，构成要件该当性只是犯罪成立的一个要件。尤其是在贝林那里，构成要件是一个纯客观——形式的类型化的概念，在价值上是中性无色的，其功能在于为违法性的实质判断与有责性的归责判断提供前提。因而构成要件该当性是犯罪论体系的第一个要件，也是犯罪成立的前置性要件。但苏俄学者把贝林的构成要件误认为犯罪构成进行批判，指责这是把犯罪构成看作没有任何评价因素的单纯的事实总和。因此，苏俄学者把所有事实要素与评价要素都植入构成要件，由此形成"全构成要件的理论"①。在这种情况下，构成要件与犯罪构成是完全不同的概念，站在犯罪构成的立场上对构成要件的指责只会变得十分可笑。正是对构成要件与犯罪构成这两个概念的混淆，导致对正当行为的体系性地位的错误确定。

关于正当行为与犯罪构成的关系，苏俄学者特拉伊宁曾经说过一句现在看来是十分轻率而缺乏任何论证的话：

> 在犯罪构成学说的范围内，没有必要而且也不可能对正当防卫和紧急避难这两个问题做详细的研究。②

---

① ［日］松宫孝明：《犯罪体系论再考》，张小宁译，载《中外法学》，2008（4），567页。
② ［苏］А. Н. 特拉伊宁：《犯罪构成的一般学说》，王作富等译，272页，北京，中国人民大学出版社，1958。

471

正是因为这句话,正当防卫、紧急避险等正当行为被排除在犯罪构成之外。为什么在犯罪构成学说的范围内没有必要而且也不可能对正当防卫和紧急避险问题进行研究?对此,特拉伊宁并没有提供答案。在所有苏俄刑法学论著中都无法找到相关论述。我认为,对于特拉伊宁的以上观点,只能到特拉伊宁关于犯罪构成的有关观念中去寻找深层次的根据。我国学者阮齐林教授曾经深刻地揭示了特拉伊宁的二元犯罪构成论,指出:

> 在作为刑事责任根据的广义的、实质的犯罪构成概念和分则特殊的、法律的、狭义的构成要件概念之间,是特拉伊宁在西方三要件论与苏俄刑法传统和制度上左右摇摆的表现之一。①

阮齐林教授认为,在特拉伊宁那里,存在广义与狭义两个犯罪构成概念。广义上的犯罪构成是指犯罪成立条件总和的犯罪构成,当特拉伊宁说"犯罪构成乃是苏维埃法律认为决定具体的、危害社会主义国家的作为(或不作为)为犯罪的一切客观要件和主观要件(因素)的总和"②时,这里的犯罪构成是广义上的犯罪构成。但当特拉伊宁说"罪状可以说是每个构成的'住所':这里(在罪状中)安排了形成具体犯罪行为构成的一切因素"③时,这里的犯罪构成是狭义上的犯罪构成,即三阶层犯罪论体系中的构成要件。如果不做以上区分,特拉伊宁的有些话是难以理解的,例如,特拉伊宁在论及责任能力时指出:

> 当然,犯罪主体只能是有责任能力的自然人这一点是不用怀疑的。没有责任能力,刑事责任问题本身就不会发生,因而犯罪构成的问题本身也就不

---

① 阮齐林:《评特拉伊宁的犯罪构成论——兼论建构犯罪构成论体系的思路》,载陈兴良主编:《刑事法评论》,第13卷,11页,北京,中国政法大学出版社,2003。
② [苏] A. H. 特拉伊宁:《犯罪构成的一般学说》,王作富等译,272页,北京,中国人民大学出版社,1958。
③ [苏] A. H. 特拉伊宁:《犯罪构成的一般学说》,王作富等译,218页,北京,中国人民大学出版社,1958。

四要件犯罪构成的结构性缺失及其颠覆

会发生。正因为如此，所以责任能力并不是犯罪构成的因素，也不是刑事责任的根据；责任能力是刑事责任的必要的主观条件，是刑事责任的主观前提：刑事法律惩罚犯罪人并不是因为他心理健康，而是在他心理健康的条件下来惩罚的。这个条件，作为刑事审判的一个基本的和不可动摇的原则规定在刑法总则中，而在描述犯罪的具体构成的分则里，是不会有它存在的余地的。正因为如此，所以在任何一个描述构成因素的苏联刑事法律的罪状中，都没有提到责任能力，这是有充分根据的。正因为如此，所以关于无责任能力的问题，可以在解决是否有杀人、盗窃、侮辱等任何一个犯罪构成的问题之前解决。责任能力通常在犯罪构成的前面讲，它总是被置于犯罪构成的范围之外。[1]

如果按照广义的犯罪构成概念，特拉伊宁关于"责任能力……总是被置于犯罪构成的范围之外"这句话无论如何也是不能成立的。但按照狭义的犯罪构成概念，责任能力是一个归责的问题，在有责性中讨论，当然是在构成要件的范围之外的：在之后而非之前。同样，特拉伊宁关于"在犯罪构成学说的范围内，没有必要而且也不可能对正当防卫和紧急避难这两个问题做详细的研究"这一论断，也只有把犯罪构成理解为狭义上的而非广义上的犯罪构成才能够成立。正当行为当然不是在构成要件该当性中讨论，而是在违法性中讨论。可惜的是，在苏俄刑法学四要件的犯罪构成体系中，责任能力被纳入其中，作为犯罪主体的一个要素加以讨论，而没有像特拉伊宁所说的那样，放到犯罪构成之外。而正当行为却没有被纳入其内，按照特拉伊宁所说的那样，放到了犯罪构成之外。时至今日，在俄罗斯刑法学的犯罪构成体系中，仍然没有正当行为的一席之地，而把它当作排除行为有罪性质的情节，在犯罪构成之外加以讨论。[2] 对此，我国学者曾经做过

---

[1] [苏] A. H. 特拉伊宁：《犯罪构成的一般学说》，王作富等译，272 页，北京，中国人民大学出版社，1958。

[2] 参见 [俄] H. Ф. 库兹涅佐娃、И. M. 佳日科娃主编：《俄罗斯刑法教程（总论）》，上卷·犯罪论，黄道秀译，438 页，北京，中国法制出版社，2002。

473

以下深刻的评论：

> 从俄罗斯刑法关于排除行为犯罪性的概念上看，行为表面上类似于犯罪，符合犯罪的特征，但实质上却不违法而是对社会有益的，恰好符合大陆刑法犯罪成立理论的三部曲审查方式。行为形式上或表面上符合犯罪的特征，说明具备了构成要件符合性这一特征，行为在实质上却不违法而是对社会有益的，说明不符合西欧大陆犯罪构成的违法性要件，结论便是不构成犯罪，而是对社会有益的应当鼓励的行为，在大陆刑法理论中作为排除符合构成要件的行为的违法性的事由便是正当防卫与紧急避险。可见，俄罗斯刑法犯罪论在许多问题上摆脱不了大陆刑法的深刻影响。按照俄罗斯刑法理论，在司法实践中往往存在一些从外表上或形式上看类似于犯罪的情形，犯罪的四个特征似乎一个也不少，却不能认定为犯罪。这说明，符合了犯罪构成的四个要件也不足以定罪，却恰恰否定了犯罪构成四要件作为犯罪成立的充分条件的理论，在犯罪构成之外必定存在着决定犯罪成立与否的其他条件，这已是不言自明的了。①

正是因为构成要件与犯罪构成之间在概念上的混淆，将正当行为放到犯罪构成之外，苏俄的四要件的犯罪构成体系发生了一个不可克服的矛盾：形式要件与实质内容的分离。由此出发，我国学者得出俄罗斯及我国的犯罪成立与犯罪构成理论的改革势在必行的结论。② 我深以为然。

二

关于正当行为及其在犯罪构成中的体系性地位问题，在 20 世纪 50 年代我国

---

① 赵微：《俄罗斯联邦刑法》，129 页，北京，法律出版社，2003。
② 参见赵微：《俄罗斯联邦刑法》，130 页，北京，法律出版社，2003。

四要件犯罪构成的结构性缺失及其颠覆

刑法学界并未引起重视,也没有展开讨论。20 世纪 80 年代初,我国刑法学恢复重建,在正当行为问题上,基本上沿袭了苏俄刑法学的理论,这与我国采用苏俄刑法学的四要件的犯罪构成体系具有直接关联。

我国刑法学教科书把正当行为称为排除社会危害性行为,而这一称谓是苏俄刑法学早期的称谓。因为苏俄刑法学对于正当行为经历了一个从最早的"排除行为的社会危害性的情况"、"排除行为的刑事违法性的情况"到"排除行为的应受惩罚性的情况"的演变过程,到俄罗斯刑法改称为"排除行为犯罪性的情形"[1]。我国学者是从犯罪概念及犯罪本质特征——行为的社会危害性出发论述正当行为的性质的,对排除社会危害性行为做了以下界定:

> 这种外表是犯罪,而实质上并不具有社会危害性,不具有犯罪构成,并且对国家和人民有益的行为,在刑法理论上称为"排除社会危害性的行为"。[2]

这一关于排除社会危害性行为的概念采用了"形式上符合犯罪构成,实质上不具有社会危害性,因而不具有犯罪构成"这样一种论证思路。这一思路显然承袭了苏俄刑法学。它在不具备社会危害性因而不具有犯罪构成这一点上,是能够保持其逻辑上的一致性的,但却使犯罪构成处于一种分离状态:形式上符合与实质上符合之间对应,由此而使犯罪构成形式化,即符合犯罪构成的四个要件但却还不一定构成犯罪。这一矛盾,恰恰是把正当行为放在犯罪构成之外讨论而带来的问题。

上述刑法教科书还承认正当行为表面上似乎是犯罪,形式上符合犯罪构成,因而把正当行为称为排除社会危害性行为。但我国还有学者反对上述观点,指出:

---

[1] 赵微:《俄罗斯联邦刑法》,129 页,北京,法律出版社,2003。
[2] 高铭暄主编:《刑法学》(修订本),162 页,北京,法律出版社,1984。

我们反对片面强调犯罪构成只是某种行为的法律形式特征，而不触及犯罪本质问题的资产阶级观点；也不同意把犯罪构成和社会危害性分割开来，好像二者并无联系而各自独立存在的见解。我们认为犯罪构成的法律特征，同时也就是犯罪本质特征——社会危害性在法律上的具体表现。从犯罪构成的法律特征和犯罪本质特征相统一的观点来看，正当防卫和紧急避险与犯罪构成是毫不相干的。无论从任何角度看，二者都不具有体现社会危害性的任何因素。[1]

基于上述思路，我国有学者认为根本不应该把正当防卫和紧急避险称为排除社会危害性行为。行为既然不具有社会危害性，又从何排除或免除呢？这一逻辑当然是贯通的。问题在于：正当行为既然没有任何社会危害性，反而是对社会有益的行为，与犯罪及犯罪构成没有任何关系，那么，为什么刑法还要对其做出规定？为什么刑法学在犯罪论中还要对其进行讨论？难道这纯粹是文字游戏、多此一举吗？我断言，上述观点的主张者是回答不了这个问题的。这个问题涉及正当行为与犯罪及犯罪构成的关联性。这种关联当然是不可否认的。否则刑法总则不可能对正当行为不负刑事责任做出规定。关键在于：这种关联因素是什么？在德日刑法学的三阶层的犯罪论体系中，这种关联因素是构成要件，即正当行为是具有构成要件该当性的，正是在这一点上它与那些不具有构成要件该当性的非罪行为是不同的。正因为正当行为具备了构成要件该当性才进入定罪视野，需要在违法性中予以排除。当然，对于构成要件的不同理解，可能会对违法阻却事由的范围产生一定的影响。在古典的犯罪论体系中，对构成要件采客观—形式的见解，因而构成要件形式化的结果是使违法阻却事由的范围大为扩张，例如，医疗行为，即以治疗病人为目的、使用医学上一般所承认的外科手术等方法对病人身体所进行的医疗措施。那么，医疗行为到底是伤害罪的构成要件该当行为还是违法阻却事由呢？对此，日本学者进行了以下讨论：

---

[1] 曾宪信、江任天、朱继良：《犯罪构成论》，124页，武汉，武汉大学出版社，1988。

四要件犯罪构成的结构性缺失及其颠覆

在治疗行为是否符合伤害罪的构成要件方面，有（1）治疗行为非伤害罪说和（2）治疗行为伤害罪说之间的对立。（1）说认为，治疗行为是以减轻或者治愈疾病为目的的，为医学上一般所承认，因此，只要是具有医学上的合理性，并且在医疗技术上是属于正当的行为，就不是伤害罪的实行行为。（2）说认为，治疗行为也是侵害身体的完整性的行为，所以，符合伤害罪的构成要件。但是，采用医学上一般的承认的方法进行的医疗，不能说是类型上具有引起人体伤害危险的行为，而是恢复、维持、增进健康所必要的行为，所以和社会一般概念上所理解的伤害的概念不符，因此，（1）说妥当。①

对于治疗行为的以上两说之分歧，盖源于对构成要件的理解不同。（2）说显然是建立在古典的犯罪论体系之对构成要件的客观—形式的理解之上的。因为从客观—形式的立场出发，必然会得出治疗行为具备构成要件该当性的结论。但随着目的论的犯罪论体系将主观要素纳入构成要件，尤其是客观归责理论的出现，构成要件具有实质化的趋势，如同日本学者西原春夫教授所说：

即使具有法益侵害或者威胁，从社会伦理的观点来看，刑法上所允许的行为本来就被排除在构成要件符合性之外，从而将之与虽然符合构成要件符合性但其违法性被阻却这样符合一般的违法阻却事由的行为区别开来。这样，即使具有法益的侵害或者威胁，从社会伦理的观点来看是在刑法上所允许的行为，就是"社会相当行为"。②

在这种构成要件实质化的情况下，诸如治疗行为这样一些本来认为具有构成要件该当性，而只是在违法性阶层阻却违法的事由，就被认为是构成要件阻却事

---

① [日] 大谷实：《刑法讲义总论》，（新版第2版），黎宏译，240～241页，北京，中国人民大学出版社，2008。
② [日] 西原春夫：《犯罪实行行为论》，戴波、江溯译，62页，北京，北京大学出版社，2006。

477

由，即排除构成要件的该当性。① 当然，构成要件的实质化，我认为只是一种事实上的实质化，它与违法性意义上的价值判断还是存在区别的。因此，无论构成要件如何实质化，也不能将正当防卫与紧急避险等正当行为在构成要件阶层予以排除。

尽管如此，在三阶层的犯罪论体系中，违法阻却事由是以构成要件该当性为其逻辑前提的。这一点，无论构成要件该当性行为的范围与违法阻却事由的范围如何彼消此长，都不会改变。通过构成要件该当性而将正当行为的认定纳入定罪的司法过程，在违法性中予以排除。但在四要件的犯罪构成体系中，四个要件是平面的关系，并且将社会危害性看作犯罪的本质特征，也是犯罪构成的内在属性。而正当行为是不具有社会危害性的，因而也被置于犯罪构成之外。例如，苏俄学者特拉伊宁在论及执行法律和执行职务、执行命令等德日刑法学所称的超法规的违法阻却事由时指出：

> 根据苏维埃刑法，只有危害社会的行为才能负刑事责任。由此可以明显地看出，社会主义刑法不可能保留资产阶级刑法著作中根深蒂固的那些排除刑事责任的情况。
>
> 可惜，在苏维埃刑法理论中，往往也把执行法律、执行职业上的义务视为排除刑事责任的根据。这种做法的基础，是由于没有充分地考虑到犯罪的实质定义以及犯罪构成同社会危害性的相互关系而产生的一种误解。②

应该说，特拉伊宁的上述观点是能够成立的。因为执行法律等正当行为在德日刑法学中，之所以纳入违法阻却事由，是因为它们具有构成要件该当性。但在苏俄刑法学中，构成要件已经被实质化地理解为社会危害性构成，并且成为犯罪成立条件的总和，因而正当行为因其不具有社会危害性，就在逻辑上不能进入犯

---

① 参见林东茂：《医疗上病患同意或承诺的刑法问题》，载《中外法学》，2008（5），687页。
② ［苏］A. H. 特拉伊宁：《犯罪构成的一般学说》，王作富等译，278页，北京，中国人民大学出版社，1958。

四要件犯罪构成的结构性缺失及其颠覆

罪构成的范围。但这里的问题是：正当防卫、紧急避险同样也是没有社会危害性的行为，为什么它们就能够成立苏俄刑法学中的排除刑事责任根据的情况，即排除社会危害性行为呢？这两者之间，难道不是存在一种逻辑上的矛盾吗？对此，特拉伊宁并没有做出令人信服的论证，这也表明四要件的犯罪构成体系在内容上的残缺和在逻辑上的混乱，其缺乏精致性是不言而喻的。

以没有社会危害性作为正当行为出罪的标准本身就是模糊的，也是容易产生争议的。例如，对于正当防卫，特拉伊宁认为属于排除社会危害性的情形；但紧急避险则不排除社会危害性，只能排除违法性。① 但此后的苏俄刑法的社会危害性和违法性的情况②，并没有再对正当防卫和紧急避险的性质加以区分。也就是说，紧急避险并不像特拉伊宁所说的那样，只是排除违法性而不排除社会危害性。在我国刑法学中，无论是正当防卫还是紧急避险，都称为排除社会危害性行为。但对于排除社会危害性行为，既然没有社会危害性，为什么要在刑法中设专条加以规定、在刑法学中设专章加以讨论？这些问题都没有从法理上予以解决。

从我国刑法教科书的表述来看，关于正当行为的称谓经历了一个变化过程。如前所述，在20世纪80年代的刑法教科书中，一般都称为排除社会危害性行为。最初，在排除社会危害性行为中，只讨论我国刑法所规定的正当防卫和紧急避险这两种情形。③ 后来，虽然仍称排除社会危害性行为，但其种类从法定情形扩大到非法定情形，包括：正当防卫、紧急避险、执行命令的行为、履行职务的行为和经权利人同意的行为。④ 对于这些非法定的情形，特拉伊宁明确认为它们在形式上也不具有社会危害性，因而根本不应作为排除刑事责任的情况加以讨论。那么，我国刑法教科书为什么加以研究呢？我国学者在论及执行命令的行为时指出：

---

① 参见[苏] A. H. 特拉伊宁：《犯罪构成的一般学说》，王作富等译，275页，北京，中国人民大学出版社，1958。
② 参见[苏] H. A. 别利亚耶夫、M. Л. 科瓦廖夫主编：《苏维埃刑法总论》，马改秀、张广贤译，171页，北京，群众出版社，1987。
③ 参见高铭暄主编：《刑法学》（修订本），162页，北京，法律出版社，1984。
④ 参见高铭暄主编：《中国刑法学》，146页，北京，中国人民大学出版社，1989。

下级执行上级的命令，一般与刑法并无关系。但是有的从其行为的外形看，似乎符合刑法分则所规定的犯罪构成；例如公安人员执行命令将人犯逮捕予以拘押，外表上似乎侵犯了他人人身自由，这在刑法理论上怎样解释？有上级的命令是触犯刑律的，下级执行了，是否与上级一样要负刑事责任？在什么情况下才能排除其行为的社会危害性？这就需要刑法给予明确的解决。因此很多国家在其刑法典中对此专门做了规定，我国刑法对执行命令的行为尚无明文规定，但在刑法理论上却需要加以研究。①

在以上论述中，引起我关注的是"似乎符合刑法分则所规定的犯罪构成"这一判断语句。那么，什么是刑法分则所规定的犯罪构成？它与刑法总则所规定的犯罪构成存在区别吗？以上表述虽然只是昙花一现，但也说明犯罪构成与构成要件这两个概念之间相区别的观念若隐若现，纠缠其间。只有从构成要件的角度才能为所有正当行为在刑法中的规定提供根据，而这一切是社会危害性概念难以涵括的。

此后，我国刑法教科书将正当行为称为排除犯罪性行为。因为正当行为既排除社会危害性，又排除刑事违法性，也就是排除犯罪性。并对排除犯罪性行为在犯罪论中的体系性地位做了调整，置于犯罪形态（修正的犯罪构成）之后。② 这种称谓的改变，只具有形式意义而并不涉及实质内容。例如，我国有学者在论及将排除社会危害性行为改为排除犯罪性行为的理由时指出：

> 称为"排除社会危害性行为"是多数学者的认同观点，也揭示了这类行为的本质特征，但是它没有明确这类行为也不具备违法性。我们主张用"排除犯罪性的行为"这一概念来表述。这样，就说明这类行为既没有社会危害性，也没有刑事违法性，所以根本就不具备犯罪性，简单明了而又科学。③

---

① 高铭暄主编：《中国刑法学》，160页，北京，中国人民大学出版社，1989。
② 参见马克昌主编：《犯罪通论》，53页，武汉，武汉大学出版社，1991。
③ 赵秉志主编：《新刑法教程》，248页，北京，中国人民大学出版社，1997。

但是，主张采用排除社会危害性行为这一称谓的学者在界定其概念时，都指出了上述行为同时排除社会危害性与刑事违法性。更为重要的是，在社会危害性中心论的语境中，社会危害性是本质，刑事违法性是形式。根据本质决定形式的原理，没有社会危害性当然同时不具备刑事违法性。在这个意义上，并不能认为在排除社会危害性行为与排除犯罪性行为这两个称谓之间存在根本区别。

值得注意的是，我国刑法学界又经历了一个从排除犯罪性行为到改称为正当行为的转变。正当行为的称谓，最早出自高铭暄主编《刑法学》（北京大学出版社1998年版）一书，但从该书对正当行为的界定来看，正当行为只不过是排除社会危害性行为的另一种称谓而已。该书指出：

> 正当行为，有的亦称排除社会危害性的行为、阻却违法性的行为，是指某一行为从形式上看符合某种犯罪的构成要件，但基于某种特殊的情况而实质上没有社会危害性，因而不构成犯罪的行为。[①]

尽管正当行为这个概念如果在刑法学中的体系性地位不发生变化，就不具有实质性意义，但从排除社会危害性行为到正当行为，毕竟从术语上去除了苏俄刑法学的色彩。当然，正当行为与德日刑法学中的违法阻却事由也不相同。尤其是《日本刑法典》第35条规定："基于法令或者正当业务的行为，不处罚。"日本学者把这一条规定中的合法行为，称为正当行为。[②] 这个意义上的正当行为是正当防卫与紧急避险以外的其他违法阻却行为的合称。而我国刑法学所称的正当行为却包含了正当防卫与紧急避险，相当于德日刑法学中的违法阻却事由。此后，正当行为这一概念逐渐被接受，大有取代排除社会危害性行为与排除犯罪性行为这两个称谓之势。例如，高铭暄、马克昌主编的《刑法学》（北京大学出版社2000年版），赵秉志主编的《刑法总论》（中国人民大学出版社2007年版），赵秉志主

---

① 高铭暄主编：《刑法学》，136页，北京，北京大学出版社，1998。
② 参见［日］大塚仁：《刑法概说（总论）》（第3版），冯军译，347页，北京，中国人民大学出版社，2003。

编的《当代刑法学》（中国政法大学出版社 2009 年版）等刑法教科书均采用了正当行为的称谓。而两本对正当行为做专题研究的重要著作，也使正当行为一词在更大范围内产生了影响，这就是王政勋的《正当行为论》（法律出版社 2000 年版）和田宏杰的《刑法中的正当化行为》（中国检察出版社 2004 年版）。与此相近的称谓还有正当化事由，例如我在《本体刑法学》（商务印书馆 2001 年版）中使用正当化事由，曲新久的《刑法学》（中国政法大学出版社 2009 年版）也使用正当化事由。

从排除社会危害性行为到正当行为，虽然仅仅是一种称谓上的变化，但它同时也昭示着它对我国四要件的犯罪构成体系的巨大冲击，从而引发了一场四要件犯罪构成体系的危机。

三

学者对正当行为在刑法学中的体系性地位的思考，早已开始。我在 1992 年出版的《刑法哲学》一书中，提出了客观危害的阻却事由的概念，以此取代排除社会危害性行为的概念，我在该书中指出：

> 客观危害的阻却是指客观危害因为某种特定的原因而不存在，这些原因就是客观危害的阻却事由，大陆法系刑法理论中称为违法阻却事由，苏联和我国刑法理论中称为排除社会危害的行为。客观危害的阻却事由从消极的意义上为客观危害的认定提供标准，因而具有重要意义。[①]

但是，囿于苏俄刑法学的影响，在《刑法哲学》一书中，我并不认为应当在犯罪构成中研究正当行为，其逻辑前提是什么行为构成犯罪与什么行为不构成犯罪是两个虽有联系又有区别的问题，不可混为一谈。这里涉及入罪事由与出罪事

---

① 陈兴良：《刑法哲学》，95 页，北京，中国政法大学出版社，1992。

四要件犯罪构成的结构性缺失及其颠覆

由的关系,需要在下文专门研究。显然,我的上述观点现在看来并不妥当。

张明楷教授在《刑法学》一书中虽然仍然把正当行为称为排除犯罪的事由,将其放在犯罪构成之外加以讨论,但张明楷教授还是提出了以下颇有见地的思想:

> 在犯罪构成要件之后讨论排除犯罪的事由,是受到了大陆法系国家刑法理论的影响。但是,由于我国的犯罪构成与大陆法系国家的构成要件存在根本区别,这一体系还是值得研究的。或许可以认为,如同将意外事件、不可抗力放在犯罪客体要件中研究一样,将正当防卫等表面上符合客观要件的行为放在犯罪客观要件中进行研究,将经被害人的承诺或推定的承诺所实施的表面上侵犯了他人合法权益的行为放在犯罪客体要件中进行研究,倒是合适的。①

在以上论述中,认为在犯罪构成之后讨论正当行为是受了大陆法系刑法理论的影响,并不确切。因为在三阶层的犯罪论体系中,正当行为是作为违法阻却事由在违法性中讨论的,但我国的犯罪构成并不能等同于大陆法系三阶层犯罪论体系中的构成要件。在这个意义上,三阶层的犯罪论体系是在犯罪构成内研究正当行为的,而我国则是在犯罪构成之外、之后研究正当行为的。因此,我国刑法学在犯罪构成之后研究正当行为,恰恰不是受大陆法系刑法理论的影响,而是受苏俄刑法学影响的结果。张明楷教授主张将正当行为分别放在犯罪客观要件与犯罪客体要件中加以研究,主张在犯罪构成内讨论正当行为这一想法是正确的。但能否放在犯罪客观要件与犯罪客体要件中研究,则还涉及消极的构成要件等理论问题,将在下文探讨。

张明楷教授提出的在现行的四要件的犯罪构成内部解决正当行为的体系性地位的思路,为维持四要件的犯罪构成提供了某种可能性。我国学者承认在处理犯

---

① 张明楷:《刑法学》上,211 页,北京,法律出版社,1997。

483

罪构成（成立）与排除犯罪性行为（阻却违法性事由、阻却责任事由）的关系上，大陆法系国家刑法理论显得更为严谨、明快，而我国刑法理论存在一定的困惑，因而提出了寻找排除责任事由与犯罪构成的契合点以解决上述理论困惑的命题。这种观点受张明楷教授上述观点的启发，主张在保持四要件的犯罪构成体系的完整性的前提下，将正当行为纳入各个构成要件中加以讨论。例如我国有学者指出：

> 从我国犯罪构成要件是实质要件，而非如大陆法系国家刑法中那样仅是形式的要件这种特点来看，我国刑法中的犯罪构成要件之认定、积极和消极层面的评价实际上是合而为一的。即实践中对某一行为是否符合某个犯罪的构成要件之审查，是同时从正面和负面、肯定和否定两个方面进行的。如果在要件之外单独考察是否具有"排除犯罪性行为"，没有可能性。①

上述观点是通过牺牲正当行为的类型化与体系化来保持四要件的犯罪构成体系的完整性。至于正当行为在各个构成要件中到底如何安排，我国还有学者提出了将犯罪客体作为统一犯罪论体系之契合点的命题，论者指出：

> 将阻却违法事由纳入犯罪客体，也使犯罪构成体系与阻却违法事由在犯罪论中实现了统一。通过改造我国犯罪客体要件，将违法阻却事由的内容纳入改造后的犯罪客体要件之中，就使犯罪构成体系成为罪与非罪的唯一标准。某些具体阻却违法事由的行为从此可以在犯罪构成体系中进行评价：这些行为之所以不构成犯罪，是因为其不具备犯罪的客体要件，也就是说没有齐备刑法所规定的犯罪构成要件。这样就避免了行为在符合犯罪构成之后仍不能定罪，还必须对其进行阻却违法事由判断的矛盾状态，也避免了那些诸如正当防卫、紧急避险等存在阻却违法事由行为概念的内在矛盾，从而使犯

---

① 肖中华：《犯罪构成及其关系论》，230 页，北京，中国人民大学出版社，2000。

四要件犯罪构成的结构性缺失及其颠覆

罪构成体系无论是在概念还是在事实上均成为刑事责任的唯一根据，并最终实现犯罪论的完整统一。①

以上构想对于克服四要件犯罪构成体系的结构性缺陷，当然是一种值得肯定的努力。然而，如何具体操作却是一个难题。例如，如果把正当行为纳入犯罪客体中考察，而仍然维持现在的四要件的排列顺序，犯罪客体是第一个要件，难道一上来就首先考虑一个行为是否属于正当行为？这显然有悖于肯定—否定这样一个逻辑关系。如果将正当行为纳入犯罪客观要件中讨论，也同样存在操作上的问题。例如，危害社会行为是犯罪客观要件的核心，包含了刑事违法性与社会危害性双重判断。刑事违法性当然是指某一行为在刑法中是否有规定，这在大陆法系的犯罪论体系中称为是否具有构成要件该当性。然后再考虑社会危害性，如果没有社会危害性，例如属于正当行为，则犯罪客观要件不具备。但这样一种思路会违背现行刑法理论中刑事违法性与社会危害性相统一的命题，承认存在具有刑事违法性但没有社会危害性的情形。因此，如果不对犯罪构成体系进行整体性的反思，只是个别性地调整，我认为是不可行的。因为正当行为的体系性地位是一个"牵一发而动全身"的敏感问题，正当行为在刑法学中的体系性地位的科学解决，必然导致犯罪构成体系的重构。

以正当行为为视角，对我国传统的四要件的犯罪构成体系较早提出挑战的是王政勋教授。在《正当行为论》一书中，王政勋教授对正当行为在刑法学体系中的地位设专节进行了研讨。在探讨中，王政勋主张将正当行为纳入犯罪成立条件体系，但四要件又没有包含违法性，因而提出了应当区分"犯罪成立条件"与"犯罪构成"这两个概念的命题。这一命题的提出，对于四要件的犯罪构成体系是具有颠覆性的。因为在苏俄及我国刑法学中，向来都是把四要件的犯罪构成当作犯罪成立条件的总和，是刑事责任的唯一根据。但王政勋教授则否认犯罪构成

---

① 聂昭伟：《论我国犯罪论体系的统一——以完善我国传统犯罪构成体系为路径》，载陈兴良主编：《刑事法评论》，第15卷，183~184页，北京，中国政法大学出版社，2004。

485

是犯罪成立条件的总和，认为它只是犯罪成立的必要条件而不是犯罪成立的充分条件。

四要件的犯罪构成强调社会危害性与犯罪构成的同一性，将犯罪构成看作社会危害性构成。只要具备犯罪构成，就具备社会危害性，犯罪就成立。因而，把犯罪构成等同于犯罪成立条件总和，也就是犯罪的法律形式与实质内容的统一。对此，王政勋教授做了以下评论：

> 犯罪构成——由四个方面的要件所结合成的"有机统一体"仍然只具有形式的特征，它只是犯罪存在的形式，只是犯罪在法律上的表现，它们只能"反映"行为的社会危害性，而不能最终"决定"行为的社会危害性。客观上存在着形式上符合犯罪构成但实质上不构成犯罪的情形。换言之，犯罪构成只是犯罪成立的必要条件，而不是充分条件，更不是充要条件；不具备犯罪构成要件的行为必然不成立犯罪，具备了犯罪构成要件的行为并不必然地成立犯罪。成立犯罪，除了应具备积极条件——犯罪构成外，还应具备消极条件——符合犯罪构成的行为不是正当行为。积极条件从正面规定了成立犯罪所必须具备的要件，缺少这些要件中的一个就不能构成犯罪；消极条件从反面确定了成立犯罪必须具备的条件，即符合犯罪构成的行为不是排除犯罪的社会危害性的正当行为。只有这两方面的条件同时具备，犯罪成立的充要条件才完全具备，犯罪也才能最终成立。①

王政勋教授把上述包含犯罪成立的积极条件与消极条件的体系称为"对称式的犯罪成立理论"。对称式的犯罪成立理论的提出，对于传统的四要件的犯罪构成体系具有较大的冲击力。因为该理论降低了犯罪构成在犯罪成立中的意义，尤其是将犯罪构成予以形式化处理。在传统的刑法学理论中，正当行为被称为形式上符合犯罪构成，但实质上没有社会危害性因而不构成犯罪的情形。在这一命题

---

① 王政勋：《正当行为论》，40～41页，北京，法律出版社，2000。

四要件犯罪构成的结构性缺失及其颠覆

中,正当行为只是形式上符合犯罪构成而已,实质上是不符合犯罪构成的。因为犯罪构成是形式与实质的统一,如果不仅形式上符合而且实质上也符合,那就构成犯罪了。但王政勋教授认为,犯罪构成只具有形式的特征,具备了犯罪构成的行为只具有刑事违法性。因此,正当行为并不只是形式上符合犯罪构成,而就是在实质上也符合犯罪构成。王政勋教授的对称式的犯罪成立理论将正当行为纳入犯罪成立条件之中予以讨论,这是完全正确的,也是对传统的四要件的犯罪构成体系的重大突破,引起了我们对正当行为的体系性地位的深刻反思。当然,对称式的犯罪成立理论也存在局限性,它对四要件的犯罪构成并没有进行破解,而只是从犯罪成立条件的总和调整为犯罪成立的积极条件。尤其是在犯罪构成之上又提出犯罪成立条件这一概念,容易造成概念上的混淆。

在王政勋教授之后,田宏杰教授也是较早关注正当行为与犯罪构成关系的学者。在《中国刑法现代化研究》(中国方正出版社2000年版)一书中,田宏杰教授对正当防卫、紧急避险和我国犯罪构成之间的结构关系进行了反思,揭示了在这一关系上的谬误,她指出:

> 犯罪构成作为犯罪成立的标准,解决的是什么行为成立犯罪的问题,而正当防卫、紧急避险等正当化行为回答的是什么行为不成立犯罪的问题,所以,犯罪构成与正当防卫、紧急避险等正当化行为实际上是紧密联系、不可分割的同一问题的两个方面。两者的完整结合才能使行为成立犯罪。由此决定,只要我们坚持犯罪构成是犯罪成立的唯一根据,正当防卫、紧急避险等正当化行为就必须纳入犯罪构成的体系之中,否则,即可能因对两者关系的人为割裂而导致犯罪构成理论上的矛盾和犯罪司法认定上混淆。[①]

以上对我国传统的四要件的犯罪构成理论的批判是十分深刻的,田宏杰教授一针见血地指出了四要件的犯罪构成在结构上的缺陷,明确地提出了正当化行为

---

① 田宏杰:《中国刑法现代化研究》,361页,北京,中国方正出版社,2000。

487

必须纳入犯罪构成体系的观点,我以为是难能可贵的。此后,在《刑法中的正当化行为》一书中,田宏杰教授设专章对刑法中的正当化行为的地位问题进行了研究,提出了双层次的犯罪构成体系。她指出:

> 以英美法系犯罪构成模式为基础,结合中国大陆传统犯罪构成体系的合理要素,立足于经验与理性的融合与沟通,我认为,重构后的中国犯罪构成体系可由犯罪基础要件和犯罪充足要件两个层次构成。其中,犯罪基础要件的核心是危害行为,由危害行为的客观要素、危害行为的主观要素和行为能力构成。……至于犯罪充足要件,则是指刑法中的正当化行为的不存在,具体包括法定的正当化行为以及各种超法规的正当化行为。①

应该说,田宏杰教授的双层次的犯罪构成体系与王政勋教授的对称式的犯罪成立理论,在构造上是极为相似的,只是在称谓上稍有不同。例如,田宏杰教授所称的犯罪构成相当于王政勋教授所说的犯罪成立,而田宏杰教授所称的犯罪基础要件相当于王政勋教授所说的犯罪构成。尤其值得注意的是,田宏杰教授与王政勋教授的上述理论,都直接借鉴了英美刑法中的双层次的犯罪构成,只不过田宏杰教授更为明显一些。田宏杰教授对大陆法系递进式的犯罪构成模式与英美法系的双层次的犯罪构成模式进行了比较,并以正当行为为视角论证了借鉴英美法系的双层次的犯罪构成模式的可能性,她指出:

> 英美法系犯罪构成模式为刑法中的正当化行为的纳入,尤其是超法规的正当化行为的展开,较之于大陆法系刑法,提供了更为广阔的空间。所以,相对于大陆法系的递进式犯罪构成模式,英美法系双层犯罪构成模式在充分发挥刑法中的正当化行为的作用、凸显刑法中的正当化行为在现代法秩序中的重要意义和价值、畅通犯罪构成的出罪机制、实现罪刑法定原则对国家刑

---

① 田宏杰:《刑法中的正当化行为》,北京,中国检察出版社,2004。

四要件犯罪构成的结构性缺失及其颠覆

罚权的限制和对公民人权保障的终极使命方面，有着更为鲜明的特色和突出的优势。①

我国目前的刑法学，包括犯罪构成体系，都具有苏俄的烙印。对我国四要件的犯罪构成体系的改造，具有参考价值的是英美法系的双层次的犯罪论体系与大陆法系的三阶层犯罪论体系。储槐植教授对美国刑法中的双层次的犯罪构成体系的精彩介绍，在我国刑法学界产生了较大的学术影响。储槐植教授曾经对英美的双层次的犯罪构成体系与德日的三阶层的犯罪论体系做过以下比较：

> 美国刑法犯罪构成双层模式与德国、日本等大陆刑法犯罪构成三元结构有类似之处。美国的犯罪本体要件（第一层次）与德国的构成要件符合性在内容和功能上大致相当。德国的犯罪成立的违法性和有责性，在内容和功能上大体相当于美国的充足条件（排除合法辩护）。德日犯罪构成三元结构与美国犯罪构成双层模式，在实质上都反映刑事责任追究范围逐步收缩的定罪过程，由刑法两大功能（维护秩序和保障人权）体现出来的犯罪构成内在制约机制。②

以上对两大法系的犯罪构成体系在功能上的同一性的论述，是十分正确的。当然，在性质上，两大法系之间还是存在重大差别的。美国学者乔治·弗莱彻在论及构成要件与正当事由的关系时指出：

> 这一实体上的区别有一个程序上的前身。几百年来，欧陆的法律人谈的是可归责和不可归责这两种情形的区别；普通法传统中的法律人一直在说的则是表面证据充足的案件和肯定性辩护，这一区别是要确定程序上的举证责

---

① 田宏杰：《中国刑法现代化研究》，172 页，北京，中国方正出版社，2000。
② 储槐植：《美国刑法》，2 版，52 页，北京，北京大学出版社，1996。

489

任：起诉中请求定罪的责任，进一步举证的责任，而最重要的则是说服责任。①

因此，在大陆法系的犯罪论体系中，构成要件与正当行为是一种实体化的关系，是一个逻辑问题。但在英美法系的犯罪构成体系中，本体要件与合法辩护是一种程序法的关系，也是一个举证责任的分配问题。

我国学者认为，英美法系对于刑法中的正当化行为所赋予的程序色彩，不仅强调了程序正义的价值，而且推动了宪法在刑事领域的司法化。因此，英美法系的犯罪构成体系对刑法中的正当化行为地位的处理，对于当下中国的传统犯罪构成模式的改造，无疑有着重要的启迪意义和参考价值。② 但问题在于：我国是否具备程序法基础，以此承载双层次的犯罪构成体系？这个问题，涉及刑事诉讼法，尤其是证明制度。对此，我国有学者提出了中西刑事证明制度的时空错置的批评，论者指出：

> 在犯罪论体系之程序面向的研究中，还有一种常见现象，就是在论及刑事证明制度时，将西方与中国混同起来。主要表现在：将对中国刑事证明制度的分析，置放于英美对抗式审判模式的框架中展开，频繁地使用诸如说服责任、提出证据的责任及其在控辩双方之间的转移等具有典型英美证据制度特色的说法。其隐含假设是：中国刑事诉讼也采取或者早晚会改采英美对抗式审判模式，因而当然可以适用对抗式刑事诉讼的证明范畴和证明原理来分析。

笔者认为，这是不妥当的。中国刑事诉讼法尽管在 1996 年修正时大量地吸纳了当事人主义刑事诉讼的内容，但由于历史、传统和体制等诸多原因，并没有完全跨入当事人主义诉讼的行列，甚至可以说，其整体上更接近

---

① [美] 乔治·弗莱彻：《反思刑法》，邓子滨译，378 页，北京，华夏出版社，2008。
② 参见田宏杰：《中国刑法现代化研究》，172~176 页，北京，中国方正出版社，2000。

四要件犯罪构成的结构性缺失及其颠覆

于职权主义。不仅如此,在未来可以预见的期间内,我们也不可能完全转向当事人主义。因此,我们必须明确,在我国刑事诉讼模式中,法官负有查明案件真相的义务,检察官具有较强的客观性色彩。对于正当性辩护事由,即便辩方没有举证,法官也有义务予以关注和审查,这截然不同于英美模式下法官不介入案件事实调查而由控辩双方分别承担入罪事由与合法辩护事由的证明责任的图景。[①]

以上论述表明,在我国没有建立起对抗式的刑事诉讼制度的情况下,引入英美法系的双层次的犯罪构成体系缺乏制度保障。这里涉及对我国刑事诉讼制度改革前景的判断。由于我国传统的刑事诉讼制度具有过于强烈的职权主义色彩,因此改革的方向之一是适当地引入当事人主义因素,增强刑事庭审的对抗性。但往往有人以为我国刑事诉讼法全面采用英美的当事人主义制度,并对刑事诉讼法上的英美当事人主义制度与刑法上的德日犯罪论体系如何匹配表示担忧。其实,这种担忧是完全不必要的。因为我国刑事诉讼法在整体框架上还是属于大陆法系的职权主义制度。在这种情况下,只有大陆法系的三阶层的犯罪论体系能够与其匹配。我国学者通过对中西刑事证明制度的比较,得出了以下结论:

> 借鉴德日经验改造我国的犯罪论体系,具有深刻的理论基础和重要的现实意义。首先,它强化了我国犯罪论体系诸要素之间的层次性,使犯罪论体系能更好地指导证明责任的安排和引导诉讼进程,符合逻辑性与实用性的要求。其次,在无罪推定原则的要求下,控方的证明责任范围扩大,所有的入罪与出罪要件都由控方负整体性的说服责任,控辩双方的责任由此得以明晰,构成要素之间层次性的强化也为辩方层层反驳提供了更充分的空间。这不仅大大强化了被告人权利的保障,而且有利于简化思维,符

[①] 周长军:《犯罪论体系的程序向度:研究误区与理论反思》,载《清华法学》,2008(3),130页。

合思维的经济性之要求。最后，它确保了定罪结论的正当性，符合科学性的要求。①

以上从刑事诉讼法，尤其是证明制度的向度，对采用德日三阶层的犯罪论体系从逻辑性、实用性、经济性和科学性的多重视角做了论证，我深以为然。可以说，这是刑事诉讼法理论对我国采用三阶层的犯罪论体系的学术支持。

四

正当行为对于四要件的犯罪构成体系来说，是一个突破口。在现行的四要件的犯罪构成体系无法容纳正当行为的情况下，转而采用三阶层的犯罪论体系对正当行为的处理方式，就成为一种必然的选择。

关于正当行为与构成要件的关系，在古典的犯罪论体系中，由于对构成要件采客观—形式的理解，因而构成要件该当性与违法性是形式与实质之间的关系。但随着构成要件的实质化，对于构成要件与违法性的关系，不能再简单地归结为是一种形式与实质的关系。我曾经把大陆法系的作为事实判断的构成要件该当性与作为价值判断的违法性之间的关系称为形式与实质的二元逻辑。② 这一观点适用于古典的犯罪论体系，却不适用于目的论的犯罪论体系。现在德日刑法学对构成要件与合法化事由的关系，都采规则—例外的分析框架。例如，德国学者指出：

> 构成要件与合法化事由的关系，通常可用规则、例外关系（Regel-Ausnahme-Beziehung）加以说明。论及规则与例外，并非仅从单方面考虑此类案件出现的频率高低，正如自由刑执行的例子所表现的那样。至少在逻辑上

---

① 周长军：《犯罪论体系的程序向度：研究误区与理论反思》，载《清华法学》，2008（3），132页。
② 参见陈兴良：《本体刑法学》，421页，北京，商务印书馆，2001。

四要件犯罪构成的结构性缺失及其颠覆

表明，犯罪构成要件包含着被合法化事由作为"例外"打破的"规则"，因为必须具备特殊的前提条件，才能实现合法化事由。①

在这种规则与例外的逻辑结构中，例外也是定罪过程中的例外，因此，对例外必须在犯罪成立条件中处理，正当化事由也就是一个犯罪构成的问题。在《本体刑法学》（商务印书馆2001年版）一书中，我建构了罪体—罪责的二元体系：罪体是犯罪构成的客观要件，罪责是犯罪构成的主观要件，两者是客观与主观的统一。当时，并没有把正当行为纳入犯罪构成之中，因为我认为犯罪构成要件应当是积极要件，而不应当包括消极要件。因此，不构成犯罪的情形作为构成犯罪的例外，不应在犯罪构成体系中考虑，而应当在犯罪构成体系之外，作为正当化事由专门加以研究。② 这一观点仍然受到苏俄刑法学，尤其是特拉伊宁思想的影响，但理由却又是德日式的，涉及对消极构成要件的理解。

在苏俄及我国的四要件的犯罪构成体系中，不存在消极要件，无论是客观要件还是主观要件，都是积极要件。积极要件是定罪的肯定性要件，而消极要件则是定罪的否定性要件。在定罪过程中，都包含了肯定性思维与否定性思维。当然，肯定要件与否定要件是可以互相转换的：在一定条件下可以把肯定要件转化为否定要件，反之亦然。在大陆法系三阶层的犯罪论体系中，一般认为构成要件是肯定性要件，违法性与有责性往往以否定性要件的形式反映出来。例如，日本学者小野清一郎指出：

> 违法阻却原因无非是在行为人没有道义责任的场合，将其予以类型化的规定，或者说是从消极方面对违法性和道义责任予以规定的法律定型而已。就此而言，刑法分则的构成要件是可罚性不法的积极构成要件；相反，违法

---

① ［德］汉斯·海因里希·耶赛克、托马斯·魏根特：《德国刑法教科书》，徐久生译，388页，北京，中国法制出版社，2001。
② 参见陈兴良：《本体刑法学》，220页，北京，商务印书馆，2001。

阻却原因和责任阻却原因，可以说是总则性的、一般的消极构成要件。①

在此，小野清一郎也把违法阻却事由称为"消极构成要件"。但这里的"构成要件"是在犯罪成立条件的意义上说的，而不是在"构成要件该当性"意义上说的。在构成要件该当性意义上，消极构成要件的命题是应予否定的。

消极构成要件的主张者，一般都是将构成要件该当性与违法性这两个要件合而为一；把构成要件该当视为正面肯定构成要件的情形，称积极构成要件；而正当行为是反面否定构成要件的情形，称消极构成要件。因此，消极构成要件的理论被将违法性纳入构成要件该当性的观点所主张。它扩张了构成要件，使构成要件特征和合法事由的先决条件统一到总构成要件（Gesamttatbestand）之中，并被体系化地置于同一层面，从而使犯罪论体系的三阶层减缩为二阶层。我国有学者指出：

> Baumgarten 在其经典名作《犯罪论结构》一书中诊断，构成要件该当性与违法性不应视为两个相对独立的层次，而是应该结合起来成为一个整体，即："综合不法构成要件"，亦称"整体构成要件"②。这是因为，对于某一行为，在判断其是否具备刑事不法时，不仅要探讨构成要件是否该当，而且必须以同样的程度，去考察是否成立违法阻却事由。因此，对于违法阻却事由，可以将之作为"综合不法要件"的负面或消极构成要件。要成立刑事不法，则此种消极性要素不能存在，如果存在，则行为不再成立刑事不法。③

---

① ［日］小野清一郎：《犯罪构成要件理论》，王泰译，41页，北京，中国人民公安大学出版社，2004。
② 苏俊雄：《刑法总论Ⅱ》，73页，台北，大地印刷出版公司，1998。
③ 杜宇：《犯罪论结构的另一种叙事——消极性构成要件理论研究》，载陈兴良主编：《刑事法评论》，第13卷，28页，北京，中国政法大学出版社，2003。

四要件犯罪构成的结构性缺失及其颠覆

对于消极构成要件的理论,德国学者明确地提出了"我们必须拒绝消极的构成要件理论"的主张,他们指出:

> 构成要件特征与合法化事由特征简单地互换是不恰当的。两者的区别更多地受到实体条件的限制。欠缺构成要件的行为之所以不受处罚,是因为它不具有刑法上的重要性,而虽然符合构成要件,但被合法化的行为之所以不受处罚,则是因为尽管行为对受保护的法益造成了损害,但例外地不是实质的不法。[①]

以上论述,主要指出了欠缺构成要件的行为与正当行为这两者在性质上是不同的。例如,因没有实施杀人行为而无罪与因正当防卫杀人而无罪,是有所不同的,前者是构成要件该当的阻却,后者是违法性的阻却。而消极构成要件理论,把杀人罪的构成要件修改为不法构成要件,即将构成要件与不法合而为一,因此,在杀人行为的构成要件中就分为不法的与正当的。杀人罪的构成要件该当行为就不是不包含规范评价的杀人行为,而是包含规范评价的杀人行为。在这种情况下,构成要件该当性的判断与违法性的判断就合为一体了。这就没有考虑正当行为的特殊性,而给予构成要件的内容太多,使之难以承载。这一批评当然是有道理的,它涉及构成要件与违法性是否分立的问题,主要应当从构成要件与违法性的差别上考察。例如,我国有学者指出:

> 在我看来,构成要件与违法阻却事由在观念、适用判断、刑事政策的意义和后果,以及举证责任上都存在着巨大的差别,两者绝非如消极性构成要件理论所言之"同质之物"。由此观之,构成要件该当性与违法性作为相对独立的两个层次,便仍有区分之必要。消极性构成要件理论正是忽略了这两个层次之间的方方面面的重要区别,才错误地主张取消这两个阶段的划分,

---

① [德]汉斯·海因里希·耶赛克、托马斯·魏根特:《德国刑法教科书》,徐久生译,309~310页,北京,中国法制出版社,2001。

并笼而统之。事实上，构成要件与违法阻却事由之间的内在甄别根本无法通过把违法阻却事由解释为消极构成要件并纳入构成要件的范畴而得以解决。唯其如此，传统的三分法体系在根底里仍然具有不可置疑的合理性，从而在整体上应当继续维持。①

我是赞同上述观点的，认为在大陆法系三阶层的犯罪论体系中，构成要件该当性与违法性的分立具有合理性。但这种合理性，仅从构成要件与违法阻却事由性质上论证，我认为还是不够的。因为合为一个要件，在内部仍然可以分为一正一反两个层次，因而构成要件与违法性合一的缺陷在一定程度上是可以避免的。尤其是对于有责性的要件，除非将故意与过失当作构成要件要素纳入构成要件该当性中研究，否则有责性完全是消极要素。在有责性包含故意与过失，同时又包含违法性认识错误或者期待不可能的情况下，有责性是分为责任构成要件与责任阻却事由这两个层次的。正如日本学者西田典之教授所说：判断责任的有无首先判断是否具有作为责任的类型化的责任构成要件该当性，然后再判断是否存在责任阻却事由。② 既然有责性可以同时容纳积极的责任要件与消极的责任要件，而构成要件就不能同时容纳积极的构成要件与消极的构成要件吗？我认为，这个问题涉及对构成要件这一概念的理解。

构成要件，也许是刑法学中最重要的一个概念，理论上一般都把"构成要件"一词的发明权授予德国著名刑法学家贝林。与此同时，构成要件又是一个变化最大的概念，在不同刑法学派那里有着对构成要件的不同理解。例如，日本学者西原春夫教授通过对德国构成要件的历史考察，得出了"构成要件论发展的历史实际上也正是构成要件论崩溃的历史"的结论。③ 但只要承认构成要件这个概

---

① 杜宇：《犯罪论结构的另一种叙事——消极性构成要件理论研究》，载陈兴良主编：《刑事法评论》，第13卷，35页，北京，中国政法大学出版社，2003。

② 参见［日］西田典之：《日本刑法总论》，刘明祥、王昭武译，162页，北京，中国人民大学出版社，2007。

③ 参见［日］西原春夫：《犯罪实行行为论》，戴波、江溯译，56页，北京，北京大学出版社，2006。

四要件犯罪构成的结构性缺失及其颠覆

念在现今大陆法系刑法学中仍然发挥着作用,构成要件的核心意思是事实要素这一点似乎就是不能否认的。例如,在意大利刑法学中,"构成要件"一词直接表述为"典型事实"。陈忠林教授在注评中指出:

> 原文"fattotipico",是意大利刑法学家 Delitala 受德国刑法理论影响提出来的一个概念,大致相当于德国刑法中的"tatbestand"(构成要件)。其中"fatto"一词在意大利语中有多重含义,既可表示"事实",又可表示"行为"。鉴于意大利刑法学界的通说认为犯罪是一种(包括行为、结果以及其他条件的)"事实",而不仅是"行为",故译为"典型事实"。①

由此可见,构成要件是一种以行为事实为中心的实体性概念。在这种情况下,构成要件只是一个"有"或者"无"的存在论问题,正如事实就是事实,它是评价对象而不是评价结论。价值评判是以一定事实为对象的,它不能否定对象本身的存在,而只能对对象做出"好"或"坏"的评判。因此,作为实体性概念的构成要件不存在消极与积极之分,作为犯罪成立条件则存在消极与积极之分。因此,我们可以说违法阻却事由是消极的犯罪成立条件但不能说它是消极的构成要件。当然,在不法构成要件意义上,将违法阻却事由称为消极的不法构成要件或者排除不法的构成要件,还是可以成立的。由此可见,在构成要件的实体性与事实性不变的情况下,消极的构成要件论没有存在的余地。

当然,我们否定消极的构成要件,是指一般性的消极构成要件。在刑法分则条文中,也存在一些出罪事由,这些出罪事由被德国学者称为"被消极地理解的构成要件特征",并认为它与合法化事由毫不相干。② 这就是刑法分则中的个别性的消极构成要件,这在逻辑上是能够成立的,尤其是随着构成要件中越来越多

---

① [意]杜里奥·帕多瓦尼:《意大利刑法学原理》(注评版),陈忠林译评,113~114页,北京,中国人民大学出版社,2004。
② 参见[德]汉斯·海因里希·耶赛克、托马斯·魏根特:《德国刑法教科书》,徐久生译,310页,北京,中国法制出版社,2001。

497

地包含规范要素，我国更是如此。根据我的统计，在我国《刑法》分则中规定的具有违法要素的条款达50个之多①，这些犯罪大多是法定犯。这里的违法是指违反行政法规及其他国家规定。这些规范要素属于构成要件的内容。例如，我国《刑法》第336条规定的非法行医罪，构成要件该当的行为不是行医行为，而是"非法"行医行为。若没有这里的非法，则非法行医罪的构成要件该当性被排除。我国有学者将这些要素称为消极性构成要件要素，并予以提倡，论者指出：

> "消极性构成要件要素"与消极性构成要件理论所谓的"消极性构成要件"根本不同。前者是指构成要件中的一些"排除性规定"，后者则是违法性层次中的违法阻却事由。前者是禁止规范的一般限制，后者则并不构成禁止规范的一般限制。事实上，构成要件在立法设立之前，有的情况下是有先行的价值判断的，譬如将具有某种资格的人排除在构成要件之外，或将具备某种条件的行为排除在外。在这样的情况下，构成要件因为价值冲突的预先确定，自始就受到这种排除的"一般性限制"；而合法化事由则并不以规范的一般例外为基础，而是为了解决社会矛盾的冲突状况，在具体情况下进行的具体价值权衡。同时，这种法益衡量所讲究的"必要性"与"适当性"原则本身也表明，合法性阻却事由并不构成对一般禁止的整体限制。②

上述对一般性的消极构成要件与个别性的消极构成要件的区分，我以为是十分必要的。对于消极的构成要件理论的讨论，更应当关注的是叙述的逻辑性以及在特定语境中的合理性。

在四要件的犯罪构成体系中，当然是不存在消极构成要件的，因为正当行为本身并没有被纳入犯罪构成。在这种情况下，在对四要件的犯罪构成理论进行改造的

---

① 参见陈兴良：《刑法知识论》，249～252页，北京，中国人民大学出版社，2007。
② 杜宇：《犯罪论结构的另一种叙事——消极性构成要件理论研究》，载陈兴良主编：《刑事法评论》，第13卷，37页，北京，中国政法大学出版社，2003。

时候，对构成要件和违法性加以区分，强调违法性判断的独立性[①]，是十分重要的。

基于以上考量，我国越来越多的学者将正当行为纳入犯罪成立条件，即犯罪构成中加以研究，本文对此叙述如下。

（一）陈兴良主编的《刑法学》（复旦大学出版社 2003 年版）

在陈兴良主编的《刑法学》一书中，首次在我国刑法教科书中直接采用三阶层的犯罪论体系，将违法性作为一个独立的犯罪成立条件，在违法性中讨论违法阻却事由。该书指出：

> 行为符合构成要件，一般可以推定其具有违法性，行为有可能成立犯罪。但如果存在特定的事由足以阻却这种违法性推定，那么，犯罪仍然不能成立，该事由就是违法性阻却事由。[②]

应该说，三阶层的犯罪论体系较好地处理了客观判断与主观判断、事实判断与价值判断、类型判断与个别判断的关系，为犯罪论结构提供了一条基本的思考线索，可以被视为通说。

（二）张明楷著的《刑法学》（第 3 版）（法律出版社 2007 年版）

在张明楷教授的《刑法学》（第 3 版）一书中，将犯罪构成分为客观（违法）构成要件与主观（责任）构成要件。从形式上来看，张明楷教授是把构成要件与违法性合为一体的，两者之间是部分（孤立）判断与整体判断、暂时判断与最终判断的关系，而不是原则与例外的关系，也不是积极的客观构成要件与消极的客观构成要件的关系。在该书中，张明楷教授明确地否定了消极的构成要件理论，其理由在于：

---

① 关于违法性判断的独立性的详尽论证，参见周光权：《违法性判断的独立性——兼及我国犯罪构成理论的改造》，载《中外法学》，2007（6），701 页以下。
② 陈兴良主编：《刑法学》，106 页，上海，复旦大学出版社，2003。

构成要件要素与正当化事由的条件难以简单地互换，两种符合性的判断标准、方法与原则存在重大差异。缺乏构成要件要素的行为，原本就没有侵犯刑法所保护的法益，故在刑法上不具有重要性；可正当化事由原本是损害法益的行为，它之所以合法，是因为经过法益衡量具有值得肯定的价值。将二者混为一谈，无异于将打死一只苍蝇（缺乏构成要件符合性）与正当防卫中的杀人行为（按照消极的构成要素理论也属于不符合消极的构成要件的行为）相提并论。①

张明楷教授把客观构成要件界定为事实判断与价值判断的统一、形式判断与实质判断的统一，因此，将违法阻却事由纳入客观构成要件，仍然能够保持其逻辑上的自洽性。

（三）周光权著的《刑法总论》（中国人民大学出版社 2007 年版）

在周光权教授的《刑法总论》一书中，提出了犯罪客观要件、犯罪主观要件、犯罪阻却事由的"新三阶层论"。其特点是把违法阻却事由与责任阻却事由列为一个独立的犯罪阻却事由的要件。周光权教授在论述上述体系的思路时指出：

根据犯罪客观要件、犯罪主观要件、犯罪阻却事由三阶层体系，对行为定性，首先是通过犯罪客观要件展示行为客观上符合构成要件且违法的侧面；然后由犯罪主观要件展示责任的侧面；最后，再例外地考虑是否存在足以排除犯罪的特殊情况。根据这样的顺序讨论行为性质，符合思维规律。②

在以上新三阶层论中，虽然犯罪构成要件安排不同，但定罪的思维过程与旧三阶层论并无不同。构成要件包括客观的构成要件与主观的构成要件，在违法性中讨论违法阻却事由，在有责性中讨论责任阻却事由，二者的思路完全一致。

---

① 张明楷：《刑法学》，3 版，124 页，北京，法律出版社，2007。
② 周光权：《刑法总论》，105 页，北京，中国人民大学出版社，2007。

四要件犯罪构成的结构性缺失及其颠覆

（四）曲新久著的《刑法学》（中国政法大学出版社 2009 年版）

在曲新久教授的《刑法学》一书中，在结构上分为罪行、罪责与正当性事由三个部分，如果把罪行与罪责看作犯罪构成，则正当性事由是在犯罪构成之外的。但是曲新久教授摈弃了传统的静态的标准、规格意义上的"犯罪构成"，而主张动态的司法判断意义上的犯罪构成，就此而言，正当性事由又是在犯罪构成之内的。曲新久教授指出：

> 犯罪是否构成，包括两个基本的判断和评价：（1）从肯定的方面讲，具体的刑事案件客观上具备了刑法规定的全部客观构成要件，因而具有罪行要件；主观上具备了刑法规定的全部主观构成要素，因而具有罪责要件。（2）从否定的方面判断，如果存在着排除犯罪性的正当事由（根据），犯罪则不能构成。换言之，对于具体刑事案件中的危害行为来说，必须同时进行两个方面的判断与评价才能确定其是否构成犯罪：一是罪行与罪责的统一；二是不存在正当防卫、紧急避险等正当性事由。[1]

如果把曲新久教授的罪行、罪责和正当性事由看作三个要件，那么这与周光权教授的新三阶层论在结构上是相同的，只是在个别内容的安排上不同。

我在《本体刑法学》一书中提出了罪体与罪责的犯罪构成体系，在《规范刑法学》（中国政法大学出版社 2003 年版）中又补充为罪体、罪责和罪量的犯罪构成体系。但在上述两本刑法体系书中，都把正当化事由放在犯罪构成以外，试图以肯定与否定的分析框架予以论证。[2] 但若不把否定性要件纳入犯罪构成体系，则使犯罪构成的肯定具有暂时性与相对性，而不具有终极性与绝对性。对此，我国有学者曾经提出以下建议：

---

[1] 曲新久：《刑法学》，78～79 页，北京，中国政法大学出版社，2009。
[2] 参见陈兴良：《本体刑法学》，422 页，北京，商务印书馆，2001。

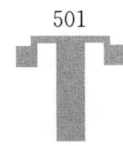

在认可体现不法与罪责关系的"罪体—罪责"体系的前提下,建议将正当化事由的各个要件予以分解。具体说来,就是将正当化事由的客观要件(包括正当化行为、正当化起因、正当化对象、正当化时间、正当化限度等)纳入罪体,将正当化事由的主观要件纳入罪责。犯罪构成体系在分层为罪体与罪责之后,在罪体与罪责内部进一步分层,将其分为事实判断与价值判断,正当化事由要件处于价值判断部分,使长期游离于犯罪构成之外的正当化事由纳入犯罪构成,作为犯罪构成要件去认定。①

应该说,上述建议是合理的。我在《规范刑法学》(第2版)中就是按照上述思路,将作为否定性要件的正当化事由分别纳入罪体与罪责。在罪体中分为肯定性的罪体构成要件与否定性的罪体排除事由,在罪责中分为肯定性的罪责构成要素与否定性的罪责排除事由。②

一个行为是否构成犯罪,是由刑法规定的。在这个意义上,定罪的根据是刑法规定而不是犯罪构成理论。因此,无论采用何种犯罪构成体系,都改变不了根据刑法规定定罪这一个基本事实。那么,犯罪构成体系又有何用?各种犯罪构成体系的优劣又有何区别?我认为,犯罪构成体系的功用在于提供定罪的思维方法,因而各种犯罪构成体系的优劣就表现在其逻辑的合理性上。按照这个标准来衡量,四要件的犯罪构成体系不具有逻辑上的合理性。因为它把犯罪的排除性要件——正当行为放在犯罪构成之外,使犯罪构成形式化,不能成为定罪的充足条件。那么,也许有人会提出这样一个问题:我国司法实践中都是采用四要件的犯罪构成体系,为什么照样能够正确定罪呢?我的回答是:之所以能够正确定罪,是因为定罪是根据刑法规定而不是根据四要件的犯罪构成体系。如果按照四要件的犯罪构成体系,一个正当防卫杀人的行为符合四要件,早就被定罪了。而按照刑法关于正当防卫的规定使其无罪,则已经在逻辑上否定了四要件的犯罪构成体

---

① 陈檬:《正当化事由的证据法探究——以犯罪构成理论为角度》,载陈兴良主编:《刑事法评论》,第18卷,353页,北京,北京大学出版社,2006。

② 参见陈兴良:《规范刑法学》,2版,107页,北京,中国人民大学出版社,2008。

系。还会有人提出这样的问题：将正当行为纳入犯罪构成当然是正确的，但形成上述介绍的这么多犯罪构成体系，可能会使司法机关无所适从。其实，这种担心也是不必要的。归根结底，犯罪构成是要处理客观要件与主观要件、事实要件与价值要件、形式要件与实质要件、类型要件与个别要件之间的关系，其原则是：客观判断先于主观判断，事实判断先于价值判断，形式判断先于实质判断，类型判断先于个别判断。只要坚持上述四个原则，构成要件无论如何排列都不影响其逻辑性与实用性。对于三阶层的犯罪论体系，我们姑且按照古典派的犯罪论体系来理解：构成要件该当性是形式的、客观的、事实的，也是类型的判断，排列在第一阶层；违法性是实质判断与价值判断，排在第二阶层，因而符合形式判断先于实质判断、事实判断先于价值判断的原则；有责是主观的、个别的判断，排列在第三阶层，因而符合客观判断先于主观判断、类型判断先于个别判断的原则。其他具有个性的犯罪构成体系，张明楷教授的客观构成要件与主观构成要件的体系、我的罪体—罪责体系，从两大要件的排列上就体现出客观判断先于主观判断、类型判断先于个别判断的原则，在两大要件的具体内容安排中，坚持了事实判断先于价值判断、形式判断先于实质判断的原则。周光权教授的犯罪客观要件、犯罪主观要件、犯罪阻却事由的体系与曲新久教授的罪行、罪责、正当性事由的体系，也都完全符合上述原则。由此可见，犯罪构成要件如何排列并不重要，只要符合一定的原则就具有逻辑上的合理性。我们可以把上述原则称为犯罪构成要件之间的位阶关系，只要使犯罪构成要件之间形成位阶关系，犯罪构成就具有了阶层性，而阶层性为定罪提供了一条思维路径。显然，只有把正当行为纳入犯罪构成体系，犯罪构成的阶层性才能实现。而我国目前四要件的犯罪构成体系是平面的，不具有阶层性，各犯罪构成要件之间是可以随意排列的，不具有位阶关系，因而不经彻底改造，难以为定罪的司法活动提供正确的逻辑导引。这就是通过对正当行为的体系性地位的学术史考察所得出的必然结论，推翻这一结论的只有逻辑本身。

（本文原载《现代法学》，2009（6））

正当防卫制度的变迁：从 1979 年刑法到 1997 年刑法

——以个案为线索的分析

正当防卫是刑法中的一项十分独特的制度。刑法是罪刑价目表，它既为犯罪确定边界，同时也就是为刑罚圈定范围。因此，刑法具有双重制约功能：一方面是对公民行为的限制，另一方面则是对国家刑罚权的限制。正当防卫是公民的一种防卫权，它的存在使国家刑罚权有所限缩，从而形成对其的侵蚀。德国学者在论及正当防卫的本质时指出：究竟应当如何解决公民自身防卫的权限与既存的现代化社会秩序，以及与国家的专有的法律保护权之间的矛盾呢？[①] 确实，正当防卫制度作为刑法的一个组成部分，它的变迁是公民与国家的关系以及立法与司法之间的关系之嬗变的一个缩影。当正当防卫被理性的目光聚焦时，正当防卫制度背后的社会变动就会呈现在我们面前。

一、1979 年刑法：防卫权的初现与"严打"的阴影

1979 年《刑法》第 17 条第 1 款规定："为了使公共利益、本人或者他人的人

[①] 参见［德］汉斯·海因里希·耶赛克、托马斯·魏根特：《德国刑法教科书》，徐久生译，401 页，北京，中国法制出版社，2001。

正当防卫制度的变迁:从 1979 年刑法到 1997 年刑法

身和其他权利免受正在进行的不法侵害,而采取的正当防卫行为,不负刑事责任。"这是我国刑法中首次出现正当防卫的规定。当它出现在我们面前时,我们就对它充满着一种矛盾的心情,在正确使用与滥用之间犹豫。高铭暄教授指出:正当防卫是公民的一项合法权利。当公民正确行使这项权利的时候,不仅对社会无害处,而且对社会有好处。故法律规定,正当防卫行为不负刑事责任。但是,法律禁止滥用此项权利,过当地对不法侵害分子给予不必要的报复。[1] 当然,如何在正确使用与滥用之间寻找一个平衡点,是一个难题。在大陆法系的犯罪论体系中,正当防卫作为违法阻却事由,具有出罪功能,因而对于被告人来说,是一种出罪事由。只有在人权保障理念彰显的社会环境中,正当防卫制度才能真正发挥其出罪功能。但在我国,正当防卫制度可以说是生不逢时。在 1979 年刑法实施不久,就开始了"严打",因而正当防卫制度在司法适用中遇到强大的阻力。虽然立法上对正当防卫的规定是十分明确的,但司法上则往往将正当防卫作为防卫过当来加以认定,将防卫过当作为普通犯罪来加以认定。例如,孙明亮故意伤害案,就是一个适例。

【孙明亮故意伤害案】[2]

被告人:孙明亮,男,19 岁,甘肃省泾川县人。原系甘肃省平凉市柳湖乡保丰村农民。

1984 年 6 月 25 日晚 8 时许,被告人孙明亮偕同其友蒋小平去看电影,在平凉市东关电影院门口,看到郭鹏祥及郭小平、马忠全 3 人尾追少女陈××、张××,郭鹏祥对陈××撕拉纠缠。孙明亮和蒋小平上前制止,与郭鹏祥等 3 人发生争执。争执中,蒋小平动手打了郭鹏祥面部一拳,郭鹏祥等 3 人即分头逃跑。孙明亮和蒋小平分别追赶不及,遂返回将陈××、张××护送回家。此时,郭小平、马忠全到平凉市运输公司院内叫来正在看电影的胡维革、班保存等 6 人,与郭鹏祥会合后,结伙寻找孙明亮、蒋小平,企图报复。当郭鹏祥等 9 人在

---

[1] 参见高铭暄编著:《中华人民共和国刑法的孕育和诞生》,43 页,北京,法律出版社,1981。
[2] 本案刊登在《最高人民法院公报》1985 年第 2 期。

一小巷内发现孙明亮、蒋小平2人后，即将孙明亮、蒋小平2人拦截住。郭小平手持半块砖头，郭鹏祥上前质问孙明亮、蒋小平为啥打人。蒋小平反问：人家女子年龄那么小，你们黑天半夜缠着干啥？并伴称少女陈××是自己的妹妹。郭鹏祥听后，即照蒋小平面部猛击一拳。蒋小平挨打后与孙明亮退到附近街墙旁一垃圾堆上。郭鹏祥追上垃圾堆继续扑打，孙明亮掏出随身携带的弹簧刀（孙明亮系郊区菜农，因晚上在菜地看菜，在市场上买来此刀防身），照迎面扑来的郭鹏祥左胸刺了一刀，郭鹏祥当即跌倒。孙明亮又持刀对空乱抢几下，与蒋小平乘机脱身跑掉。郭鹏祥因被刺伤左肺、胸膜、心包膜、肺动脉等器官，失血过多，于送往医院途中死亡。

1984年10月7日，甘肃省平凉地区人民检察分院以故意杀人罪对被告人孙明亮提起公诉。平凉地区中级人民法院依法组成合议庭，对该案进行公开审理，认定孙明亮在打架斗殴中，持刀伤害他人致死，后果严重，犯有《中华人民共和国刑法》第134条故意伤害罪，依照该条第2款的规定，于1984年11月23日判处孙明亮有期徒刑15年。

宣判后，被告人孙明亮不上诉。平凉地区人民检察分院以第一审判决定罪不准、量刑失轻为由，依照《中华人民共和国刑事诉讼法》第130条和第133条第1款的规定，于1984年12月4日向甘肃省高级人民法院提出抗诉，并将抗诉书副本抄送甘肃省人民检察院。平凉地区人民检察分院认为：一、孙明亮在打架斗殴中，对用刀刺人会造成被刺人死亡或者受伤的后果是清楚的，但在其主观上对两种后果的发生，均持放任的态度。在这种情况下，是定（间接）故意伤害罪还是（间接）故意杀人罪应以实际造成的后果来确定。鉴于郭鹏祥已死亡，应定（间接）故意杀人罪。第一审判决对孙明亮定（间接）故意伤害罪不当。二、孙明亮持刀致人死亡，造成严重后果，无论以故意伤害罪还是故意杀人罪，判处有期徒刑15年均失轻。全国人大常委会《关于严惩严重危害社会治安的犯罪分子的决定》对《刑法》第134条做了补充，规定对故意伤害致人死亡的，可以在刑法规定的最高刑以上处刑，直至判处死刑，其精神在于对持刀行凶者，要予以严惩。《刑法》第132条对故意杀人罪处刑规定的精神是：故意杀人的，首先应考

正当防卫制度的变迁：从 1979 年刑法到 1997 年刑法

虑处死刑，其次是无期徒刑，然后才是有期徒刑。因此，对孙明亮判处 15 年有期徒刑，不符合上述法律规定的精神。

甘肃省高级人民法院依照刑事诉讼法第二审程序对该案进行第二审。在审理中发现第一审判决适用法律有错误。与此同时，甘肃省人民检察院调卷审查平凉地区人民检察分院的抗诉，并于 1985 年 1 月 28 日经检察委员会讨论，认为：孙明亮的行为属于防卫过当，第一审判处 15 年有期徒刑失重；平凉地区人民检察分院以定罪不准、量刑失轻为由抗诉不当。决定依照《刑事诉讼法》第 133 条第 2 款的规定，向甘肃省高级人民法院撤回抗诉。

由于抗诉撤回后，第一审判决已发生法律效力，甘肃省高级人民法院依照《刑事诉讼法》第 149 条第 2 款的规定，决定提审该案。1985 年 2 月 27 日经该院审判委员会讨论，认为第一审判决在对孙明亮行为的性质认定和适用刑罚上，均有不当。孙明亮及其友蒋小平路遇郭鹏祥等人在公共场所对少女实施流氓行为时，予以制止，虽与郭鹏祥等人发生争执，蒋小平动手打了郭鹏祥一拳，但并非流氓分子之间的打架斗殴，而是公民积极同违法犯罪行为做斗争的正义行为，应予以肯定和支持。郭鹏祥等人不听规劝，反而纠结多人拦截孙明亮和蒋小平进行报复，其中郭小平手持砖块与同伙一起助威，郭鹏祥主动进攻，对蒋小平实施不法侵害。蒋小平挨打后，与孙明亮退到垃圾堆上，郭鹏祥仍继续扑打。孙明亮在自己和蒋小平已无后退之路的情况下，为了免遭正在进行的不法侵害，持刀进行还击，其行为属正当防卫，是合法的。但是，由于郭鹏祥是徒手实施不法侵害，郭小平手持砖头与同伙一起助威，孙明亮在这种情况下，持刀将郭鹏祥刺伤致死，其正当防卫行为超过必要的限度，造成不应有的危害后果，属于防卫过当，构成故意伤害罪。依照《刑法》第 17 条第 2 款的规定，应当负刑事责任；但应当在《刑法》第 134 条第 2 款规定的法定刑以下减轻处罚。第一审判决未考虑这一情节，量刑畸重，应予纠正。据此，甘肃省高级人民法院判决撤销第一审判决，以故意伤害罪改判被告人孙明亮有期徒刑 2 年，缓刑 3 年。

最高人民法院审判委员会 1985 年 6 月 5 日第 226 次会议，依照《中华人民共和国人民法院组织法》第 11 条第 1 款的规定，在总结审判经验时认为，对于

507

公民自觉地与违法犯罪行为做斗争,应当予以支持和保护。人民法院在审判工作中,要注意把公民在遭受不法侵害而进行正当防卫时的防卫过当行为与犯罪分子主动实施的犯罪行为区别开来,做到既惩罚犯罪,又支持正义行为。甘肃省高级人民法院对该案的提审判决,正确认定了孙明亮的行为的性质,且适用法律得当,审判程序合法,可供各级人民法院借鉴。

关于上述案例,我在《正当防卫论》(中国人民大学出版社 1987 年版)一书中做过分析,并认为最高人民法院审判委员会的意见是完全正确的。但从现在的理念去分析孙明亮案,就会得出孙明亮的行为是正当防卫而非防卫过当的结论。因为在本案中,不法侵害人郭鹏祥及郭小平、马忠全三人尾随少女图谋不轨,不法在先。经孙明亮及其友蒋小平干涉制止后,郭小平、马忠全和郭鹏祥又叫来六人,加上他们三人共计九人,寻找孙明亮、蒋小平进行报复,并对孙明亮、蒋小平殴打。在这种情况下,孙明亮才掏出随身携带的弹簧刀将郭鹏祥刺伤致其死亡。中院认定孙明亮是打架斗殴,这一定性首先就是完全错误的。检察机关则甚至认为孙明亮的行为是(间接)故意杀人罪,判处 15 年有期徒刑尚觉畸轻。高院虽然认定孙明亮、蒋小平与郭鹏祥之间并非流氓分子之间的打架斗殴,而是公民积极同违法犯罪行为做斗争的正义行为,应予以肯定和支持,因而认定孙明亮的行为具有防卫性质;但与此同时又认为郭鹏祥是徒手实施不法侵害,郭小平手持砖头与同伙一起助威,孙明亮在这种情况下,持刀将郭鹏祥刺伤致死,其正当防卫行为超过必要限度,造成不应有的危害后果,属于防卫过当,构成故意伤害罪。这一防卫过当性质的认定,完全是根据工具不对称、后果严重这样一种判断思路得出的结论。但考虑到孙明亮是见义勇为,并且对方达九人之多,虽然郭鹏祥是徒手殴打孙明亮,但郭小平是用砖头在助威,孙明亮的人身安全受到不法侵害的严重威胁,在这种情况下,孙明亮用随身携带的弹簧刀进行防卫,即使致人死亡,也不能简单地根据后果认定其行为是防卫过当。当然,从中院判处有期徒刑 15 年,到高院判处有期徒刑 2 年,缓刑 3 年,从处刑上来说有了大幅度的减轻,但对行为性质的认定仍然存在可质疑之处。这样一个可质疑的案件居然受到最高人民法院审判委员会的肯定,并在《最高人民法院公报》上作为指导性案例

正当防卫制度的变迁：从 1979 年刑法到 1997 年刑法

刊出。这表明在当时的司法实践中，正当防卫案件在认定上存在着重大偏差。而我在《正当防卫论》一书中对此的肯定，也说明刑法学界对这一问题的认识仍然不够深入。在该书前言中，我曾经指出："正当防卫案件虽然为数不多，但几乎每一个正当防卫案件都存在争议。有些正当防卫案件，经过一审、二审，甚至再审，最后还是存在分歧意见。"这确实是当时的实际情况，也反映出司法机关对正当防卫制度的理解与立法本意的严重偏离。

这一切都与 1983 年开始的"严打"有关。"严打"是在刑法实施不久后发起的一场严厉惩治危害社会治安犯罪的刑事镇压活动，其背景是当时一些地方，尤其是京、津、沪等大城市的社会治安不好，刑事犯罪活动相当猖獗，严重危害经济建设和人民群众的安全，社会各界和广大人民群众对此很有意见。在这种情况下，中央发动了"严打"运动，力图通过"严打"争取社会治安的根本好转。应该说，"严打"本身具有其在当时历史条件下的一定合理性与必要性，也曾经取得过使社会治安有所改观的一定成效。但不可否认的是，"严打"也存在一些经验教训，例如我国学者在总结"严打"的经验教训时，就将"'严打'必须依法进行，才能准确打击犯罪"列为其中一点，指出："严打"政策指导"严打"活动，但是这并不意味着"严打"政策可以取代法律。依法"严打"，这是刑事执法的必然要求。日常的刑事执法，不能突破刑事法律界限，"严打"期间也同样不能突破法律的限定。否则，"严打"本身因其破坏了法律的公平性，可能会制造出新的违法犯罪，从而适得其反。近 20 年的"严打"实践，显然我们在这一方面有一定的失误，尤其是 1983 年的"严打"，存在不少不顾事实和法律的情况。[①] 这里所说"严打"突破法律的界限，不仅表现为轻罪重判，从而导致罪刑失衡，而且表现为形成一种对"打击不力"指责的畏惧，因而重惩治轻保障。正是在 1983 年"严打"以后，"打击不力"才成为悬在司法机关头上的一把达摩克利斯之剑，随时可能掉下来。在这种情况下，在正当防卫的认定上，就出现了明显的偏差。尤其是指控机关，往往不敢轻易认定正当防卫，甚至防卫过当都不敢

---

① 参见张穹主编：《"严打"政策的理论与实务》，45~46 页，北京，中国检察出版社，2002。

认定。在正当防卫与防卫过当界限不明时,宁可认定为防卫过当也不敢认定为正当防卫;在防卫过当与普通犯罪界限不明时,宁可认定为普通犯罪也不敢认定为防卫过当。这样一种宁枉不纵、宁重勿轻的思想在孙明亮案件中也表现得十分明显。对于孙明亮的见义勇为的行为不仅不认定为正当防卫,反而认定为流氓斗殴,甚至认为是一种间接故意杀人行为,要求判处重刑,这是一种典型的"严打"思维。中院则基本上是按照公诉机关的指控认定是普通犯罪,只是在犯罪性质上改为故意伤害罪。高院则正确地认定了孙明亮的行为具有正当防卫性质,但在正当防卫必要限度的认定上做出了不利于孙明亮的判断。应该说,在当时的"严打"氛围下,对于孙明亮案件能够做出这样一种处理,法院已经是冒着很大的政治风险,克服了相当阻力,因而是很不容易的。最高人民法院对这一案例的肯定,意义也正在于此。尽管我们今天来看,孙明亮的行为应当认定为正当防卫,但当时认定为防卫过当都能够得到最高人民法院的肯定,这说明在当时司法实践中对正当防卫界限的把握偏离立法本意是多么地严重。

正当防卫必要限度的认定以及防卫过当的量刑,都直接关系对防卫人的法律评价。对于这种法律界限,司法机关如何正确地把握,确实是一个较为复杂的问题。这里除思想认识以外,我以为法律素质也是一个不可忽略的因素。在1997年刑法修订以前,《最高人民法院公报》又先后刊登了两个关于正当防卫的案件,它所反映出来的司法机关对正当防卫案件的处理方法仍然值得我们思考。

【妥么尔防卫过当案】[①]

上诉人:妥么尔,男,28岁,甘肃省东乡族自治县农民。

抗诉机关:甘肃省兰州市人民检察院。

上诉人妥么尔因防卫过当故意杀人一案,被甘肃省兰州市中级人民法院第一审判处无期徒刑,剥夺政治权利终身。

宣判后,上诉人妥么尔以"为了保护自己和同伴的安全被迫用刀自卫,没有杀人的故意,应当从轻判处"为由,向甘肃省高级人民法院提出上诉;甘肃省兰

---

① 本案刊登在《最高人民法院公报》1992年第2期。

正当防卫制度的变迁：从 1979 年刑法到 1997 年刑法

州市人民检察院也以"妥么尔杀人的行为属于防卫过当，原判量刑畸重"为由，提出抗诉。

甘肃省高级人民法院审理查明：1990 年 2 月 8 日，上诉人妥么尔与同乡马十二布去甘肃省永登县收购皮毛。下午 6 时许，天已傍晚，妥么尔和马十二布途经永登县河桥镇东山村便道时，被祁玉俊、杨万林挡住去路，以"我们有刀有枪，你们是给钱还是要命"等言语相威胁，索要钱财。妥么尔向其求情，要求让路。祁玉俊见妥么尔、马十二布不给钱，突然对妥么尔拳打脚踢，致其鼻子流血。妥么尔在与祁玉俊扭打中，顺手掏出随身携带的割皮毛用的单面刃刀，在祁玉俊身上连刺数刀，将其刺倒。接着，妥么尔见杨万林与马十二布正在厮打，便上前相助，在杨万林身上连刺数刀。祁玉俊、杨万林被刺后，均当场死亡。经法医鉴定：祁玉俊系被他人用单面刃刀刺破肺脏及股动、静脉致大失血而死亡，杨万林系被他人用单面刃刀刺穿肝脏致大失血而死亡。

还查明：祁玉俊、杨万林在当日拦截妥么尔、马十二布之前，曾将拉车上山装草的岳某两姐妹拦住，要强行坐车上山。岳某姐妹不允，祁玉俊、杨万林就破口谩骂，还挡住去路。岳某姐妹无奈，只得拉车回村。随后，祁玉俊、杨万林又将路经此处的一对老夫妇王福林、巴凤莲拦住，声称他们是"马路上的小龙头"，抢夺王福林骑的自行车，巴凤莲上前阻止，被祁玉俊、杨万林 3 次摔倒在地。正在纠缠之际，祁玉俊、杨万林看见妥么尔、马十二布走过来，才放走王福林、巴凤莲夫妇，去拦截妥么尔和马十二布。

上述事实，有证人证言、物证单面刃刀子 1 把和法医鉴定结论证实。上诉人妥么尔亦供认不讳。

兰州市中级人民法院认为：妥么尔在遭受不法侵害的情况下，有权实施防卫行为。但是，防卫的行为必须与不法侵害的程度相适应，才是正当的。妥么尔在受言语威胁和拳打脚踢的情况下，明知用刀在人体要害部位连刺数刀可能发生将人刺死的危害后果，但为了摆脱不法侵害人的侵害而放任这种危害后果的发生，使防卫行为超过了必要的限度，造成不应有的危害后果，显属防卫过当。依照《中华人民共和国刑法》第 17 条第 2 款的规定，应当负刑事责任，但是应当酌情

511

减轻或者免除处罚。妥么尔在防卫过程中故意刺死2人,其行为构成《刑法》第132条规定的故意杀人罪。依照《刑法》第53条第1款的规定,对妥么尔应当剥夺政治权利终身。据此,兰州市中级人民法院于1990年8月2日判决:妥么尔犯故意杀人罪,判处无期徒刑,剥夺政治权利终身。

甘肃省高级人民法院认为:原审判决认定的事实清楚,证据确凿,定罪准确,但量刑不当。对于妥么尔所犯的故意杀人罪,《刑法》第132条与此罪相适应的法定刑是"死刑、无期徒刑或者十年以上有期徒刑"这一量刑幅度。在这个法定刑中,10年有期徒刑是法定最低刑,只有在10年有期徒刑以下判处刑罚才是减轻处罚,判处无期徒刑只是从轻处罚。因此,原判妥么尔无期徒刑,剥夺政治权利终身的刑罚,显属不当,上诉人妥么尔的上诉理由应予采纳,兰州市人民检察院的抗诉有理。据此,甘肃省高级人民法院依照《中华人民共和国刑事诉讼法》第136条第1款第2项的规定,于1991年4月12日判决:撤销原审判决中对妥么尔的量刑部分,对妥么尔以故意杀人罪改判免予刑事处分。

妥么尔案反映的还是如何认定正当防卫的必要限度的问题。对于本案,一审法院与二审法院均认定为防卫过当,但一审法院判处被告人妥么尔无期徒刑,而二审法院则改判为免予刑事处分,两者相距何其之大。尤其值得注意的是,在一审判决以后,连检察机关也认为量刑过重并提出抗诉。在司法实践中,公诉机关在绝大多数情况下提起的都是不利于被告人的抗诉,提起有利于被告人的抗诉是极为罕见的。而在妥么尔案中,公诉机关对于一审判刑畸重的抗诉表明,其与一审法院在量刑问题上存在重大分歧。其实,这里不仅是一个防卫过当的量刑轻重问题,而且涉及对减轻处罚的理解问题。在《正当防卫论》一书中,我主要讨论了减轻处罚是采条文说还是幅度说的问题,结论是应采幅度说。这里还存在一个如何理解幅度的问题。例如,对于故意杀人罪,"处死刑、无期徒刑或者十年以上有期徒刑"是一个独立的法定刑幅度,还是将死刑、无期徒刑、10年以上有期徒刑理解为三个法定刑幅度?显然,一审法院是将死刑、无期徒刑和10年以上有期徒刑理解为三个法定刑幅度。在具有减轻情节的情况下,本应判处死刑而判处无期徒刑就是减轻处罚。而如果把死刑、无期徒刑和10年以上有期徒刑理

正当防卫制度的变迁：从1979年刑法到1997年刑法

解为一个法定刑幅度，则在具有减轻处罚情节的情况下，应当在10年有期徒刑以下处刑。我认为，应将"死刑、无期徒刑或者十年以上有期徒刑"理解为一个法定刑幅度。因此，一审判决在量刑上存在适用法律的错误。而二审法院改判免予刑事处分，则是将减轻处罚改为免除处罚，体现了二审法院对本案法律评价与一审法院之间的重大差别。联系到孙明亮案，本案也同样发生在甘肃，这表明甘肃省高级人民法院在对正当防卫案件的处理上都要比中级人民法院更接近立法本意。但是，孙明亮案和妥么尔案都被认定为防卫过当并受到刑罚处罚，这与当时的"严打"有一定关联，但也说明司法机关正确地认定正当防卫存在思想认识上的差距，当然，这里还有司法人员法律素质的影响。

尽管在司法实践中正当防卫案件不乏其数，但每一个最后被认定为正当防卫的案件都经过了复杂的法律程序。朱晓红正当防卫案说明了这一点。这也是在1997年刑法修订以前在《最高人民法院公报》上刊登的唯一的一起正当防卫案件，因而具有特殊的法律意义。

【朱晓红正当防卫案】①

被告人：朱晓红，女，29岁，原系吉林省长春市蛋禽公司储蓄所储蓄员，因故意伤害他人于1993年11月9日被逮捕。

被告人朱晓红故意伤害一案，由吉林省长春市南关区人民检察院于1994年1月25日向长春市南关区人民法院提起公诉。

南关区人民检察院指控：1993年9月9日20时许，被告人朱晓红与其妹朱晓梅拎水回家，正遇被害人李志文与朱晓红的母亲刘振玲厮打。李志文看见朱晓梅后，上前一脚将其踹倒，并手持水果刀声称：你不跟我谈恋爱，我就挑断你的脚筋。刘振玲见状，手持手电筒打李志文头部，并叫朱晓梅快跑。朱晓梅趁机跑出室外。此时，李志文转身用水果刀将刘振玲左前臂划中3刀。朱晓红见状上前制止，李志文冲向朱晓红，将其右手扎破。这时，刘振玲用手电筒将李志文手中的水果刀打掉，朱晓红抢先将刀拿到手，刺中李志文胸部、腹部数刀。经法医鉴

---

① 本案刊登在《最高人民法院公报》1995年第1期。

定：李志文系右肺、肝脏受锐器刺伤，造成血气胸急性失血性休克死亡。案发后，朱晓红投案自首。朱晓红的行为属防卫过当，构成伤害罪，应依法判处刑罚。

南关区人民法院经审理查明：被害人李志文要与朱晓梅谈恋爱，多次对朱晓梅进行纠缠和拦截，遭拒绝后竟进行威胁恐吓，并伺机报复。1993年9月9日20时许，李志文携刀强行进入朱晓梅家，与朱晓梅的母亲刘振玲口角厮打起来。李志文扬言：找你算账来了，我今天就挑朱晓梅的脚筋。正在厮打时，朱晓梅进屋。李志文见到朱晓梅后，用脚将其踹倒，一手拿水果刀，叫喊：你不跟我谈恋爱，我就挑断你的脚筋。说着就持刀向朱晓梅刺去。刘振玲见李志文用刀刺朱晓梅，便用手电筒打李志文的头部，李志文又返身同刘振玲厮打，朱晓梅得以逃出门外。此时，被告人朱晓红进入屋内，见李志文正用刀刺向其母亲，便上前制止。李志文又持刀将朱晓红的右手扎破。刘振玲用手电筒将李志文手中的水果刀打落在地。朱晓红抢刀在手，李志文又与朱晓红夺刀、厮打。在厮打过程中，朱晓红刺中李志文的胸部和腹部多处，经法医鉴定：李志文系右肺、肝脏受锐器刺伤，造成血气胸急性失血性休克死亡。案发后，朱晓红到公安机关投案自首。

另查明：被害人李志文曾因流氓、调戏妇女被拘留，因打架斗殴被劳动教养，因盗窃被判有期徒刑；被害前因盗窃正被公安机关通缉。

上述事实，有证人证言、法医鉴定和现场勘验笔录证实，被告人朱晓红也供述，证据确实充分。

南关区人民法院认为：被害人李志文曾因流氓、调戏妇女、打架斗殴被拘留和劳动教养，因盗窃被判刑，后又因盗窃被公安机关通缉。在此期间，李志文用纠缠和威胁的方法要朱晓梅与其谈恋爱。当遭到朱晓梅拒绝后，李志文持刀对朱晓红和朱晓梅、刘振玲三人实施不法侵害。被告人朱晓红在本人及其母亲刘振玲生命遭到严重威胁时，为了制止不法侵害，在不法侵害正在进行过程中，持刀刺伤李志文致死，行为的性质不具有社会危害性，属于防卫行为，且防卫的程度适当。依照《中华人民共和国刑法》第17条第1款关于"为了使……本人或者他人的人身和其他权利免受正在进行的不法侵害，而采取的正当防卫行为，不负刑

正当防卫制度的变迁：从1979年刑法到1997年刑法

事责任"的规定，朱晓红的行为不构成犯罪。据此，南关区人民法院于1994年3月5日判决：被告人朱晓红无罪。

第一审宣判后，南关区人民检察院以南关区人民法院的判决定性不准，事实根据和法律依据不足，被告人朱晓红的行为构成伤害罪，系防卫过当为由，向长春市中级人民法院提出抗诉。

该案在二审期间，长春市人民检察院认为南关区人民检察院的抗诉不当，依照《中华人民共和国刑事诉讼法》第133条第2款的规定，于1994年5月6日向长春市中级人民法院发出撤销抗诉决定书，撤回抗诉。第一审判决发生法律效力。

本案是一起典型的正当防卫案件。死者李志文作为不法侵害人携刀强行进入朱晓梅的家里，并持刀分别刺朱晓梅、朱晓红及其母亲刘振玲。在厮打过程中，朱晓红抢刀刺中李志文，致其死亡。这样一起典型的正当防卫案件，检察机关居然以故意伤害罪起诉，尽管认定为防卫过当，但其对于正当防卫必要限度的理解确实与立法本意相去甚远。

二、正当防卫的修订：司法的偏差与立法的纠正

朱晓红案件发生在1994年，这时我国已经开始准备大规模地对刑法进行修订，而正当防卫恰恰成为刑法修订中迫切需要解决的重点问题之一。在关于正当防卫的修订中，刑法学界提出的修改意见主要是以下四点：（1）应当放宽正当防卫的限度。在司法实践中，防卫人造成侵害者重伤、死亡的，因法律没有明确规定，往往被认为是防卫过当而被追究刑事责任，束缚了公民进行正当防卫的手脚。（2）认为原《刑法》第17条第2款关于防卫过当的表述存在明显的逻辑矛盾，"正当防卫"不会"超过必要限度"，即超过必要限度的行为肯定不是正当防卫，所以，应改为"防卫行为超过必要限度……"（3）主张借鉴外国的立法例，规定防卫过当免除刑罚的具体事由。如"由于恐怖、激愤而超过必要限度造成不应有的危害的，应当免除处罚"。（4）建议正当防卫的立法模式采用总则规定与分则条款相结合的方式，在分则的有关章节增设防卫过当故意杀人罪、防卫过当

515

故意伤害罪、防卫过当过失杀人罪、防卫过当过失重伤罪等罪名,本着减轻处罚的精神规定适当的量刑幅度。① 在以上意见中,最关键的还是扩大防卫权的问题。1996年5月全国人大法工委就修改刑法的10个重点问题征求最高人民法院、最高人民检察院的意见,其中就包括关于如何强化公民正当防卫权利的保护问题。关于这个问题,最高人民法院和最高人民检察院分别提出了以下意见。②

最高人民法院的意见:

> 刑法关于防卫行为要与不法侵害行为相适应、不能超过必要限度的规定,在实践中很难掌握,不利于保护公民的合法权益,更不利于鼓励公民见义勇为同违法犯罪行为做斗争。但是没有规定防卫限度的要求,无限制防卫的提法也有弊端,容易被犯罪分子利用,通过制造防卫情况的手段达到犯罪目的。这一问题的关键是确定一个便于操作的防卫限度。我们的意见是:
>
> (一)公民对于正在发生的不法侵害行为所采取的制止不法侵害所必需的行为,属于正当防卫行为。将正当防卫行为界定为制止不法侵害所必需的行为,目的在于司法机关在判断防卫行为是否正当时,有一个比较大的灵活度,对于公民的正当防卫权利给予有效的司法保护。
>
> (二)公民由于情况紧急,对于严重侵害或威胁其人身、财产安全的行为,或者对于正在发生的侵害或威胁公共利益、他人的人身和其他权利的行为,采取的防卫行为超过必要限度的,不负刑事责任。这样规定,一是鼓励公民积极行使正当防卫权利,实行自我保护;二是鼓励公民为保护国家、集体、社会利益和其他公民的合法权利的见义勇为的行为。
>
> (三)公民对不法侵害行为实施防卫,致使不法侵害人丧失了侵害能力,有效地制止了不法侵害后,又对不法侵害人实施侵害的,属于不法侵害。"致使不法侵害人丧失了侵害能力,有效地制止了不法侵害",实际上是提出

---

① 参见高西江主编:《中华人民共和国刑法的修订与适用》,105页,北京,中国方正出版社,1997。
② 参见高铭暄、赵秉志编:《新中国刑法立法文献资料总览》下,2046~2047、2593~2595页,北京,中国人民公安大学出版社,1998。

了一个划分正当防卫与防卫过当的界限,便于公民在行使防卫权利时以及司法机关在判断防卫行为是否合法时掌握。

(四)对于行为人为规避法律,故意制造防卫情况侵害公共利益、公民的合法权利的行为,依法处罚。对于犯罪分子利用"防卫挑逗"等手段侵害公民合法权益的行为依法处罚,也是从另一个侧面来保护公民的正当防卫权利。

(五)应当把依法履行职责的行为,同正当防卫行为严格区别开来。这有利于保护执法人员的合法权益,依法行使法定职权,打击犯罪。

最高人民检察院的意见:

(一)刑法应当强化对公民正当防卫权利的保护

1. 刑法中规定正当防卫,实质上是确认合法权利的不可侵犯性。随着社会主义民主法制建设的不断加强,特别是在社会治安尚未根本好转的状况下,强化对公民正当防卫权利的保护,是十分必要的。

2. 强化对公民正当防卫权利的保护,有利于动员和鼓励人民群众见义勇为,积极同犯罪做斗争。目前,刑法规定过于原则,以致实践中对正当防卫掌握过严,对防卫过当掌握过宽,对见义勇为行为常常在是否防卫过当上纠缠,在一定程度上伤害了人民群众见义勇为的积极性。

3. 现行刑法对正当防卫的规定不尽完善。对公民财产权利的保护较弱,一些应当视为正当防卫的行为没有明确规定,对防卫过当的处罚,规定得不清楚。这种状况不适应切实保护公民权利的客观需要。

4. 强化对公民正当防卫权利的保护,并不必然导致防卫权的滥用,因为防卫权是否被滥用,关键在于正当防卫有无明确的条件限制,而不在于正当防卫的范围和防卫过当标准的界定。

(二)修改的基本思路

1. 进一步明确正当防卫的保护范围。现行《刑法》第 17 条第 1 款规定中的"其他权利"的范围没有具体指明,实践中通常只重视和强调对人身权利

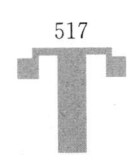

的保护而忽视对其他权利的保护。因此，建议在修改刑法时将正当防卫的保护范围具体化，明确规定：为了使公共利益，本人或他人的人身、自由、财产等权利免受正在进行的不法侵害，而采取的正当防卫行为，不负刑事责任。

2. 增加正当防卫的手段。建议在现行《刑法》第17条中增加一款，规定对以破门撬锁、暴力方法强行非法侵入或以秘密方法潜入他人住宅、银行、仓库等重要场所的人，不论其意图的非法行为是否实施，都可以实行必要的防卫。

这样规定，有利于切实保护公民的人身和财产安全。目前，我国的社会治安尚未根本好转，以破门撬锁、暴力等非法手段侵入他人住宅和有人看守的银行、仓库、办公室的犯罪不断发生，这对公民的人身权利和财产安全构成了极大的威胁，而公安机关又警力不足，快速反应能力较差，在这种现实状况下，这种规定对于保护人民群众的人身和财产权利具有特别重要的意义。这类立法在国外已有先例。如1994年《法国新刑法典》第122至126条，加拿大刑法第38、40、41、42条等就有类似的规定。

3. 建议在刑法中规定，人民警察和其他执法人员依法缉拿、制服罪犯等执行职务行为，不负刑事责任。目前执法人员的执法活动往往以正当防卫认定，应改为按执行职务看待。

4. 严格规定防卫过当的条件。建议将现行《刑法》第17条第2款修改为：防卫行为明显超过必要限度造成不应有的危害的，应当负刑事责任；但是应当减轻或者免除处罚。增加"明显"二字。这样修改的目的是把防卫过当限制在至少有过失的范围之内。目前司法实践中对过当的条件掌握得过宽，不利于鼓励人民群众运用正当防卫的权利同犯罪做斗争。另外，从实际情况看，正当防卫通常都是在双方相互争斗的运动状态下进行的，行为人往往难于准确把握防卫是否过当。

5. 关于防卫过当的处罚。建议在现行《刑法》第17条第2款中删除"酌情"二字，因为该句中的酌情二字的含义不甚明确，容易产生歧义。

同时，建议在该条中增加一款：不法行为的受害人因激愤、恐惧或慌乱

正当防卫制度的变迁：从1979年刑法到1997年刑法

而防卫过当的，免除处罚。这样规定有利于保护公民正当防卫的权利。

6. 建议在有关正当防卫的规定中增加两条：

（1）实施挑衅行为的人不适用正当防卫的规定。

（2）实施犯罪行为的人对正当防卫人实施加害行为的，对其所犯之罪或加害行为构成的犯罪，从重处罚。

增加上述第1条的理由主要是为了防止有人借正当防卫之名行恶意伤害之实，保证正当防卫权利的正确实施。增加上述第2条的理由主要是鉴于一些不法之徒专门伤害见义勇为的人，有必要规定较重的法定刑。

在关于扩大公民防卫权的讨论中，主导性的意见是应当扩大防卫权，但如何扩大防卫权，尤其是是否应当规定无限防卫权，则存在分歧意见。无限防卫权是指法律赋予防卫人对不法侵害者任意处置的权利。鉴于目前社会治安形势严峻，犯罪现象激增，人民群众对违法犯罪行为束手无策、不敢防卫的现状，有人提出应在较大范围内给予公民无限防卫权。为避免防卫权利的滥用，稳定社会秩序，也有人认为，可以考虑放宽防卫的条件，但不宜给予公民无限防卫权。从现代各国的刑事立法看，完全赋予公民无限防卫权的国家几乎没有，但是，有的国家允许公民对相当一部分犯罪侵害实行无限防卫。如印度刑法规定：对故意杀人、故意伤害、强奸、绑架、抢劫、夜间破门侵入房屋、放火等侵害行为，防卫人可以故意致侵害人死亡或者伤害。如何修改刑法中的正当防卫规定，立法机关实际是在两难之中进行选择：一方面试图鼓励公民积极利用正当防卫与违法犯罪行为进行斗争；另一方面又唯恐导致公民滥用防卫权，造成新的混乱。经过反复权衡，比较多种方案，最终形成现有的规定。立法机关认为，正当防卫的立法要修改的问题较多，但是，这次修改的重点是关于正当防卫的规定不利于打击违法犯罪、保护公民利益的部分。至于文字表述的缺憾，不修改也不至于引起歧义。①

---

① 参见高西江主编：《中华人民共和国刑法的修订与适用》，105～106页，北京，中国方正出版社，1997。

立法机关在听取各方面意见的基础上,对正当防卫制度做了较大幅度的修改。修改以后的条文如下:

第 20 条　为了使国家、公共利益,本人或者他人的人身、财产和其他权利免受正在进行的不法侵害,而采取的制止不法侵害的行为,对不法侵害人造成损害的,属于正当防卫,不负刑事责任。

正当防卫明显超过必要限度造成重大损害的,应当负刑事责任,但是应当减轻或者免除处罚。

对正在进行行凶、杀人、抢劫、强奸、绑架以及严重危害人身安全的暴力犯罪采取防卫行为,造成不法侵害人伤亡的,不属于防卫过当,不负刑事责任。

应当指出,1997 年刑法关于正当防卫的修订,在一定程度上回应了司法实践中在认定正当防卫案件中出现的问题,对于强化对公民防卫权的刑法保护具有重大意义。

三、1997 年刑法:司法的偏差与立法的偏差

可以说,在 1997 年刑法修订中,正当防卫规定的修订是较大的,这种修订主要体现在以下三个方面。

(一) 关于正当防卫概念的规定

我国 1979 年《刑法》第 17 条第 1 款规定:"为了使公共利益、本人或者他人的人身和其他权利免受正在进行的不法侵害,而采取的正当防卫行为,不负刑事责任。"这一正当防卫的法定概念对正当防卫的内涵做了正确的揭示,为正当防卫的认定提供了法律标准。当然,这一规定也存在过于简单的弊端,例如对于防卫行为本身的内容未做规定。而 1997 年刑法对正当防卫的概念增补了内容,使其更加完善。这一增补包括以下两点:一是在防卫行为所保护的利益中,增加了关于为保护国家利益而实行正当防卫的内容。二是对防卫行为的内容做了界

正当防卫制度的变迁：从1979年刑法到1997年刑法

定，防卫行为是采取的制止不法侵害的行为，并且包含对不法侵害人造成损害的内容。

（二）关于防卫过当的规定

我国1979年《刑法》第17条第2款规定："正当防卫超过必要限度造成不应有的危害的，应当负刑事责任；但是应当酌情减轻或者免除处罚。"而在1997年刑法修订中，对这一规定做了个别文字的增删：一是将"正当防卫超过必要限度"修改为"正当防卫明显超过必要限度"，增加了"明显"二字。这虽只是二字之增，但意义十分重要，它表明立法者扩大防卫权限制过当范围的意图。那么，如何理解这里的"明显"一词呢？立法机关认为，明显超过必要限度是指一般人都能够认识到其防卫强度已经超过了正当防卫所必需的强度。① 至于在具体判断上，我国学者提出了明显超过必要限度的以下三种情形：（1）防卫行为所保护的利益明显小于防卫行为给不法侵害人造成的损害。（2）不法侵害行为明显不具有紧迫性，防卫人却采取了急迫的防卫手段，如为制止骂人行为而将骂人者的嘴撕烂；或者不法侵害虽具有一定的紧迫性，但防卫行为却明显超出了应该具有的急迫程度，如甲的邻居正在修建的房子的房檐伸到甲的院子里，甲为制止该行为，将正在修房的建筑工打成重伤。（3）根据当时的客观环境，防卫人明显不必要采取给不法侵害人造成重大损害的防卫手段即可制止不法侵害，但防卫人却采取了这样的防卫手段。② 应该说，这一论述对于认定是否明显超过必要限度具有一定的参考价值。二是将"不应有的危害"修改为"重大损害"。重大损害是指防卫人明显超过必要限度的防卫行为造成不法侵害人或者其他人人身伤亡及其他能够避免的严重的损害。③ 相对于不应有的危害所具有的主观性而言，重大损害更具有客观性。因为应有还是不应有，更多的是一种主观判断，而损害是否重大，具有一定的客观标准。在重大损害的判断中，立法机关强调的是两点：只有造成人身伤亡以及与之相当的损害才属于重大损害，这是从损害的性质上加以

---

① 参见胡康生、李福成主编：《中华人民共和国刑法释义》，28页，北京，法律出版社，1997。
② 参见王政勋：《正当行为论》，186页，北京，法律出版社，2000。
③ 参见胡康生、李福成主编：《中华人民共和国刑法释义》，28页，北京，法律出版社，1997。

界定。这种人身伤亡或者其他损害还具有能够避免性，如果是不能避免的，即使属于人身伤亡等损害也不能认定为重大损害。至于是否能够避免，应当根据具体情况加以正确判断。三是删去了1979年刑法关于防卫过当"应当酌情减轻或者免除处罚"规定中的"酌情"二字。"酌情"给我的感觉是：是否减轻或者免除处罚还要根据案件情况决定，包含一定的犹豫性。而应当减轻或者免除处罚的规定更加直截了当，立法意图更为明确。

（三）关于无过当防卫的规定

在1997年刑法中，无过当防卫之规定也许是争议最大的。首先，对这一规定本身的称谓就有所不同，大约有以下三种表述：一是称为无限防卫。[1] 二是称为特别防卫。这种观点认为，无限防卫权的称谓容易使社会公众发生误解，从而导致防卫权的滥用，而若将该款的规定称为特别防卫权，则既可避免无限防卫权称谓所潜藏的危险，又有利于广大公民正确地认识这种防卫权，从而积极地利用正当防卫制度与违法犯罪做斗争。[2] 三是无过当之防卫，这是我所主张的称谓。我国学者认为，无过当防卫没有揭示《刑法》第20条第2款和第3款之间的关系，使人误以为这两款是对立的关系而不是第3款进一步补充第2款的关系。[3] 我认为，这种误解不会发生。从1997年《刑法》第20条规定来看，我国刑法中的正当防卫存在两种情形：第2款是有过当之防卫，第3款是无过当之防卫。从逻辑上来说，第3款是第2款的例外。无过当防卫具有特殊的条件，这是在司法适用中应当加以注意的。

无过当之防卫是针对特定犯罪适用的，这些犯罪是指行凶、杀人、抢劫、强奸、绑架以及其他严重危及人身安全的暴力犯罪。立法机关之所以做出无过当之防卫的规定，主要是基于两点考虑：一是考虑了当前社会治安的实际状况。当前，各种暴力犯罪猖獗，不仅严重破坏社会治安秩序，也严重威胁公民的人身安全，对针对上述严重的暴力犯罪采取防卫行为做出特殊规定，对鼓励群众勇于同

---

[1] 参见王政勋：《正当行为论》，204页，北京，法律出版社，2000。
[2] 参见田宏杰：《刑法中的正当化行为》，253～254页，北京，中国检察出版社，2004。
[3] 参见王政勋：《正当行为论》，204页，北京，法律出版社，2000。

正当防卫制度的变迁：从1979年刑法到1997年刑法

犯罪做斗争，维护社会治安秩序，具有重要意义。二是考虑了上述暴力犯罪的特点。这些犯罪都是严重威胁人身安全的，被侵害人面临正在进行的暴力侵害，很难辨认侵害人的目的和侵害的程度，也很难掌握实行防卫行为的强度，如果对此规定得太严，就会束缚被侵害人的手脚，妨碍其与犯罪做斗争的勇气，不利于公民运用法律武器保护自身的合法权益。因此，修订刑法时，对一些严重破坏社会秩序、危及公民人身安全的暴力犯罪，做了不存在防卫过当的特殊规定。[1] 立法机关的这一考虑当然有其合理性，尤其是考虑到在此前的司法实践中对正当防卫案件的认定出现的严重偏差。当然，这一规定也有矫枉过正之嫌。对此，我国学者进行了批评，认为特别防卫权的立法化，不仅在立法和司法上存在着弊端，而且因防卫权的异化不能完全避免，进而在一定程度上潜藏着破坏法治秩序的危险。[2] 这一批评不无道理。然而，无过当之防卫的规定引起我思考的还有另外一个问题，这就是立法与司法的分野，以及立法的限度问题。诸如正当防卫必要限度这样一些问题，在立法上只能做出盖然性规定，具体的裁量权由司法机关行使。在这个意义上说，1997年刑法修订前，在司法实践中关于正当防卫案件在认定上出现的偏差并非立法的责任，而是司法的问题，尤其与"严打"的刑事政策具有一定的关联性。但在1997年刑法修订中，立法机关试图通过立法解决这个问题。对此我国学者亦有肯定的观点，认为无过当防卫之规定把原由司法机关自由裁量的问题，由立法机关直接做出明确规定。这样做显然对于公民大胆行使防卫权和司法机关处理案件都具有较强的操作性，利于贯彻正当防卫的立法主旨。[3] 这里涉及立法的限度问题。我认为，立法总是针对一般情形的，因而具有抽象性；而司法是针对个别案件的，因而具有具象性。立法不应，也不能替代司法的判断。无过当之防卫的规定，虽然在强化公民防卫权方面有所得，但在防止防卫权滥用方面必有所失。这里的得失平衡，不可能由立法来获得，而是应当通

---

[1] 参见胡康生、李福成主编：《中华人民共和国刑法释义》，28～29页，北京，法律出版社，1997。
[2] 参见田宏杰：《刑法中的正当化行为》，264页，北京，中国检察出版社，2004。
[3] 参见段立文：《对我国传统正当防卫观的反思——兼谈新刑法对正当防卫制度的修改完善》，载《法律科学》，1998（1）。

过司法活动来达致。

在 1997 年刑法修订以后,尽管《刑法》第 20 条第 3 款对无过当之防卫做了明确规定,但该款规定在司法适用中仍然存在问题。叶永朝故意杀人案就是在刑法修订后适用无过当之防卫的第一案,从这个案件的处理中可以看出司法机关在无过当之防卫认定上所做的努力。

【叶永朝故意杀人案】[①]

1. 基本案情

被告人叶永朝,男,1976 年 7 月 30 日生。因涉嫌犯故意杀人罪,于 1997 年 2 月 21 日被逮捕,同年 5 月 21 日被监视居住。

浙江省台州市路桥区人民检察院以叶永朝犯故意杀人罪,向台州市路桥区人民法院提起公诉。

台州市路桥区人民法院经公开审理查明:1997 年 1 月上旬,王为友等人在被告人叶永朝开设的饭店吃饭后未付钱。数天后,王为友等人路过叶的饭店时,叶向其催讨所欠饭款,王为友认为有损其声誉,于同月 20 日晚纠集郑国伟等人到该店滋事,叶持刀反抗,王等人即逃离。次日晚 6 时许,王为友、郑国伟纠集王文明、卢卫国、柯天鹏等人又到叶的饭店滋事,以言语威胁,要叶请客了事。叶不从,王为友即从郑国伟处取过东洋刀往叶的左臂及头部各砍一刀。叶拔出自备的尖刀还击,在店门口刺中王为友胸部一刀后,冲出门外侧身将王抱住,两人互相扭打砍刺。在旁的郑国伟见状即拿起旁边的一张方凳砸向叶的头部,叶转身还击一刀,刺中郑的胸部后又继续与王为友扭打,将王压在地上并夺下王手中的东洋刀。王为友和郑国伟经送医院抢救无效死亡,被告人也多处受伤。经法医鉴定:王为友全身八处刀伤,左肺裂引起血气胸、失血性休克死亡;郑国伟系锐器刺戳前胸致右肺贯穿伤、右心耳创裂,引起心包填塞、血气胸而死亡;叶永朝全身多处受伤,其损伤程度属轻伤。

台州市路桥区人民法院认为:被告人叶永朝在分别遭到王为友持刀砍、郑国

[①] 本案刊登在最高人民法院刑事审判第一庭编:《刑事审判参考》2000 年第 1 辑(总第 6 辑)。

正当防卫制度的变迁：从1979年刑法到1997年刑法

伟用凳砸等不法暴力侵害时，持尖刀还击，刺死王、郑两人，其行为属正当防卫，不负刑事责任。依照《中华人民共和国刑法》第12条第1款，第20条第1款、第3款的规定，于1997年10月14日判决如下：被告人叶永朝无罪。

一审宣判后，台州市路桥区人民检察院向浙江省台州市中级人民法院提出抗诉，其主要理由是：叶永朝主观上存在斗殴的故意，客观上有斗殴的准备，其实施行为时持放任的态度，其行为造成二人死亡的严重后果。叶永朝的犯罪行为在起因、时机、主观、限度等条件上，均不符合《中华人民共和国刑法》第20条第3款的规定。

台州市中级人民法院经审理认为：叶永朝在遭他人刀砍、凳砸等严重危及自身安全的不法侵害时，奋力自卫还击，虽造成两人死亡，但其行为仍属正当防卫，依法不负刑事责任。依照《中华人民共和国刑事诉讼法》第189条第1项的规定，于1998年9月29日裁定如下：驳回抗诉，维持原判。

2. 主要问题

《刑法》第20条第3款规定的正当防卫权应如何理解与适用？

3. 裁判理由

1979年《刑法》第17条对正当防卫及防卫过当规定得比较抽象、笼统，特别是将防卫过当界定为"超过必要限度造成不应有的危害"，因在实践中缺乏可操作性，致使对正当防卫的限度条件掌握过严，束缚了防卫人行使正当防卫权，不利于同犯罪行为做斗争。1997年刑法完善了正当防卫的概念，进一步明确了防卫过当的范围，而且特别增加了一款，即第20条第3款，规定"对正在进行行凶、杀人、抢劫、强奸、绑架以及其他严重危及人身安全的暴力犯罪，采取防卫行为，造成不法侵害人伤亡的，不属于防卫过当，不负刑事责任"。此款规定使守法的人在受到严重危及人身安全的暴力侵害、采取防卫行为时，可以不必过于顾虑防卫的手段、结果。

当前，各种暴力犯罪在一些地方较为猖獗，严重危害公民人身安全，也严重破坏了社会治安秩序。《刑法》第20条第3款这一新规定有利于鼓励人民群众同严重危及公民人身安全的暴力犯罪做斗争，弘扬正气，震慑犯罪，这是该款立法

目的之所在。

该款规定不同于一般的正当防卫,我们称之为"特殊防卫",有人称其为"无限防卫"。它具有以下特点:

特殊防卫的前提必须是严重危及公民人身安全的暴力犯罪。首先,不法侵害行为是针对人身安全的,即危害公民的生命权、健康权、自由权和性权利,而不是人身之外的财产权利、民主权利等其他合法权益,对其他合法权益的不法侵害行为采取防卫行为的,适用一般防卫的规定。这是特殊防卫区别于一般防卫的一个重要特征。如抢夺犯罪行为,所侵犯的客体是财产权利,对抢夺行为进行的防卫则不应当适用特殊防卫。其次,针对人身安全的不法侵害行为具有暴力性,属于犯罪行为。这与一般防卫的只属"不法"性侵害有明显不同。如行凶、杀人、抢劫、强奸、绑架行为,均属严重犯罪行为。应当指出的是,对杀人、抢劫、强奸、绑架应做广义的理解。它不仅仅指这四种犯罪行为,也包括以此种暴力性行为为手段,而触犯其他罪名的犯罪行为,如以抢劫为手段的抢劫枪支、弹药、爆炸物行为,以绑架为手段的拐卖妇女、儿童行为。此外,针对人的生命、健康采取放火、爆炸、决水等其他暴力方法实施侵害,也是具有暴力性的侵害行为。再次,这种不法侵害行为应当达到一定的严重程度,必须是严重危及人身安全,即这种危害有可能造成人身严重伤害,甚至危及生命。对一些充其量只能造成轻伤害的轻微暴力侵害,则不能适用特殊防卫。因此,对"行凶"行为要注意区分危害的严重性程度。该款规定的"行凶"行为仅指严重危及人身安全的非法伤害行为,如使用凶器暴力行凶,有可能致人重伤的伤害行为。

根据该款规定,只要符合以上条件,则对防卫人采取的防卫手段、造成的结果,法律没有限制,即使造成不法侵害人伤亡的,依法也不属防卫过当,不负刑事责任。这是特殊防卫区别于一般防卫在防卫后果上的本质特征。这一规定,是针对这类严重危及人身安全的暴力犯罪具有侵害性质严重、手段凶残的特点做出的。对此类犯罪行为,防卫人往往处于被动、孤立、极为危险的境地,在这种情况下,如对防卫人限制过苛,则难以取得制止犯罪、保护公民人身权利不受侵害的效果,亦不利于鼓励人民群众同犯罪行为做斗争。

正当防卫制度的变迁：从1979年刑法到1997年刑法

本案中，被告人叶永朝向王为友追索饭款是合理、合法的行为，王为友吃饭后不但不还欠款，在被合理追索欠款后，还寻衅报复滋事，在本案的起因上负有责任。叶永朝虽准备了尖刀随身携带，但从未主动使用，且其是在王为友等人不甘罢休、还会滋事的情况下，为防身而准备，符合情理，并非准备斗殴。斗殴是一种违法行为，其特征是斗殴参加人互相均有非法伤害的故意，双方均属不法行为。本案中，王为友纠集人员到叶永朝所开设的饭店滋事，并持东洋刀向叶永朝左臂、头部砍击两刀，属严重侵害他人人身安全的行凶行为。叶永朝在被砍两刀后，持尖刀反击，其间，向持凳砸自己的郑国伟反击一刀，并在夺过王为友的东洋刀后，停止了反击的防卫行为。这表明叶永朝是被迫进行防卫，其在防卫的时间、对象上均符合法律的规定。

叶永朝在防卫行为开始前和开始防卫后，身受犯罪分子行凶伤害致轻伤，能否认定王为友等人的行为系"严重危及人身安全的暴力犯罪"？首先，法律并未规定特殊防卫的行为人必须身受重伤、已被抢劫、强奸既遂等才可以进行防卫。因此，虽然叶永朝身受轻伤，但只要其受伤情形足以表明对方侵害的严重暴力性质，就符合法律规定。其次，防卫的目的恰恰是使行凶、杀人、抢劫、强奸、绑架等暴力犯罪不能得逞，因此，即使防卫人根本没有受到实际伤害，也不应影响特殊防卫的成立。再次，实施严重暴力犯罪侵犯防卫人的行为客观存在。本案中王为友等人手持东洋刀，且已砍在防卫人身上，如不对其进行有力的反击，如何制止其犯罪行为？因此，行为人放任，甚至希望将对方刺伤、刺死，在适用本条款规定时，不应成为障碍。因为叶永朝在受到严重人身侵害的情况下进行防卫，是法律允许的，具有正义性，虽造成两人死亡的严重后果，但仍符合《刑法》第20条第3款的规定，故不负刑事责任。一、二审法院的判决、裁定根据从旧兼从轻的原则适用该款规定是正确的。

毫无疑问，《刑法》第20条第3款是人民群众同严重危害人身安全的犯罪行为做斗争的有力武器。但在实际审判业务中，此类案件往往情况复杂，造成的后果严重，因此要注意案件发生的前因后果，把握住正当防卫的正义性这一基本要素，排除防卫挑拨、假想防卫等情况，既要保护人民群众依法维护公民合法权利

的行为，又要防止坏人假借防卫而犯罪，以体现刑法本条款的立法原意。

在叶永朝案中，死者系滋事方，并且是持刀在叶永朝的饭店行凶，在这种情况下被叶永朝杀死。即使没有《刑法》第20条第3款关于无过当之防卫的规定，叶永朝的行为也应认定为正当防卫。我关注的不是这样的案件法院为什么判决无罪，而是这样的案件检察机关为什么起诉。对于本案，检察机关在起诉时认为，叶永朝对不法侵害进行防卫，使用凶器致二人死亡，其行为虽属正当防卫，但已超过必要限度，已构成故意杀人罪。但在抗诉时，检察机关又认为，叶永朝有斗殴的故意，有斗殴的准备，持放任态度，造成严重后果，明显超过必要限度。应该说，检察机关对无过当之防卫的理解是存在错误的，主要在于行为性质上的混淆。叶永朝在受到正在进行的不法侵害时所进行的防卫行为，却被检察机关认为是斗殴。如何区分正当防卫与互相斗殴，这是我国司法实践中一直没有得到很好解决的问题。从形式上看，正当防卫与斗殴确实十分相似，两者区分的关键在于起因。如果是一方的不法侵害引起他方的防卫，防卫方的行为就不能认为是斗殴，在符合正当防卫条件的情况下应当认定为正当防卫。当然，由于本案发生在1997年刑法修订前，而一审判决则是在1997年刑法生效后，公诉机关对刑法关于正当防卫的新规定不熟悉，这是一个可能的理由。无论如何，即使《刑法》第20条第3款规定了无过当之防卫，如果司法机关的思想观念不转变，其前景仍然不容乐观。

从1979年刑法的正当防卫规定到1997年刑法的正当防卫规定，其内容发生了重大变化，这一刑法制度变迁背后折射出公民防卫权的保障与避免其滥用之间的艰难抉择、立法理性与司法逻辑之间的紧张角力。

（本文原载陈兴良主编：《刑事法评论》，第19卷，北京，北京大学出版社，2007）

正当防卫的司法偏差及其纠正

正当防卫是我国重要的刑法制度，在行为符合刑法分则规定的构成要件的情况下，如果该行为被认定为正当防卫，则否定其违法性，对防卫人不以犯罪论处。因此，在刑法理论上，正当防卫属于违法阻却事由。在司法实践中，公检法机关在审理案件过程中，如果认为犯罪嫌疑人或者被告人的行为构成正当防卫，公安机关应当撤案，检察机关应当做出绝对不起诉，人民法院应当做出无罪判决，以上述方式结案并终止刑事诉讼程序。与此同时，辩护人也往往将正当防卫作为重要的辩护理由，以此维护犯罪嫌疑人或者被告人的合法权益。然而，目前在我国司法实践中，正当防卫制度未能得到有效实施，防卫人的合法权益未能得到有力保护。这种现象，笔者称之为正当防卫的司法偏差。本文拟对正当防卫案件处理中存在的司法偏差现象进行深入探究，并提出相应的解决措施。

一、正当防卫司法认定的偏差

我国1979年《刑法》第17条[①]对正当防卫做了具体的规定，该规定为司法

[①] 孙明亮故意伤害案发生在1997年刑法修订之前，当时所适用的是1979年刑法。因此，在本文关于孙明亮故意伤害案的论述中所引刑法条文，均为1979年刑法条文的序号。特此说明，下文不赘。

机关正确适用正当防卫提供了规范根据。然而，在正当防卫制度实施过程中出现了明显的偏差；这就是司法机关难以掌握正当防卫和防卫过当的界限，因而在较大程度上影响了公民采取正当防卫措施制止不法侵害的行为，甚至出现了对不法侵害由于害怕掌握不好界限而不敢防卫的情况。[1] 正当防卫和防卫过当之间界限的混淆现象，在当时我国司法实践中确实是客观存在的，发生在1984年的孙明亮故意伤害案就是一个十分典型的案例。

【案例1】孙明亮故意伤害案

被告人孙明亮，男，19岁，甘肃省泾川县人，原系甘肃省平凉市柳湖乡保丰村农民。

1984年6月25日晚8时许，被告人孙明亮偕同其友蒋小平去看电影，在平凉市东关电影院门口，看到郭鹏祥及郭小平、马忠全三人尾追少女陈××、张××，郭鹏祥对陈××撕拉纠缠。孙明亮和蒋小平上前制止，与郭鹏祥等三人发生争执。争执中，蒋小平动手打了郭鹏祥面部一拳，郭鹏祥等三人即分头逃跑，孙明亮和蒋小平分别追赶不及，遂返回将陈××、张××护送回家。此时，郭小平、马忠全到平凉市运输公司院内叫来正在看电影的胡维革、班保存等六人，与郭鹏祥会合后，结伙寻找孙明亮、蒋小平，企图报复。当郭鹏祥等九人在一小巷内发现孙明亮、蒋小平二人后，即将孙明亮、蒋小平二人拦截住。郭小平手执半块砖头，郭鹏祥上前质问孙明亮、蒋小平为啥打人。蒋小平反问：人家女子年龄那么小，你们黑天半夜缠着干啥？并伴称少女陈××是自己的妹妹。郭鹏祥听后，即照蒋小平面部猛击一拳。蒋小平挨打后与孙明亮退到附近街墙旁一垃圾堆上。郭鹏祥追上垃圾堆继续扑打，孙明亮掏出随身携带的弹簧刀（孙明亮系郊区菜农，因晚上在菜地看菜，在市场上买来此刀防身），照迎面扑来的郭鹏祥左胸刺了一刀，郭鹏祥当即跌倒。孙明亮又持刀对空乱抡几下，与蒋小平乘机脱身跑掉。郭鹏祥因被刺伤左肺、胸膜、心包膜、肺动脉等器官，失血过多，于送往医院途中死亡。

---

[1] 参见郎胜主编：《中华人民共和国刑法释义》，6版，21页，北京，法律出版社，2015。

从以上判决认定的案件事实来看,起因是郭鹏祥等人尾随并纠缠两位少女,孙明亮和蒋小平见状出面阻止因而发生争执。就此而言,孙明亮和蒋小平的行为具有见义勇为的性质,值得肯定。当然,在双方发生争执以后,蒋小平率先打了郭鹏祥面部一拳。在这种情况下,郭鹏祥逃离现场去搬救兵。就此而言,似乎蒋小平对于矛盾的激化负有责任。因此,该案的性质按照我国司法惯例就会被认定为互殴。甘肃省平凉地区中级人民法院经审理认定孙明亮在打架斗殴中,持刀伤害他人致死,后果严重,犯有故意伤害罪,于 1984 年 11 月 23 日判处孙明亮有期徒刑 15 年。考虑到当时正处在"严打"的背景之下,这一判决结果还是较为轻缓的。因此,法院宣判后,孙明亮放弃上诉,接受判决结果。

值得注意的是检察机关对于本案的态度:甘肃省平凉地区人民检察分院是以故意杀人罪对孙明亮提起公诉的。这里涉及故意伤害(致人死亡)罪和故意杀人罪的区分问题,这个问题在司法实践中本来就是一个十分疑难的问题。在上述两种情况下,都发生了死亡的结果,因此难以从行为所造成的结果上对这两种犯罪加以区分。从行为性质上分析,故意伤害与故意杀人当然是存在不同的,然而在都造成了死亡结果的情况下,单独以行为为根据区分两者,是十分困难的。因而,从主观心理状态上区分两者就具有重要意义。就伤害行为和杀人行为而言,当然都是故意的:故意杀人罪是在杀人故意支配下所实施的致使他人死亡的行为;而故意伤害致人死亡,则属于结果加重犯,即行为人对伤害行为是故意的,但对死亡结果是出于过失。由此可见,对于死亡结果到底是故意还是过失,就成为两者区分的关键之所在。

从本案的情况来看,死者郭鹏祥一伙一共九人,可以说是人多势众。而且郭小平还手持半块砖头助威,郭鹏祥等人对孙明亮和蒋小平进行围打,将两人逼到墙角的垃圾堆上。面对郭鹏祥的殴打,孙明亮拿出随时携带的弹簧刀,对继续扑打的郭鹏祥胸部刺了一刀,致其死亡。在这种情况下,孙明亮对其持刀反击行为会造成伤害结果具有故意,这是没有问题的。然而,对于郭鹏祥死亡的结果却不能认为就是故意的,因为虽然孙明亮所刺部位是郭鹏祥的胸部,但在当时紧急状态下,对于所刺部位没有选择的余地。因此,将孙明亮的行为认定为故意伤害是

较为稳妥的。而基于"严打"的背景,检察机关将本案认定为故意杀人,其理由是:孙明亮在打架斗殴中,对用刀刺人会造成被刺人死亡或者受伤的后果是清楚的,但在其主观上对两种后果的发生,均持放任的态度。在这种情况下,是定(间接)故意伤害罪还是(间接)故意杀人罪应以实际造成的后果来确定。鉴于郭鹏祥已死亡,应定(间接)故意杀人罪。第一审判决对孙明亮定(间接)故意伤害罪不当。在这一理由中,涉及对"用刀刺人会造成被刺人死亡或者受伤的后果是清楚的"这一主观心理事实的认定。只有在该事实得以认定的前提下,才能得出"在其主观上对两种后果的发生,均持放任的态度"的结论。但对于孙明亮在捅刺时是有意识地选择胸部还是在打斗过程中不意刺中胸部,并没有进行充分的论证。在这种情况下,将孙明亮的捅刺行为认定为故意杀人罪是存在疑问的。检察机关不仅指认本案定罪错误,而且还指称本案量刑畸轻,认为孙明亮持刀致人死亡,造成严重后果,无论以故意伤害罪还是故意杀人罪,判处有期徒刑15年均属量刑失之于轻。全国人大常委会《关于严惩严重危害社会治安的犯罪分子的决定》对《刑法》第134条做了补充,规定对故意伤害致人死亡的,可以在刑法规定的最高刑以上处刑,直至判处死刑,其精神在于对持刀行凶者,要予以严惩。《刑法》第132条对故意杀人罪处刑规定的精神是:故意杀人的,首先应考虑处死刑,其次是无期徒刑,然后才是有期徒刑。因此,对孙明亮判处15年有期徒刑,不符合上述法律规定的精神。也就是说,对孙明亮无论是认定为故意伤害罪还是故意杀人罪,只判15年有期徒刑都是失之于轻,因而提出抗诉。

甘肃省高级人民法院在依照刑事诉讼法第二审程序对该案进行审理过程中发现,第一审判决适用法律有错误。与此同时,甘肃省人民检察院调卷审查平凉地区人民检察分院的抗诉,并于1985年1月28日经检察委员会讨论,认为:孙明亮的行为属于防卫过当,第一审判处15年有期徒刑失重;平凉地区人民检察分院以定罪不准、量刑失轻为由抗诉不当。决定依照《刑事诉讼法》第133条第2款的规定,向甘肃省高级人民法院撤回抗诉。由此可见,甘肃省人民检察院首先认为本案具有防卫性质,构成防卫过当。

在抗诉撤回后,第一审判决已发生法律效力,甘肃省高级人民法院依照《刑正当防卫的司法偏差及其纠正

事诉讼法》第149条第2款的规定，决定提审该案。1985年2月27日经该院审判委员会讨论，认为第一审判决在对孙明亮行为的性质认定和适用刑罚上，均有不当。孙明亮及其友蒋小平路遇郭鹏祥等人在公共场所对少女实施流氓行为时，予以制止，虽与郭鹏祥等人发生争执，蒋小平动手打了郭鹏祥一拳，但并非流氓分子之间的打架斗殴，而是公民积极同违法犯罪行为做斗争的正义行为，应予以肯定和支持。郭鹏祥等人不听规劝，反而纠结多人拦截孙明亮和蒋小平进行报复，其中郭小平手持砖块与同伙一起助威，郭鹏祥主动进攻，对蒋小平实施不法侵害。蒋小平挨打后，与孙明亮退到垃圾堆上，郭鹏祥仍继续扑打。孙明亮在自己和蒋小平已无后退之路的情况下，为了免遭正在进行的不法侵害，持刀进行还击，其行为属正当防卫，是合法的。但是，由于郭鹏祥是徒手实施不法侵害，郭小平手持砖头与同伙一起助威，孙明亮在这种情况下，持刀将郭鹏祥刺伤致死，其正当防卫行为超过必要的限度，造成不应有的危害后果，属于防卫过当，构成故意伤害罪。依照《刑法》第17条第2款的规定，应当负刑事责任；但应当在《刑法》第134条第2款规定的法定刑以下减轻处罚。第一审判决未考虑这一情节，量刑畸重，应予纠正。据此，甘肃省高级人民法院判决撤销第一审判决，以故意伤害罪改判被告人孙明亮有期徒刑2年，缓刑3年。显然，甘肃省高级人民法院也同意省人民检察院的意见，本案应当认定为防卫过当。通过再审程序，本案的原判决得到纠正。孙明亮的刑期从15年有期徒刑改为2年有期徒刑，并且适用缓刑。这一判决结果和原判决的结果相比，已经发生了重大变化。尤其是甘肃省高级人民法院的判决认定孙明亮和蒋小平对郭鹏祥进行反击的行为具有防卫性质，由此而使两人的行为获得了法律的肯定性评价。

对于本案，最高人民法院审判委员会1985年6月5日第226次会议，依照《中华人民共和国人民法院组织法》第11条第1款的规定，在总结审判经验时认为："对于公民自觉地与违法犯罪行为作斗争，应当予以支持和保护。人民法院在审判工作中，要注意把公民在遭受不法侵害而进行正当防卫时的防卫过当行为，与犯罪分子主动实施的犯罪行为区别开来，做到既惩罚犯罪，又支持正义行为。甘肃省高级人民法院对该案的提审判决，正确认定了孙明亮的行为的性质，

且适用法律得当,审判程序合法,可供各级人民法院借鉴。"因此,本案作为具有指导性的案例刊登在《最高人民法院公报》1985年第2期。最高人民法院审判委员会对甘肃省高级人民法院对孙明亮案的判决结果进行了充分的肯定,就其将普通犯罪纠正为具有防卫性质而言,这当然是正确的,这也是在当时全国性"严打"的特殊背景下所能取得的最好结果。尤其值得肯定的是,最高人民法院审判委员会提出"对于公民自觉地与违法犯罪行为作斗争,应当予以支持和保护。人民法院在审判工作中,要注意把公民在遭受不法侵害而进行正当防卫时的防卫过当行为,与犯罪分子主动实施的犯罪行为区别开来,做到既惩罚犯罪,又支持正义行为"。应该说,这一对待正当防卫的态度是完全正确的。最高人民法院审判委员会对本案的总结,既有将正当防卫视为与违法犯罪行为做斗争这一具有政治和政策高度的司法理念,又有正确区分正当防卫和防卫过当的司法准则。

然而,从刑法理论分析,本案仍然错误地将正当防卫认定为防卫过当。这里涉及正当防卫必要限度的判断。就本案而言,如果肯定孙明亮和蒋小平的行为具有见义勇为,甚至是和违法犯罪行为做斗争的性质,则将孙明亮的行为认定为防卫过当,也不能说是对防卫人的苛求。在本案中,主要涉及正当防卫和防卫过当的区分。孙明亮和蒋小平见义勇为反遭侵害人的群体性围打,对方人数达九人之多,并且将孙明亮和蒋小平围逼在墙角。因此,从人数和攻势来说,显然是对方占优势。在本案中,郭鹏祥对孙明亮进行殴打,在这种情况下孙明亮取出弹簧刀进行还击。孙明亮的刀具是作为郊区的菜农为防身而随身携带的,具有不可选择性。如果从防卫行为和侵害行为基本相适应的传统观点判断是否超过正当防卫必要限度,也不能认为孙明亮的防卫行为就已经构成防卫过当。而如果从客观需要来说,只要是为制止不法侵害所必需的强度,就应当认为没有超过正当防卫必要限度。应该说,孙明亮故意伤害案的最终处理结果虽然具有象征意义,然而还是未能准确地区分正当防卫和防卫过当。由此可见,在正当防卫司法规则的建立上,可谓艰难曲折。

孙明亮故意伤害案虽然只是正当防卫认定上的司法个案,但还是在一定程度上反映了我国司法机关在鼓励公民采用正当防卫和违法犯罪行为做斗争上存在较

正当防卫的司法偏差及其纠正

大问题。因此，在1997年刑法修订过程中，立法机关对正当防卫的规定做了以下两点修改：第一，将防卫过当的规定从1979年刑法的"正当防卫超过必要限度造成不应有的危害"修改为"正当防卫明显超过必要限度造成重大损害"，这就放宽了正当防卫的限度条件。第二，增设了无过当防卫制度，对于严重侵害人身权利的暴力犯罪进行正当防卫的，即使造成重伤、死亡的后果，也不属于防卫过当，不负刑事责任。这就使公民可以放心大胆地进行防卫，不会受到刑事追究。无限防卫权的立法在我国刑法学界存在一定的争议，我国学者对无限防卫权的立法规定提出了防卫权可能被滥用的担忧，指出："刑法既然允许防卫者在受到暴力侵害时可以不受防卫限度的约束，也即防卫者可以在防卫反击时毫无顾忌，这实际上放弃了对防卫者的责任要求，走向防卫者只享有防卫权，不承担防卫后果责任的极端。立法的这种规定有可能造成防卫者对防卫权的滥用。不仅如此，有些不法分子还可在防卫挑拨后，借口无限防卫而将对方置于死地。无限防卫权变成了某些犯罪人实现非法目的的手段。这恐怕是立法者所始料不及的。"[①]这种担忧完全是多余的，因为虽然立法做了修改，然而司法机关对于正当防卫的认定却依然如故，对于正当防卫案件的处理仍然束手束脚，鼓励公民正当防卫的立法初衷没有得到落实。尤其是近些年来，媒体不断曝光与正当防卫相关的案件，激起民众对正当防卫的高度关注，使正当防卫案件的认定和处理暴露在聚光灯下。虽然在司法实践中也存在处理结果较好的正当防卫案件，然而不得不说大多数案件的处理并不符合民众的期待。在这种情况下，形成超前的正当防卫立法和滞后的正当防卫司法之间的鲜明反差。

正当防卫是刑法规定的不构成犯罪的情形，不仅如此，在正当防卫中，除了保护本人权益的防卫以外，还包括某些为保护他人权益而实施的正当防卫，这种正当防卫具有见义勇为的性质。把这些见义勇为的行为认定为犯罪，明显挫伤了公民见义勇为的积极性，并且混淆了罪与非罪的界限。在司法实践中，几乎每一起正当防卫案件都会引发争议，一些案件通过正常的司法程序不能得到依法处理，只

---

① 卢勤忠：《无限防卫权与刑事立法思想的误区》，载《法学评论》，1998（4）。

有在舆论等外在介入因素的推动下、辩护律师的抗争下,才能得到一定程度的合理解决。发生在2016年的杨建伟、杨建平故意伤害案,就是一个典型案例。

【案例2】杨建伟、杨建平故意伤害案

2016年2月28日13时许,在武汉市武昌区杨园街,杨建伟(51岁)、杨建平(55岁)在住所门前遇彭某某遛狗路过,因杨建平摸了彭某某所牵的狗,双方发生口角,彭某某当即扬言去找人报复。杨建伟、杨建平便返回家中将尖刀藏在身上。10分钟后,彭某某邀约黄某、熊某某等人持洋镐把至杨建伟、杨建平住所报复,双方相遇发生打斗。其间,被告人杨建伟、杨建平分别持尖刀朝彭某某的胸腹部猛刺数刀,致使彭某某因失血过多而死亡,并将黄某、熊某某刺伤。

2017年2月7日,武汉市武昌区人民法院一审判决认定,被告人杨建伟持刀猛刺彭某某的胸腹部数刀,手段较为残忍,对致被害人死亡后果负有主要责任,其行为已不属于仅为制止对方的不法侵害的情形。杨建平系在看到杨建伟被打的情况下出手帮忙而持刀对被害人进行伤害,不存在自己面临他人的不法侵害的情形,其行为亦不符合防卫过当的法律特征。对于辩护人关于被害人有重大过错、应减轻被告人罪责的辩护意见,一审判决认为,正因为被害人彭某某存在过错,本案在定性及确定审判管辖时已做减轻处罚考虑。因此,武汉市武昌区人民法院判决如下:杨建伟犯故意伤害罪,判处有期徒刑15年,杨建平犯故意伤害罪,判处有期徒刑11年,二人共同赔偿附带民事诉讼原告人经济损失56万余元。

杨建伟、杨建平故意伤害案的发生与孙明亮故意伤害案相距长达32年,其间,在1997年我国对正当防卫进行了立法修改,设立了无过当防卫制度。然而,这一切在杨建伟、杨建平故意伤害案中了无痕迹。可以说,杨建伟、杨建平故意伤害案完全重复了32年前的孙明亮故意伤害案。对于正当防卫的司法而言,时间似乎停滞了。

在杨建伟、杨建平故意伤害案的一审判决中,涉及正当防卫认定的两个问题:第一是杨建伟是否存在防卫起因,即杨建伟的行为是认定为对彭某某的防卫行为还是互殴行为?第二是杨建平在看到杨建伟被打的情况下出手帮忙而持刀对被害人进行伤害,是否就不能成立正当防卫?对于这两个问题,一审判决都做了

正当防卫的司法偏差及其纠正

否定的回答。

对于第一个问题,一审判决将本案的性质认定为"打斗"。这里虽然没有使用"互殴"一词,但打斗的性质等同于互殴,即相互之间的打斗。打斗只是客观地描述了双方之间发生的暴力冲突,而并没有对该暴力冲突的性质进行界定,这实际上就是否定了杨建伟行为的防卫性。对此,杨建伟的辩护人认为,杨建伟面对彭某某一伙人的不法侵害,出于对胞兄杨建平人身安危的防卫动机,对找上门挑起事端的彭某某实施了自卫,其行为明显是在人身遭受紧迫危险情势下所为的私力救济,具有天然合理的正当性。应该说,这一辩护具有充分的法律根据。从本案的具体案情来看,一审判决已经认定彭某某邀约黄某、熊某某等人持洋镐把至杨建伟、杨建平住所报复,面对这种报复,杨建伟在其人身受到侵害的情况下,使用事先准备的尖刀进行反击,这难道不具有防卫性吗?

对于第二个问题,一审判决更是显得荒谬。杨建平的辩护人认为,杨建平看见胞弟被人打倒在地头破血流,洋镐把都打断了,且对方人多势众、年富力强,杨建平的行为是为了解救弟弟,属于依法行使无限防卫权。但一审判决却认为杨建平系在看到杨建伟被打的情况下出手帮忙而持刀对被害人进行伤害,不存在自己面临他人的不法侵害的情形,其行为亦不符合防卫过当的法律特征。按照这个逻辑,只有本人受到不法侵害才能实行正当防卫,如果是他人受到不法侵害就不能进行正当防卫。这一结论明显和刑法规定相违背。根据我国《刑法》第20条第1款的规定,为了使国家、公共利益,本人或者他人的人身、财产和其他权利免受正在进行的不法侵害的,都可以实行正当防卫。而且,为保护国家、公共利益实行的正当防卫具有与犯罪行为做斗争的性质,为保护他人的人身、财产和其他权利实行的正当防卫具有见义勇为的性质,这都是法律所肯定的,却被一审判决认定为犯罪。从这个案件的一审判决我们可以看出,我国司法机关某些人员对正当防卫的法律规定可以说是达到了无知的程度。

一审判决后,杨建伟、杨建平以及彭某某家属均提出上诉。2017年4月5日和5月26日,武汉市中级人民法院对此案进行二审。二审判决认为:杨建伟、杨建平犯故意伤害罪的事实不清,证据不足,撤销武昌区人民法院的一审判决,

537

发回该院重新审理。2018年5月11日，武昌区人民法院进行重审后认为，杨建平、杨建伟犯故意伤害罪的犯罪事实成立，分别判处9年和13年有期徒刑。二人再次当庭上诉。12月19日，武汉市中级人民法院终审判决认为：杨建伟持刀捅刺彭某某等人，属于制止正在进行的不法侵害，其行为具有防卫性质；其防卫行为是造成一人死亡、二人轻微伤的主要原因，明显超过必要限度造成重大损害，依法应负刑事责任，构成故意伤害罪。上诉人杨建平为了使他人的人身权利免受正在进行的不法侵害，而采取制止不法侵害的行为，对不法侵害人造成损害，属于正当防卫，不负刑事责任。杨建伟的行为系防卫过当，具有自首情节，依法应当减轻处罚。原审判决审判程序合法，认定基本事实清楚，对杨建伟定罪准确。但是，原审判决未认定杨建伟属于防卫过当、杨建平属于正当防卫，系适用法律错误，本院依法予以纠正。武汉市中级人民法院判决如下：(1)撤销湖北省武汉市武昌区人民法院（2017）鄂0106刑初804号刑事判决；(2)上诉人（原审被告人）杨建伟犯故意伤害罪，判处有期徒刑4年；(3)上诉人（原审被告人）杨建平无罪。

　　武汉市中级人民法院的终审判决纠正了原一审判决关于杨建平不存在自己面临他人的不法侵害的情形，因此不构成正当防卫，当然也就不存在防卫过当的结论，认为杨建平为了使他人的人身权利免受正在进行的不法侵害，而采取制止不法侵害的行为构成正当防卫，这是完全正确的。对于杨建伟的行为虽然认定为具有防卫性质，但认为构成防卫过当，该判决结果还是将正当防卫混同于防卫过当。杨建伟面对彭某某等多人使用凶器实施的暴力犯罪，为保护本人的人身权利免受正在进行的不法侵害进行反击，这一行为完全符合《刑法》第20条第3款的无过当防卫的构成条件，但法院并没有依法适用该条款。也就是说，即使是面对彭某某等人手持洋镐把的暴力侵害，终审判决仍然拒绝适用我国《刑法》第20条第3款的无过当防卫之规定。由此可见，正确处理一起正当防卫案件，即使是在舆论的外在压力之下，仍然步履维艰。因此，社会上出现这样一种调侃的说法：面对不法侵害，防卫人处于"打输了住院，打赢了坐牢"的两难窘境。

　　综上所述，在目前我国司法实践中，对正当防卫制度的适用没有严格遵循立法精神，对正当防卫和防卫过当未能依法认定。当个别案件经过媒体曝光以后，

正当防卫的司法偏差及其纠正

社会舆论普遍同情防卫人。因为正当防卫案件涉及伦理道德和是非观念,基于心同此理的公众意见,对此类案件的认知具有正当性和合理性,值得司法机关高度重视。虽然司法机关回应公众关注,对这些案件做了改判,在一定程度上满足了社会公正观念,但与此同时,每一次改判都是对司法公信力的销蚀。

二、正当防卫司法理念的更新

正当防卫的司法偏差在很大程度上影响了司法的公平性,也不利于鼓励公民利用正当防卫的法律武器维护本人或者他人的权益,因此需要认真对待。

这里首先涉及对正当防卫性质的正确认识。正当防卫是一项较为特殊的刑法制度。刑法属于制裁法,因而刑法所规定的犯罪行为都是法律禁止的行为,从这个意义上说,刑法规范具有禁止规范的属性。然而,正当防卫恰恰是一个例外,它是授权规范。正当防卫又不同于一般的授权规范,它是在特定条件下的授权规范。对于正当防卫的合法化根据,在大陆法系刑法理论中存在两种观点,这就是自我保护理论和法确证理论。德国学者指出:自我保护理论只允许为保护个人的利益而行使正当防卫权,体现了不能够为保护公共秩序或者法秩序本身而行使的立场。因此,维护法秩序的公共利益,只能够通过保护个人权利这一媒介加以实现。① 如果严格遵循自我保护理论,则正当防卫的范围是较为狭窄的,甚至为保护他人利益的正当防卫都不被承认。而法确证理论则允许为维护法秩序而进行正当防卫。例如意大利存在一种斗争需要理论,认为正当防卫是与犯罪做斗争的需要。② 这里的斗争需要理论显然是从维护法秩序的角度揭示正当防卫的根据,由此而赋予正当防卫更多的社会价值。就上述两种理论而言,不能说是对立的,而毋宁说是互相补充的。正如意大利学者所言:如果仅仅用自我防卫说,很难解释

---

① 参见[德]汉斯·海因里希·耶赛克、托马斯·魏根特:《德国刑法教科书》上,徐久生译,450页,北京,中国法制出版社,2017。
② 参见[意]杜里奥·帕多瓦尼:《意大利刑法学原理》(注评版),陈忠林译评,173页,北京,中国人民大学出版社,2004。

为了救助第三人而实施的防卫行为。如果仅用斗争需要说，则不仅无法说明为什么无罪过的侵害也可以成为防卫行为的对象，也不能解释为什么正当防卫不能超过必要的限度。① 从历史的眼光来看，正当防卫的根据存在一个从以个人本位的自我保护理论向法确证理论倾斜的过程。当然，在现实生活中绝大多数都是为保护个人利益而实施的正当防卫，因此自我保护理论还是占优势的。

我国刑法对于正当防卫的规定具有鲜明的特点，这主要体现在对正当防卫的目的的规定上，而正当防卫的目的对于我们理解我国刑法中正当防卫的性质和根据，具有重要指导意义。根据我国《刑法》第20条第1款的规定，正当防卫的目的是使国家、公共利益，本人或者他人的人身、财产和其他权利免受正在进行的不法侵害。根据这一规定，我国刑法中的正当防卫从防卫目的上可以区分为三种类型：第一，保护国家、公共利益的正当防卫；第二，保护本人权利的正当防卫；第三，保护他人权利的正当防卫。由此可见，我国刑法明确地把保护国家和公共利益的行为规定为正当防卫，由此而使我国刑法中的正当防卫具有十分明显的和违法犯罪行为做斗争的性质。

值得注意的是，我国刑法中的正当防卫还包括职务正当防卫，这就是人民警察在执行职务过程中实施的正当防卫。在其他国家刑法理论中一般都将这种行为界定为执行职务的行为而不是归之于正当防卫。这一点，是我国刑法和其他国家刑法的主要区别之所在。在其他国家刑法理论中，违法阻却事由可以分为法定的违法阻却事由和非法定的违法阻却事由。正当防卫和紧急避险都是法定的违法阻却事由，而执行职务的行为在有些国家刑法中有规定，因而也是法定的违法阻却事由，在有些国家刑法中则没有规定，属于非法定的违法阻却事由。例如，《日本刑法典》第35条规定："基于法令或者正当业务的行为，不处罚。"这里的法令行为，是直接基于成文的法律、命令的规定，作为权利或者义务所实施的行为。② 而法令

---

① 参见［意］杜里奥·帕多瓦尼：《意大利刑法学原理》（注评版），陈忠林译评，173页，北京，中国人民大学出版社，2004。
② 参见［日］大塚仁：《刑法概说（总论）》（第3版），冯军译，401页，北京，中国人民大学出版社，2003。

正当防卫的司法偏差及其纠正

行为又可以进一步区分为以下三种：第一种是职权（职务）行为；第二种是从政策理由排除违法性的行为；第三种是由法令引人注意地明示了违法性的行为。上述第一种就是我们所称的执行职务的行为。因此，在日本执行职务的行为属于法定的违法阻却事由。而《德国刑法典》对执行职务的行为并无规定，但在德国刑法教义学中，将基于公务员职权的行为予以合法化。德国学者指出："在许多法律中，行使国家强制手段被作为执行不同公务行为的最后手段加以规定。国家机关基于这样的职权并在该职权范围内，满足刑法的构成要件的行为是合法的（例如，故意杀人、伤害、剥夺自由、强制、侵入他人住宅、拆开信笺、破坏财物）。"[①] 由此可见，在德国刑法中，执行职务的行为属于非法定的违法阻却事由。

在我国 1979 年刑法中，对于执行职务的行为并没有规定。及至 1983 年 9 月 4 日最高人民法院、最高人民检察院、公安部、国家安全部、司法部颁布了《关于人民警察执行职务中实行正当防卫的具体规定》（以下简称《具体规定》），为职务上的正当防卫认定提供了规范根据。在 1997 年刑法修订过程中，对于是否在刑法中规定职务上的正当防卫存在争议。立法机关认为，对于人民警察依法执行职务的行为，1983 年 9 月最高人民法院等 5 单位联合发布的《具体规定》中有过类似规定，但其中所列必须采取正当防卫的情形，大多属于人民警察依法执行职务的行为，与正当防卫行为有所不同。为了加强对人民警察依法执行职务行为的保护力度，避免将这类行为与正当防卫行为混同，《刑法修订草案》曾两次设专条做了规定。八届全国人大五次会议审议时认为，"人民警察依法执行职务，受法律保护"，《人民警察法》有明确规定。对于人民警察在执行职务中，在什么情况下依法使用警械、武器不承担责任，违法使用警械、武器要承担责任，《人民警察法》和《人民警察使用警械和武器条例》也都已有规定，这个问题可以不在刑法中另做规定，因而删去了刑法草案提出的这一条规定。[②] 由此可见，立法

---

① ［德］汉斯·海因里希·耶赛克、托马斯·魏根特：《德国刑法教科书》上，徐久生译，528 页，北京，中国法制出版社，2017。
② 参见周道鸾、单长宗、张泗汉主编：《刑法的修改与适用》，80～81 页，北京，人民法院出版社，1997。

机关倾向于认为人民警察依法使用警械和武器制止正在进行的违法犯罪行为，是执行职务的行为而不是正当防卫。但对此刑法没有规定，而《人民警察法》等的规定只是对职务行为的实体和程序的规定，并没有涉及对该行为的定性。而且，1983年颁布的《具体规定》没有废止，仍然有效。因此，我国刑法中的人民警察执行职务的行为仍然属于正当防卫的范畴。在司法实践中，存在职务上的正当防卫案例，例如张磊职务正当防卫过当案。[①] 当然，考虑到职务上的正当防卫具有其特殊性，因此在具体认定的时候，还要参照其他的法律或者法规。例如，涉及使用枪支的正当防卫，就需要参照人民警察使用枪支的相关规定，只有这样才能正确地认定职务上的正当防卫。应当指出，我国刑法中的正当防卫虽然可以分为保护国家、公共利益的正当防卫，保护本人利益的正当防卫和保护他人利益的正当防卫这三种类型，但在现实生活中绝大多数正当防卫还是属于保护个人利益的正当防卫。保护国家和公共利益的正当防卫则较为罕见，当然也存在见义勇为的正当防卫。

从以上分析可以看出，在我国立法上正当防卫的范围是极为宽泛的，立法机关对正当防卫采取了积极鼓励的态度。因此，我国司法机关对于正当防卫的理念应当及时更新。

我国《刑法》第1条明确将"惩罚犯罪，保护人民"作为刑法的立法目的。其实，"惩罚犯罪，保护人民"不仅是刑法的立法目的，而且也是刑法的司法目的，对于司法活动有重要的指导意义。惩罚犯罪和保护人民是不可分离的两部分内容，刑法的目的在于：在采用刑罚手段惩罚犯罪的同时，还要有效地保护人民。因此，在司法活动中，不能片面地强调惩罚犯罪，还要时刻铭记保护人民的根本宗旨。正确地认定正当防卫，就是刑法保护人民的生动体现。在正当防卫案件处理中，司法机关实际上是在保护刑法赋予公民的防卫权。如果把正当防卫混同于犯罪，就是侵犯了公民的防卫权。只有从这个高度看待正当防卫制度，才能

---

① 参见陈兴良：《张磊职务正当防卫过当案的定罪与量刑》，载陈兴良主编：《刑事法判解》，第15卷，北京，人民法院出版社，2014。

正当防卫的司法偏差及其纠正

在司法活动中妥善处理正当防卫案件。因此，正确处理惩罚犯罪和保护人民的关系，对于纠正正当防卫的司法偏差具有重要意义。

在涉及正当防卫的案件的处理过程中，如果仅仅根据致人重伤、死亡的结果定罪，而不问造成这一结果的起因，就会导致司法判决"不分是非"，其结果必然是既不能获得办案的法律效果，同时也不能获得办案的社会效果。司法活动当然是一种法律适用活动，但司法机关也并不是机械地适用法律，而是在判决结论中灌注公正和合理的社会伦理观念，由此使判决获得公众的认同。这样的判决就必须首先分清是非。在涉及正当防卫的案件中，分清是非就表现在法律支持和鼓励正当防卫而惩治不法侵害。如果公民面对正在进行的不法侵害实行正当防卫，造成侵害人的伤亡结果，司法机关根本就不认定防卫性质，而是简单地判决防卫人对伤亡结果承担刑事责任，那么就是在案件处理结果中没有体现是非曲直。

【案例3】赵宇过失致人重伤案

2018年12月26日23时许，李华与邹过滤酒后一同乘车到达邹过滤位于福州市晋安区岳峰镇村榕城公寓4楼C118的暂住处。二人在邹过滤暂住处发生争吵。李华被邹过滤关在门外，便酒后滋事，用力踢踹邹过滤暂住处防盗门，强行进入房间与邹过滤发生肢体冲突，引来邻居围观。此时，暂住在该楼5楼C219的赵宇听到叫喊声下楼查看，见李华把邹过滤摁在墙上并殴打其头部。为制止李华的伤害行为，赵宇从背后拉拽李华，两人一同摔倒在地。起身后，李华挥拳打了赵宇两拳，赵宇随即将李华推倒在地，并朝倒地的李华腹部踹了一脚。后赵宇拿起房间内的凳子欲砸向李华，被邹过滤拦下，随后赵宇被其女友劝离现场。李华被踢中腹部后横结肠破裂，经法医鉴定，李华伤情属于重伤二级。邹过滤伤情属于轻微伤。

关于本案，2019年2月20日，福州市公安局晋安分局以赵宇涉嫌过失致人重伤罪向晋安区人民检察院移送起诉。2019年2月21日，晋安区人民检察院以防卫过当做出相对不起诉决定。2019年3月1日，在最高人民检察院指导下，福建省人民检察院指令福州市人民检察院对该案进行了审查。经审查认为，赵宇的行为属于正当防卫，不应当追究刑事责任，原不起诉决定书认定防卫过当属适用

543

法律错误,依法决定予以撤销,依据《刑事诉讼法》第 17 条第 1 款的规定,并参照最高人民检察院 2018 年 12 月发布的第十二批指导性案例,对赵宇做出绝对不起诉决定。

赵宇过失致人重伤案从公安机关认定为普通犯罪,即过失致人重伤罪,到福州市晋安区人民检察院认定为防卫过当做出相对不起诉决定,最后再到福州市人民检察院认定为正当防卫,做出绝对不起诉决定,可谓一波三折。该案当事人赵宇从犯罪到无罪,并且因见义勇为受到表彰,经历了从人生谷底到巅峰的大起大落。然而,这并不是正常司法程序的结局,而是最高人民检察院介入的结果。赵宇过失致人重伤案反映了我国司法机关在正当防卫认定上的两个难点问题,这就是如何区分正当防卫与普通犯罪以及如何区分正当防卫与防卫过当。

赵宇的行为明显具有见义勇为的性质,而且具有制止李华的不法侵害的目的。否则的话,赵宇完全可以袖手旁观充当看客。由此可以得出结论,赵宇之所以介入本案,是为了制止李华的不法侵害。如果李华就此罢手,则也就不会有此后案情的进一步发展。赵宇将李华拉拽致使李华倒地以后,李华起身转而对赵宇殴打。此时,赵宇为邹过滤解围,但却受到李华对其本人的不法侵害。赵宇当然没有束手挨打的义务,因而将李华推倒在地,并朝李华腹部踹了一脚。正是这一脚导致李华横结肠破裂,由此造成重伤后果。总之,赵宇在本案中的行为可以分为两个阶段。其中,第一阶段的行为明显具有制止李华对邹过滤的不法侵害的防卫性质,对此没有争议。而第二阶段的行为如何认定,则容易产生分歧意见。主要争议在于:在制止了李华对邹过滤的不法侵害以后,赵宇和李华发生扭打,此种不法侵害是否还正在进行?如果就对邹过滤的不法侵害而言,因为赵宇的及时制止不法侵害已经结束。但李华又对赵宇进行殴打,形成对赵宇的正在进行的不法侵害,赵宇的行为就转化为制止李华对赵宇本人的不法侵害,同样具有防卫性质。因此,公安机关对赵宇的行为没有认定具有防卫性质,是对本案的定性错误。

那么,赵宇的防卫行为是否明显超过了正当防卫的必要限度呢?从本案情况来看,在面对李华殴打的情况下,赵宇将李华拽倒在地并踹其一脚,这个行为本

正当防卫的司法偏差及其纠正

身不能认定是明显超过正当防卫必要限度，因此不存在行为过当。而就该行为造成的重伤结果而言，确实具有一定的严重性。在李华没有明显要重伤邹过滤的情况下，这个重伤结果是超过必要限度的。但这个重伤结果并不是赵宇主观上故意追求的，而是过失造成的。在李华进行不法侵害而受到赵宇防卫的情况下，这一结果属于李华应当承受的不利后果。综上，笔者认为赵宇的行为不构成防卫过当，不应当承担过失致人重伤罪的刑事责任。

从赵宇过失致人重伤案的处理过程可以看出，对于这样一起简单的正当防卫案件，司法机关之间还是存在较大的意见分歧。这就完全不是业务水平问题，而是司法理念的问题，并且涉及司法机关内部的案件考评机制。

在正当防卫问题上还涉及如何对待暴力的国家垄断问题。暴力可以分为非法暴力和合法暴力。在任何一个法治社会，只有国家权力机关才能依法实施暴力，这是一种合法暴力。而非法律授权的私人暴力是违法的，被法律所禁止。因此，国家具有对暴力的垄断权。但任何原则都存在例外，正当防卫就是国家暴力垄断的例外。在公民受到正在进行的不法侵害的情况下，法律赋予公民防卫权，这种防卫权就是一种合法暴力，它是对国家暴力的必要补充。在我国司法人员中存在一种担忧的心理，认为如果允许公民实行正当防卫，尤其是无过当的防卫，就会导致随意使用暴力的社会后果，形成对公共秩序的破坏。我认为，这种担心是完全没有必要的，也是没有根据的。事实上，公民并不愿意受到不法侵害从而行使防卫权，只是在迫不得已的紧急状态下，才进行正当防卫。因此，正当防卫并不是公民主动选择的，而是面对不法侵害被动实施的，鼓励公民进行正当防卫保护本人的权益并不会导致暴力泛滥。至于为保护他人权益的正当防卫，具有见义勇为的性质，更是法治社会应当鼓励的。如果将见义勇为的正当防卫认定为犯罪，则极大地损害社会公正，从而放纵不法侵害人，这才是对法治的破坏。在我国目前犯罪案件高发、公权力对公民合法权利的保护还不能做到及时有效的情况下，更有必要放宽公民的防卫权，而不是限缩公民的防卫权。我国1997年刑法关于正当防卫的立法已经体现了这一点，但司法机关对正当防卫案件的处理则明显滞后。因此，司法机关应当转变对正当防卫的认识，只有这样才能为处理正当防卫

案件提供正确理念。

目前在我国司法实践中,对正当防卫认定存在较大影响的是维稳思维。如果把维稳界定为维护社会秩序,包括公共秩序,这当然是司法活动所追求的正当目的。然而,现在对维稳理解上存在一定的偏差,这就是以涉讼上访率作为维稳的标志,同时又将这种意义上的维稳作为考察司法活动社会效果的重要指标。当把这种维稳当作司法活动的指挥棒的时候,司法公正就会受到贬损。在正当防卫案件中,不法侵害人因为正当防卫而发生重伤或者死亡的后果,因而成为刑事诉讼中的被害人。如果司法机关将造成被害人重伤或者死亡的行为认定为正当防卫,则被害人一方就会无休止地到司法机关缠讼、上访,采取扰乱办公秩序,甚至抬棺闹事等各种非法手段向办案人员和司法机关施加压力。在这种情况下,司法机关如果认定正当防卫就会面临来自司法机关内部、地方党委和政府等各方面的维稳压力,维稳优于维权遂成惯例。[①] 为此,司法机关根据重伤或者死亡后果认定犯罪是最为简单的结案方式。长此以往,司法机关在维稳思维的指导下处理正当防卫案件,在司法活动中对各方当事人不分是非、只是根据重伤或死亡结果认定犯罪的做法,致使正当防卫的规定成为僵尸条款,正当防卫制度形同虚设。

此外,司法机关内部的案件考评机制给正当防卫案件的处理也带来较大的负面影响。案件考评机制是指根据办案结果对办案人员进行优劣评价,以此作为奖励和升迁的重要参考指标。在对司法机关办案人员的具体考核中存在一种倾向,这就是简单地将对案件改变定性或者改变量刑设定为负面指标,给办案人员带来不利后果。这就扭曲了公检法三机关之间的关系。例如,公安机关的处理结果如果被检察机关改变,就会影响公安机关办案人员的考评绩效。同样,检察机关的处理结果如果被法院改变,就会影响检察机关办案人员的考评绩效。而在法院内部,如果下级法院的处理结果被上级法院改变,就会影响下级法院办案人员的考评绩效。在这种机制的激励下,公检法三机关在处理案件时,为了不给他人带来

[①] 关于维稳优于维权的论述,参见陈璇:《正当防卫、维稳优先与结果导向——以"于欢故意伤害案"为契机展开的法理思考》,载《法律科学》,2018(3),78页以下。

正当防卫的司法偏差及其纠正

不利后果,就会互相迁就。因此,公安机关移送起诉的案件,检察机关做不起诉难;检察机关起诉的案件,法院做无罪判决难;而下级法院判决的案件,上级法院改判难。这种情况极大地影响了各司法部门职能的正常发挥。反映在正当防卫案件的处理上,除非公安机关直接认定为正当防卫而撤案,凡是公安机关移送起诉的,检察机关认定正当防卫会受到来自公安机关的阻力。因为如果检察机关认定为正当防卫,就是公安机关办了错案,办案人员就会受到差评。在这种情况下,检察机关为照顾公安机关,也就不认定为正当防卫;即使认定,也只是认定为防卫过当,这样就照顾了公安机关的面子。在检察机关和法院的关系上,对正当防卫案件的处理也是如此。因此,目前我国司法机关的案件考评机制不利于正确认定正当防卫。

司法机关的案件考评对于司法业务活动具有导向功能,对于依法办案具有保障作用。目前司法机关的案件考评机制在指标设置上存在值得商榷之处,给司法人员依法办案,包括处理正当防卫案件带来消极后果。司法机关的办案活动包括两项主要内容:其一是查清事实;其二是适用法律。在这两者当中,查清事实是前提,只有查清事实才能为正确适用法律奠定基础。相对来说,事实本身具有客观性,因而查清事实的标准相对明确。而法律适用则分为两种情形:第一种是简单案件,这种案件的法律标准明确,法律适用相对简单。第二种是复杂案件,这种案件往往存在较大争议,法律标准较为模糊。笔者认为,基层司法机关主要应对案件事实负责。如果因为主观原因,没有查清案件事实,在案件考评中应当受到消极评价,承担不利后果。但法律适用,尤其是复杂案件的法律适用,不同司法人员和不同司法机关之间存在不同看法,这是十分正常的。在这种情况下,就不能因为法律适用结果的改变而对司法人员和司法机关的案件考评产生不利后果。对于争议案件,应当按照司法程序推进,以有权的司法机关的判断为最终标准,但不能因为处理结果的改变而给被改变处理结果的司法人员和司法机关带来不利后果,更不能将这种处理结果的改变误认为是错案,对于正当防卫案件也是如此。

以赵宇案为例,福州市公安局晋安分局认为构成犯罪,移送检察机关起诉。

547

晋安区人民检察院认为赵宇的行为属于防卫过当，做出相对不起诉的决定。最后，由于最高人民检察院介入，福建省人民检察院指令福州市人民检察院重新审查，最后认定赵宇的行为属于正当防卫，做出绝对不起诉的决定。在这个案件处理过程中，公安机关在查清事实以后，以赵宇犯过失致人重伤罪移送检察机关起诉，公安机关对赵宇的处理只是一种起诉意见，最终有权决定是否起诉和以何种罪名起诉的是检察机关。因此，即使检察机关改变处理结果，也不能认为公安机关办了错案。以此类推，由于上级检察机关的介入，晋安区人民检察院的相对不起诉被变更为绝对不起诉，这也不能认为晋安区人民检察院办了错案。因为根据法律规定，上级检察机关对下级检察机关有案件指导的权限。假如检察机关将赵宇案起诉到法院，法院认定为正当防卫，做出无罪判决，也不能认为检察机关办了错案。因为在刑事诉讼程序中，法院具有独立的审判权，包括对案件判决有罪或者无罪的权力。各个司法机关只要在自身权力范围内，依法对案件做出处理，即使随着诉讼程序的推进，案件处理结果被其他司法机关改变，都不能认为被改变处理结果的司法机关对案件处理结果发生错误。更何况，我国刑事诉讼法还设置了司法机关之间的制约程序，例如公安机关对检察机关处理结果的复议、复核权，检察机关对法院判决的抗诉权，等等。如果要求下一个程序的司法机关必须维持上一个程序的司法机关的处理结果，那么，公检法三机关之间只有协同一致的互相配合而没有互相制约，这就会扭曲公检法三机关之间的关系，这也正是目前冤假错案存在的原因之一。在正当防卫案件的处理上，同样应当纠正这种扭曲的公检法三机关的关系，只有这样才能为正当防卫的正确处理提供顺畅的司法程序。

三、正当防卫司法规则的形塑

正当防卫构成条件的把握，以及正当防卫和防卫过当的区分，是刑法理论和司法实务中的难题。刑法本身对正当防卫的条件规定较为抽象，类似正当防卫必要限度这样的授权性规定，要求司法机关根据案件具体情况行使裁量权。正当防

卫案件的正确处理，对于司法人员来说，不仅需要具备较高的法律素养，而且还要求具备较高的政策水平。而且，正当防卫并不是常见案件，对于某个司法人员来说也许一生只遇到一起正当防卫案件，因此，对于正当防卫案件的法律界限的把握显得较为生疏。在这种情况下，正当防卫案件的处理结果不能达到法律和社会的期待，确实具有一定的客观原因。

正当防卫案件的正确处理，既是司法公正的体现，同时也是司法机关建立公信力的途径。在目前我国自媒体日益发达的社会环境中，由于先前正当防卫案件的示范效应，只要正当防卫案件不能得到司法机关的公正处理，相关当事人就会通过媒体曝光的方式寻求社会舆论的声援，由此给司法机关造成外在压力。司法机关应当正确化解社会舆论的影响，更应该化被动为主动，依法、合理、公正地办理正当防卫案件，以此建立并且强化司法公信力。

正当防卫的认定与处理是司法人员较为生疏的业务类型，而我国刑法对正当防卫的规定又具有一定的抽象性。在这种情况下，为了指导司法机关办理正当防卫案件，首先应当加强案例指导。我国已经建立案例指导制度，它能够为司法活动提供更为细致、具有可操作性的规则，对于疑难案件的处理尤其具有其他规范性司法解释无法替代的指导功能。值得肯定的是，在最高人民检察院和最高人民法院已经颁布的指导性案例中，都包含了正当防卫案件。例如于欢故意伤害案、于海明故意伤害案等曾经引起社会广泛关注的案例都以指导案例的形式公布，对于处理正当防卫和防卫过当案件具有重要的指导作用。此后，还应当结合指导案例，进一步出台指导性司法文件，总结正当防卫和防卫过当的认定规则，从而明确正当防卫和防卫过当的法律界限，这对于正确处理正当防卫案件必将起到积极作用。笔者认为，对于正当防卫的认定来说，亟待形成以下三种司法规则。

（一）防卫与互殴的区分规则

在正当防卫的认定中，如何区分防卫与互殴是涉及案件是否具有防卫性质的问题，因而具有重要意义。以往在我国刑法实践中，相当一部分正当防卫案件被认定为普通犯罪。究其原委，就是司法机关未能正确区分防卫与互殴之间的界限。在致人伤亡的案件中，如果仅从客观上看，其行为已经符合过失致人死亡罪

或者故意杀人罪的构成要件，只有认定致人伤亡的行为属于正当防卫，才能阻却行为的违法性。在正当防卫成立与否的判断中，首先需要排除互殴，因而互殴就成为认定正当防卫的重大障碍。

互殴是互相斗殴的简称，在正当防卫中讨论互殴，主要是为了正确地将防卫与互殴加以区分。在刑法理论上，互殴是指参与者在其主观上的不法侵害故意的支配下，客观上所实施的连续的互相侵害的行为。① 日本将互殴称为打架，我国民间也将打架与斗殴相提并论，称为打架斗殴。日本学者大塚仁在论及打架是否可以成立正当防卫时指出："在打架的情形中，只要把争斗者双方互相攻击、防御的一系列行为作为整体来观察，就难于认为一方的行为是不正的侵害、他方的行为是针对它作出的防卫行为。"② 日本从历史上流传下来的对打架的法律规制的原则是："打架两成败"。对打架双方都予以否定的法律和道德评价，各打五十大板。日本学者盐田见对打架两成败的法理进行了考察，认为打架两成败的含义是：对打架不问是非对错，对双方均施加制裁。盐田见将打架两成败的法理归结为自力救济的禁止。③ 然而，此后日本判例发生转变。对此，日本学者山口厚指出：判例当初提到了"斗殴各打五十板"，认为就斗殴作为而言没有容纳正当防卫观念的余地，后来则接受学说的批判，认为有必要观察斗殴状况的整体来进行判断，遂转移到了肯定斗殴中有适用正当防卫之余地的立场。④

我国历史上虽然也有类似现代刑法中正当防卫的制度，但对于防卫自己，亦即自卫却是严格加以限制的，这就包括对打架无曲直法理的肯定。例如我国法制史学者戴炎辉在论及《唐律》防卫自己的规定时指出："唐律以请求公力救济为原则，不许以私力防卫自己。查斗讼律，相殴伤两论如律，虽后下手理直，亦只

---

① 参见陈兴良：《互殴与防卫的界限》，载《法学》，2015（6）。
② ［日］大塚仁：《刑法概说（总论）》（第3版），冯军译，378页，北京，中国人民大学出版社，2003。
③ 参见［日］盐田见：《打架与正当防卫——以"打架两成败"的法理为线索》，载陈兴良主编：《刑事法评论》，第40卷，295页，北京，北京大学出版社，2017。
④ 参见［日］山口厚：《刑法总论》（第3版），付立庆译，132页，北京，中国人民大学出版社，2018。

正当防卫的司法偏差及其纠正

减二等。关于后下手理直，疏议说：'乙不犯甲，无辜被打，遂拒殴之，乙是理直。'惟拒殴而致甲于死者，则不减。乙无辜被打，既是受甲的不法侵害，因而对甲加以反击，在现代法应是正当防卫，但律不许乙拒甲而予殴击，只酌情（后下手理直）减刑而已。再查别条：纵使他人以兵刃逼己，因而用兵刃拒他人而予伤杀者，仍依斗伤杀法（只不以故杀论其罪）。"① 由此可见，我国古代法律将自卫等同于互殴而予以禁止。如果造成伤亡后果，则对双方都论之以罪，无论有理无理，这也就是所谓"打架无曲直"。这种法律规定表现为重视社会秩序维护而轻视人身权利保护的法理，它是社会本位的法律观念的征表。德国学者曾经明确提出这样一个发人深省的问题：究竟应当如何解决公民自身防卫的权限与既存的现代社会秩序，以及与国家的专有的法律保护权之间的矛盾？② 可以看出，我国司法机关对于防卫与互殴的混淆，在一定程度上是我国历史上严厉禁止自我防卫观念的遗痕，与当今法治社会的理念可以说是格格不入。

　　这里应当解决的问题是：如何区分互殴和防卫？如果确实构成互殴，当然应当对双方都进行惩罚；但如果一方是不法侵害，另一方是正当防卫，则应当对防卫人进行保护。因此，防卫与互殴的区分实际上是对案件的是非之分。笔者认为，防卫与互殴的区分应当从以下三个方面进行考察。

　　（1）互殴以事先预谋或者临时合意为成立要件。互殴从客观上来看，表现为双方之间的互相殴打，并且双方具有殴打的故意。然而，仅此还不能正确地区分防卫与互殴，还要考察行为人是否具有事先预谋或者临时合意。这里应当指出，互殴的预谋和合意在其内容上不同于殴打的故意，对此需要加以区分。殴打是单方面的行为，即一方对另一方进行人身侵害，因而殴打的故意是指对他人实施人身侵害的主观心理状态。而互殴是相互之间的殴打，因此双方具有互相殴打的主观心理状态。如果双方事先约定在某个时间、某个地点进行互相殴打，这就具有事先预谋，因而应当将其互相殴打行为认定为互殴。此外，没有事先预谋，而是在

---

① 戴炎辉：《中国法制史》，60页，台北，三民书局，1979。
② 参见［德］汉斯·海因里希·耶赛克、托马斯·魏根特：《德国刑法教科书》上，徐久生译，528页，北京，中国法制出版社，2017。

现场发生冲突，双方临时合意进行互相殴打，就具有临时合意，因而应当将其互相殴打行为认定为互殴。如果双方虽然进行殴打，但双方既没有事先预谋，又没有临时合意，则不能认定为互殴，并以此否定防卫的存在。

（2）在没有事先预谋和临时合意的情况下，先动手一方理亏，具有不法侵害的性质；后动手一方理直，具有防卫的性质。互殴都是由纠纷或者口角引发的，在发生纠纷或者口角的情况下，我国民间存在"君子动口不动手"的规则。率先动手的一方，明显违反该规则。面对他方的动手，另一方如何应对？逃跑当然不失为上策，然而并不是每一个人面对他人的殴打都会选择逃跑，而且在某些紧急状态下，根本来不及逃跑。因而，对他人的殴打进行还击，就成为面对殴打的应对措施，这完全符合人性。如果一次性反击就制止了对方的侵害，当然也就不会混同于互殴。但如果面对反击，侵害人进一步进行殴打，由此就形成双方互相打斗的状态，因而在客观上类似于互殴。笔者认为，在一方首先发难进行打斗的情况下，他方的反击行为应当认定为防卫。这种防卫性质并不因为打斗的延续而改变，即使存在多轮相互打斗，仍然应当根据先动手与后动手的顺序对行为的性质进行判断，而不能仅仅根据客观上所呈现的互相打斗的事实，就将双方行为整体认定为互殴。

（3）在后动手一方的防卫中，造成先动手一方死亡结果的，应当根据具体案情判断是否超过正当防卫必要限度。对先动手和后动手在法律上加以不同的评价，对于认定案件的性质具有重要意义。如果先动手一方对后动手一方造成伤亡结果，则先动手一方应当承担故意伤害罪或者故意杀人罪的刑事责任。如果后动手的一方对先动手的一方造成伤亡结果，首先应当肯定其行为的防卫性，然后再进行是否超过正当防卫必要限度的判断。

（二）反杀案的处理规则

反杀的原意是指报杀人之仇而杀人。例如《周礼·地官·调人》："凡杀人有反杀者，使邦国交仇之。"郑玄注曰："反，复也；复杀之。"贾公彦疏曰："谓既杀一人，其有子弟复杀之。"在这个意义上，反杀就是复仇杀人。而现在，反杀的含义演变为将准备要击杀自己的敌方击杀的行为，即反而杀之。在这种反杀的

情况下,他方先实施对己方的杀人行为,行为人在反击中将他方杀死,尤其是夺取他人的凶器将他人杀死。现在需要讨论的是在反杀的情形中,反杀行为是否构成正当防卫。反杀行为具有以杀对杀的性质,这本身就包含了某种防卫性。争议的问题在于:夺取他人凶器进行反杀,是否具备防卫时间?如果不具备防卫时间,则这种反杀就不能成立正当防卫。因此,在反杀案件中,是否构成正当防卫的判断就在于不法侵害是否已经终止。

【案例4】于海明故意伤害案

2018年8月27日21时30分许,于海明骑自行车在昆山市震川路正常行驶,刘某醉酒驾驶小轿车向右强行闯入非机动车道,与于海明险些碰擦。刘某的一名同车人员下车与于海明争执,经同行人员劝解返回时,刘某突然下车,上前推搡、踢打于海明。虽经劝解,刘某仍持续追打,并从轿车内取出一把砍刀(系管制刀具),连续用刀面击打于海明颈部、腰部、腿部。刘某在击打过程中将砍刀甩脱,于海明抢到砍刀。刘某上前争夺,在争夺中于海明捅刺刘某的腹部、臀部、砍击其右胸、左肩、左肘。刘某受伤后跑向轿车,于海明继续追砍两刀均未砍中,其中一刀砍中轿车。刘某逃离后,倒在附近绿化带内,后经送医抢救无效死亡。

于海明故意伤害案,也被称为昆山反杀案。因为现场的摄像镜头正好将案发过程记录下来,影像在媒体上流传以后,反杀过程的画面清晰地呈现在公众面前。因为是死者刘某首先持刀追砍于海明,对此进行的防卫属于我国《刑法》第20条第3款规定的无过当防卫,对此没有异议。关键在于:于海明抢到砍刀,刘某上前争夺,在争夺中于海明捅刺刘某,造成刘某伤害。刘某受伤后跑向轿车,于海明继续追砍两刀均未砍中。那么,对于这一反杀行为如何判断是否具有防卫性?从案情来看,伤害致死行为是在争夺砍刀过程中实施的,此时不法侵害仍然处于正在进行的状态。因为死者刘某夺取砍刀以后,完全有可能继续对于海明实施不法侵害。因此,此时的不法侵害没有终止。对于不法侵害不能狭义地理解为只是举刀砍杀之时,而是应当广义地理解为实施砍杀前后一个持续的过程。在本案中,于海明夺取砍刀以后,继续追砍刘某,砍了两刀没有砍中。由此可

553

见，刘某是被夺刀时砍伤致死的。因此，对于海明的反杀行为认定为正当防卫没有问题。假如刘某是在追砍过程中被砍死的，问题就更为复杂了。在这种情况下，于海明的反杀行为能否认定为正当防卫就要根据当时的主客观情况进行细致分析。例如，于海明是明知刘某已经丧失侵害能力而继续砍杀，还是主观上认为刘某跑向轿车去拿凶器继续进行侵害，等等。

对于本案，8月27日当晚公安机关以故意伤害立案侦查，8月31日公安机关查明了本案的全部事实。9月1日，昆山市公安局根据侦查查明的事实，依据我国《刑法》第20条第3款的规定，认定于海明的行为属于正当防卫，不负刑事责任，决定依法撤销于海明故意伤害案。其间，公安机关依据相关规定，听取了检察机关的意见，昆山市人民检察院同意公安机关的撤销案件决定。

昆山反杀案将于海明的行为认定为正当防卫，这是一个成功的案例，因而成为最高人民检察院公布的指导性案例。在处理反杀的过程中，关键在于对侵害行为正在进行的判断，以便将正当防卫和事后防卫加以区分。对此，最高人民检察院在于海明案的"指导意义"中指出："正当防卫以不法侵害正在进行为前提。所谓正在进行，是指不法侵害已经开始但尚未结束。不法侵害行为多种多样、性质各异，判断是否正在进行，应就具体行为和现场情境作具体分析。判断标准不能机械地对刑法上的着手与既遂作出理解、判断，因为着手与既遂侧重的是侵害人可罚性的行为阶段问题，而侵害行为正在进行，侧重的是防卫人的利益保护问题。所以，不能要求不法侵害行为已经加诸被害人身上，只要不法侵害的现实危险已经迫在眼前，或者已达既遂状态但侵害行为没有实施终了的，就应当认定为正在进行。"上述"指导意义"明确了不法侵害正在进行的三个判断要点。

（1）不法侵害正在进行的含义是不法侵害已经开始但尚未结束。在不法侵害开始之前或者结束以后，防卫时间已经丧失，因而不存在防卫问题。应当指出，这里的已经开始但尚未结束，是对不法侵害正在进行的一种客观状况的描述。而《日本刑法典》第36条采用"急迫的不法侵害"这样的表述，因而不法侵害的急迫性就成为正当防卫成立的重要条件。对于这里的急迫性，日本学者山口厚认为

是指被侵害的法益遭受侵害的危险必须是紧迫的。山口厚对各种具体情状下急迫性的判断进行了讨论①，对于我们判断不法侵害的正在进行具有一定的参考意义。因此，在我国司法实践中，对于不法侵害之正在进行的判断，不应该是形式性的判断而应该是实质性的判断。判断的根据是侵害的急迫性，例如不法侵害的开始是指侵害行为已经对防卫人形成一定的危险，而不法侵害的结束是指侵害行为的危险已经消失。

（2）不法侵害正在进行的判断应当以防卫人的利益保护为优先考虑，不同于对犯罪行为的着手和既遂的判断。因此，不法侵害的开始不同于犯罪行为的着手；同样，不法侵害的结束也不同于犯罪行为的既遂。在司法实践中考察不法侵害是否正在进行，应当从不法侵害对于防卫人是否已经具有法益侵害的急迫危险出发加以判断，而不是以法益侵害的实害结果发生作为判断的标准。例如，日本学者讨论预期的侵害问题，即预期侵害的场合是否也能肯定侵害的急迫性。对此，山口厚指出：即便是预期到了侵害，一般地说也不存在回避侵害的义务。要是肯定了存在这一义务，就意味着必须忍受我们的正当利益受到侵害。从法益尽量不受侵害、尽可能全部予以保护是最理想的这样的见地出发，在预期到"急迫不法的侵害"并且回避这一侵害也并不会增加额外的负担的场合，为了全面地保全法益，就要求去回避侵害。② 如果根本不考虑防卫人的权益，机械地根据侵害行为确定防卫行为的时间条件，显然是偏颇的。

（3）对于不法侵害正在进行的判断应当根据不法侵害的行为类型和防卫的具体情境进行。考虑到不法侵害的复杂性，对于不法侵害正在进行不能采取机械的标准，而是根据侵害行为的具体情状加以判断。德国学者对不法侵害属于继续犯情况下的防卫问题做了论述，指出："在继续犯（例如，剥夺他人自由，侵犯住宅安宁）的场合，只要违法状态处于继续状态，侵害应当属于正在发生。虽已经对被保护的利益实施侵害，但一经反抗便处于全部或者部分消除的状态，此等情

---

① 参见［日］山口厚：《刑法总论》（第3版），付立庆译，121、122页，北京，中国人民大学出版社，2018。
② 参见［日］山口厚：《刑法总论》（第2版），付立庆译，120页，北京，中国人民大学出版社，2011。

况下仍然属于继续犯。"[1] 我国学者也对在持续侵害的情况下，防卫时间的判断进行了讨论，例如周光权教授指出："在持续侵害中，不法行为的成立和既遂往往都相对较早，但犯罪行为在较长时间内并未结束，在犯罪人彻底放弃犯罪行为之前，违法状态也一直持续，犯罪并未终了。在此过程中，防卫人理应都可以防卫。"[2] 此外，对不法侵害的防卫并不能毕其功于一役，而往往转而发展为互相之间的打斗。在这种情况下，不法侵害就转化为持续侵害，防卫行为也就呈现出相应的持续性。在这种情况下，应当根据案件的不同情况判断不法侵害的终止时间，以此作为认定是否存在防卫时间要件的根据。只有在不法侵害人已经明显丧失侵害能力的情况下，例如受伤倒地、昏迷等，或者已经放弃侵害行为的情况下，例如脱离侵害现场、求饶等，防卫人仍然加害于侵害人并造成死伤结果的，才应当认定为防卫不适时，不属于正当防卫。

（三）防卫限度的判断规则

在正当防卫案件的处理中，最为困难的就是防卫限度的把握问题，它关系到正当防卫与防卫过当的区分。我国《刑法》第20条第2款明确地将防卫过当规定为正当防卫明显超过必要限度造成重大损害的行为。根据上述规定，我国刑法中的防卫过当是行为明显超过防卫限度和造成重大损害结果的统一。因此，防卫限度可以从以下三个方面加以判断。

（1）防卫行为是否明显超过正当防卫的必要限度？这是行为过当的问题。防卫行为与侵害行为之间首先可以从性质上进行对比，这种对比呈现出三点差异。

第一，防卫行为的人身损害性与侵害行为既包括人身侵害又包括财产侵害等非人身侵害之间的差异性，由此引申出的问题是：对于非人身的侵害行为是否可以进行正当防卫？例如，对于入室盗窃的防卫，造成盗窃犯死亡是否属于正当防卫，以及防卫限度如何掌握，都是容易引起争议的。笔者认为，我国《刑法》第20条关于正当防卫的规定，明确将防卫目的描述为保护本人或者他人的人身、

---

[1] ［德］汉斯·海因里希·耶赛克、托马斯·魏根特：《德国刑法教科书》上，徐久生译，458～459页，北京，中国法制出版社，2017。
[2] 周光权：《刑法公开课》，70页，北京，北京大学出版社，2019。

财产和其他权利。因此,刑法并没有将防卫范围限制为保护人身侵害,对于财产侵害等非人身侵害,只要符合正当防卫的条件,都可以进行防卫。只是在防卫限度上应当有所节制。当然,也不能认为只要是以人身损害的方式对非人身侵害行为进行防卫的,无论造成损害结果如何,都构成防卫过当。

第二,防卫行为的暴力性与侵害行为既包括暴力侵害又包括非暴力侵害之间的差异性,由此引申出的问题是:对于非暴力的侵害行为是否可以进行正当防卫?防卫行为具有防卫方式上的单一性,即以造成侵害人的人身损害的暴力方式(包括身体伤害和剥夺生命)进行防卫。因而,防卫行为具有暴力性。而侵害行为则具有侵害方式上的多样性,既存在暴力侵害,同时还存在非暴力侵害。在对暴力侵害进行防卫的情况下,具有以暴制暴的性质,具有防卫行为与侵害行为之间性质上的对称性。但在对非暴力侵害进行防卫的情况下,以暴力的防卫性质制止非暴力的侵害行为,具有防卫行为与侵害行为之间在行为方式上的不对称性。因此,对于非暴力的侵害行为能否进行防卫,以及防卫限度如何掌握也是一个值得探讨的问题。对于这个问题,最高人民法院在指导案例93号于欢故意伤害案的裁判要点中明确指出:"对正在进行的非法限制他人人身自由的行为,应当认定为刑法第二十条第一款规定的'不法侵害',可以进行正当防卫。"由此可见,对于非暴力的非法拘禁、侵入他人住宅等不法侵害是可以进行正当防卫的。当然,在防卫限度的判断上应当有别于对暴力侵害的防卫。

第三,防卫行为的构成要件该当性与侵害行为既包括违法行为又包括犯罪行为之间的差异性,由此引申出的问题是:对于尚未达到犯罪程度的侵害行为是否可以进行正当防卫?这里涉及对不法侵害的理解,即不法侵害是否既包括违法行为又包括犯罪行为?对此,我国立法机关认为,本款规定的"不法侵害"是指对受国家法律保护的国家、公民一切合法权益的违法侵害。[①] 由此可见,对于违法行为也是可以进行正当防卫的,例如对于殴打行为进行防卫,即使造成轻伤结果,也不能认为超过了防卫限度。

---

① 参见郎胜主编:《中华人民共和国刑法释义》,6版,22页,北京,法律出版社,2015。

综上所述，行为过当的判断应当从侵害行为和防卫行为这两个方面，根据案件的具体情况进行综合分析，最后得出行为是否过当的结论。

（2）防卫行为是否造成重大损害结果？这是结果过当的问题。进入司法视野的正当防卫案件，防卫行为必然已经造成侵害人伤亡的结果，因此，该防卫结果是否过当需要认真进行分析。在正当防卫案件中，对侵害结果与防卫结果进行对比，可以分为两种情形。

第一，侵害行为已经造成人身损害结果，例如造成防卫人伤害，在这种情况下，防卫人在防卫过程中造成侵害人死伤结果。其中，造成侵害人伤害结果是对称的，而造成侵害人死亡结果则是不对称的。因此，如果仅仅根据死亡结果判断，必然会得出防卫过当的结论。其实，对于死亡结果还要分析是伤害行为造成的，即故意伤害致人死亡，还是杀人行为造成的。因此，不能将死亡结果作为认定过当的唯一根据或者主要根据，而是应当考察造成伤亡结果是否为防卫所必需。

第二，侵害行为尚未造成人身损害结果或者只是造成轻微的人身损害结果，而防卫行为却已经造成重伤、死亡等较为严重的人身损害结果。在这种情况下，如果仅从结果来看，防卫结果已然超过侵害的严重程度。那么，能否由此而认定为超过防卫限度呢？对此，最高人民检察院在检例47号于海明正当防卫案中指出："在论证过程中有意见提出，于海明本人所受损伤较小，但防卫行为却造成了刘某死亡的后果，二者对比不相适应，于海明的行为属于防卫过当。论证后认为，不法侵害行为既包括实害行为也包括危险行为，对于危险行为同样可以实施正当防卫。认为'于海明与刘某的伤情对比不相适应'的意见，只注意到了实害行为而忽视了危险行为，这种意见实际上是要求防卫人应等到暴力犯罪造成一定的伤害后果才能实施防卫，这不符合及时制止犯罪、让犯罪不能得逞的防卫需要，也不适当地缩小了正当防卫的依法成立范围，是不正确的。本案中，在刘某的行为因具有危险性而属于'行凶'的前提下，于海明采取防卫行为致其死亡，依法不属于防卫过当，不负刑事责任，于海明本人是否受伤或伤情轻重，对正当防卫的认定没有影响。"虽然于海明被认定为无过当防卫，不存在对防卫限度的判断问题，但在对该案的司法审查过程中，涉及在防卫结果与侵害结果不对称的

情况下，对防卫限度的判断问题，因而值得我们注意。在对防卫行为是否超过正当防卫必要限度进行判断的时候，如果侵害行为不是实害行为而是危险行为，则不能仅仅从结果是否对称上进行考量，而是应当结合案件的具体情况，例如使用工具、人数、时间、地点等，综合判断防卫行为是否超过正当防卫的必要限度。

（3）行为过当与结果过当的统一。对于防卫行为是否超过正当防卫必要限度的判断，既不能仅考虑行为是否过当而不考虑结果是否过当，也不能仅考虑结果是否过当而不考虑行为是否过当，而是应当同时考虑行为与结果这两个要素，只有在行为过当与结果过当同时具备的情况下，才能认定为防卫过当。行为过当与结果过当的概念来自日本刑法理论中的相当性概念，日本学者一般以相当性考察防卫行为或者防卫手段。例如山口厚指出："反击行为作为针对侵害的防卫手段，应具有相当性。因此，只要反击行为并非超过上述限度，作为针对侵害的防卫手段便具有相当性，即便由该反击行为所造成的结果偶尔大于所被侵害的法益，也应该认为，该反击行为并非不属于正当防卫行为。"① 根据这一观点，即使防卫结果大于侵害结果，只要防卫手段具有相当性，也应当成立正当防卫而不是防卫过当。因此，防卫行为是否过当并不完全取决于结果，首先要考察防卫行为是否具有相当性。防卫行为的相当性应当与结果分开判断而不是混为一谈。山口厚指出："被正当化的防卫行为的范围，不应该根据所产生的'结果'，而应该通过所使用的'防卫手段'本身予以判断"②。以上观点与防卫限度判断中的唯结果论的观点是对立的。在防卫限度的判断中，首先需要确定的是结果的过当性。如果没有结果过当也就不可能成立防卫过当。但仅有结果过当是不够的，更为重要的是还应当考察行为的过当性。只有在同时具备行为过当与结果过当的情况下，才能认为超过防卫限度。如果只是结果过当而行为并未过当，或者只是行为过当而结果并未过当，都不能成立防卫过当。

（本文原载《政治与法律》，2019（8））

---

① ［日］山口厚：《刑法总论》（第2版），付立庆译，129页，北京，中国人民大学出版社，2011。
② ［日］山口厚：《刑法总论》（第2版），付立庆译，129页，北京，中国人民大学出版社，2011。

正当防卫：指导性案例以及研析

一

正当防卫是公民依法享有的权利，行使正当防卫权利的诸条件的统一，就是正当防卫的构成。根据《刑法》第20条第1款关于正当防卫概念的规定，正当防卫的构成是主观条件和客观条件的统一。现在分述如下。

（一）防卫意图

正当防卫是公民和正在进行的不法侵害做斗争的行为。因此，防卫人主观上必然具有某种防卫意图，这就是正当防卫构成的主观条件。所谓防卫意图，是指防卫人意识到不法侵害正在进行，为了保护国家、公共利益，本人或者他人的人身、财产等合法权利，而决意制止正在进行的不法侵害的心理状态。因此，防卫意图可以包括两个方面的内容：（1）对于正在进行的不法侵害的认识，即正当防卫的认识因素。这里所谓对不法侵害的认识，是防卫人意识到国家、公共利益、本人或者他人的人身、财产等合法权利受到正在进行的不法侵害。因此认识内容包括防卫起因、防卫人产生正当防卫意志的主观基础，是对客观存在的不法侵害

的正确反映。没有正当防卫的认识,就不可能产生正当防卫的意志,也就没有防卫意图可言。(2)对于制止正在进行的不法侵害的决意,即正当防卫的意志因素。正当防卫意志体现在对防卫行为的自觉支配或者调节作用上,推动防卫人实施防卫行为,并且积极地追求保护国家、公共利益和其他合法权利的正当防卫的目的。因此,防卫意图是正当防卫的认识因素和意志因素的统一。

(二)防卫起因

不法侵害是正当防卫的起因,没有不法侵害就谈不上正当防卫。因此,防卫起因是正当防卫构成的客观条件之一。作为防卫起因的不法侵害,必须具备两个基本特征:(1)法益侵害性。这里所谓法益侵害性,是指某一行为直接侵害国家、公共利益,本人或者他人的人身、财产等合法权益,具有不法的性质。(2)侵害紧迫性。这里所谓侵害紧迫性,一般来说是指那些带有暴力性和破坏性的不法行为,对我国刑法所保护的国家、公共利益和其他合法权益造成的侵害具有一定的紧迫性。只有同时具备以上两个特征,才能成为正当防卫的起因。行为的法益侵害性,是正当防卫起因的质的特征。没有法益侵害性就不存在正当防卫的现实基础,因此不发生侵害紧迫性的问题。侵害紧迫性是正当防卫起因的量的特征,它排除了那些没有紧迫性的不法侵害成为防卫起因的可能性,从而使正当防卫的起因限于为实现正当防卫的目的所允许的范围。总之,作为正当防卫起因的不法侵害,是具有法益侵害性的不法侵害,确切地说,它是危害国家、公共利益和其他合法权利,并且达到了一定的紧迫程度的不法侵害。

(三)防卫客体

正当防卫是通过对不法侵害人造成一定损害的方法,使国家、公共利益,本人或者他人的人身、财产等合法权利免受正在进行的不法侵害的行为。正当防卫的性质决定了它只能通过对不法侵害人的人身或者财产造成一定损害的方法来实现防卫意图。因此,防卫客体的确定对于正当防卫的认定具有重要意义。我们认为,防卫客体主要是不法侵害人的人身。因为不法侵害是人的积极作为,它通过人的一定的外部身体动作来实现其侵害意图。为了制止这种正在进行的不法侵害,必须对不法侵害人的人身采取强制性、暴力性的防卫手段。应当指出,在某

些特定情况下，物也可以成为防卫客体。

（四）防卫时间

正当防卫的时间是正当防卫的客观条件之一，它所要解决的是在什么时候可以进行正当防卫的问题。正当防卫是为制止不法侵害而采取的还击行为，必须面临着正在进行的不法侵害才能实行。所谓不法侵害正在进行，是指侵害处于实行阶段，这个实行阶段可以表述为已经发生且尚未结束。因此，防卫时间可以从以下两个方面进行认定：（1）开始时间。这里的关键是要正确地认定不法侵害行为的着手。笔者认为在确定不法侵害的着手，从而判断正当防卫的开始时间的时候，不能苛求防卫人，而是应该根据当时的主观和客观的因素全面分析。例如，对于入室犯罪来说，只要已经开始入室，未及实施其他侵害行为，也应当视为已经开始不法侵害。在个别情况下，不法侵害虽然还没有进入实行阶段，但其实施已经逼近，侵害在即，形势十分紧迫，不进行正当防卫不足以保护国家、公共利益和其他合法权益。在这种情况下，可以实行正当防卫。（2）终止时间。在不法侵害终止以后，正当防卫的前提条件已经不复存在，因此，一般不再发生防卫的问题。所以，必须正确地确定不法侵害的终止，以便确定正当防卫权利的消失时间。笔者认为，我国刑法中正当防卫的目的是使国家、公共利益，本人或者他人的人身、财产等合法权利免受正在进行的不法侵害。因此，不法侵害是否终止应以不法侵害的危险是否排除为其客观标准。在以下三种情况下，应当认为不法侵害已经终止，不得再实行正当防卫：第一，不法行为已经结束；第二，不法侵害行为确已自动中止；第三，不法侵害人已经被制服或者已经丧失侵害能力。在以上三种情况下，正当防卫人之所以必须停止防卫行为，是因为客观上已经不存在危险，或者不需要通过正当防卫排除其危险。

（五）防卫限度

正当防卫的必要限度是它和防卫过当相区别的一个法律界限。关于如何理解正当防卫的必要限度，在刑法理论上主要存在以下三种观点：（1）基本适应说，认为防卫行为不能超过必要的限度。就是说，防卫行为和侵害行为必须基本相适应。怎样才算基本相适应，这要根据侵害行为的性质和强度以及防卫利益的性质

正当防卫：指导性案例以及研析

等因素来决定。（2）客观需要说，认为防卫行为只要是为制止不法侵害所需要的，就是没有超过限度。因此，只要防卫在客观上有需要，防卫强度既可以大于也可以小于，还可以相当于侵害的强度。（3）基本适应和客观需要统一说，认为考察正当防卫行为是否超过必要限度，关键是要看是否为有效制止不法侵害行为所必需，必要限度也就是必需限度。但是，如何认定必需或不必需，脱离不了对侵害行为的强度、所保卫权益的性质以及防卫行为的强度做综合的分析研究。笔者基本上同意上述第三种观点，正当防卫必要限度实际上可以分为两个互相联系而又互相区别的问题：一是何为正当防卫的必要限度；二是如何确定正当防卫的必要限度。关于前者，显然应当以有效地制止正在进行的不法侵害所必需为限度。这是考察必要限度的出发点，是确定必要限度的基本原则。对于后者，应当采取一个综合的标准，从以下三个方面进行考察：（1）不法侵害的强度。在确定必要限度时，首先需要考察不法侵害的强度。所谓不法侵害的强度，是指行为的性质、行为对客体已经造成的损害结果的轻重以及造成这种损害结果的手段、工具的性质和打击部位等因素的统一。对于不法侵害实行正当防卫，如果用轻于或相当于不法侵害强度的防卫强度不足以有效地制止不法侵害，可以采取大于不法侵害强度的防卫强度。当然，如果大于不法侵害强度的防卫强度不是为制止不法侵害所必需，那就是超过了正当防卫的必要限度。（2）不法侵害的缓急。不法侵害的强度虽然是考察正当防卫是否超过必要限度的重要因素，但我们不能把侵害强度在考察必要限度中的作用绝对化，甚至认为这是唯一的因素。在某些情况下，不法侵害已经着手，形成了侵害的紧迫性，但侵害强度尚未发挥出来，因此无法以侵害强度为标准，只能以侵害的紧迫性为标准，确定是否超过了正当防卫的必要限度。所谓不法侵害的缓急是指侵害的紧迫性，即不法侵害所形成的对国家、公共利益，本人或者他人的人身、财产等合法权利的危险程度。不法侵害的缓急对于认定防卫限度具有重要意义，尤其是在防卫强度大于侵害强度的情况下，考察该大于不法侵害强度的防卫强度是否为制止不法侵害所必需，更应以不法侵害的缓急等因素为标准。（3）不法侵害的权益。不法侵害的权益，就是正当防卫保护的权益，它是决定必要限度的因素之一。根据不法侵害的权益在确定是否超过必要限度中的作

用,为保护重大的权益而将不法侵害人杀死,可以认为是为制止不法侵害所必需,因而没有超过正当防卫的必要限度;而为了保护轻微的权益,即使是非此不能保护,造成了不法侵害人的重大伤亡,就可以认为是超过了必要限度。

二

(一) 王某过失致人死亡案[①](假想防卫的认定与处理)

1. 基本案情

1999年4月16日晚,被告人王某一家三口入睡后,忽听见有人在其家屋外喊叫王某与其妻佟某的名字。王某便到外屋查看,见一人已将外屋窗户的塑料布扯掉一角,正从玻璃缺口处伸进手开门闩。王某即用拳头打那人的手一下,该人急抽回手并跑走。王某出屋追赶未及,亦未认出是何人,即回屋带上一把自制的木柄尖刀,与其妻一道,锁上门后(此时其10岁的儿子仍在屋里睡觉),同去村支书吴某家告知此事,随后又到村委会向大林镇派出所电话报警。王某与其妻报警后急忙返回自家院内时,发现自家窗前处有两个人影。此两人系本村村民何某、齐某来王家串门,见房门上锁正欲离去。王某未能认出何、齐两人,而误以为是刚才欲非法侵入其住宅之人,又见两人向其走来,疑为要袭击他,随即用手中的尖刀刺向走在前面的齐某的胸部,致齐某因气血胸、失血性休克当场死亡。何某见状上前抱住王某,并说:"我是何某。"王某闻声停住,方知出错。

某中级人民法院依照《中华人民共和国刑法》第233条、第64条的规定,于1999年11月15日判决如下:被告人王某犯过失致人死亡罪,判处有期徒刑七年,没收其作案工具尖刀一把。

一审宣判后,被告人王某未上诉。某人民检察院以"被告人的行为是故意伤害犯罪,原判定罪量刑不当"为由,向某高级人民法院提出抗诉。

某高级人民法院依照《中华人民共和国刑事诉讼法》第189条第1项,于

---

① 参见最高人民法院刑事审判第一庭、第二庭编:《刑事审判参考》,总第20辑,9~13页,北京,法律出版社,2001。

正当防卫：指导性案例以及研析

2000年1月23日裁定驳回抗诉，维持原判。

2. 涉案问题

假想防卫如何认定与处理。

3. 裁判理由

被告人王某因夜晚发现有人欲非法侵入其住宅即向当地村干部和公安机关报警，当其返回自家院内时，看见齐某等人在窗外，即误认为系不法侵害者，又见二人向其走来，疑为要袭击他，疑惧中即实施了"防卫"行为，致他人死亡。其行为属于在对事实认识错误的情况下实施的假想防卫，具有一定社会危害性。因此，王某应对其假想防卫所造成的危害结果依法承担过失犯罪的刑事责任，其行为已构成过失致人死亡罪。

4. 评析意见

本案涉及假想防卫的认定及处理问题。在刑法理论上，假想防卫是指基于主观上的认识错误，误认为存在实际上并不存在的不法侵害，因而对臆想中的不法侵害实行了所谓正当防卫，造成他人无辜损害的情形。因此，假想防卫存在以下四个特征：（1）作为防卫客体的不法侵害实际上并不存在。（2）主观上产生认识错误，误认为存在不法侵害。（3）客观上对臆想中的不法侵害实施了所谓防卫。（4）对未实施不法侵害的他人造成了无辜损害。

在判断是否属于假想防卫的时候，需要注意与正当防卫和一般犯罪加以正确区分：首先应当正确判断客观上是否存在不法侵害，这是假想防卫与正当防卫的根本区别之所在。如果确实存在不法侵害，则行为人的反击行为就是对不法侵害的一种正当防卫。只有在根本不存在不法侵害的情况下，基于主观上的认识错误而对臆想中的不法侵害实施所谓防卫，才能认定为假想防卫。在本案中，村民齐某等两人是到王某家来串门的，该两人并非先前窥视王某家的人，其根本没有实施不法侵害。因此，不存在不法侵害，被告人王某的行为不能认定为正当防卫。其次应当正确判断主观上是否存在认识错误，即误认为存在不法侵害，这是假想防卫与一般犯罪的根本区别之所在。如果并没有发生认识错误而是以侵害故意对他人实施伤害或者杀害行为，则属于一般犯罪，不得认定为假想防卫。只有在行

为人存在认识错误的情况下，行为人基于假想中的防卫意图，对他人实施了所谓的防卫，才能认定为假想防卫。在本案中，被告人王某住家的位置较为偏僻，由于夜间确有人欲非法侵入其住宅的前因发生，被告人王某是在极其恐惧的心态下携刀在身，以防不测。因此，被告人王某返家时，看见齐某等人在自家院内窗前，基于对前因的惊恐、对室内孩子安危的担心，加之案发当晚夜色浓、风沙大，无法认人，即误认为齐某等人系不法侵害人，又见两人向其走来，误以为要袭击他，因而产生存在不法侵害的认识错误，基于这种认识错误对臆想中的不法侵害人实施了所谓防卫。因此，本案被告人王某存在认识错误。基于以上两个方面，本案被告人王某的行为认定为假想防卫是完全正确的。

在认定被告人王某的行为属于假想防卫的基础上，还需要正确处理假想防卫。对此，在检察机关和法院之间存在争议。检察机关以故意伤害罪对被告人王某起诉，而一审法院基于假想防卫将被告人王某的行为认定为过失致人死亡罪。一审宣判以后，检察机关以"被告人的行为是故意伤害犯罪，原判定罪量刑不当"为由，提出了抗诉。但二审法院驳回了检察机关的抗诉，维持了一审判决。对于检察机关认定王某的行为是故意伤害罪的理由，本案的案情介绍没有论及。笔者推测，存在两种可能：一是检察机关根本就没有认定被告人王某的行为属于假想防卫，而认为是一般的犯罪。在这种情况下，被告人王某的行为当然就会认定为故意伤害罪。二是检察机关也认为被告人王某的行为属于假想防卫，但主张在假想防卫的情况下，被告人的行为应当认定为故意犯罪。笔者姑且按照以上第二种情况加以分析，即对于假想防卫究竟应当如何定罪。在刑法理论上，一般认为，对于假想防卫应当按照对事实认识错误的原理解决其刑事责任问题，具体可以归纳为以下三个原则：（1）假想防卫不可能构成故意犯罪。（2）在假想防卫的情况下，如果行为人主观上存在过失，应以过失犯罪论处。（3）在假想防卫的情况下，如果行为人主观上没有罪过，其危害行为是由不能预见的原因引起的，那就是意外事件，行为人不负刑事责任。[①] 假想防卫之所以被误认为是故意犯罪，

---

① 参见陈兴良：《正当防卫论》，2版，150～152页，北京，中国人民大学出版社，2006。

正当防卫：指导性案例以及研析

主要是把犯罪故意与心理学上的故意混为一谈了。假想防卫虽然是故意的行为，但这种故意是建立在对客观事实错误认识的基础上的，自以为是在对不法侵害实行正当防卫。行为人不仅没有认识到其行为会发生危害社会的后果，反而认为自己的行为是合法正当的，而犯罪故意则是以行为人明知自己的行为会发生危害社会的后果为前提的。因此，假想防卫的故意只有心理学上的意义，而不是刑法上的犯罪故意。这也就是说，假想防卫的行为人，在主观上是为了保护自己的合法权益免遭侵害，其行为在客观上造成的危害是认识错误所致，其主观上没有犯罪故意，因此，假想防卫中是不可能存在故意犯罪的。本案被告人王某基于对客观事实的认识错误，对于实际上并不存在的不法侵害，却误认为存在不法侵害，自以为是为了保护本人人身或者财产的合法权益而实施了所谓防卫，其主观上根本不存在明知其行为会造成危害社会结果的问题。被告人王某主观上既不存在直接故意，也不存在间接故意。被告人王某的假想防卫行为虽然造成了他人无辜死亡的后果，在客观上具有一定的社会危害性，但不能以故意杀人罪论处。当然，在本案中，被告人王某对于造成齐某的死亡具有过失，因此对其以过失致人死亡罪论处，是完全正确的，笔者赞同一、二审判决结果。

（二）苏某故意伤害案[①]（正当防卫与互相斗殴的区分）

1. 基本案情

1997年12月间，某市卫生学校1997级学生平某在某市一饭店歌舞厅跳舞时，先后认识了苏某和张某，并同时交往。交往中，张某感觉平某对其若即若离，即怀疑是苏某与其争女友所致，遂心怀不满。1998年7月11日晚，张某以"去找一个女的"为由，叫了其弟张秋某和同乡尤某、谢某、邱某一起来到宿舍，将苏某叫出，责问其与平某的关系，双方发生争执。争执中，双方互用手指指着对方。尤某见状，冲上前去踢了苏某一脚，欲出手时，被张某拦住，言明事情没有搞清楚不要打。随后，苏某返回宿舍。张某等人站在门外。苏某回到宿舍向同

[①] 参见最高人民法院刑事审判第一庭、第二庭编：《刑事审判参考》，总第21辑，18~21页，北京，法律出版社，2001。

学要了一把多功能折叠式水果刀，并张开刀刃插在后裤袋里，叫平某与其一起出去。在门口不远处，苏某与张某再次发生争执，互不相让，并用中指比画责骂对方。当张某威胁："真要打架吗?"苏某即言："打就打!"张某即出拳打苏某，苏某亦还手，两人互殴。被害人张秋某见其兄与苏某对打，亦上前帮助其兄。苏某边打边退，尤某、谢某等人见状围追苏某。苏某即拔出张开刀刃的水果刀朝冲在最前面的被害人张秋某挺刺一刀，致其倒地。张秋某被送往医院经抢救无效死亡。

某中级人民法院根据《中华人民共和国刑法》第234条第2款、第56条第1款、第36条第1款及《中华人民共和国民法通则》第119条的规定，于1999年10月26日判决如下：被告人苏某犯故意伤害罪，判处有期徒刑十四年，剥夺政治权利三年。

宣判后，被告人苏某不服，以其是在受到正在进行的不法行为侵害时防卫而刺中被害人，主观上并无互殴的故意，应认定为防卫过当，且系初犯、偶犯为由，向某高级人民法院提起上诉。

某高级人民法院于2000年5月10日裁定驳回上诉，维持原判。

2. 涉案问题

正当防卫与互相斗殴如何区分。

3. 裁判理由

被告人（上诉人）苏某因琐事与被害人胞兄张某争吵、斗殴，并持刀将被害人刺伤致死，其行为已构成故意伤害罪，且后果严重。被告人苏某第一次被张某叫出门时，虽然被张某的同伙尤某踢了一脚，但张某制止了尤某，并言明"事情没有搞清楚不要打"，可见当时张某的行为还是克制的。事后苏某不能冷静处置，回至宿舍向同学要了一把折叠式水果刀，并张开刀刃藏于裤袋内出门，说明此时苏某主观上已产生斗殴的犯意。在张某的言语挑衅下，苏某扬言"打就打"，并在斗殴中持刀刺死帮助其兄斗殴的被害人。上述事实表明，苏某无论在主观方面还是在客观方面都具有对对方不法侵害的故意和行为。因此，苏某的行为不符合正当防卫中防卫过当的本质特征。

4. 评析意见

本案涉及正当防卫与互相斗殴的区分问题。本案被告人（上诉人）虽然提出的是防卫过当的辩解，但防卫过当是以正当防卫为其前提的，如果不具备正当防卫的前提，也就不可能构成防卫过当。因此，本案需要解决的还是如何区分正当防卫与互相斗殴。在互相斗殴的情况下，由于行为人主观上没有防卫意图，其行为不能被认定为正当防卫。这里的互相斗殴，是指参与者在其主观上的不法侵害故意的支配下，客观上所实施的连续的互相侵害行为。[1] 在我国刑法中，互相斗殴是一种违法犯罪行为，按照互相斗殴性质的严重程度，可以分为以下两种情形：一是结伙斗殴，属于扰乱公共秩序的违反治安管理的行为，是一种违法行为。二是聚众斗殴，属于我国刑法所规定的犯罪行为。无论是结伙斗殴还是聚众斗殴，双方都具有不法的性质，可以说是不正与不正之关系。互相斗殴，把每个人的行为隔离开来看，似乎具备正当防卫的客观条件。但是，互相斗殴的双方主观上都没有防卫意图，因此不能成立正当防卫。

在司法实践中，因互殴致人死亡的案件的被告人往往以正当防卫或者防卫过当进行辩解。那么如何区分正当防卫与互相斗殴呢？笔者认为，正当防卫与互相斗殴的区分主要表现在以下两个方面：一是在客观上正当防卫是一种防卫行为，而互相斗殴是一种斗殴行为。二是在主观上正当防卫具有防卫意图，而互相斗殴具有侵害意图。综合以上两点，正当防卫和互相斗殴之间存在性质上的区分。在本案中，苏某无论是在主观方面还是在客观方面，都具有对对方进行不法侵害的故意与行为。也就是说，苏某并非不愿斗殴，退避不予还手，在无路可退的情况下被迫进行自卫还击，且对方手中并未持有任何凶器。显然，苏某的行为是为了逞能，目的在于显示自己不惧怕对方，甚至故意侵害他人的人身权利，是一种有目的的直接故意犯罪行为，其主观上具有犯罪目的。苏某不具有防卫意图与防卫行为，因此不可能构成防卫过当。

---

[1] 参见陈兴良：《正当防卫论》，2版，54页，北京，中国人民大学出版社，2006。

（三）周某故意杀人案①（事前防卫的认定与处理）

1. 基本案情

2004年7月27日晚，被告人周某之妹周某某为家庭琐事与其夫（被害人）李某发生争吵，周某之母赵某出面劝解时被李某用板凳殴打。周某回家得知此事后，即邀约安某一起到李家找李某。因李某不在家，周某即打电话质问李某，并叫李某回家把事情说清楚，为此，两人在电话里发生争执，均扬言要砍杀对方。之后，周某打电话给某派出所，派出所民警到周某家劝解，周某表示只要李某前来认错、道歉及医治赵某，就不再与李某发生争执，随后派出所民警离开。次日凌晨1时30分许，李某邀约任某、杨某、吴某等人乘坐出租车来到周某家。周某听到汽车声后，从厨房拿了一把尖刀从后门绕到房屋左侧，被李某等人发现。周某与李某均扬言要砍死对方，然后周某与李某持刀打斗，杨某、任某等人用石头掷打周某。打斗中，周某将李某右侧胸肺、左侧腋、右侧颈部等处刺伤，致李某急性失血性休克，呼吸、循环衰竭死亡；李某持砍刀将周某头顶部、左胸侧等处砍伤，将周某左手腕砍断，经法医鉴定周某的损伤程度属于重伤。

某中级人民法院依照《中华人民共和国刑法》第232条、第67条第1款和《中华人民共和国民法通则》第119条、第131条的规定，于2005年1月3日判决如下：被告人周某犯故意杀人罪，判处有期徒刑八年。

一审宣判后，周某不服，向某高级人民法院提起上诉称：自己没有非法剥夺被害人生命的主观意图和故意行为，其行为属正当防卫，不应承担刑事与民事责任。其辩护人认为：原判认定事实不清，证据不足；周某的行为是在自身安危已受到严重威胁之时的正当防卫行为，周某不应承担刑事与民事责任，请求宣告周某无罪。

某高级人民法院于2005年5月16日做出判决，驳回上诉，维持原判。

2. 涉案问题

事前防卫如何认定与处理。

---

① 参见最高人民法院刑事审判第一庭、第二庭编：《刑事审判参考》，总第46集，30~40页，北京，法律出版社，2006。

正当防卫：指导性案例以及研析

3. 裁判理由

被告人（上诉人）周某在其母亲被被害人殴打后欲报复被害人，持刀与被害人打斗，打斗中不计后果，持刀猛刺被害人胸部等要害部位，致被害人死亡，其行为已构成故意杀人罪。本案的双方均有侵害对方的非法意图，双方于案发前不仅互相挑衅，而且均准备了作案工具。周某在对方意图尚未显现，且还未做出危及其人身安全的行为的情况下，即持刀冲上前砍杀对方，事实上属于一种事前防卫的行为。由此可见，周某的行为不符合正当防卫的条件，不能认定为正当防卫。综上所述，周某在主观上具有剥夺他人生命的故意，在客观上实施了与他人斗殴的行为，并且造成他人死亡的危害后果，依法应当承担故意杀人罪的刑事责任。

4. 评析意见

在本案审理过程中，对周某的行为如何定性，存在三种意见：第一种意见认为被告人周某的行为构成故意杀人罪；第二种意见认为被告人周某的行为属于正当防卫；第三种意见认为被告人周某的行为属于防卫过当，其行为构成故意伤害罪。在本案定罪时，首先应该正确认定是否属于正当防卫，如果是正当防卫再考虑是否属于防卫过当的问题。如果根本就不是正当防卫，也就没有防卫过当可言。根据我国刑法的规定，正当防卫是在受到正在进行的不法侵害的情况下，为使合法权益免受不法侵害而实施的一种防卫行为。存在正在进行的不法侵害是构成正当防卫的前提条件。只有当这种不法侵害具有紧迫性时，才允许行为人对不法侵害实行防卫。在本案中，认定是否存在正在进行的不法侵害的关键是如何认识被害人李某深夜带领众人前去周某家的行为，即这是否是一种正在进行的不法侵害？对此存在观点分歧。一种观点认为：周某于案发前向派出所打电话是想求助，寻求保护，而且周某是在被追杀的情况下予以反击的，由此可以看出周某一直是处于躲避、退让、寻求合法保护的状态，为保护自己的合法权益，在不得已的情况下实施了正当防卫行为。至于对正在进行的不法侵害的理解，只要形势紧迫即可进行防卫，并不苛求已经着手。本案被害人凌晨2时许邀约多人前往周某家即可认为不法侵害正在进行。另一种观点认为：双方都有伤害对方的故意，但

不能说明李某邀约多人就是要来杀人，还有可能是来打人或毁坏财物等，所以在被害人动手之前不能认为不法侵害正在进行。周某看见被害人后主动迎上去并扬言砍死被害人，说明周某亦有加害被害人的故意。① 由此可见，本案被告人周某的行为能否认定为正当防卫或者防卫过当，关键在于如何认定不法侵害正在进行。尤其是，不法侵害正在进行是否要求不法侵害已经着手实施。

关于作为正当防卫时间条件的不法侵害正在进行，涉及不法侵害的开始时间和结束时间。在刑法理论上一般认为，所谓正在进行的不法侵害，是指着手以后的行为，即犯罪的实行行为，而着手以前的犯罪预备行为，不能认为是正在进行的不法侵害。根据我国刑法的规定，犯罪预备是为犯罪准备工具、制造条件的行为。犯罪预备的实质在于为进一步实行犯罪创造各种条件。犯罪预备尚未造成直接危害，因此不能对其实行正当防卫。例如，甲得知乙正在磨刀要杀害自己，甲就不能以正当防卫为由提前动手将乙杀死。只有在不法侵害着手实行以后，对他人的人身权利或者其他合法权益造成了现实的威胁，才能对其实行正当防卫。刑法理论认为，在以下情况下应当视为不法侵害已经着手，可以对不法侵害人实行正当防卫：（1）在不法侵害是手段行为与结果行为统一的情况下，手段行为之着手就是不法侵害之着手，可以对其实行正当防卫。（2）在不法侵害已经逼近，例如杀人犯携带凶器接近防卫人，或者举刀正要下手行凶之际，应该认为不法侵害已经着手，可以对其实行正当防卫。（3）在不法侵害十分紧迫，防卫人的人身权利受到严重威胁的情况下，可以实行正当防卫。（4）在不法侵害的实行过程中，只要不法侵害仍在继续之中，就可以对其实行正当防卫。（5）在不法侵害的实行过程中，不法侵害因故停止，但仍然存在着对本人人身的严重威胁，可以对其实行正当防卫。② 不法侵害的正在进行是正当防卫的时间条件，凡是违反正当防卫的时间条件的所谓防卫行为，在刑法理论上称为防卫不适时。防卫不适时可以分为事前防卫与事后防卫两种情形。其中，事前防卫是指在不法侵害尚未发生时所

---

① 参见最高人民法院刑事审判第一庭、第二庭编：《刑事审判参考》，总第46集，35页，北京，法律出版社，2006。

② 参见陈兴良：《正当防卫论》，2版，98~101页，北京，中国人民大学出版社，2006。

正当防卫：指导性案例以及研究

采取的所谓防卫行为。由于在这种情况下，不法侵害没有现实地发生，因此，其行为不得视为正当防卫。

在本案中，被告人周某的行为能否认定为正当防卫或者防卫过当，就在于是否存在正在进行的不法侵害。不可否认，在案发前被告人周某确实曾经给派出所打电话报警，派出所民警也来到周某家劝解。但在被害人李某凌晨带人来到周某家时，周某并没有冷静处理，而是携带尖刀从后门出去绕至房屋左侧，主动迎战。从李某的行为来看，李某是在周某的电话催促下才在深夜带人来到周某家的。因为周某在电话里说要打李某，李某才多带了一些人来到周某家。李某到达周某家后，只身进入周某家，且未持任何器械，其他人也没有一拥而入。这说明当时李某等人并没有着手实施不法侵害。在这种情况下，周某持刀冲上前砍杀对方，形成互相斗殴，并将李某砍伤致死，其行为不能认定为正当防卫，因而也就不存在防卫过当的问题。

（四）李某故意伤害案[①]（事后防卫的认定与处理）

1. 基本案情

2002年9月17日凌晨，被告人（上诉人）李某与其同事王某、张某（另案处理）、孙某等人在某区一迪厅娱乐时，遇到本单位女同事王晓某等人及其朋友王宗某等人。王宗某故意撞了李某一下，李某对王宗某说："刚才你撞到我了。"王宗某说："喝多了，对不起。"两人未发生进一步争执。李某供称其感觉对方怀有敌意，为防身，遂返回其住处取尖刀一把再次来到迪厅。其间王宗某打电话叫来张艳某（男，时年20岁）、董某等三人（另案处理）帮其报复对方。三人赶到迪厅时李某已离去，张艳某等人即离开迪厅。李某取刀返回迪厅后，王宗某即打电话叫张艳某等人返回迪厅，向张艳某指认了李某，并指使张艳某等人在过街天桥下伺机报复李某。当日凌晨1时许，李某、王某、张某、孙某等人返回单位，当途经过街天桥时，张艳某、董某等人即持棍对李某等人进行殴打。孙某先被打

[①] 参见最高人民法院刑事审判第一、二、三、四、五庭编：《刑事审判参考》，总第55集，13～20页，北京，法律出版社，2007。

573

倒，李某、王某、张某进行反击，其间，李某持尖刀刺中张艳某胸部、腿部数刀。张艳某因被刺胸部，伤及肺脏、心脏致失血性休克死亡。孙某所受损伤经鉴定为轻伤。

某中级人民法院依照《中华人民共和国刑法》第 234 条第 2 款、第 56 条、第 61 条之规定，于 2003 年 5 月 13 日判决如下：李某犯故意伤害罪，判处有期徒刑十五年，剥夺政治权利三年。

一审宣判后，李某不服，提出上诉。李某上诉称，其在遭到不法侵害时实施防卫，造成被害人死亡的结果属于正当防卫，原判对其量刑过重，请求从轻处罚。其辩护人认为，李某的行为属于正当防卫过当，原审判决认定事实错误，对李某量刑过重，请求二审法院依法改判。

二审法院经审理认为，原审人民法院认定李某犯故意伤害罪正确且审判程序合法，但对本案部分情节的认定有误，适用法律不当，对李某量刑过重，依法予以改判。据此，依照《中华人民共和国刑事诉讼法》第 189 条第 2 项及《中华人民共和国刑法》第 234 条第 2 款、第 20 条第 2 款、第 61 条之规定，于 2003 年 8 月 5 日判决如下：上诉人李某犯故意伤害罪，判处有期徒刑五年。

2. 涉案问题

事后防卫如何认定与处理。

3. 裁判理由

一审法院认为，被告人李某故意伤害他人身体，致人死亡，其行为已构成故意伤害罪，犯罪后果特别严重，依法应予惩处。鉴于被害人对本案的发生负有重大过错，故依法对被告人李某予以从轻处罚。对于被告人李某的辩护人提出的李某的行为本身是正当防卫，只是由于没有积极救治被害人导致李某承担间接故意伤害的法律后果的辩护意见，经查：正当防卫成立的要件之一即防卫行为的直接目的是制止不法侵害，不法侵害被制止后不能继续实施防卫行为，而被告人李某持刀连续刺扎被害人张艳某要害部位胸部数刀，在被害人倒地后还对其进行殴打，故李某具有明显伤害他人的故意，其行为符合故意伤害罪的犯罪构成，辩护人此项辩护意见不能成立，不予采纳。

二审法院认为，上诉人李某为制止正在进行的不法侵害而故意伤害不法侵害者的身体，其行为属于正当防卫，但其防卫明显超过必要限度，造成被害人死亡的重大损害后果，其行为构成故意伤害罪，依法应予减轻处罚。李某及其辩护人所提李某的行为属于防卫过当、原判对其量刑过重的上诉理由和辩护意见成立，予以采纳。

4. 评析意见

对于本案，一审法院与二审法院做出了不同的判决：一审法院认定被告人李某的行为不属于防卫过当，而二审法院则认定被告人李某的行为属于防卫过当。这两者的区别在很大程度上取决于对被害人张艳某的不法侵害终止时间的认定，因而涉及李某的行为是否属于事后防卫的问题。

在不法侵害终止以后，正当防卫的时间条件已经不复存在，因此一般不再发生正当防卫的问题。在刑法理论上，把不法侵害终止以后，对不法侵害者所实施的所谓防卫行为，称为事后防卫。事后防卫的行为人主观上不存在防卫意图，而是出于报复的心理。在客观上对先前的不法侵害者实施了报复侵害行为，造成了他人不应有的损害。因此，事后防卫不是正当防卫，而是一种具有报复性质的犯罪行为。事后防卫可以分为以下情形：（1）故意的事后防卫，其中又可以分为两种形式，第一种是没有正当防卫前提的事后防卫。这种事后防卫的特点是事前存在不法侵害，但在不法侵害正在进行时，行为人没有对不法侵害实行正当防卫，而是在不法侵害过去以后，才对不法侵害实行所谓的防卫。这是一种出于行为人的报复之心的事后补偿行为。第二种是具有正当防卫前提的事后防卫。在实行正当防卫的过程中，不法侵害人已经丧失了侵害能力或者中止了不法侵害，或者已经被制服，但防卫人仍不罢手，继续加害于不法侵害人。在这种情况下，正当防卫和事后防卫并存于同一个案件，因此更为复杂。（2）对事实认识错误导致的事后防卫。在这种情况下，不法侵害已经过去，但防卫人由于对事实发生了错误的认识，以为不法侵害依然存在，而对其实行了所谓防卫。①

---

① 参见陈兴良：《正当防卫论》，2版，160～163页，北京，中国人民大学出版社，2006。

在本案中，被告人李某在与他人发生争执后，为防对方报复，返回住所携带刀具防身，这是一种预防行为，其目的是防范自己的合法权益遭受不法侵害，在侵害发生之前做防范的准备。尽管携带管制刀具是违法的，但如果此后确有不法侵害发生，被告人使用它反击不法侵害，其行为及结果均可表明其携带的刀具是为了抵御不法侵害。在这种情况下，就不能因为其携带管制刀具是违法的，而否认其行为的防卫性质。所以，本案被告人为预防不法侵害的发生携带刀具，不能阻却其在遭遇不法侵害时使用该刀具实施的防卫行为成立正当防卫。就本案而言，被告人李某在与王宗某发生冲突后，返回单位住处取刀并再次回到迪厅，但未主动伤害王宗某，可见其取刀的主观目的确实是防范此后可能发生的不法侵害。被害人张艳某等人在王宗某的预谋和指使下，预先埋伏在李某返回单位的途中，对李某等人进行殴打，当即将孙某打倒在地，又殴打李某等人。张艳某等人的行为属于对公民身体健康所实施的不法侵害。对此不法侵害，李某当然有权实行正当防卫。对此，一审法院也没有否认。但一审法院又认为，防卫行为的直接目的是制止不法侵害，不法侵害被制止后不能继续实施防卫行为，而被告人李某持刀连续刺扎被害人张艳某要害部位胸部数刀，在被害人倒地后还对其进行殴打，因此不能成立防卫过当。从一审判决的这一裁判理由来看，是把被告人李某的行为认定为事后防卫，即在不法侵害终止以后的所谓防卫行为。这里涉及对被害人的不法侵害的终止时间的认定问题。1983年最高人民法院、最高人民检察院、公安部、国家安全部、司法部《关于人民警察执行职务中实行正当防卫的具体规定》第3条规定："遇有下列情形之一时，应当停止防卫行为：（一）不法侵害行为已经结束；（二）不法侵害行为确已自动中止；（三）不法侵害人已经被制服，或者已经丧失侵害能力。"这一规定对于判断不法侵害是否终止、区分正当防卫与事后防卫具有参考意义。在本案中，不存在不法侵害已经终止的情形。因为不法侵害已经终止是指在防卫之前存在不法侵害，但当防卫行为开始实施时，已经不存在不法侵害。本案中，在防卫行为开始时，不法侵害仍然存在。此外，本案中也不存在不法侵害行为确已自动中止的情形。因为不法侵害确已自动中止，是不法侵害人自动停止了侵害行为，因而构成犯罪中止。这里的中止是指发正当防卫：指导性案例以及研析

生在防卫行为实施之前，因而不存在正当防卫的前提。对于本案来说，关键是是否存在不法侵害人已经被制服，或者已经丧失侵害能力的情形。我们应该看到，本案是多个不法侵害人和数个正当防卫人的复杂案件，对于不法侵害人是否已经被制服，或者已经丧失侵害能力应当全案分析，而不是一对一地简单判断。本案被告人李某在对被害人张艳某实行防卫时，张艳某正在对其实施不法侵害行为，其另外两名同伙又分别在殴打李某的同事张某和王某，不法侵害正在进行。张艳某所受致命伤为刀伤，形成于李某进行防卫的过程中。因此，不存在不法侵害人已经被制服，或者已经丧失侵害能力的情形。当然，张艳某在对李某实施不法侵害时，并没有持凶器，而是徒手进行，李某却持刀对张艳某连刺数刀，并在张艳某停止侵害且身受重伤的情况下，继续追赶并踢打张艳某。对于这一事实，一审判决认定这是本案属于事后防卫的事实根据，而二审判决则认为致命刀伤形成于前，事后的追赶并踢打被害人张艳某只是认定防卫过当的事实根据。二审判决的认定，笔者认为是实事求是的。被告人李某受到张艳某的不法侵害，进行追赶也是其气愤所致。当然，如果致命伤发生在不法侵害人落败逃跑以后，其行为不能认定为正当防卫及防卫过当，而是一种事后防卫。

三

关于正当防卫在犯罪论体系中的地位，是一个涉及对正当防卫性质正确理解的重要问题。在四要件的犯罪论体系中，正当防卫不是在犯罪论体系中而是在犯罪论体系外进行研究的，被称为排除社会危害性的行为或者排除犯罪性的行为。对于这种四要件的犯罪论体系与排除社会危害性的行为的逻辑关系，我国学者认为：四要件的犯罪论体系只有形式的特征，它只是犯罪存在的形式，只是犯罪在法律上的表现，它们只能"反映"行为的社会危害性，而不能最终"决定"行为的社会危害性。这种犯罪构成只是犯罪成立的必要条件，而不是充分条件，更不是充要条件。不具备犯罪构成要件的行为必然不成立犯罪，具备了犯罪构成要件的行为并不必然地成立犯罪。成立犯罪，除了应具备积极条件——犯罪构成外，

还应具备消极条件——符合犯罪构成的行为不是正当行为。① 根据这一观点，四要件的犯罪构成不能等同于犯罪成立条件，它只是犯罪成立的积极条件，而未能包括犯罪成立的消极条件。显然，这种观点是以犯罪构成应该是犯罪成立的积极条件与消极条件的统一作为逻辑出发点的，其对四要件的犯罪论体系在处理犯罪构成与排除社会危害性的行为的关系上存在瑕疵的批评具有一定的合理性。

在三阶层的犯罪论体系中，构成要件、违法性和有责性这三个要件之间形成一种递进式关系。在构成要件中，首先判断是否存在刑法分则所规定的犯罪成立条件，主要是客观条件。在此基础上再进行违法性的判断，在具备违法性的基础上再进行有责性的判断。日本学者山口厚指出，在肯定了构成要件该当性的场合，由于已经引起形成相应犯罪的违法性之实质的结果（法益侵害或者其他危险），所以只要是不存在特别的理由导致将这样的结果予以所谓中性化，则当然就会认定为违法。就构成要件该当行为而言，这些导致刑法上的禁止被解除、违法性丧失（这称为违法性阻却）的特别的理由、根据，称为违法性阻却事由。② 正当防卫就是这样一种具备构成要件而缺乏违法性的情形，在其性质上属于违法阻却事由。由此可见，违法阻却事由是以违法与责任的区分为前提的，正当防卫也是在违法性这一要件中予以出罪的情形。在三阶层的犯罪论体系中，正当防卫等违法阻却事由是在犯罪论体系内加以认定的。只有在不具备违法阻却事由的情况下，才能进一步进行有责性的判断。当构成要件、违法性和有责性这三个要件同时具备的时候，犯罪就成立。由此可见，三阶层的犯罪论体系在处理正当防卫等违法阻却事由问题上，具有合理性，可供我们借鉴。

在我国司法实践中，对于正当防卫及防卫过当案件的认定，由于四要件的犯罪论体系与排除社会危害性行为这两者是互相分离的，因此在否认存在正当防卫或者防卫过当的时候，往往不是否认其行为不符合正当防卫的要件，而是指认其符合犯罪构成要件。例如，在前述李某故意伤害案中，一审法院否认李某的行为

---

① 参见王政勋：《正当行为论》，40页，北京，法律出版社，2000。
② 参见［日］山口厚：《刑法总论》（第2版），付立庆译，103页，北京，中国人民大学出版社，2011。

正当防卫：指导性案例以及研析

属于防卫过当，二审法院则认定李某的行为属于防卫过当。本来是否属于防卫过当主要应当围绕不法侵害是否正在进行展开，但我们看到，一审判决对李某的行为是这样论证的："正当防卫成立的要件之一即防卫行为的直接目的是制止不法侵害，不法侵害被制止后不能继续实施防卫行为，而被告人李某持刀连续刺扎被害人张艳某要害部位胸部数刀，在被害人倒地后还对其进行殴打，故李某具有明显伤害他人的故意，其行为符合故意伤害罪的犯罪构成，辩护人的此项辩护意见不能成立，不予采纳。"在以上论述中，前半段叙述李某的行为是一种不法侵害被制止以后的所谓防卫行为，因而其不属于正当防卫或者防卫过当，这是合乎逻辑的论证。但在后半段叙述李某具有明显伤害他人的故意，其行为符合故意伤害罪的犯罪构成，则存在问题。如果按照三阶层的犯罪论体系，李某具有伤害行为属于构成要件的内容，并不能由此得出否认防卫行为性质的结论，因为这两者并不是对立的。正是在李某具备了伤害行为的基础上，才需要考察其行为是否构成正当防卫而阻却违法性。至于伤害故意，作为责任要素应当在排除违法阻却以后，在有责性要件中考察。即使把故意作为构成要件要素，它也是在构成要件该当性中判断的，而与正当防卫或者防卫过当的判断无关。因此，采用不同的犯罪论体系，因为正当防卫在犯罪论体系中的地位不同，对于正确认定正当防卫及防卫过当会产生不同的影响，对此必须加以注意。

（本文原载《东方法学》，2012（2））

论无过当之防卫

无过当之防卫是修订后的刑法增设的一项规定。这一规定在相当程度上扩大了正当防卫的范围，缩小了防卫过当的范围，因而对我国刑法中的正当防卫制度产生了重大的影响。

一、无过当之防卫的概念

修订后的《刑法》第 20 条第 3 款规定："对正在进行行凶、杀人、抢劫、强奸、绑架以及其他严重危及人身安全的暴力犯罪，采取防卫行为，造成不法侵害人伤亡的，不属于防卫过当，不负刑事责任。"这就是我国刑法中的无过当防卫。

修订后的刑法中之所以设立无过当之防卫制度，与前些年我国司法机关在正当防卫限度掌握上的偏差有关。我国 1979 年《刑法》第 17 条规定了正当防卫，并将防卫过当界定为正当防卫超过必要限度造成不应有的危害的行为。应该说，这一规定在立法上是无懈可击的。因为"必要限度"这一盖然性规定，已经将区分正当防卫与防卫过当的使命授予司法机关。但从 1979 年刑法实施以来司法实践的实际情形来看，司法机关对于正当防卫及其限度条件掌握过严，其结果是：

论无过当之防卫

本来应当作为正当防卫来处理的案件,作为防卫过当处理追究了刑事责任,混淆了罪与非罪的界限;本来应当作为防卫过当处理的案件,作为一般犯罪处理未得到酌情减轻或者免除处罚,混淆了轻罪与重罪的界限。凡此种种,都极大地挫伤了人民群众同违法犯罪做斗争的积极性。与此形成鲜明对比的是,我国当前社会治安混乱,车匪路霸猖獗,这种局面引起了人民群众的极大不满。在这种情况下,急迫地需要在严厉打击破坏社会治安的严重刑事犯罪分子的同时,大力宣传正当防卫,使之成为人民群众自觉地与不法侵害做斗争的法律武器。因此,这次刑法修订,正当防卫就成为一个热点问题。

在刑法修订过程中,主张放宽正当防卫条件的意见是刑法学界的共识,也得到立法机关的首肯。但是,对于是否赋予公民反击不法侵害的"无限防卫权",人们见解不一。无限防卫权是指法律赋予防卫人对不法侵害者不受防卫强度限制的处置权利。鉴于目前社会治安形势严峻,犯罪现象激增,人民群众对违法犯罪行为束手无策、不敢防卫的现状,有人提出应在较大范围内给予公民无限防卫权。为避免防卫权利的滥用,稳定社会秩序,也有人认为,可以考虑放宽防卫的条件,但不宜给予公民无限防卫权。[①] 从现代各国的刑事立法看,完全赋予公民无限防卫权的国家几乎没有。但是,有的国家允许公民对相当一部分犯罪侵害实行无限防卫。如印度刑法规定:对故意杀人、故意伤害、强奸、绑架、抢劫、夜间破门侵入房屋、放火等侵害行为,防卫人可以故意致侵害人死亡或者伤害。如何修改刑法中的正当防卫规定,立法机关实际是在两难之中进行选择:一方面试图鼓励公民积极利用正当防卫与违法犯罪行为进行斗争;另一方面又唯恐导致公民滥用防卫权,造成社会的混乱。经过权衡,立法机关倾向于在修改后的刑法中确立无限防卫权的原则。例如王汉斌在《关于〈中华人民共和国刑法(修订草案)〉的说明》中指出:由于对正当防卫超过必要限度的规定太笼统,在实际执行中随意性较大,出现了不少问题。比如,受害人在受到不法侵害时把歹徒打伤了,不仅得不到保护,反而被以防卫过当追究刑事责任。为了保护被害人的利

[①] 参见高西江主编:《中华人民共和国刑法的修订与适用》,105页,北京,中国方正出版社,1997。

581

益，鼓励见义勇为，草案增加规定："对正在进行行凶、杀人、抢劫、强奸、绑架以及其他严重危及人身安全的暴力犯罪，采取防卫行为，造成不法侵害人伤亡和其他后果的，不属于防卫过当，不负刑事责任。"这一规定在修订后的刑法中得到正确确认，表明我国刑法采纳了无限防卫权的立法思想。当然，对此我国刑法学界也存在不同观点，有人认为修订后的《刑法》第20条第3款仍然以防卫为宗旨。脱离了这一条件，杀伤不法侵害者仍然可能构成犯罪。所以，不能说修订后的《刑法》第20条第3款的规定等于有限地承认无限防卫权，更不能将这一规定等同于无限防卫权。① 但大多数同志认为，该款是关于对严重危及人身安全的暴力犯罪实行无限防卫权原则的规定。据此规定，对正在进行的严重危及人身安全的暴力犯罪实行正当防卫，不存在过当情形。② 我同意上述第二种观点。在修订后的《刑法》第20条第3款中，尽管对适用的前提条件有限制，但对于防卫限度没有限制，这是一种无过当之防卫。

无过当之防卫规定以后，在我国引起了广泛的反响，进行了深入的研究，尤其是引发了一些批评意见。我认为，无论是对无过当之防卫规定的阐述还是批评，都有利于正确地领会与理解这一规定，并在司法实践中有效地贯彻这一规定，因而都是应当值得肯定的。在无过当之防卫问题上，存在以下问题值得研究。

（一）防卫人与侵害人之关系

在正当防卫中，防卫人与侵害人是矛盾对立的双方。由于防卫人是被害人，侵害人是违法犯罪人，因而两者是正与不正之关系。法律旗帜鲜明地支持防卫人，授予防卫人正当防卫权，这是一个基本原则。但防卫人的防卫权本身是否应当受到限制呢？换言之，是否应当授予防卫人无限防卫权呢？对此，在刑法理论界存在不同观点。基于个人主义的立场，某些启蒙思想家主张无限防卫权。例如洛克指出：战争状态是一种敌对的和毁灭的状态。因此凡用语言或行动表示对另一个人的生命有沉着的、确定的企图，而不是出自一时的意气用事，他就使自己

---

① 参见高西江主编：《中华人民共和国刑法的修订与适用》，112页，北京，中国方正出版社，1997。
② 参见赵秉志主编：《新刑法教程》，259页，北京，中国人民大学出版社，1997。

论无过当之防卫

与他对其宣告这种意图的人处于战争状态。这样，他就把生命置于那人或协同那人进行防御和支持其斗争的任何人的权力之下，有丧失生命的危险。我享有毁灭以毁灭来威胁我的东西的权利，这是合理和正当的。① 洛克认为，这种权利是不受限制的，指出：这就使一个人可以合法地杀死一个窃贼，尽管窃贼并未伤害他，也没有对他的生命表示任何企图，而只是使用强力把他置于他的掌握之下，以便夺去他的金钱或他所中意的东西。因为窃贼本无权利使用强力将我置于他的权力之下，不论他的借口是什么，所以我并无理由认为，那个想要夺去我的自由的人，在把我置于他的掌握之下以后，不会夺去我的其他一切东西。所以我可以合法地把他当作与我处于战争状态的人来对待，也就是说，如果我能够的话，就杀死他；无论是谁，只要他造成战争状态并且是这种状态中的侵犯者，就置身于这种危险的处境。洛克还指出：当为了保卫我而制定的法律不能对当时的强力加以干预以保障我的生命，而生命一经丧失就无法补偿时，我就可以进行自卫并享有战争的权利，即杀死侵犯者的自由，因为侵犯者不容许我有时间诉诸我们的共同的裁判者或法律的判决来救助一个无可补偿的损害。② 由此可见，洛克以战争状态的名义，赋予了防卫人无限的防卫权。但是，这种无限防卫权的思想由于其过于极端而遭到普遍的否定。因为任何事物都有其限度，量变会引起质变。对此，黑格尔有过十分深刻的说明："在道德方面，只要在'有'的范围内来加以考察，也同样有从量到质的过渡；不同的质的出现，是以量的不同为基础的。只要量多些或少些，轻率的行为会越过尺度，于是就会出现完全不同的东西，即犯罪，并且，正义会过渡为不义，德行会过渡为恶行。"③ 在侵害人与防卫人之间也存在这种转化：防卫权如果没有限制，防卫行为就会转化为侵害行为。因此，修订后的《刑法》第20条第3款的实施会导致不合理的后果。因为该规定仅有侵害行为的"性质"限制（即行凶、杀人、抢劫、强奸、绑架等"严重危及人身安全的暴力犯罪"）而欠缺对侵害行为的"强度"限制，例如是否已充分使用暴

---

① 参见［英］洛克：《政府论》下篇，叶启芳、瞿菊农译，12页，北京，商务印书馆，1964。
② 参见［英］洛克：《政府论》下篇，叶启芳、瞿菊农译，13、14页，北京，商务印书馆，1964。
③ ［德］黑格尔：《逻辑学》上卷，杨一之译，405页，北京，商务印书馆，1966。

力并且正在严重威胁人身财产安全等。事实上,行凶是一个含义模糊、范围宽泛的概念,在现实生活中表现多样,很难界定清楚;杀人,有的是采取投毒,有的是采取对哺乳期婴儿断乳等手段进行;抢劫,有的是采取威胁手段,有的则采取麻醉手段;强奸,有的是使用威胁手段,有的是利用"优势地位",有的强奸是"半推半就";绑架,也可以采取威胁和麻醉等手段。对以上这些"性质"严重的侵害行为,由于部分暴力"强度"并不大,显然不能允许都可以进行"无限"防卫。① 如果对那些侵害强度较轻的不法侵害实行无限防卫,只能导致矫枉过正的结果。

(二) 刑罚权与防卫权之关系

刑罚权是国家惩罚犯罪的权利。意大利著名刑法学家贝卡里亚认为,刑罚权来自公民个人自由的转让。他指出:正是这种需要迫使人们割让自己的一部分自由,而且,无疑每个人都希望交给公共保存的那份自由尽量少些,只要足以让别人保护自己就行了。这一份份最少量自由的结晶形成惩罚权。② 国家行使刑罚权,排除了个人对犯罪行为的惩罚权,私刑被绝对禁止,只有在紧迫情况下个人才具有防卫权。由此可见,防卫权只是刑罚权之例外,它具有不同于刑罚权的特性。防卫权如果滥用,就会蜕变为私刑权。私刑权行使之结果,只能是坏人打好人,好人打坏人,由此形成恶性循环。如此的话,就会出现违背立法者设立无过当之防卫制度初衷的局面:不仅社会稳定不可得,反而造成社会混乱。正如我国学者指出,在无过当之防卫制度设立以后,等于告诉所有防卫人:只要认为对方是严重危害自己或他人的人身安全,就可以毫无顾忌地反击,哪怕手段已经超过足以制止不法侵害的限度或犯罪人已无力再实施侵害,还可以继续"防卫"直至其"伤亡"。一旦如此,何等危险。这无疑是从另一个角度助长公民滥行暴力,滥施私刑,助长私力报复。③ 这种局面显然不是立

---

① 参见魏东:《"无限防卫权"质疑》,载《法学》,1997 (10),32 页。
② 参见[意]贝卡里亚:《论犯罪与刑罚》,黄风译,9 页,北京,中国大百科全书出版社,1993。
③ 参见范忠信:《刑法典应力求垂范久远——论修订后的〈刑法〉的局限与缺陷》,载《法学》,1997 (10),22 页。

(三) 正当防卫与防卫过当之关系

正当防卫具有必要限度，防卫过当是正当防卫超过必要限度而构成的，两者之间具有依存关系。正当防卫在绝大多数情况下，都发生在人身安全受到不法侵害的严重威胁之时。修订后的《刑法》第 20 条第 1 款虽然也规定，为了使本人或者他人的财产和其他权利免受正在进行的不法侵害，可以实行正当防卫，但这种正当防卫在现实生活中是极为罕见的。因此，虽然修订后的《刑法》第 20 条第 3 款关于无过当之防卫的规定是第 2 款防卫过当之例外，但由于这种"例外"情况涵括了 95％ 左右的正当防卫场合，因而有人指出：这一规定，实际上抵销了前款关于防卫过当的规定，创设了无限防卫权制度，损害了刑法的公正价值。[1] 因此，无过当之防卫的规定实际上在相当程度上否定了防卫过当之规定，从而使得我国刑法中的正当防卫都成为无过当之防卫，这显然是不妥的。

二、无过当之防卫的适用

由于无过当之防卫在立法上存在某些缺陷，因而在司法适用中应当严格掌握，以免滥用。我认为，无过当之防卫的适用，应当具备以下条件。

(一) 适用对象

根据修订后的《刑法》第 20 条第 3 款之规定，无过当之防卫的适用对象是行凶、杀人、抢劫、强奸、绑架以及其他严重危及人身安全的暴力犯罪。那么，如何理解这里的行凶、杀人、抢劫、强奸、绑架呢？严格地说，行凶并不是一个正式的法律术语，其含义十分宽泛，难以界定。例如打架是行凶，伤害是行凶，杀人也是行凶。赤手空拳可以行凶，手持凶器也可以行凶。因此，修订后的刑法

---

[1] 参见范忠信：《刑法典应力求垂范久远——论修订后的〈刑法〉的局限与缺陷》，载《法学》，1997 (10)，21 页。

采用行凶一词，存在一定的缺陷。对此，我认为应当对行凶一词进行限制解释，限于使用凶器的暴力行凶。构成无过当之防卫的行凶，应当是指使用凶器对被害人进行暴力袭击，严重危及被害人的人身安全。在这种情况下，才能对之实行无过当之防卫。杀人，是指故意杀人，而且在一般情况下是指使用凶器，严重危及被害人的生命安全的情形。对于那些采取隐蔽手段的杀人，例如投毒杀人等，事实上也不存在防卫的问题，更谈不上无过当之防卫。抢劫和强奸，根据修订后的《刑法》第20条之规定，是无过当之防卫的对象。那么，是否对一切抢劫和强奸犯罪都可以实行无过当之防卫呢？回答是否定的，因为强奸和抢劫，从犯罪手段上来看，有暴力方法、胁迫方法和其他方法之分。这里的其他方法往往是指麻醉、灌酒、利用失去知觉不知反抗的状态等。对于暴力强奸、抢劫，显然可以实行无过当之防卫。但对于采用胁迫或者其他方法实行的非暴力的强奸、抢劫能否实行无过当之防卫，是值得商榷的。在我看来，对这种非暴力的强奸、抢劫犯罪不能实行无过当之防卫。至于绑架，在一般情况下是采用暴力的，因而可以对其实行无过当之防卫。但也有个别情况是非暴力的，例如胁迫等，在这种场合，一般不允许进行无过当之防卫。总之，在认定无过当之防卫的对象的时候，应当以暴力犯罪来严格界定与限制修订后的刑法所列举的行凶、杀人、抢劫、强奸、绑架等犯罪。

（二）适用时间

根据修订后的《刑法》第20条之规定，无过当之防卫只能对正在进行的行凶、杀人、抢劫、强奸、绑架以及其他严重危及人身安全的暴力犯罪实行。这里的正在进行，指上述严重危及人身安全的暴力犯罪已经开始尚未结束，正在进行过程中。如果这种严重危及人身安全的暴力犯罪已经结束，对之采取报复行为的，不得视为无过当之防卫，甚至也不能视为防卫过当，而应当以一般犯罪论处。

（三）举证责任

在修订后的刑法实施以后，适用无过当之防卫，存在一个举证责任问题，无过当之防卫是被害人的一个无罪辩护的理由。无过当之防卫的立法初衷是鼓励公论无过当之防卫

民勇敢地同犯罪做斗争,但是也造成了一种危险,这种危险是指可能使不轨之徒易于歪曲利用无限防卫权以遂其杀人目的。① 为此,对无过当之防卫必须严格审查,防止滥用。这里涉及一个举证责任的问题,值得认真研究。我国刑事诉讼中的举证责任,又称证明责任,是指由司法机关或某些当事人负责,他们必须提供证据证明案件事实或有利于自己的主张。否则,他们将承担其控告、认定或主张不能成立的危险的责任。② 在一般情况下,刑事诉讼中的举证责任是由公安司法机关承担的,被告人、犯罪嫌疑人不负证明责任,亦即他们不承担证明自己无罪的责任。因为根据社会主义法制与社会主义民主原则的要求,我国法律明确规定,公安司法机关只有取得足以证明犯罪嫌疑人、被告人有罪的证据,才能将犯罪嫌疑人、被告人逮捕、起诉、定罪判刑;不能证明犯罪嫌疑人有罪,就不能对犯罪嫌疑人逮捕、起诉、定罪判刑。被告人之所以不负证明责任,是由其在诉讼中所处的特殊地位决定的。被告人是被追诉的对象,对他可能采取强制措施以限制其人身自由,因而他既没有收集证据的权力,也没有收集证据的条件。因此,按照传统观点,为了查清案件的真实情况,保障犯罪嫌疑人、被告人的合法权益,他们可以提出证明自己无罪或罪轻的证据,但这是法律赋予犯罪嫌疑人、被告人的辩护权,而不是举证责任。他们即使没有提供证据证明自己无罪或罪轻,也不能导致判他们有罪或罪重的法律后果。③ 但我们认为,被告人及其辩护人的辩护权的行使过程,仍然通行"谁主张,谁证明"的原则。修正后的《刑事诉讼法》第 35 条规定:"辩护人的责任是根据事实和法律,提出证明犯罪嫌疑人、被告人无罪、罪轻或者减轻、免除其刑事责任的材料和意见,维护犯罪嫌疑人、被告人的合法权益。"这里的证明无罪的材料和意见,就包含证明责任的含义在内。在无过当防卫的情况下,公安司法机关当然要全面收集证据,如果发现无过当之

---

① 参见范忠信:《刑法典应力求垂范久远——论修订后的〈刑法〉的局限与缺陷》,载《法学》,1997 (10),22 页。
② 参见崔敏、张文清主编:《刑事证据的理论与实践》,96 页,北京,中国人民公安大学出版社,1992。
③ 参见陈卫东、严军兴主编:《新刑事诉讼法通论》,210 页,北京,法律出版社,1996。

防卫的事实材料,应当据此认为无罪。但如果公安司法机关只发现证明被告人故意杀人的事实材料,未发现无过当之防卫的事实材料,被告人及其辩护人提出无过当之防卫的辩护事由的,应当承担相应的证明责任,否则无过当之防卫就不能成立。

(本文原载《法学》,1998(6))

无过当之防卫：以指导性案例为线索的分析

1979年《刑法》第17条规定了正当防卫，然而从1983年开始我国实行"严打"刑事政策，因而正当防卫制度在司法实践中的适用遭遇强大的阻力。虽然立法上对正当防卫的规定是十分明确的，但在司法实践中则往往将正当防卫认定为防卫过当，而将防卫过当认定为普通犯罪，因而正当防卫制度未能发挥其法律效果。在1997年刑法修订中，对正当防卫做了较大的修改，尤其是引人注目地增设了无过当防卫制度。《刑法》第20条规定：

> 为了使国家、公共利益、本人或者他人的人身、财产和其他权利免受正在进行的不法侵害，而采取的制止不法侵害的行为，对不法侵害人造成损害的，属于正当防卫，不负刑事责任。
>
> 正当防卫明显超过必要限度造成重大损害的，应当负刑事责任，但是应当减轻或者免除处罚。
>
> 对正在进行行凶、杀人、抢劫、强奸、绑架以及其他严重危及人身安全的暴力犯罪，采取防卫行为，造成不法侵害人伤亡的，不属于防卫过当，不负刑事责任。

在上述规定中，第1款是关于正当防卫的规定，第2款是关于防卫过当的规定，第3款是关于无过当之防卫的规定。从逻辑关系上来说，第3款是第2款的例外规定。也就是说，我国刑法中的正当防卫，在一般情况下存在防卫过当，但在符合第3款规定的情况下，则不存在防卫过当问题。

无过当之防卫是针对特定犯罪适用的，这些犯罪是指行凶、杀人、抢劫、强奸、绑架以及其他严重危及人身安全的暴力犯罪。立法机关之所以做出无过当之防卫的规定，主要是基于以下两点考虑：一是考虑了当前社会治安的实际情况。当前，各种暴力犯罪猖獗，不仅严重破坏社会治安秩序，也严重威胁公民的人身安全。对针对上述严重的暴力犯罪采取防卫行为做出特殊规定，对鼓励群众勇于同犯罪做斗争，维护社会治安秩序，具有重要意义。二是考虑了上述暴力犯罪的特点。这些犯罪都是严重威胁人身安全的，被侵害人面临正在进行的暴力侵害，很难辨认侵害人的目的和侵害的程度，也很难掌握实行防卫行为的强度，如果对此规定得太严，就会束缚被侵害人的手脚，妨碍其与犯罪做斗争的勇气，不利于公民运用法律武器保护自己的合法权益。因此，修改刑法时，对一些严重破坏社会秩序、危及公民人身安全的暴力犯罪，做了不存在防卫过当的特殊规定。① 立法机关的这一考虑当然有其合理性，尤其是考虑到在此前的司法实践中对正当防卫案件的认定出现了严重偏差。

当然，这一规定也有矫枉过正之嫌。对此，我国学者进行了批评，认为特别防卫权的立法化，不仅在立法和司法上存在着弊端，而且因防卫权的异化不能完全避免，进而在一定程度上潜藏着破坏法治秩序的危险。② 这一批评不无道理。然而，无过当之防卫的规定引起我思考的还有另外一个问题，这就是立法与司法的分野，以及立法的限度问题。诸如正当防卫必要限度这样一些问题，在立法上只能做出盖然性规定，具体的裁量权由司法机关行使。

在这个意义上说，1997年刑法修订前，在司法实践中关于正当防卫案件在

---

① 参见胡康生、李福成主编：《中华人民共和国刑法释义》，28~29页，北京，法律出版社，1997。
② 参见田宏杰：《刑法中的正当化行为》，264页，北京，中国检察出版社，2004。

无过当之防卫：以指导性案例为线索的分析

认定上出现的偏差并非立法的责任，而是司法的问题，尤其与"严打"的刑事政策具有一定的关联性。在1997年刑法修订中，立法机关试图通过立法解决这个问题。对此我国学者亦有肯定的观点，认为无过当防卫之规定把原由司法机关自由裁量的问题，由立法机关直接做出明确规定。这样做显然对于公民大胆行使防卫权和司法机关处理案件都具有较强的操作性，利于贯彻正当防卫的立法主旨。[①] 这里其实涉及立法的限度问题。我认为，立法总是针对一般情形的，因而具有抽象性；而司法是针对个别案件的，因而具有具体性。立法不应，也不能替代司法的判断。无过当之防卫的规定，虽然在强化公民防卫权方面有所得，但在防止防卫权滥用方面必有所失。这里的得失平衡，不可能由立法来获得，而是应当通过司法活动来达致。

一、叶永朝故意杀人案[②]：无过当防卫之"严重危及人身安全的暴力犯罪"的界定

在1997年刑法修订以后，尽管《刑法》第20条第3款对无过当之防卫做了明确规定，但该款规定在司法适用中仍然存在问题。叶永朝故意杀人案就是在刑法修订后适用无过当之防卫规定的第一案，从这个案件的处理中可以看出司法机关在无过当之防卫认定上所做的努力。

被告人叶永朝，男，1976年7月30日生。因涉嫌犯故意杀人罪，于1997年2月21日被逮捕，同年5月21日被监视居住。

浙江省台州市路桥区人民检察院以叶永朝犯故意杀人罪，向台州市路桥区人民法院提起公诉。

台州市路桥区人民法院经公开审理查明：1997年1月上旬，王为友等人在被告人叶永朝开设的饭店吃饭后未付钱。数天后，王为友等人路过叶的饭店时，

[①] 参见段立文：《对我国传统正当防卫观的反思——兼谈新刑法对正当防卫制度的修改完善》，载《法律科学》，1998（1）。

[②] 参见最高人民法院刑事审判第一庭编：《刑事审判参考》，总第6辑，6~10页，北京，法律出版社，2000。

叶向其催讨所欠饭款，王为友认为有损其声誉，于同月20日晚纠集郑国伟等人到该店滋事，叶持刀反抗，王等人即逃离。次日晚6时许，王为友、郑国伟纠集王文明、卢卫国、柯天鹏等人又到叶的饭店滋事，以言语威胁，要叶请客了事。叶不从，王为友即从郑国伟处取过东洋刀往叶的左臂及头部各砍一刀。叶拔出自备的尖刀还击，在店门口刺中王为友胸部一刀后，冲出门外侧身将王抱住，两人互相扭打砍刺。在旁的郑国伟见状即拿起旁边的一张方凳砸向叶的头部，叶转身还击一刀，刺中郑的胸部后又继续与王为友扭打，将王压在地上并夺下王手中的东洋刀。王为友和郑国伟经送医院抢救无效死亡，被告人也多处受伤。经法医鉴定，王为友全身八处刀伤，左肺裂引起血气胸、失血性休克死亡；郑国伟系锐器刺戳前胸致右肺贯穿伤、右心耳创裂，引起心包填塞、血气胸而死亡；叶永朝全身多处受伤，其损伤程度属轻伤。

台州市路桥区人民法院认为：被告人叶永朝在分别遭到王为友持刀砍、郑国伟用凳砸等不法暴力侵害时，持尖刀还击，刺死王、郑两人，其行为属正当防卫，不负刑事责任。依照《中华人民共和国刑法》第12条第1款，第20条第1款、第3款的规定，于1997年10月14日判决如下：被告人叶永朝无罪。

一审宣判后，台州市路桥区人民检察院向浙江省台州市中级人民法院提出抗诉，其主要理由是：叶永朝主观上存在斗殴的故意，客观上有斗殴的准备，其实施行为时持放任的态度，其行为造成二人死亡的严重后果。叶永朝的犯罪行为在起因、时机、主观、限度等条件上，均不符合《中华人民共和国刑法》第20条第3款的规定。

浙江省台州市中级人民法院经审理认为：叶永朝在遭他人刀砍、凳砸等严重危及自身安全的不法侵害时，奋力自卫还击，虽造成两人死亡，但其行为仍属正当防卫，依法不负刑事责任。依照《中华人民共和国刑事诉讼法》第189条第1项的规定，于1998年9月29日裁定如下：驳回抗诉，维持原判。

在叶永朝案中，死者系滋事方，并且是持刀在叶永朝的饭店行凶，在这种情况下被叶永朝杀死。因此我认为，即使没有《刑法》第20条第3款关于无过当之防卫的规定，也应认定为正当防卫。我关注的不是这样的案件法院为什么判决

无过当之防卫：以指导性案例为线索的分析

无罪，而是这样一件正当防卫的案件检察机关为什么作为防卫过当起诉到法院。对于本案，检察机关在起诉时认为，叶永朝对不法侵害进行防卫，使用凶器致二人死亡，其行为虽属正当防卫，但已超过必要限度，构成故意杀人罪。但在抗诉时，检察机关又认为，叶永朝有斗殴的故意，有斗殴的准备，持放任态度，造成严重后果，明显超过必要限度。[①] 应该说，检察机关对无过当之防卫的理解是存在错误的，主要在于行为性质上的混淆。叶永朝在受到正在进行的不法侵害时所进行的防卫行为，却被检察机关认为是斗殴。如何区分正当防卫与互相斗殴，这是我国司法实践中一直没有得到很好解决的问题。从形式上看，正当防卫与斗殴确实十分相似，两者区分的关键在于起因。如果是由于一方的不法侵害引起他方的防卫，防卫方的行为就不能认为是斗殴，在符合正当防卫条件的情况下应当认定为正当防卫。当然，由于本案发生在1997年刑法修订前，而一审判决则是在1997年刑法生效后，公诉机关对刑法关于无过当之防卫的规定不熟悉，这是一个可能的理由。无论如何，即使《刑法》第20条第3款规定了无过当之防卫，如果司法机关的思想观念不转变，其前景仍然不容乐观。当然，在叶永朝案中，法院还是正确地适用了刑法关于无过当之防卫的规定。

叶永朝案涉及的问题在于如何认定"严重危及人身安全的暴力犯罪"。虽然《刑法》第20条第3款对无过当之防卫的暴力犯罪做了列举，但这些暴力犯罪达到何种程度才能对之实行无过当之防卫？对此，裁判理由指出：

> 叶永朝在防卫行为开始前和开始防卫后，身受犯罪分子行凶伤害致轻伤，能否认定王为友等人的行为系"严重危及人身安全的暴力犯罪"？首先，法律并未规定特殊防卫的行为人必须身受重伤、已被抢劫、强奸既遂等才可以进行防卫，因此，虽然叶永朝身受轻伤，但只要其受伤情形足以表明对方侵害的严重暴力性质就符合法律规定。其次，防卫的目的恰恰是使行凶、杀人、抢劫、强奸、绑架等暴力犯罪不能得逞，因此，即使防卫人根本没有受

---

① 参见王幼璋主编：《刑事判案评述》，26页，北京，人民法院出版社，2002。

593

到实际伤害，也不应当影响特殊防卫的成立。再次，实施严重暴力犯罪侵犯防卫人的行为客观存在。本案中王为友等人手持东洋刀，且已砍在防卫人身上，如不对其进行有力的反击，如何制止其犯罪行为？因此，行为人放任，甚至希望将对方刺伤、刺死，在适用本条款规定时，不应成为障碍。因为叶永朝在受到严重人身侵害的情况下进行防卫，是法律允许的，具有正义性，虽造成两人死亡的严重后果，但仍符合《刑法》第20条第3款的规定，故不负刑事责任。一、二审法院的判决、裁定根据从旧兼从轻的原则适用该款规定是正确的。

毫无疑问，《刑法》第20条第3款是人民群众同严重危害人身安全的犯罪行为做斗争的有力武器。但在实际审判业务中，此类案件往往情况复杂，造成的后果严重，因此要注意案件发生的前因后果，把握住正当防卫的正义性这一基本要素，排除防卫挑拨、假想防卫等情况，既要保护人民群众依法维护自己合法权利的行为，又要防止坏人假借防卫而犯罪，以体现刑法本条款的立法原意。

以上裁判理由对于我们正确理解无过当之防卫的前提条件"严重危及人身安全的暴力犯罪"具有重要的参考价值。根据裁判理由的有关精神，我认为在认定"严重危及人身安全的暴力犯罪"这一要件的时候，应当注意以下三个问题。

（一）人身侵害性

根据《刑法》第20条第3款的规定，只有对侵害人身安全的暴力犯罪才能实行无过当之防卫。由此可见，刑法中的无过当之防卫，主要是为使人身安全不受暴力侵害而设置的一种特殊防卫制度。因此，在认定"严重危及人身安全的暴力犯罪"的时候，应当注意暴力犯罪具有的对人身的侵害性。《刑法》第20条第3款对严重危及人身安全的暴力犯罪做了列举，包括行凶、杀人、抢劫、强奸、绑架。在这些犯罪中，杀人、强奸、绑架都属于刑法规定的侵犯人身权利的犯罪，因而具有人身侵害性，这是没有问题的。抢劫在刑法中属于侵犯财产罪，但刑法学界通常认为，抢劫罪具有侵犯财产权利与侵犯人身权利的双重属性，因为

抢劫罪的手段行为具有暴力性，它严重侵害了财产所有人和保管人的人身权利，以此达到将他人财物非法据为己有的目的。如果是单纯地侵犯财产权利的犯罪，例如盗窃、抢夺和诈骗等犯罪，因这些犯罪不具有人身侵害性，因而对之不能实行无过当之防卫。当然，在实施上述犯罪的过程中，为窝藏赃物、抗拒抓捕或者毁灭罪证而当场使用暴力或者以暴力相威胁的，根据《刑法》第269条的规定，转化为抢劫罪，对之可以实行无过当之防卫。值得注意的是，叶永朝案的裁判理由指出："对杀人、抢劫、强奸、绑架应做广义的理解，它不仅仅指这四种犯罪行为，也包括以此种暴力性行为为手段，而触犯其他罪名的犯罪行为，如以抢劫为手段的抢劫枪支、弹药、爆炸物行为，以绑架为手段的拐卖妇女、儿童行为。此外，针对人的生命、健康采取放火、爆炸、决水等其他暴力方法实施侵害，也是具有暴力性的侵害行为。"我认为，以上理解是完全正确的，它为认定"严重危及人身安全的暴力犯罪"确定了范围，具有参考价值。

（二）现实危害性

刑法所规定的"严重危及人身安全的暴力犯罪"，在某些情况下是指对他人已经造成人身侵害后果，例如致人伤亡等。但并非只有已经造成人身伤亡后果才属于"严重危及人身安全的暴力犯罪"。在某些情况下，即使不法侵害人没有造成人身侵害后果，但具有造成人身侵害后果的危险性，也同样可以认定为"严重危及人身安全的暴力犯罪"。值得注意的是，《刑法》第20条第3款采用的是"危及"一词，该词本身具有已经存在现实危险的含义。在叶永朝案中，不法侵害人王为友等已经造成了叶永朝轻伤，在这种情况下，已经完全具备了"严重危及人身安全的暴力犯罪"要件。

（三）程度严重性

刑法中的"严重危及人身安全的暴力犯罪"的规定，明确地标示了这种危及人身安全的暴力犯罪必须达到严重程度。如果虽然存在危及人身安全的暴力犯罪，但尚未达到严重程度，仍然不属于"严重危及人身安全的暴力犯罪"，因而不能实行无过当之防卫。那么，在司法实践中如何认定危及人身安全的暴力犯罪的严重程度，以便确定是否可以对之实行无过当之防卫？我认为，这主要应当从

双方人数多寡、对方是否携带凶器、发生的时间地点等各种情况加以综合考察。在叶永朝案中，王为友吃饭后不但不还欠款，在被合理追索欠款后，还纠集多人携带凶器到叶永朝开设的饭店寻衅滋事，并持刀将叶砍伤。这一暴力犯罪已经对叶永朝的人身安全造成严重侵害，因而叶永朝实行的防卫属于无过当之防卫，即使造成不法侵害人二人死亡的后果，也不负防卫过当的刑事责任。

二、李小龙等故意伤害案[①]：无过当防卫之"行凶"的理解

在《刑法》第20条第3款关于无过当之防卫的防卫客体的规定中，杀人、抢劫、强奸、绑架都是刑法中正式的罪名，因而在司法实践中容易把握。但与上述四种罪名并列的"行凶"，并不是刑法中正式的罪名，因而如何正确理解，就存在问题。对于如何理解这里的"行凶"，在叶永朝案的裁判理由中就曾经论及，认为"行凶"行为仅指严重危及人身安全的非法伤害行为，如使用凶器暴力行凶，有可能致人重伤的伤害行为。这一裁判理由，将"行凶"明确地界定为伤害。但为什么在法条中不直接表述为"伤害"，而是采用"行凶"这一措词呢？对此，我国学者大多持一种批评态度。例如有学者指出：现行刑法在特别防卫权的规定中使用"行凶"一词不妥。这是因为，首先，严格说来，行凶并不是一个法律术语，更不是一个独立的罪名，将其与"杀人、抢劫、强奸、绑架"等其他罪名并列在一起，不符合逻辑要求。其次，根据前所述及的"行凶"一词的本义，"行凶"一般是指故意伤害或者故意杀人的行为。而《刑法》第20条第3款将"行凶"与"杀人"并列，表明这里的"行凶"是不包括杀人行为在内的。那么，伤害行为、聚众斗殴等暴力犯罪行为是否包括在"行凶"之内呢？对此，法律没有明确的说明，这难免导致人们在理解上发生歧义。再次，从立法上规定特别防卫权的宗旨出发，"行凶"必须是程度严重的危及人身安全的暴力犯罪，否

[①] 参见最高人民法院刑事审判第一庭、第二庭编：《刑事审判参考》，总第34集，13～23页，北京，法律出版社，2004。

无过当之防卫：以指导性案例为线索的分析

则，不能进行特别防卫。既然如此，"行凶"完全可以为后面的"其他严重危及人身安全的暴力犯罪"所包容。由此可见，现行刑法关于"行凶"的规定，未免多余，有重复规定之嫌。①

以上对立法中的"行凶"的批评，不能说没有一点道理。当然，刑法在没有修改以前，我们还只能通过解释刑法明确其含义，从而为司法机关正确适用无过当之防卫提供法理根据。正因为刑法采用了"行凶"这样一种较为含混的用语，我国刑法学界对"行凶"的理解产生了较大的分歧。例如，我国学者在界定"行凶"时，强调行凶者主观上犯意的不确定性，即行凶者具有实施刑法上的杀人罪或者伤害罪的不确定性——这种不确定性不仅致防卫人难以识别，就是行凶者自己忙乱之中也未及确定。即行凶者自己在实施行凶行为时，也存在着或杀死或伤害他人的随机性，刑法学理上又谓之"放任故意"。这种放任，正是"行凶"与单纯的杀人或单纯的伤害之区别所在。根据这种见解，刑法意义的行凶是指对他人施以致命暴力的、严重危及他人生命、健康权益的行为。② 这种观点将行凶定义为伤害与杀人之间界限不明确的一种暴力性犯罪，既非典型的伤害也非典型的杀人。张明楷教授亦持这一观点，认为行凶包含了杀人与界限不明但有很大可能是造成他人眼中的重伤或者死亡的行为。③ 当然，我国也有学者不是这样认识的，而是从更为广泛的意义上理解行凶。例如，刘艳红教授认为，我国刑法中的"行凶"，是指无法判断为某种具体的严重侵犯公民人身权利的暴力犯罪的严重暴力侵害行为。刘艳红教授揭示了"行凶"具有以下四个特征：（1）行为内容的暴力性；（2）暴力的手段不限定性；（3）暴力程度的严重性；（4）暴力行为的无法具体罪名性。④ 在以上四个特征中，刘艳红教授更为强调的是无法具体罪名性，即未显示出完全符合某一个暴力犯罪罪名的构成要件。之所以出现这种情况，是

---

① 参见田宏杰：《刑法中的正当化行为》，257页，北京，中国检察出版社，2004。
② 参见屈学武：《正在行凶与无过当防卫权——典型案例评析》，载陈兴良主编：《刑事法判解》，第2卷，北京，法律出版社，2000。
③ 参见张明楷：《刑法学》，3版，187页，北京，法律出版社，2007。
④ 参见刘艳红：《李植贵的行为是否正当防卫？——关于"行凶"的一次实证考察》，载陈兴良主编：《刑事法判解》，第3卷，北京，法律出版社，2001。

597

因为行凶具有犯意上的不明确性与犯行上的不明确性。应当指出，在不明确性这一点上，认识是共同的。但这种不明确的范围究竟如何确定，则存在一些差别。张明楷教授将行凶的不明确性限于伤害与杀人之间，而刘艳红教授则做了较为广义的理解，在举例时指出：夜间以实施某种犯罪为目的而侵入他人住宅的行为，在不法侵害人开始实施进一步的犯罪行为之前，很难判断其行为的具体罪名。但是，对于依然安睡的住宅主人而言，该行为往往会造成极大的惊慌和恐惧，使得他们可能会实施正当防卫并造成不法侵害人伤亡。① 但在上述深夜侵入他人住宅而又尚未进一步实施侵害行为的情况下，能否认定为刑法中的"行凶"，这是值得质疑的。若对"行凶"做如此广义的理解，有悖于立法意图。正因为我国刑法学界对"行凶"存在理解上的分歧，因而李小龙案对于我们正确理解"行凶"具有指导意义。

甘肃省人民检察院武威分院以被告人李小龙、李从民、李小伟、靳国强、李凤领犯故意伤害罪向武威地区中级人民法院提起公诉。

武威地区中级人民法院经公开审理查明：

2000年8月13日21时许，河南省淮阳县春蕾杂技团在甘肃省武威市下双乡文化广场进行商业演出。该乡村民徐永红、王永军、王永富等人不仅自己不买票欲强行入场，还强拉他人入场看表演，被在门口检票的被告人李从民阻拦。徐永红不满，挥拳击打李从民头部，致李倒地，王永富亦持石块击打李从民。被告人李小伟闻讯赶来，扯开徐永红、王永富，双方发生厮打。

其后，徐永红、王永军分别从其他地方找来木棒、钢筋，与手拿鼓架子的被告人靳国强、李凤领对打。当王永富手持菜刀再次冲进现场时，赶来的被告人李小龙见状，即持"T"形钢管座腿，朝王永富头部猛击一下，致其倒地。王永富因伤势过重被送往医院抢救无效死亡。经法医鉴定，王永富系外伤性颅脑损伤，硬脑膜外出血死亡。徐永红在厮打中致轻伤。

---

① 参见刘艳红：《李植贵的行为是否正当防卫？——关于"行凶"的一次实证考察》，载陈兴良主编：《刑事法判解》，第3卷，北京，法律出版社，2001。

无过当之防卫：以指导性案例为线索的分析

武威地区中级人民法院审理后认为：被告人李小龙、李从民、李小伟、靳国强、李凤领在遭被害人方滋扰引起厮打后，其行为不克制，持械故意伤害他人，致人死亡，后果严重。其行为均已构成故意伤害罪。公诉机关指控罪名成立。被告人李小龙在共同犯罪中，行为积极主动，持械殴打致人死亡，系本案主犯，应从严惩处。被告人李从民、李小伟、靳国强、李凤领在共同犯罪中，起辅助作用，系本案从犯。考虑被害人方在本案中应负相当的过错责任，对各被告人可减轻处罚。根据《中华人民共和国刑法》第234条第2款、第25条第1款、第26条第1款、第27条之规定，于2001年6月22日判决如下：（1）被告人李小龙犯故意伤害罪，判处有期徒刑十四年。（2）被告人李从民犯故意伤害罪，判处有期徒刑九年。（3）被告人李小伟犯故意伤害罪，判处有期徒刑七年。（4）被告人靳国强、李凤领犯故意伤害罪，各判处有期徒刑四年。

一审宣判后，上述各被告人均以其行为属于正当防卫、不应负刑事责任及民事责任为由，提出上诉。

甘肃省高级人民法院经审理后认为：在本案中，被告人一方是经政府部门批准的合法演出单位。被害人一方既不买票，又强拉他人入场看表演。被告人李从民见状要求被害人等人在原来票价一半的基础上购票观看演出，又遭拒绝，并首先遭到徐永红的击打，引发事端。双方在互殴中，被害人持木棒、钢筋等物殴打上诉人。王永富持菜刀冲进现场行凶时，被李小龙用钢管座腿击打到头部后倒地。此后，李小龙等人对王永富再未施加伤害行为。王永富的死亡，系李小龙的正当防卫行为所致。徐永红的轻伤系双方互殴所致。本案中，被害人一方首先挑起事端，在实施不法侵害行为时，使用了木棒、钢筋、菜刀等物，其所实施的不法侵害行为无论强度还是情节都甚为严重；并且在整个发案过程中，被害人一方始终未停止过不法侵害行为，五上诉人也始终处于被动、防御的地位。根据《中华人民共和国刑法》第20条的规定，为了使国家、公共利益，本人或者他人的人身、财产和其他权利免受正在进行的不法侵害，而采取的制止不法侵害的行为，对不法侵害人造成损害的，属于正当防卫，不负刑事责任。同时，该条第3款规定了无过当防卫条款，即：对正在进行行凶、杀人、抢劫、强奸、绑架以及

599

其他严重危及人身安全的暴力犯罪,采取防卫行为,造成不法侵害人伤亡的,不属于防卫过当,不负刑事责任。其目的就是鼓励公民同违法犯罪行为做斗争,保护国家、公共利益,本人或者他人的人身、财产和其他合法权利不受侵害。五上诉人的行为符合上述规定,其主张正当防卫的上诉理由成立,予以采纳。依照《中华人民共和国刑事诉讼法》第 189 条第 2 项、第 197 条及《中华人民共和国刑法》第 20 条第 1、3 款之规定,甘肃省高级人民法院于 2002 年 11 月 14 日判决如下:对上诉人(原审被告人)李小龙、李从民、李小伟、靳国强、李凤领宣告无罪。

在李小龙案中,一审法院与二审法院做出了有罪与无罪截然相反的两种判决。一审法院虽然认定对方滋扰引起厮打,过错在先,但又认为被告人李小龙等人行为不克制,持械故意伤害他人,致人死亡,因而构成故意伤害罪。关键是:对方的滋扰是否属于《刑法》第 20 条第 3 款所规定的"行凶"?如果属于"行凶",则李小龙等人的行为是对"行凶"的无过当之防卫,不能认定为犯罪。显然,一审法院并不认为对方的滋扰属于"行凶",因而认定李小龙等人的行为构成故意伤害罪。而二审法院则认定对方持木棒、钢筋等物殴打李小龙等人,其中王永富持菜刀冲进现场行凶,因而认定李小龙等人的行为构成无过当之防卫。

李小龙案的裁判理由对如何理解刑法中的"行凶"有借鉴意义,结合本案做了以下阐述:对以暴力实施的杀人、抢劫、强奸、绑架犯罪行为可以实施特殊防卫,比较容易把握。但是何谓"行凶"呢?我们认为,对"行凶"的理解应当遵循上述关于特殊防卫条件的基本认识,即:首先,"行凶"必须是一种已着手的暴力侵害行为;其次,"行凶"必须足以严重危及他人的重大人身安全。故"行凶"不应该是一般的拳脚相加之类的暴力侵害,持械殴打也不一定都是可以实施特殊防卫的"行凶"。只有持那种足以严重危及他人的重大人身安全的凶器、器械伤人的行为,才可以认定为"行凶"。

本案中,被害人一方仗势欺人,滋事生非,自己既不买票,还强拉他人入场看表演。被告人李从民为息事宁人做出让步,要求被害人等人在原来票价一半的基础上购票看演出时,又首先遭到被害人方的不法侵害。在被告人方进行防卫反

击时，被害人一方又找来木棒、钢筋、菜刀等足以严重危及他人重大人身安全的凶器意欲进一步加害被告人方，使被告人方的重大人身安全处于现实的、急迫的、严重的危险之下，应当认定为"行凶"。此时，被告人李小龙为保护自己及他人的重大人身安全，用钢管座腿击打王永富的头部，符合特殊防卫的条件，虽致王死亡，但依法不负刑事责任。本案其他被告人在防卫反击中，致徐永红轻伤，防卫行为没有明显超过必要限度，且也未造成不法侵害人重大损害，故同样不负刑事责任。二审法院依法宣告本案各被告人无罪的判决是正确的。

根据以上裁判理由，在认定刑法中的"行凶"的时候，应当注意以下三个问题。

（一）暴力侵害性

"行凶"属于暴力犯罪行为，具有暴力侵害性，这一点似乎没有疑问。"行凶"虽然未归入某一个具体的侵犯人身权利罪的罪名，但其具有对他人人身安全的不法侵害性，属于暴力犯罪的范畴，对此，在无过当之防卫中应当严格加以把握。因此，如果仅仅是一般的口头威胁、谩骂等，都不能认定为"行凶"。

（二）着手实行性

"行凶"是一种行为，而且是一种已经着手实施的侵犯人身权利的暴力侵害行为，应当强调其具有着手实行的性质，而不是着手实行以前的行为。例如上述刘艳红教授所说的深夜潜入他人住宅，这是一种非法侵入住宅的行为。如果事主发现，当然可以对之实行正当防卫，但这不属于无过当之防卫。如果潜入他人住宅以后又对事主实行了暴力侵害，那就可以根据其暴力侵害的程度认定为"行凶"，事主对之可以实行无过当之防卫。对一般非法侵入他人住宅的行为之所以不能认定为"行凶"，就在于行为人尚未着手实施暴力侵害行为。因此，"行凶"的不明确性，主要是指对造成死亡还是伤害结果的不明确，而不是行为本身是否具有暴力侵害性的不明确。

（三）程度严重性

"行凶"所具有的对人身安全的危险，具有未然性，是一种现实危险性。因此，"行凶"是否达到严重危及人身安全的程度，确实不太容易掌握。例如，在邓玉娇防卫过当案中，邓玉娇因受邓贵大等人的滋扰，持刀将邓贵大刺死，并将上前阻拦的黄德智刺伤。辩护人认为邓玉娇的行为属于正当防卫，不构成犯罪。而法院判决认为：邓玉娇在遭受邓贵大、黄德智无理纠缠、拉扯推搡、言行侮辱等不法侵害的情况下，实施的反击行为具有防卫性质，但明显超过了防卫限度，属于防卫过当，邓玉娇的行为构成犯罪。关于本案，邓贵大、黄德智确实有对邓玉娇的滋扰行为，主要表现在要求正在宾馆洗衣的服务员邓玉娇为其提供异性洗浴服务被拒后，对邓玉娇进行拉扯、辱骂，邓玉娇两次欲离开房间，均被邓贵大拉住并推倒在身后的单人沙发上。倒在沙发上后，邓玉娇朝邓贵大乱蹬，将邓贵大蹬开。当邓贵大再次逼近邓玉娇时，邓玉娇起身用随身携带的水果刀将邓贵大刺伤致死，并将黄德智刺伤。从现有证据来看，不能认定邓贵大等人欲对邓玉娇进行强奸，而且其拉扯、推搡、辱骂行为，尚不属于"行凶"，因此邓玉娇的防卫行为不能认定为《刑法》第 20 条第 3 款规定的无过当之防卫。虽然法院认定邓玉娇的行为属于正当防卫，但该防卫行为已经明显超过正当防卫的必要限度，构成《刑法》第 20 条第 2 款的防卫过当。这一认定，我认为是正确的。因此，应当把一般性的打架，即拳打脚踢与"行凶"加以区分。我认为，"行凶"是指使用凶器的暴力行凶，即对被害人进行暴力袭击，严重危及被害人的人身安全。① 因此，我强调"行凶"必然以使用凶器为前提。这里的凶器，应做广义理解，包括使用枪支、爆炸物、管制刀具等凶器，也包括使用其他可以用于人身侵害的器械，例如棍棒、砖石等。如果没有动用凶器，即使拳脚相加地殴打，也不能认定为"行凶"。当然，也不能认为只要使用凶器就一定构成"行凶"，还要考虑是否达到对人身安全造成侵害的严重程度。因此，使用凶器是认定"行凶"的必要条件而非充分条件。

根据以上三个方面的分析，在李小龙案中，对方使用木棒、钢筋、菜刀等足以严重危及他人重大人身安全的凶器意欲进一步加害被告人方，因此属于"行凶"，将李小龙等人的反击行为认定为无过当之防卫，我认为是完全正确的。

---

① 参见陈兴良：《规范刑法学》上册，2 版，149 页，北京，中国人民大学出版社，2008。

无过当之防卫：以指导性案例为线索的分析

三、吴金艳故意伤害案[①]：无过当防卫之"严重危及人身安全的暴力犯罪"的认定

无过当之防卫在司法认定中首先涉及一个重大问题，这就是"严重危及人身安全的暴力犯罪"这一防卫客体的举证问题。在刑事诉讼中，控方负有对被指控犯罪事实的举证责任，这是从无罪推定原则引申出来的结论。而且，根据刑事诉讼法的基本原理，检察官负有客观义务，不仅应当收集足以证明犯罪嫌疑人、被告人有罪或者罪重的证据，也应当收集能够证明犯罪嫌疑人、被告人无罪或者罪轻的证据。因此，在侦查和审查起诉过程中，控方应当对是否存在防卫情节进行查证。查证属实符合正当防卫条件的，就应当做出相应的处理。当然，未能查证属实的，则仍然依法提起公诉。在法院审理过程中，被告人及其辩护人按照无过当之防卫进行辩护的，无过当之防卫致人死伤就成为一个无罪辩护理由。在这种情况下，对于是否存在无过当之防卫的"严重危及人身安全的暴力犯罪"这一防卫客体，就应当按照"谁主张，谁举证"的原则，由被告人及其辩护人进行举证。对此，我国学者指出："对于特别防卫案件，公安机关、司法机关为了查清案件的事实真相，当然要全面收集证据。但被告人对于自己所提出的特别防卫主张，同样也应当承担相应的证明责任。否则，被告人尽管提出自己的行为属于特别防卫，但被告人没有证据予以证明，公安机关以及司法机关也没有发现有关特别防卫的事实材料的，就不能认定特别防卫的成立，防卫人就应当对自己所实施的造成他人伤亡的结果承担相应的法律责任。"[②] 我认为，以上观点是正确的。当然，在法院审理过程中，对于被告人及其辩护人提出的无过当之防卫的辩护理由如何进行甄别采信，是一个十分重要的问题。在吴金艳案中，围绕着"严重危及人身安全的暴力犯罪"的证据采信展开的讨论，具有现实意义。

---

① 参见《中华人民共和国最高人民法院公报》，2004（11）。
② 田宏杰：《刑法中的正当化行为》，261页，北京，中国检察出版社，2004。

北京市海淀区人民检察院以被告人吴金艳犯故意伤害罪，向北京市海淀区人民法院提起公诉。

起诉书指控：2003年9月10日凌晨3时许，被害人李光辉（男，19岁）与孙金刚（男，22岁）、张金强（男，21岁）到北京市海淀区阳台山庄饭店的女工宿舍外，叫服务员尹小红（女，24岁）出来解决个人之间的纠纷，见尹小红不予理睬，孙金刚等人即强行进入宿舍内。孙金刚与尹小红发生争执，殴打尹小红。同宿舍居住的被告人吴金艳上前劝阻，孙金刚又与吴金艳相互撕扯。在撕扯过程中，孙金刚将吴金艳的上衣纽扣拽掉，吴金艳持水果刀将孙金刚的左上臂划伤。李光辉见此状况，用一铁挂锁击打吴金艳，吴金艳又持水果刀扎伤李光辉的左胸部，致其左胸部2.7厘米刺创口，李光辉因急性失血性休克而死亡。当日，吴金艳被公安机关抓获，作案工具亦起获。吴金艳无视国法，因琐事故意伤害公民身体健康，且致人死亡，其行为已触犯《中华人民共和国刑法》第234条第2款的规定，构成故意伤害罪，应依法判处。

被告人吴金艳辩称：孙金刚殴打、欺辱并要强奸尹小红，我过去劝阻，孙金刚即又殴打、欺辱我，将我的上衣撕开，上身裸露，使我感到很屈辱。我认为孙金刚要强奸我，为了防卫才拿起刀子。这时，李光辉用铁挂锁来砸我，我才冲李光辉扎了一刀。如果孙金刚和李光辉不对我和尹小红行凶，我不会用刀扎他们。李光辉是咎由自取，应自己承担损失。吴金艳的辩护人认为，根据《刑法》第20条第3款的规定，吴金艳的行为属于正当防卫，且没有超过必要限度，不构成犯罪，也不应承担民事赔偿责任。

针对被告人的辩解和辩护人的意见，公诉人答辩如下：被害人李光辉虽然与孙金刚一同进入女工宿舍，但没有对尹小红、吴金艳实施任何伤害行为。李光辉拿锁欲击打吴金艳，是为了制止孙金刚与吴金艳之间的争斗。吴金艳虽然受到孙金刚的攻击，但当时她有多种求助的选择。况且李光辉等人的行为没有达到严重危及吴金艳等人人身安全的程度，没有危害后果产生。故吴金艳持刀扎伤李光辉，不属于正当防卫。考虑到被害人一方的行为也属于不法行为，存在较大过错，吴金艳的认罪态度较好，可对其酌情从轻处罚。

无过当之防卫：以指导性案例为线索的分析

以上控辩双方对案情的叙述并不完全相同。控方强调孙金刚殴打了尹小红，在吴金艳劝阻时又与吴发生撕扯。在这种情况下，吴金艳持刀将孙金刚划伤。在李光辉见此状况用铁挂锁欲击打吴金艳时，吴又持刀扎伤李光辉，李光辉后不治身亡。而被告人吴金艳则指述，孙金刚要强奸尹小红，其本人在劝阻中被孙殴打，为防卫才拿刀扎孙，当李光辉用铁锁砸来时又扎了李光辉一刀。在以上叙述中，孙金刚殴打了尹小红可以确定。至于吴金艳上前劝阻时，两人是撕扯，还是孙金刚殴打吴，则各执一词。李光辉用铁锁砸吴金艳，这也是事实，但控方认为李光辉等人的行为没有达到严重危及人身安全的程度，其根据是没有后果产生，这一观点颇有唯结果论的意味。其实，行凶并不以发生实害结果为认定的必要条件。关于本案，北京市海淀区人民法院做出以下认定：

孙金刚等人在凌晨3时左右闯入女工宿舍后，动手殴打女服务员，撕扯女服务员的衣衫，这种行为足以使宿舍内的三名女服务员因感到孤立无援而产生极大的心理恐慌。在自己和他人的人身安全受到严重侵害的情况下，被告人吴金艳持顺手摸到的一把水果刀指向孙金刚，将孙金刚的左上臂划伤并逼退孙金刚。此时，防卫者是受到侵害的吴金艳，防卫对象是闯入宿舍并实施侵害的孙金刚，防卫时间是侵害行为正在实施时，该防卫行为显系正当防卫。

当孙金刚被被告人吴金艳持刀逼退后，李光辉又举起长11厘米、宽6.5厘米、重550克的铁锁欲砸吴金艳。对李光辉的行为，不应解释为是为了制止孙金刚与吴金艳之间的争斗。在进入女工宿舍后，李光辉虽然未对尹小红、吴金艳实施揪扯、殴打，但李光辉是遵照事前的密谋，与孙金刚一起于夜深人静之时闯入女工宿舍的。李光辉既不是一名旁观者，更不是一名劝架人，而是参与不法侵害的共同侵害人。李光辉举起铁锁欲砸吴金艳，是对吴金艳的继续加害。吴金艳在面临李光辉的继续加害威胁时，持刀刺向李光辉，其目的显然仍是避免遭受更为严重的暴力侵害。无论从防卫人、防卫目的还是从防卫对象、防卫时间看，吴金艳的防卫行为都是正当的。由于吴金艳是对严重危及人身安全的暴力行为实施防卫，故虽然造成李光辉死亡，也

605

在《刑法》第 20 条第 3 款法律许可的幅度内，不属于防卫过当，依法不负刑事责任。

被告人吴金艳于夜深人静之时和孤立无援之地遭受了殴打和欺辱，身心处于极大的屈辱和恐慌中。此时，李光辉又举起铁锁向其砸来。面对这种情况，吴金艳使用手中的刀子进行防卫，没有超过必要的限度。要求吴金艳慎重选择其他方式制止或避免当时的不法侵害的意见，没有充分考虑侵害发生的时间、地点和具体侵害的情节等客观因素，不予采纳。

综上所述，被告人吴金艳及其辩护人关于是正当防卫、不负刑事责任亦不承担民事赔偿责任的辩解理由和辩护意见，符合法律规定，应予采纳。起诉书指控吴金艳持刀致死李光辉的事实清楚，证据确实充分，但指控的罪名不能成立。

据此，北京市海淀区人民法院依照《中华人民共和国刑事诉讼法》第 162 条第 2 项和《中华人民共和国民法通则》第 128 条的规定，于 2004 年 7 月 29 日判决：（1）被告人吴金艳无罪。（2）被告人吴金艳不承担民事赔偿责任。

法院判决对于本案的认定，在总体上确认孙金刚、李光辉等人在凌晨闯入女工宿舍殴打女服务员本身就是一种违法行为。在这种情况下，吴金艳对孙金刚的防卫系正当防卫。但判决未能明确这一防卫是《刑法》第 20 条第 1 款规定的正当防卫还是第 3 款规定的无过当之防卫。因为在此时，孙金刚并未携带凶器进行侵害，吴金艳持刀将孙扎伤，似应认定为普通正当防卫而非特殊正当防卫，因为只是将孙划伤，因而其防卫行为没有超过正当防卫必要限度。

此后，李光辉举起铁锁欲砸吴金艳，对于这一行为如何认定，直接关系到本案定性。控方认为李光辉拿锁击打吴金艳是为制止孙金刚与吴金艳之间的争斗，但法院判决则认为这是对吴金艳的继续加害，因而属于"行凶"。考虑到在夜深人静之时和孤立无援之地这样一种特殊的时间与地点受到不法侵害，法院判决认为李光辉的行凶已经达到严重危及人身安全的程度，因而认定吴金艳构成无过当之防卫，不负刑事责任。我认为，法院判决对本案的无过当之防卫的认定是正

确的。

结语

在以上三个案例中,检察机关都指控被告人构成犯罪,否认其行为的防卫性。但法院都根据《刑法》第 20 条第 3 款的规定,认定为无过当之防卫,从而宣告无罪。应该说,法院对无过当之防卫的要件把握是较为准确的。正确地区分了罪与非罪的界限,对于保障公民的防卫权具有积极意义。这些案例在《最高人民法院公报》等刊物发表以后,对于全国各地司法机关适用无过当之防卫的规定,具有指导意义。同时,这些案例中的裁判理由为正确理解《刑法》第 20 条第 3 款的 "严重危及人身安全的暴力犯罪" 提供了实际素材。在此基础上,我国刑法学界应当进行法理上的分析,从而形成具有我国特色的无过当之防卫的理论。

(本文原载陈兴良主编:《刑事法判解》,第 11 卷,北京,人民法院出版社,2012)

图书在版编目（CIP）数据

刑法研究. 第七卷，刑法总论. Ⅱ / 陈兴良著. --北京：中国人民大学出版社，2021.3
（陈兴良刑法学）
ISBN 978-7-300-29098-0

Ⅰ.①刑… Ⅱ.①陈… Ⅲ.①刑法－中国－文集 Ⅳ.①D924.04-53

中国版本图书馆CIP数据核字（2021）第081879号

国家出版基金项目
陈兴良刑法学
刑法研究（第七卷）
刑法总论Ⅱ
陈兴良　著
Xingfa Yanjiu

出版发行	中国人民大学出版社				
社　　址	北京中关村大街31号		邮政编码	100080	
电　　话	010-62511242（总编室）		010-62511770（质管部）		
	010-82501766（邮购部）		010-62514148（门市部）		
	010-62515195（发行公司）		010-62515275（盗版举报）		
网　　址	http://www.crup.com.cn				
经　　销	新华书店				
印　　刷	涿州市星河印刷有限公司				
规　　格	170 mm×228 mm 16开本		版　次	2021年3月第1版	
印　　张	38.5 插页4		印　次	2021年3月第1次印刷	
字　　数	577 000		定　价	2 980.00元（全十三册）	

版权所有　　侵权必究　　印装差错　　负责调换